Navillera

Wie ein Schmetterling

Navillera

Wie ein Schmetterling

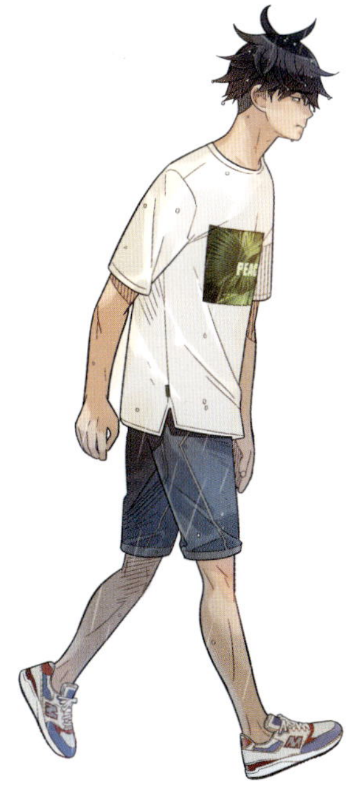

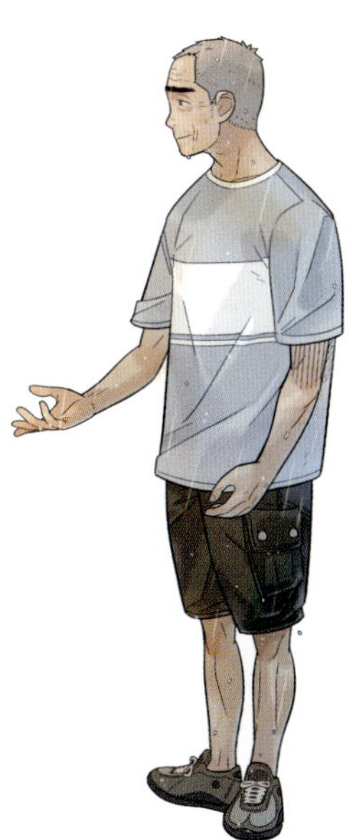

4

Artwork: **JIMMY**
Story: **HUN**

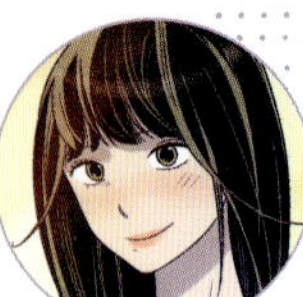
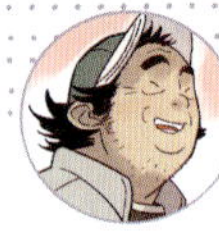
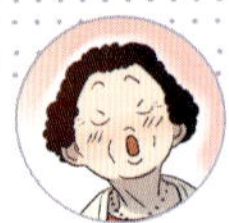
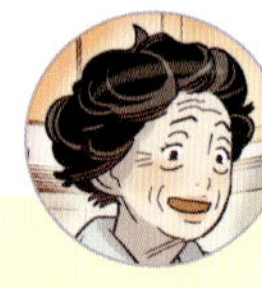
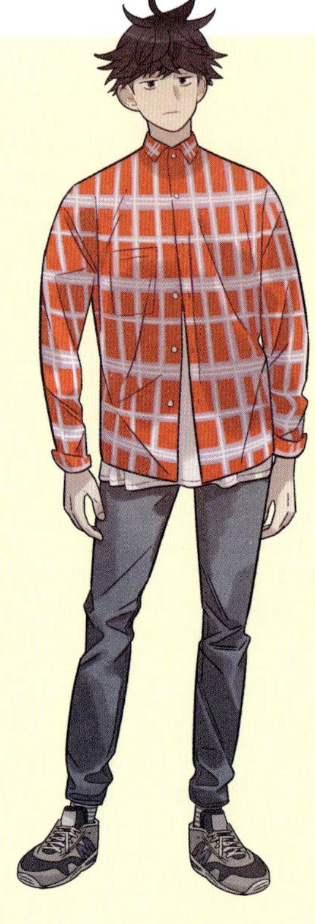

: : Chae-Rok Lee

Dem Ratschlag seines Vaters folgend, hat er seit seiner Kindheit verschiedenste Sportarten betrieben, aber in keiner von diesen etwas Besonderes erreicht. Er überwand mit der Zeit seine komplizierten Familienverhältnisse und wurde ein Ballerino. Mit 23 Jahren kreuzen sich die Wege von diesem jungen Mann und einem 70 Jahre alten Herrn.

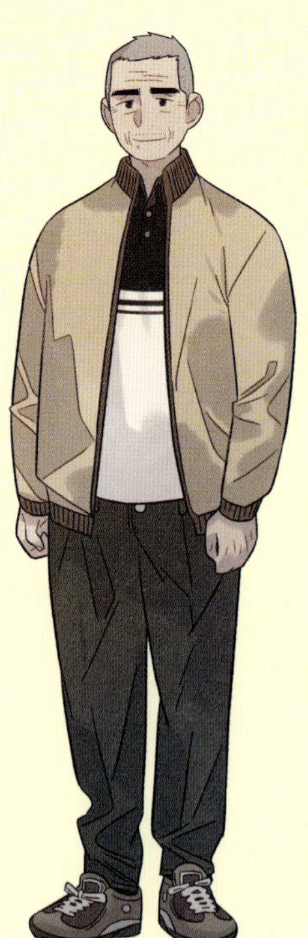

: : Deok-Chul Shim

Ein gewöhnlicher Vater, der als Kind den Koreakrieg und das folgenschwere Leben danach durchlebte. Jetzt, als älterer Herr der Nachkriegsgeneration, bereitet er sich auf die letzten Jahre seines Lebens vor. Mit 70 Jahren stellt er sich einer letzten Herausforderung und jagt seinem unerfüllten Wunsch, ein Balletttänzer zu werden, nach.

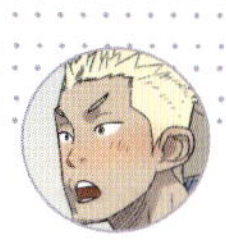
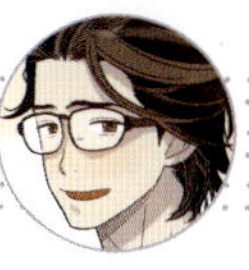
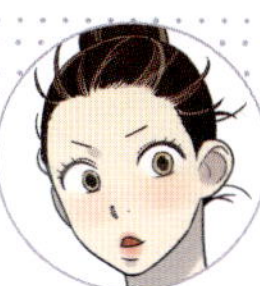
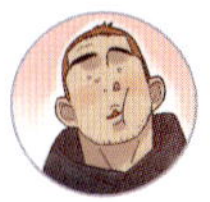
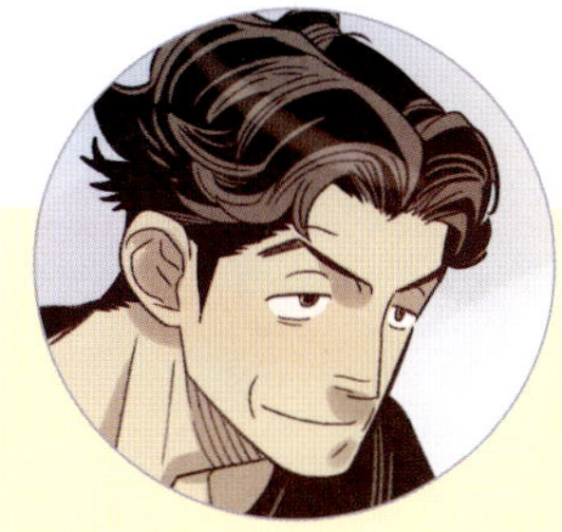

: : Inhalt

Seong-San!
Was wäre, wenn ...

... Mutter und Vater etwas zustoßen würde
... oder wenn sie krank werden würden ...

... und sie dies vor ihren Kindern geheim halten möchten? Was sollen wir dann tun?

Eltern tun immer so, als ob alles gut wäre und sie keine Probleme hätten.

Das wird sich nie ändern.

18

Ein neuer Tag

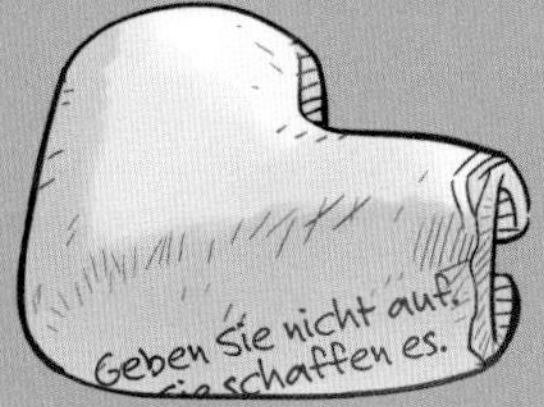

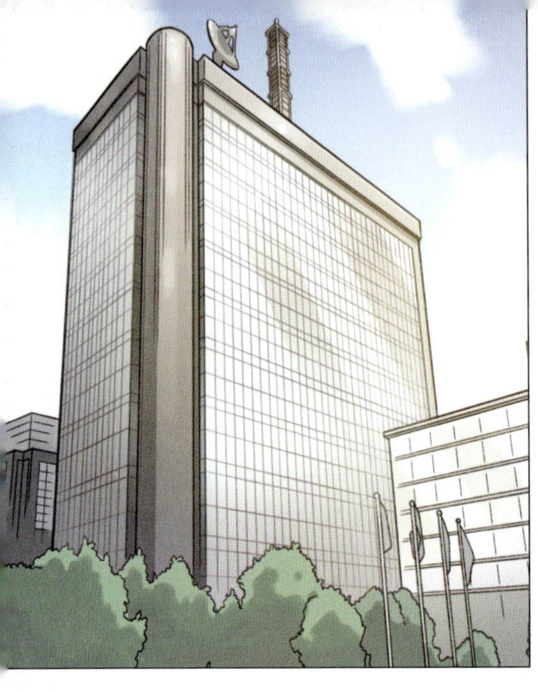

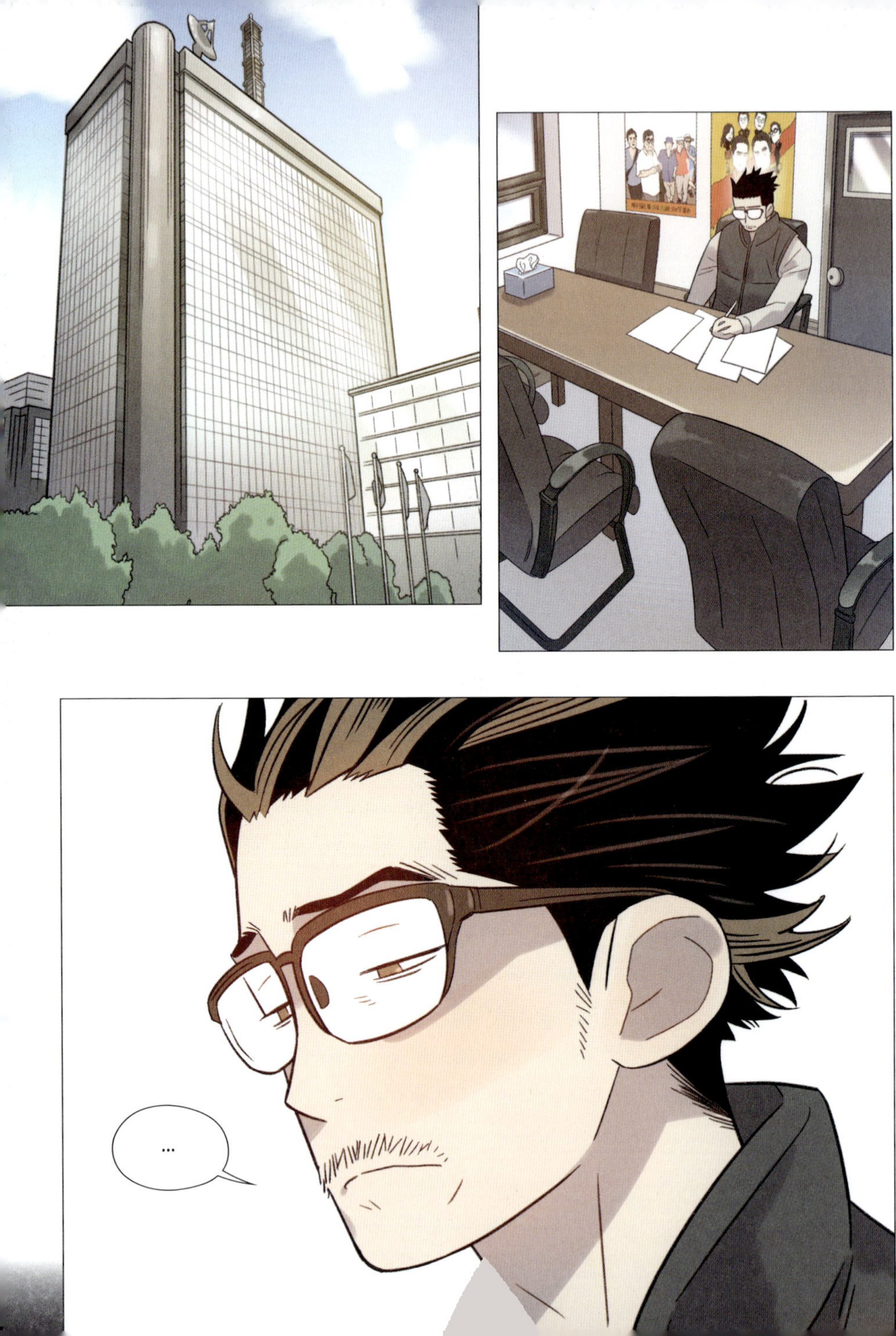

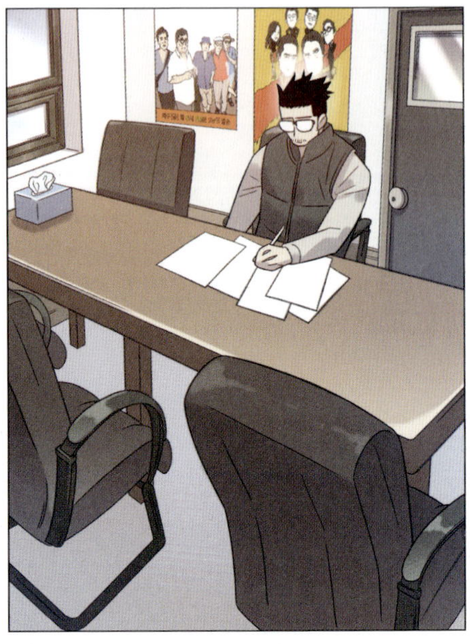

…

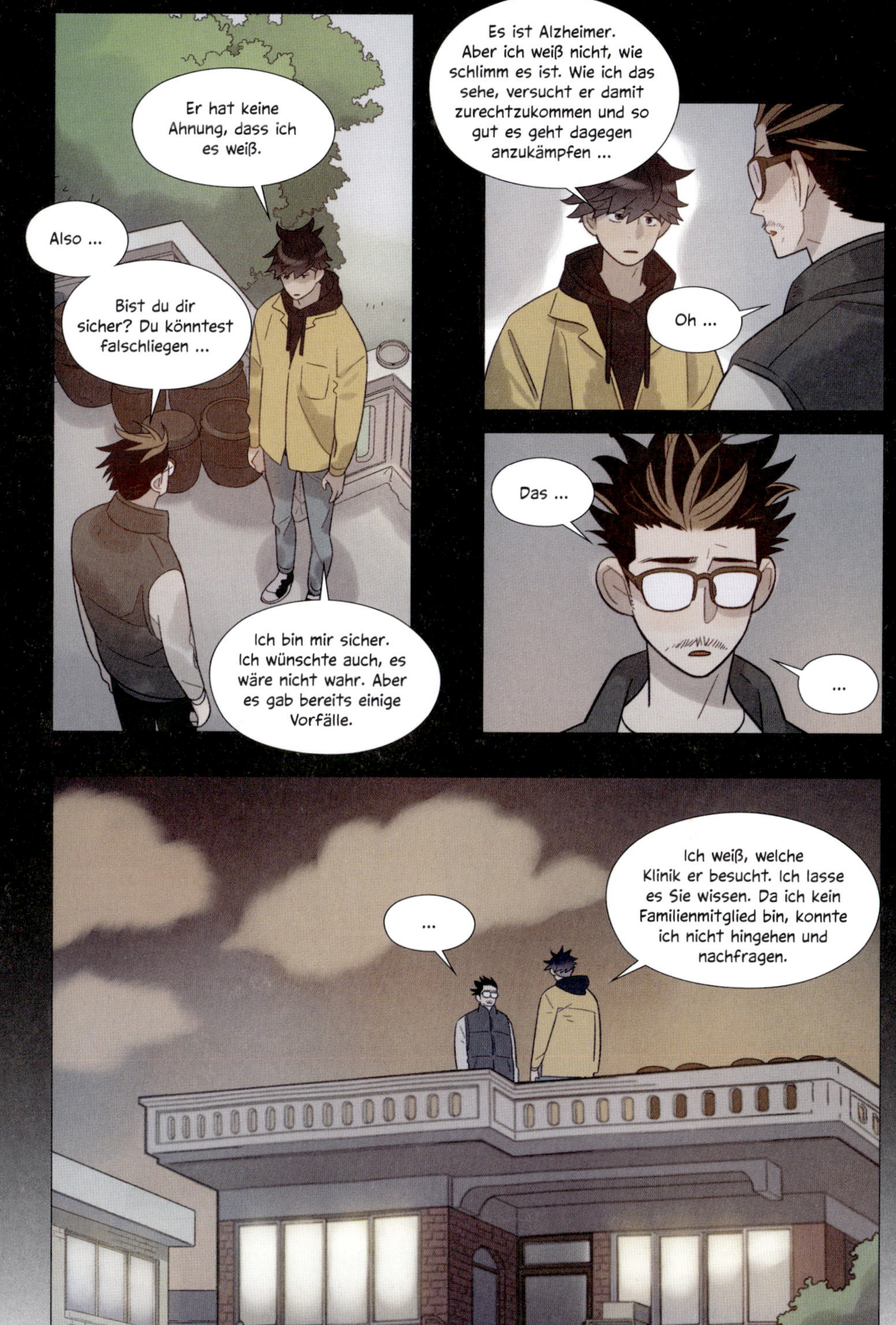
Er hat keine Ahnung, dass ich es weiß.
Also ...
Bist du dir sicher? Du könntest falschliegen ...
Ich bin mir sicher. Ich wünschte auch, es wäre nicht wahr. Aber es gab bereits einige Vorfälle.
Es ist Alzheimer. Aber ich weiß nicht, wie schlimm es ist. Wie ich das sehe, versucht er damit zurechtzukommen und so gut es geht dagegen anzukämpfen ...
Oh ...
Das ...
...
Ich weiß, welche Klinik er besucht. Ich lasse es Sie wissen. Da ich kein Familienmitglied bin, konnte ich nicht hingehen und nachfragen.
...

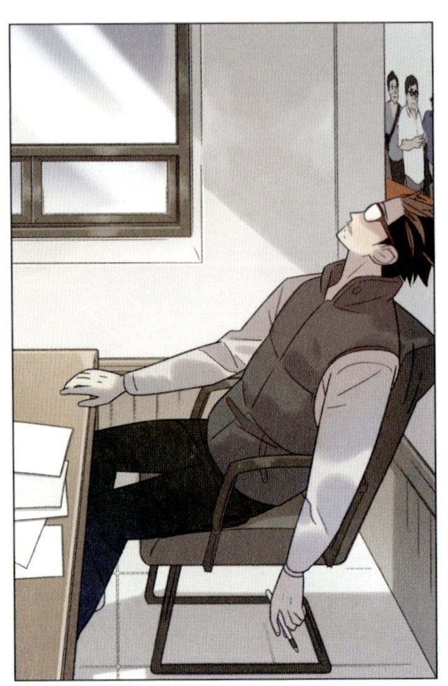

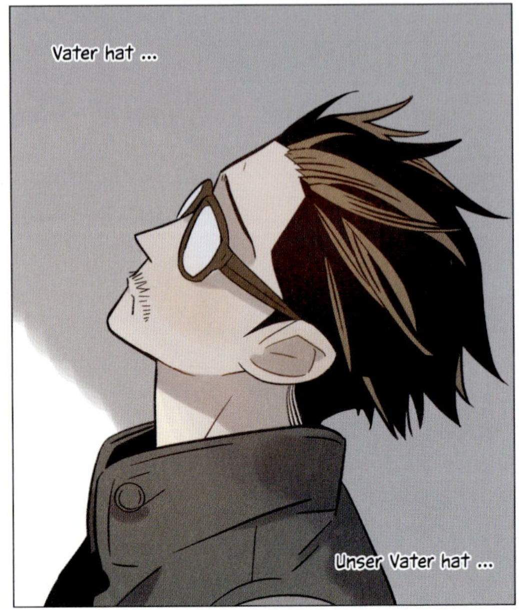
Vater hat ...
Unser Vater hat ...

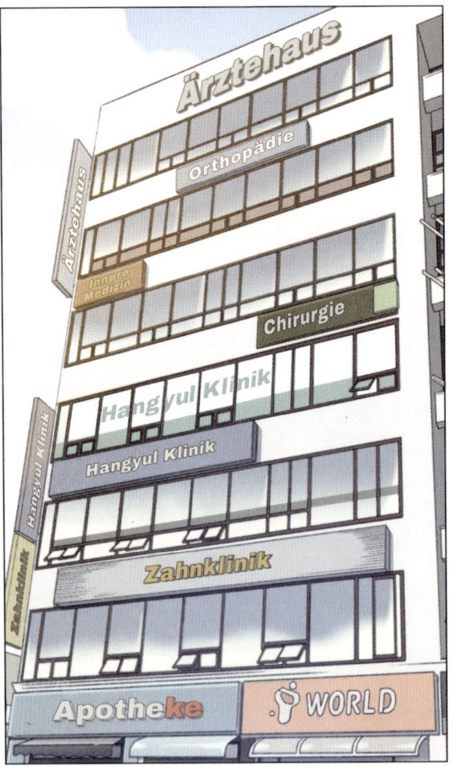
Ärztehaus
Orthopädie
Ärztehaus
Innere Medizin
Chirurgie
Hangyul Klinik
Hangyul Klinik
Hangyul Klinik
Zahnklinik
Zahnklinik
Apotheke
WORLD

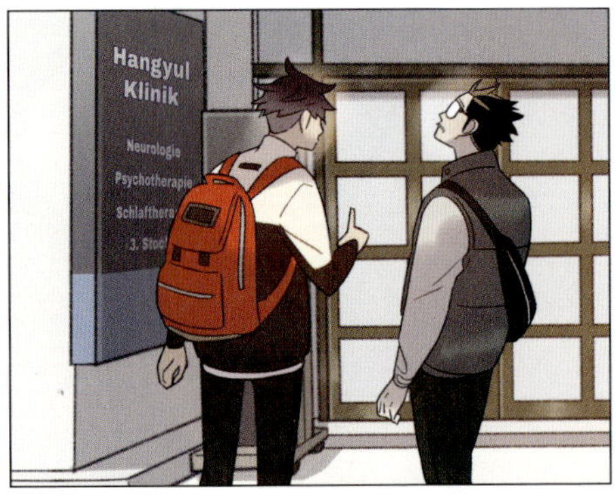
Hangyul Klinik
Neurologie
Psychotherapie

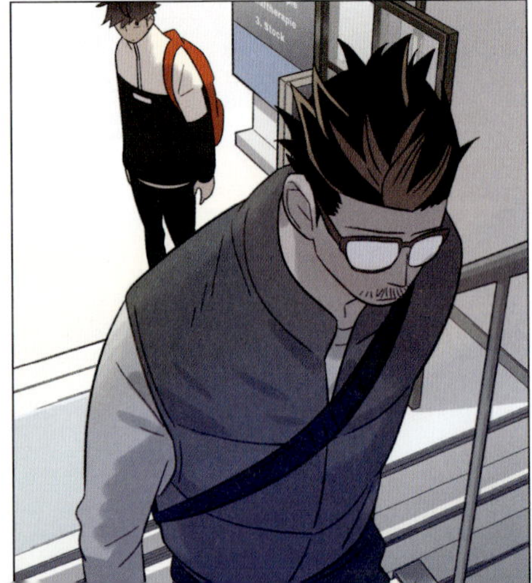

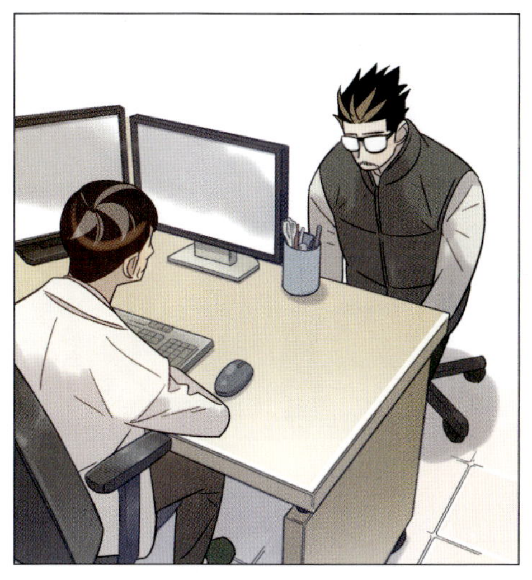

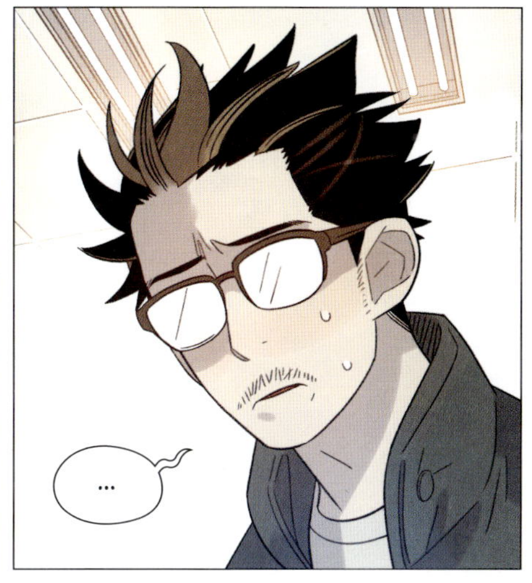
...

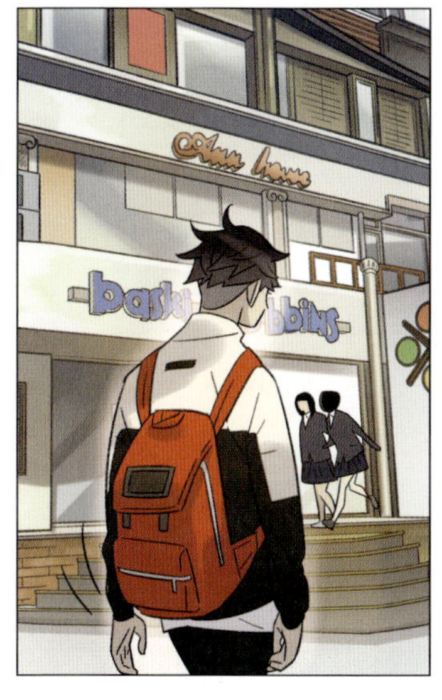

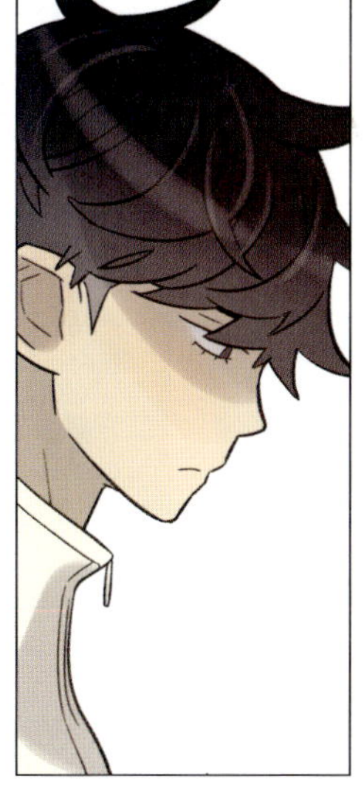

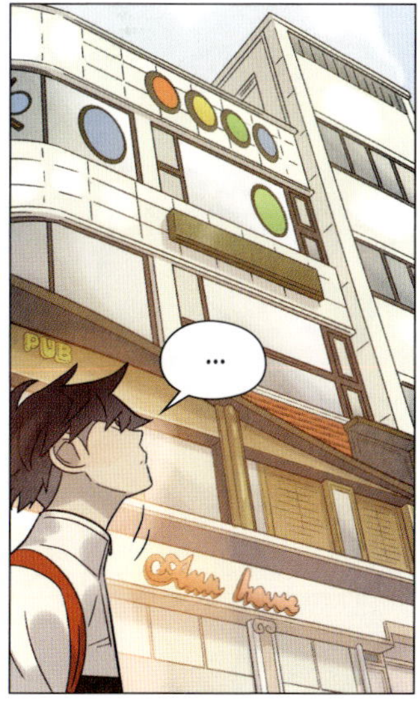
PUB
...

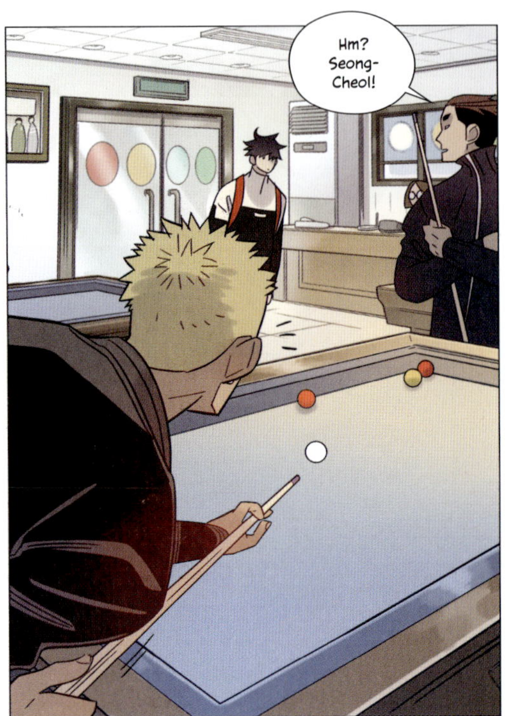
Hm?
Seong-
Cheol!
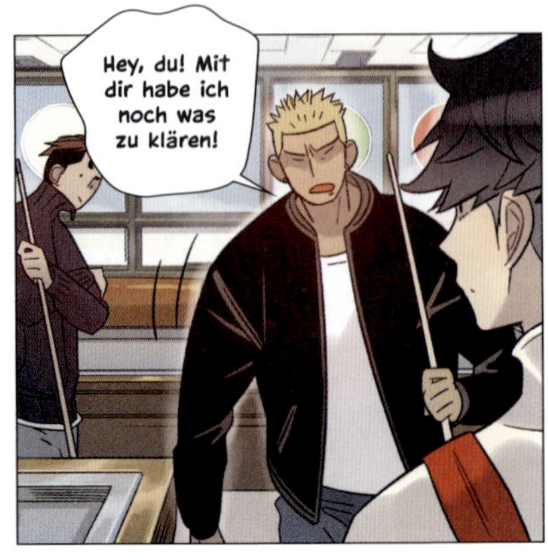
Hey, du! Mit
dir habe ich
noch was
zu klären!
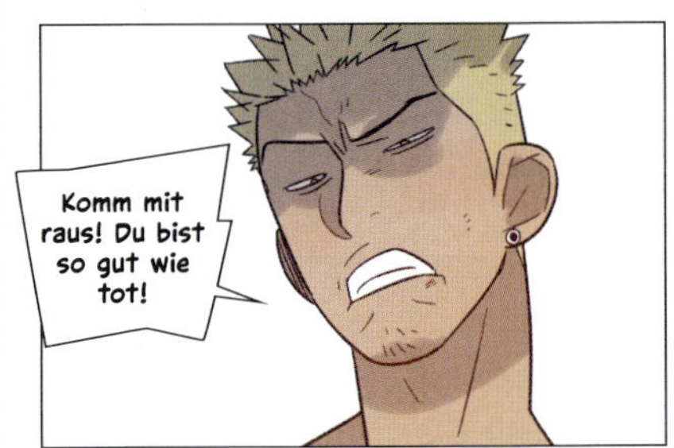
Komm mit
raus! Du bist
so gut wie
tot!
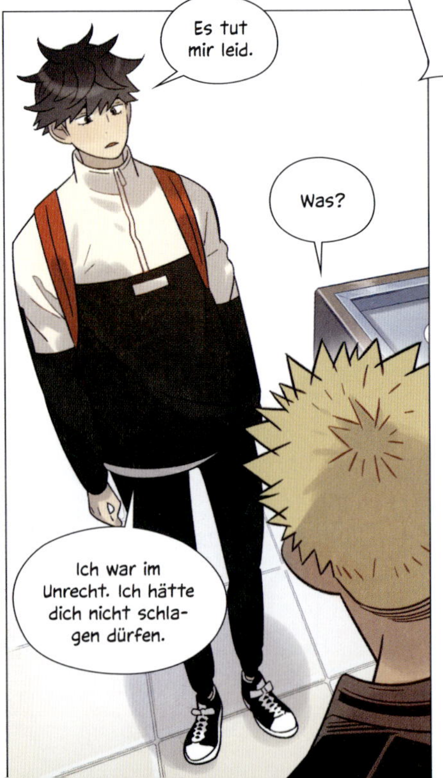
Es tut
mir leid.
Was?
Ich war im
Unrecht. Ich hätte
dich nicht schla-
gen dürfen.
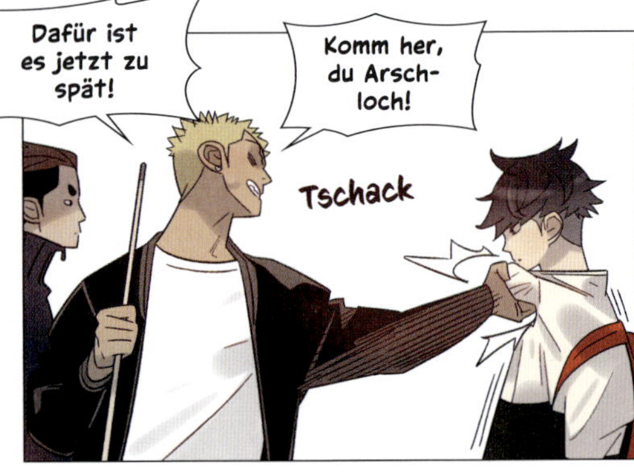
Dafür ist
es jetzt zu
spät!
Komm her,
du Arsch-
loch!
Tschack
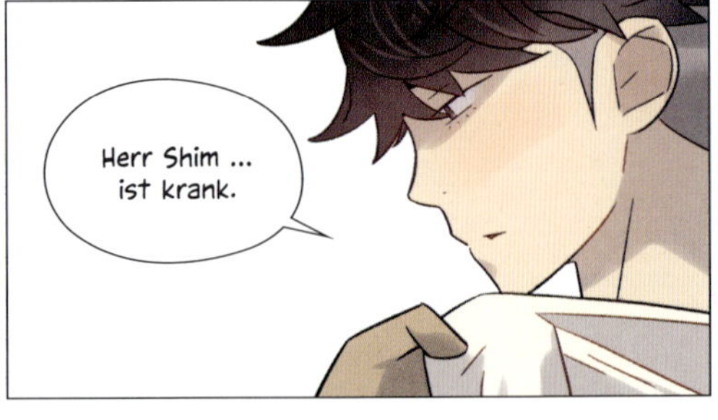
Herr Shim ...
ist krank.

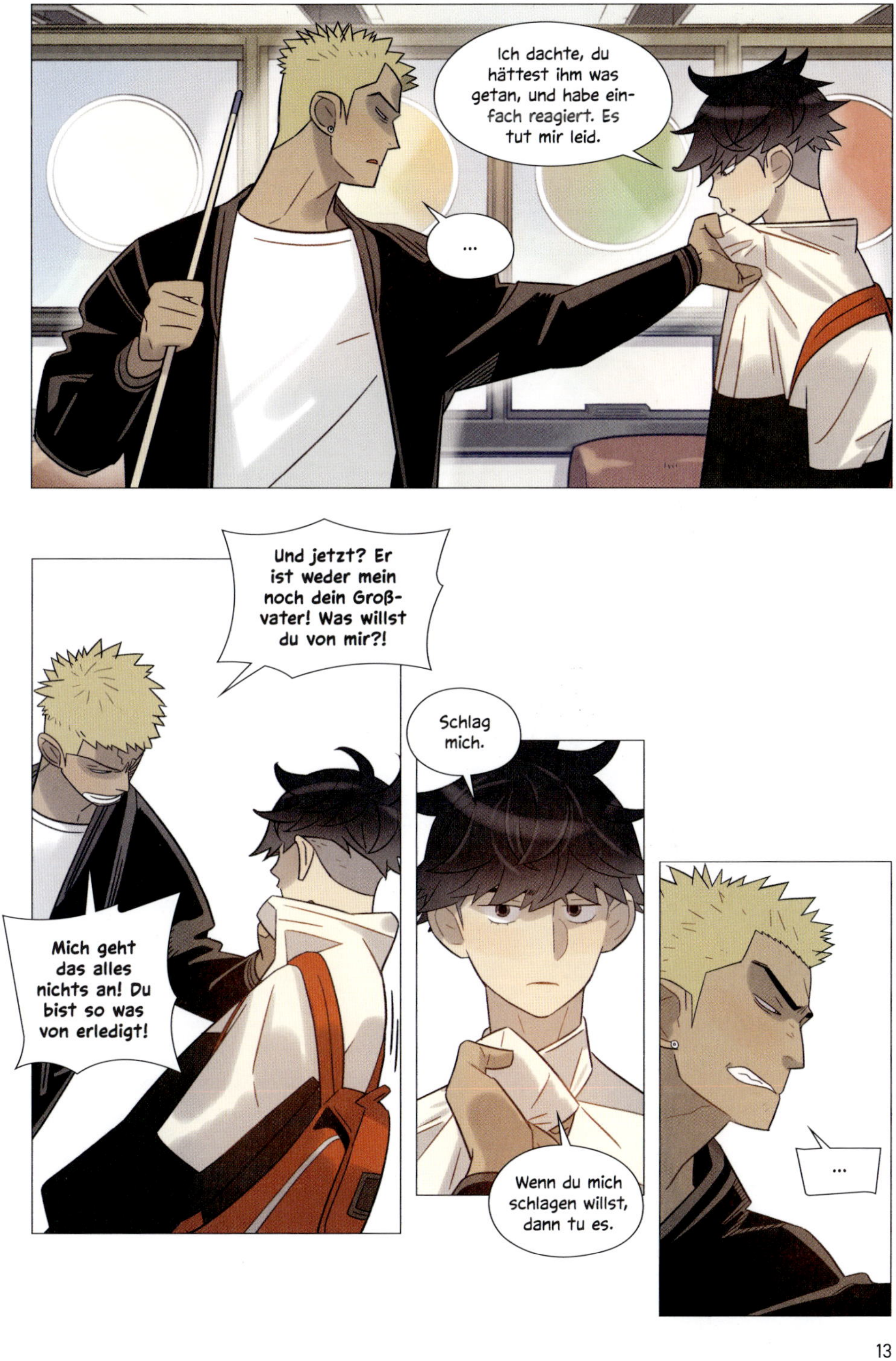

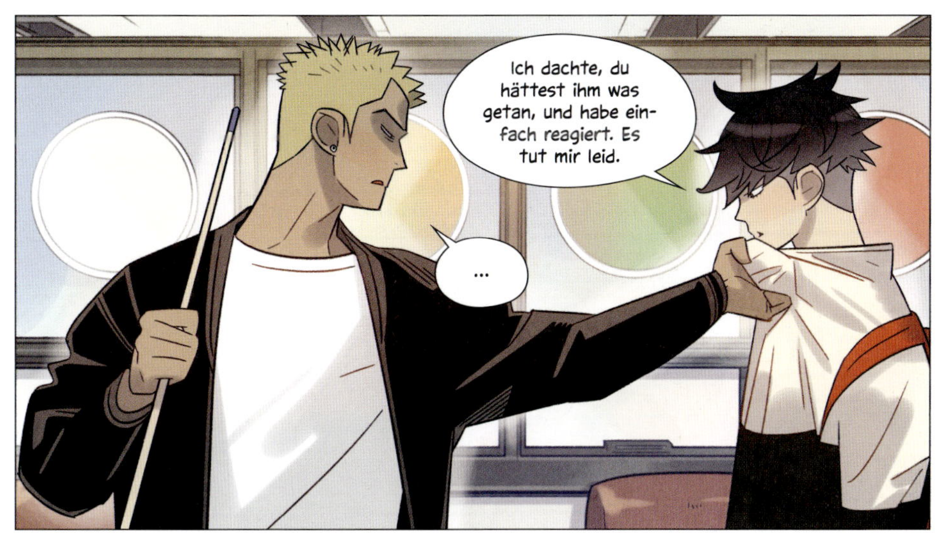
Ich dachte, du hättest ihm was getan, und habe einfach reagiert. Es tut mir leid.
...

Und jetzt? Er ist weder mein noch dein Großvater! Was willst du von mir?!
Mich geht das alles nichts an! Du bist so was von erledigt!
Schlag mich.
Wenn du mich schlagen willst, dann tu es.
...

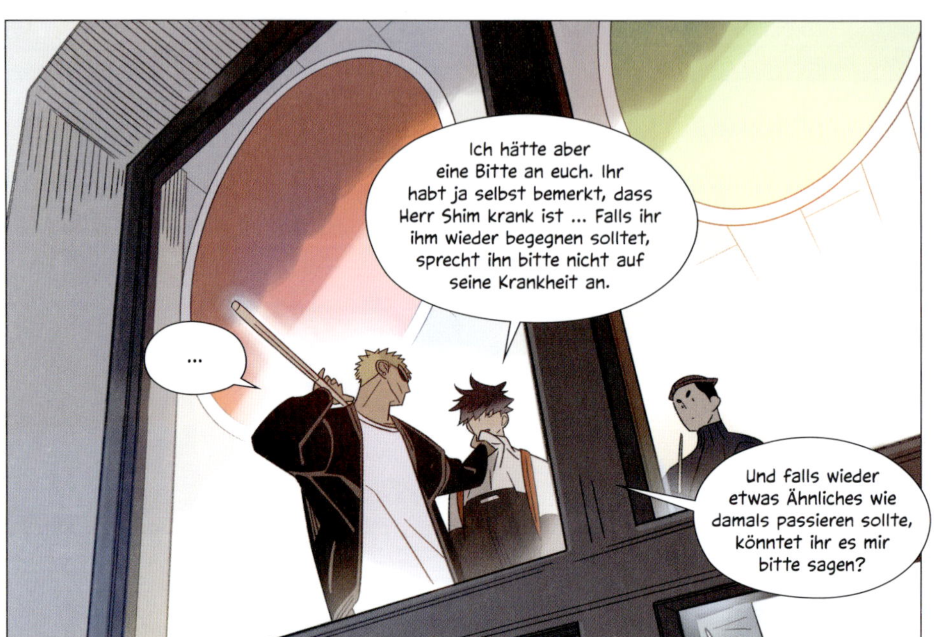

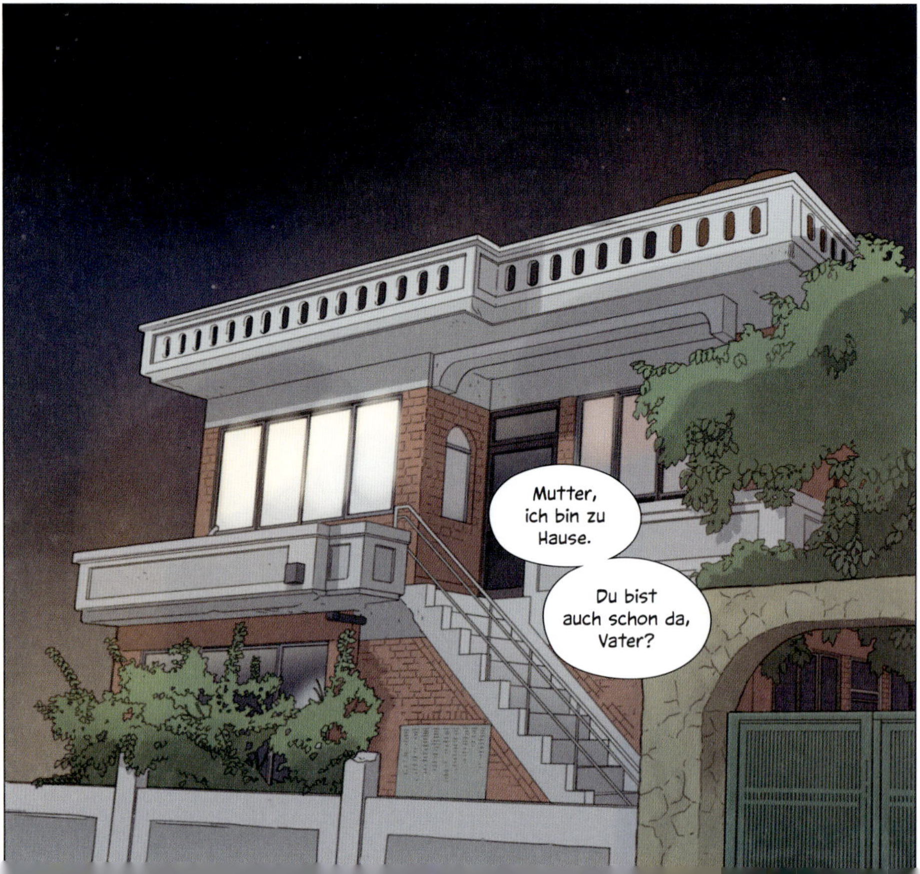

Mutter, ich bin zu Hause.

Du bist auch schon da, Vater?

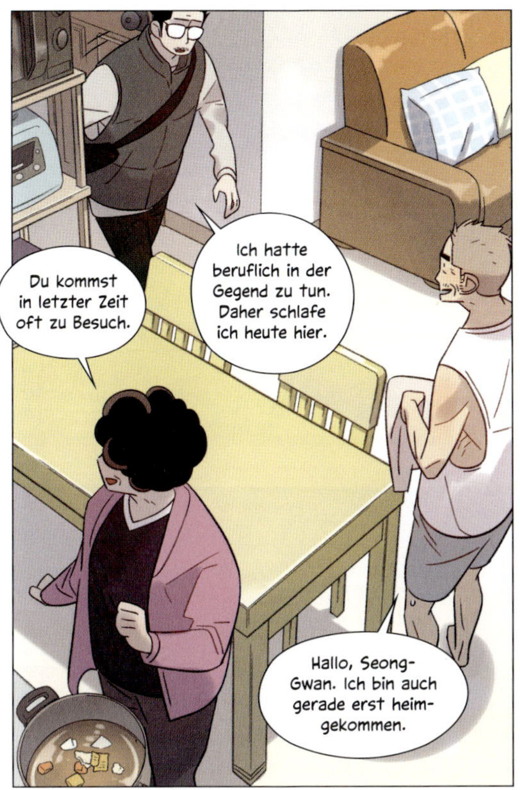
Du kommst in letzter Zeit oft zu Besuch.
Ich hatte beruflich in der Gegend zu tun. Daher schlafe ich heute hier.
Hallo, Seong-Gwan. Ich bin auch gerade erst heim-gekommen.

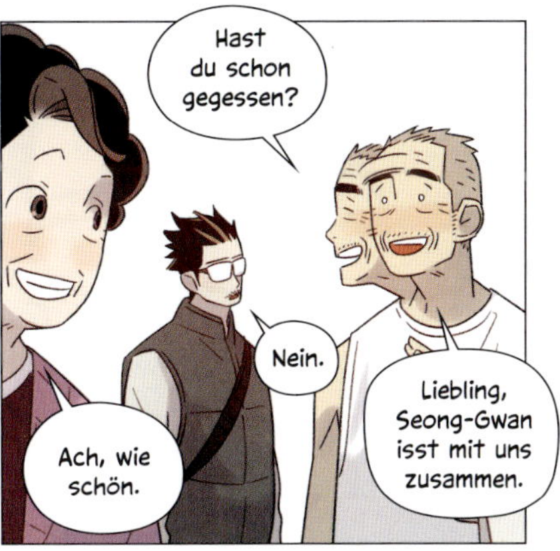
Hast du schon gegessen?
Nein.
Ach, wie schön.
Liebling, Seong-Gwan isst mit uns zusammen.

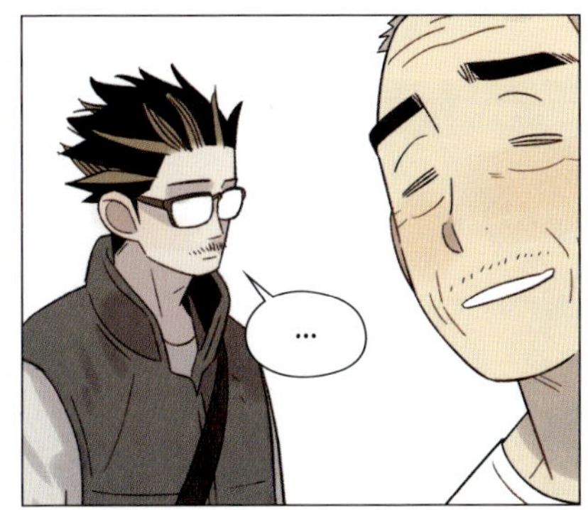
...

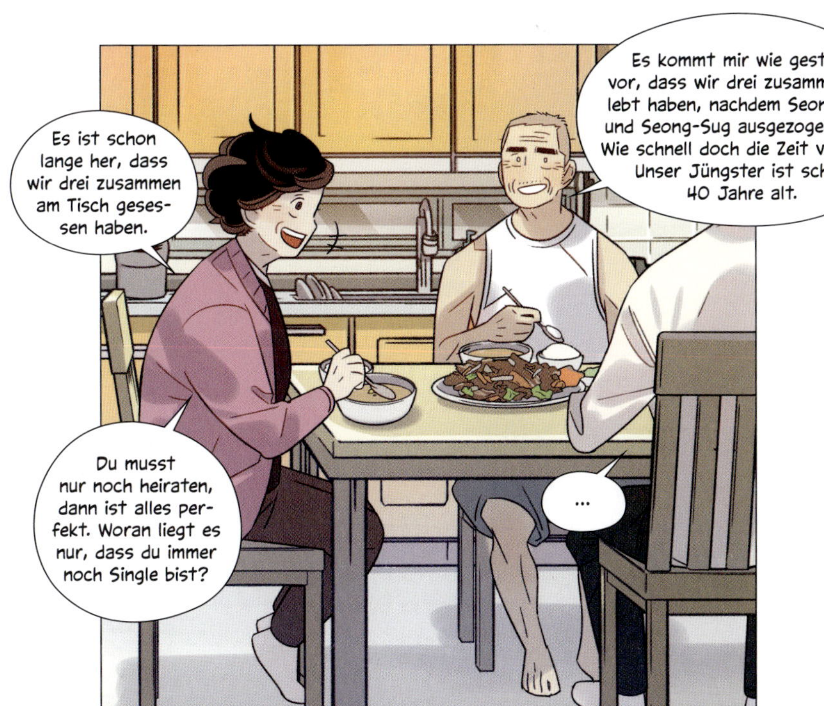
Es ist schon lange her, dass wir drei zusammen am Tisch geses-sen haben.
Es kommt mir wie gestern vor, dass wir drei zusammenge-lebt haben, nachdem Seong-San und Seong-Sug ausgezogen sind. Wie schnell doch die Zeit vergeht. Unser Jüngster ist schon 40 Jahre alt.
Du musst nur noch heiraten, dann ist alles per-fekt. Woran liegt es nur, dass du immer noch Single bist?
...

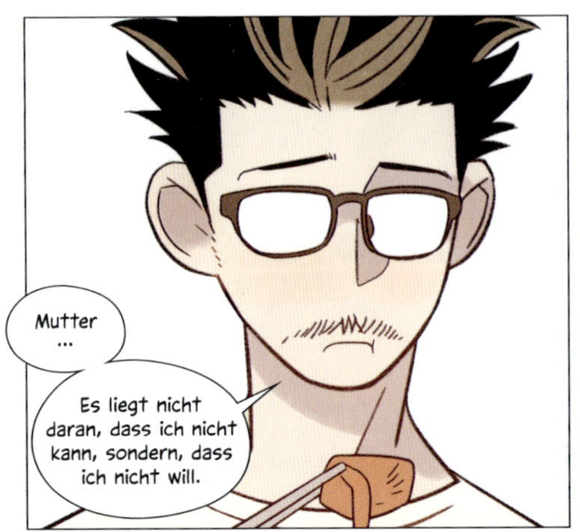
Mutter
...
Es liegt nicht daran, dass ich nicht kann, sondern, dass ich nicht will.

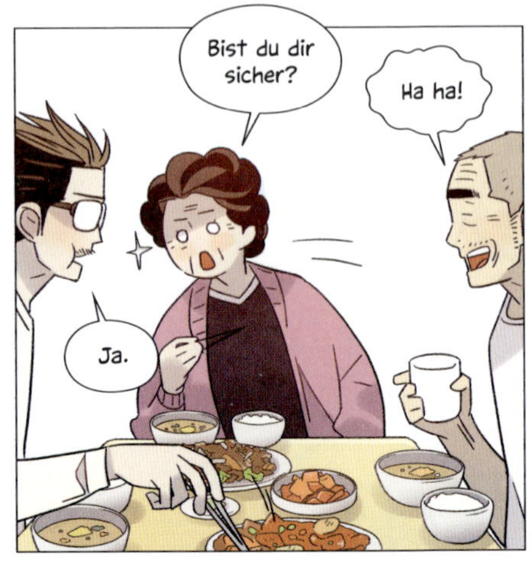
Bist du dir sicher?
Ha ha!
Ja.

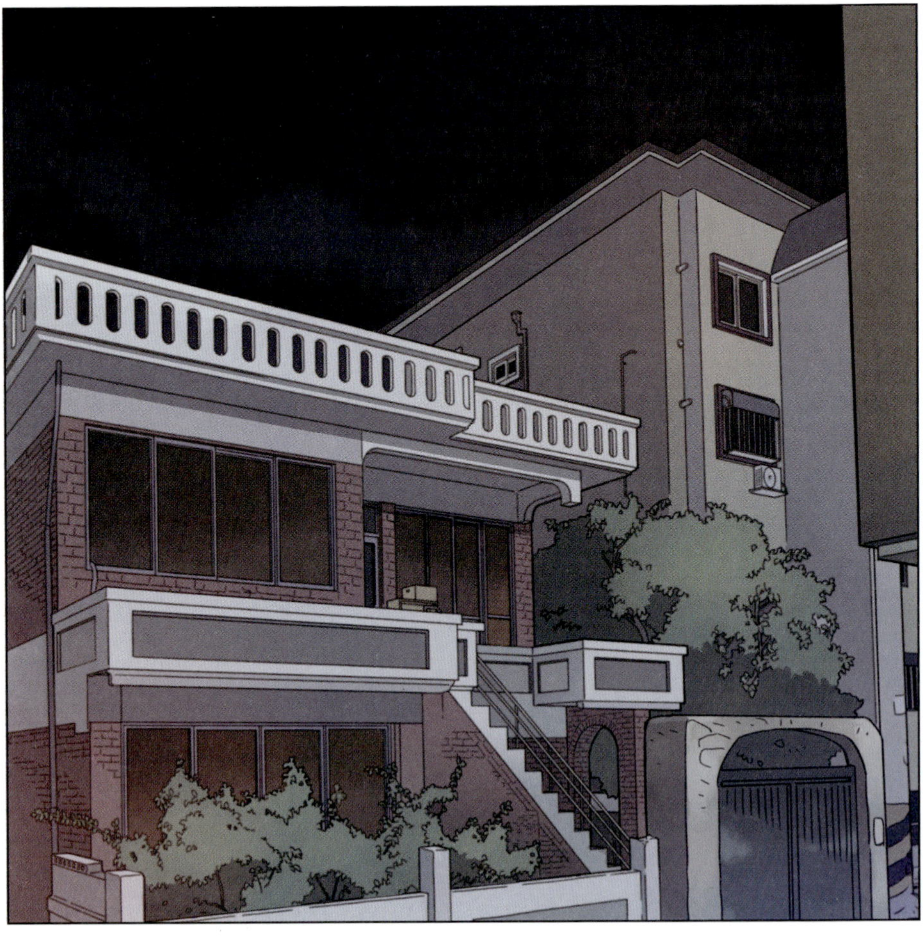

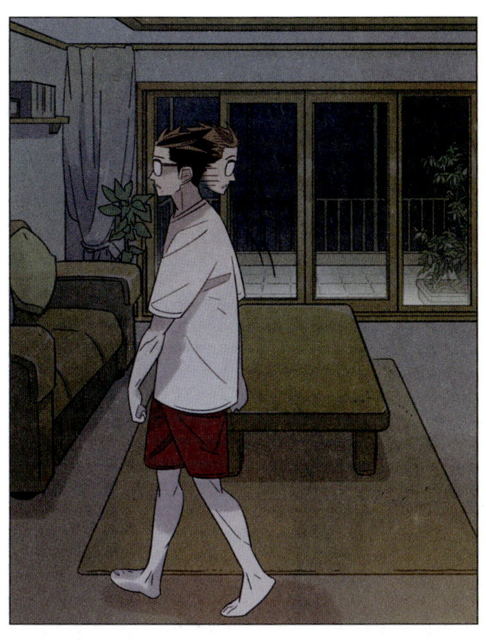
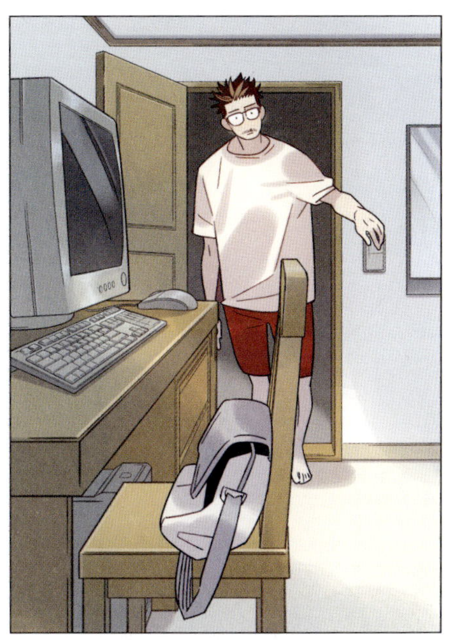
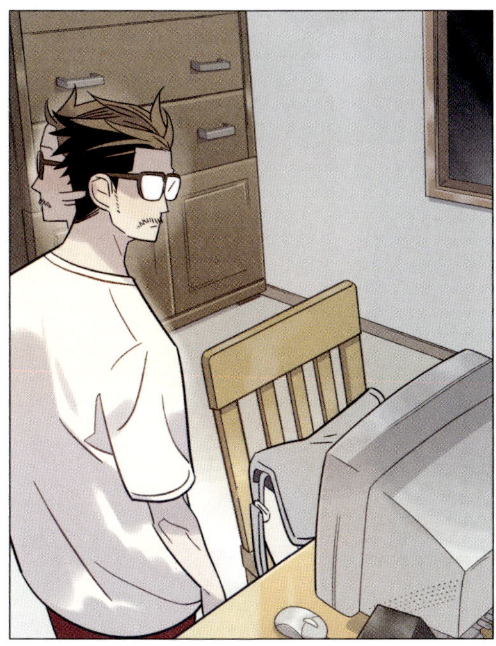
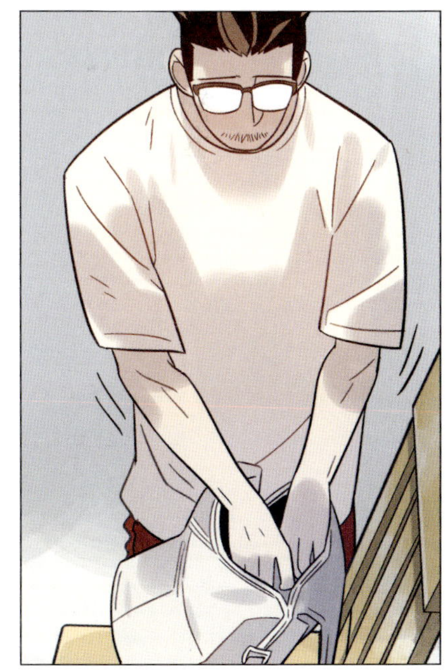

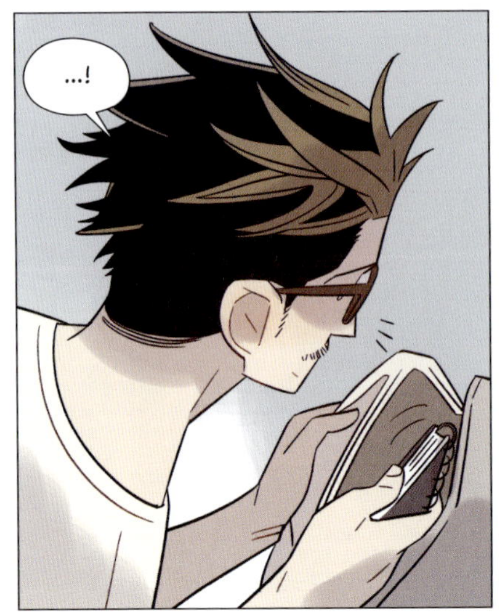

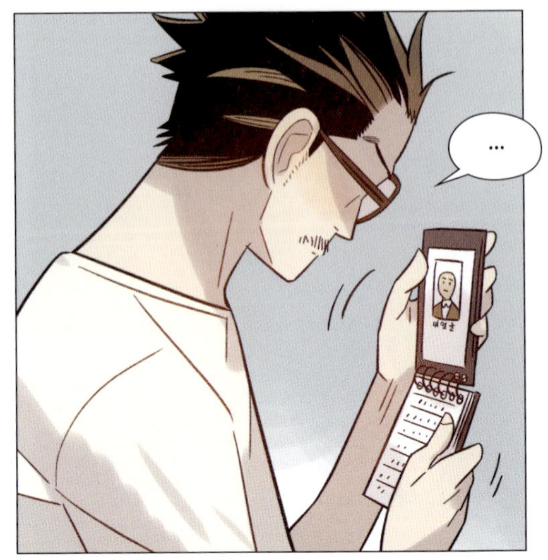

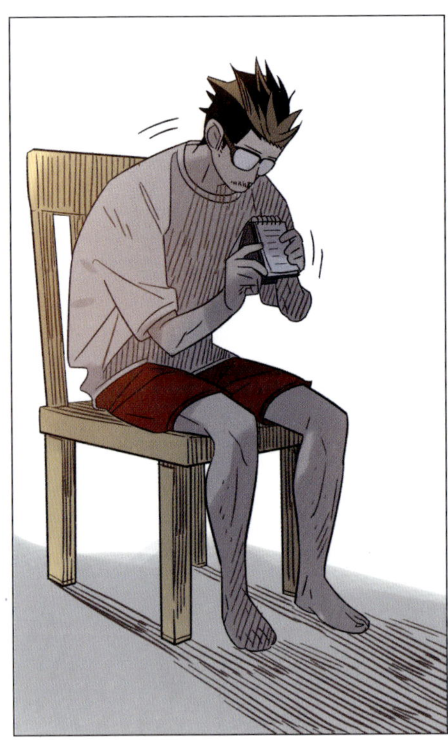

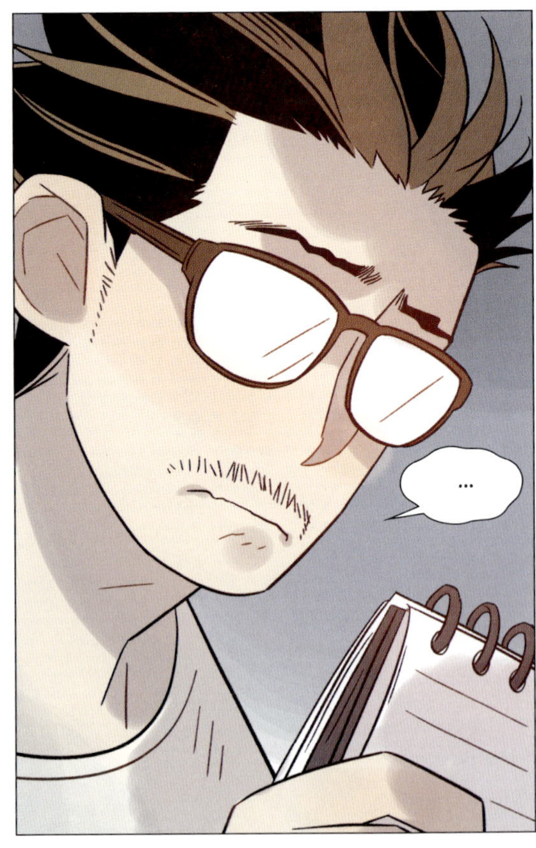

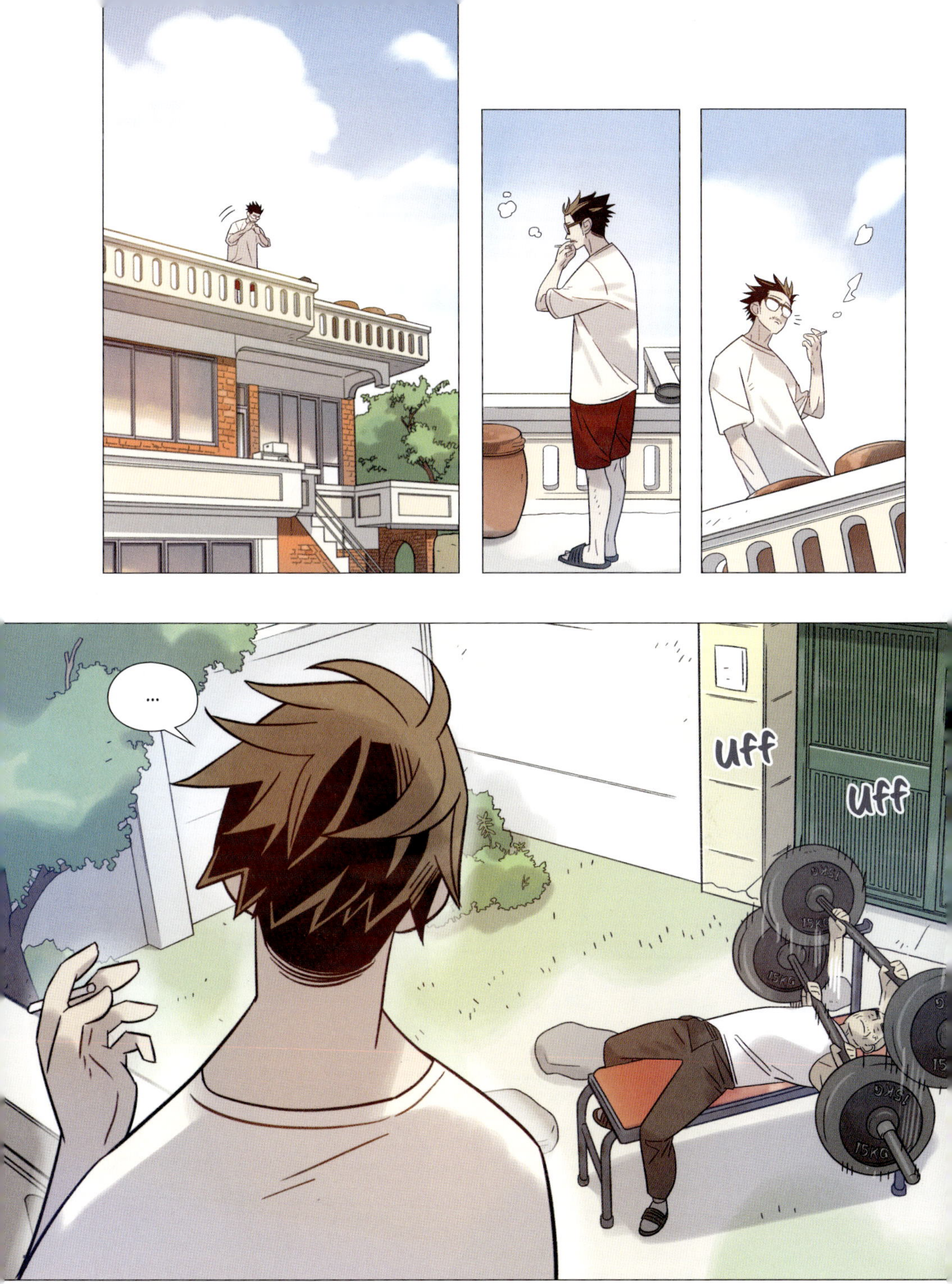

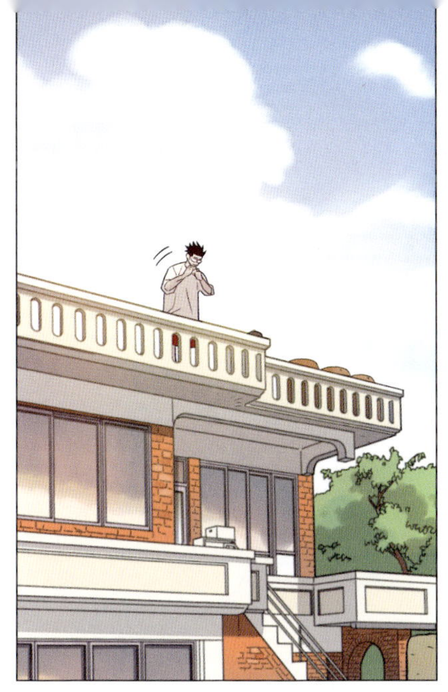

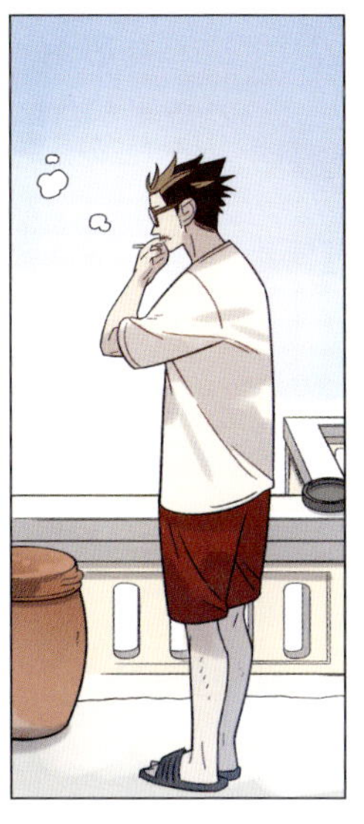

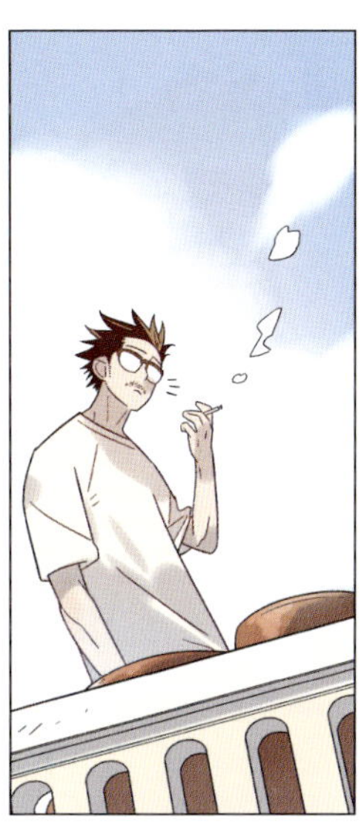

...

uff

uff

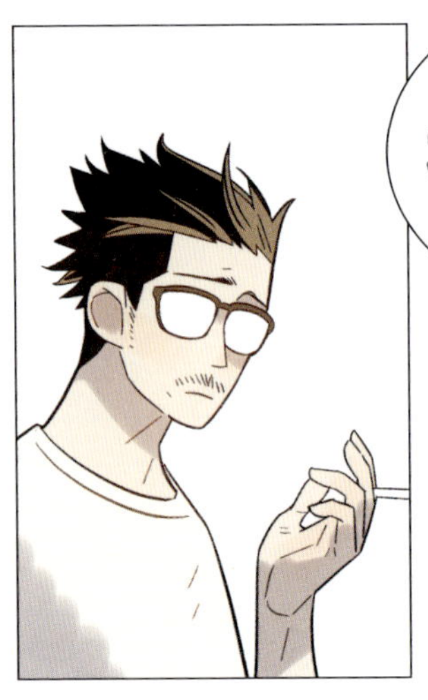

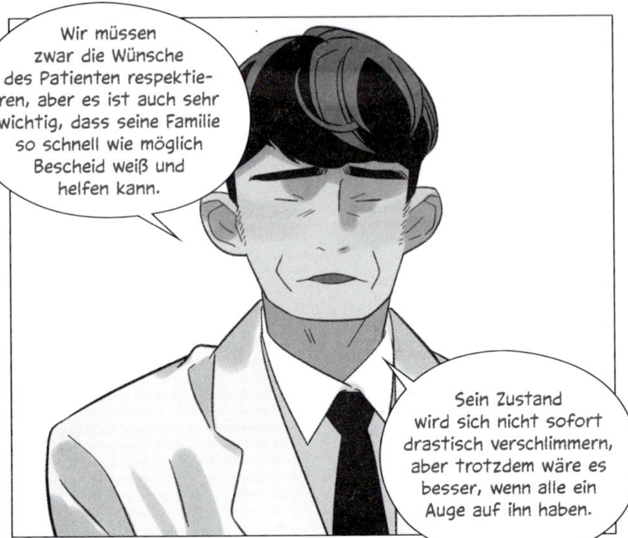
Wir müssen zwar die Wünsche des Patienten respektie-ren, aber es ist auch sehr wichtig, dass seine Familie so schnell wie möglich Bescheid weiß und helfen kann.
Sein Zustand wird sich nicht sofort drastisch verschlimmern, aber trotzdem wäre es besser, wenn alle ein Auge auf ihn haben.

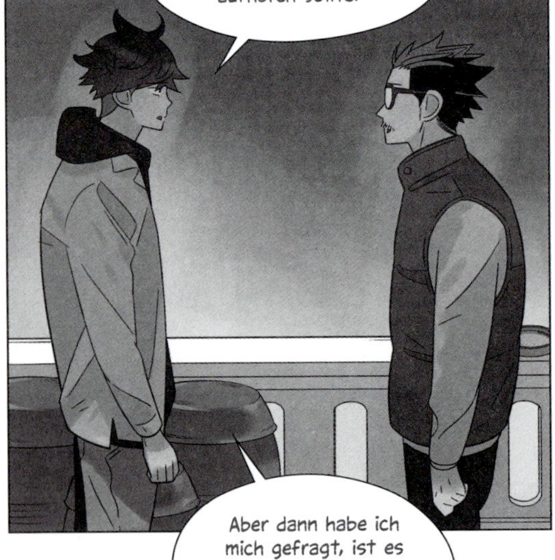
Ich konnte es ihm einfach nicht sagen ... dass ich es weiß! Auch nicht, dass er deswegen mit Ballett aufhören sollte.
Aber dann habe ich mich gefragt, ist es wirklich zu viel? Muss er wirklich mit Ballett aufhören?

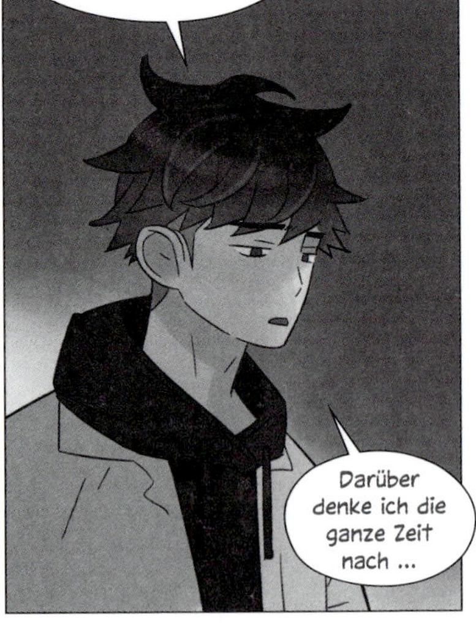
Herr Shim gibt sein Bestes. Habe ich da das Recht, ihn davon abzuhalten?
Darüber denke ich die ganze Zeit nach ...

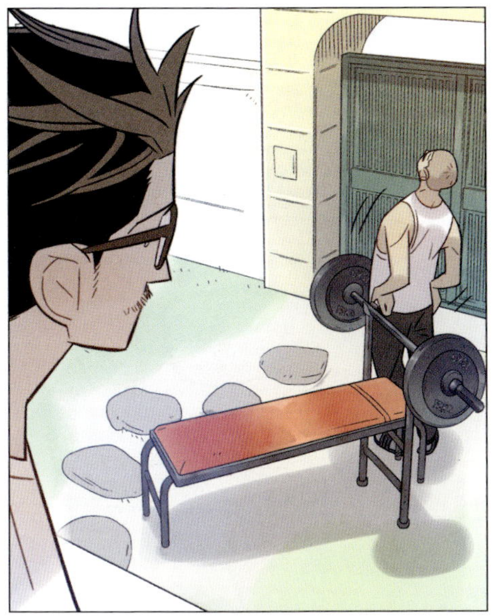

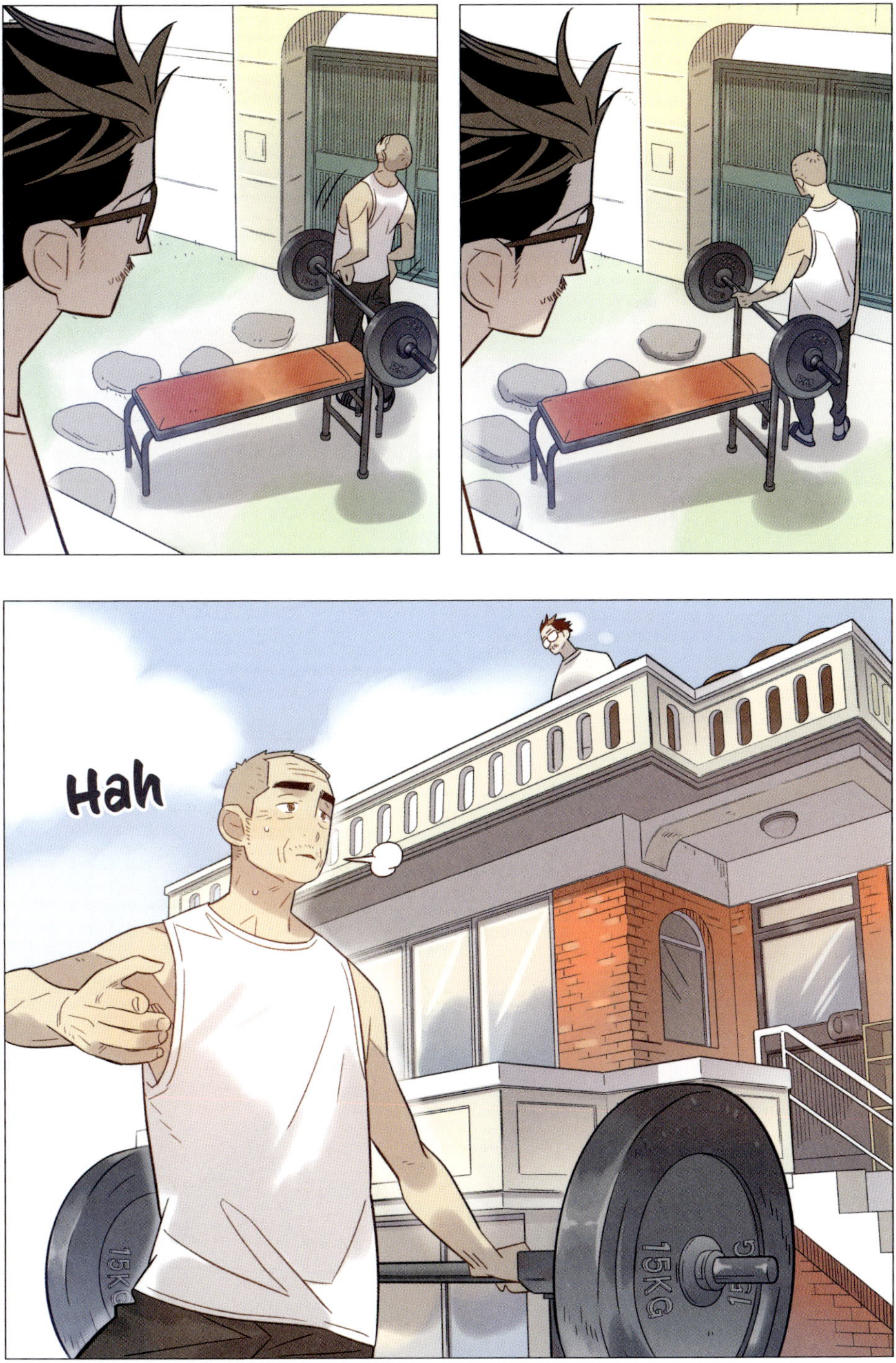

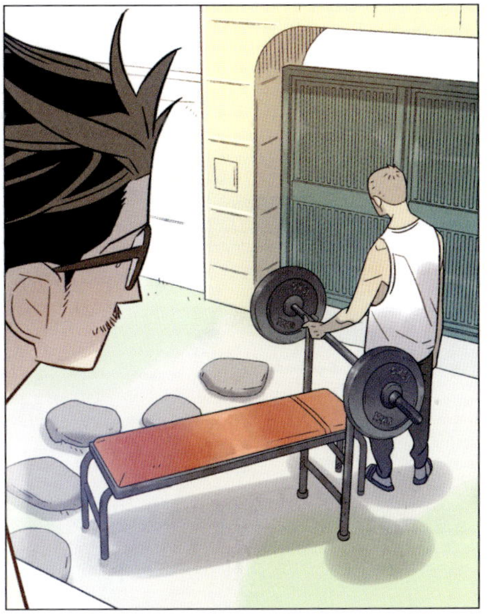

Hah

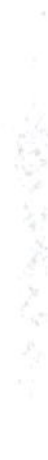

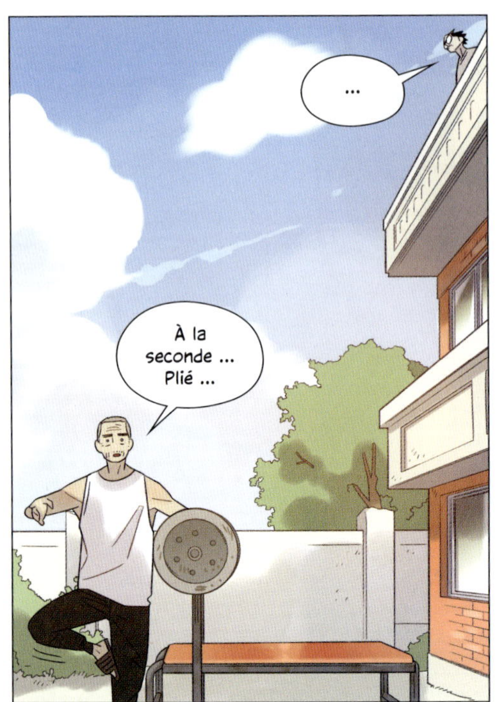

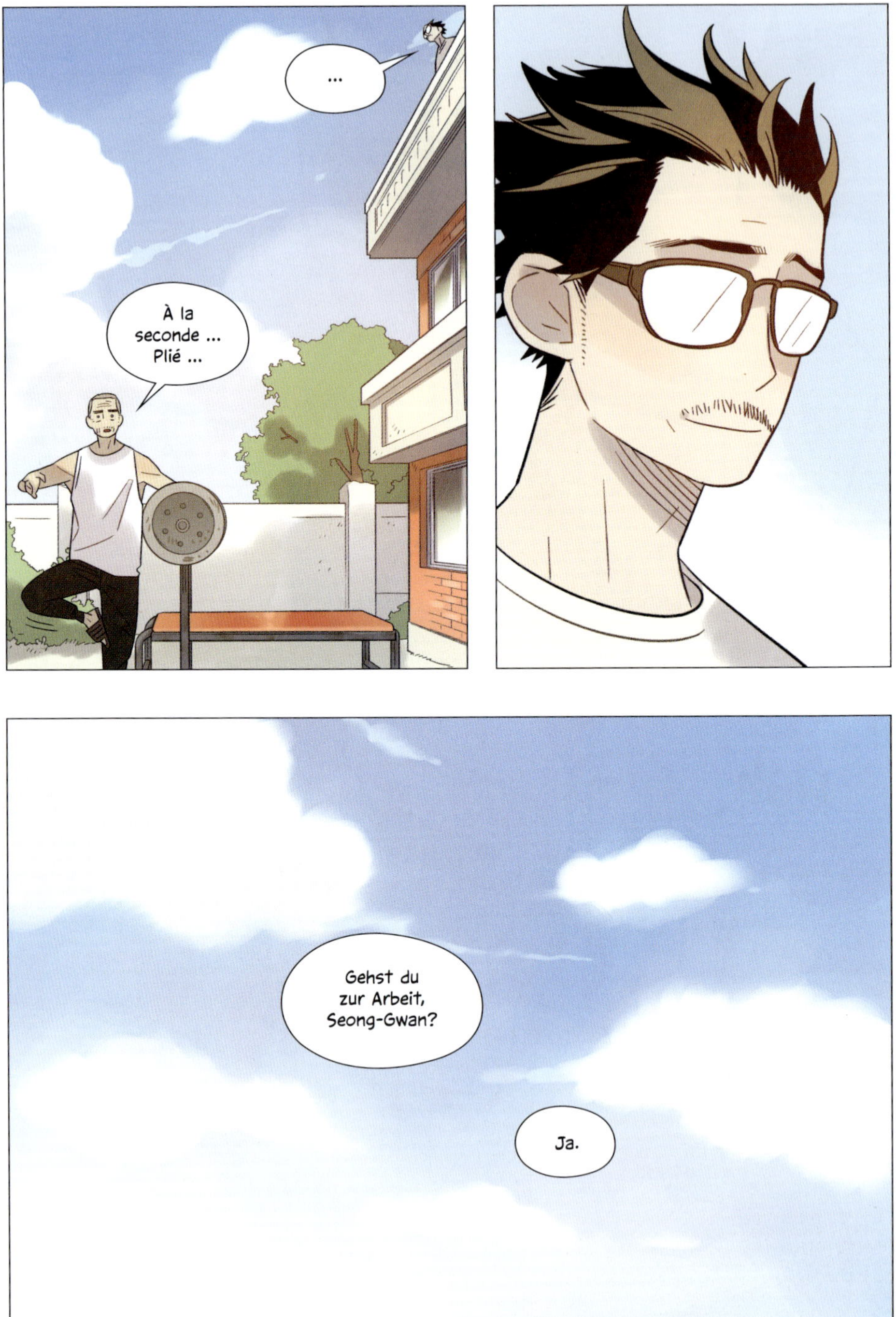

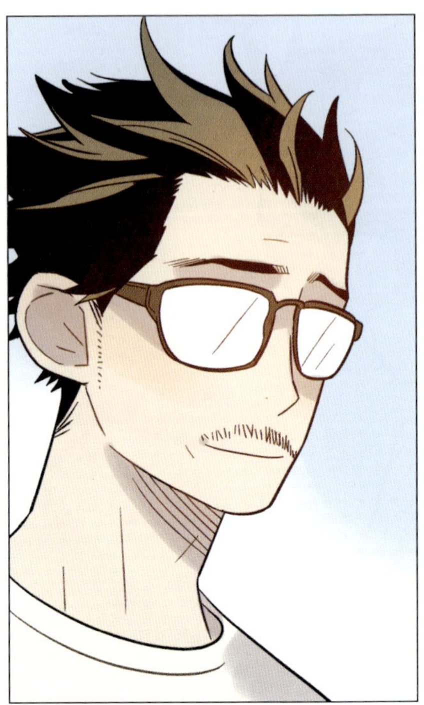

Gehst du zur Arbeit, Seong-Gwan?

Ja.

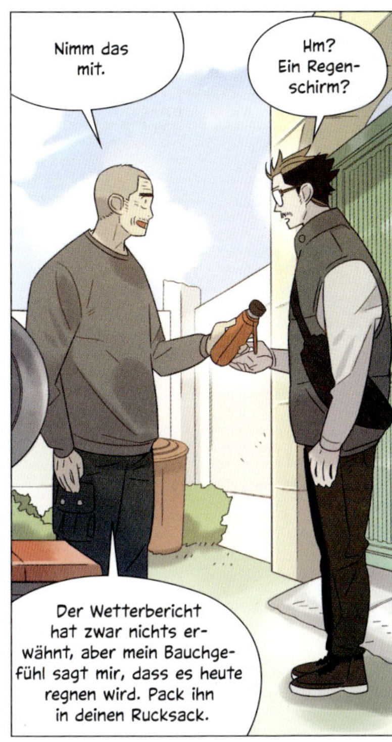
Nimm das mit.
Hm? Ein Regenschirm?
Der Wetterbericht hat zwar nichts erwähnt, aber mein Bauchgefühl sagt mir, dass es heute regnen wird. Pack ihn in deinen Rucksack.

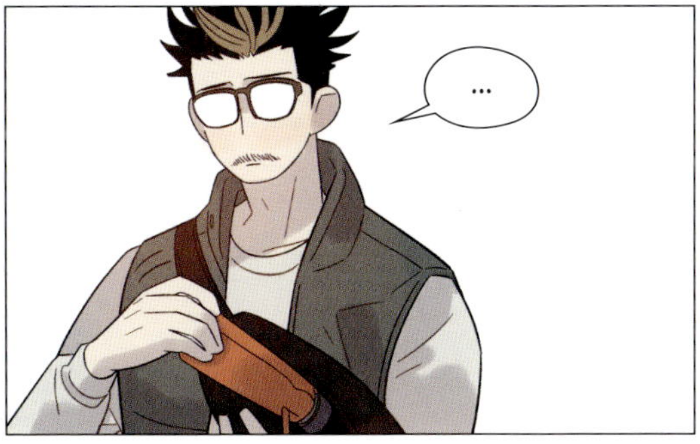
...

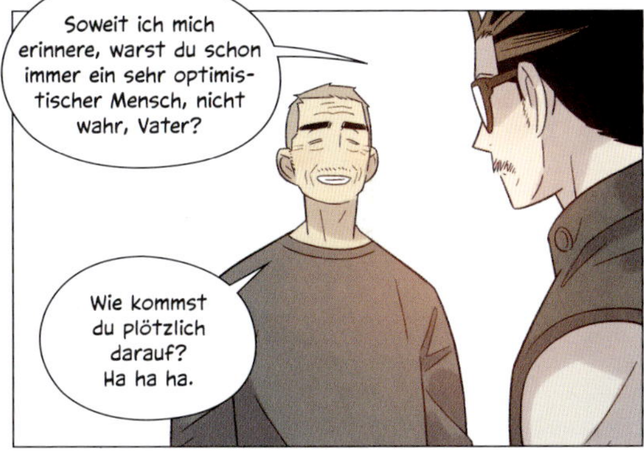
Soweit ich mich erinnere, warst du schon immer ein sehr optimistischer Mensch, nicht wahr, Vater?
Wie kommst du plötzlich darauf? Ha ha ha.

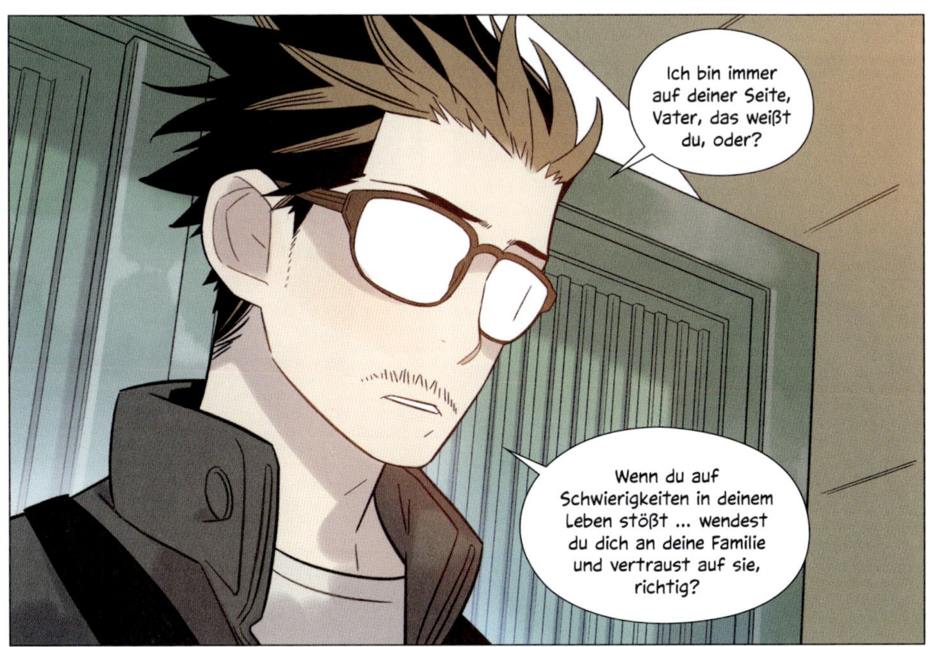
Ich bin immer auf deiner Seite, Vater, das weißt du, oder?
Wenn du auf Schwierigkeiten in deinem Leben stößt ... wendest du dich an deine Familie und vertraust auf sie, richtig?

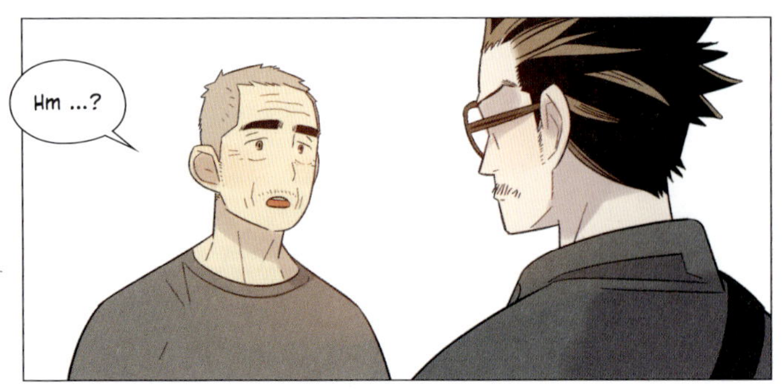
Hm ...?

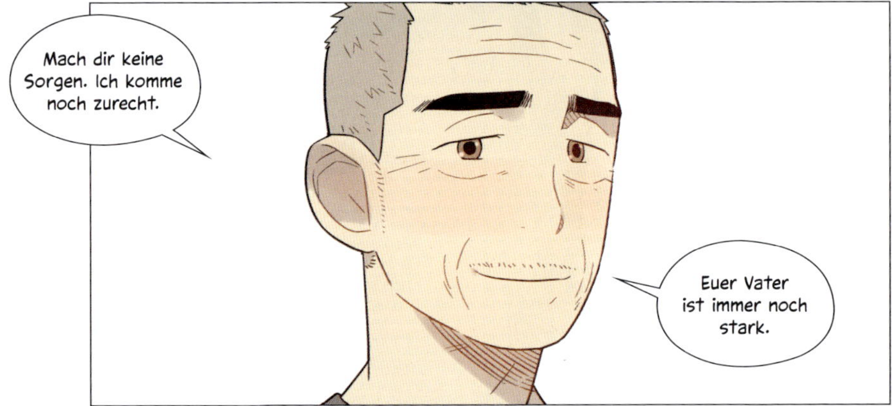
Mach dir keine Sorgen. Ich komme noch zurecht.
Euer Vater ist immer noch stark.

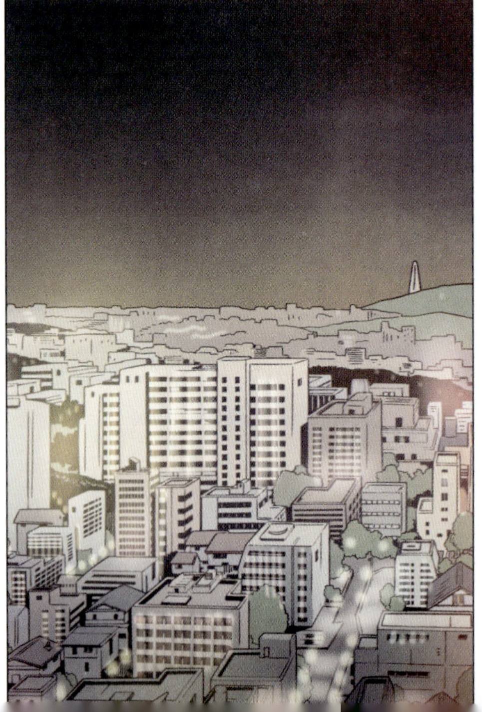

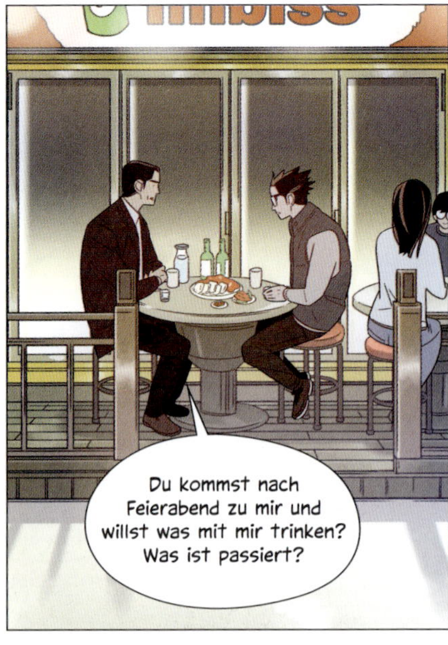
Du kommst nach Feierabend zu mir und willst was mit mir trinken? Was ist passiert?

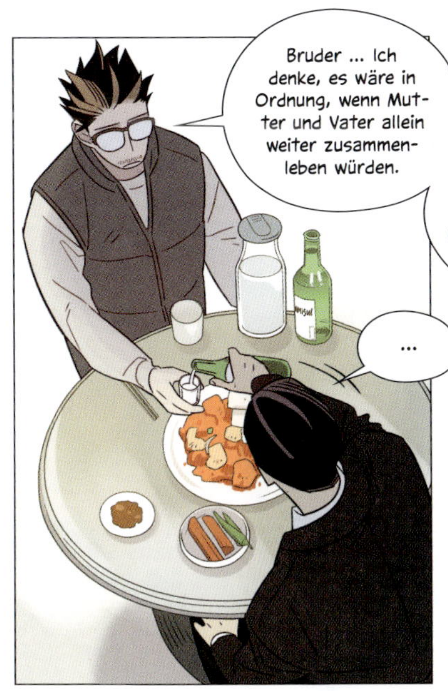
Bruder ... Ich denke, es wäre in Ordnung, wenn Mutter und Vater allein weiter zusammenleben würden.
Ich lebe gern allein. Daher dachte ich, dass sich unsere Eltern nach meinem Auszug auch wohler fühlen würden.
...

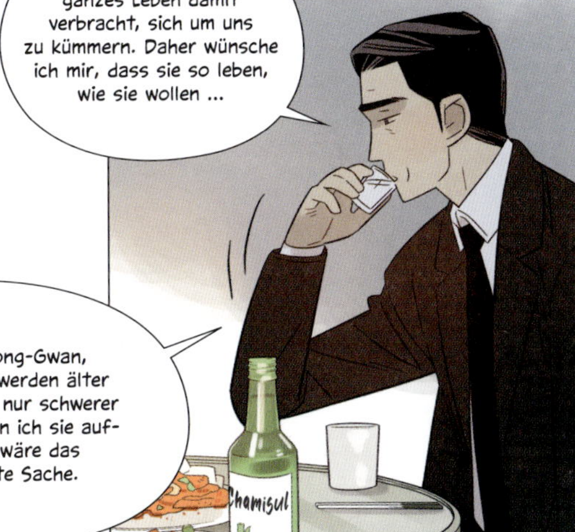
Sie haben ihr ganzes Leben damit verbracht, sich um uns zu kümmern. Daher wünsche ich mir, dass sie so leben, wie sie wollen ...
Aber Seong-Gwan, die beiden werden älter und es wird nur schwerer für sie. Wenn ich sie aufnehme, wäre das eine gute Sache.
Chamisul

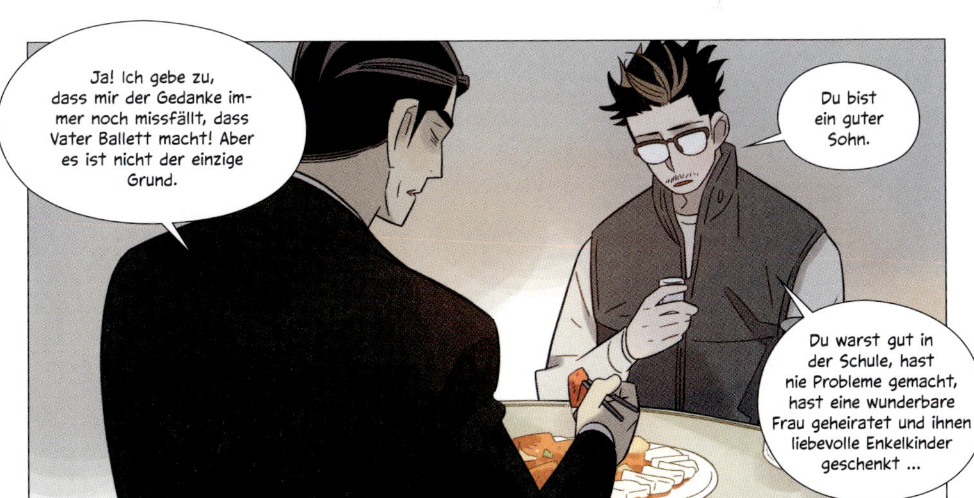
Ja! Ich gebe zu, dass mir der Gedanke immer noch missfällt, dass Vater Ballett macht! Aber es ist nicht der einzige Grund.
Du bist ein guter Sohn.
Du warst gut in der Schule, hast nie Probleme gemacht, hast eine wunderbare Frau geheiratet und ihnen liebevolle Enkelkinder geschenkt ...

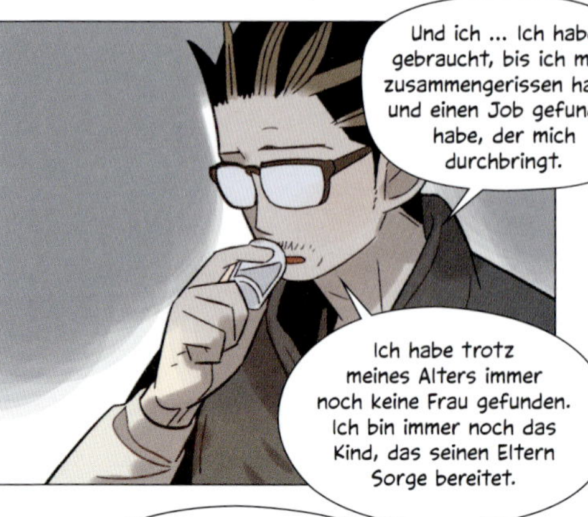
Und ich ... Ich habe gebraucht, bis ich mich zusammengerissen hatte und einen Job gefunden habe, der mich durchbringt.
Ich habe trotz meines Alters immer noch keine Frau gefunden. Ich bin immer noch das Kind, das seinen Eltern Sorge bereitet.

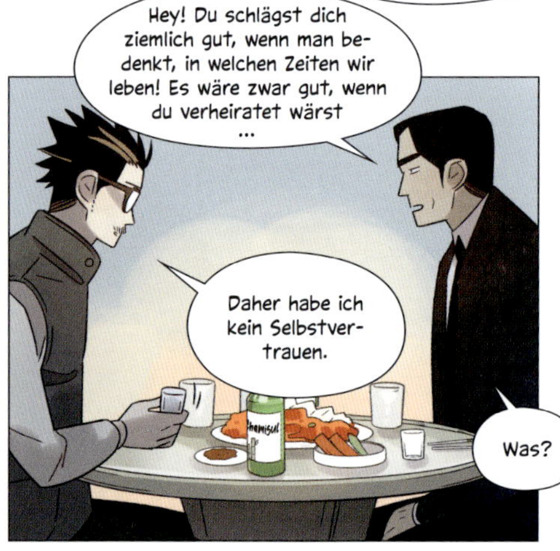
Hey! Du schlägst dich ziemlich gut, wenn man bedenkt, in welchen Zeiten wir leben! Es wäre zwar gut, wenn du verheiratet wärst ...
Daher habe ich kein Selbstvertrauen.
Was?

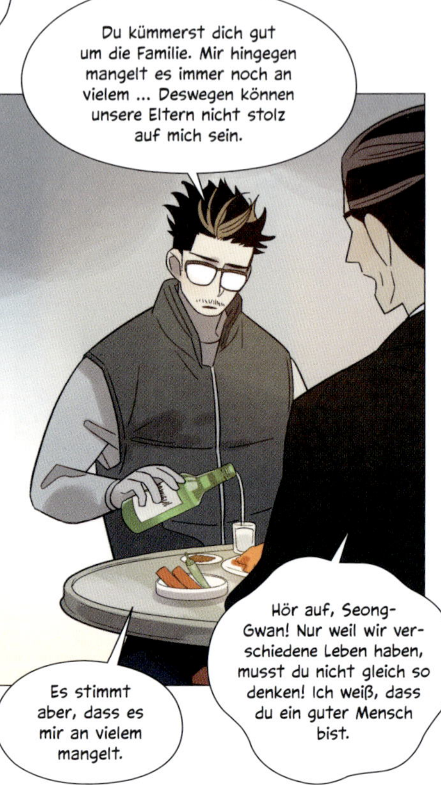
Du kümmerst dich gut um die Familie. Mir hingegen mangelt es immer noch an vielem ... Deswegen können unsere Eltern nicht stolz auf mich sein.
Hör auf, Seong-Gwan! Nur weil wir verschiedene Leben haben, musst du nicht gleich so denken! Ich weiß, dass du ein guter Mensch bist.
Es stimmt aber, dass es mir an vielem mangelt.

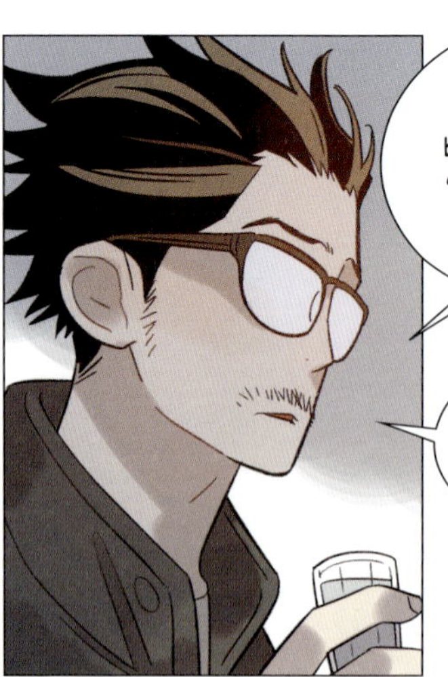
Ich bin nur ein Schwätzer ... Ich bin kein guter Sohn wie du und ich bin nicht so leidenschaftlich wie unsere Schwester.
Vielleicht bin ich lediglich ein nichtsnutziger Sohn, der seinen Eltern nur mit Worten beistehen kann ...

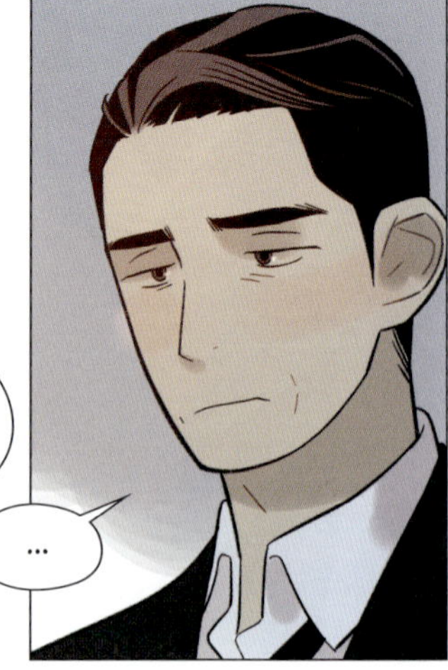
...

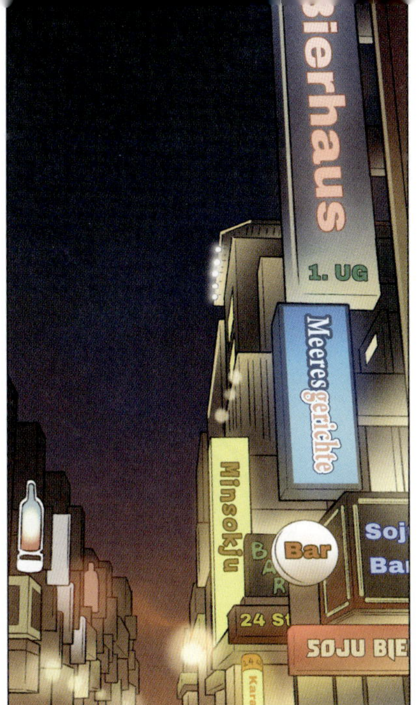
Bierhaus
1. UG
Meeresgerichte
Minsokju
Bar
SOJU BIE

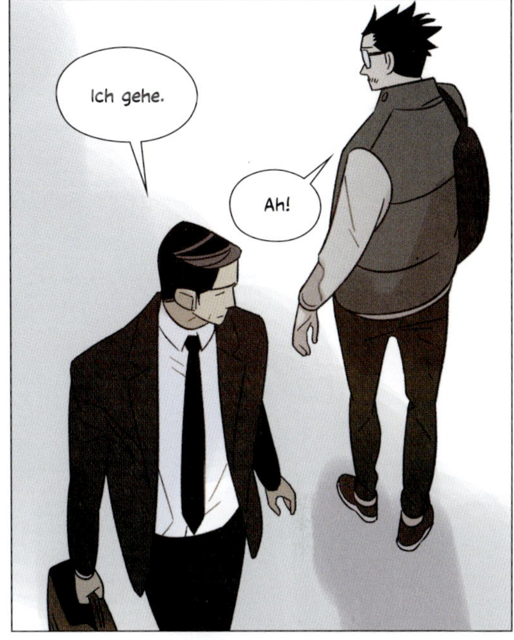
Ich gehe.
Ah!

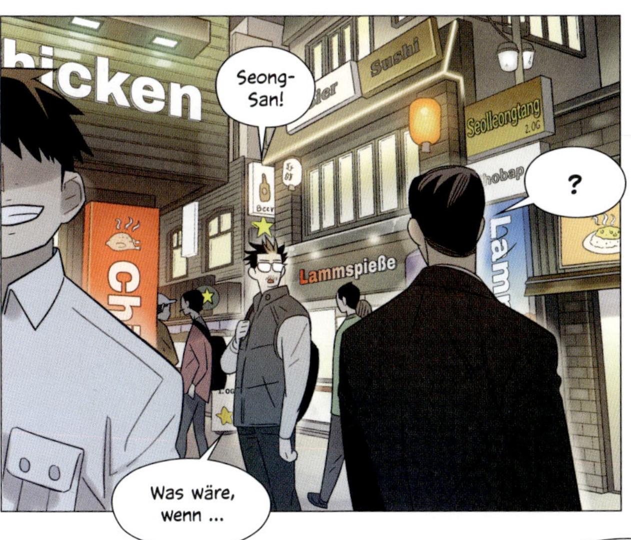
Seong-San!
?
Was wäre, wenn ...
Sushi
Seolleongtang
Lammspieße

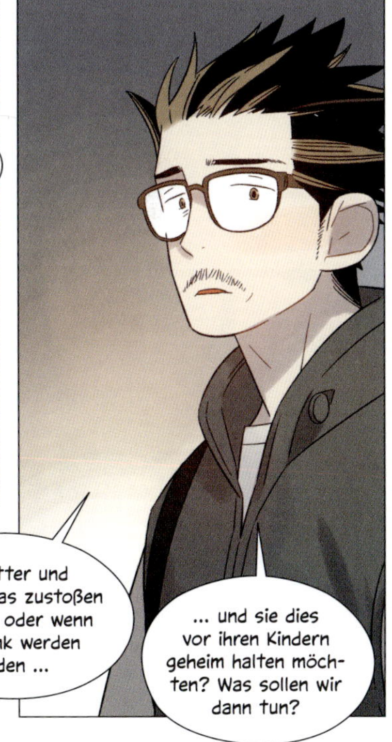
... Mutter und Vater etwas zustoßen würde ... oder wenn sie krank werden würden ...
... und sie dies vor ihren Kindern geheim halten möchten? Was sollen wir dann tun?

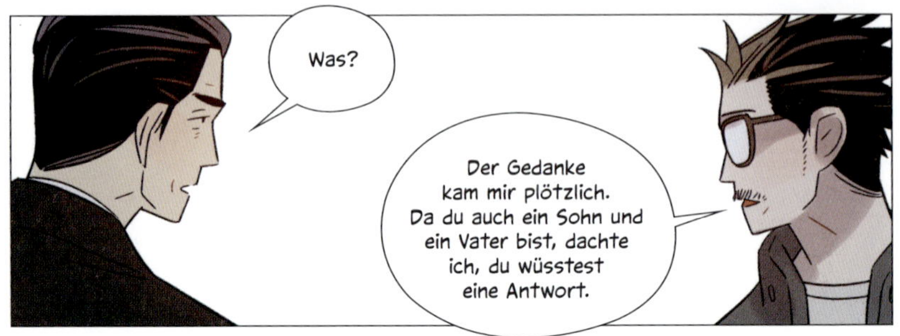
Was?
Der Gedanke kam mir plötzlich. Da du auch ein Sohn und ein Vater bist, dachte ich, du wüsstest eine Antwort.

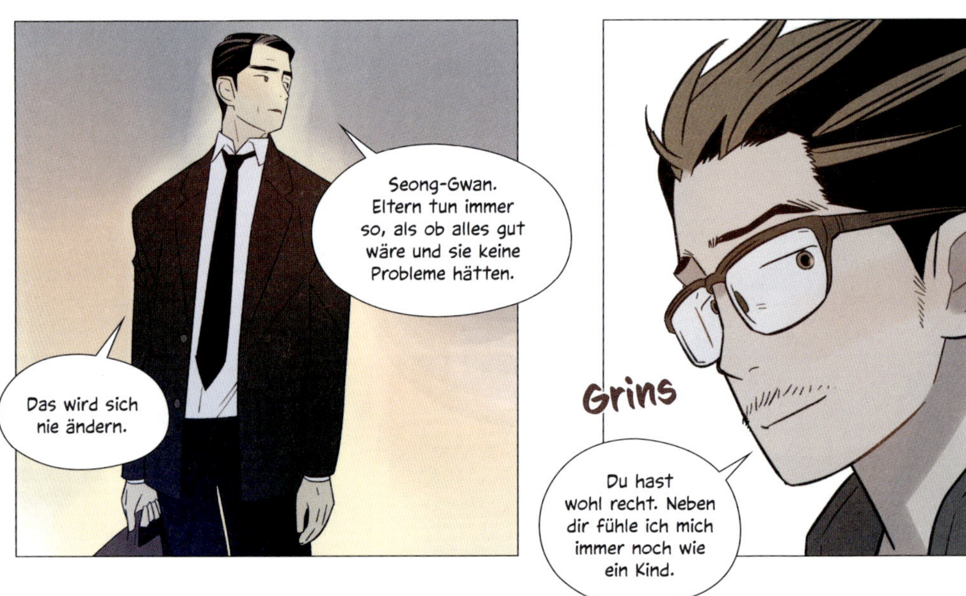
Seong-Gwan. Eltern tun immer so, als ob alles gut wäre und sie keine Probleme hätten.
Das wird sich nie ändern.
Grins
Du hast wohl recht. Neben dir fühle ich mich immer noch wie ein Kind.

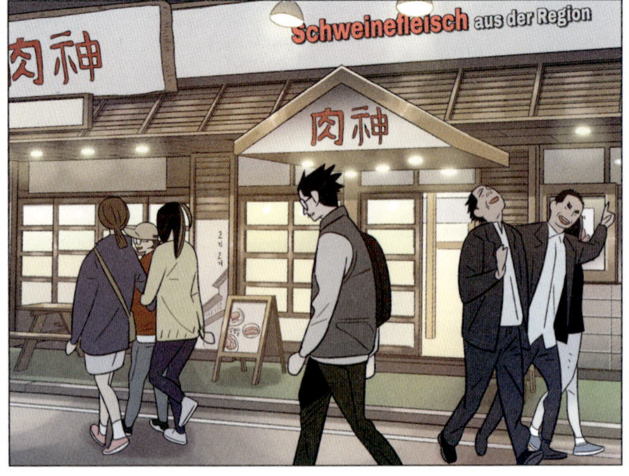
Schweinefleisch aus der Region
肉神
肉神

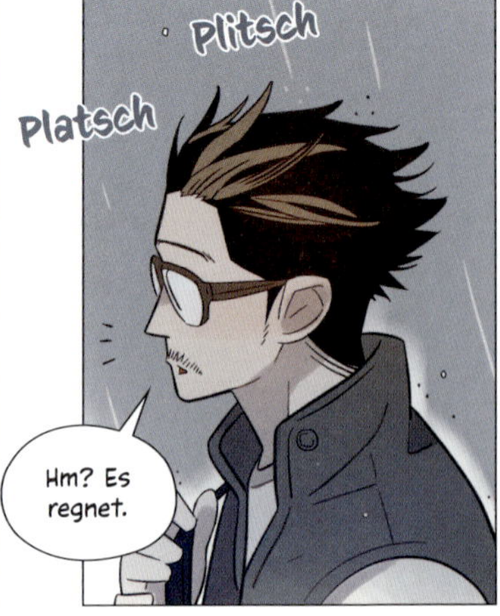
Plitsch
Platsch
Hm? Es regnet.

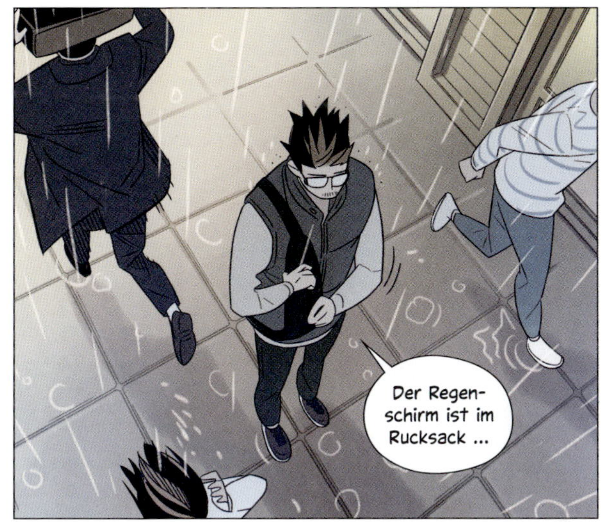
Der Regen-
schirm ist im
Rucksack ...

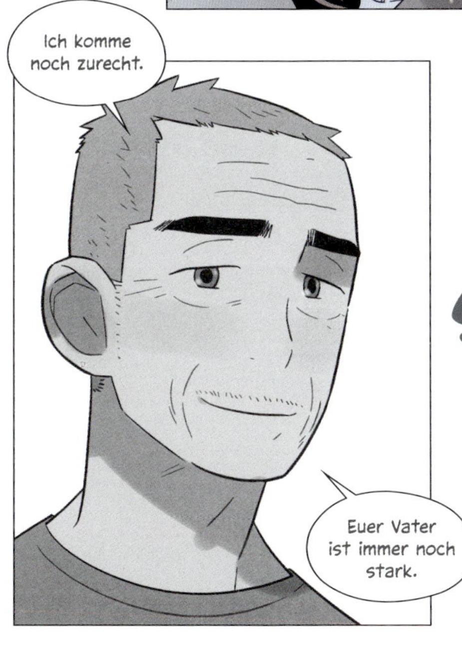
Ich komme
noch zurecht.
Euer Vater
ist immer noch
stark.

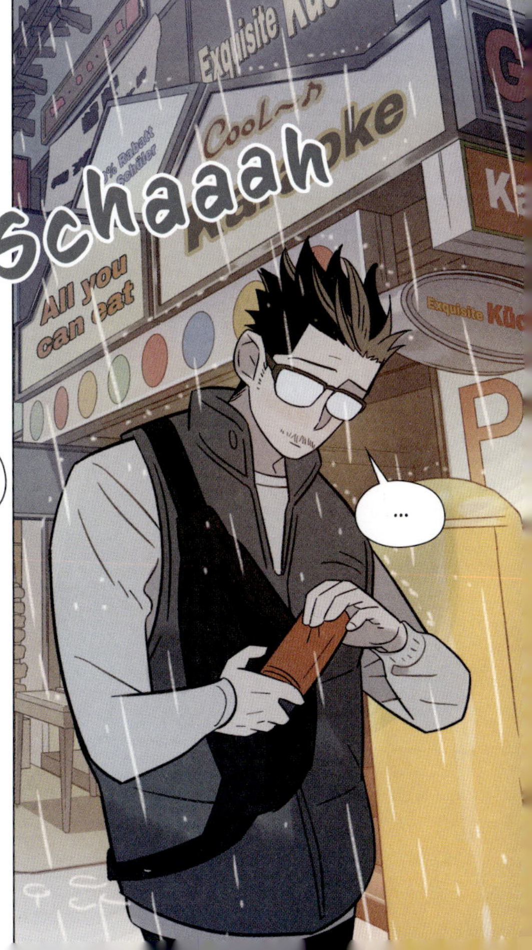
Exquisite
Cool~♪
All you
can eat
Schaaaah
...

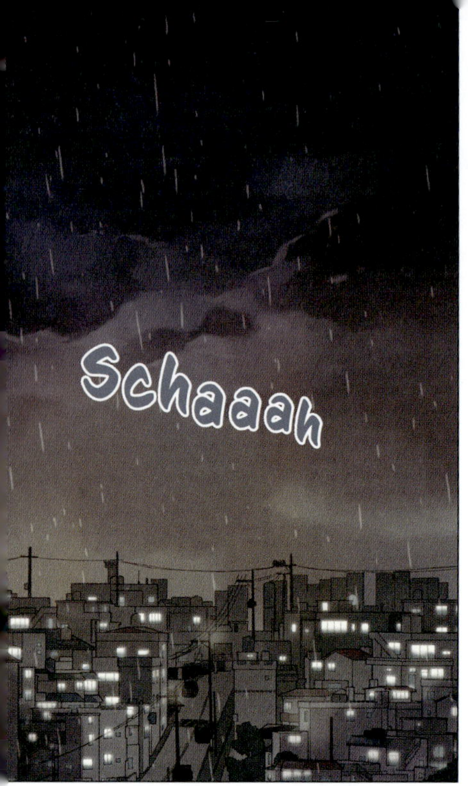
Schaaah

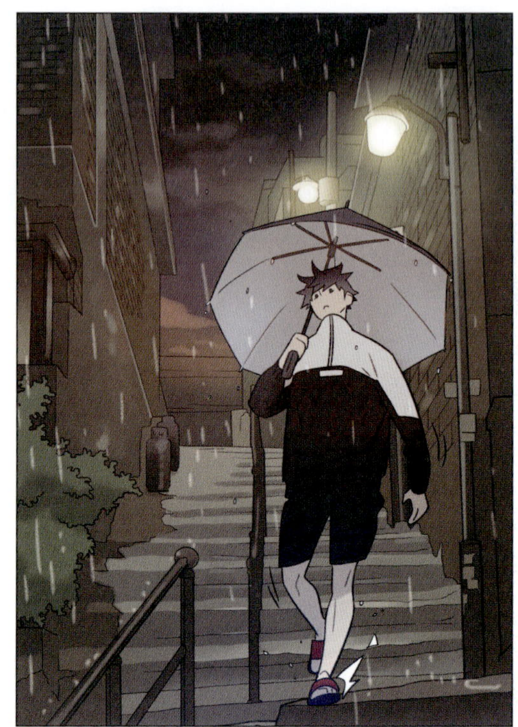

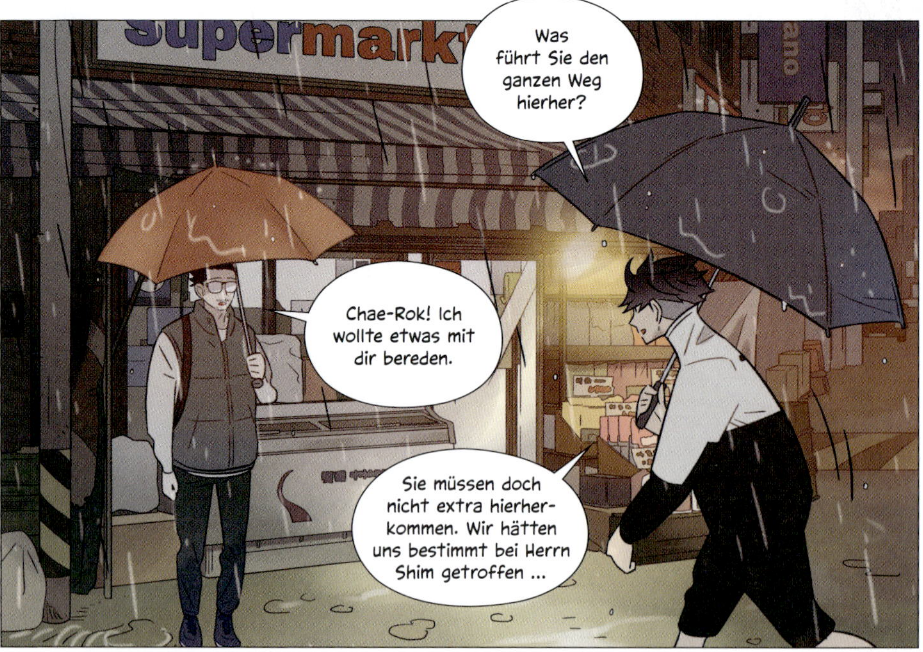
Supermarkt
Was führt Sie den ganzen Weg hierher?
Chae-Rok! Ich wollte etwas mit dir bereden.
Sie müssen doch nicht extra hierherkommen. Wir hätten uns bestimmt bei Herrn Shim getroffen ...

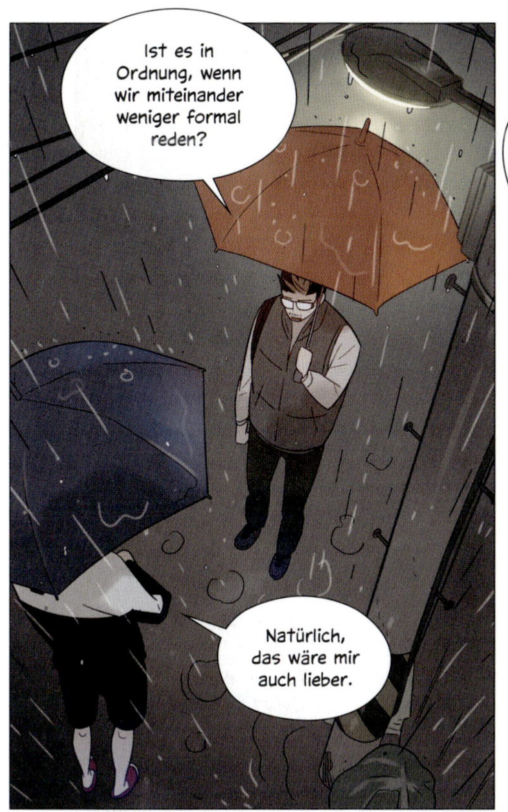
Ist es in Ordnung, wenn wir miteinander weniger formal reden?
Natürlich, das wäre mir auch lieber.

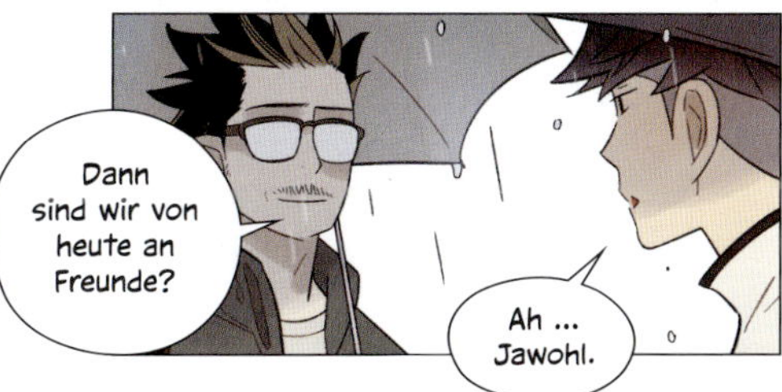
Dann sind wir von heute an Freunde?
Ah ... Jawohl.

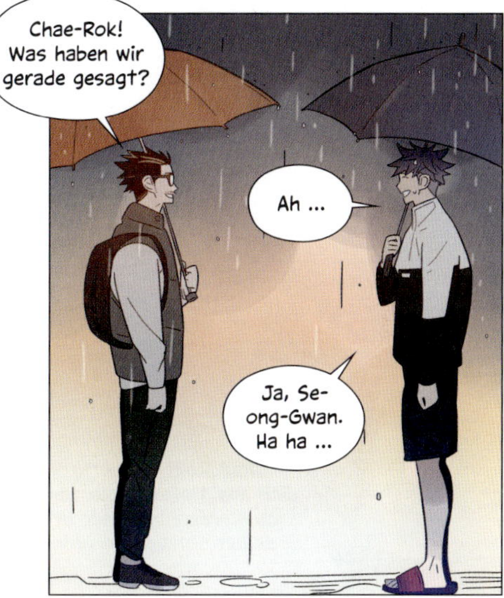
Chae-Rok! Was haben wir gerade gesagt?
Ah ...
Ja, Se-ong-Gwan. Ha ha ...

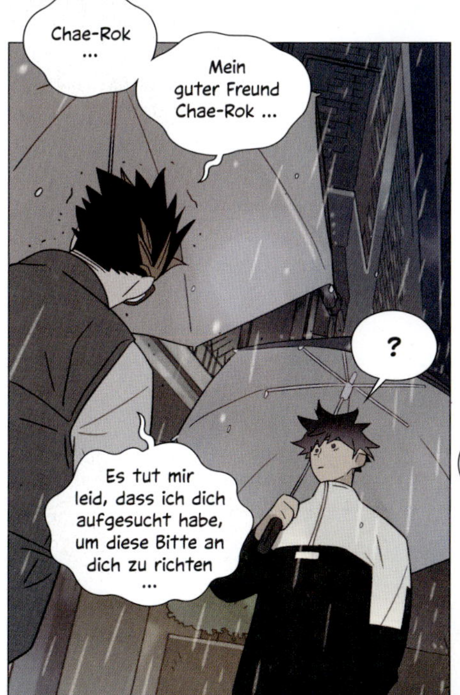
Chae-Rok ...
Mein guter Freund Chae-Rok ...
?
Es tut mir leid, dass ich dich aufgesucht habe, um diese Bitte an dich zu richten ...

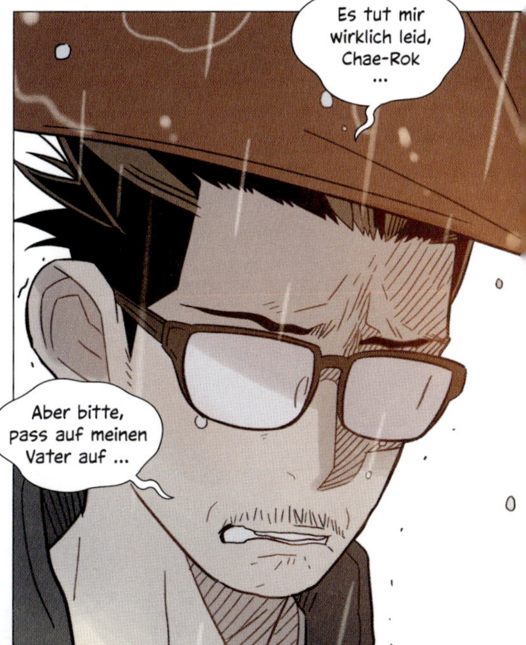
Es tut mir wirklich leid, Chae-Rok ...
Aber bitte, pass auf meinen Vater auf ...

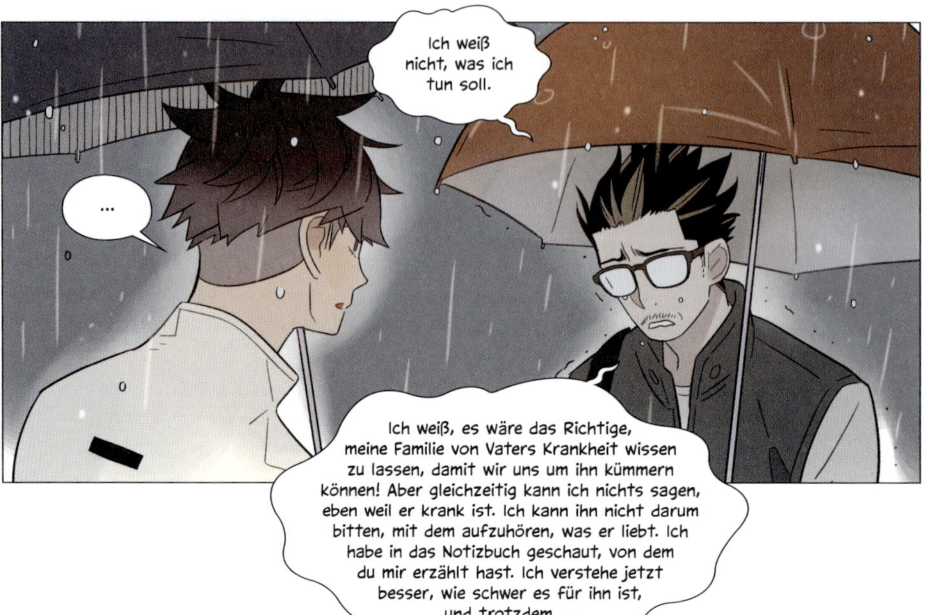

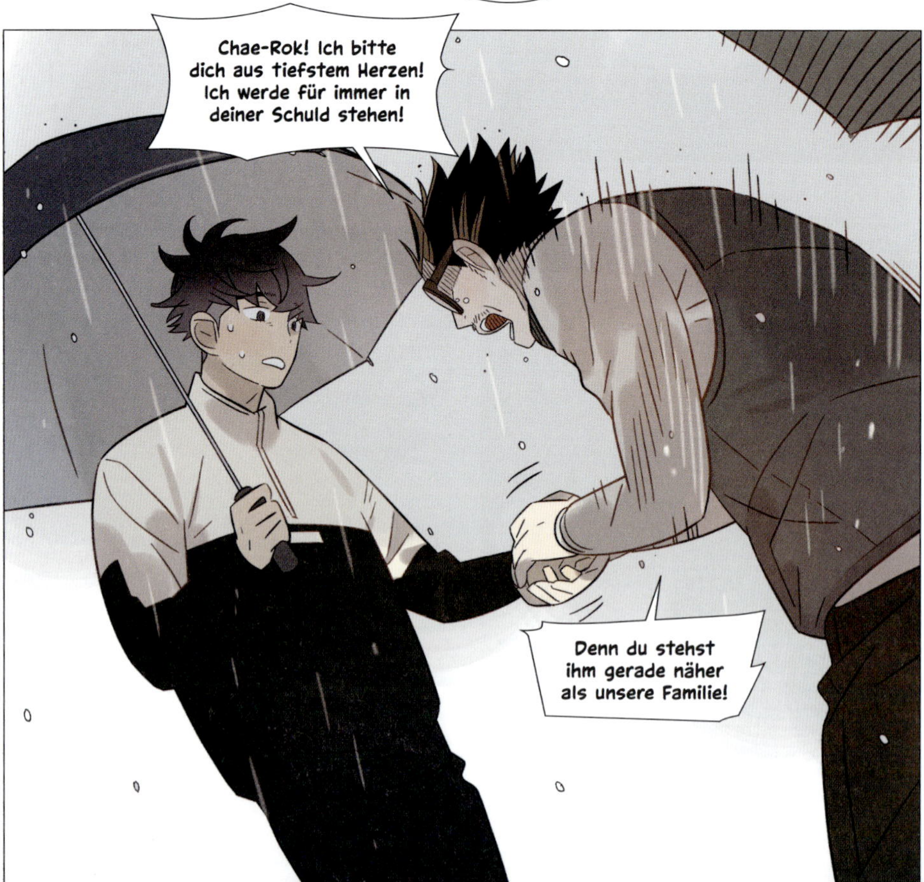

Chae-Rok! Ich bitte dich aus tiefstem Herzen! Ich werde für immer in deiner Schuld stehen!

Denn du stehst ihm gerade näher als unsere Familie!

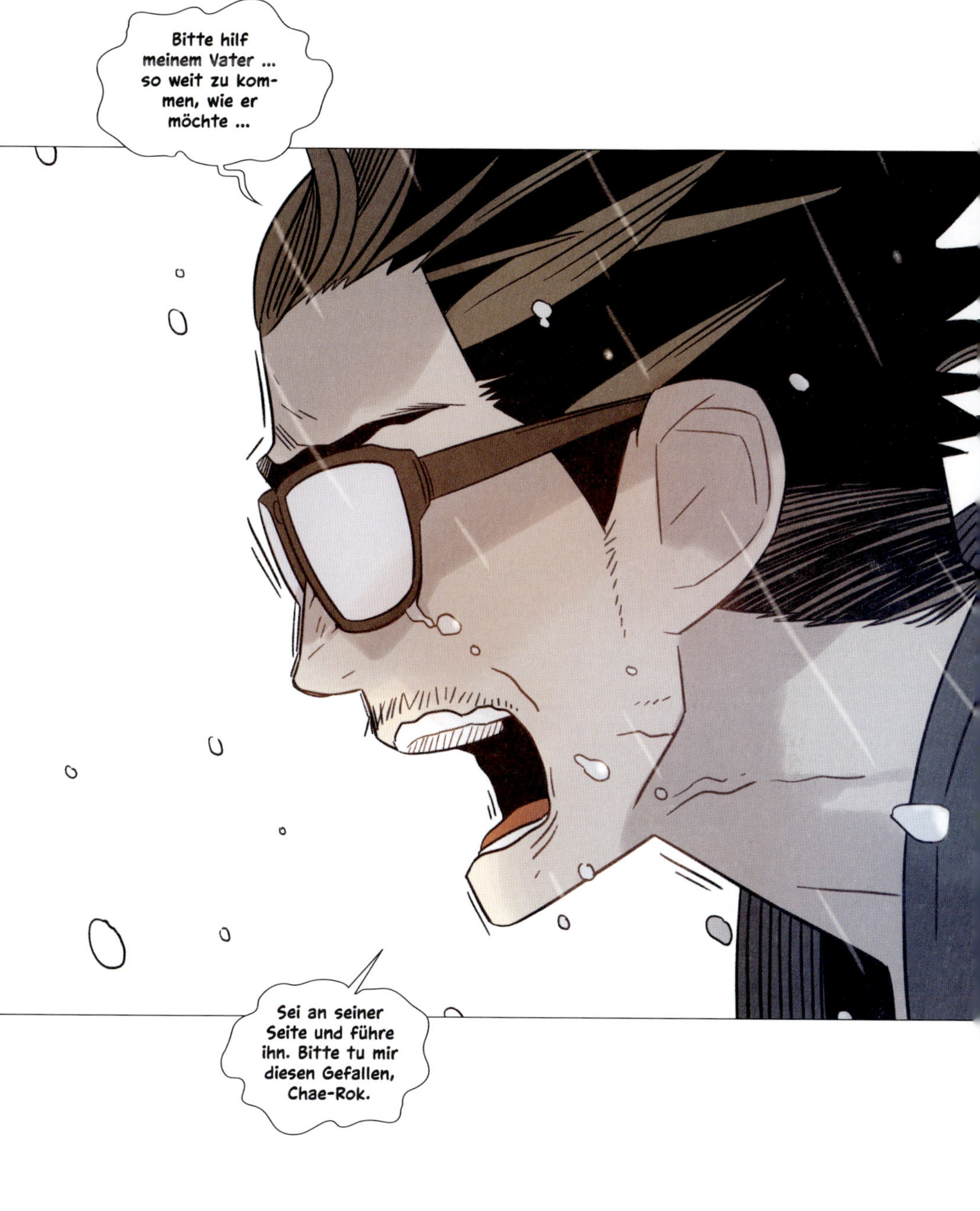
Bitte hilf meinem Vater ... so weit zu kommen, wie er möchte ...
Sei an seiner Seite und führe ihn. Bitte tu mir diesen Gefallen, Chae-Rok.

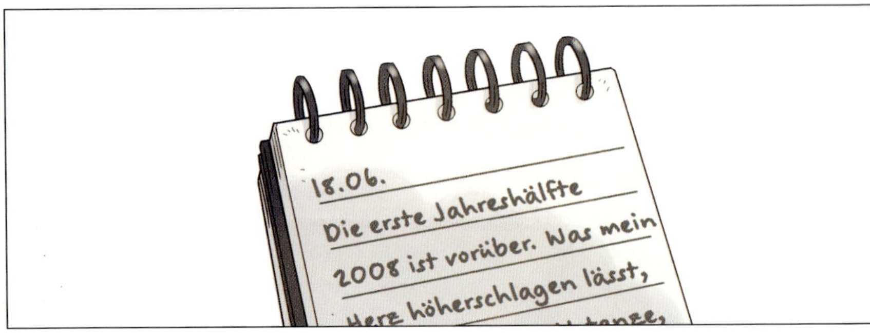

... ist die Tatsache, dass es trotz meines Alters immer noch Neues zu erleben gibt.

Ich war ein alter Mann, der lediglich seine letzten Jahre friedvoll zu Ende leben sollte. Aber ich ließ mich auf etwas Unbekanntes ein, und das brachte einige Schwierigkeiten und Sorgen mit sich ...

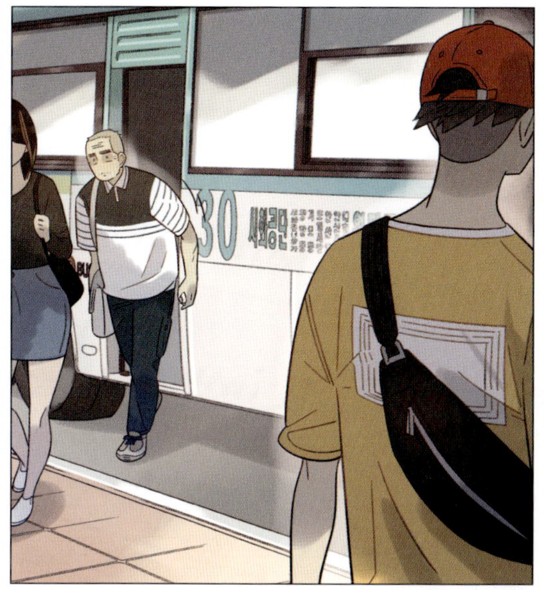

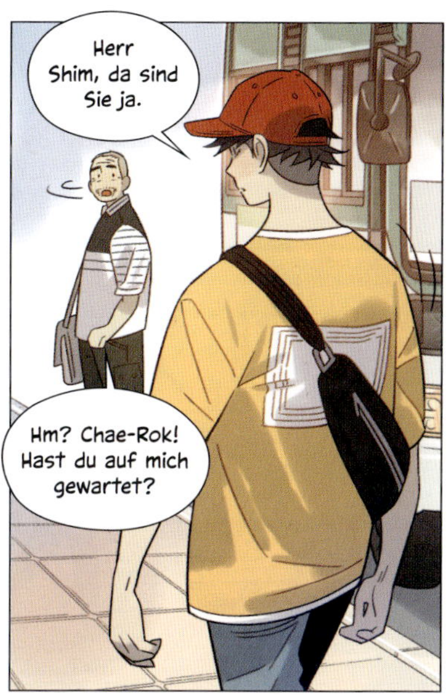
Herr Shim, da sind Sie ja.
Hm? Chae-Rok! Hast du auf mich gewartet?

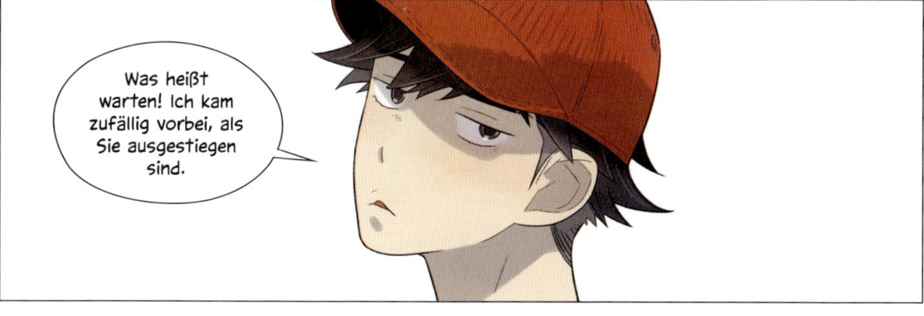
Was heißt warten! Ich kam zufällig vorbei, als Sie ausgestiegen sind.

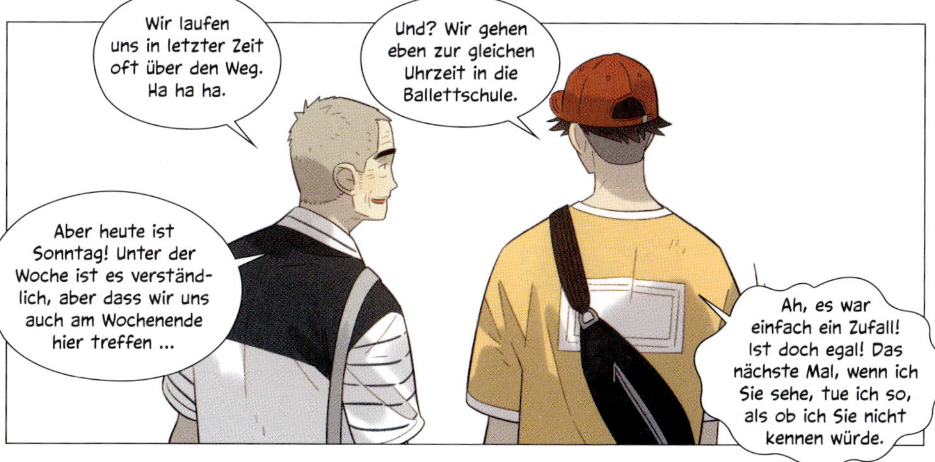
Wir laufen uns in letzter Zeit oft über den Weg. Ha ha ha.
Und? Wir gehen eben zur gleichen Uhrzeit in die Ballettschule.
Aber heute ist Sonntag! Unter der Woche ist es verständ-lich, aber dass wir uns auch am Wochenende hier treffen ...
Ah, es war einfach ein Zufall! Ist doch egal! Das nächste Mal, wenn ich Sie sehe, tue ich so, als ob ich Sie nicht kennen würde.

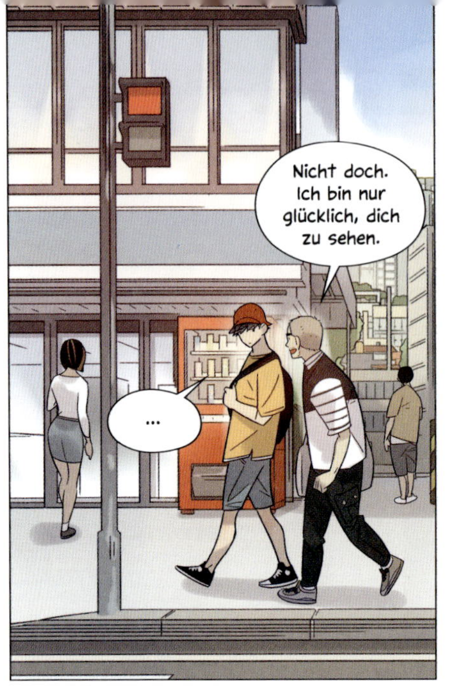
Nicht doch. Ich bin nur glücklich, dich zu sehen.
...

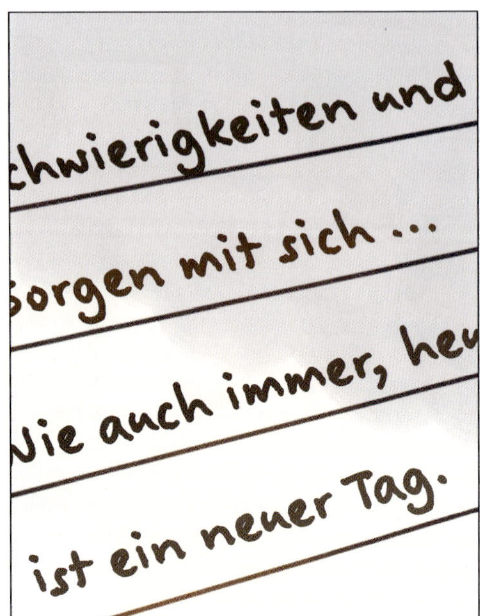
chwierigkeiten und
Sorgen mit sich ...
Wie auch immer, heu
ist ein neuer Tag.

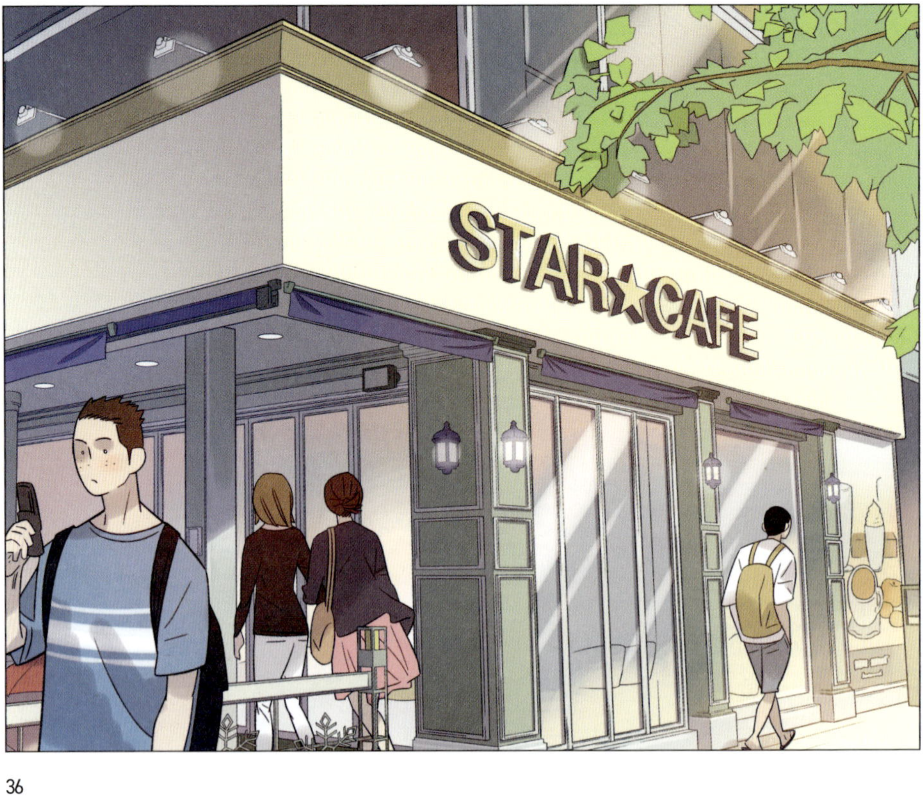

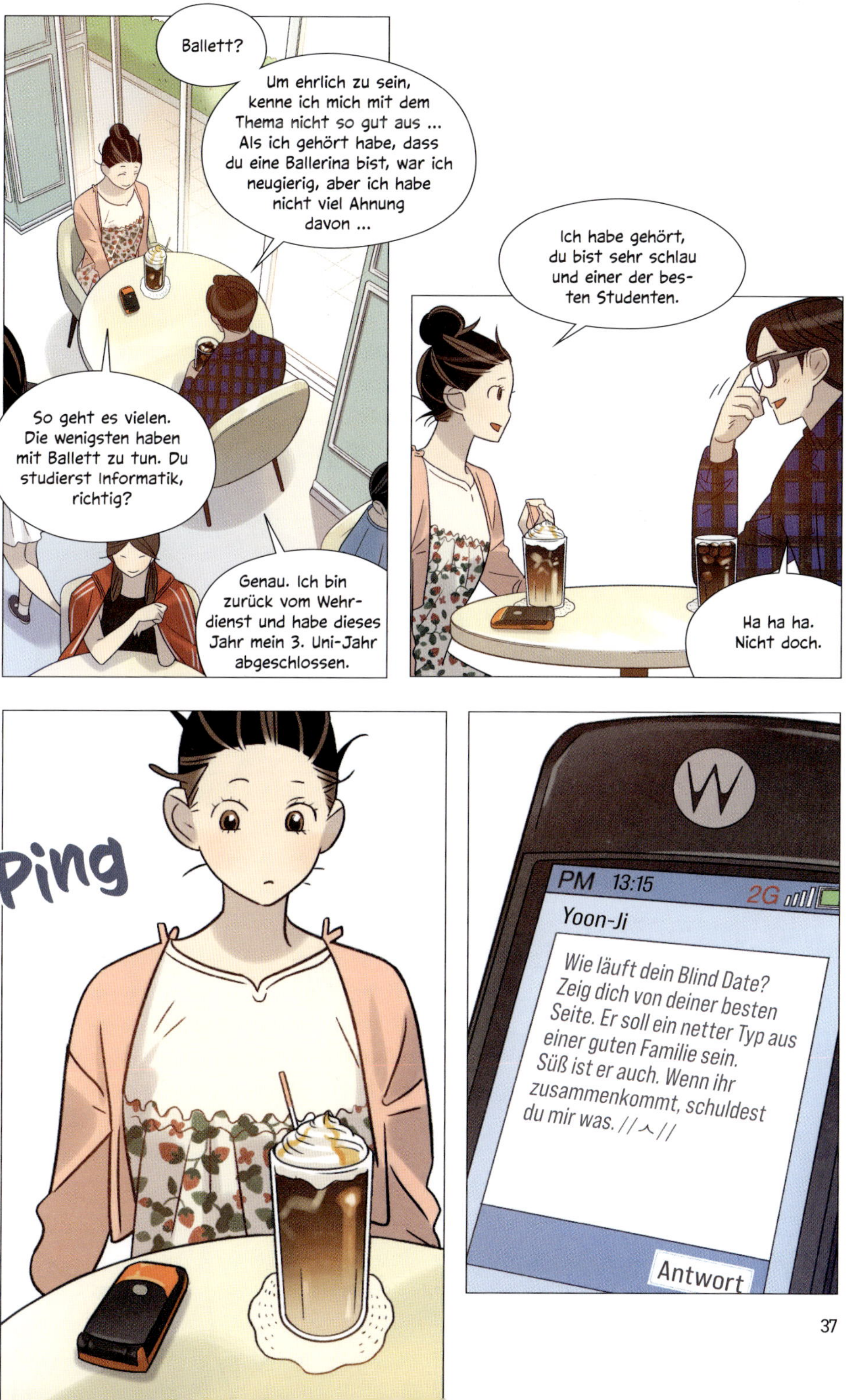

Ballett?

Um ehrlich zu sein, kenne ich mich mit dem Thema nicht so gut aus ... Als ich gehört habe, dass du eine Ballerina bist, war ich neugierig, aber ich habe nicht viel Ahnung davon ...

So geht es vielen. Die wenigsten haben mit Ballett zu tun. Du studierst Informatik, richtig?

Genau. Ich bin zurück vom Wehrdienst und habe dieses Jahr mein 3. Uni-Jahr abgeschlossen.

Ich habe gehört, du bist sehr schlau und einer der besten Studenten.

Ha ha ha. Nicht doch.

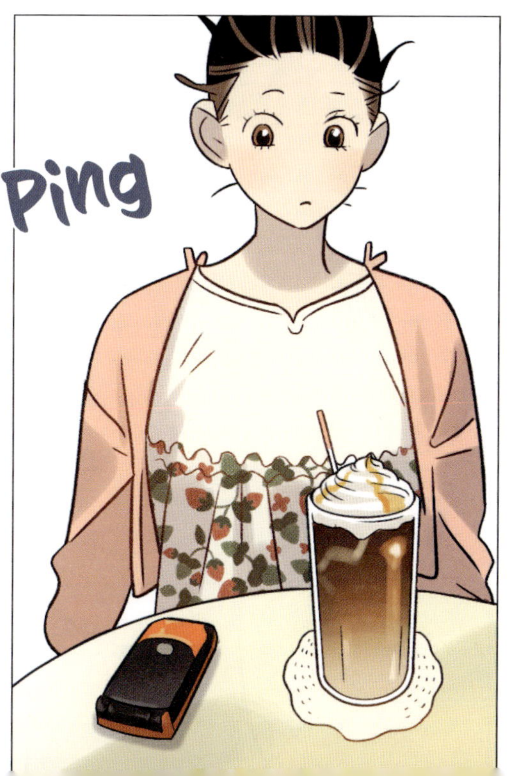

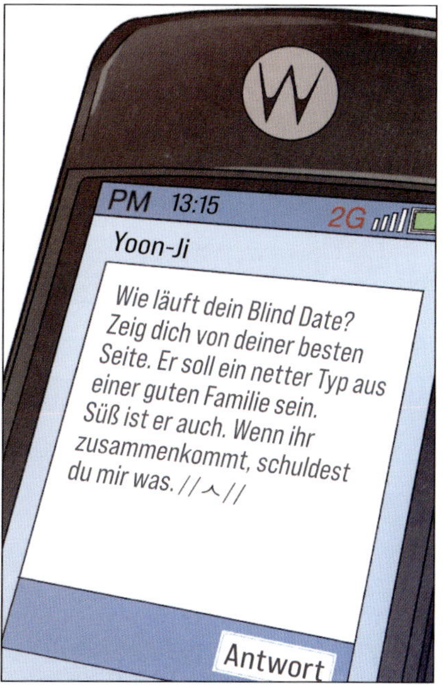

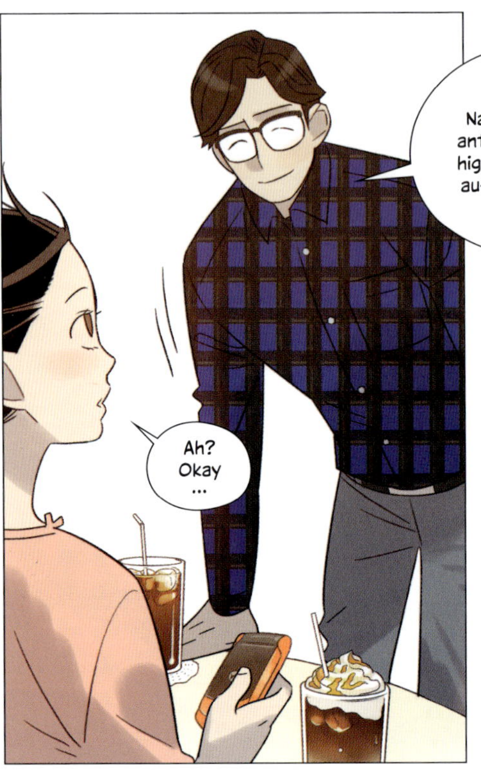
Solltest du die Nachricht nicht beantworten? Mach ruhig. Ich muss sowieso auf die Toilette, also lass dir Zeit.
Ah? Okay ...

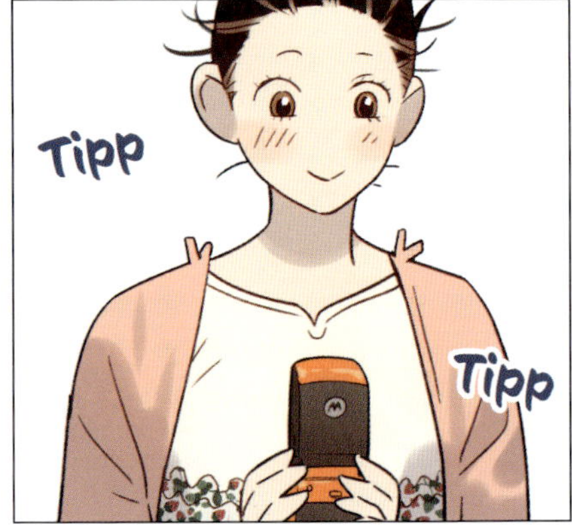
Tipp
Tipp

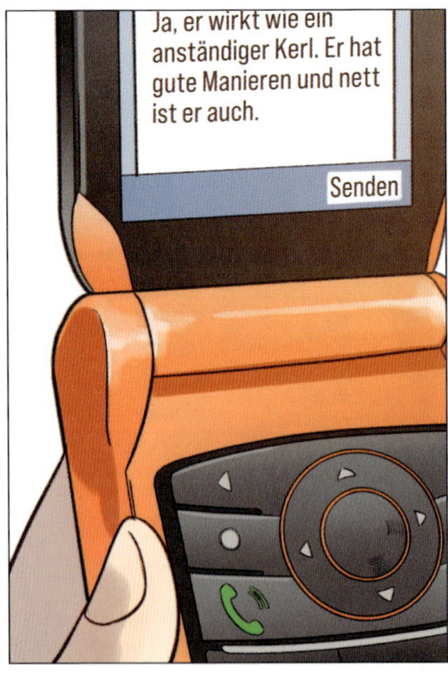
Ja, er wirkt wie ein anständiger Kerl. Er hat gute Manieren und nett ist er auch.
Senden

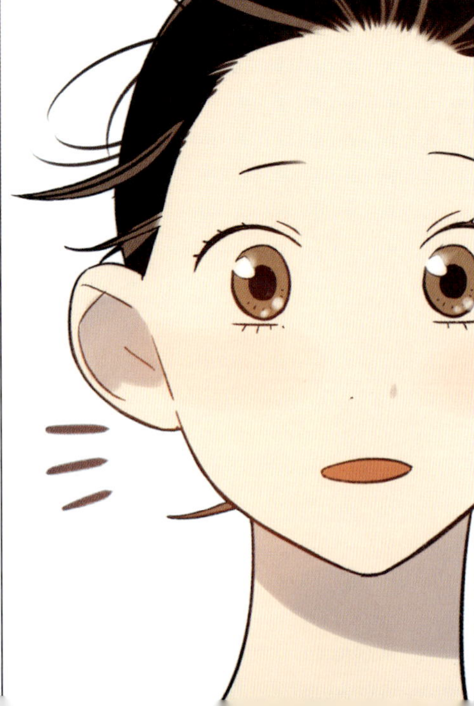

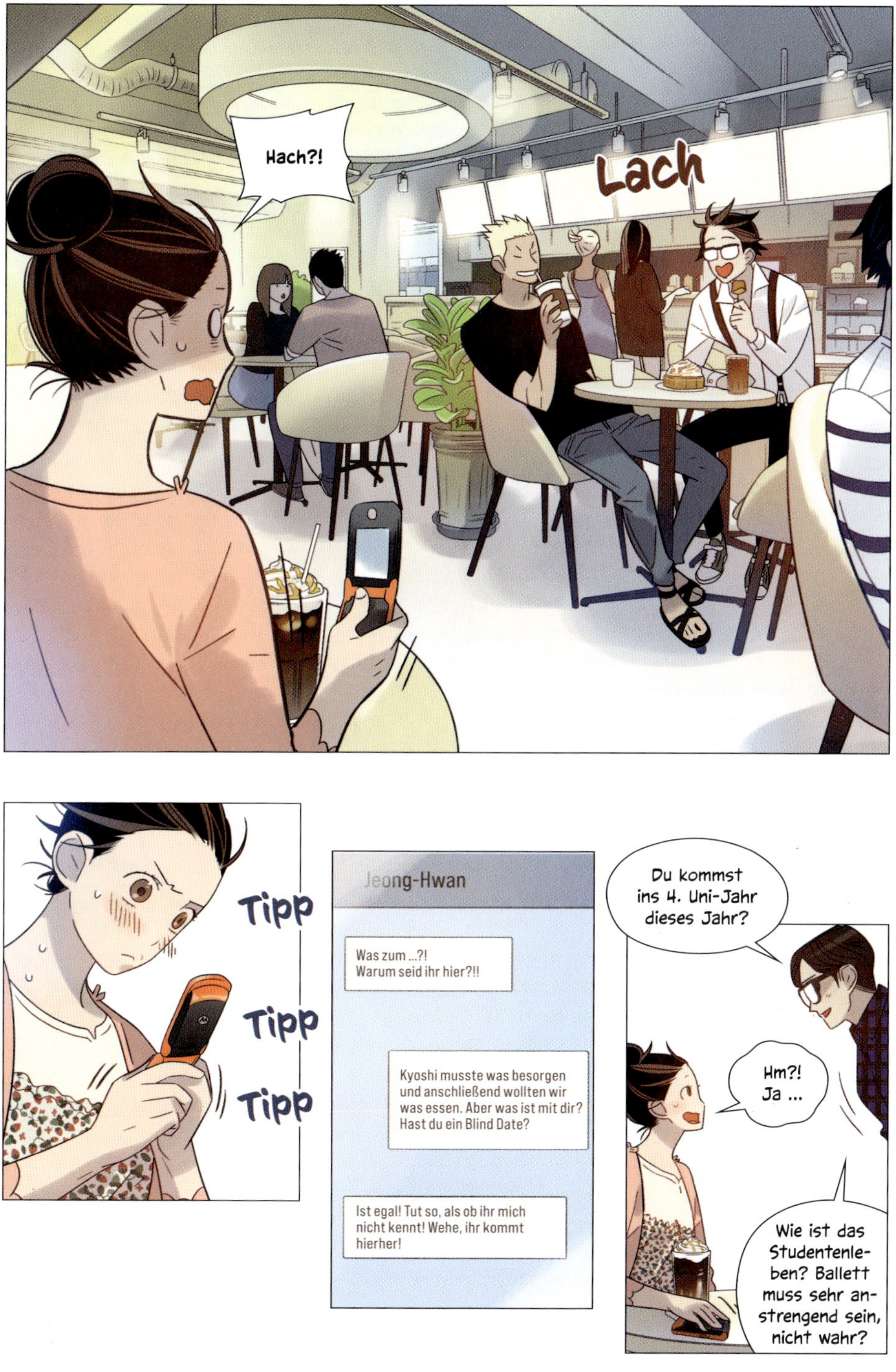

Hach?!
Lach

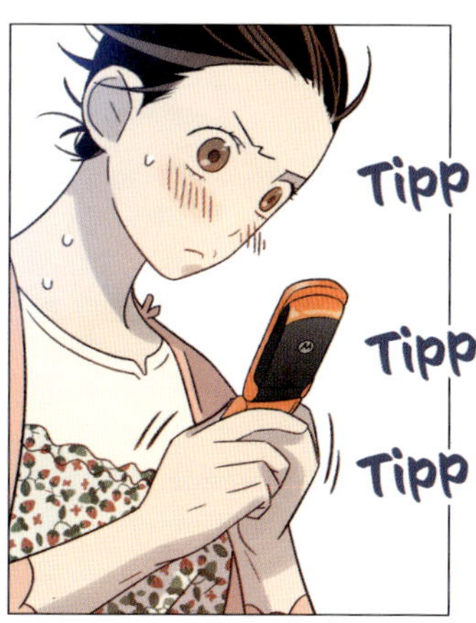
Tipp
Tipp
Tipp

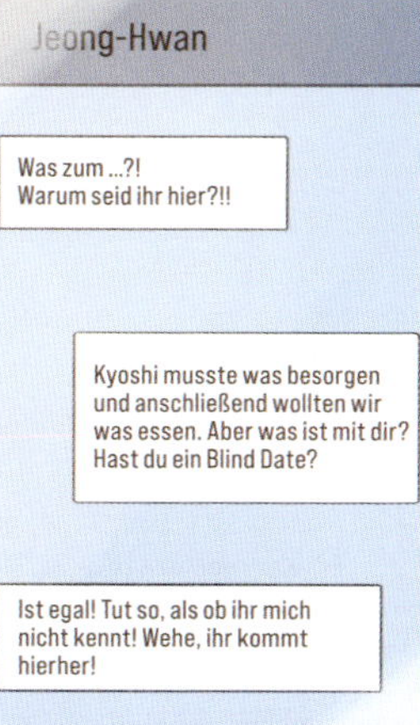
Jeong-Hwan
Was zum ...?! Warum seid ihr hier?!!
Kyoshi musste was besorgen und anschließend wollten wir was essen. Aber was ist mit dir? Hast du ein Blind Date?
Ist egal! Tut so, als ob ihr mich nicht kennt! Wehe, ihr kommt hierher!

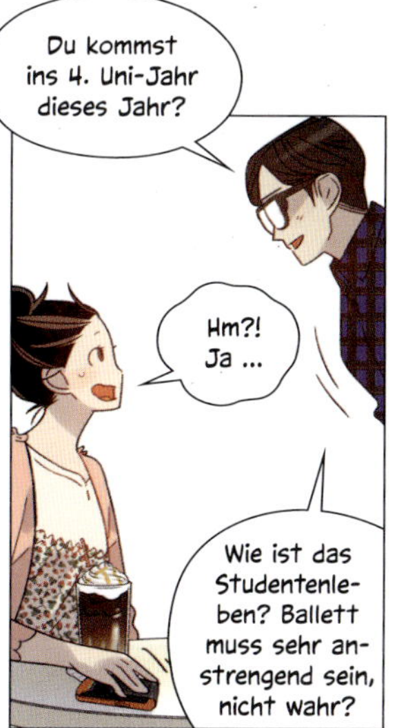
Du kommst ins 4. Uni-Jahr dieses Jahr?
Hm?! Ja ...
Wie ist das Studentenleben? Ballett muss sehr anstrengend sein, nicht wahr?

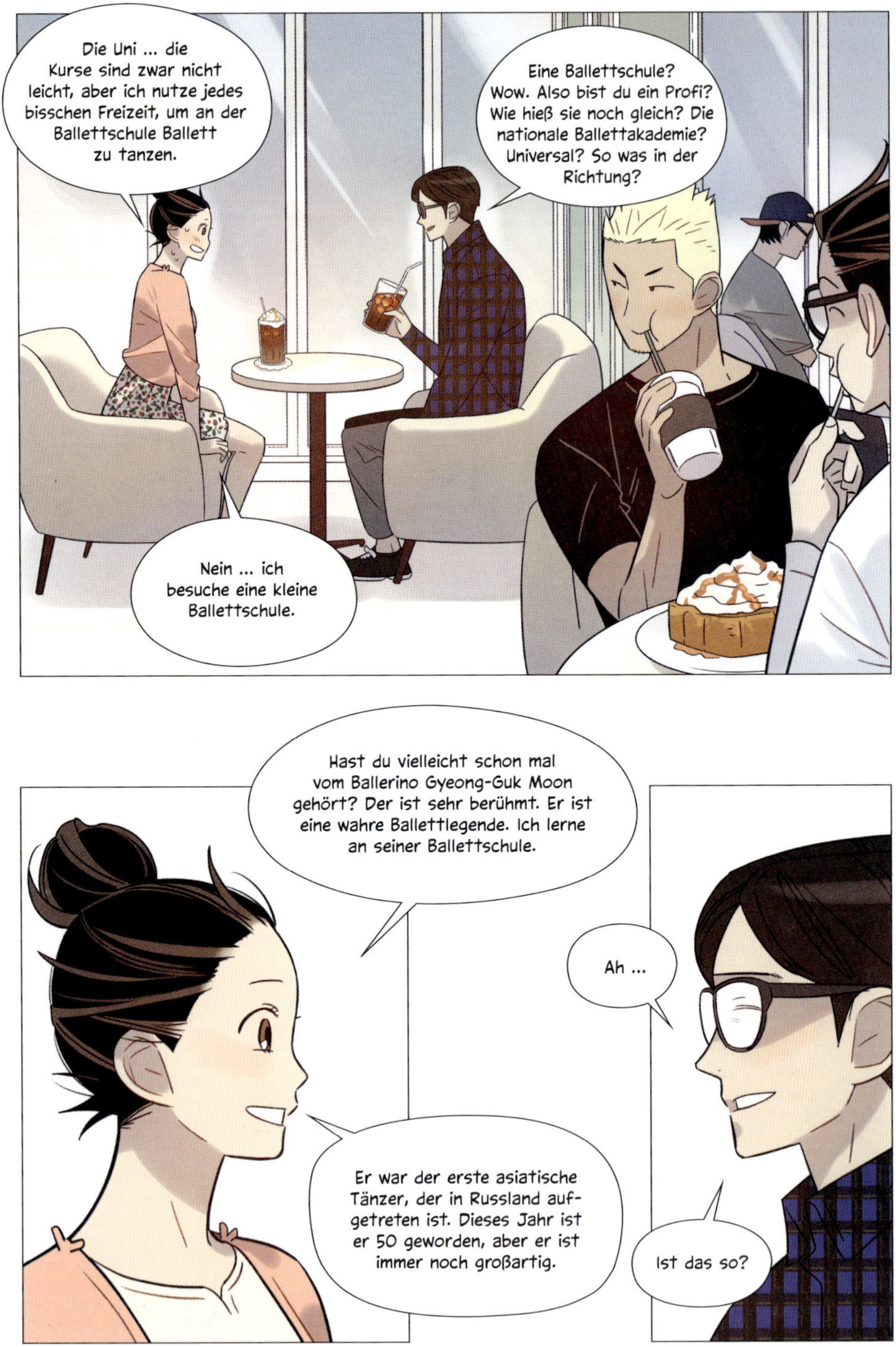

Die Uni ... die Kurse sind zwar nicht leicht, aber ich nutze jedes bisschen Freizeit, um an der Ballettschule Ballett zu tanzen.

Eine Ballettschule? Wow. Also bist du ein Profi? Wie hieß sie noch gleich? Die nationale Ballettakademie? Universal? So was in der Richtung?

Nein ... ich besuche eine kleine Ballettschule.

Hast du vielleicht schon mal vom Ballerino Gyeong-Guk Moon gehört? Der ist sehr berühmt. Er ist eine wahre Ballettlegende. Ich lerne an seiner Ballettschule.

Ah ...

Er war der erste asiatische Tänzer, der in Russland aufgetreten ist. Dieses Jahr ist er 50 geworden, aber er ist immer noch großartig.

Ist das so?

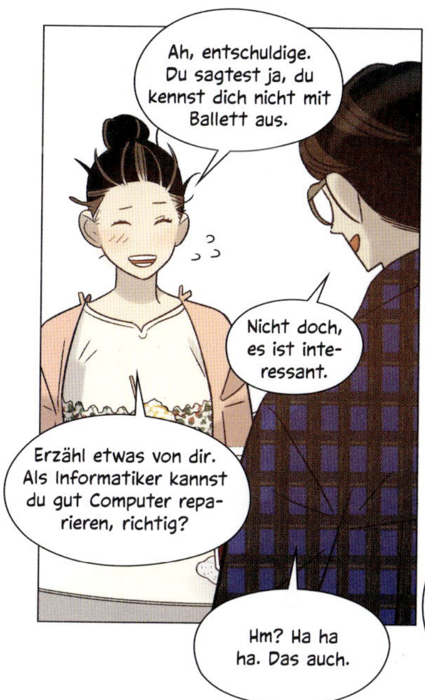
Ah, entschuldige. Du sagtest ja, du kennst dich nicht mit Ballett aus.
Nicht doch, es ist interessant.
Erzähl etwas von dir. Als Informatiker kannst du gut Computer reparieren, richtig?
Hm? Ha ha ha. Das auch.

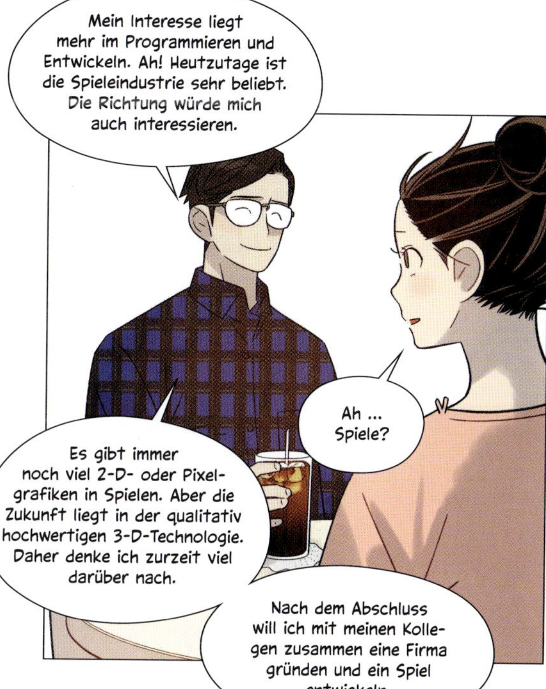
Mein Interesse liegt mehr im Programmieren und Entwickeln. Ah! Heutzutage ist die Spieleindustrie sehr beliebt. Die Richtung würde mich auch interessieren.
Ah … Spiele?
Es gibt immer noch viel 2-D- oder Pixelgrafiken in Spielen. Aber die Zukunft liegt in der qualitativ hochwertigen 3-D-Technologie. Daher denke ich zurzeit viel darüber nach.
Nach dem Abschluss will ich mit meinen Kollegen zusammen eine Firma gründen und ein Spiel entwickeln.

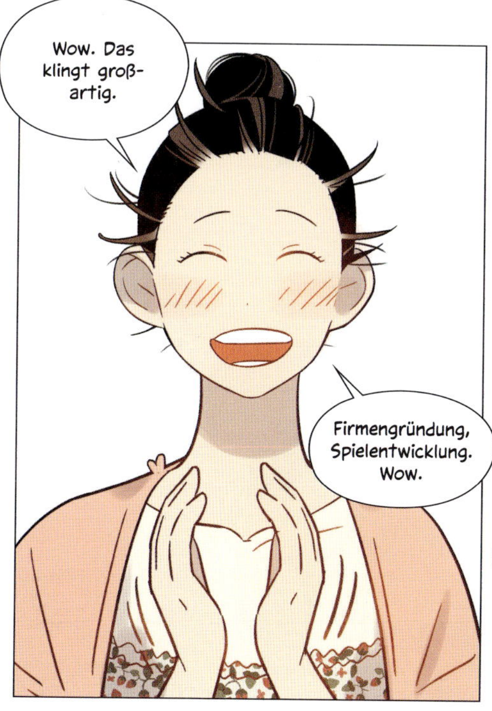
Wow. Das klingt großartig.
Firmengründung, Spielentwicklung. Wow.

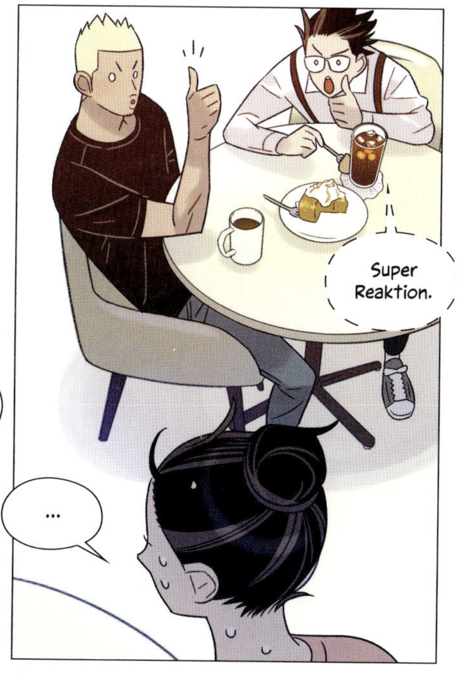
Super Reaktion.
…

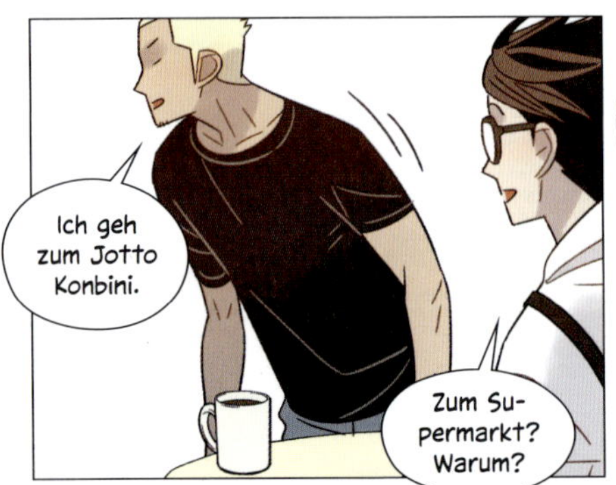
Ich geh zum Jotto Konbini.
Zum Supermarkt? Warum?

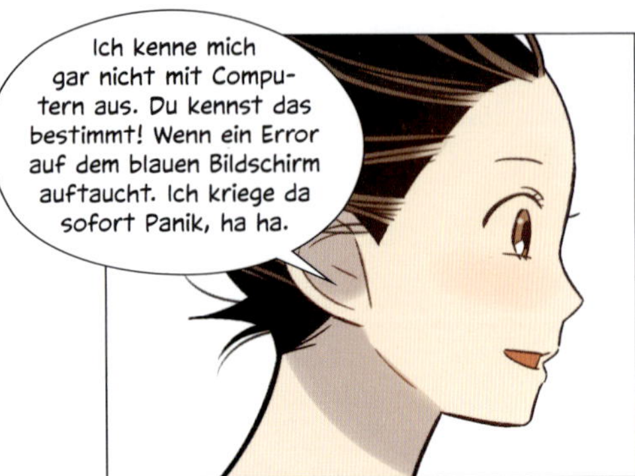
Ich kenne mich gar nicht mit Computern aus. Du kennst das bestimmt! Wenn ein Error auf dem blauen Bildschirm auftaucht. Ich kriege da sofort Panik, ha ha.

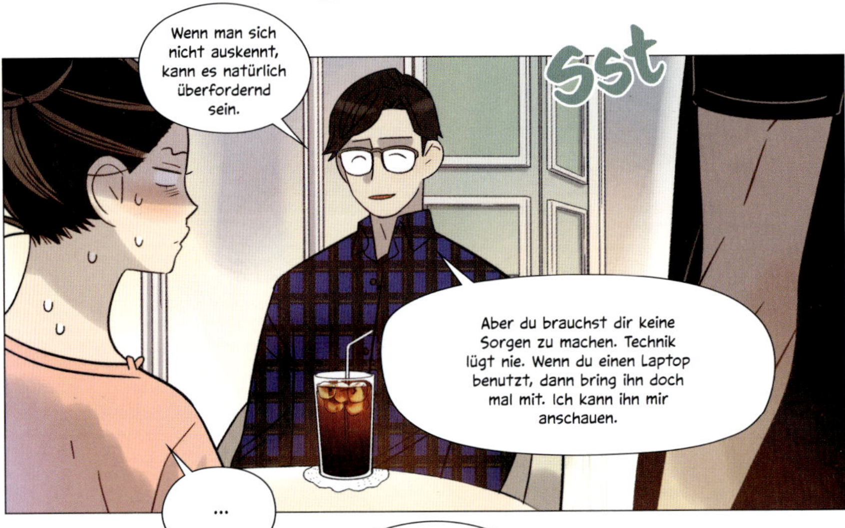
Wenn man sich nicht auskennt, kann es natürlich überfordernd sein.
Sst
Aber du brauchst dir keine Sorgen zu machen. Technik lügt nie. Wenn du einen Laptop benutzt, dann bring ihn doch mal mit. Ich kann ihn mir anschauen.
...

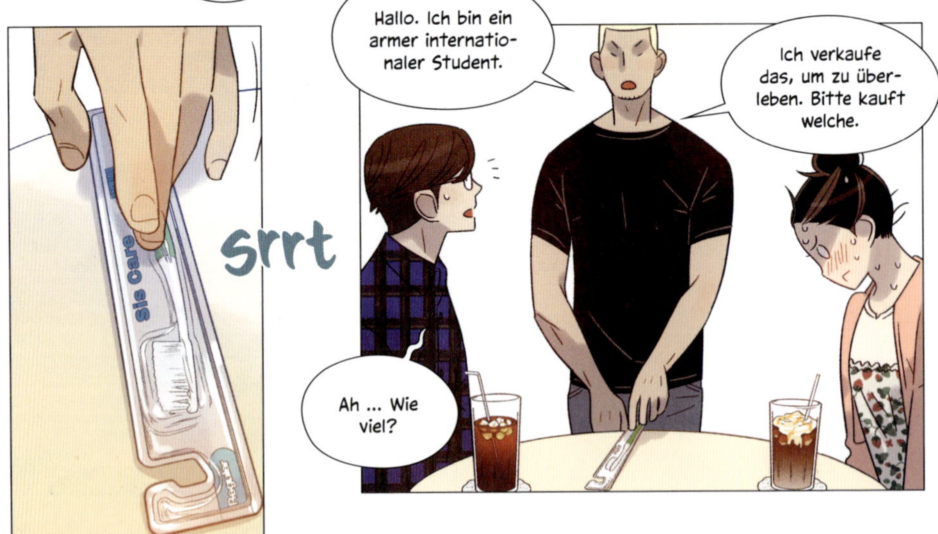
Sis Care
Srrt
Hallo. Ich bin ein armer internationaler Student.
Ich verkaufe das, um zu überleben. Bitte kauft welche.
Ah ... Wie viel?

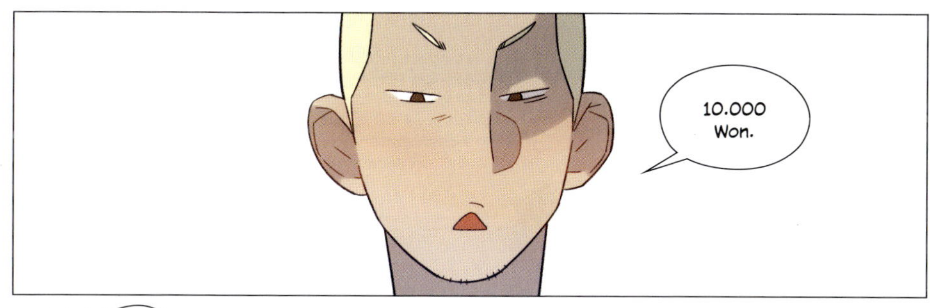
10.000
Won.

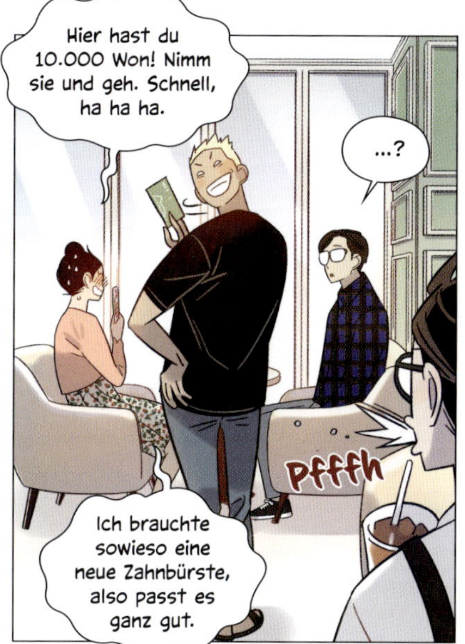
Hier hast du 10.000 Won! Nimm sie und geh. Schnell, ha ha ha.
...?
Pfffh
Ich brauchte sowieso eine neue Zahnbürste, also passt es ganz gut.

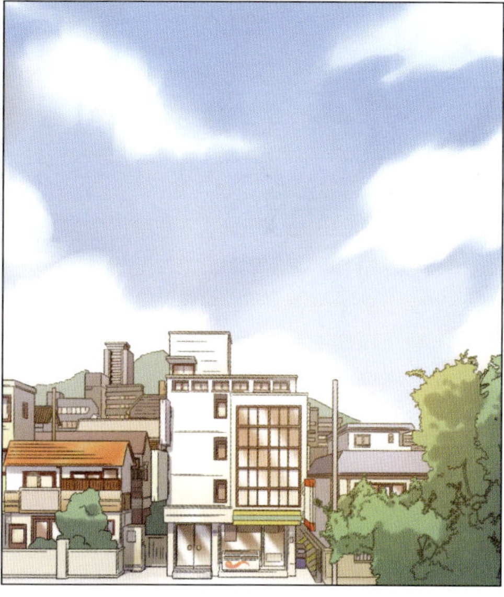

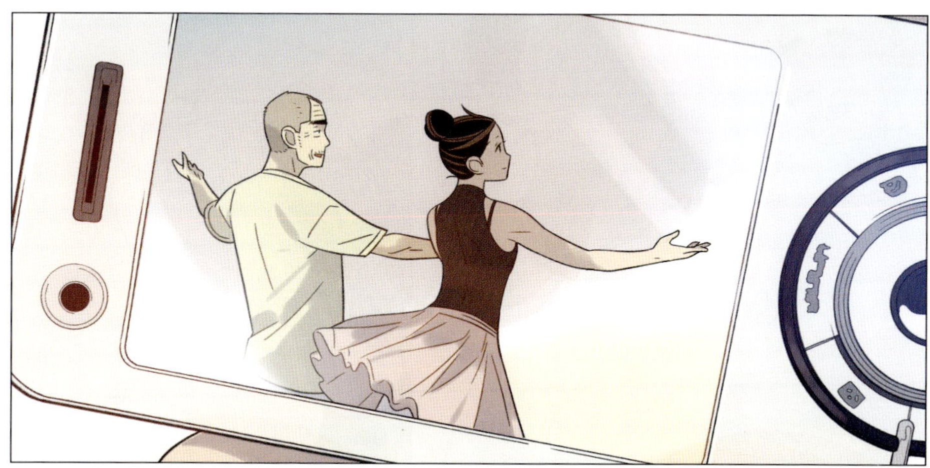

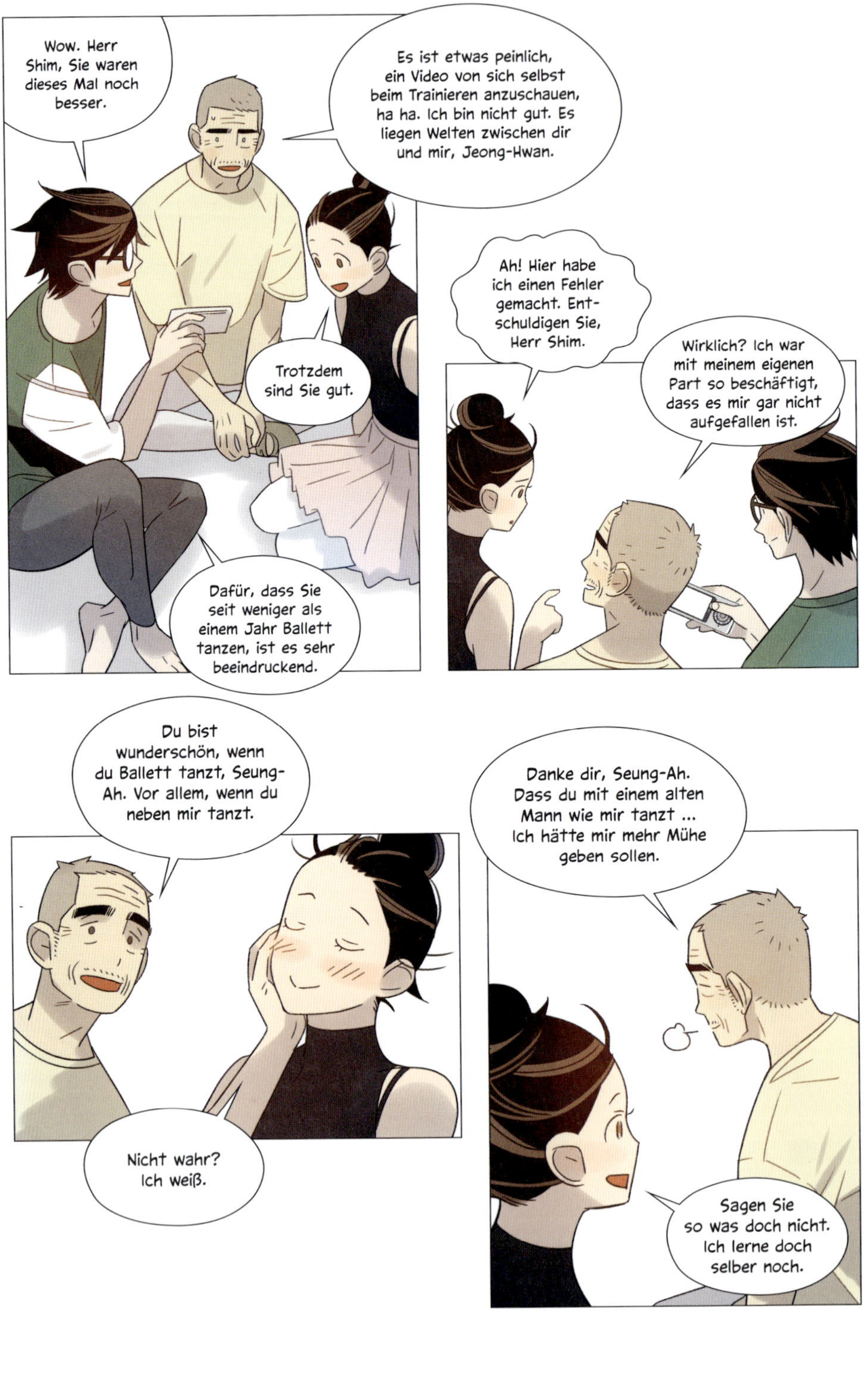

Wow. Herr Shim, Sie waren dieses Mal noch besser.

Es ist etwas peinlich, ein Video von sich selbst beim Trainieren anzuschauen, ha ha. Ich bin nicht gut. Es liegen Welten zwischen dir und mir, Jeong-Hwan.

Trotzdem sind Sie gut.

Dafür, dass Sie seit weniger als einem Jahr Ballett tanzen, ist es sehr beeindruckend.

Ah! Hier habe ich einen Fehler gemacht. Entschuldigen Sie, Herr Shim.

Wirklich? Ich war mit meinem eigenen Part so beschäftigt, dass es mir gar nicht aufgefallen ist.

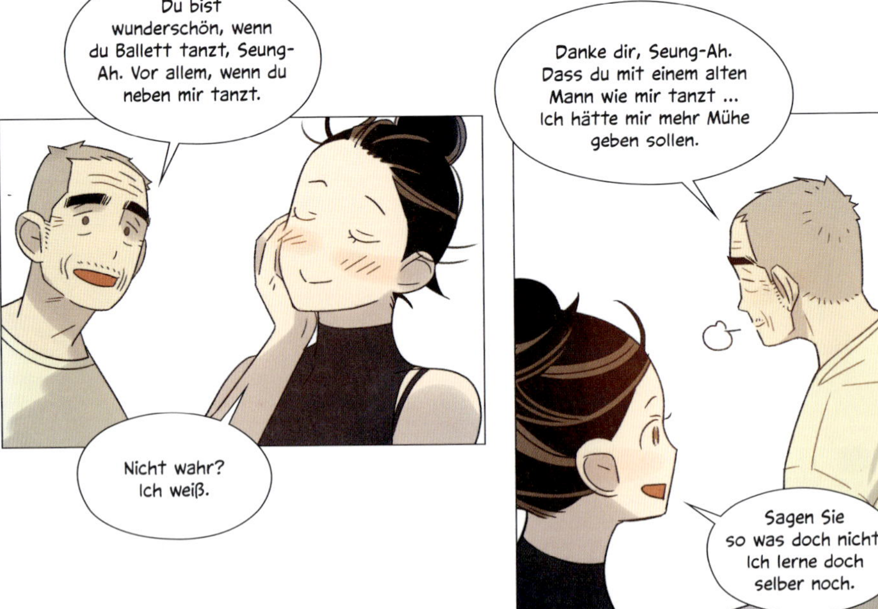

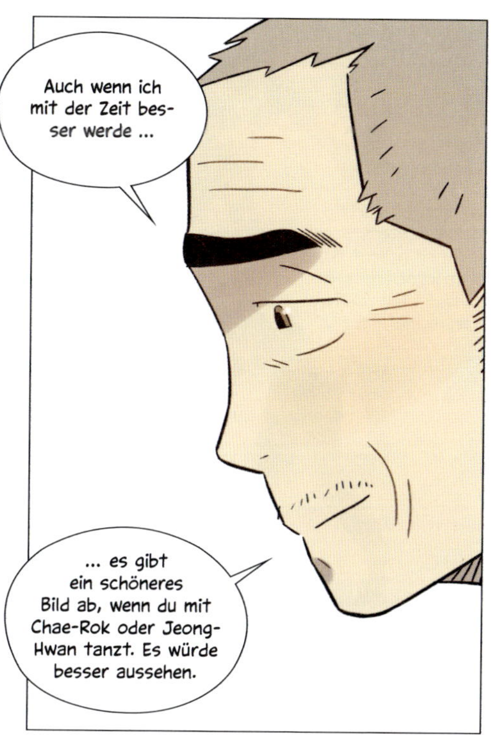
Auch wenn ich mit der Zeit bes-ser werde ...
... es gibt ein schöneres Bild ab, wenn du mit Chae-Rok oder Jeong-Hwan tanzt. Es würde besser aussehen.

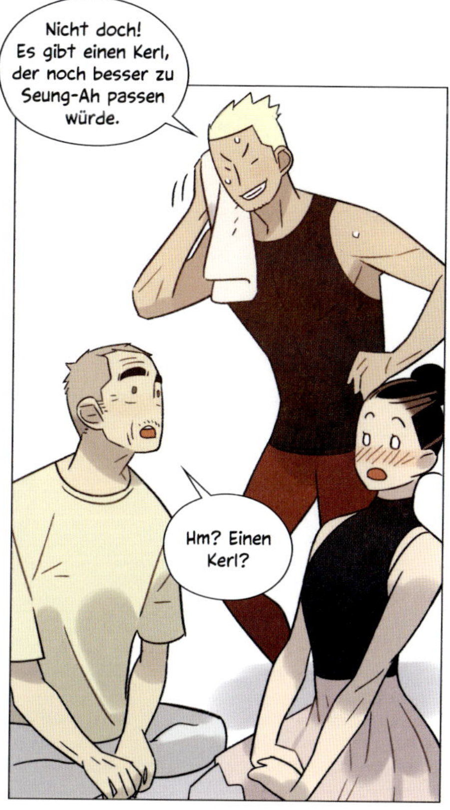
Nicht doch! Es gibt einen Kerl, der noch besser zu Seung-Ah passen würde.
Hm? Einen Kerl?

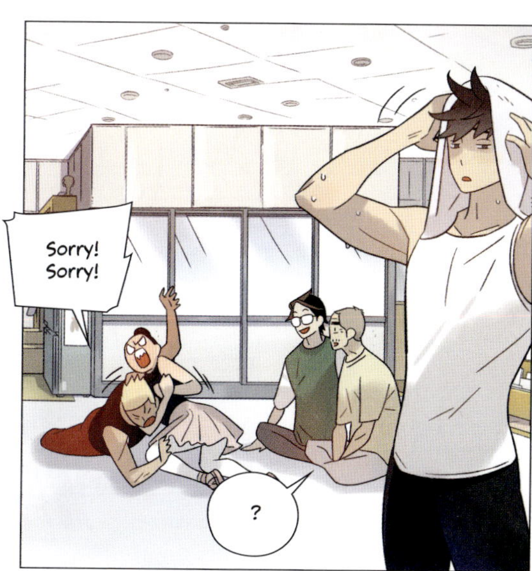
Sorry! Sorry!
?

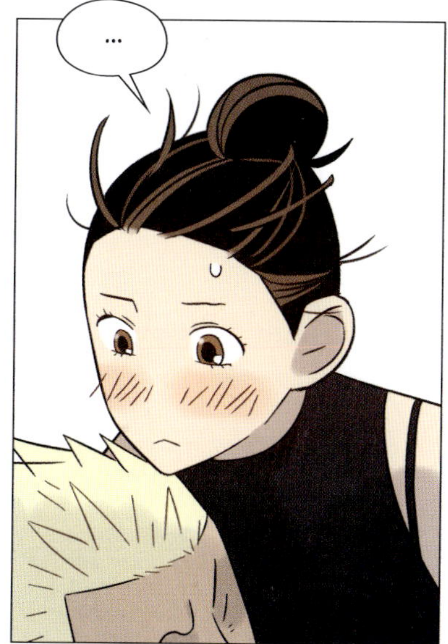
...

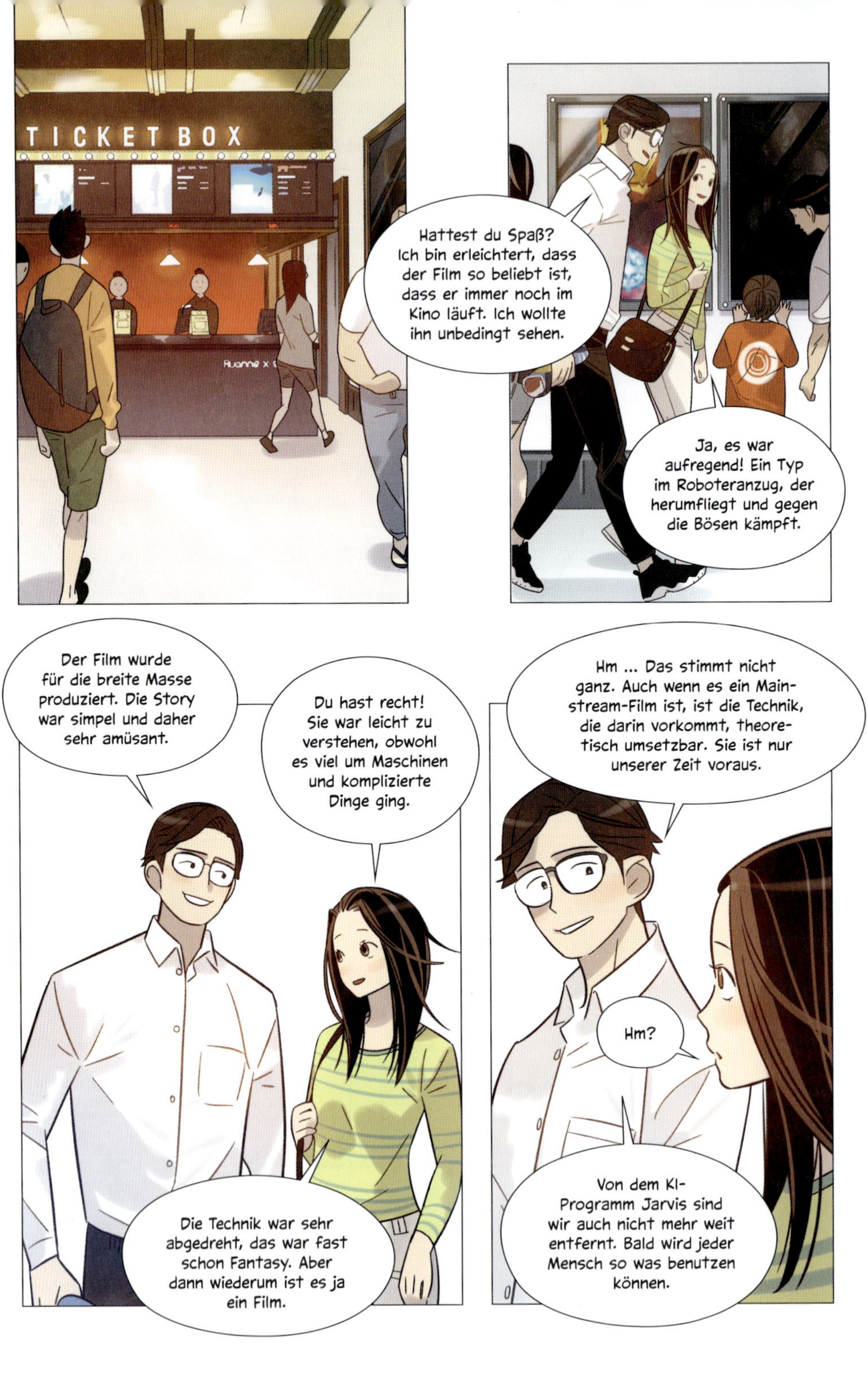

Hattest du Spaß? Ich bin erleichtert, dass der Film so beliebt ist, dass er immer noch im Kino läuft. Ich wollte ihn unbedingt sehen.

Ja, es war aufregend! Ein Typ im Roboteranzug, der herumfliegt und gegen die Bösen kämpft.

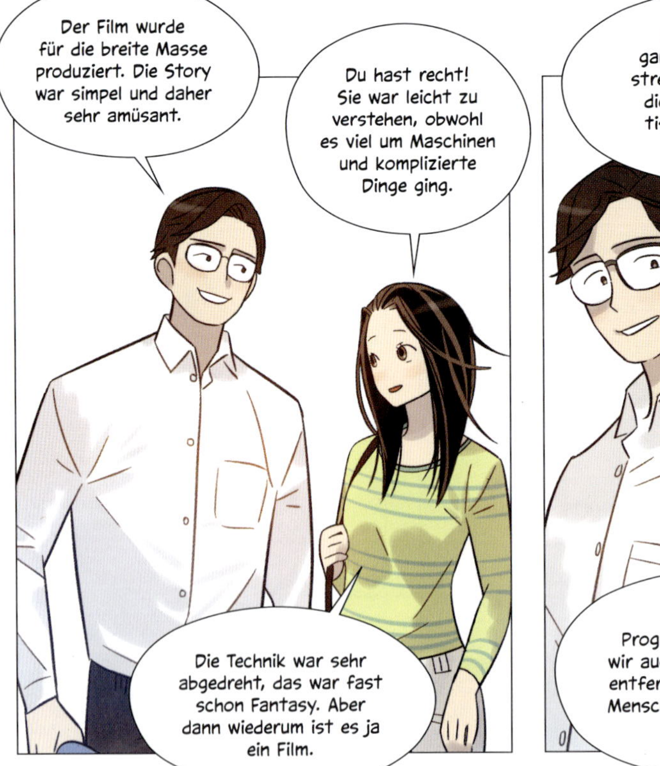

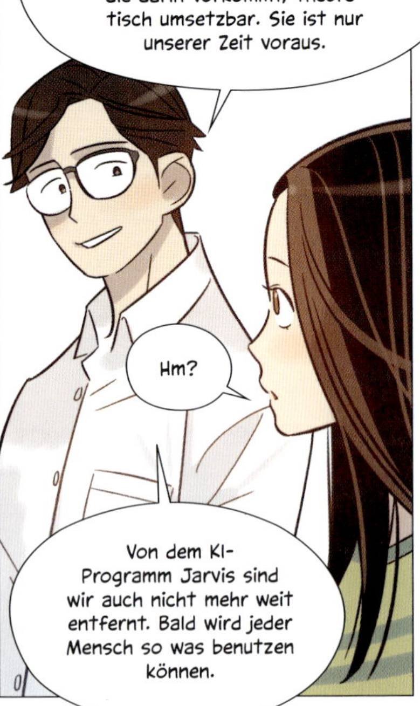

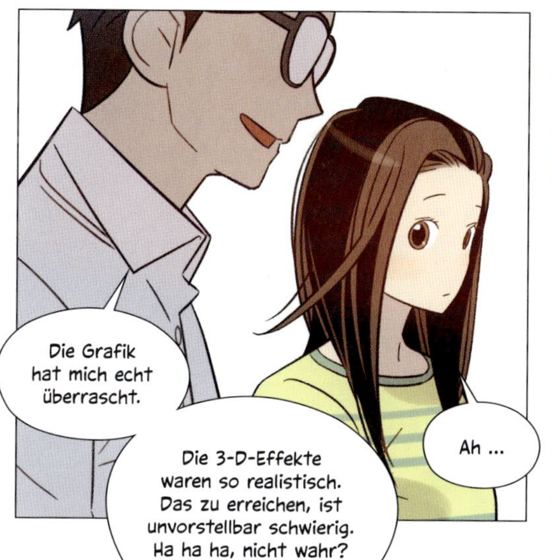
Die Grafik hat mich echt überrascht.
Die 3-D-Effekte waren so realistisch. Das zu erreichen, ist unvorstellbar schwierig. Ha ha ha, nicht wahr?
Ah ...

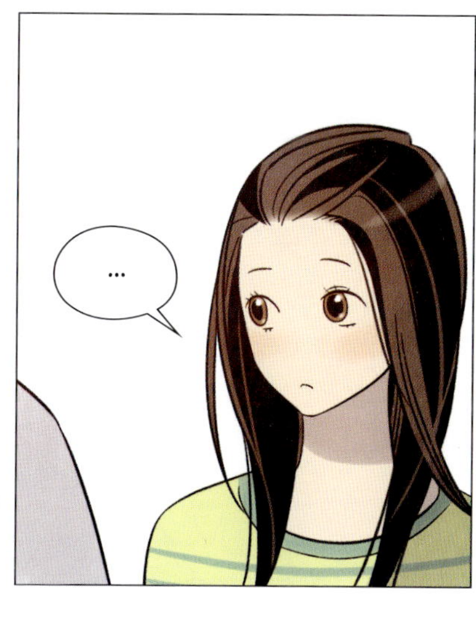
...

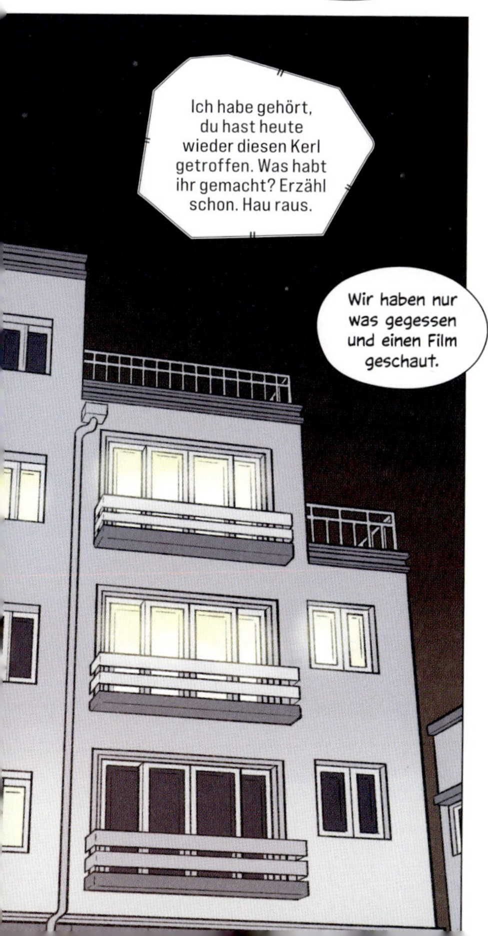
Ich habe gehört, du hast heute wieder diesen Kerl getroffen. Was habt ihr gemacht? Erzähl schon. Hau raus.
Wir haben nur was gegessen und einen Film geschaut.

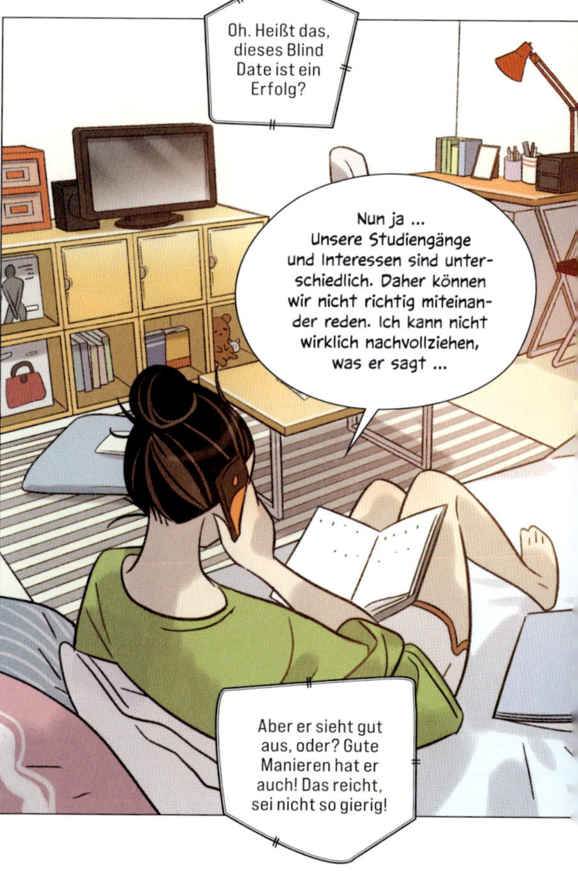
Oh. Heißt das, dieses Blind Date ist ein Erfolg?
Nun ja ... Unsere Studiengänge und Interessen sind unterschiedlich. Daher können wir nicht richtig miteinander reden. Ich kann nicht wirklich nachvollziehen, was er sagt ...
Aber er sieht gut aus, oder? Gute Manieren hat er auch! Das reicht, sei nicht so gierig!

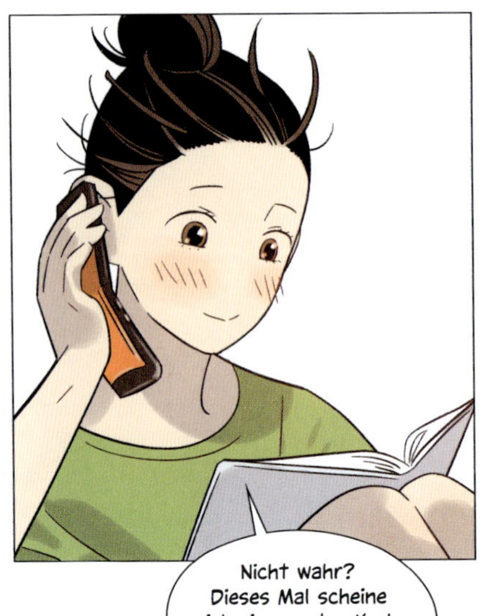
Nicht wahr? Dieses Mal scheine ich einen guten Kerl getroffen zu haben.

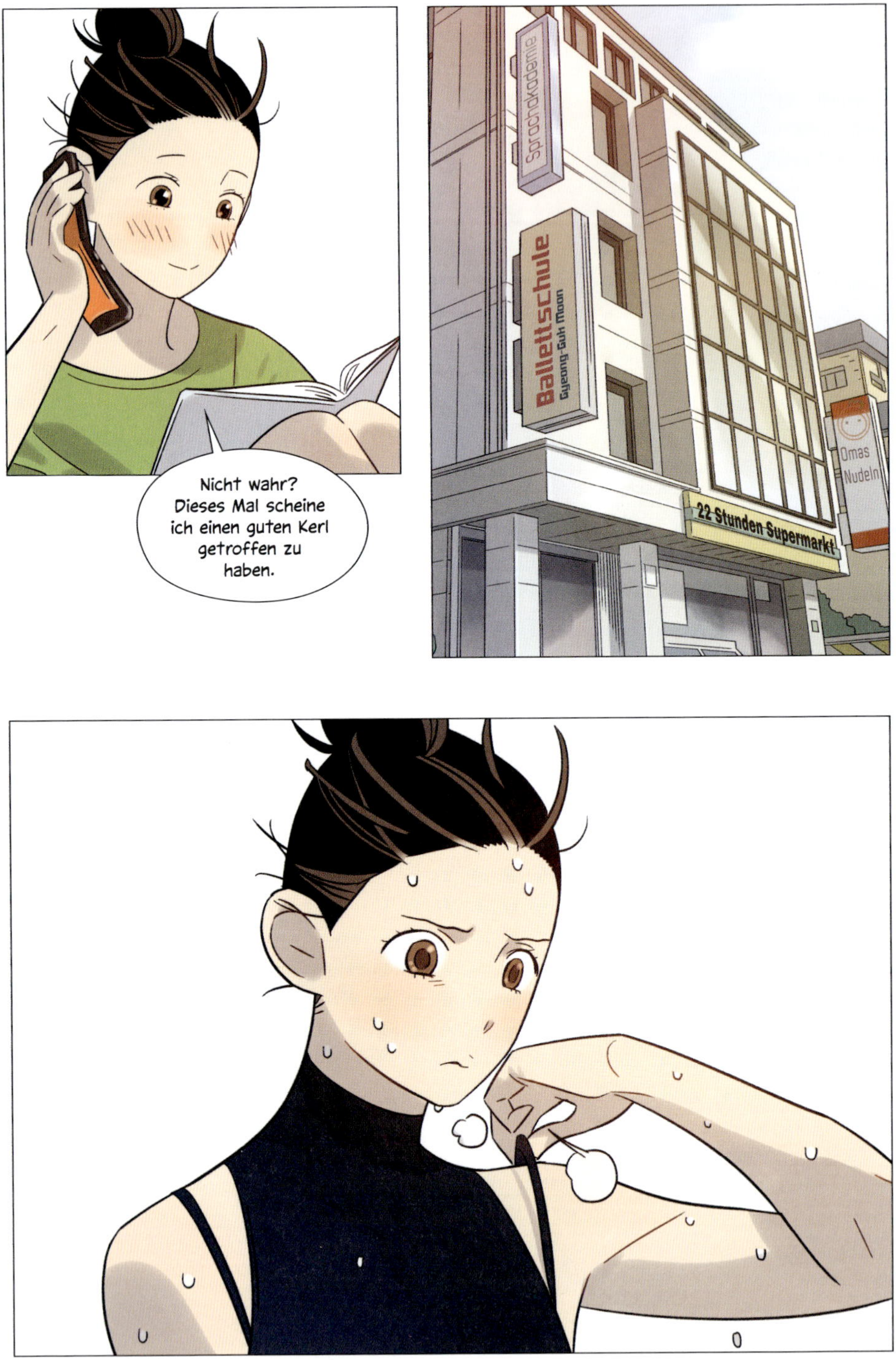

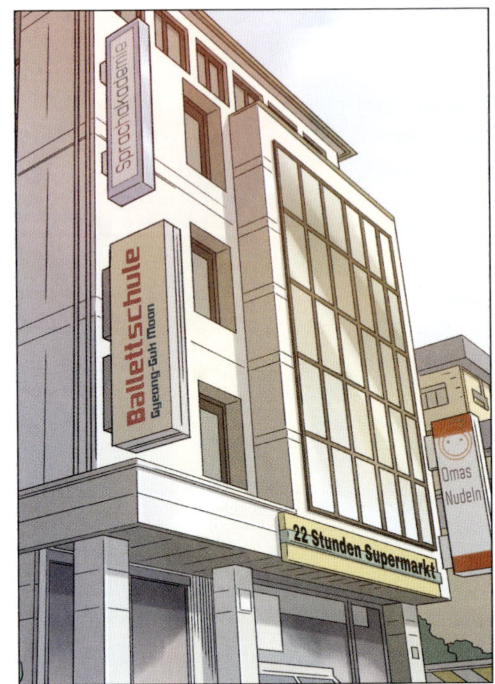
Sprachakademie
Ballettschule
Gyeong-Guk Moon
22 Stunden Supermarkt
Omas Nudeln

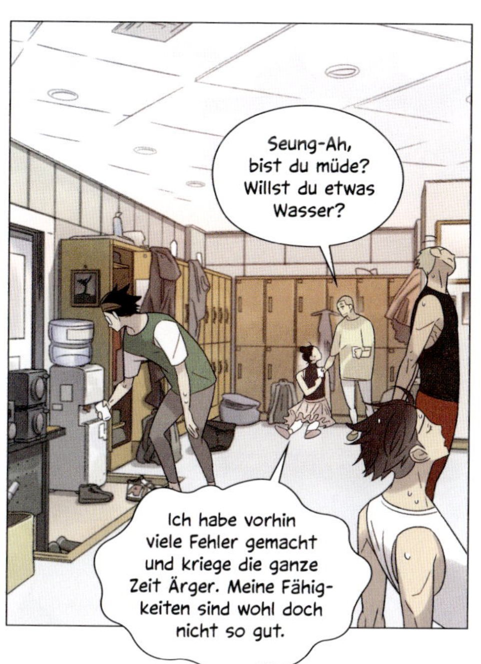
Seung-Ah, bist du müde? Willst du etwas Wasser?
Ich habe vorhin viele Fehler gemacht und kriege die ganze Zeit Ärger. Meine Fähigkeiten sind wohl doch nicht so gut.

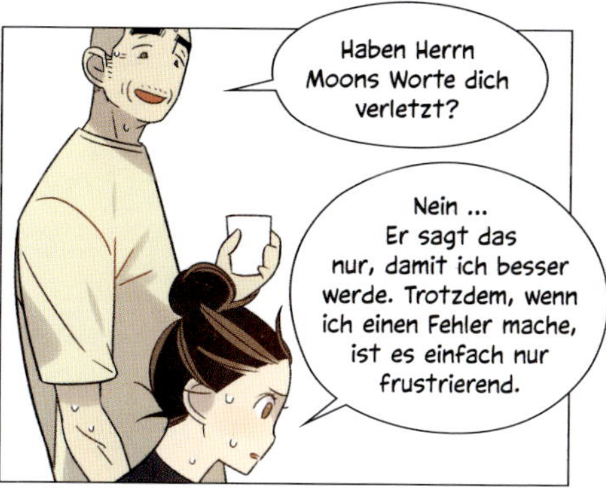
Haben Herrn Moons Worte dich verletzt?
Nein ... Er sagt das nur, damit ich besser werde. Trotzdem, wenn ich einen Fehler mache, ist es einfach nur frustrierend.

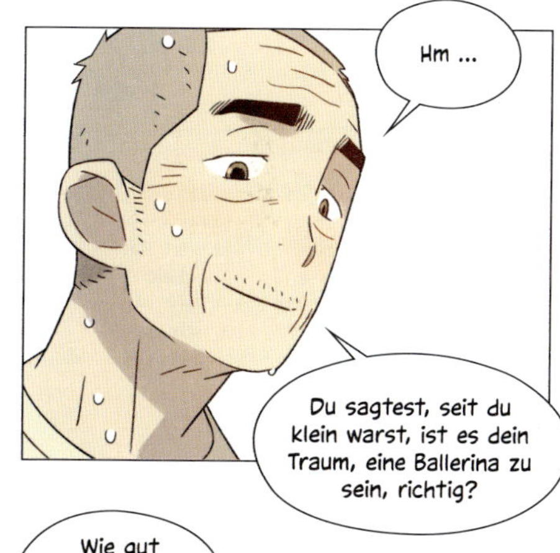
Hm ...
Du sagtest, seit du klein warst, ist es dein Traum, eine Ballerina zu sein, richtig?

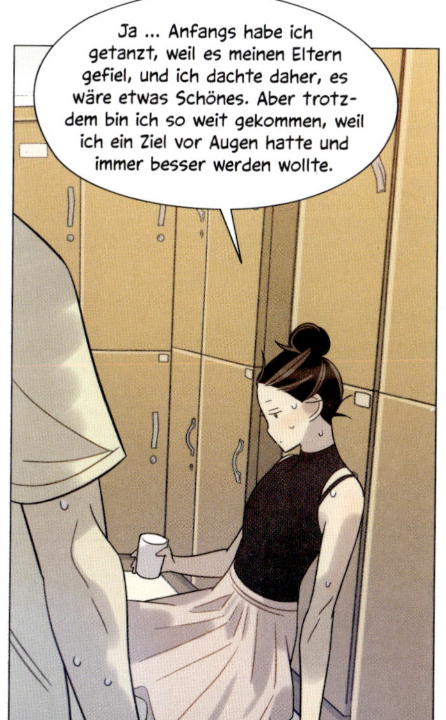
Ja ... Anfangs habe ich getanzt, weil es meinen Eltern gefiel, und ich dachte daher, es wäre etwas Schönes. Aber trotzdem bin ich so weit gekommen, weil ich ein Ziel vor Augen hatte und immer besser werden wollte.

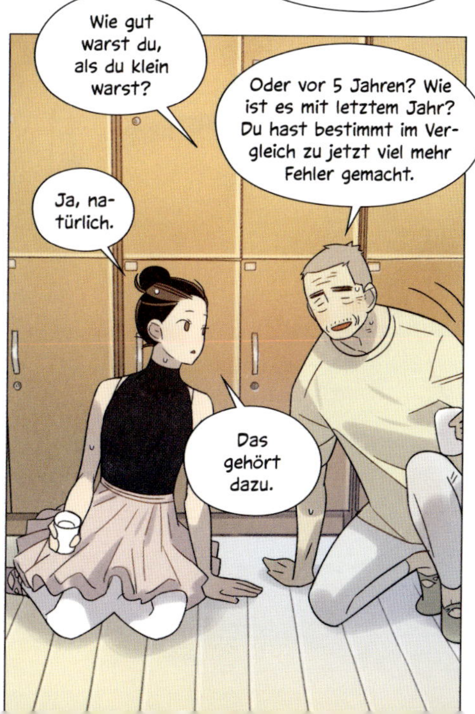
Wie gut warst du, als du klein warst?
Oder vor 5 Jahren? Wie ist es mit letztem Jahr? Du hast bestimmt im Vergleich zu jetzt viel mehr Fehler gemacht.
Ja, natürlich.
Das gehört dazu.

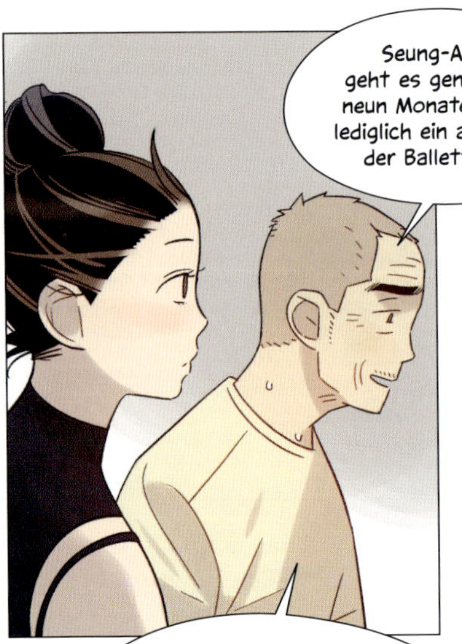
Seung-Ah, mir geht es genauso. Vor neun Monaten war ich lediglich ein alter Mann, der Ballett liebte.
Aber jetzt bin ich ganz aufgeregt, wenn ich darüber nachdenke, wie weit ich es schaffen könnte. Es ist vielleicht nur ein bisschen mehr als letzte Woche oder als gestern, aber ich werde jeden Tag ein Stück besser und besser.

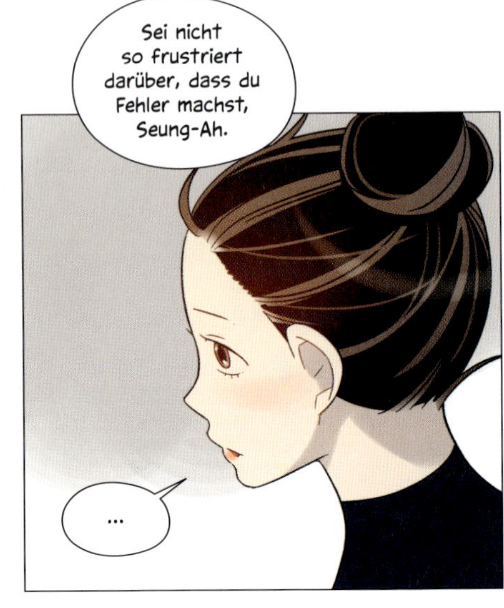
Sei nicht so frustriert darüber, dass du Fehler machst, Seung-Ah.
...

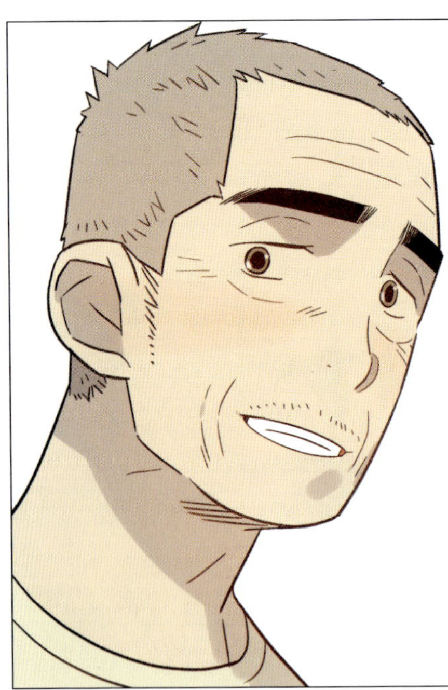
Im Vergleich zu vorher bist du auf jeden Fall besser geworden, nicht wahr? Du kommst deinem Ziel jeden Tag näher. Wie aufregend das sein muss.

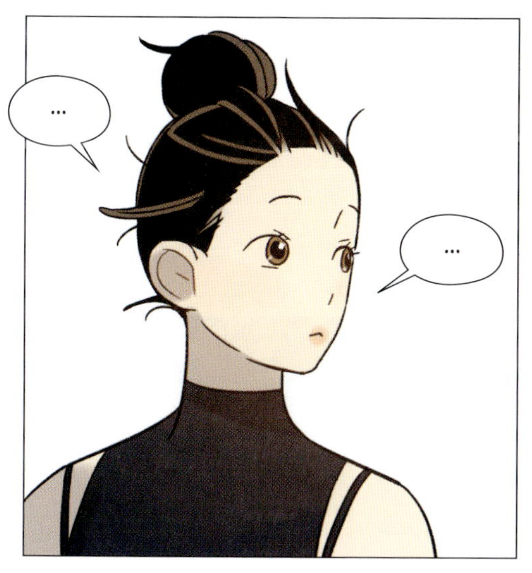

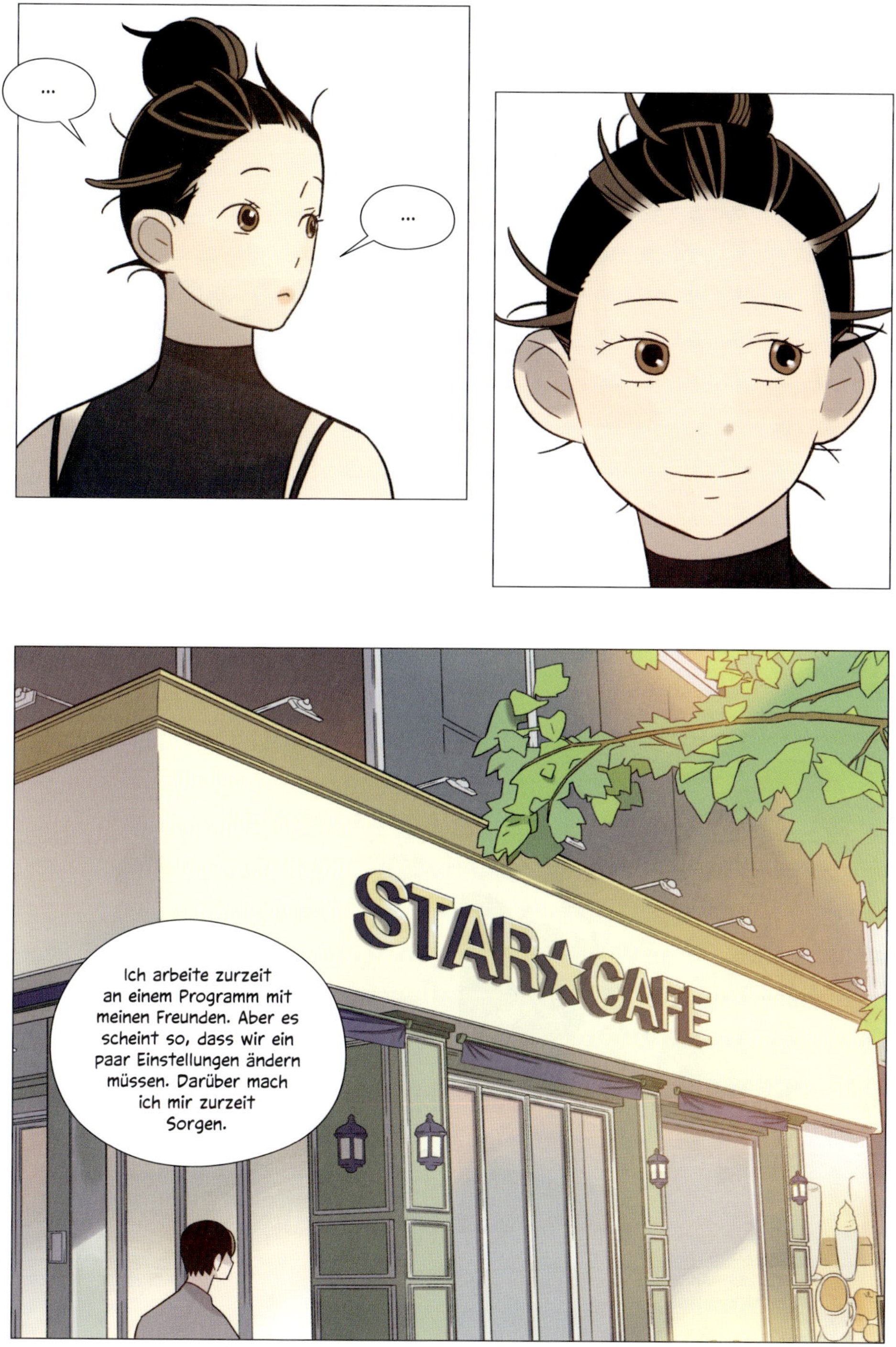

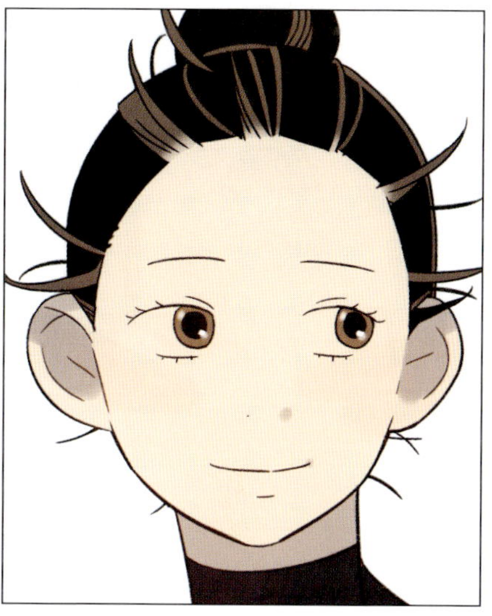

Ich arbeite zurzeit an einem Programm mit meinen Freunden. Aber es scheint so, dass wir ein paar Einstellungen ändern müssen. Darüber mach ich mir zurzeit Sorgen.

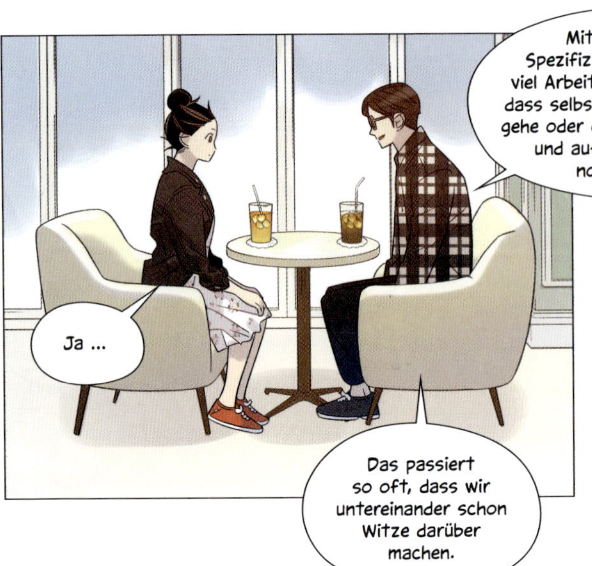
Mit den jetzigen Spezifizierungen ist es so viel Arbeit für den Computer, dass selbst wenn ich spazieren gehe oder ein Nickerchen mache und aufwache, er immer noch arbeitet.
Ja ...
Das passiert so oft, dass wir untereinander schon Witze darüber machen.

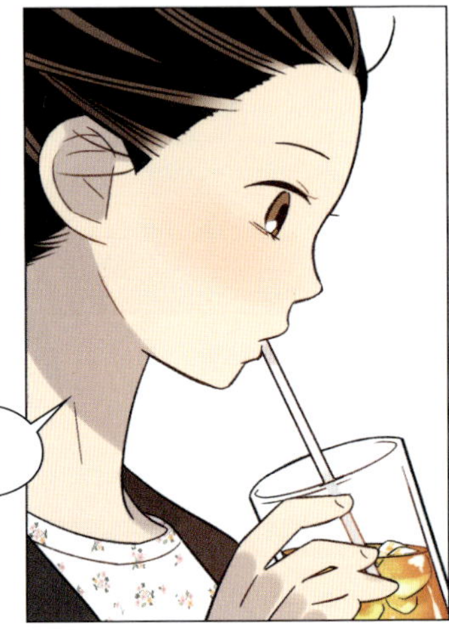
...

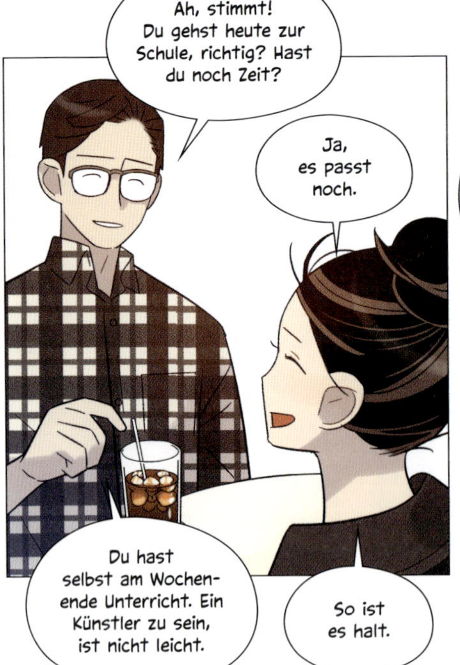
Ah, stimmt! Du gehst heute zur Schule, richtig? Hast du noch Zeit?
Ja, es passt noch.
Du hast selbst am Wochenende Unterricht. Ein Künstler zu sein, ist nicht leicht.
So ist es halt.

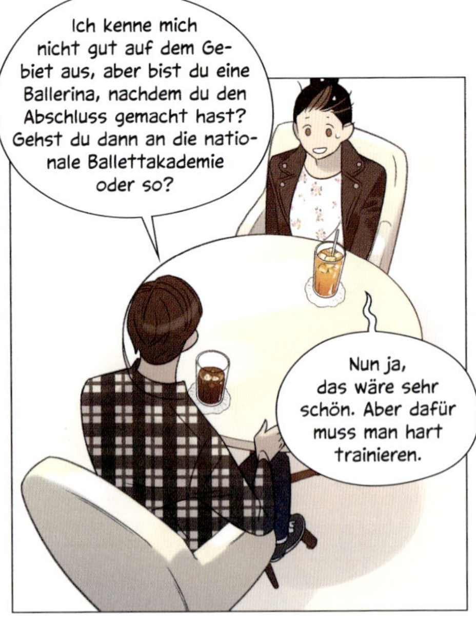
Ich kenne mich nicht gut auf dem Gebiet aus, aber bist du eine Ballerina, nachdem du den Abschluss gemacht hast? Gehst du dann an die nationale Ballettakademie oder so?
Nun ja, das wäre sehr schön. Aber dafür muss man hart trainieren.

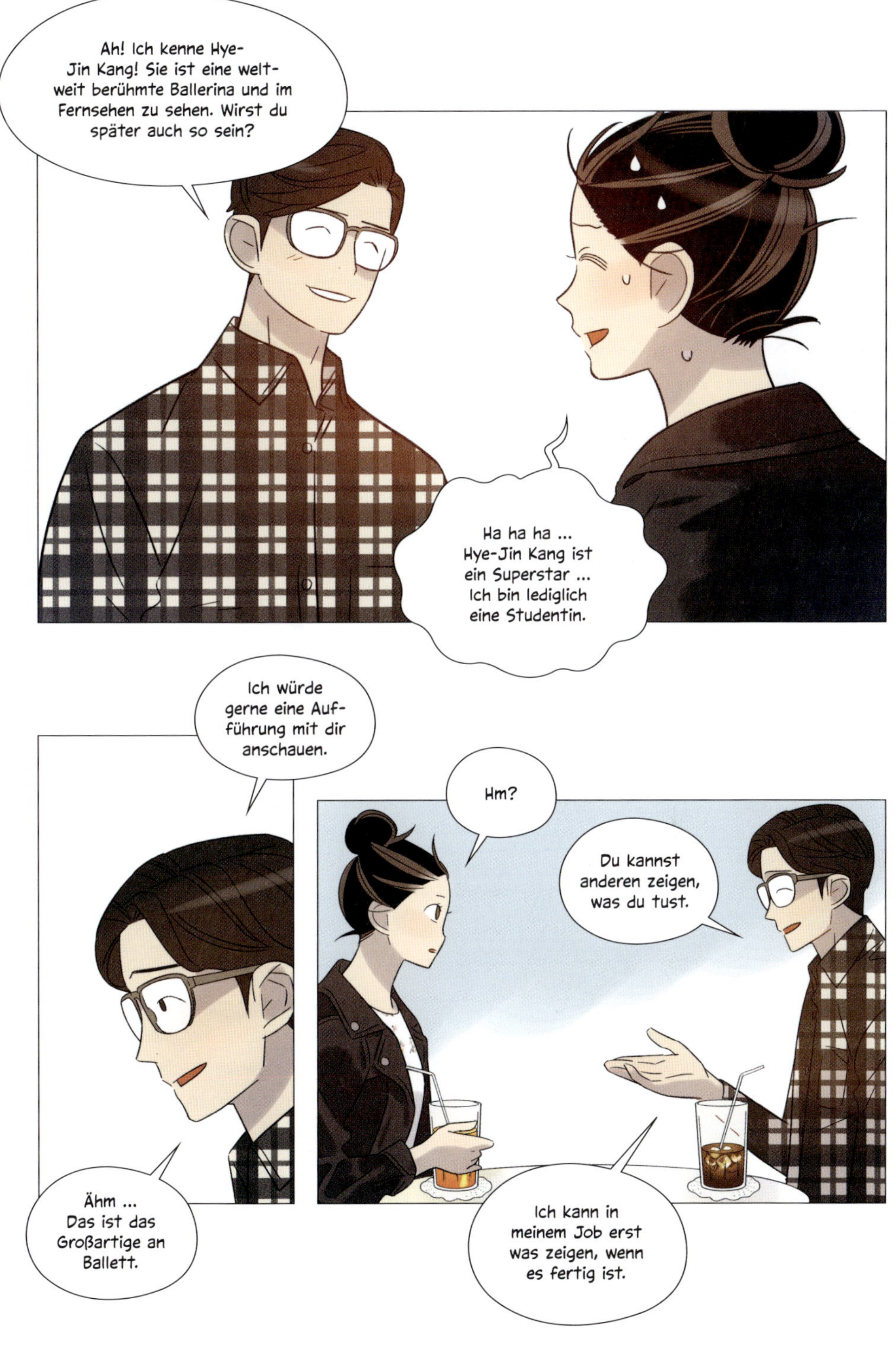
Ah! Ich kenne Hye-Jin Kang! Sie ist eine weltweit berühmte Ballerina und im Fernsehen zu sehen. Wirst du später auch so sein?
Ha ha ha ... Hye-Jin Kang ist ein Superstar ... Ich bin lediglich eine Studentin.
Ich würde gerne eine Aufführung mit dir anschauen.
Ähm ... Das ist das Großartige an Ballett.
Hm?
Du kannst anderen zeigen, was du tust.
Ich kann in meinem Job erst was zeigen, wenn es fertig ist.

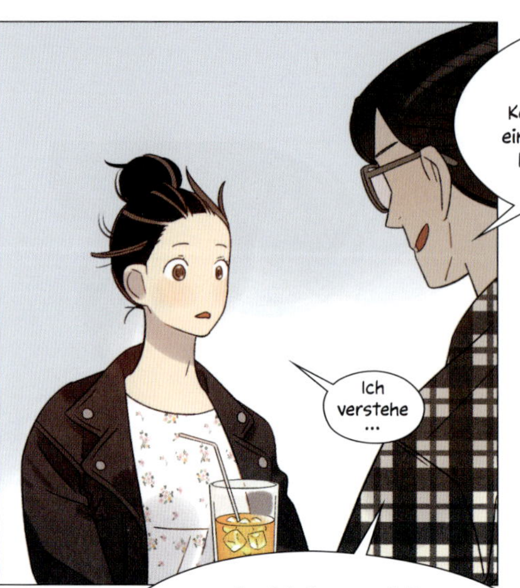
Der Entwicklungsprozess dauert sehr lange. Hach. Meine Kollegen und ich senden heute Nacht ein, woran wir gerade arbeiten. Daher hat mein Computer gerade schwer zu schaffen.
Ich verstehe ...
Es gibt die ganze Zeit Verbesserungen in der 3-D-Technologie, daher findet die Arbeit kein Ende. Es gibt auch viele Meinungsverschiedenheiten mit dem Kollegen, der für das Design verantwortlich ist. Ich meine, nur weil das Design cool aussieht, heißt das noch lange nicht, dass es auch gut in 3-D rauskommt. Wenn man das bedenkt ...

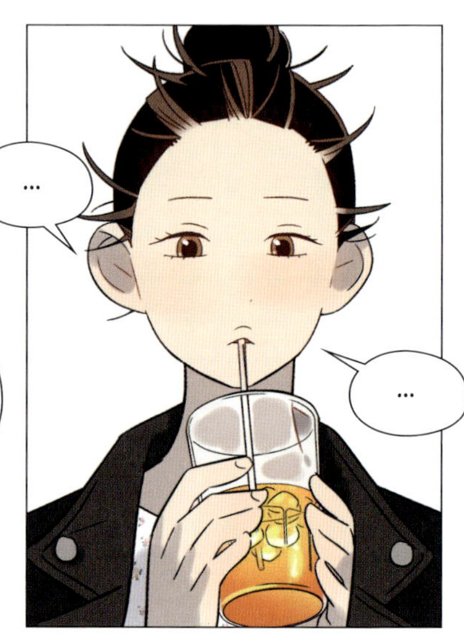
...
...

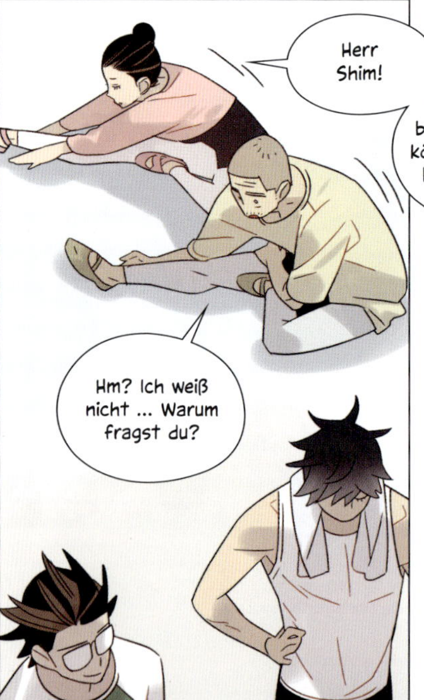
Herr Shim!
Sie haben viel Lebenserfahrung, also können Sie Menschen bestimmt gut einschätzen.
Hm? Ich weiß nicht ... Warum fragst du?

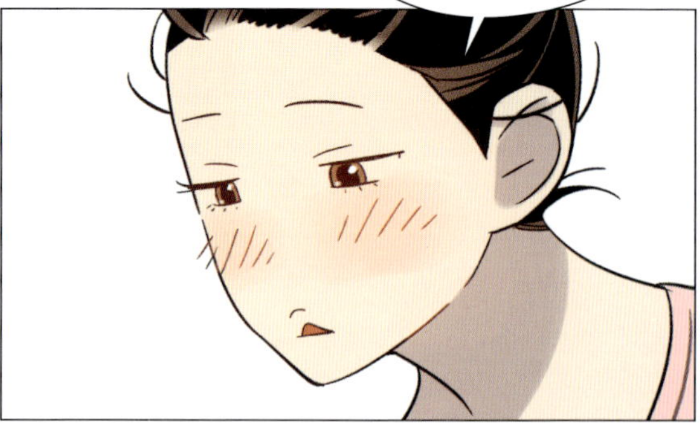
Hm ... Was denken Sie, was für ein Typ Mann mich glücklich machen würde?

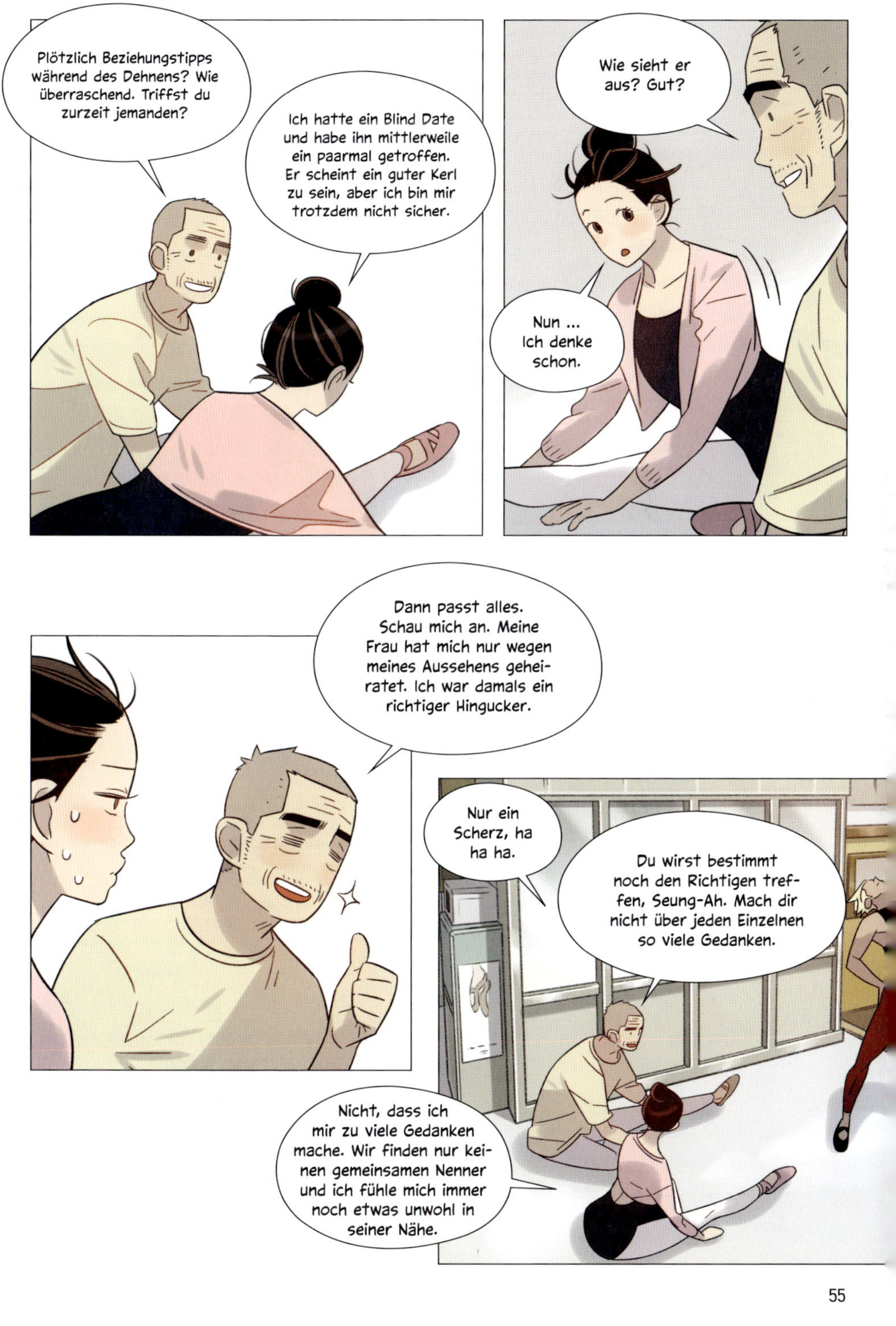

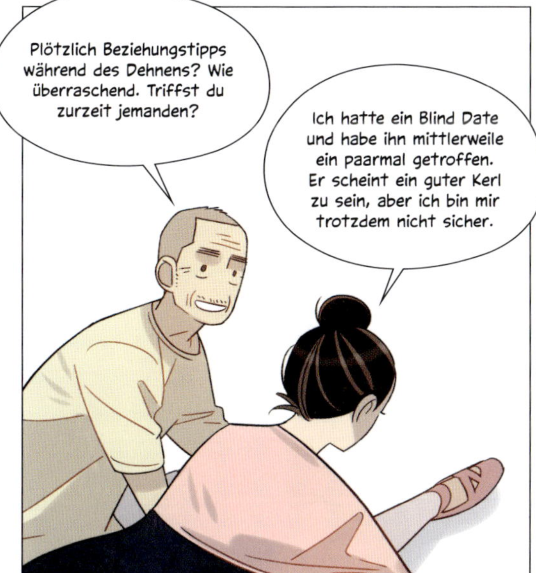
Plötzlich Beziehungstipps während des Dehnens? Wie überraschend. Triffst du zurzeit jemanden?
Ich hatte ein Blind Date und habe ihn mittlerweile ein paarmal getroffen. Er scheint ein guter Kerl zu sein, aber ich bin mir trotzdem nicht sicher.

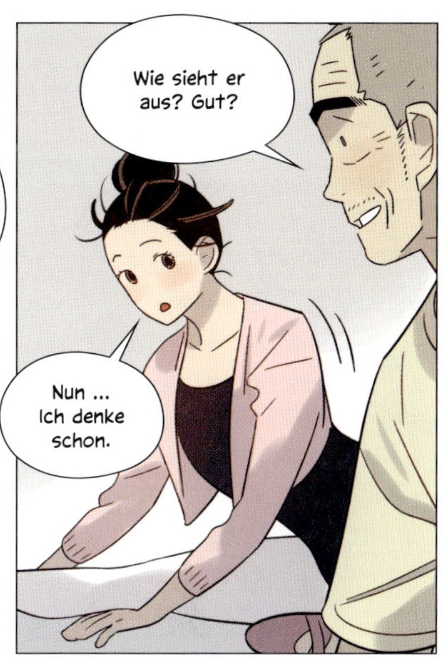
Wie sieht er aus? Gut?
Nun ... Ich denke schon.

Dann passt alles. Schau mich an. Meine Frau hat mich nur wegen meines Aussehens geheiratet. Ich war damals ein richtiger Hingucker.
Nur ein Scherz, ha ha ha.
Du wirst bestimmt noch den Richtigen treffen, Seung-Ah. Mach dir nicht über jeden Einzelnen so viele Gedanken.
Nicht, dass ich mir zu viele Gedanken mache. Wir finden nur keinen gemeinsamen Nenner und ich fühle mich immer noch etwas unwohl in seiner Nähe.

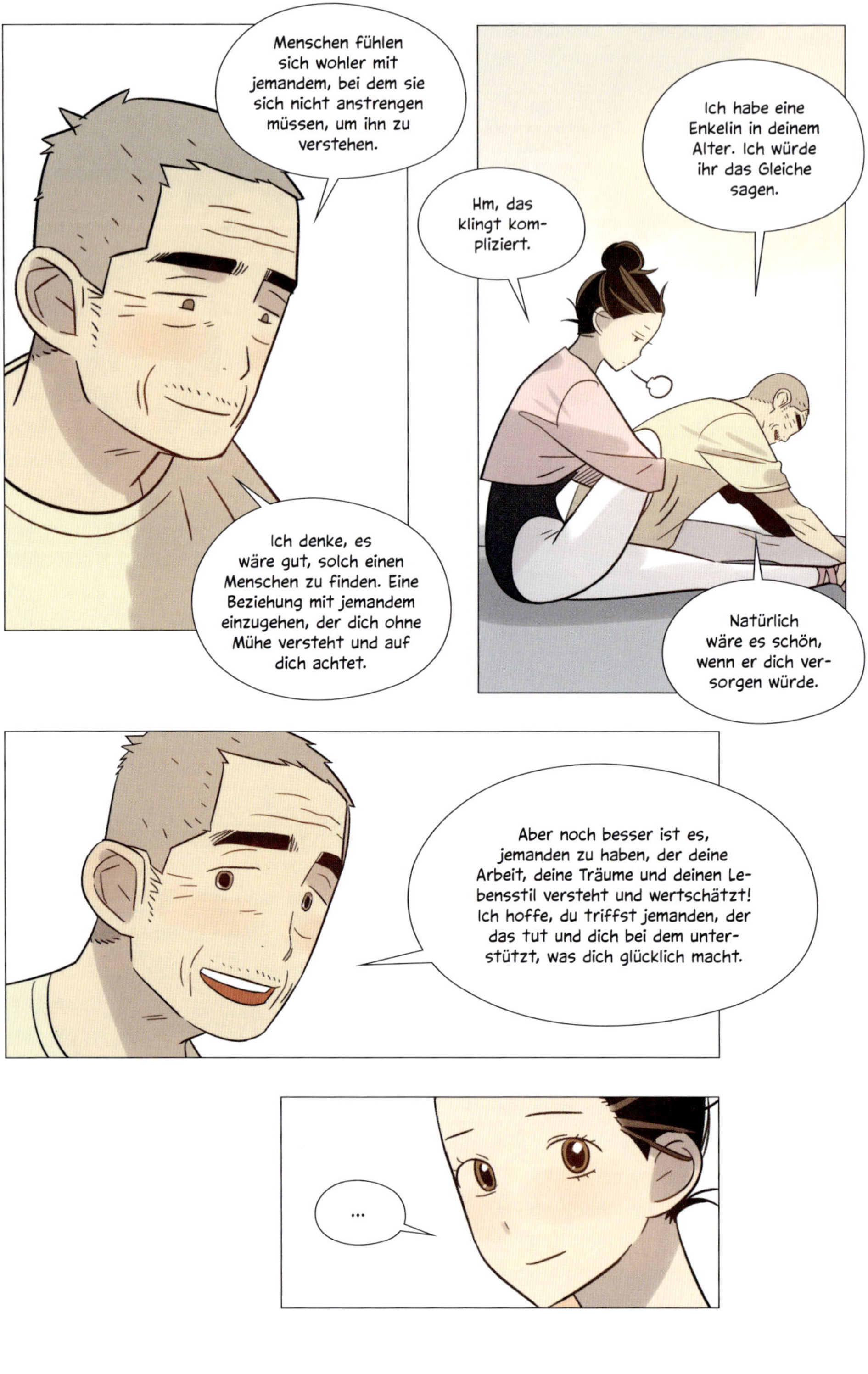

Menschen fühlen sich wohler mit jemandem, bei dem sie sich nicht anstrengen müssen, um ihn zu verstehen.

Ich denke, es wäre gut, solch einen Menschen zu finden. Eine Beziehung mit jemandem einzugehen, der dich ohne Mühe versteht und auf dich achtet.

Hm, das klingt kompliziert.

Ich habe eine Enkelin in deinem Alter. Ich würde ihr das Gleiche sagen.

Natürlich wäre es schön, wenn er dich versorgen würde.

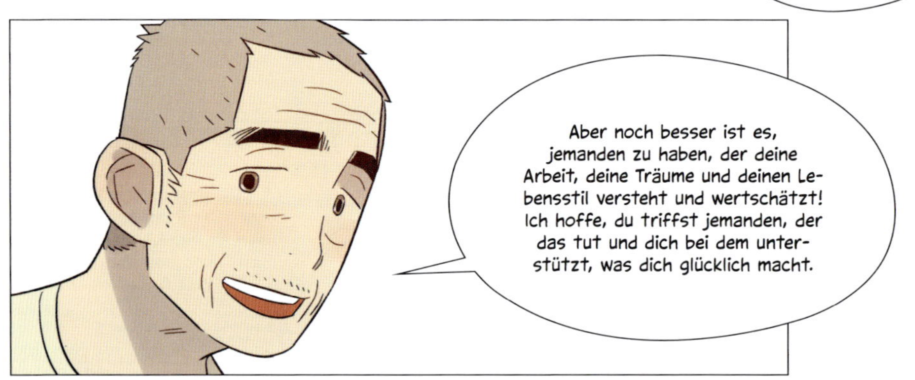

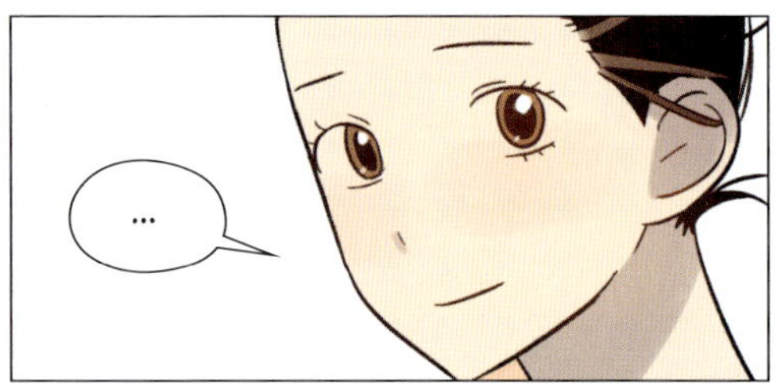

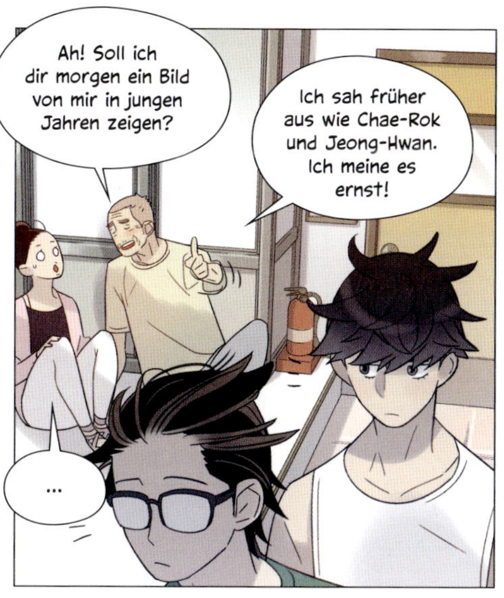
Ah! Soll ich dir morgen ein Bild von mir in jungen Jahren zeigen?
Ich sah früher aus wie Chae-Rok und Jeong-Hwan. Ich meine es ernst!
...

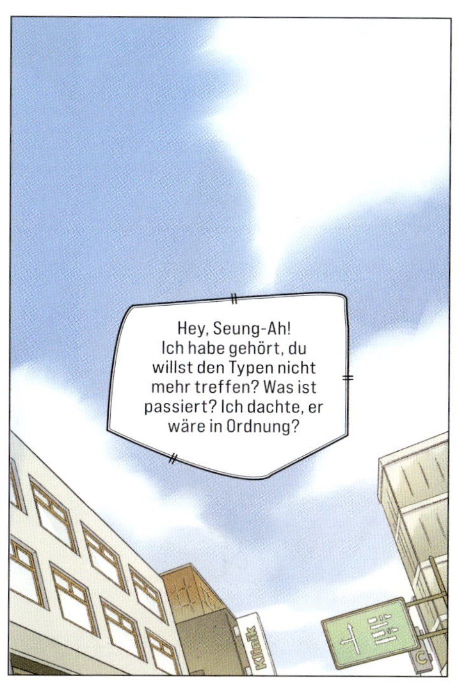
Hey, Seung-Ah! Ich habe gehört, du willst den Typen nicht mehr treffen? Was ist passiert? Ich dachte, er wäre in Ordnung?
Klinik

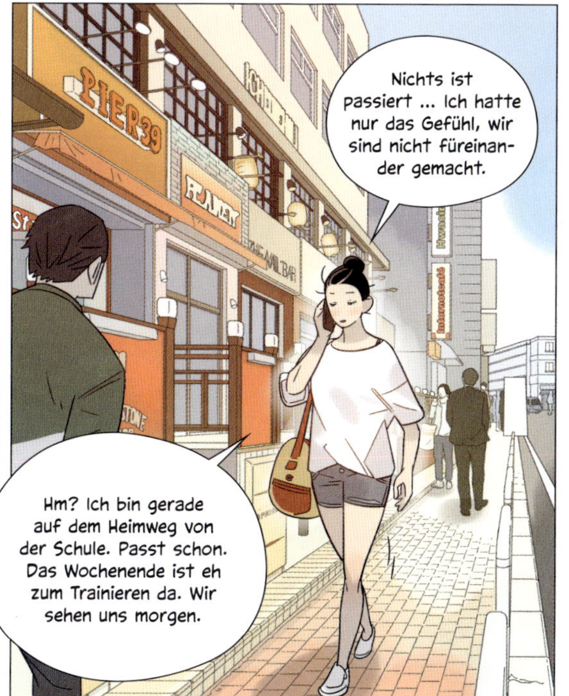
Nichts ist passiert ... Ich hatte nur das Gefühl, wir sind nicht füreinander gemacht.
Hm? Ich bin gerade auf dem Heimweg von der Schule. Passt schon. Das Wochenende ist eh zum Trainieren da. Wir sehen uns morgen.
PIER39
RAMEN

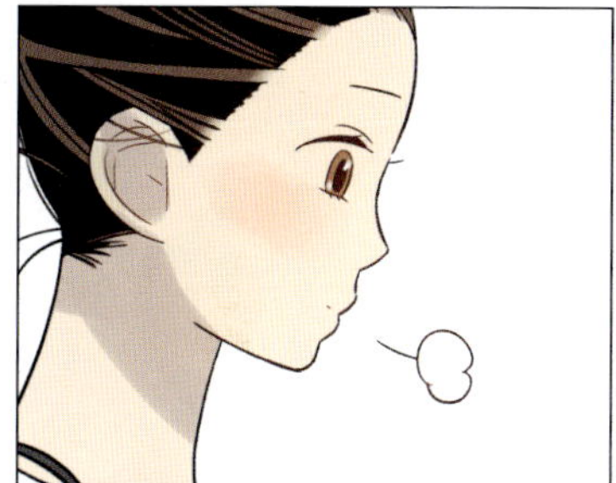

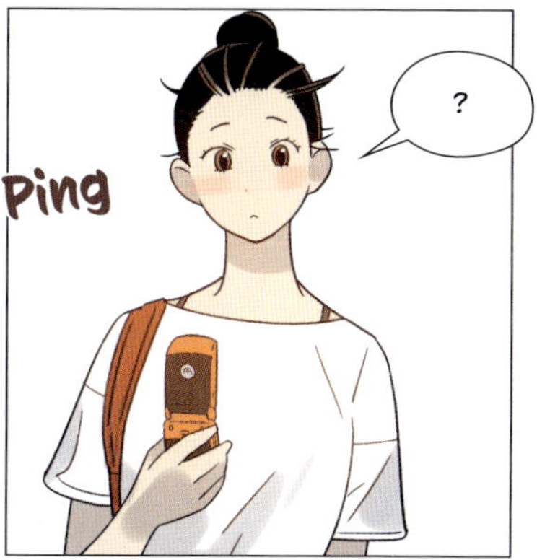
Ping
?

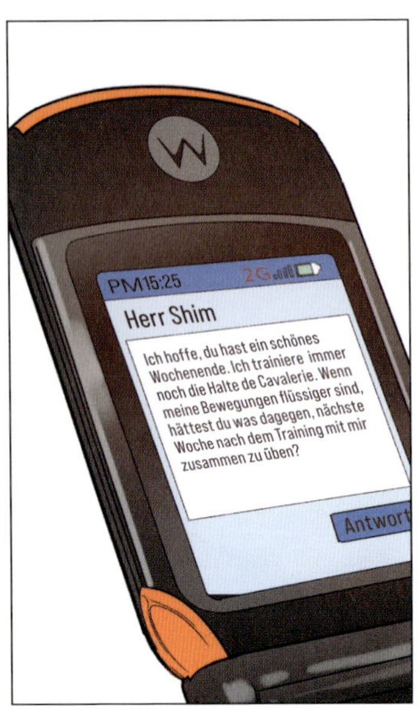

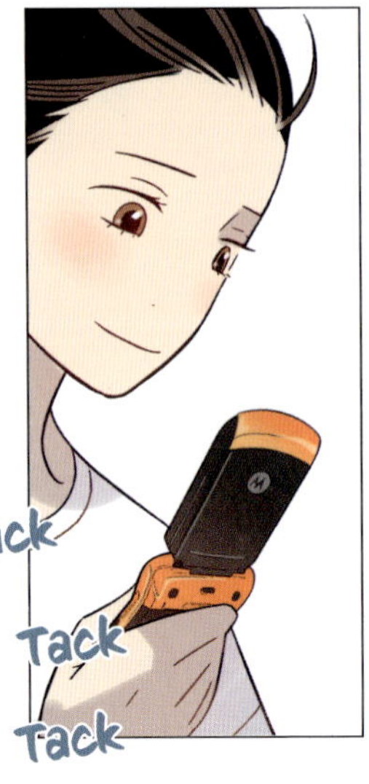

raining mit mir zusammen zu üben?

Gerne, machen wir ^^

Danke dir, Seung-Ah, unsere liebe und anmutige Ballerina. Ich weiß, du wirst eine großartige Tänzerin werden, die den Menschen Freude bringt. Mach weiter so. Danke dir und bis morgen.

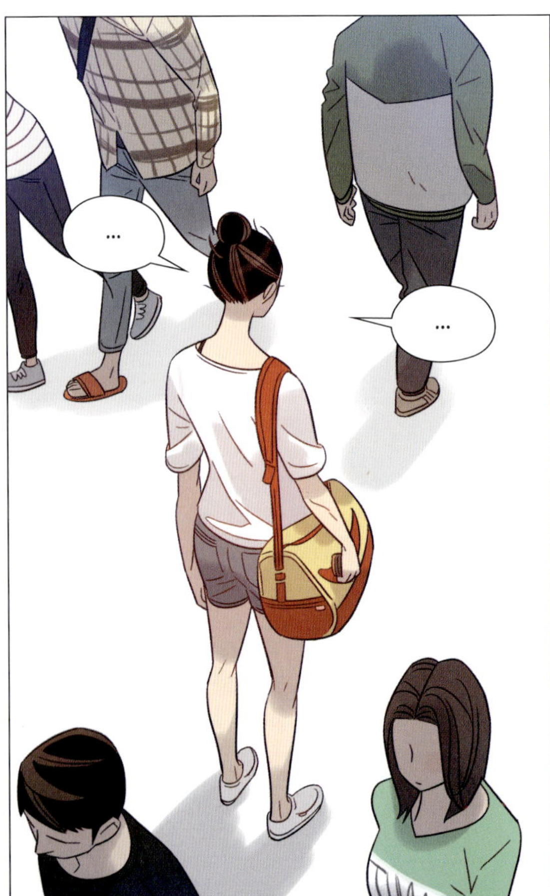

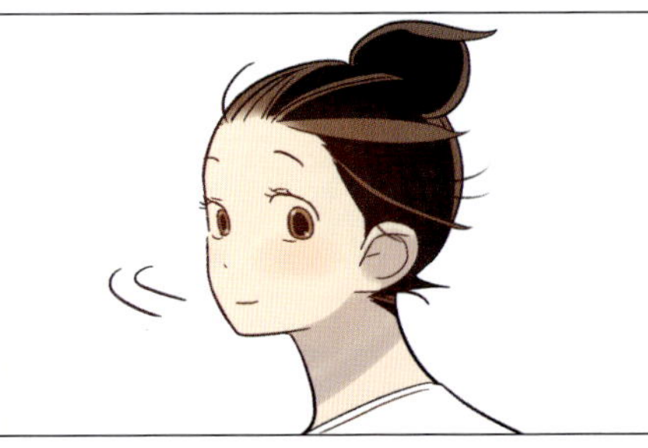

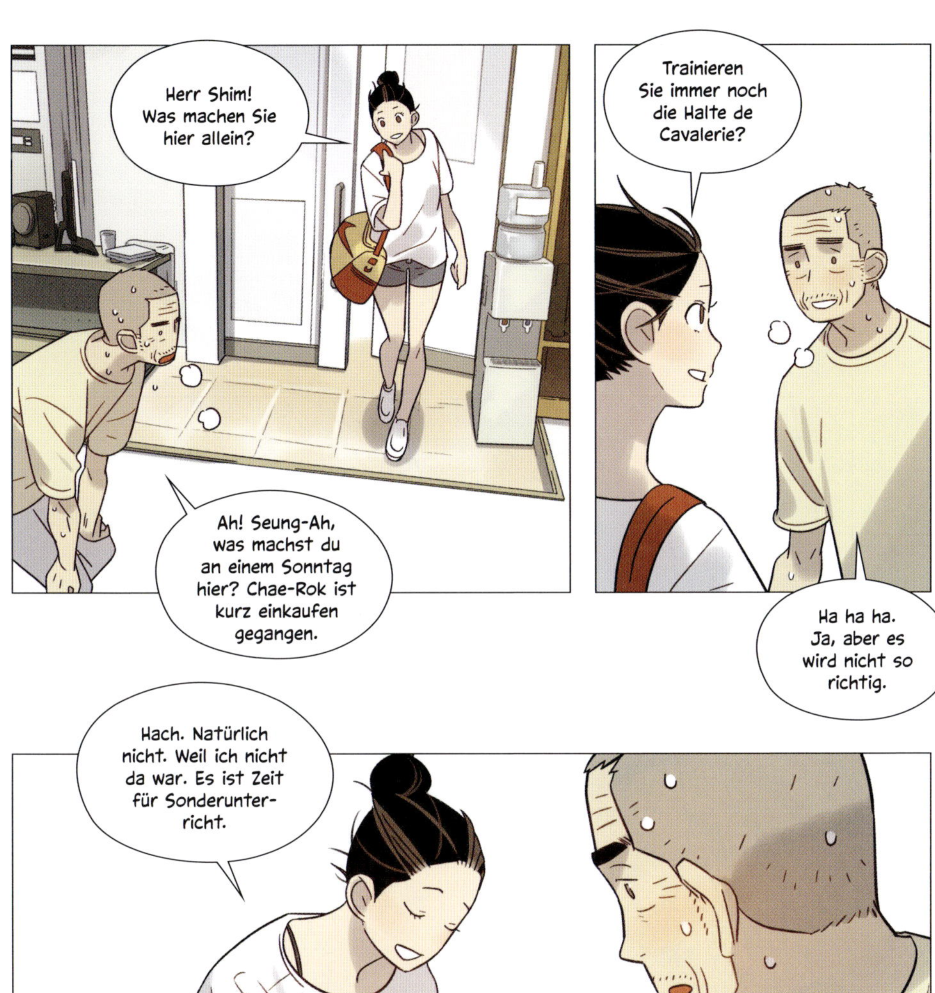
Herr Shim! Was machen Sie hier allein?
Ah! Seung-Ah, was machst du an einem Sonntag hier? Chae-Rok ist kurz einkaufen gegangen.
Trainieren Sie immer noch die Halte de Cavalerie?
Ha ha ha. Ja, aber es wird nicht so richtig.
Hach. Natürlich nicht. Weil ich nicht da war. Es ist Zeit für Sonderunter-richt.
Hm? Du bist zum Trainieren hier?

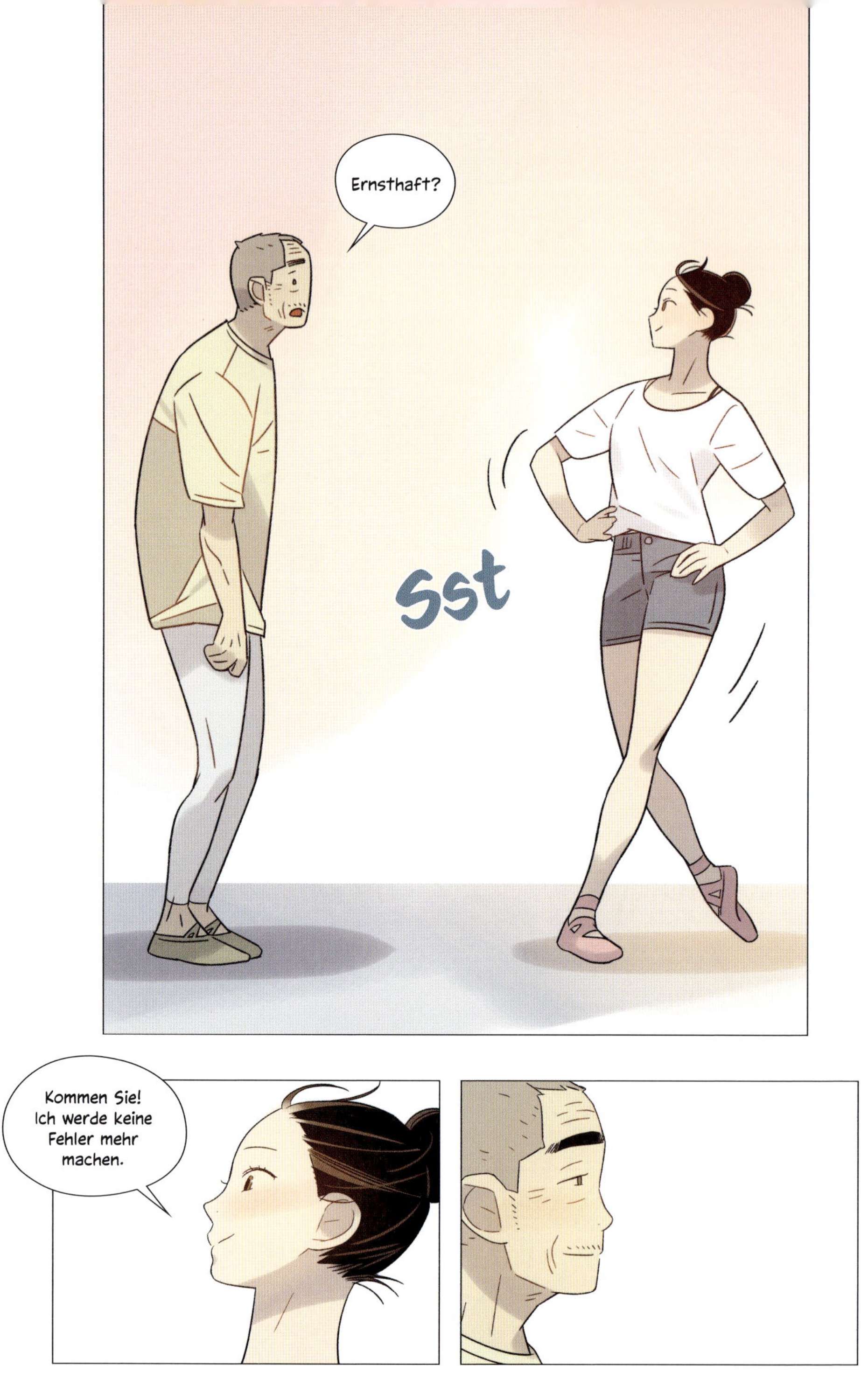

Ernsthaft?

Sst

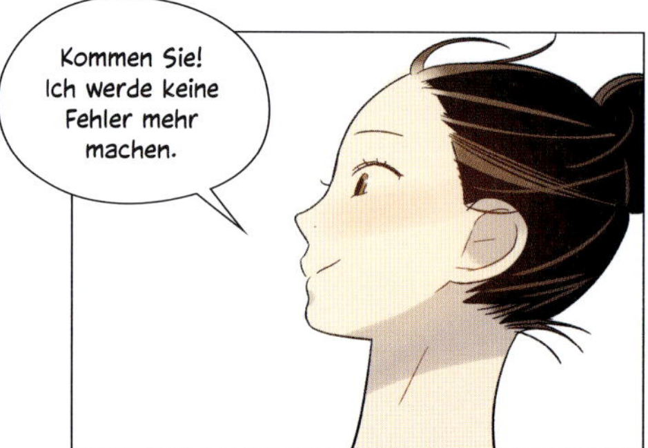

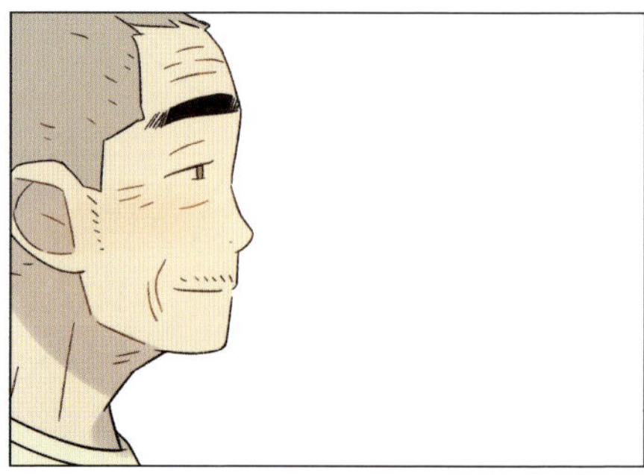

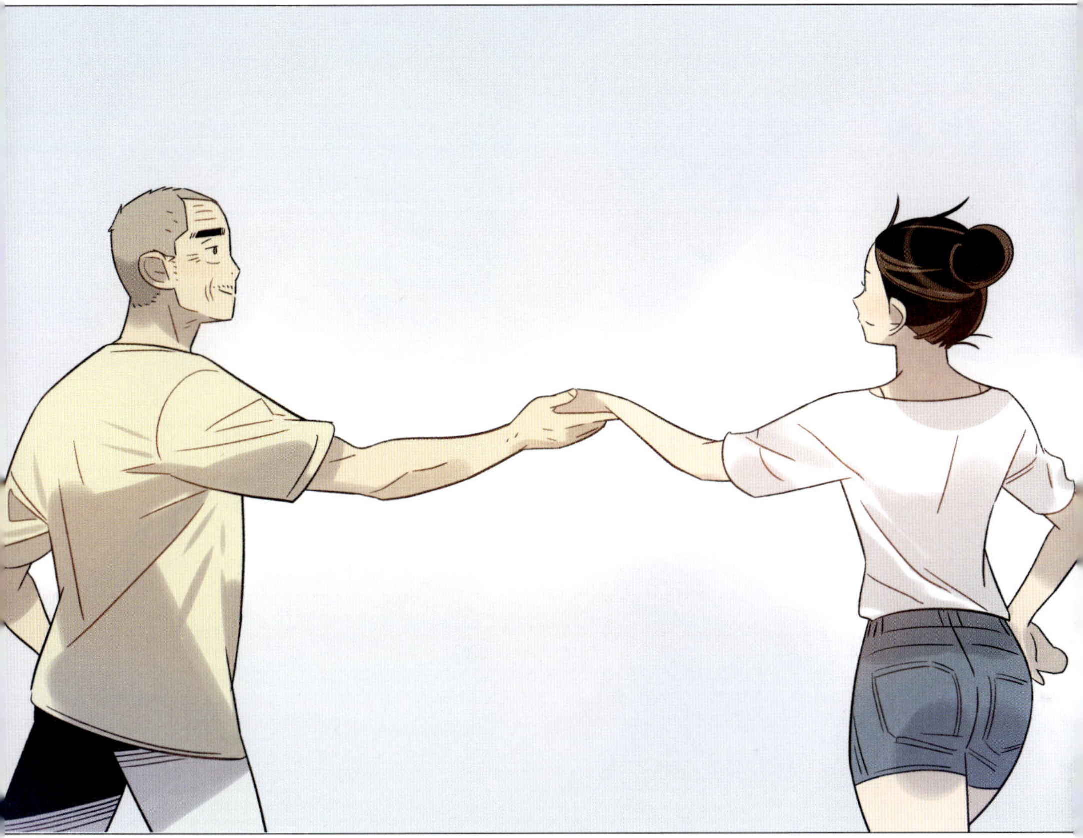

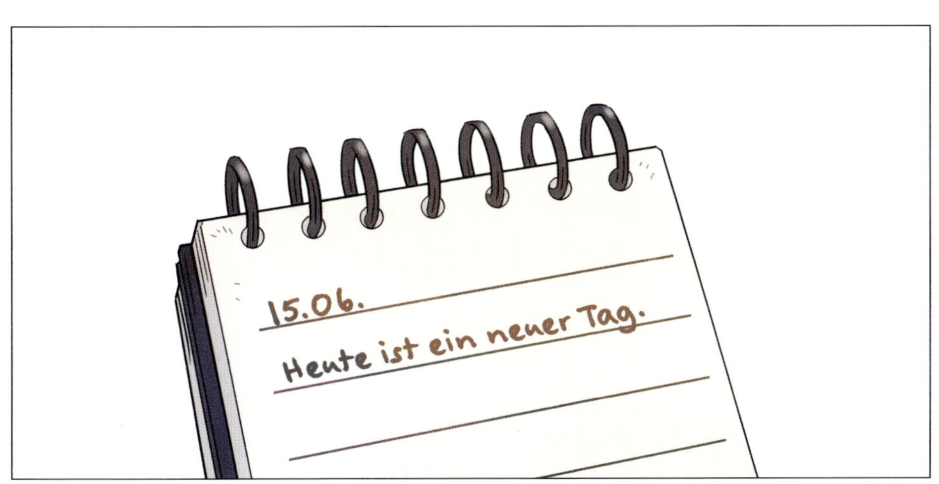
15.06.
Heute ist ein neuer Tag.

Warum gibst du nicht dein Bestes?

Das hat Herr Moon vor Jahren mal zu mir gesagt.

Ich verurteile dich nicht dafür, dass du nur halbherzig trainierst, weil du schon so gut bist und reichlich Talent hast.

Aber eines Tages wirst du auf jemanden treffen, der nicht so talentiert ist wie du, aber Ballett aus tiefstem Herzen liebt. Dieser Mensch wird sein Bestes geben und dich irgendwann übertreffen.

Ich habe kaum genug Zeit für Menschen, die es wert sind, unterrichtet zu werden ...

... und keine für Menschen wie dich, die nicht ihr Bestes geben.

19

Ich gebe nicht so leicht auf

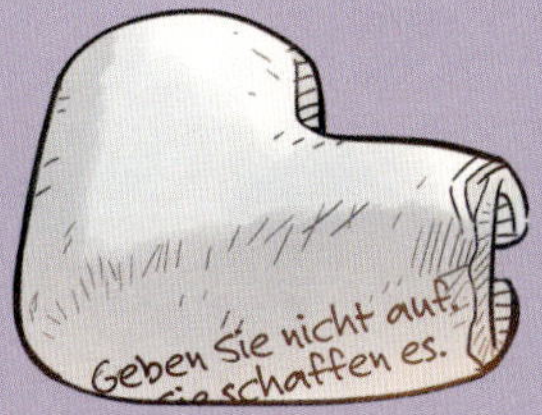

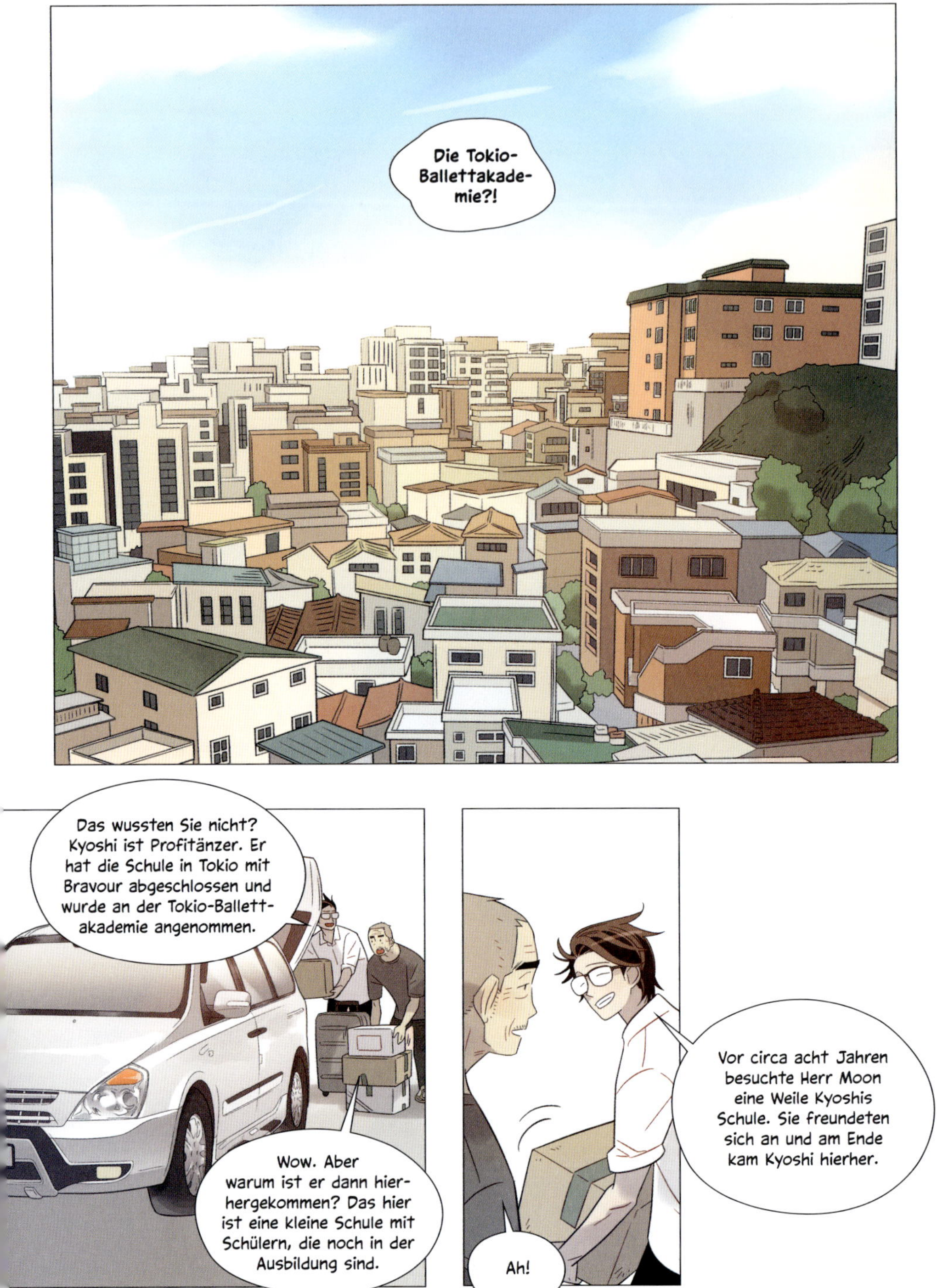

Die Tokio-Ballettakademie?!

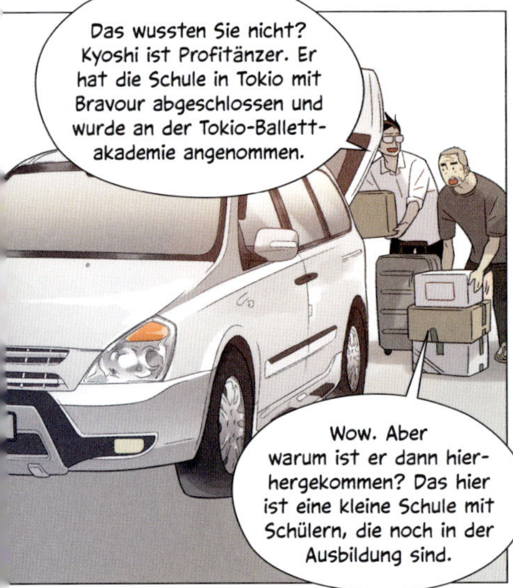

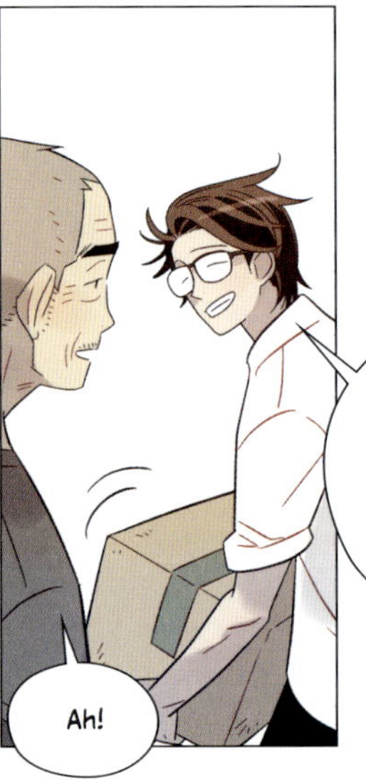

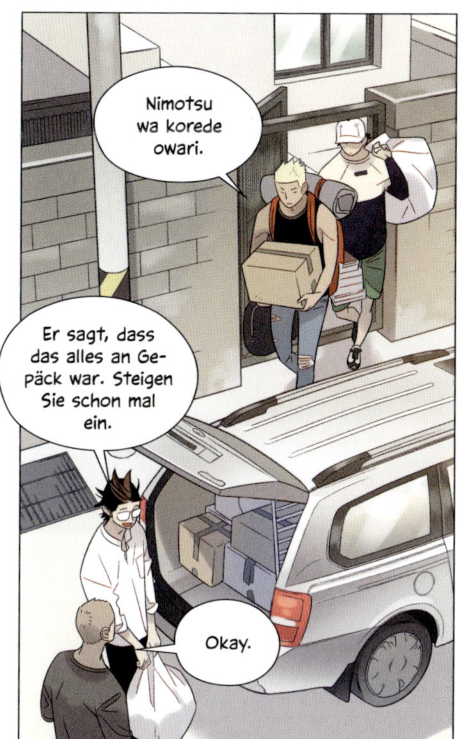
Nimotsu wa korede owari.
Er sagt, dass das alles an Gepäck war. Steigen Sie schon mal ein.
Okay.

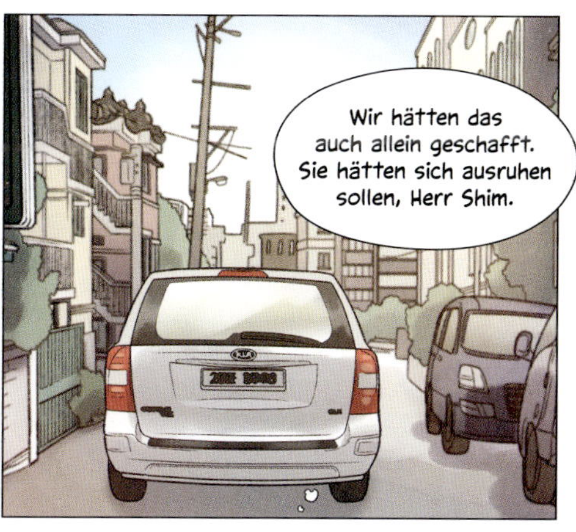
Wir hätten das auch allein geschafft. Sie hätten sich ausruhen sollen, Herr Shim.

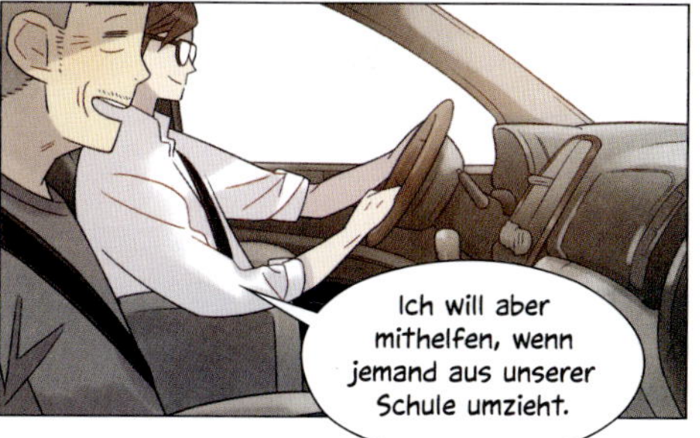
Ich will aber mithelfen, wenn jemand aus unserer Schule umzieht.

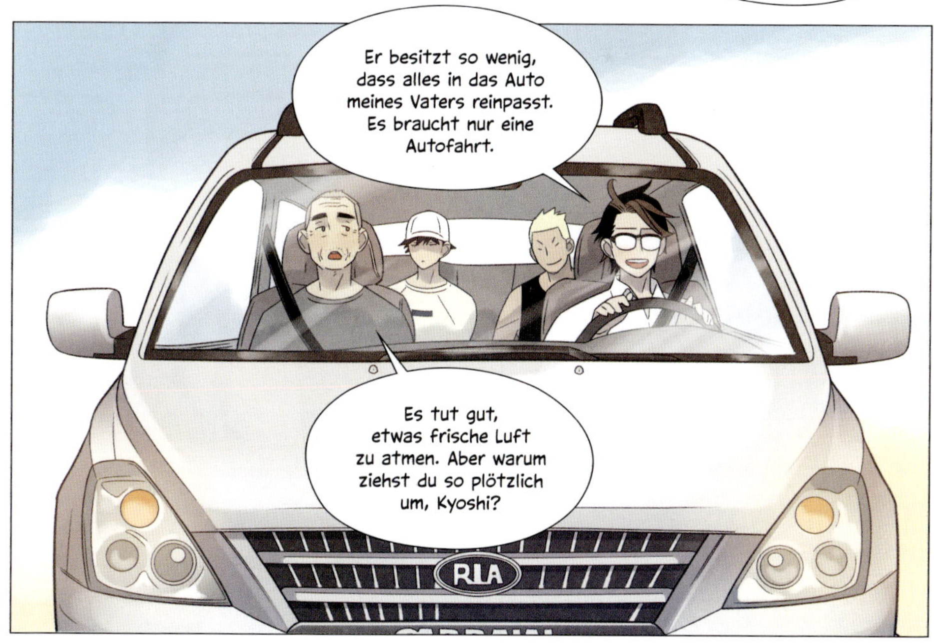
Er besitzt so wenig, dass alles in das Auto meines Vaters reinpasst. Es braucht nur eine Autofahrt.
Es tut gut, etwas frische Luft zu atmen. Aber warum ziehst du so plötzlich um, Kyoshi?

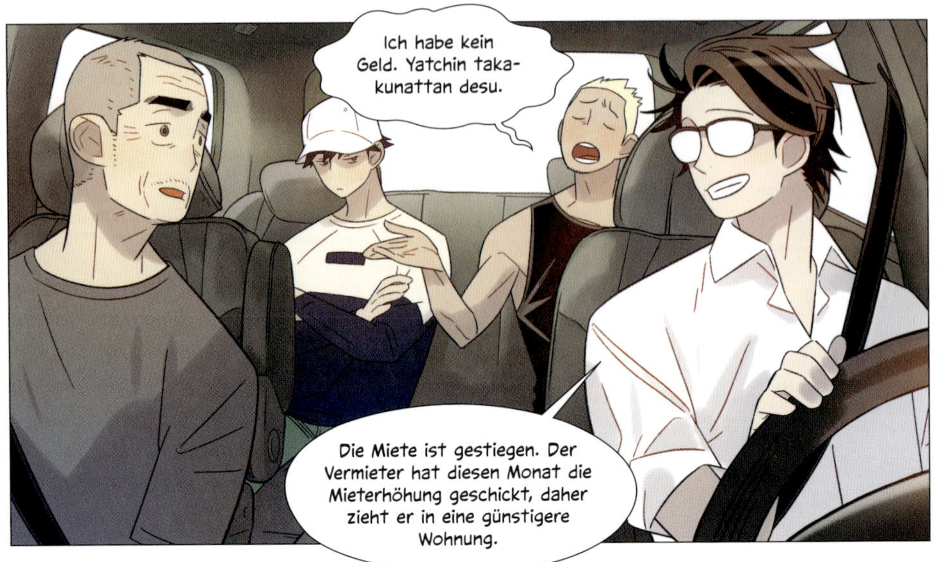

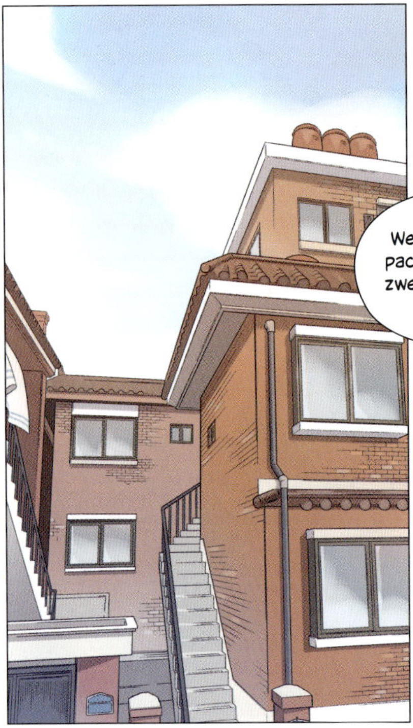

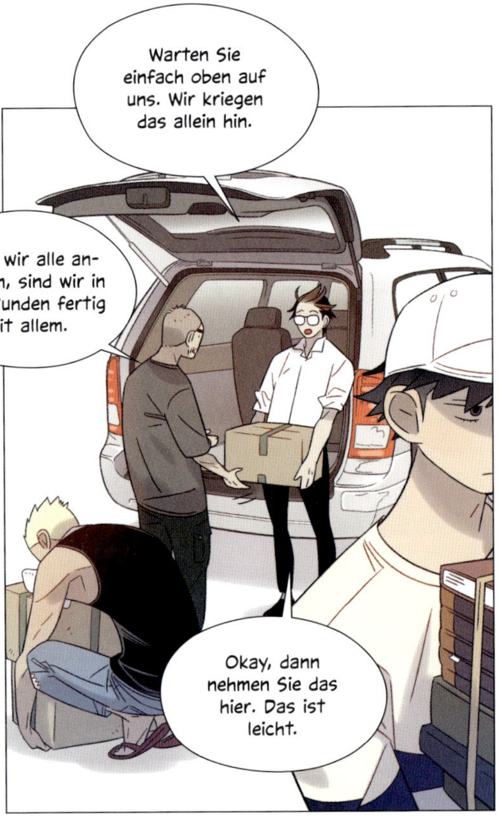

Warten Sie einfach oben auf uns. Wir kriegen das allein hin.

Wenn wir alle anpacken, sind wir in zwei Runden fertig mit allem.

Okay, dann nehmen Sie das hier. Das ist leicht.

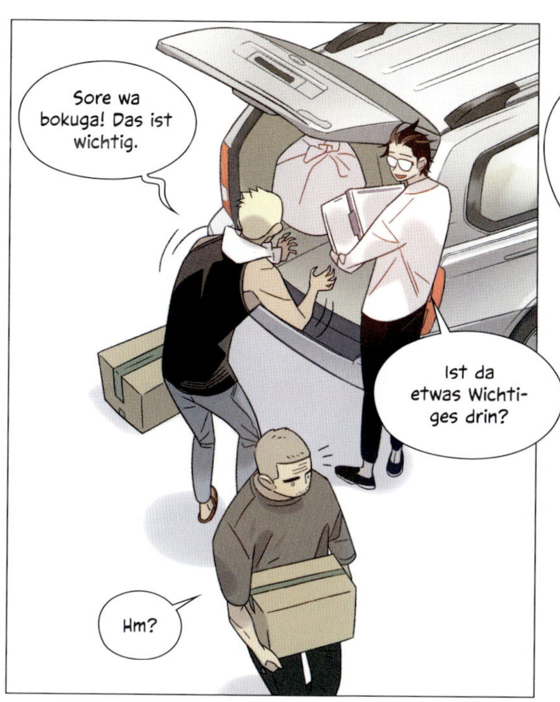
Sore wa bokuga! Das ist wichtig.
Ist da etwas Wichtiges drin?
Hm?

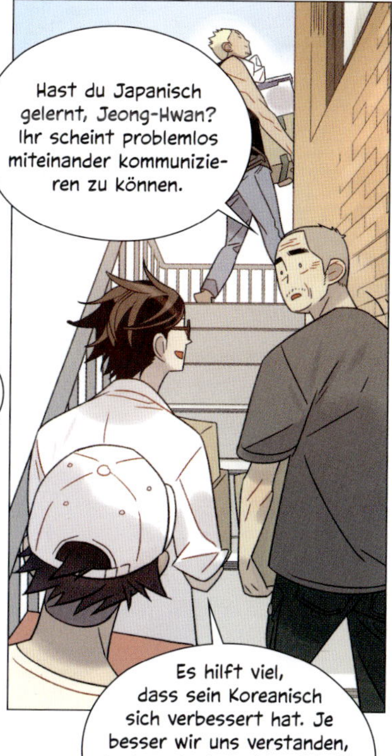
Hast du Japanisch gelernt, Jeong-Hwan? Ihr scheint problemlos miteinander kommunizieren zu können.
Es hilft viel, dass sein Koreanisch sich verbessert hat. Je besser wir uns verstanden, desto mehr habe ich mich für Japanisch interessiert und angefangen, es selbst zu lernen.

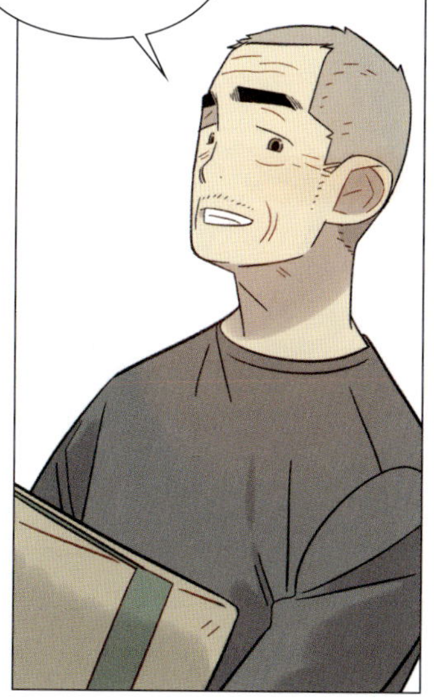
Selbst? Wie lange hat es gebraucht, bis du so gut wurdest?

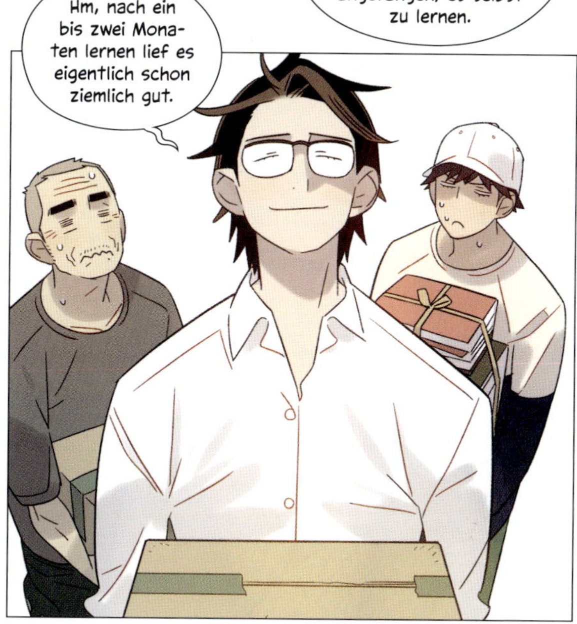
Hm, nach ein bis zwei Monaten lernen lief es eigentlich schon ziemlich gut.

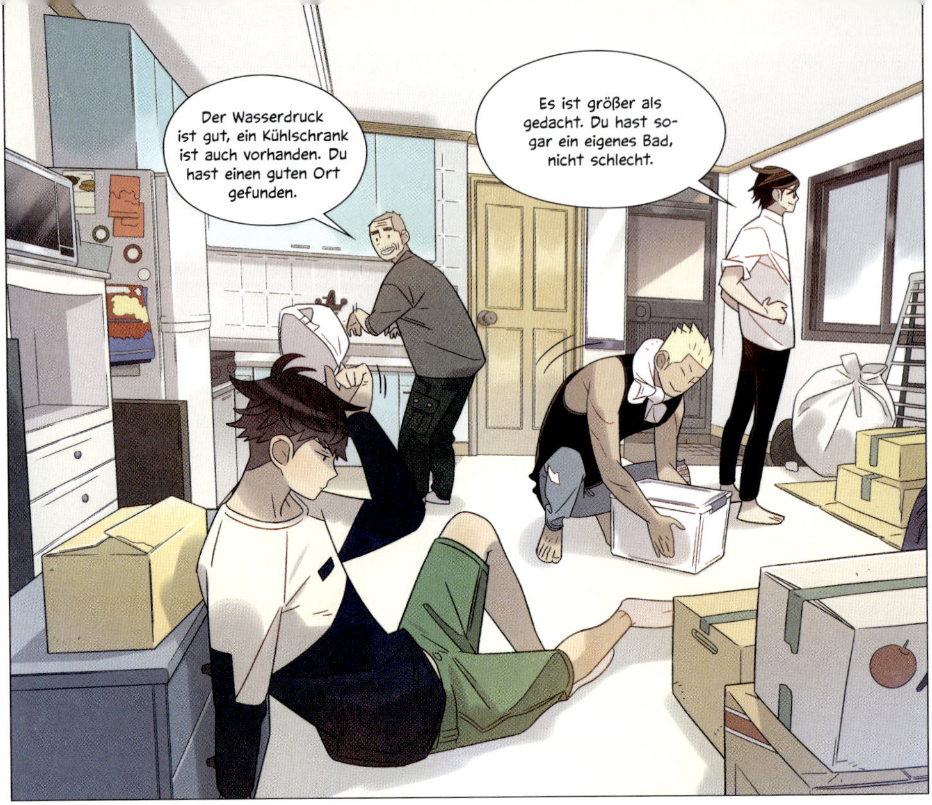

Der Wasserdruck ist gut, ein Kühlschrank ist auch vorhanden. Du hast einen guten Ort gefunden.
Es ist größer als gedacht. Du hast sogar ein eigenes Bad, nicht schlecht.

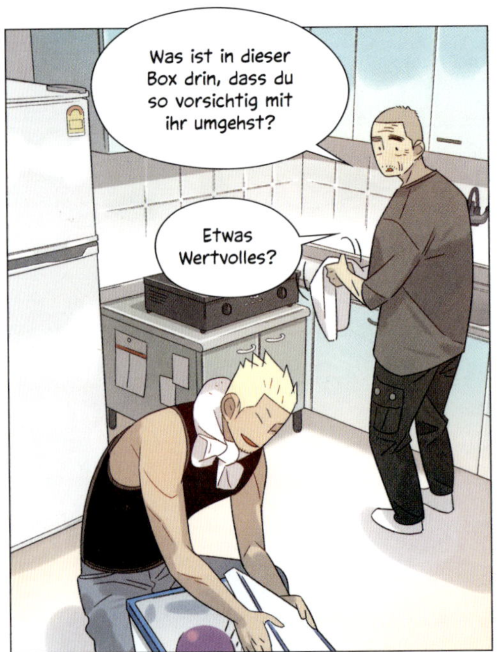
Was ist in dieser Box drin, dass du so vorsichtig mit ihr umgehst?
Etwas Wertvolles?

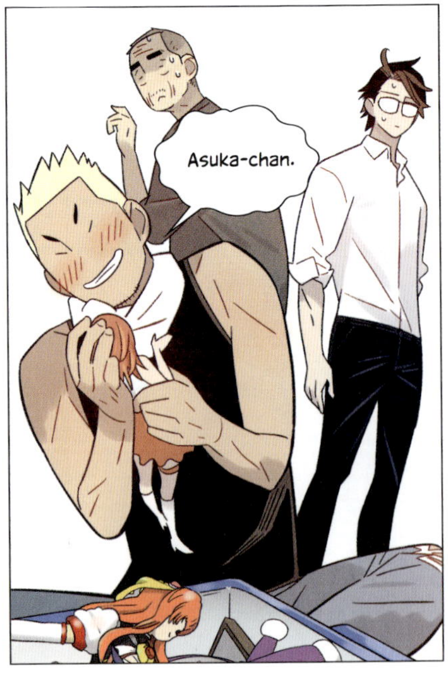
Asuka-chan.

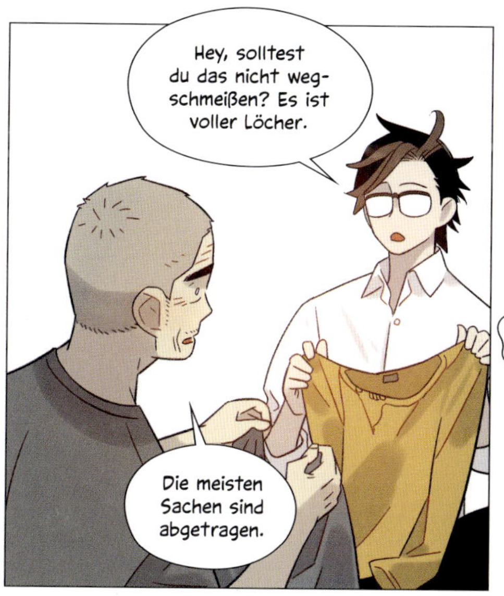
Hey, solltest du das nicht wegschmeißen? Es ist voller Löcher.
Die meisten Sachen sind abgetragen.

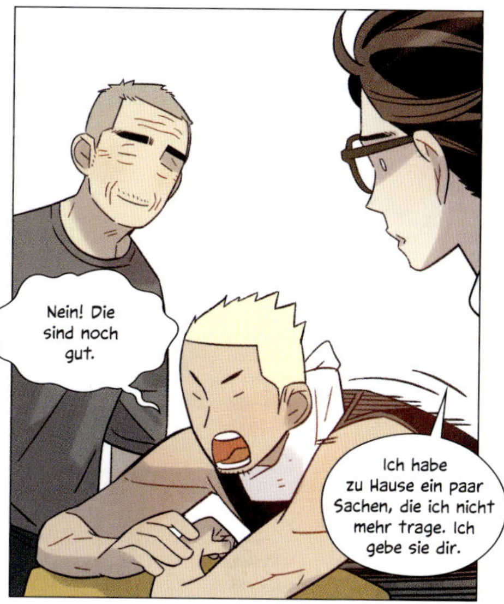
Nein! Die sind noch gut.
Ich habe zu Hause ein paar Sachen, die ich nicht mehr trage. Ich gebe sie dir.

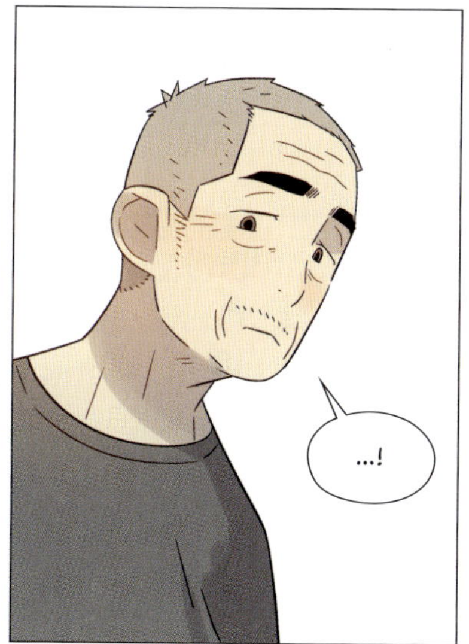
...!

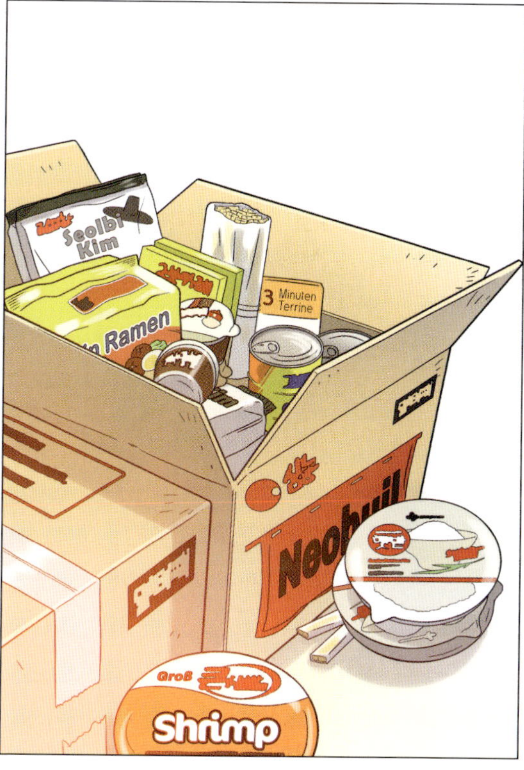
Seolbi Kim
3 Minuten Terrine
Neobuil
Groß
Shrimp

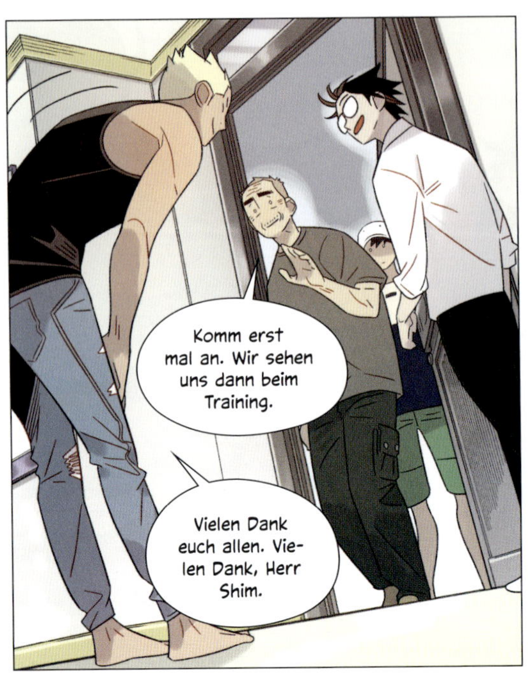

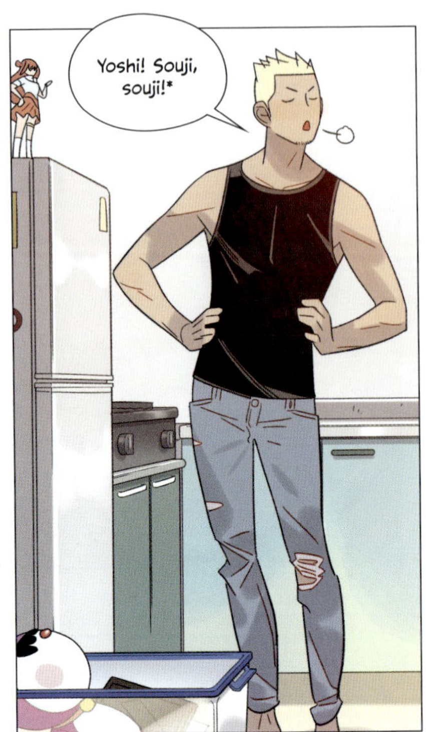

* Sehr gut! Aufräumen, aufräumen!

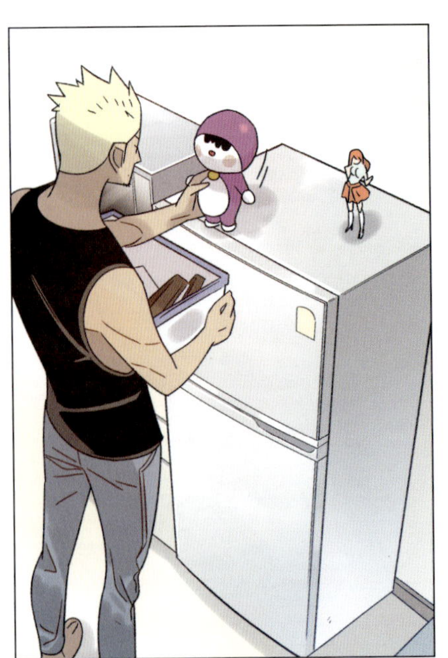

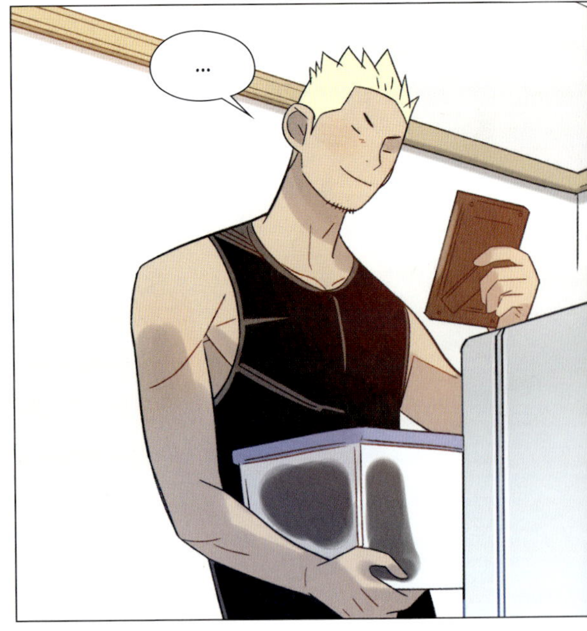

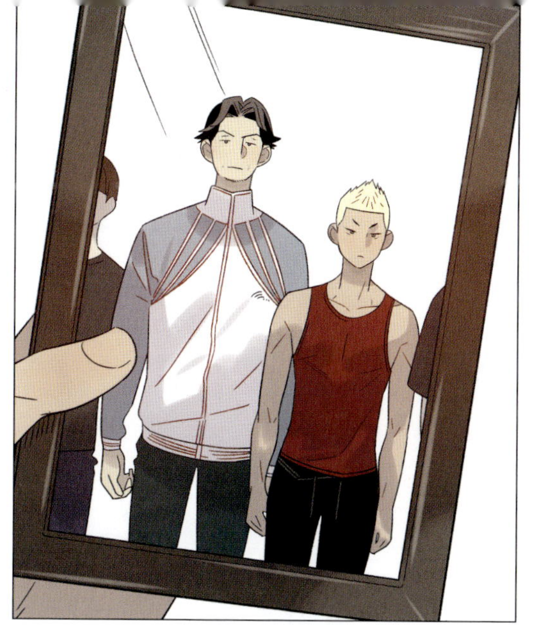

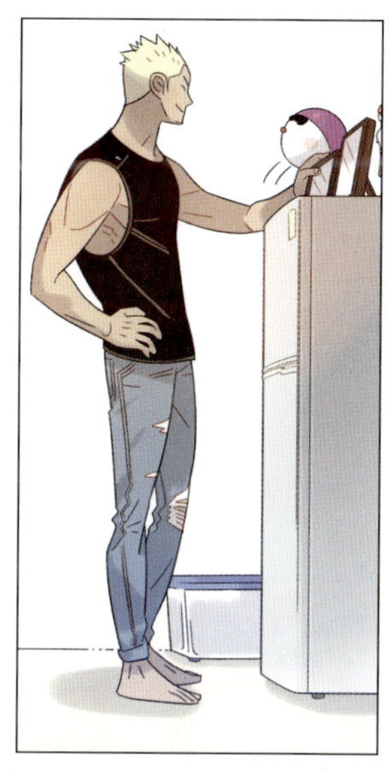

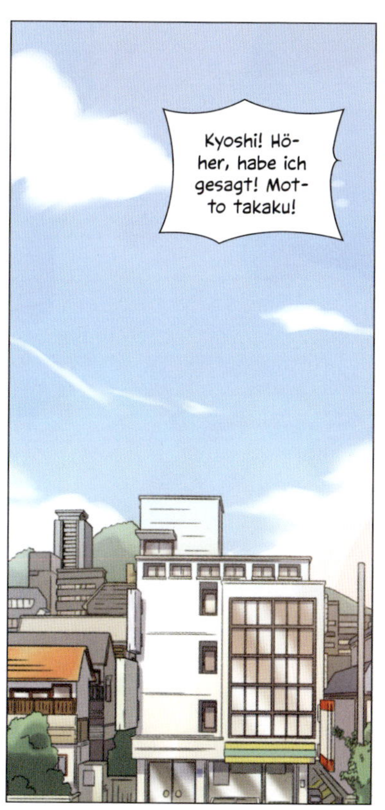
Kyoshi! Hö-
her, habe ich
gesagt! Mot-
to takaku!

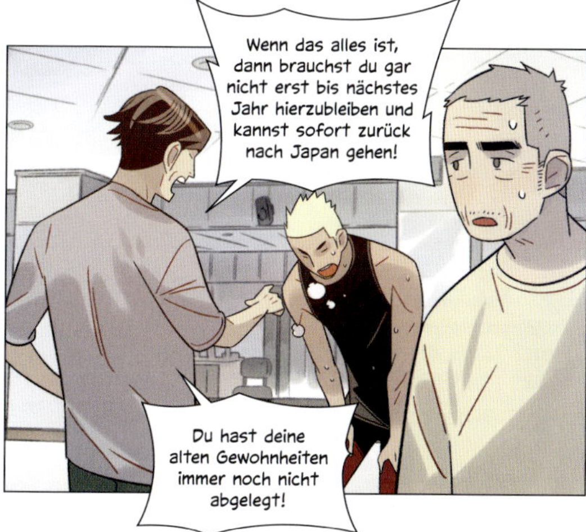
Wenn das alles ist,
dann brauchst du gar
nicht erst bis nächstes
Jahr hierzubleiben und
kannst sofort zurück
nach Japan gehen!
Du hast deine
alten Gewohnheiten
immer noch nicht
abgelegt!

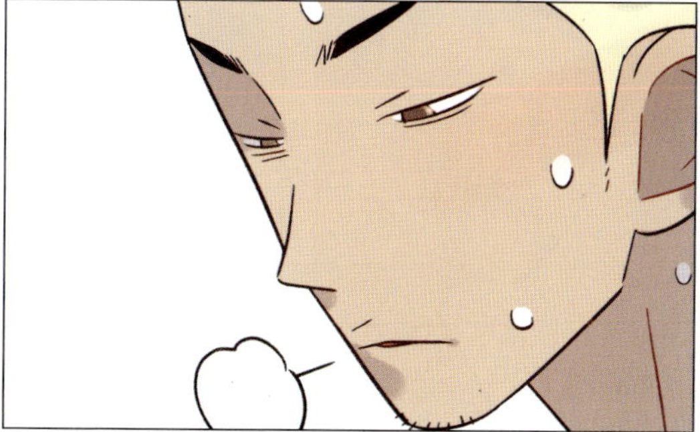

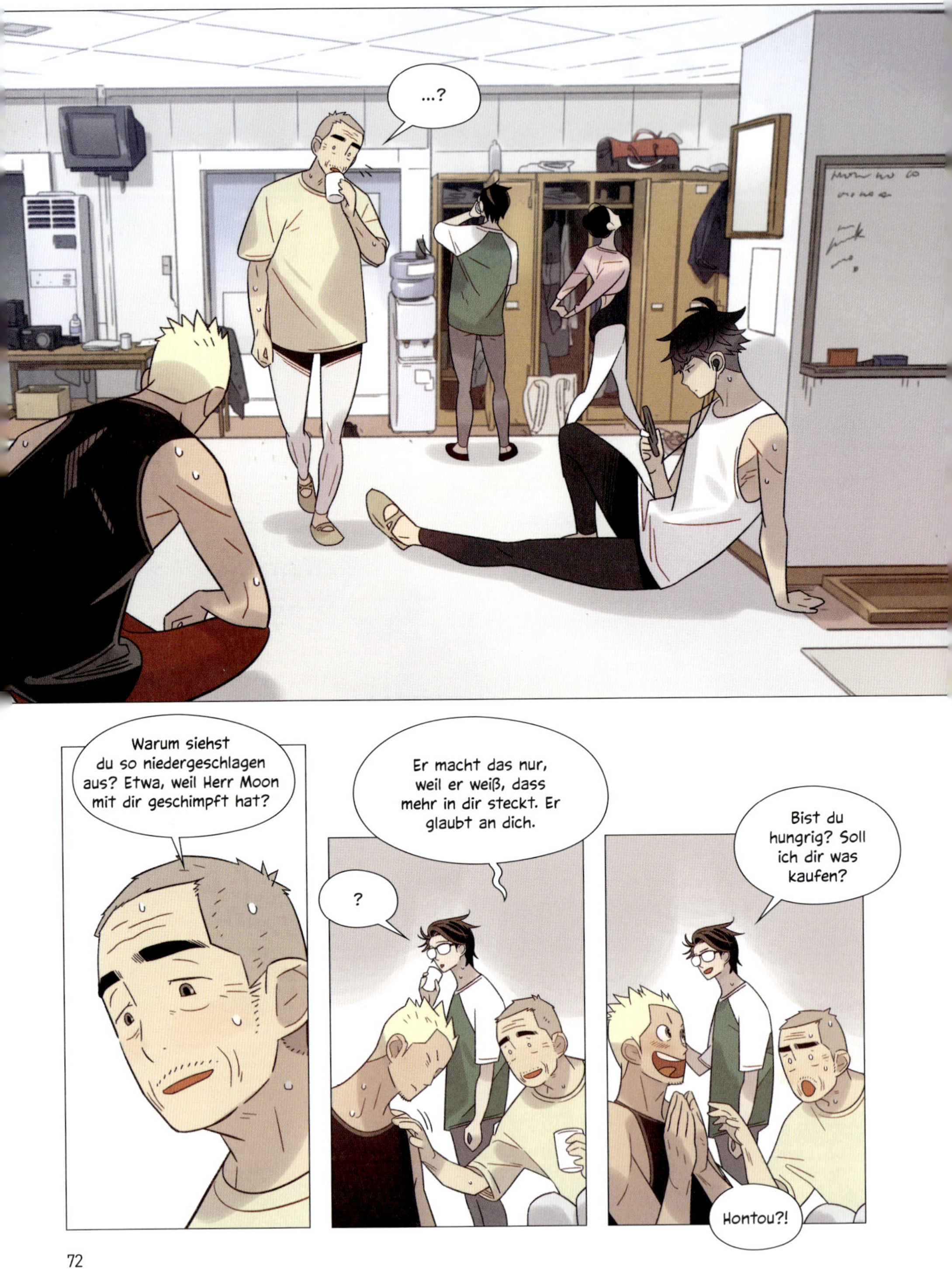

...?

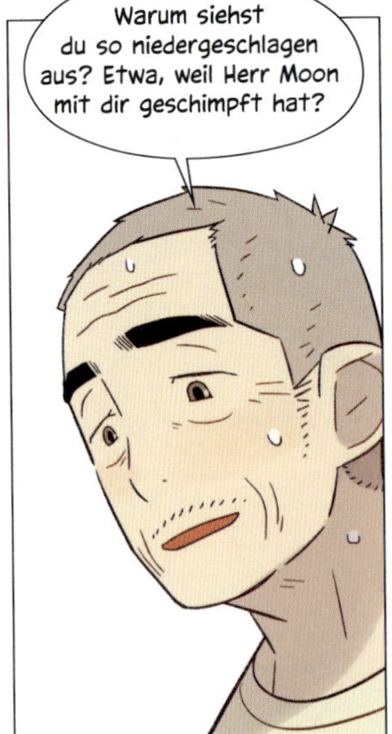
Warum siehst du so niedergeschlagen aus? Etwa, weil Herr Moon mit dir geschimpft hat?

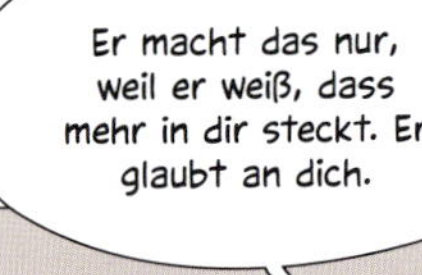
Er macht das nur, weil er weiß, dass mehr in dir steckt. Er glaubt an dich.

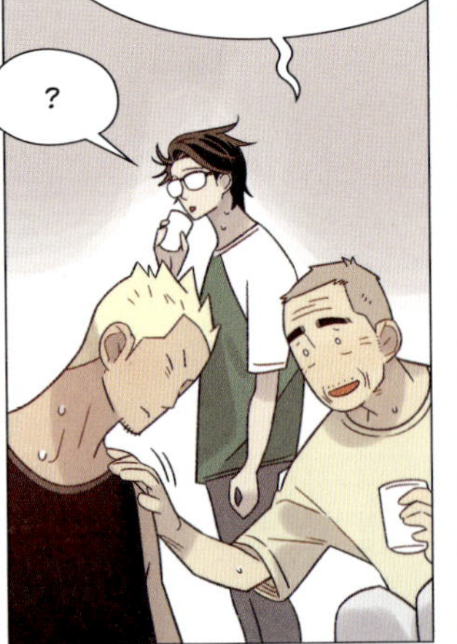
?

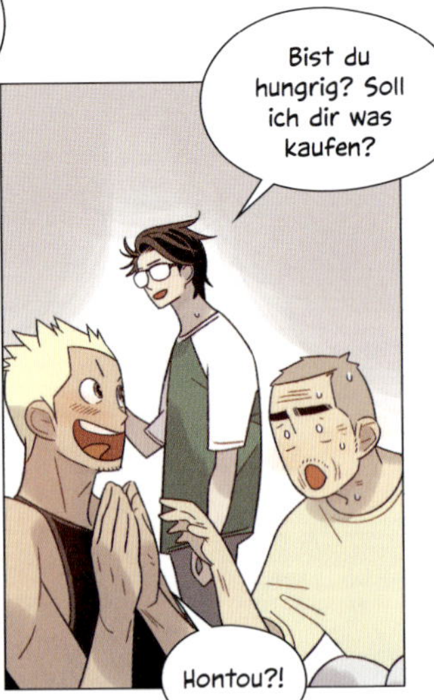
Bist du hungrig? Soll ich dir was kaufen?
Hontou?!

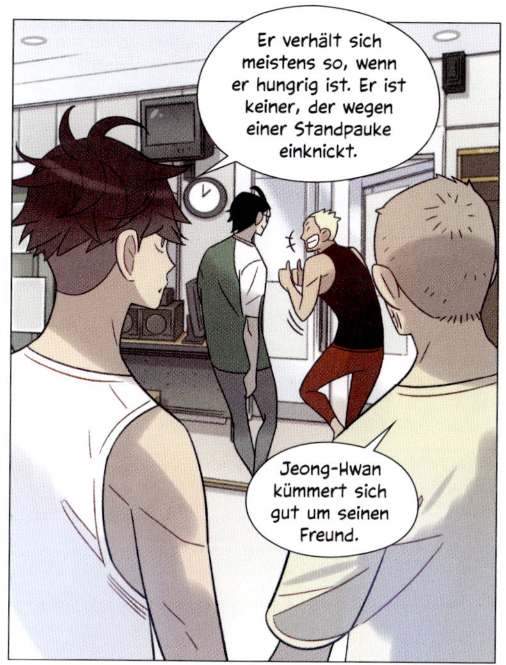
Er verhält sich meistens so, wenn er hungrig ist. Er ist keiner, der wegen einer Standpauke einknickt.
Jeong-Hwan kümmert sich gut um seinen Freund.

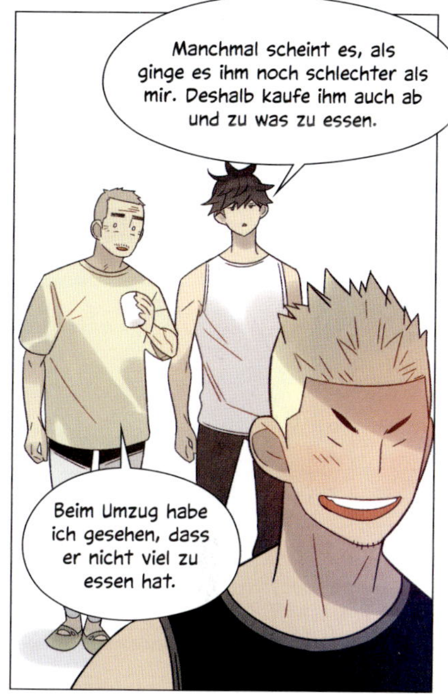
Manchmal scheint es, als ginge es ihm noch schlechter als mir. Deshalb kaufe ihm auch ab und zu was zu essen.
Beim Umzug habe ich gesehen, dass er nicht viel zu essen hat.

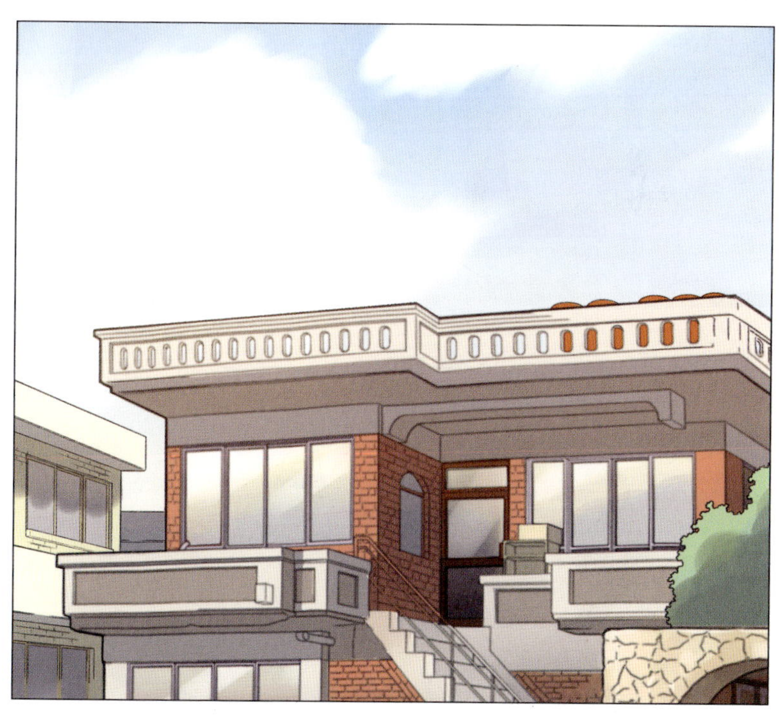

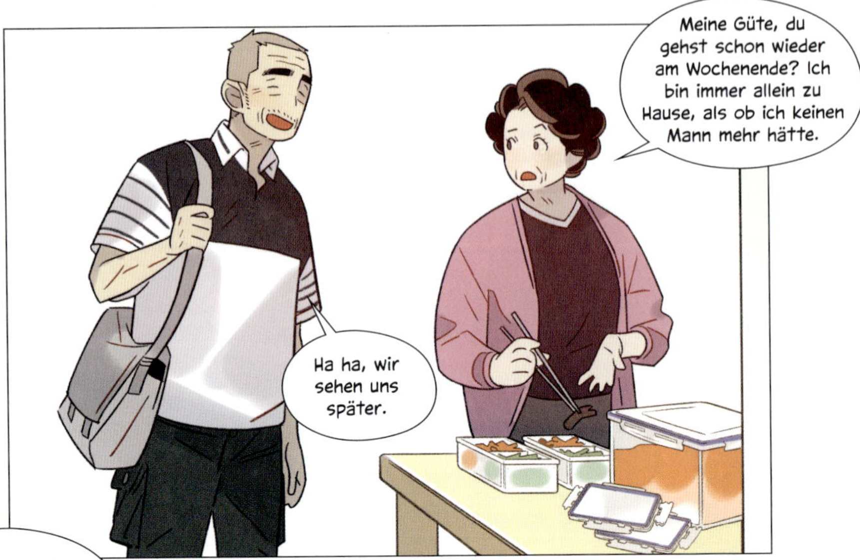
Meine Güte, du gehst schon wieder am Wochenende? Ich bin immer allein zu Hause, als ob ich keinen Mann mehr hätte.
Ha ha, wir sehen uns später.

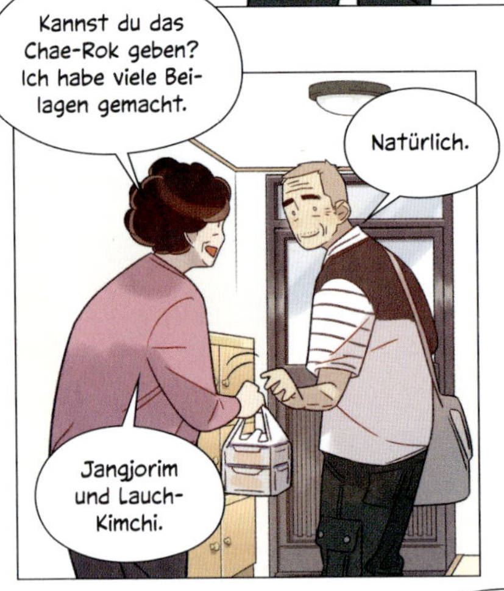
Kannst du das Chae-Rok geben? Ich habe viele Beilagen gemacht.
Natürlich.
Jangjorim und Lauch-Kimchi.

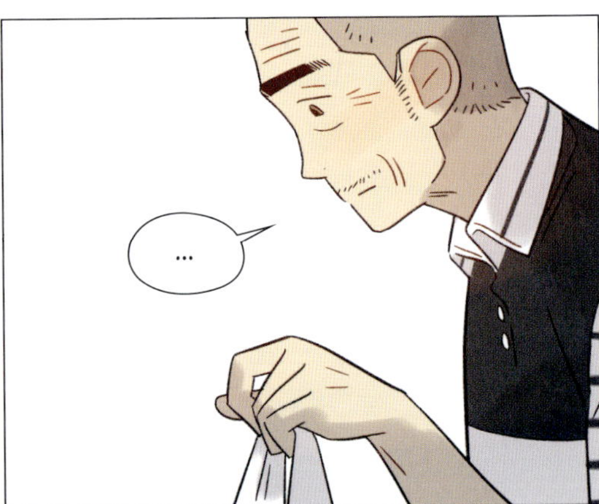
...

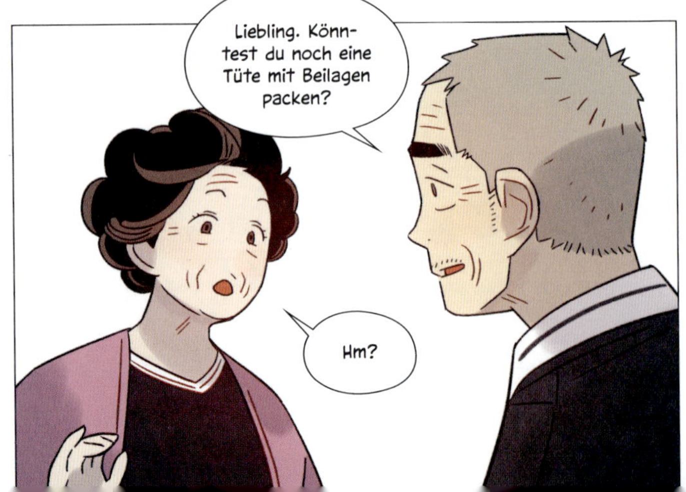
Liebling. Könntest du noch eine Tüte mit Beilagen packen?
Hm?

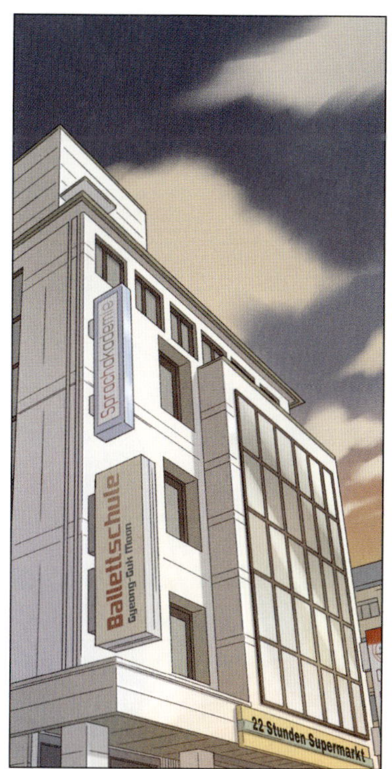
Sprachakademie
Ballettschule
Gyeong-Guk Moon
22 Stunden Supermarkt

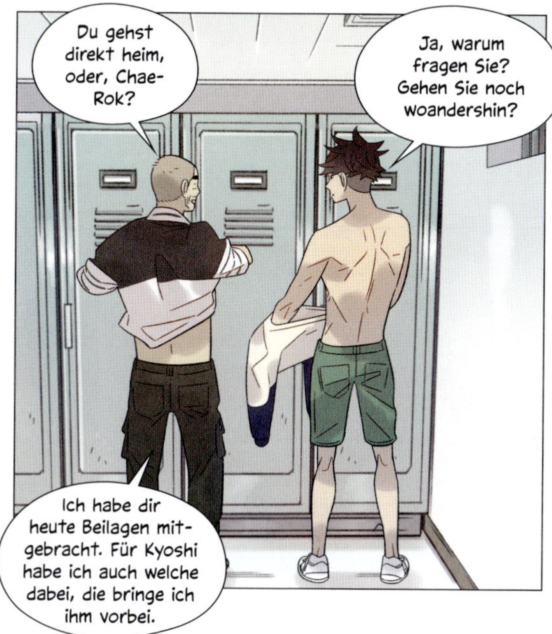
Du gehst direkt heim, oder, Chae-Rok?
Ja, warum fragen Sie? Gehen Sie noch woandershin?
Ich habe dir heute Beilagen mitgebracht. Für Kyoshi habe ich auch welche dabei, die bringe ich ihm vorbei.

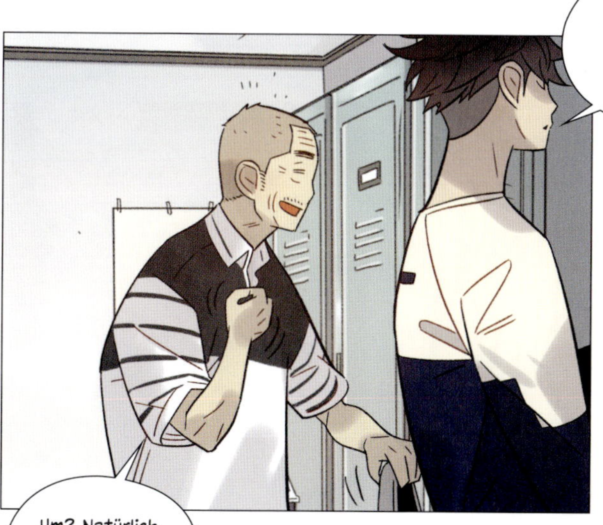
Sie waren nur einmal dort ... Denken Sie, Sie finden wieder dorthin?
Hm? Natürlich. Es ist nicht weit von hier.

...

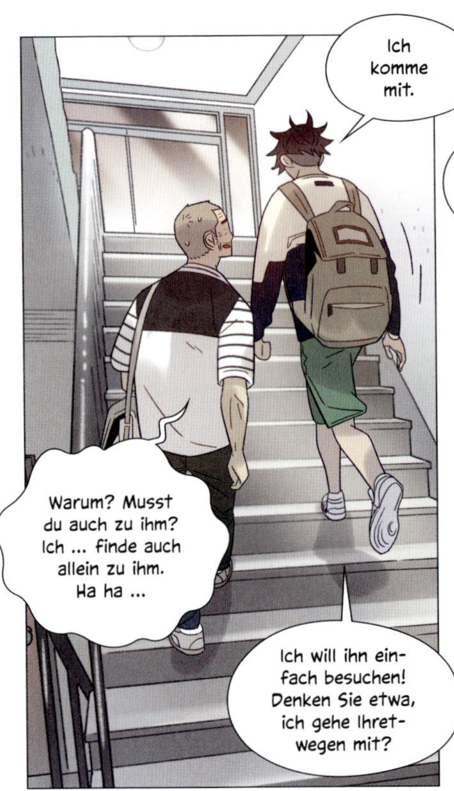
Ich komme mit.
Warum? Musst du auch zu ihm? Ich ... finde auch allein zu ihm. Ha ha ...
Ich will ihn einfach besuchen! Denken Sie etwa, ich gehe Ihretwegen mit?

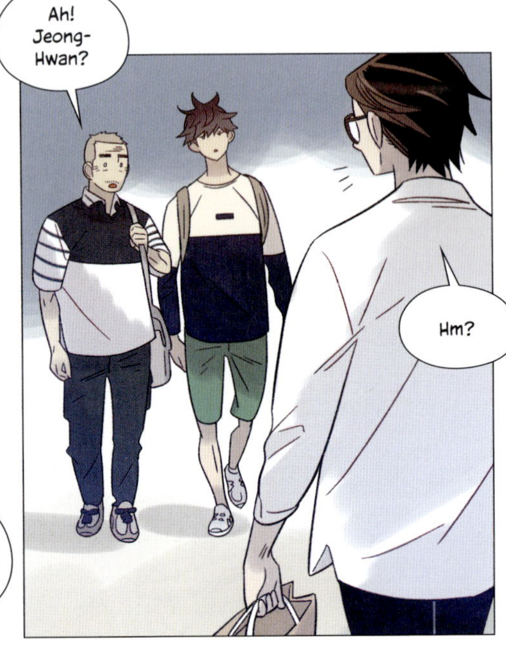
Ah! Jeong-Hwan?
Hm?

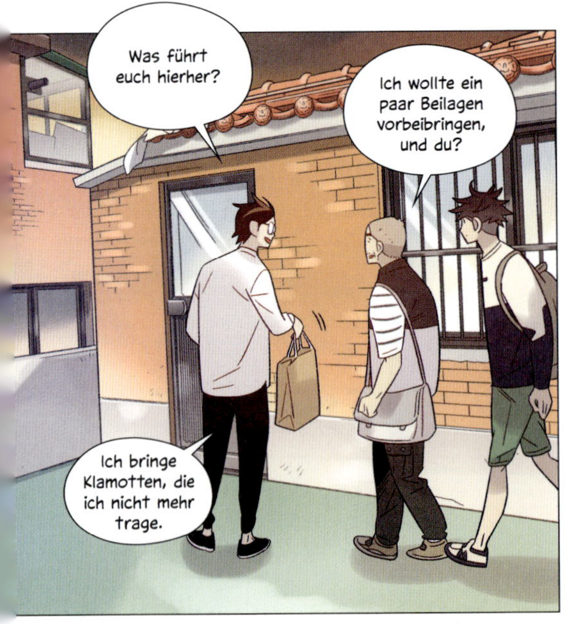
Was führt euch hierher?
Ich wollte ein paar Beilagen vorbeibringen, und du?
Ich bringe Klamotten, die ich nicht mehr trage.

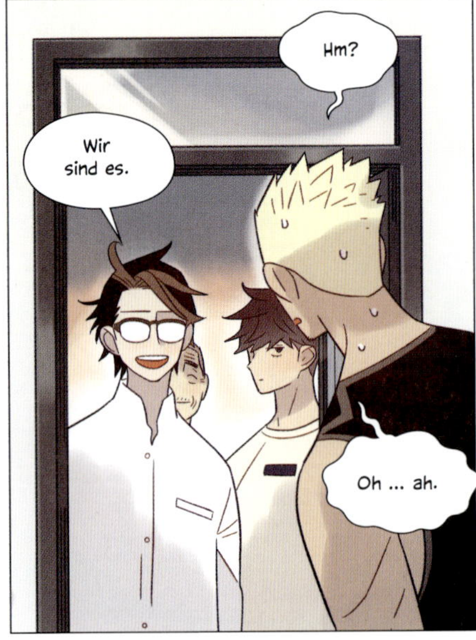
Hm?
Wir sind es.
Oh ... ah.

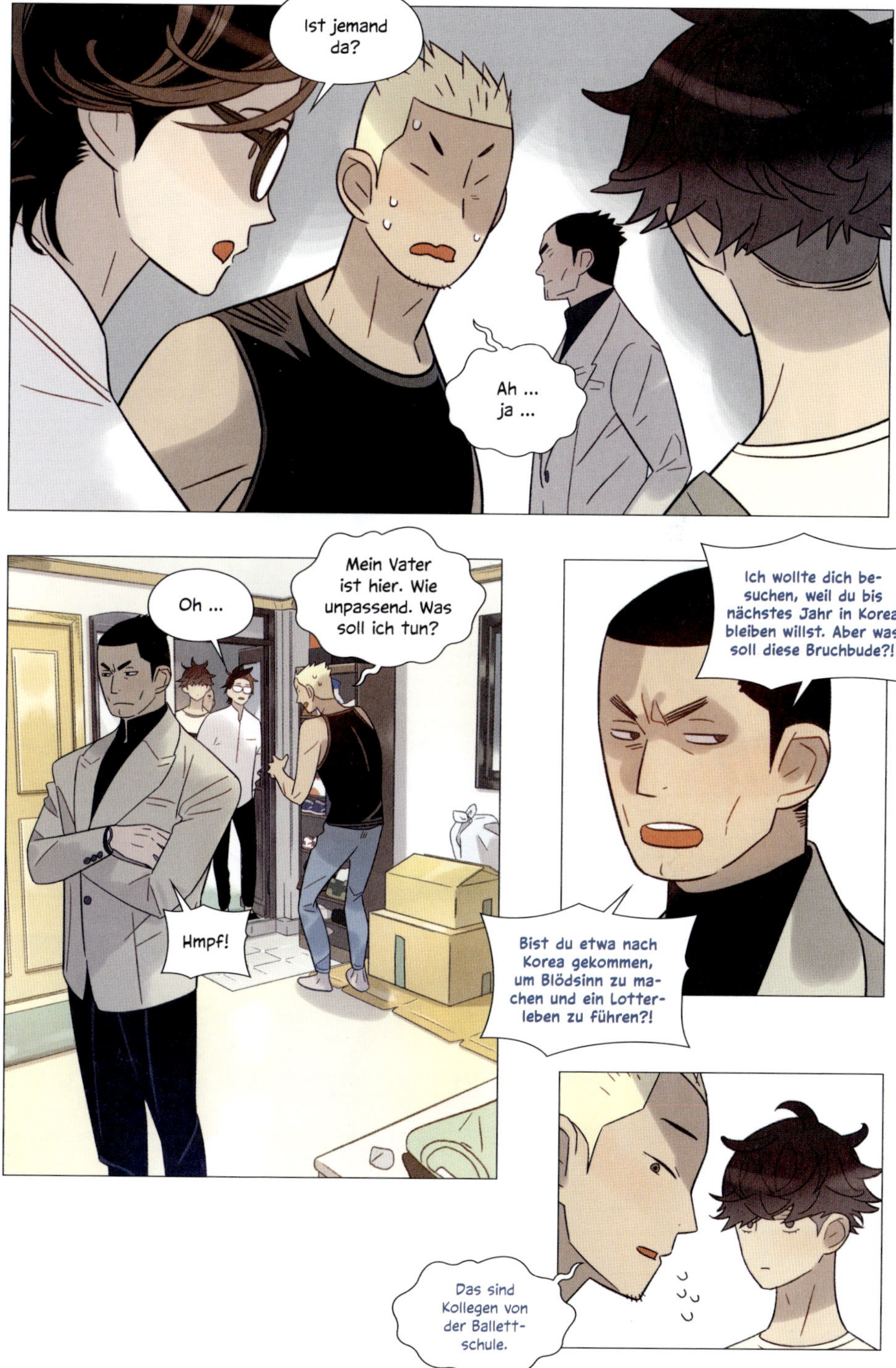

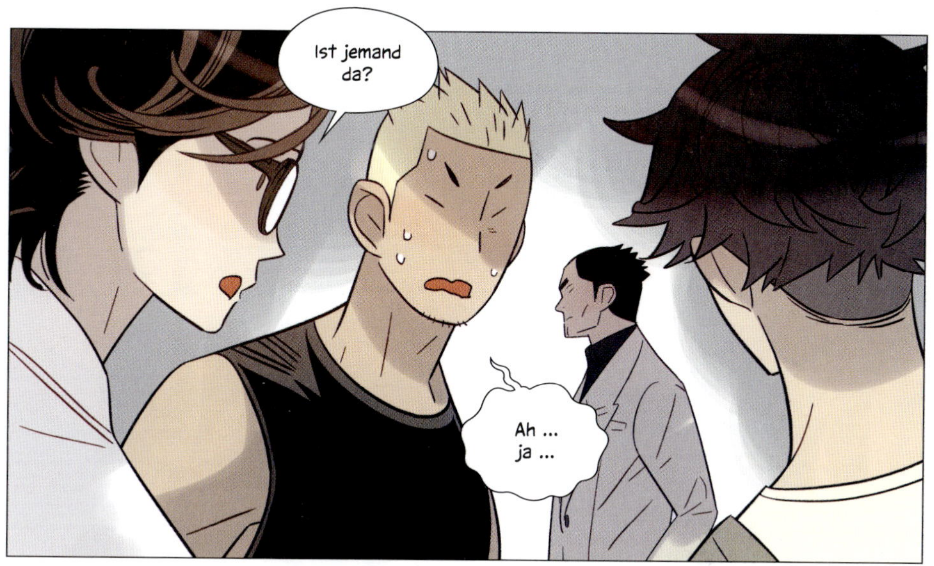
Ist jemand da?
Ah ... ja ...

Oh ...
Mein Vater ist hier. Wie unpassend. Was soll ich tun?
Hmpf!
Ich wollte dich besuchen, weil du bis nächstes Jahr in Korea bleiben willst. Aber was soll diese Bruchbude?!
Bist du etwa nach Korea gekommen, um Blödsinn zu machen und ein Lotterleben zu führen?!
Das sind Kollegen von der Ballettschule.

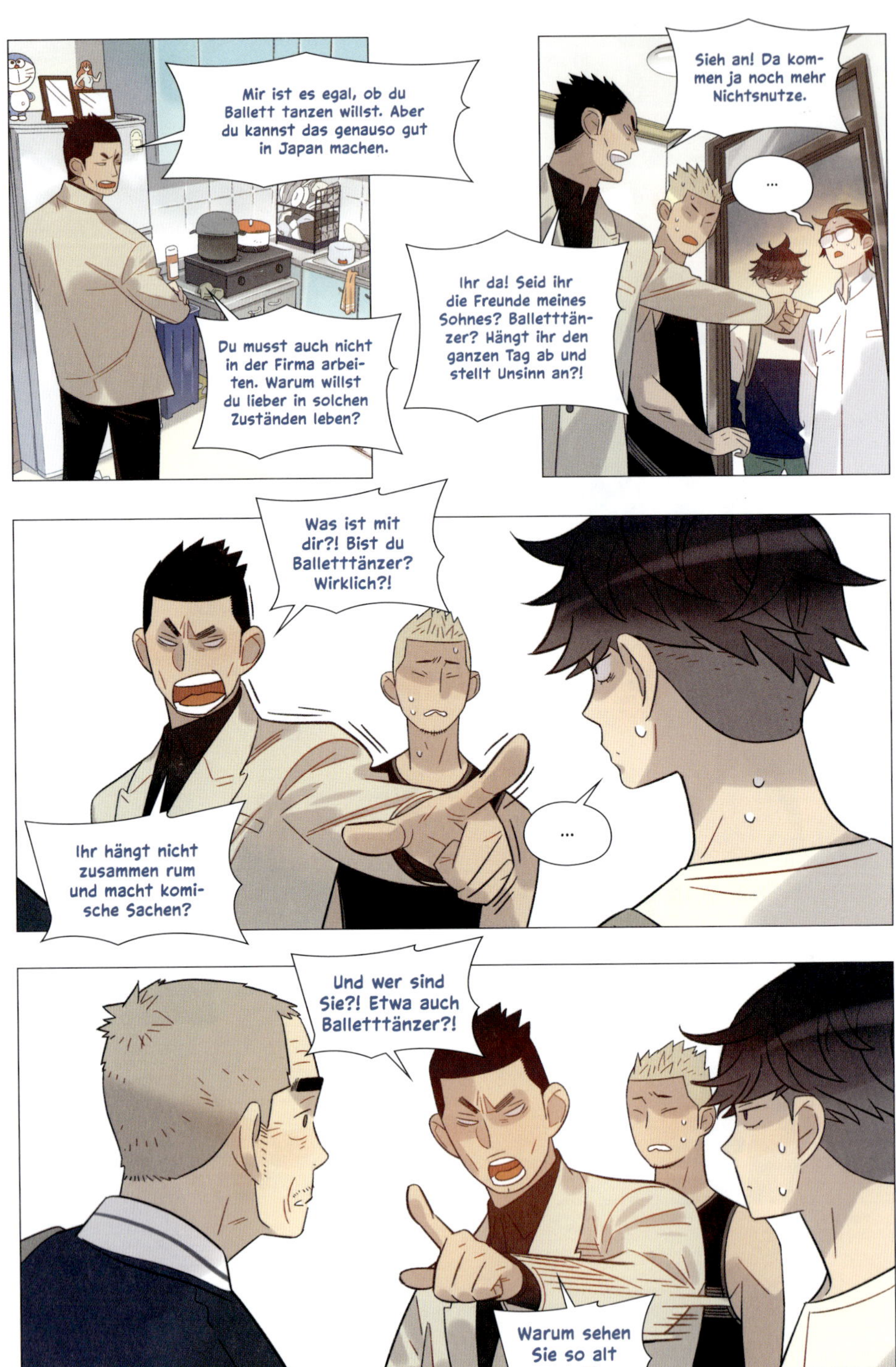
Mir ist es egal, ob du Ballett tanzen willst. Aber du kannst das genauso gut in Japan machen.
Du musst auch nicht in der Firma arbeiten. Warum willst du lieber in solchen Zuständen leben?
Sieh an! Da kommen ja noch mehr Nichtsnutze.
...
Ihr da! Seid ihr die Freunde meines Sohnes? Balletttänzer? Hängt ihr den ganzen Tag ab und stellt Unsinn an?!
Was ist mit dir?! Bist du Balletttänzer? Wirklich?!
Ihr hängt nicht zusammen rum und macht komische Sachen?
...
Und wer sind Sie?! Etwa auch Balletttänzer?!
Warum sehen Sie so alt aus?!

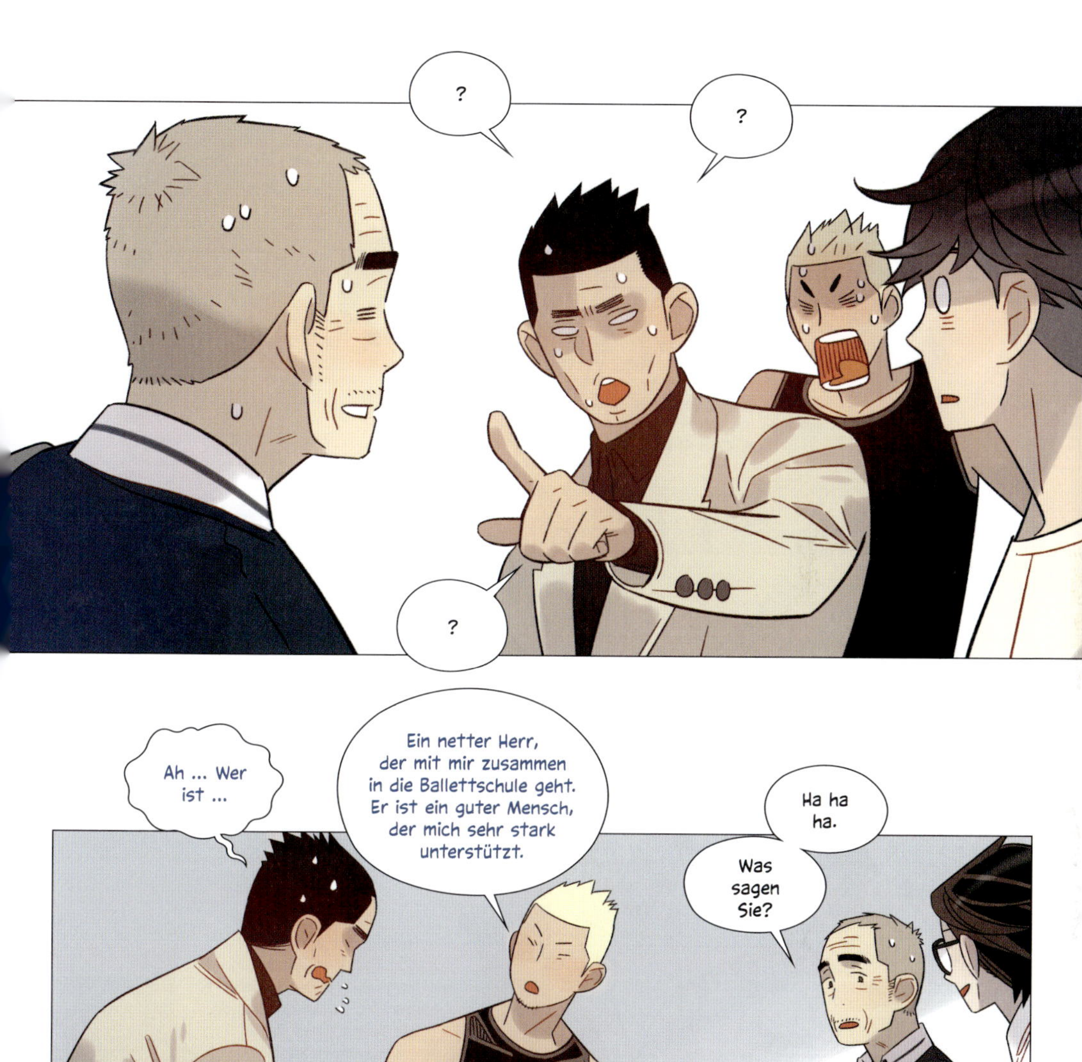
?
?
?
Ah ... Wer ist ...
Ein netter Herr, der mit mir zusammen in die Ballettschule geht. Er ist ein guter Mensch, der mich sehr stark unterstützt.
Ha ha ha.
Was sagen Sie?
Oh Gott ... Ich war so unhöf-lich ... Es tut mir sehr leid.
Er entschuldigt sich dafür, dass er so unhöflich war.

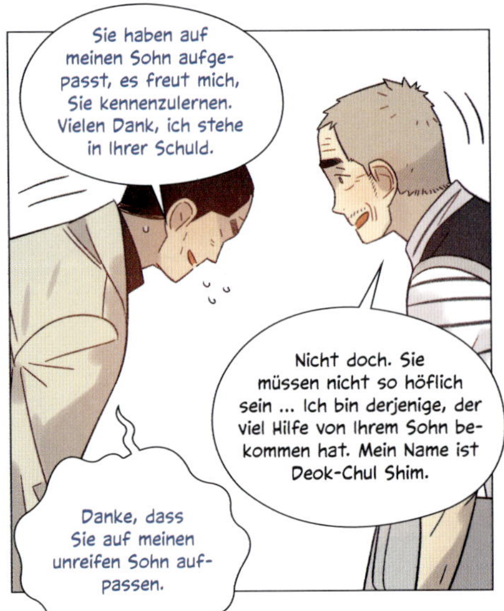
Sie haben auf meinen Sohn aufgepasst, es freut mich, Sie kennenzulernen. Vielen Dank, ich stehe in Ihrer Schuld.
Nicht doch. Sie müssen nicht so höflich sein ... Ich bin derjenige, der viel Hilfe von Ihrem Sohn bekommen hat. Mein Name ist Deok-Chul Shim.
Danke, dass Sie auf meinen unreifen Sohn aufpassen.
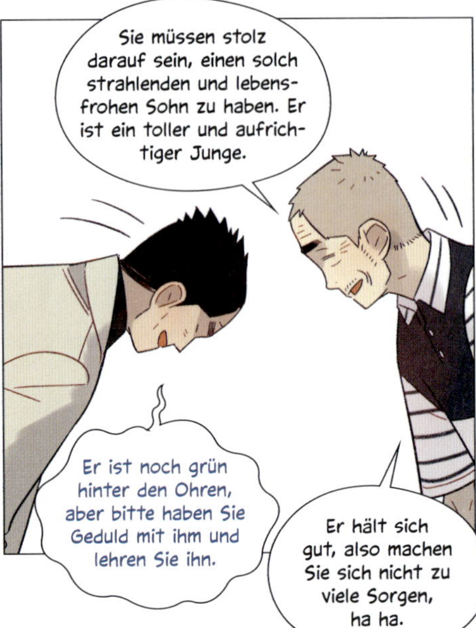
Sie müssen stolz darauf sein, einen solch strahlenden und lebensfrohen Sohn zu haben. Er ist ein toller und aufrichtiger Junge.
Er ist noch grün hinter den Ohren, aber bitte haben Sie Geduld mit ihm und lehren Sie ihn.
Er hält sich gut, also machen Sie sich nicht zu viele Sorgen, ha ha.
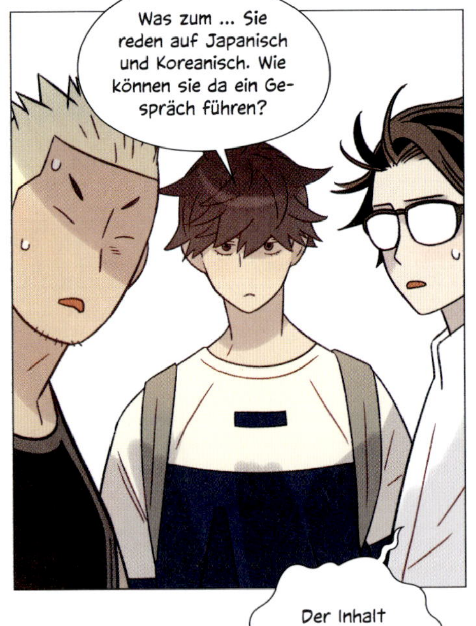
Was zum ... Sie reden auf Japanisch und Koreanisch. Wie können sie da ein Gespräch führen?
Der Inhalt ergibt sogar Sinn.
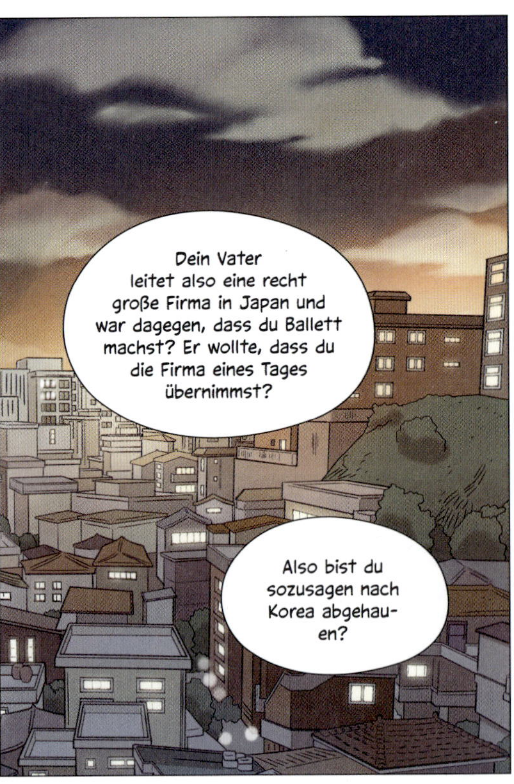
Dein Vater leitet also eine recht große Firma in Japan und war dagegen, dass du Ballett machst? Er wollte, dass du die Firma eines Tages übernimmst?
Also bist du sozusagen nach Korea abgehauen?

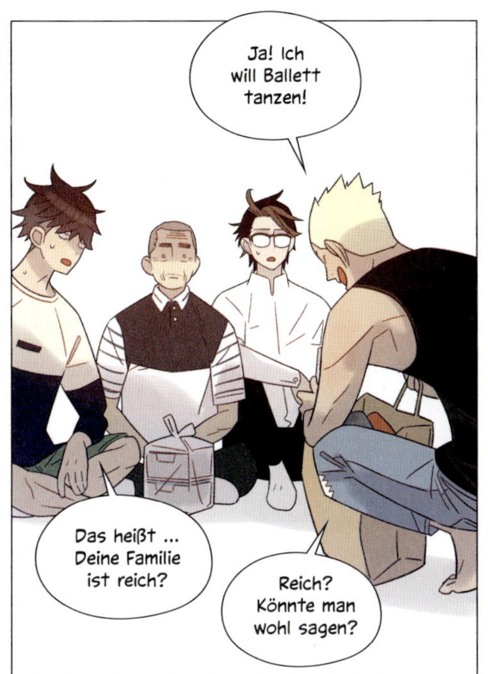
Ja! Ich will Ballett tanzen!
Das heißt ... Deine Familie ist reich?
Reich? Könnte man wohl sagen?

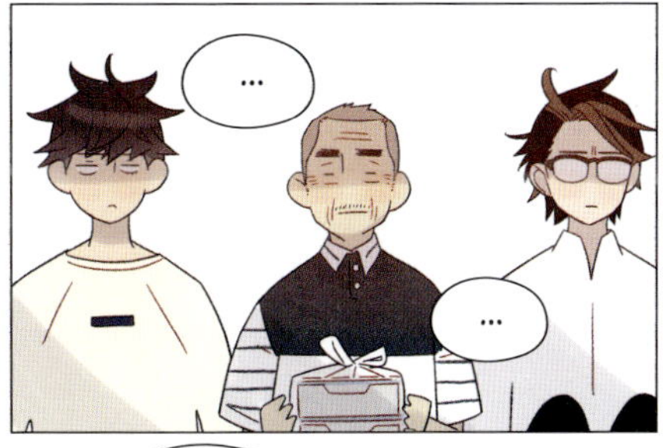
...
...

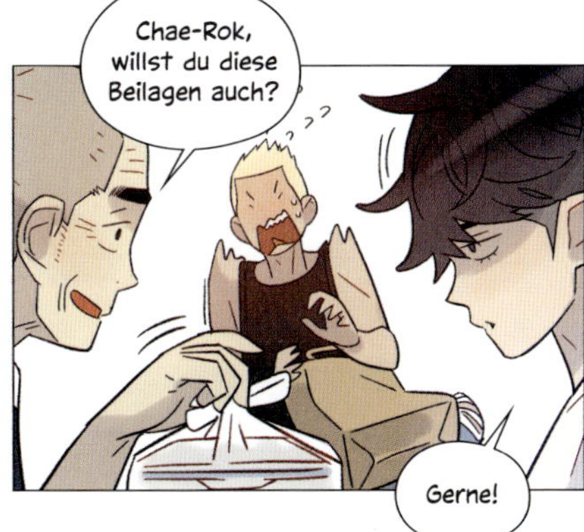
Chae-Rok, willst du diese Beilagen auch?
Gerne!

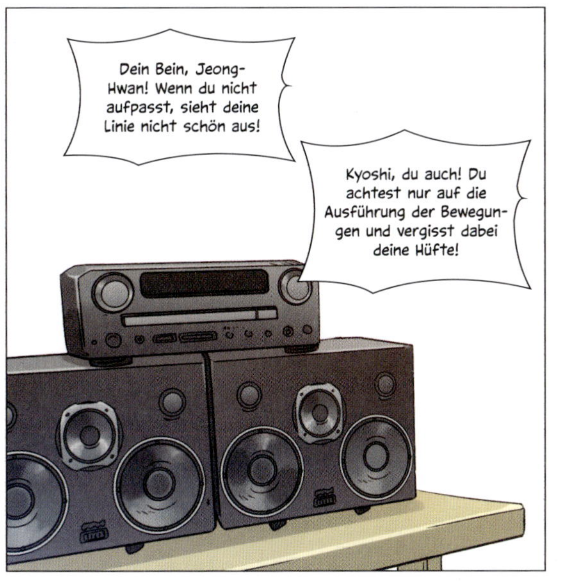
Dein Bein, Jeong-Hwan! Wenn du nicht aufpasst, sieht deine Linie nicht schön aus!
Kyoshi, du auch! Du achtest nur auf die Ausführung der Bewegungen und vergisst dabei deine Hüfte!

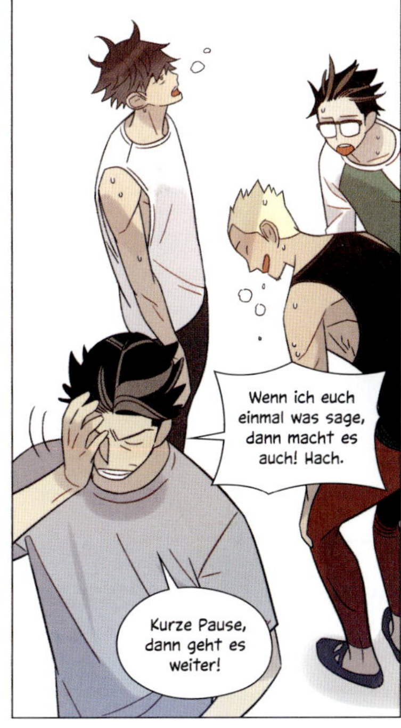
Wenn ich euch einmal was sage, dann macht es auch! Hach.
Kurze Pause, dann geht es weiter!

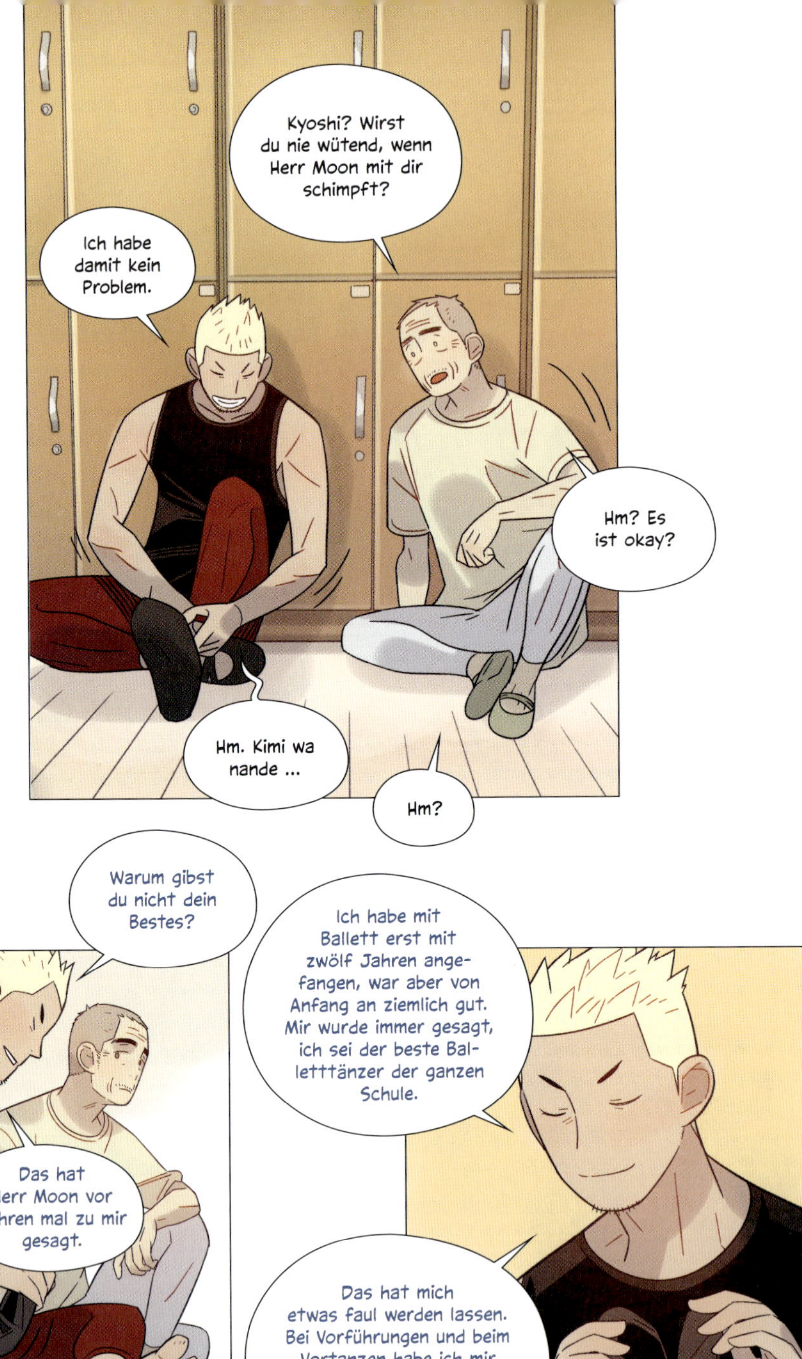
Kyoshi? Wirst du nie wütend, wenn Herr Moon mit dir schimpft?
Ich habe damit kein Problem.
Hm? Es ist okay?
Hm. Kimi wa nande ...
Hm?
Warum gibst du nicht dein Bestes?
Das hat Herr Moon vor Jahren mal zu mir gesagt.
Ich habe mit Ballett erst mit zwölf Jahren angefangen, war aber von Anfang an ziemlich gut. Mir wurde immer gesagt, ich sei der beste Balletttänzer der ganzen Schule.
Das hat mich etwas faul werden lassen. Bei Vorführungen und beim Vortanzen habe ich mir zwar Mühe gegeben, aber beim Training war ich nur halbherzig dabei.

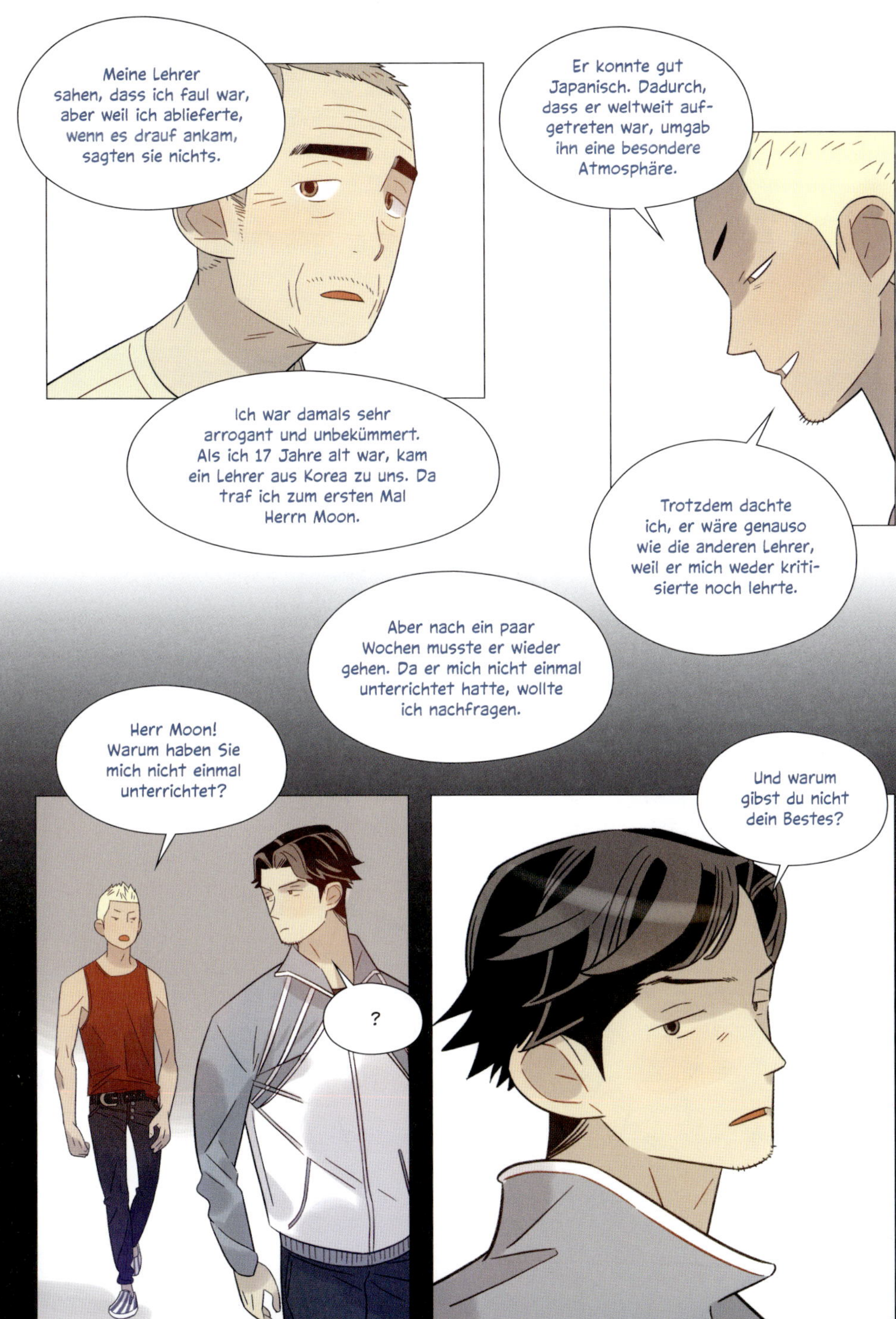
Meine Lehrer sahen, dass ich faul war, aber weil ich ablieferte, wenn es drauf ankam, sagten sie nichts.
Ich war damals sehr arrogant und unbekümmert. Als ich 17 Jahre alt war, kam ein Lehrer aus Korea zu uns. Da traf ich zum ersten Mal Herrn Moon.
Er konnte gut Japanisch. Dadurch, dass er weltweit aufgetreten war, umgab ihn eine besondere Atmosphäre.
Trotzdem dachte ich, er wäre genauso wie die anderen Lehrer, weil er mich weder kritisierte noch lehrte.
Aber nach ein paar Wochen musste er wieder gehen. Da er mich nicht einmal unterrichtet hatte, wollte ich nachfragen.
Herr Moon! Warum haben Sie mich nicht einmal unterrichtet?
?
Und warum gibst du nicht dein Bestes?

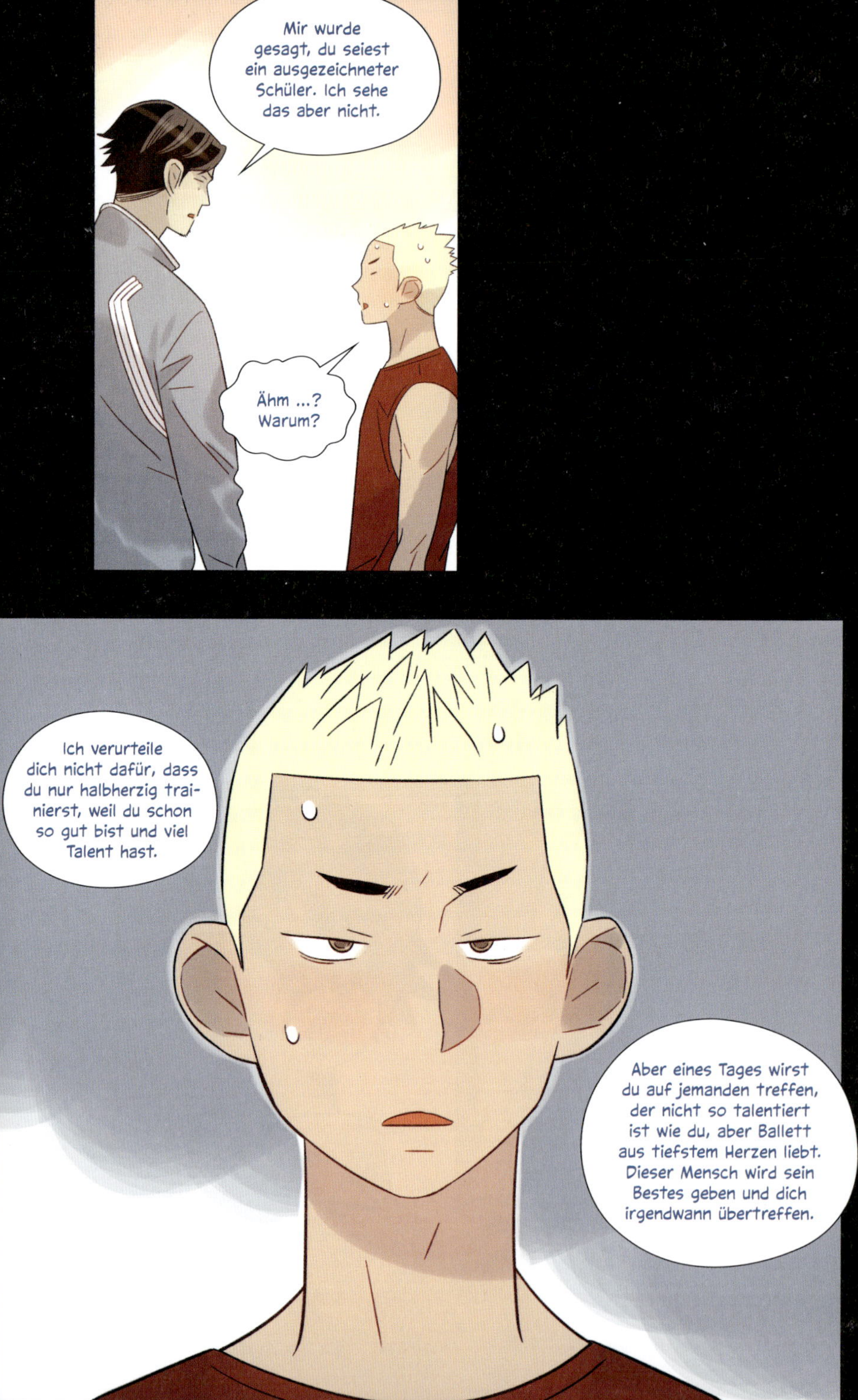
Mir wurde gesagt, du seiest ein ausgezeichneter Schüler. Ich sehe das aber nicht.
Ähm ...? Warum?
Ich verurteile dich nicht dafür, dass du nur halbherzig trainierst, weil du schon so gut bist und viel Talent hast.
Aber eines Tages wirst du auf jemanden treffen, der nicht so talentiert ist wie du, aber Ballett aus tiefstem Herzen liebt. Dieser Mensch wird sein Bestes geben und dich irgendwann übertreffen.

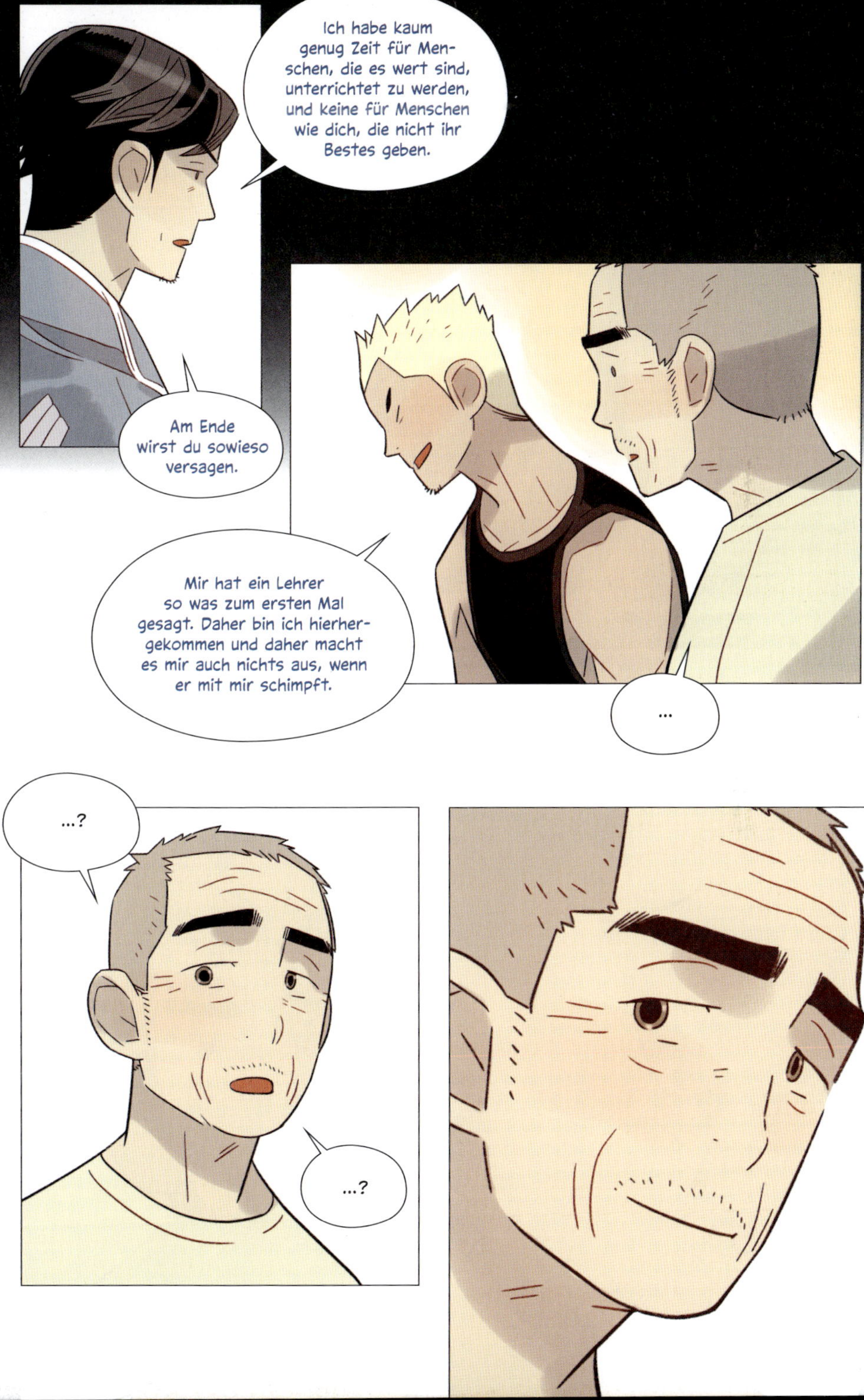

Ich habe kaum genug Zeit für Menschen, die es wert sind, unterrichtet zu werden, und keine für Menschen wie dich, die nicht ihr Bestes geben.

Am Ende wirst du sowieso versagen.

Mir hat ein Lehrer so was zum ersten Mal gesagt. Daher bin ich hierhergekommen und daher macht es mir auch nichts aus, wenn er mit mir schimpft.

...

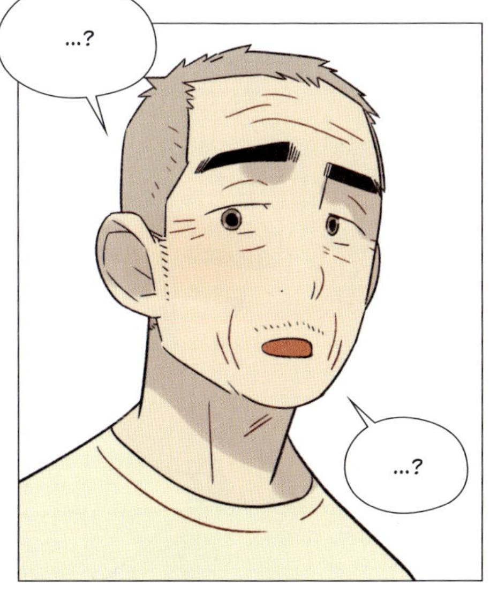

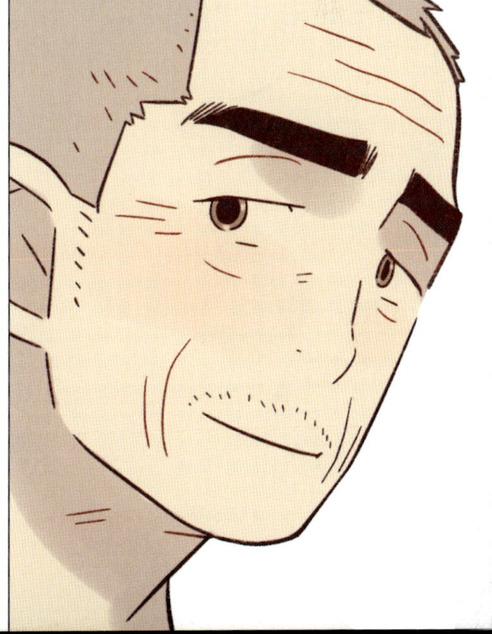

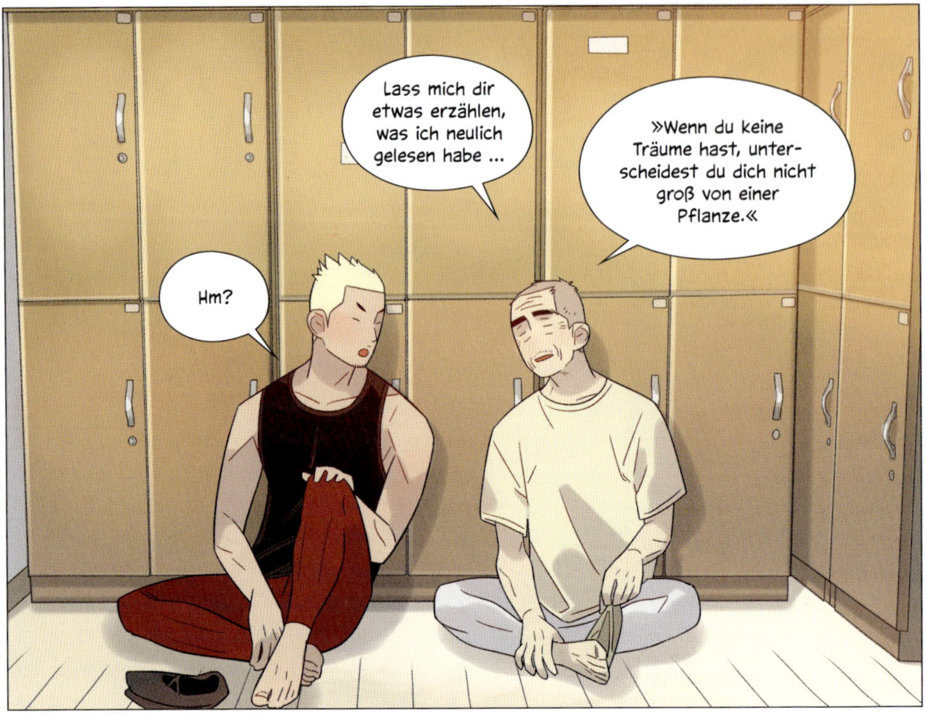

Lass mich dir etwas erzählen, was ich neulich gelesen habe ...

»Wenn du keine Träume hast, unterscheidest du dich nicht groß von einer Pflanze.«

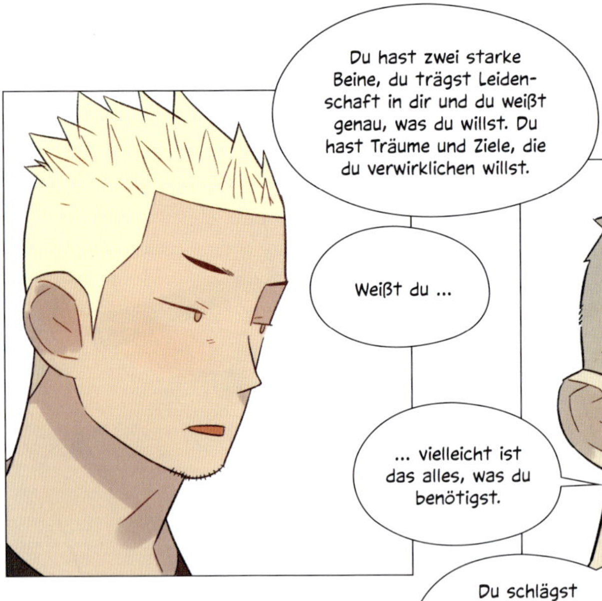

Hm?

Du hast zwei starke Beine, du trägst Leidenschaft in dir und du weißt genau, was du willst. Du hast Träume und Ziele, die du verwirklichen willst.

Weißt du ...

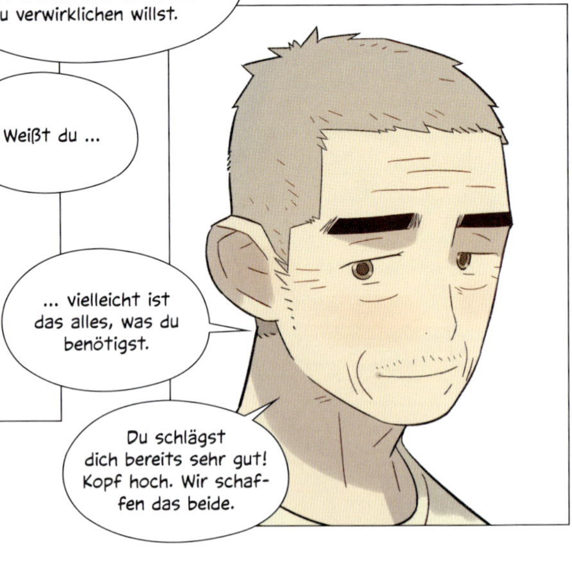

... vielleicht ist das alles, was du benötigst.

Du schlägst dich bereits sehr gut! Kopf hoch. Wir schaffen das beide.

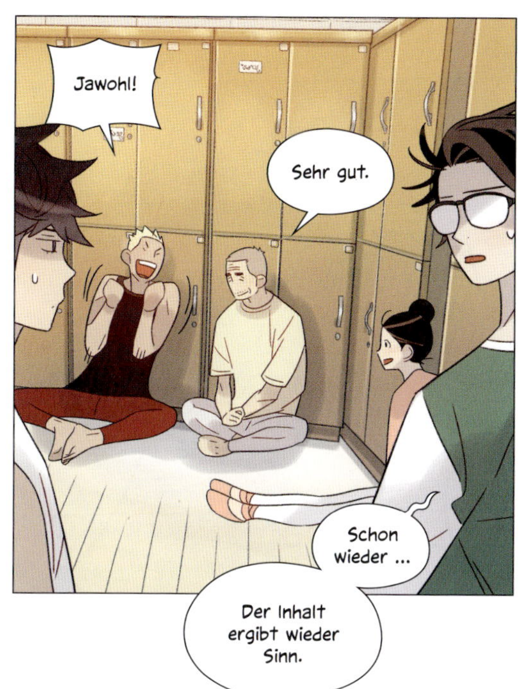

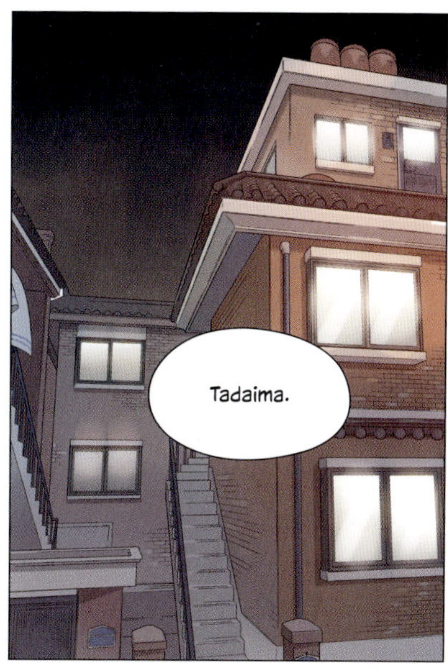

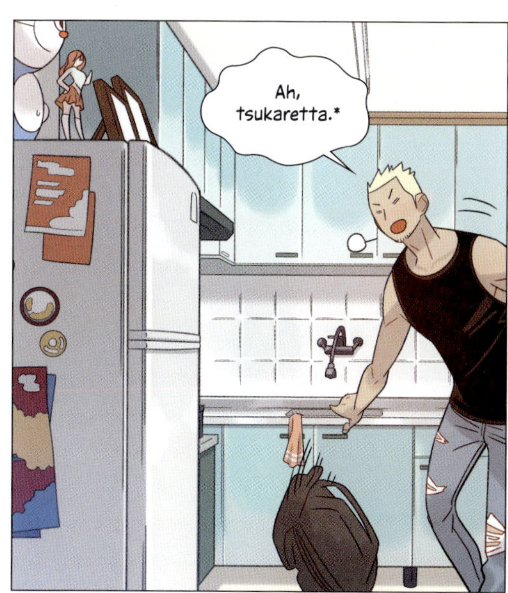

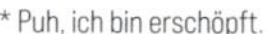
* Puh, ich bin erschöpft.

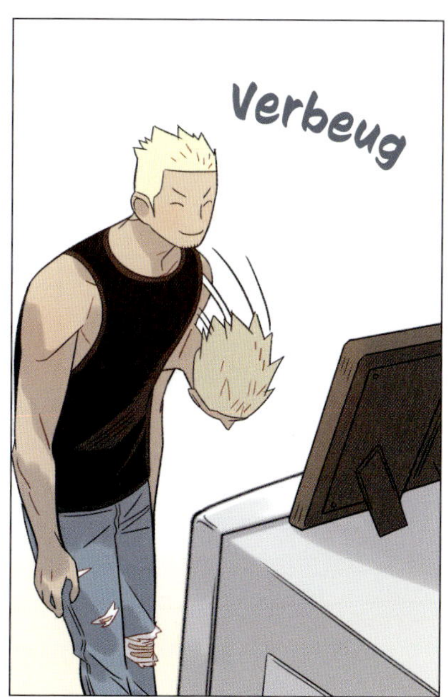

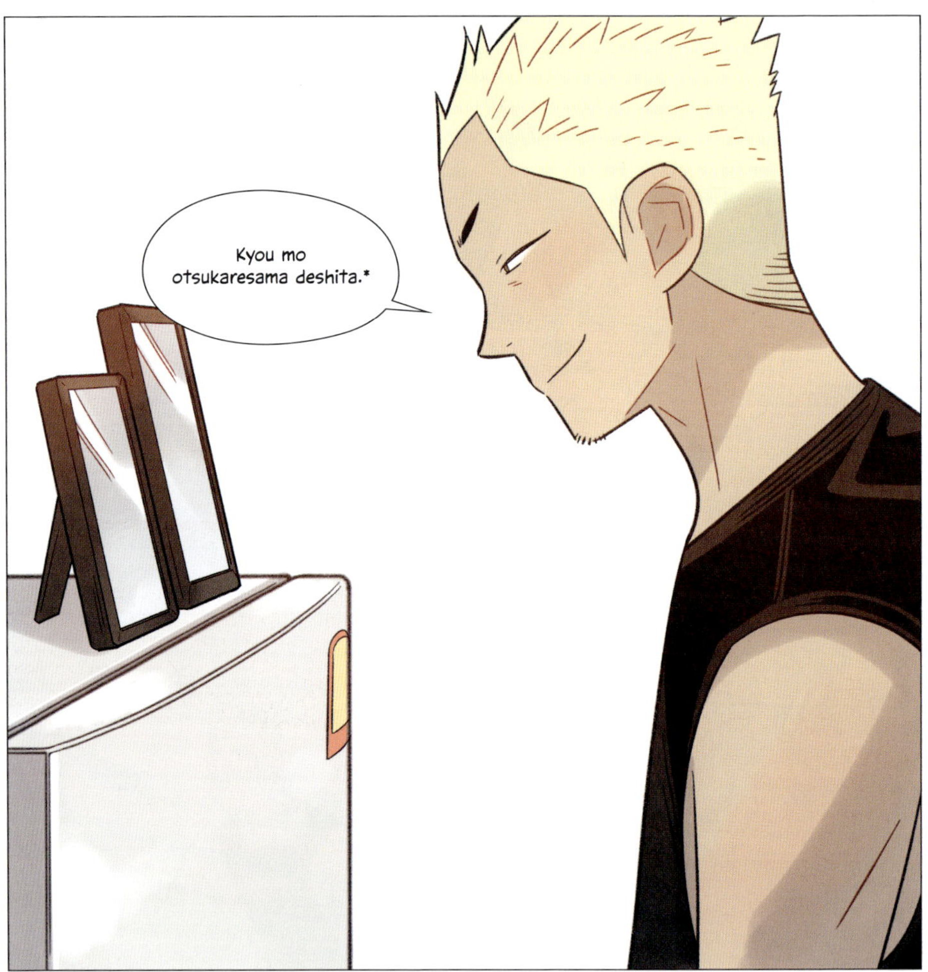

* Ihr habt heute alle gute Arbeit geleistet.

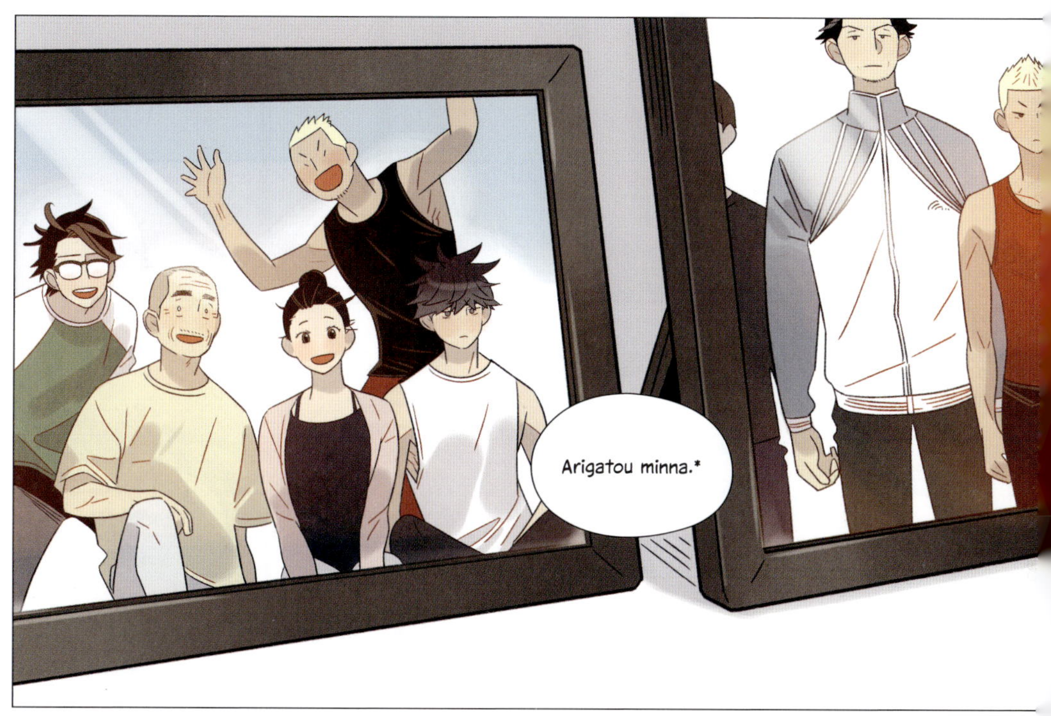

* Vielen Dank euch allen.

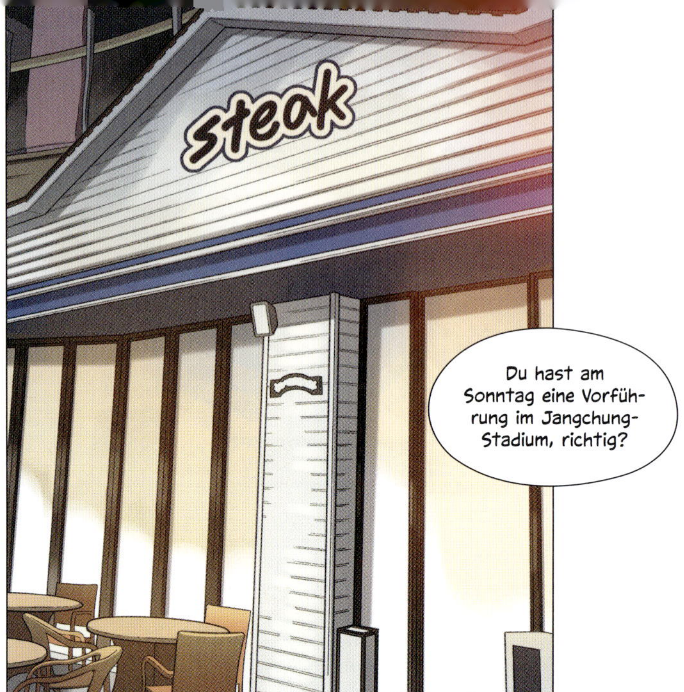
steak
Du hast am Sonntag eine Vorführung im Jangchung-Stadium, richtig?

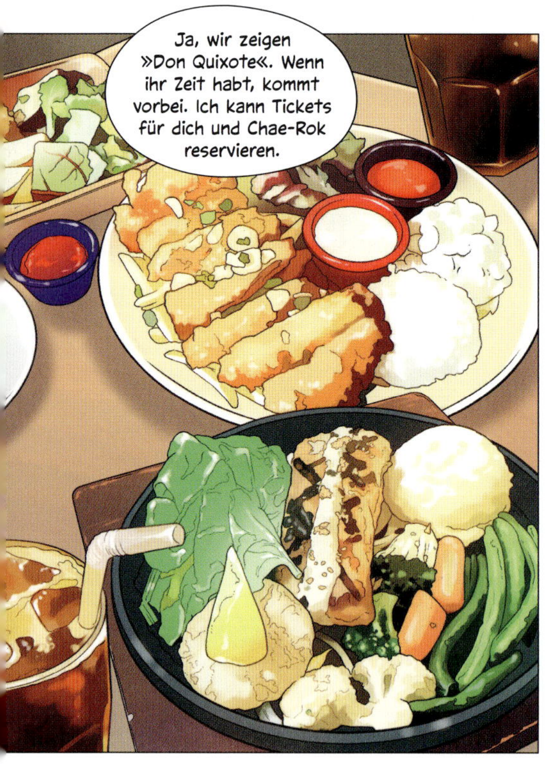
Ja, wir zeigen »Don Quixote«. Wenn ihr Zeit habt, kommt vorbei. Ich kann Tickets für dich und Chae-Rok reservieren.

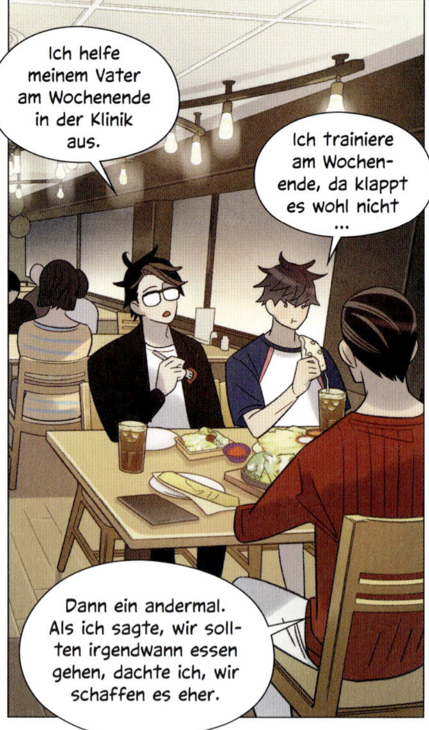
Ich helfe meinem Vater am Wochenende in der Klinik aus.
Ich trainiere am Wochenende, da klappt es wohl nicht ...
Dann ein andermal. Als ich sagte, wir sollten irgendwann essen gehen, dachte ich, wir schaffen es eher.

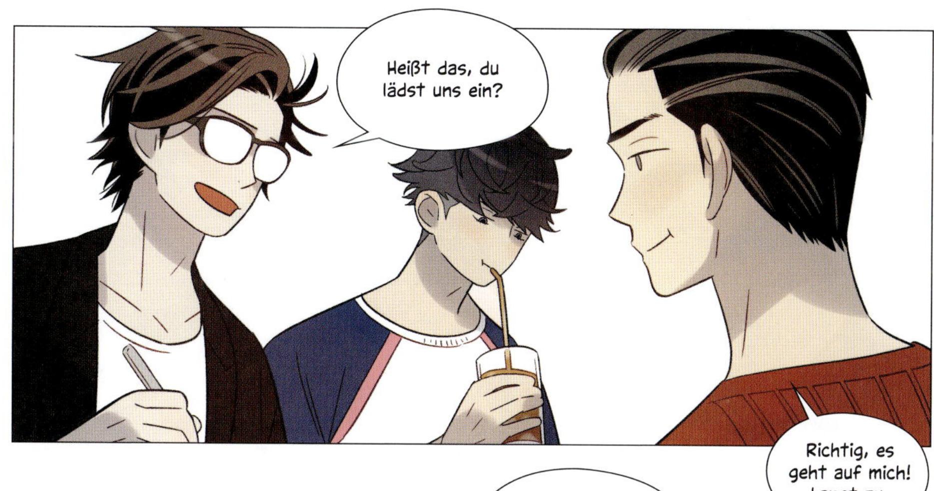
Heißt das, du lädst uns ein?
Richtig, es geht auf mich! Langt zu.

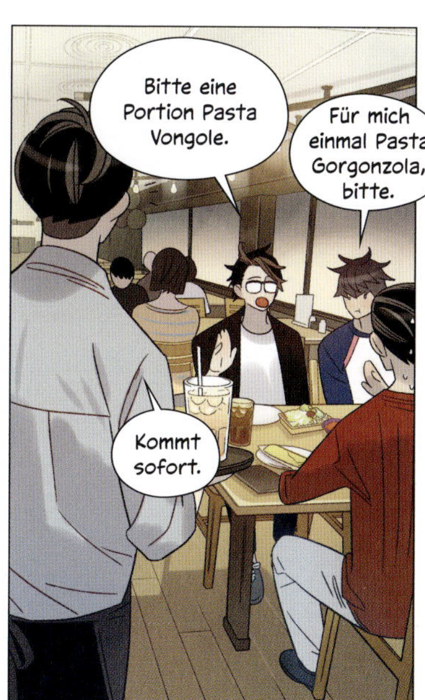
Bitte eine Portion Pasta Vongole.
Für mich einmal Pasta Gorgonzola, bitte.
Kommt sofort.

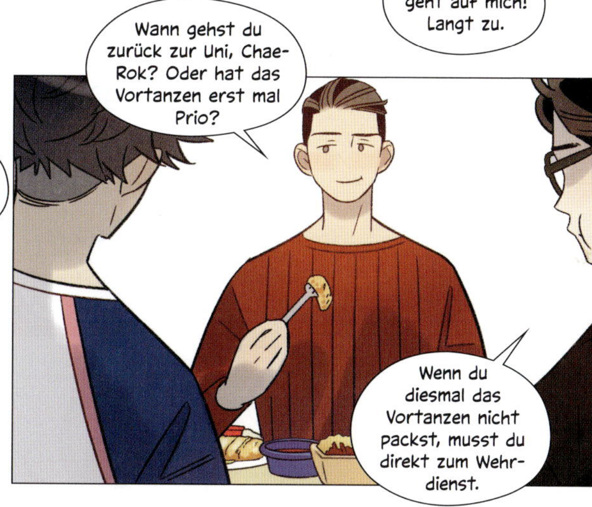
Wann gehst du zurück zur Uni, Chae-Rok? Oder hat das Vortanzen erst mal Prio?
Wenn du diesmal das Vortanzen nicht packst, musst du direkt zum Wehrdienst.

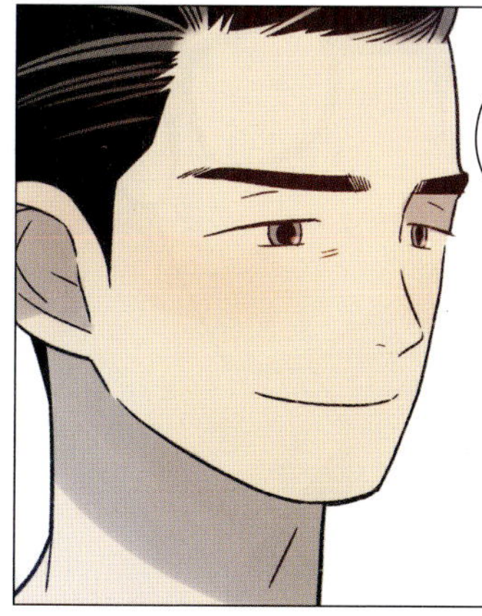
Du bist gut genug, Chae-Rok. Es liegt allein an deiner Entschlossenheit.

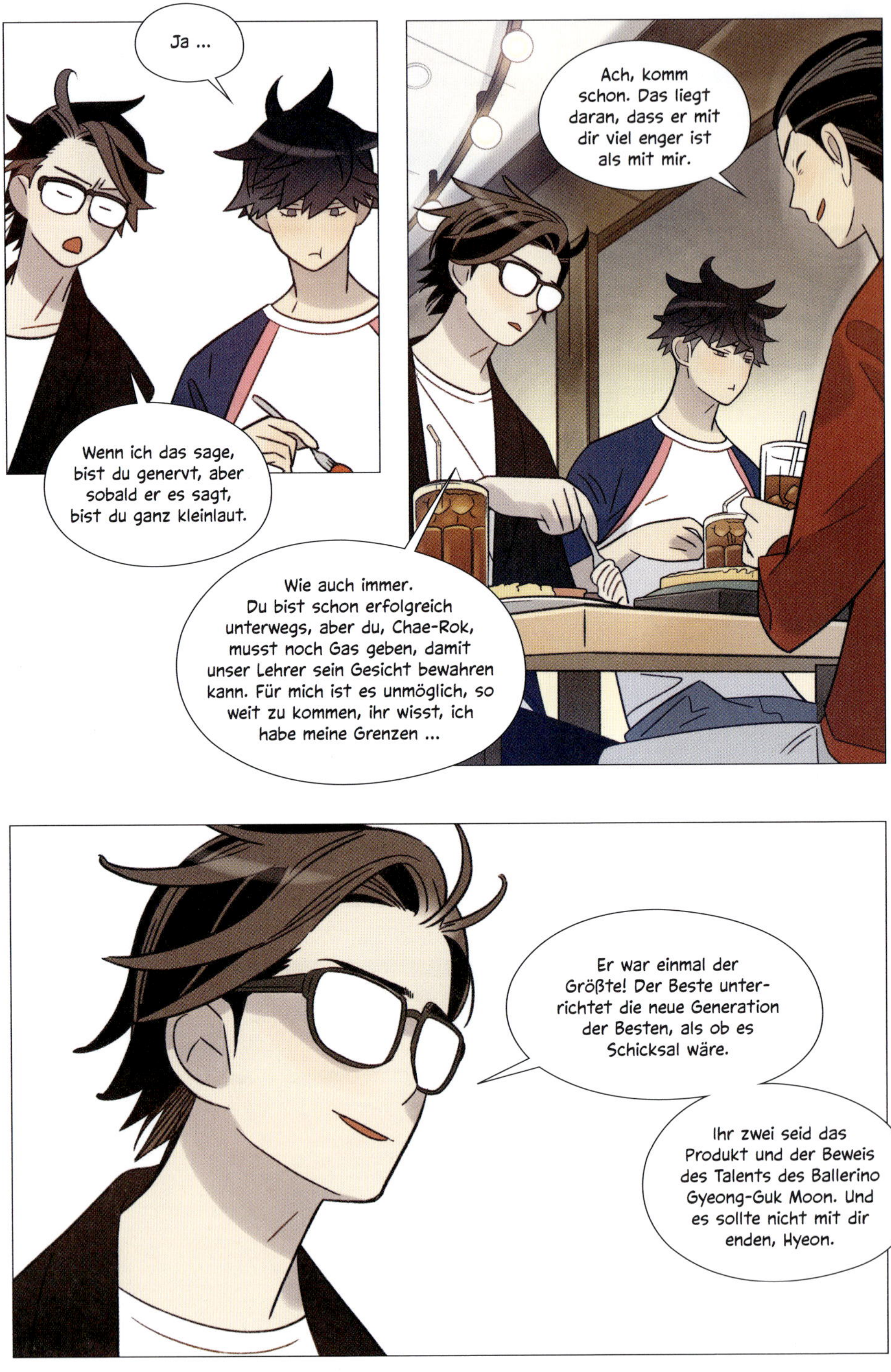

Ja …

Wenn ich das sage, bist du genervt, aber sobald er es sagt, bist du ganz kleinlaut.

Ach, komm schon. Das liegt daran, dass er mit dir viel enger ist als mit mir.

Wie auch immer. Du bist schon erfolgreich unterwegs, aber du, Chae-Rok, musst noch Gas geben, damit unser Lehrer sein Gesicht bewahren kann. Für mich ist es unmöglich, so weit zu kommen, ihr wisst, ich habe meine Grenzen …

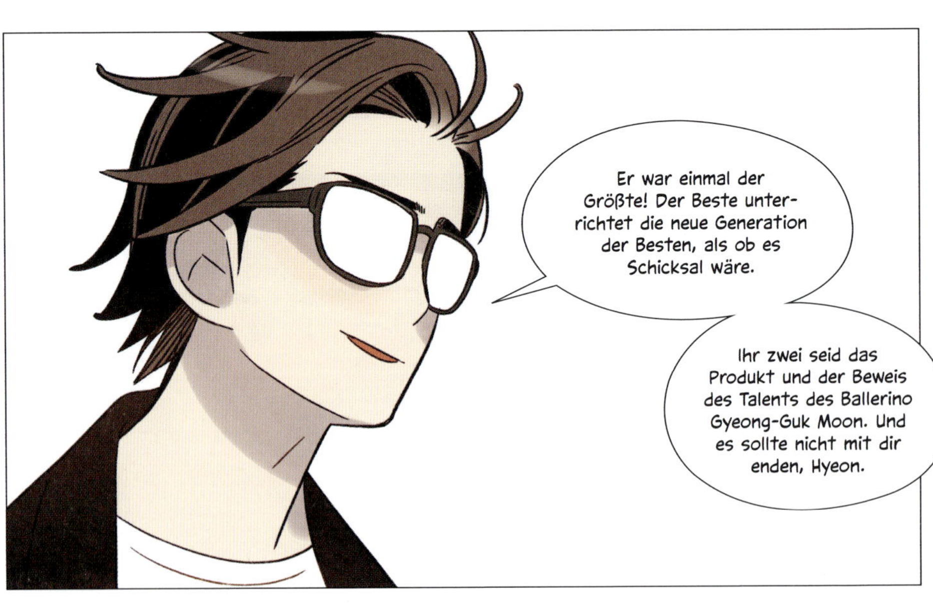

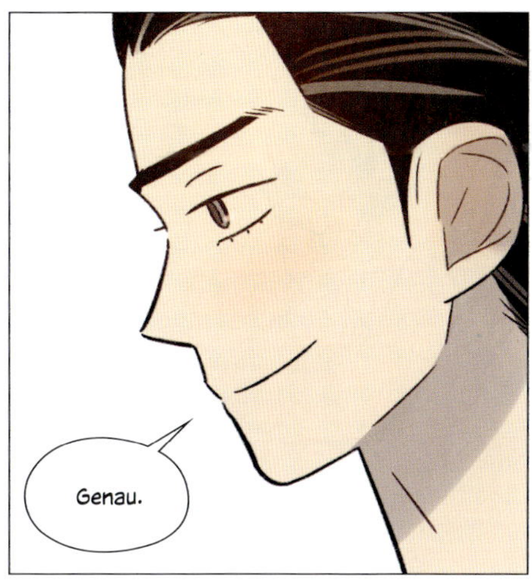
Genau.

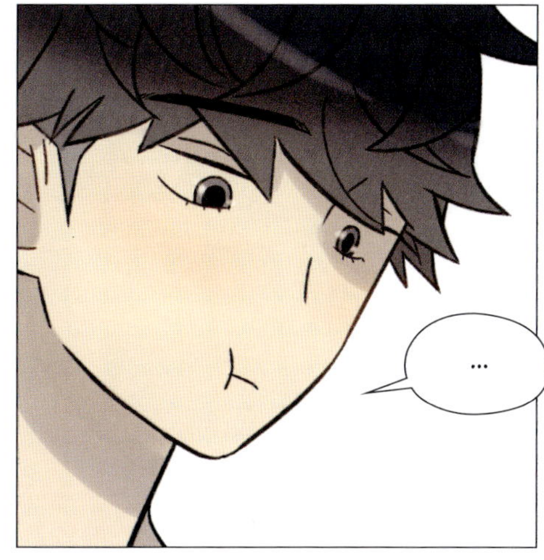
...

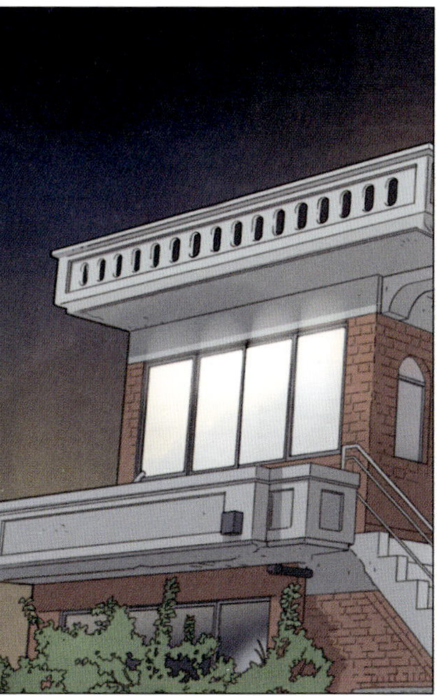

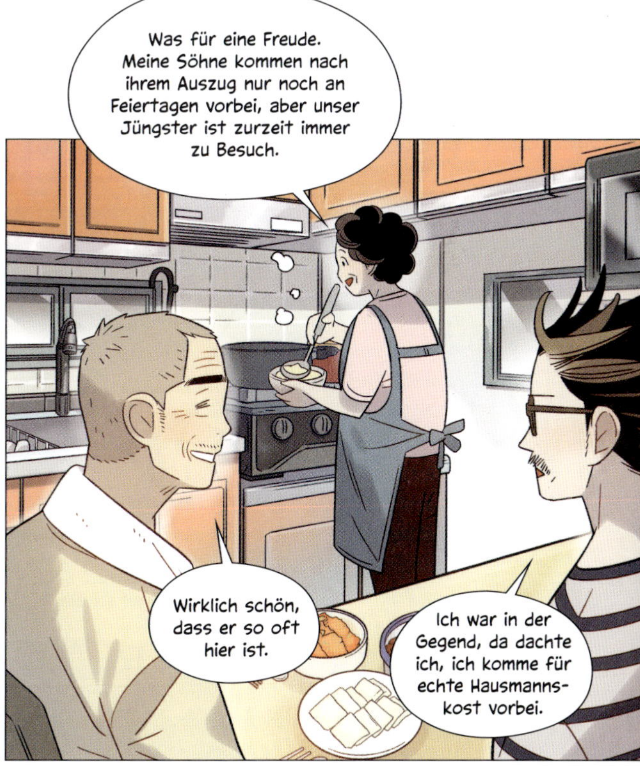
Was für eine Freude. Meine Söhne kommen nach ihrem Auszug nur noch an Feiertagen vorbei, aber unser Jüngster ist zurzeit immer zu Besuch.
Wirklich schön, dass er so oft hier ist.
Ich war in der Gegend, da dachte ich, ich komme für echte Hausmanns-kost vorbei.

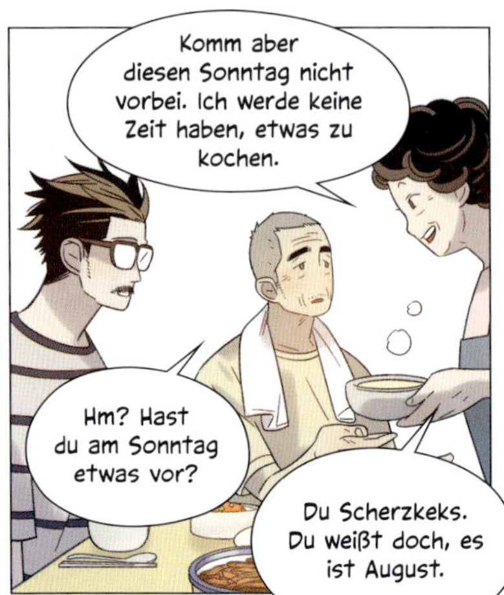

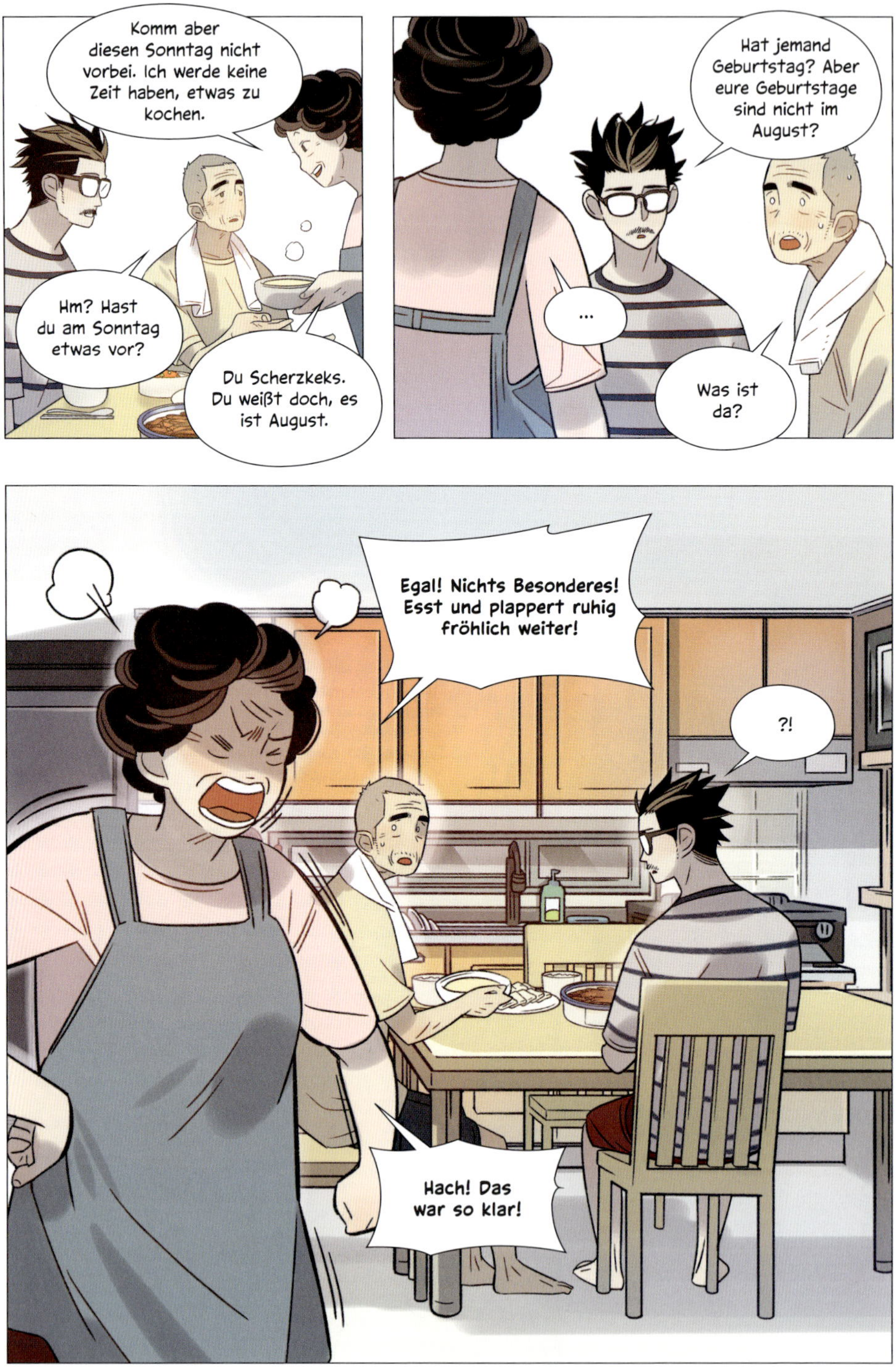

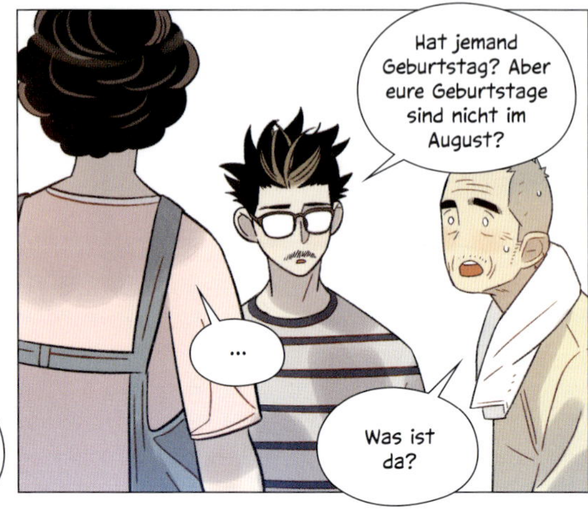

Egal! Nichts Besonderes! Esst und plappert ruhig fröhlich weiter!

?!

Hach! Das war so klar!

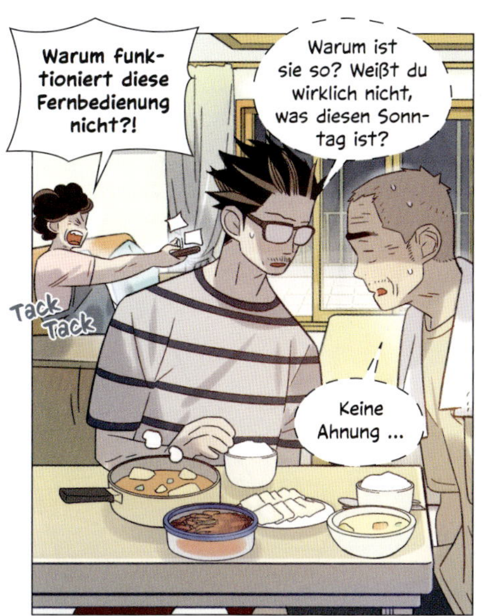
Warum funktioniert diese Fernbedienung nicht?!
Warum ist sie so? Weißt du wirklich nicht, was diesen Sonntag ist?
Tack Tack
Keine Ahnung ...

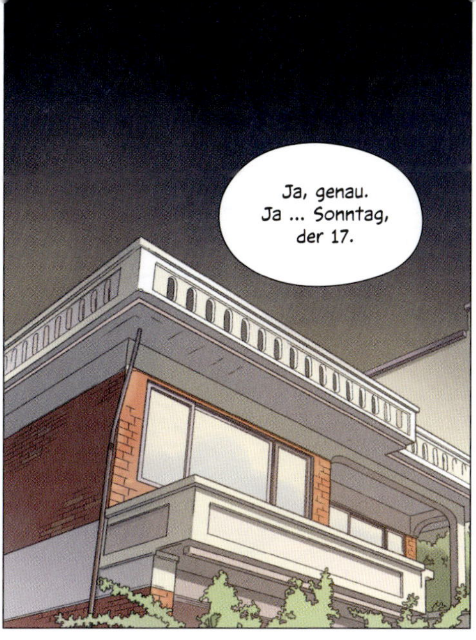
Ja, genau. Ja ... Sonntag, der 17.

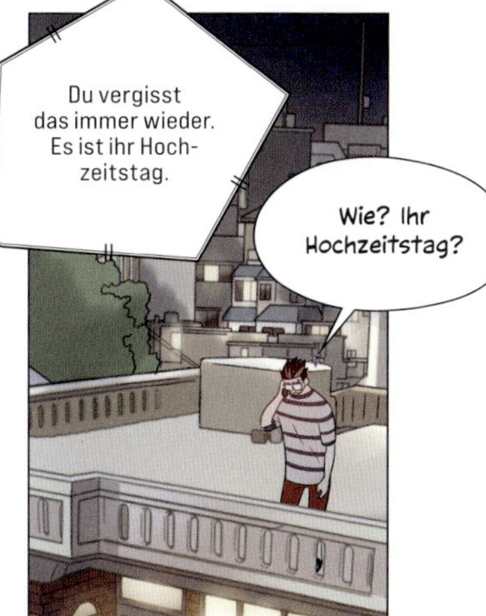
Du vergisst das immer wieder. Es ist ihr Hochzeitstag.
Wie? Ihr Hochzeitstag?

Ich habe sie gefragt, was ich ihr zu dem Anlass schenken darf. Aber sie meinte, die beiden verbringen einfach die Zeit zusammen, daher braucht sie nichts. Ich sende ihr trotzdem etwas Geld zu.
Ah, und falls die beiden an diesem Tag irgendwohin wollen, fährt Hae-Jin sie mit dem Auto.

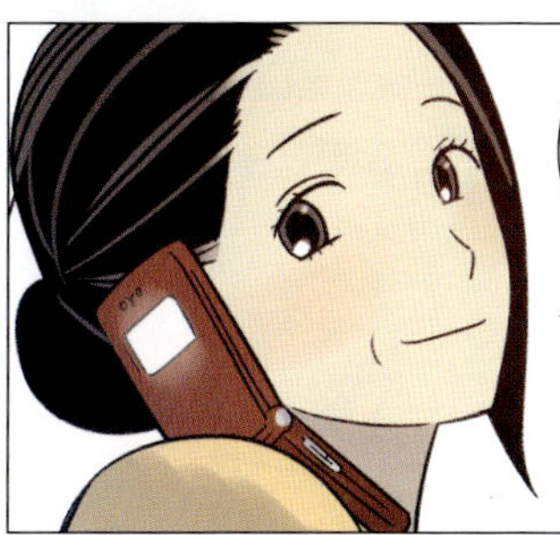
Ich wollte dich heute im Laufe des Tages daran erinnern, aber wie es scheint, ist Mutter schon verärgert. Ha ha ...

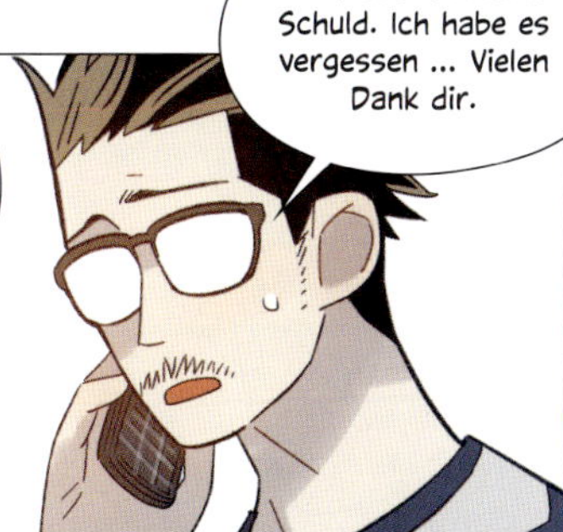
Nein, das ist meine Schuld. Ich habe es vergessen ... Vielen Dank dir.

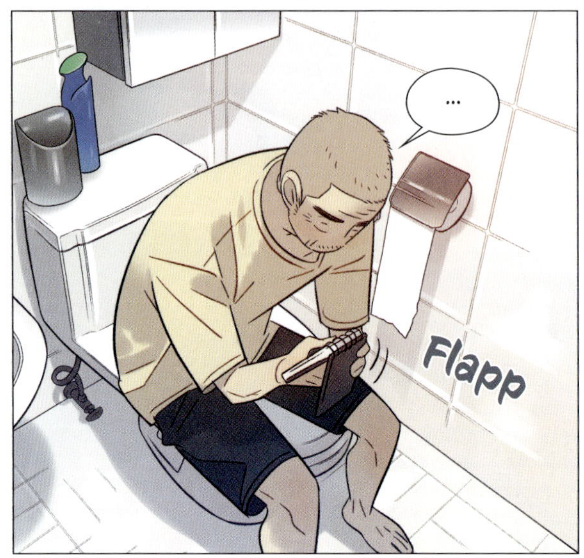
...
Flapp

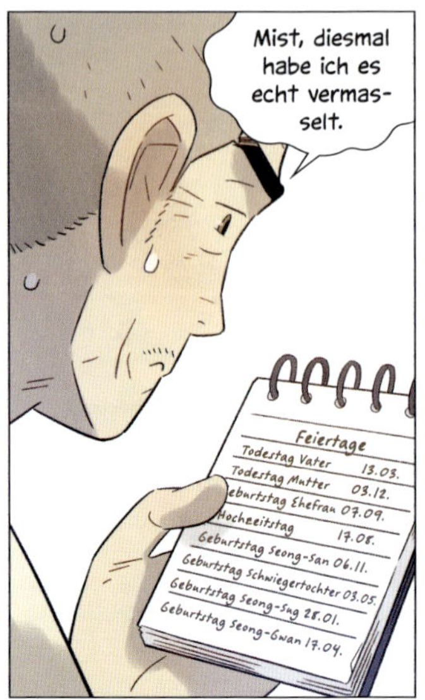
Mist, diesmal habe ich es echt vermas-selt.
Feiertage
Todestag Vater 13.03.
Todestag Mutter 03.12.
Geburtstag Ehefrau 07.09.
Hochzeitstag 17.08.
Geburtstag Seong-San 06.11.
Geburtstag Schwiegertochter 03.05.
Geburtstag Seong-Sug 28.01.
Geburtstag Seong-Gwan 17.04.

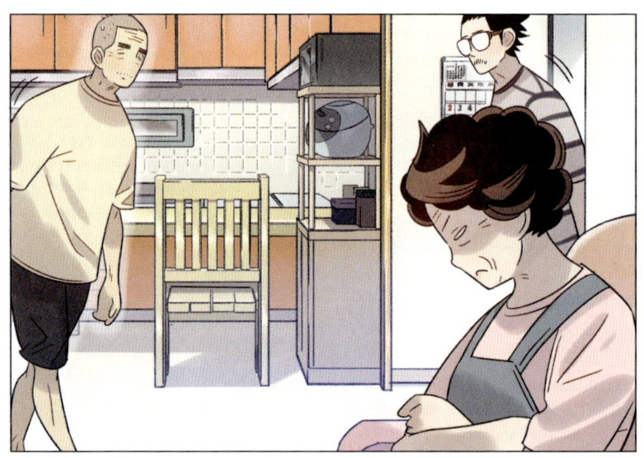

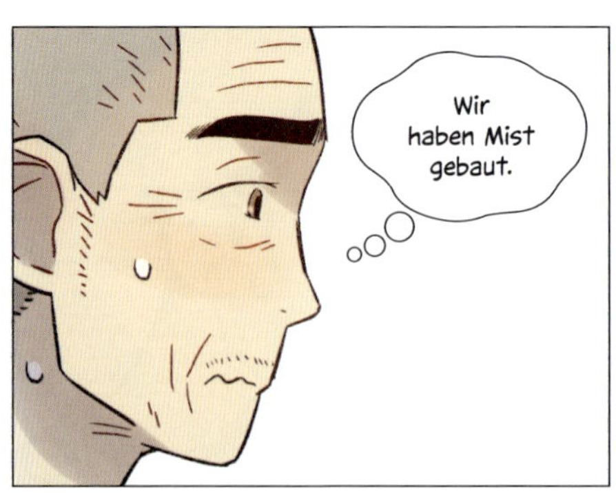
Wir haben Mist gebaut.

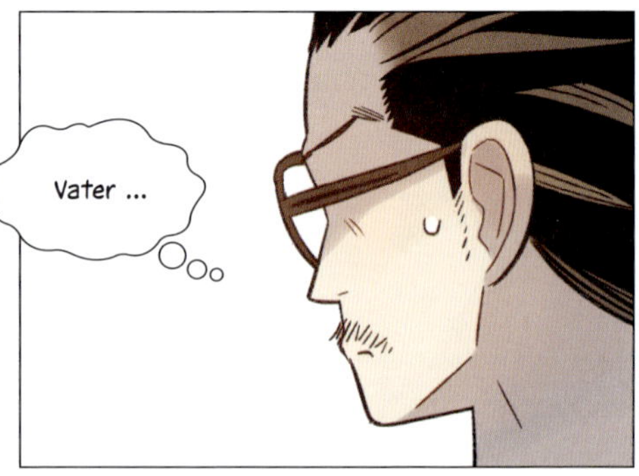
Vater ...

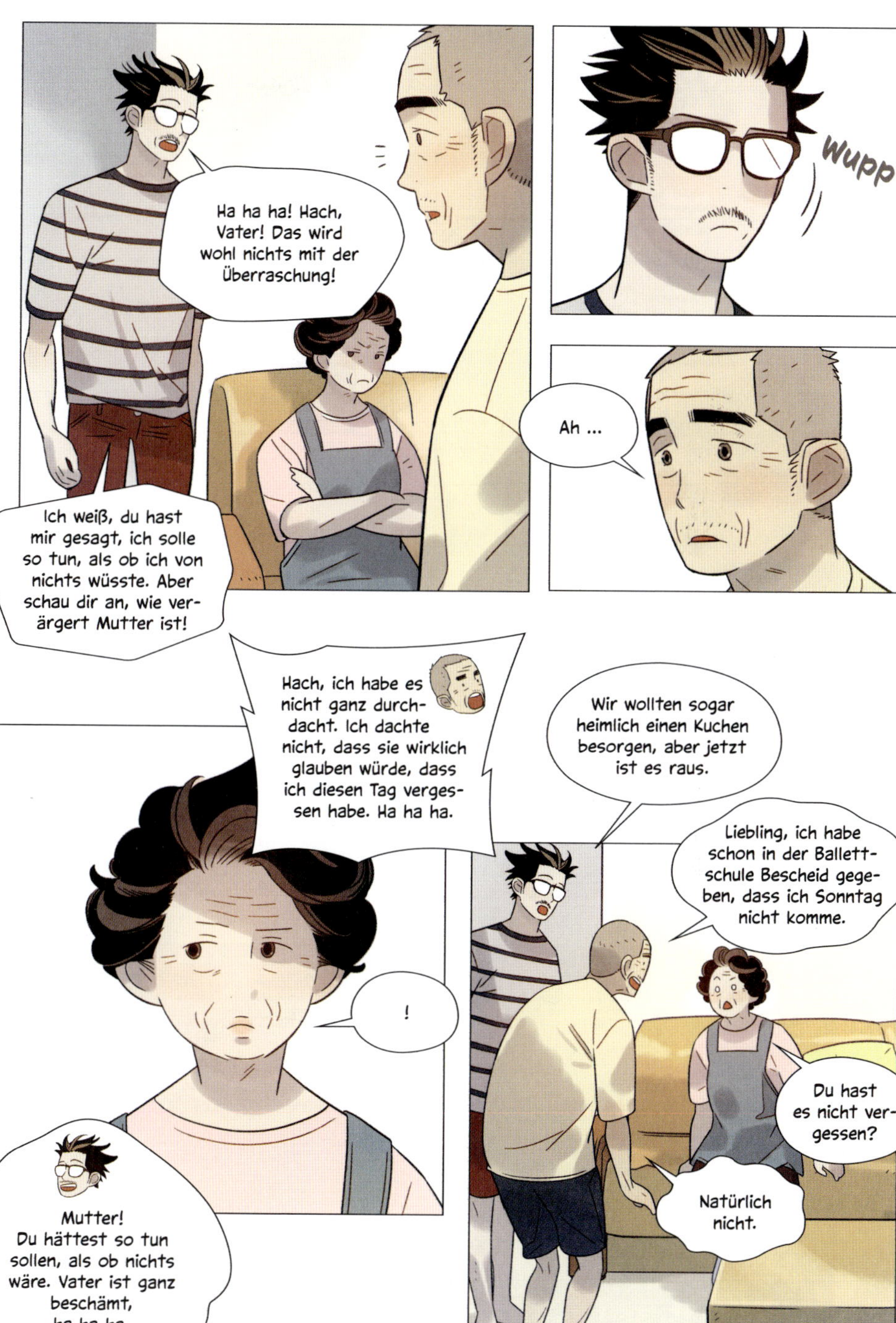

Ha ha ha! Hach, Vater! Das wird wohl nichts mit der Überraschung!
Ich weiß, du hast mir gesagt, ich solle so tun, als ob ich von nichts wüsste. Aber schau dir an, wie verärgert Mutter ist!
Wupp
Ah …
Hach, ich habe es nicht ganz durchdacht. Ich dachte nicht, dass sie wirklich glauben würde, dass ich diesen Tag vergessen habe. Ha ha ha.
!
Mutter! Du hättest so tun sollen, als ob nichts wäre. Vater ist ganz beschämt, ha ha ha.
Wir wollten sogar heimlich einen Kuchen besorgen, aber jetzt ist es raus.
Liebling, ich habe schon in der Ballettschule Bescheid gegeben, dass ich Sonntag nicht komme.
Du hast es nicht vergessen?
Natürlich nicht.

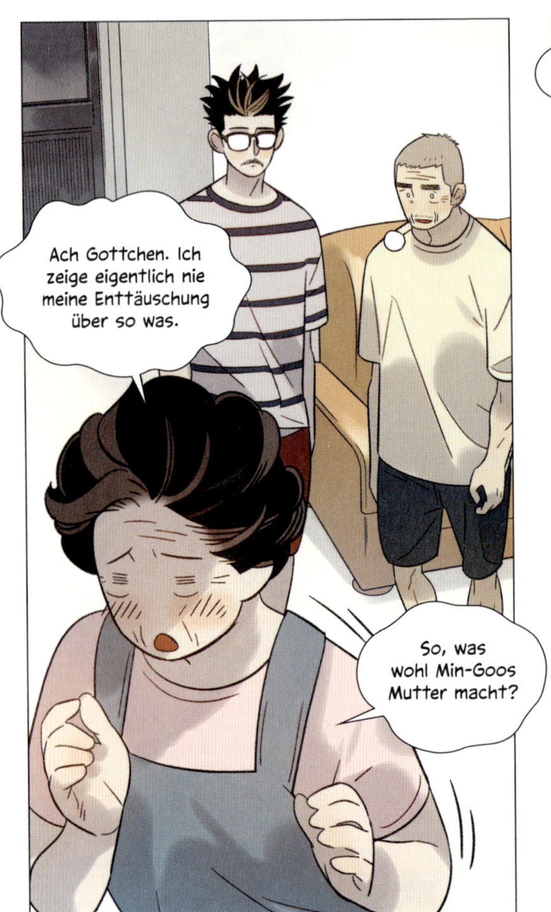
Ach Gottchen. Ich zeige eigentlich nie meine Enttäuschung über so was.
So, was wohl Min-Goos Mutter macht?

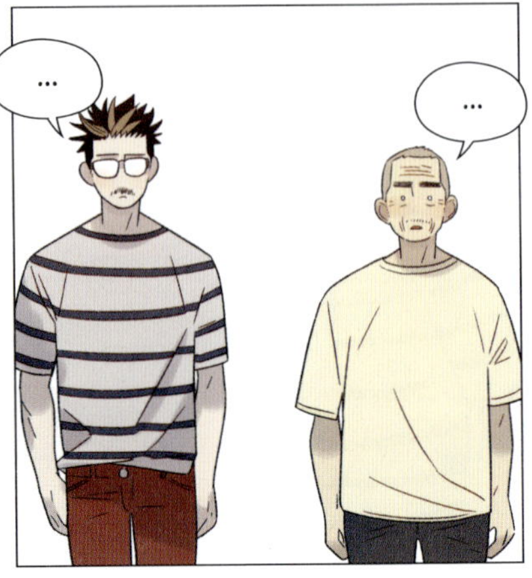
...
...

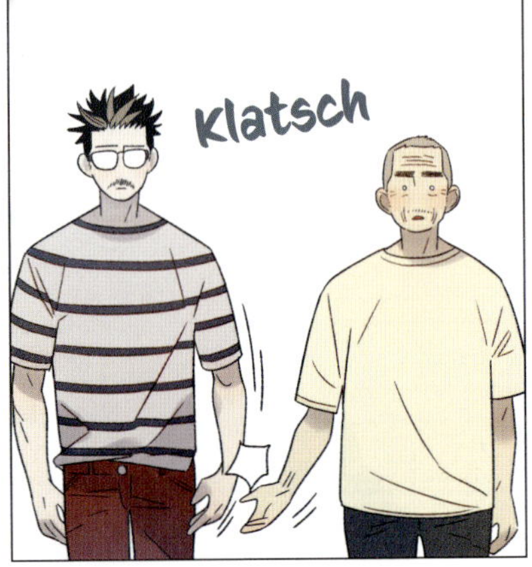
Klatsch

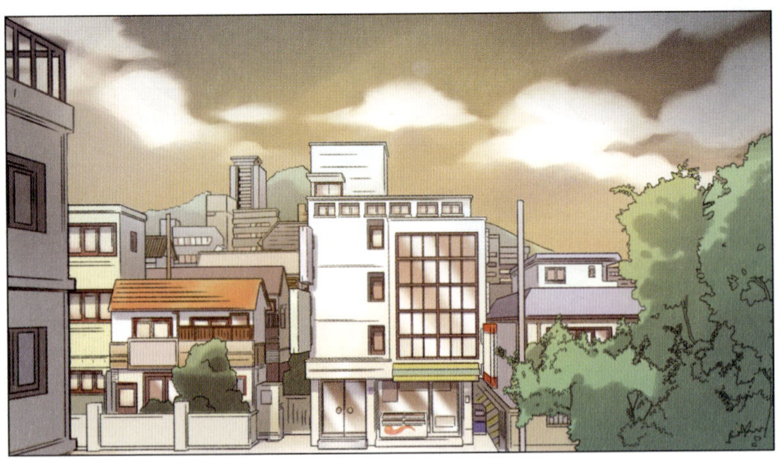

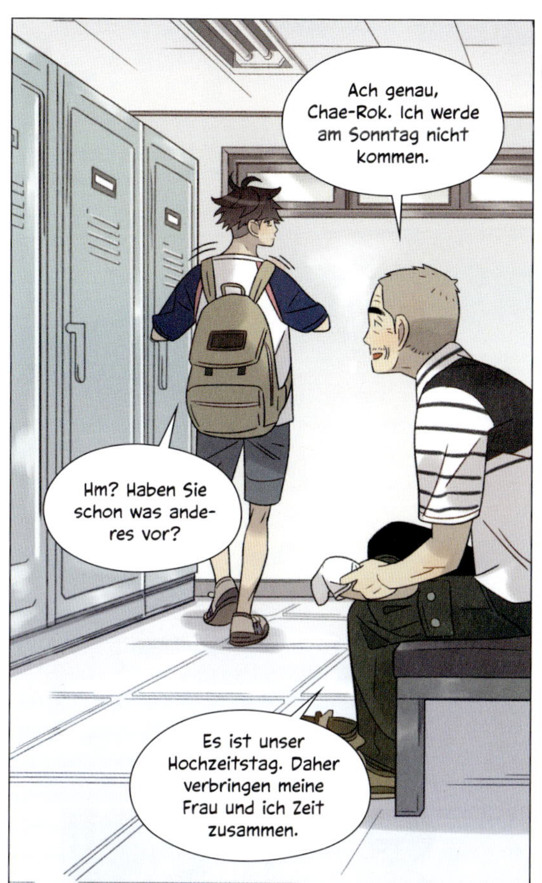
Ach genau, Chae-Rok. Ich werde am Sonntag nicht kommen.
Hm? Haben Sie schon was anderes vor?
Es ist unser Hochzeitstag. Daher verbringen meine Frau und ich Zeit zusammen.

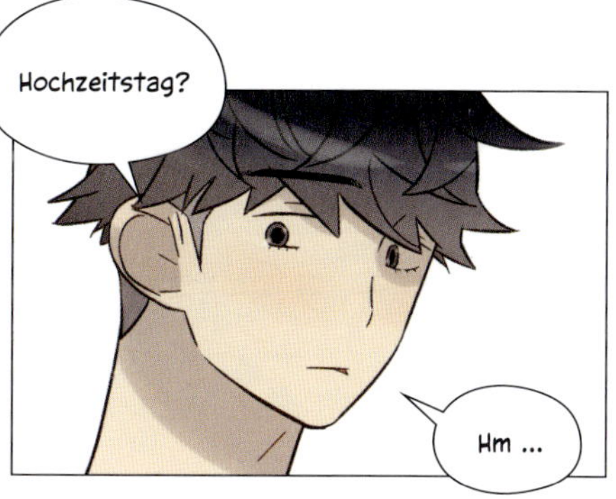
Hochzeitstag?
Hm ...

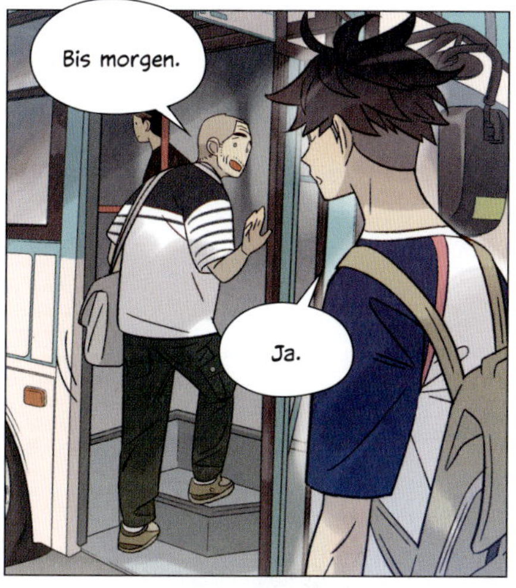
Bis morgen.
Ja.

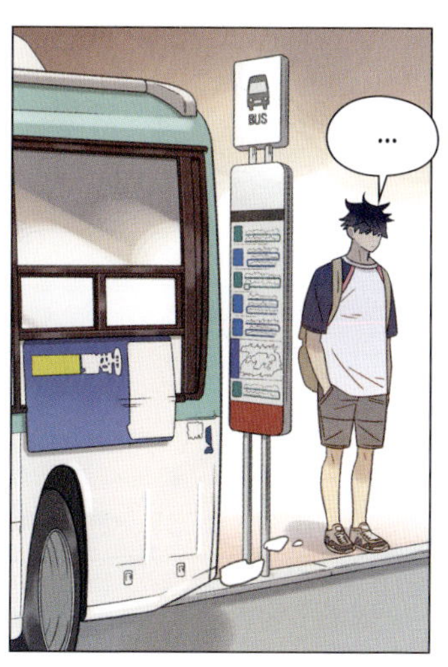
BUS
...

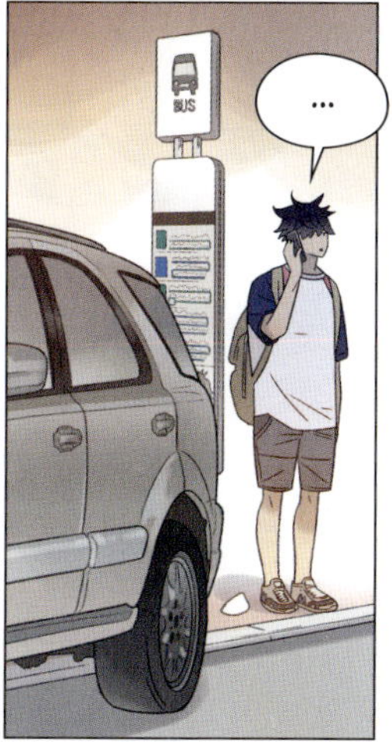
BUS
...

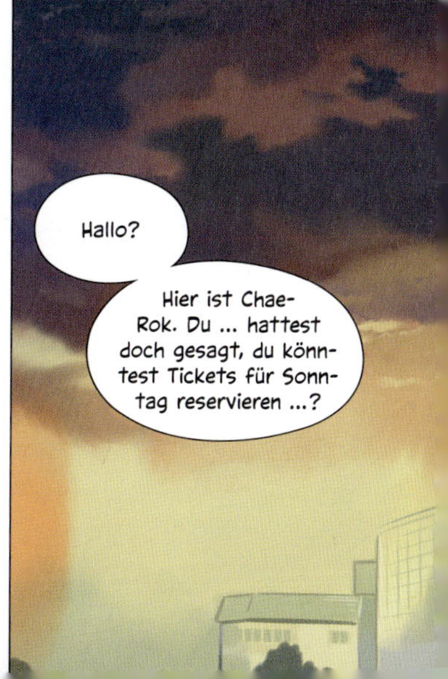
Hallo?
Hier ist Chae-Rok. Du ... hattest doch gesagt, du könntest Tickets für Sonntag reservieren ...?

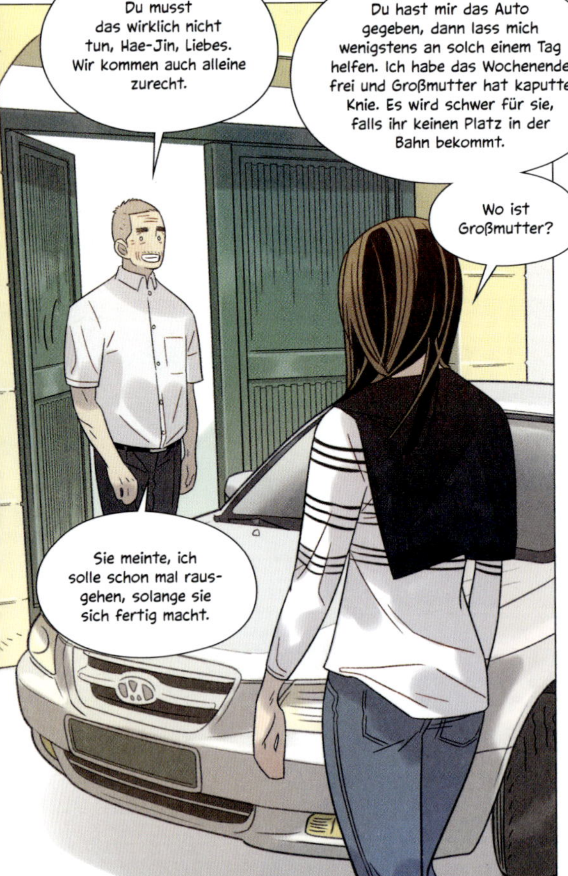
Du musst das wirklich nicht tun, Hae-Jin, Liebes. Wir kommen auch alleine zurecht.
Du hast mir das Auto gegeben, dann lass mich wenigstens an solch einem Tag helfen. Ich habe das Wochenende frei und Großmutter hat kaputte Knie. Es wird schwer für sie, falls ihr keinen Platz in der Bahn bekommt.
Wo ist Großmutter?
Sie meinte, ich solle schon mal raus-gehen, solange sie sich fertig macht.

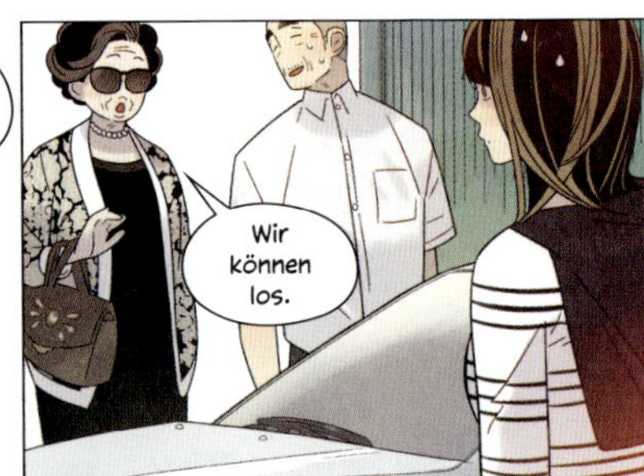
Wir können los.

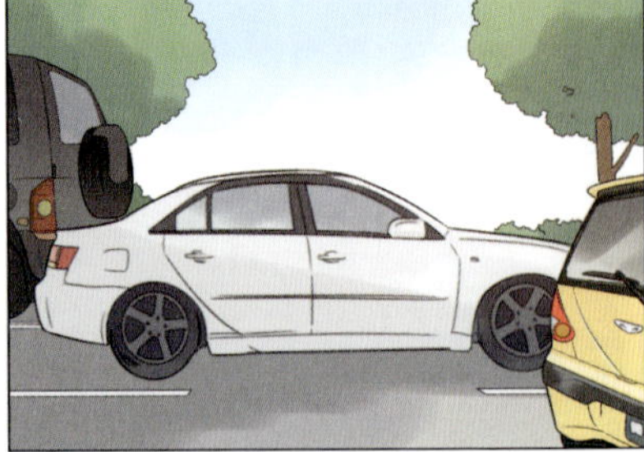

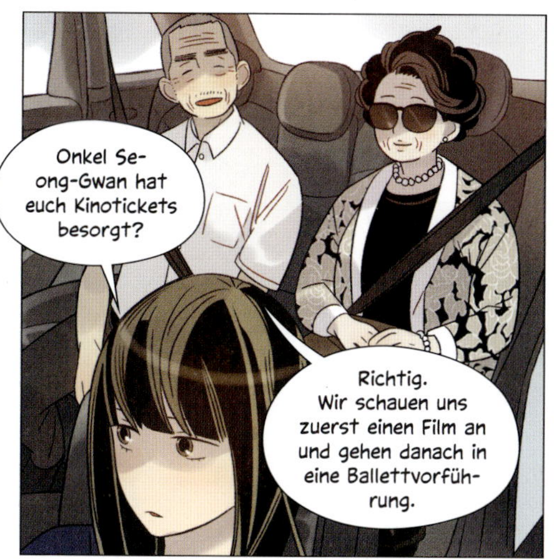
Onkel Seong-Gwan hat euch Kinotickets besorgt?
Richtig. Wir schauen uns zuerst einen Film an und gehen danach in eine Ballettvorführung.

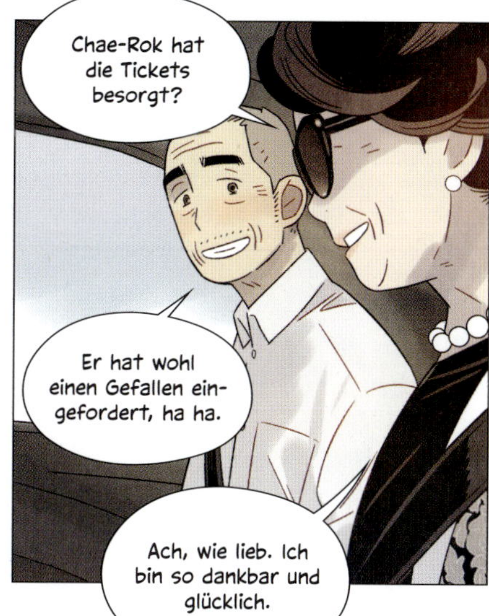
Chae-Rok hat die Tickets besorgt?
Er hat wohl einen Gefallen eingefordert, ha ha.
Ach, wie lieb. Ich bin so dankbar und glücklich.

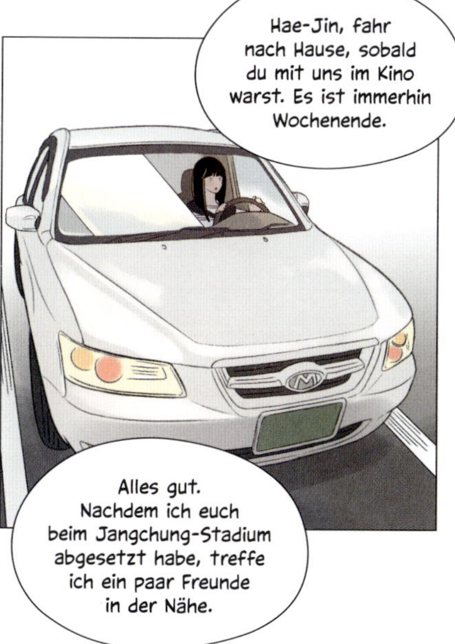
Hae-Jin, fahr nach Hause, sobald du mit uns im Kino warst. Es ist immerhin Wochenende.
Alles gut. Nachdem ich euch beim Jangchung-Stadium abgesetzt habe, treffe ich ein paar Freunde in der Nähe.

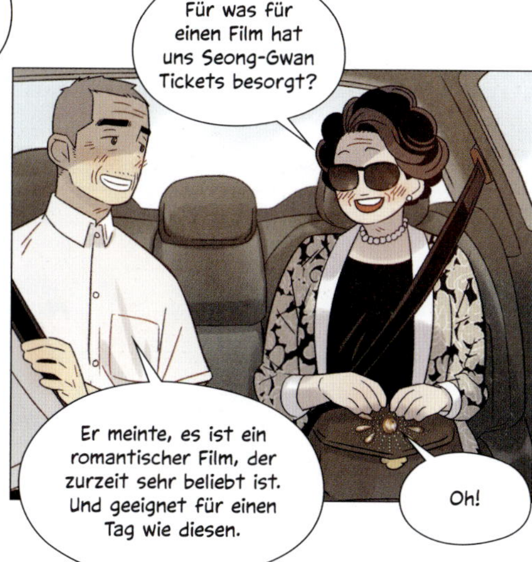
Für was für einen Film hat uns Seong-Gwan Tickets besorgt?
Er meinte, es ist ein romantischer Film, der zurzeit sehr beliebt ist. Und geeignet für einen Tag wie diesen.
Oh!

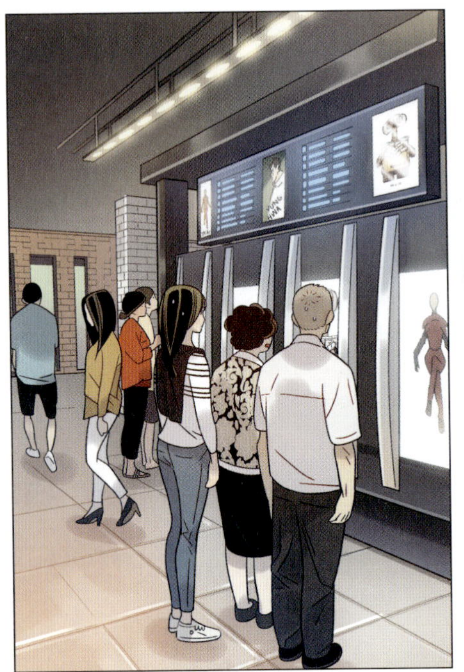

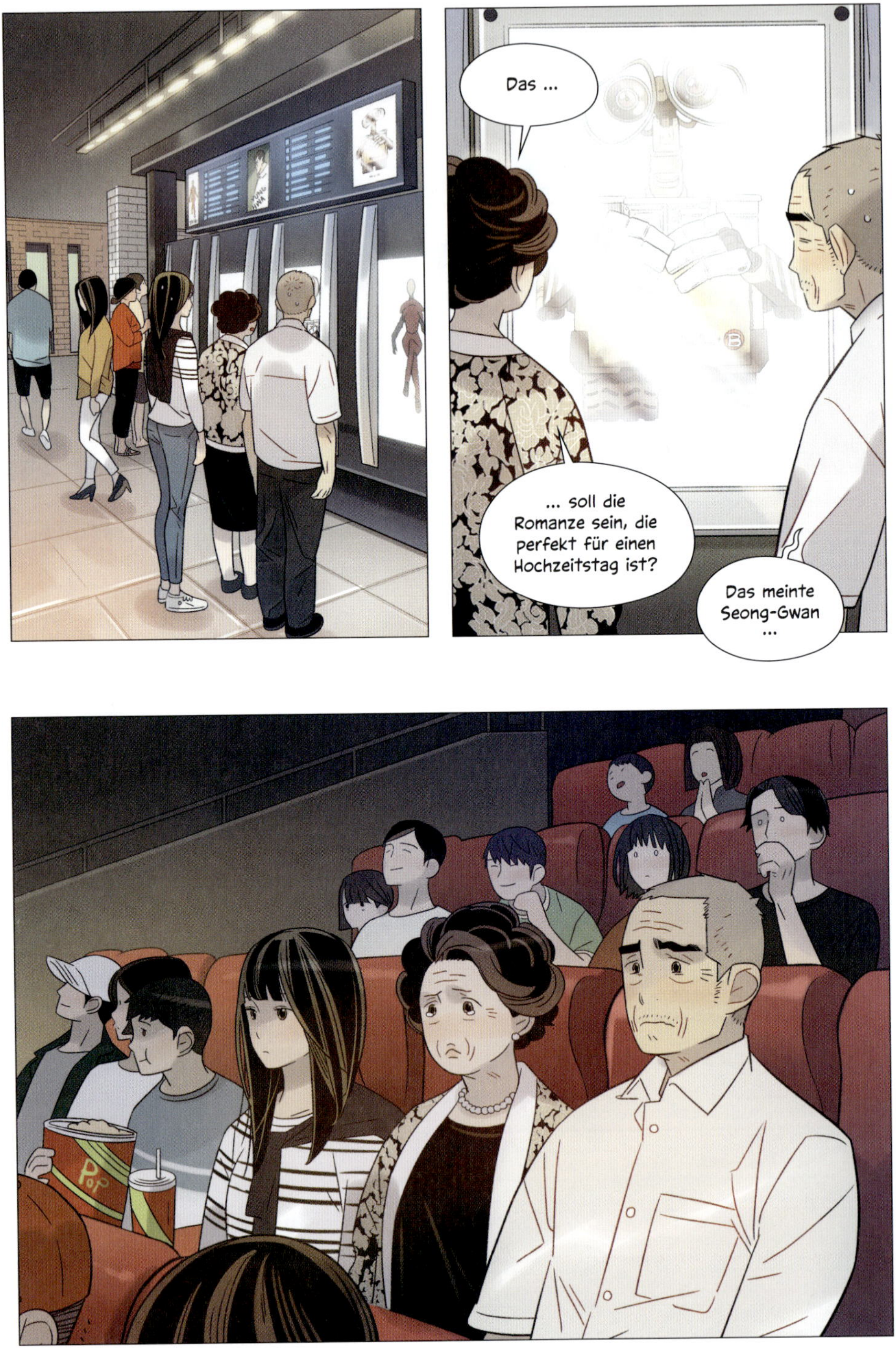

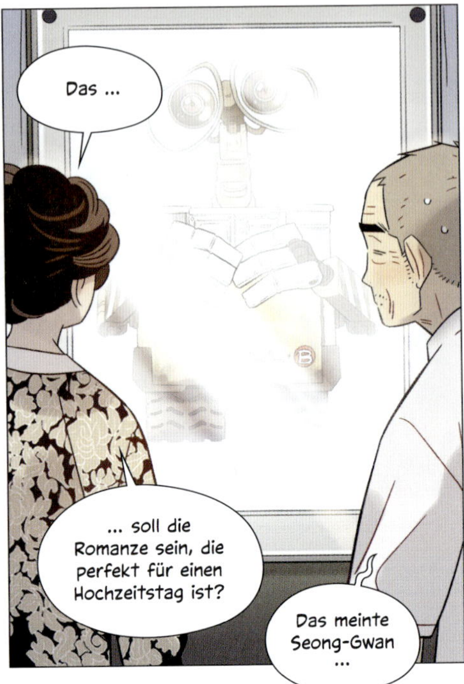
Das ...
... soll die Romanze sein, die perfekt für einen Hochzeitstag ist?
Das meinte Seong-Gwan ...

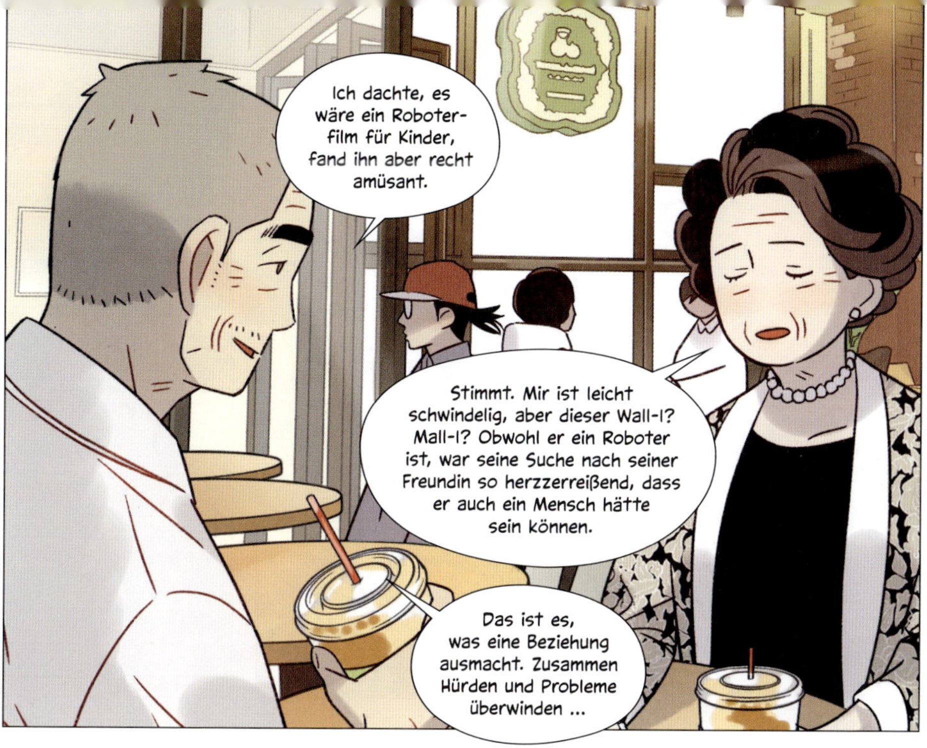

Ich dachte, es wäre ein Roboterfilm für Kinder, fand ihn aber recht amüsant.

Stimmt. Mir ist leicht schwindelig, aber dieser Wall-I? Mall-I? Obwohl er ein Roboter ist, war seine Suche nach seiner Freundin so herzzerreißend, dass er auch ein Mensch hätte sein können.

Das ist es, was eine Beziehung ausmacht. Zusammen Hürden und Probleme überwinden ...

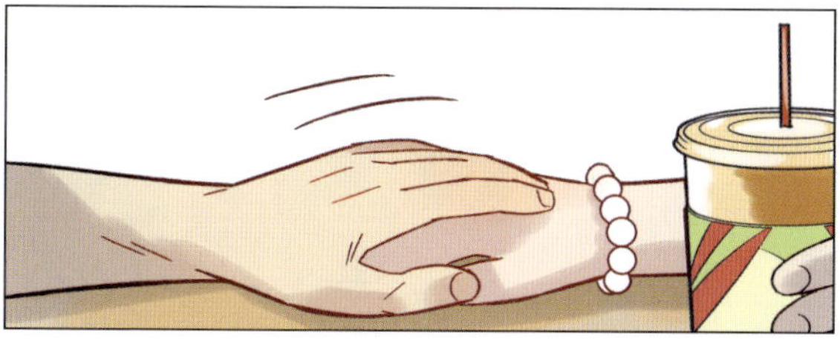

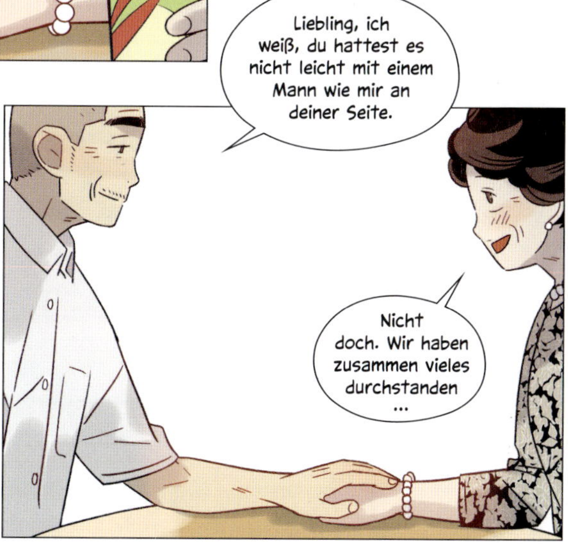

Liebling, ich weiß, du hattest es nicht leicht mit einem Mann wie mir an deiner Seite.

Nicht doch. Wir haben zusammen vieles durchstanden ...

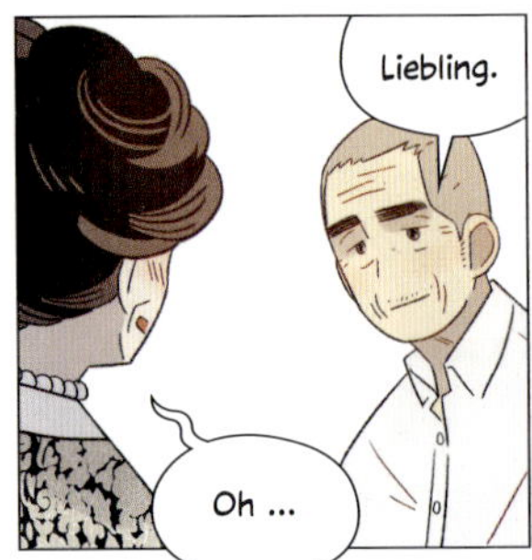
Liebling.
Oh ...

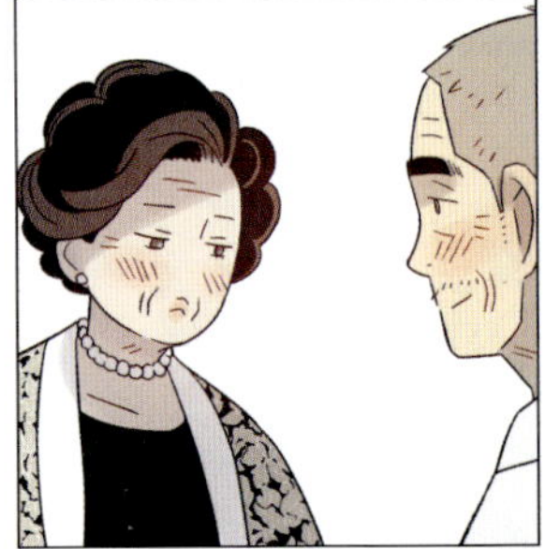

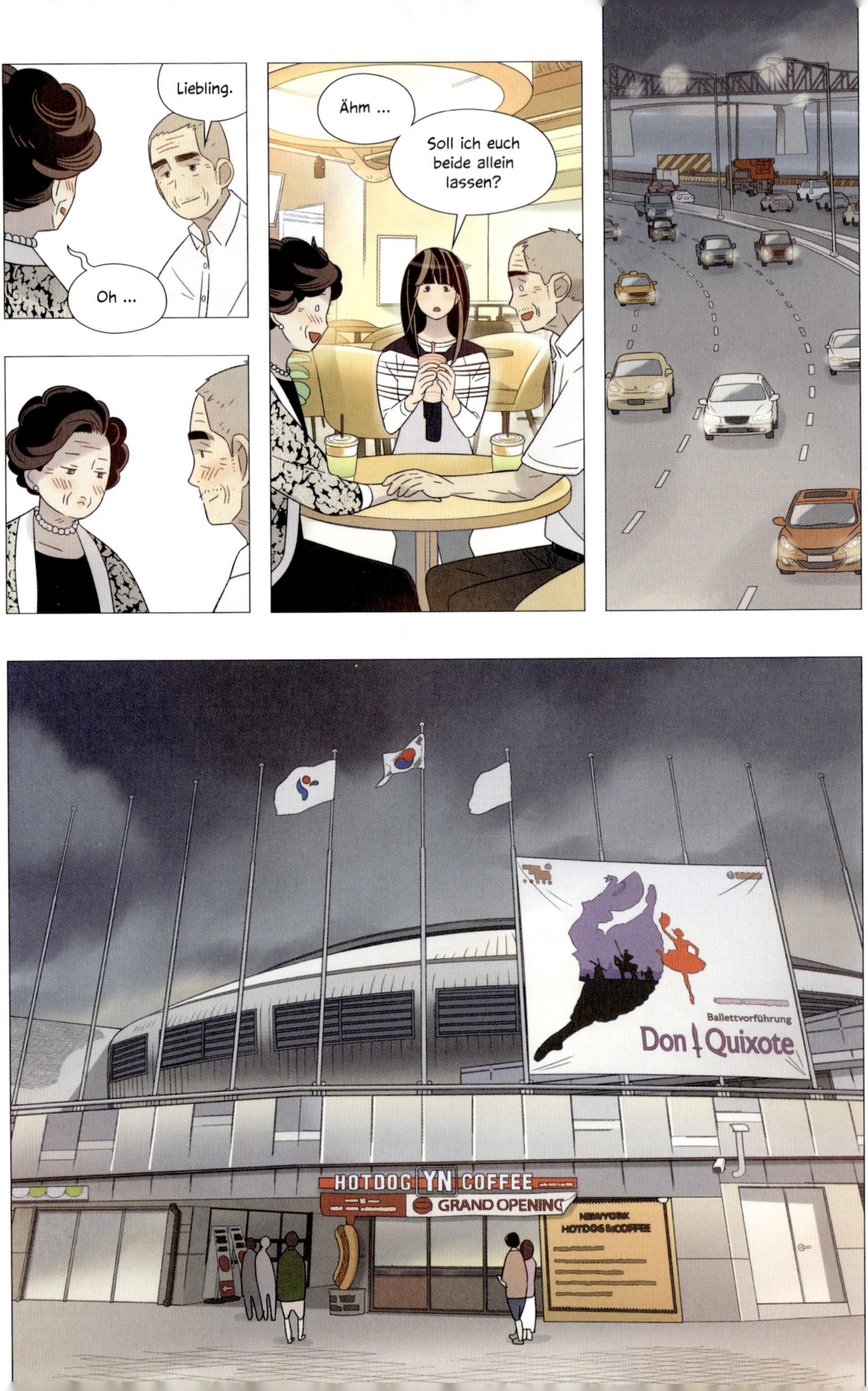

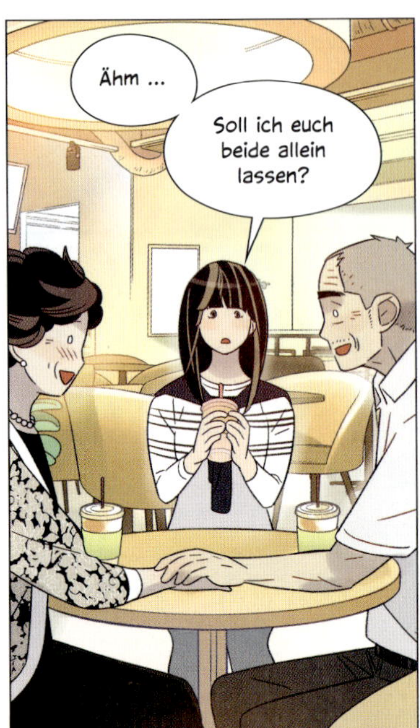
Ähm ...
Soll ich euch beide allein lassen?

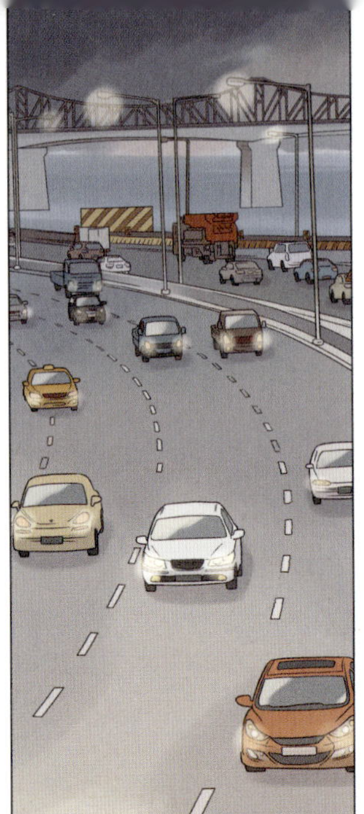

Ballettvorführung
Don Quixote
HOTDOG YN COFFEE
GRAND OPENING
NEWYORK HOTDOG & COFFEE

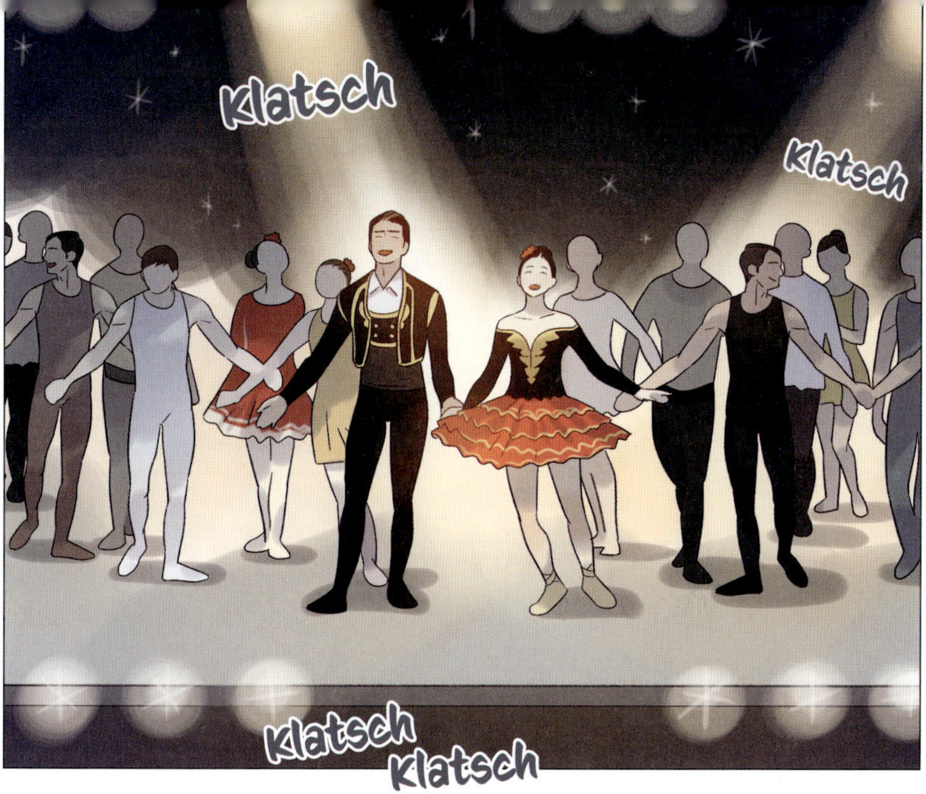

Klatsch
Klatsch
Klatsch
Klatsch

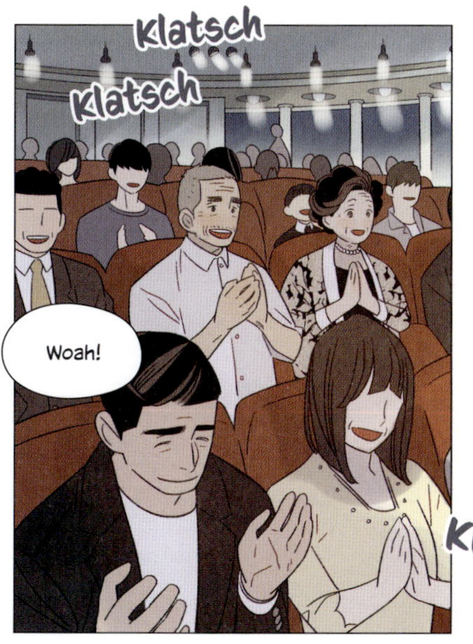

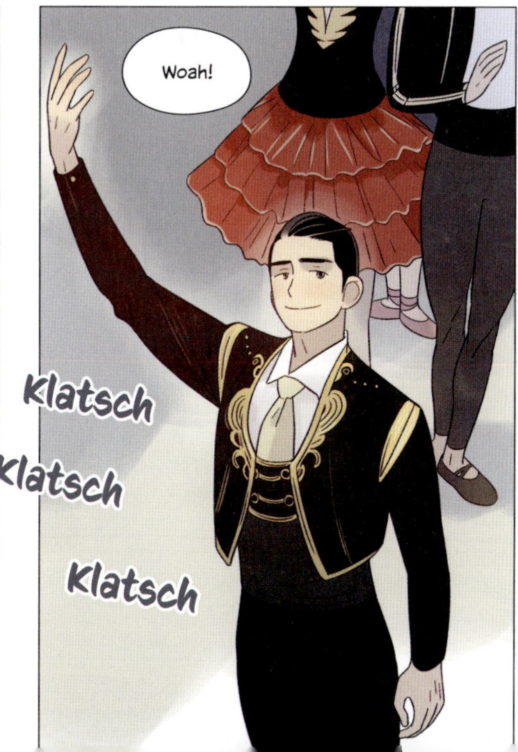

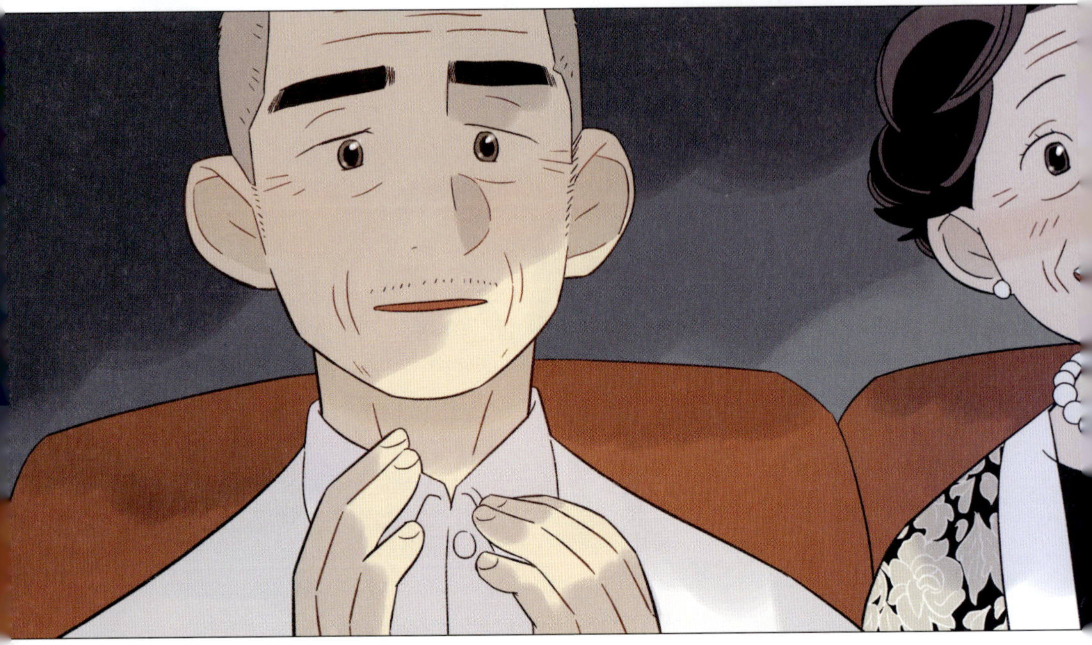

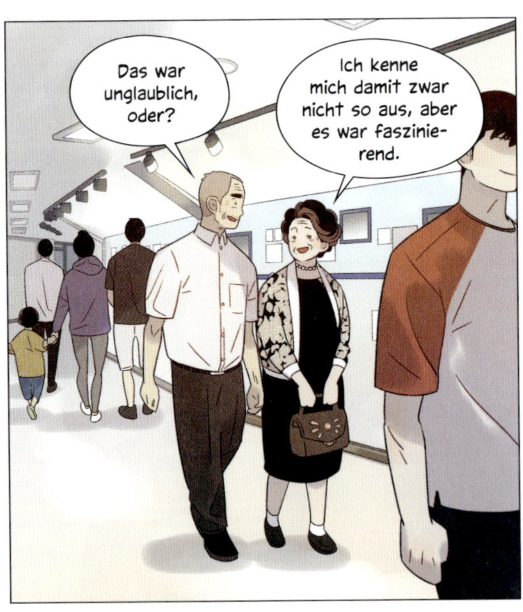
Das war unglaublich, oder?
Ich kenne mich damit zwar nicht so aus, aber es war faszinierend.

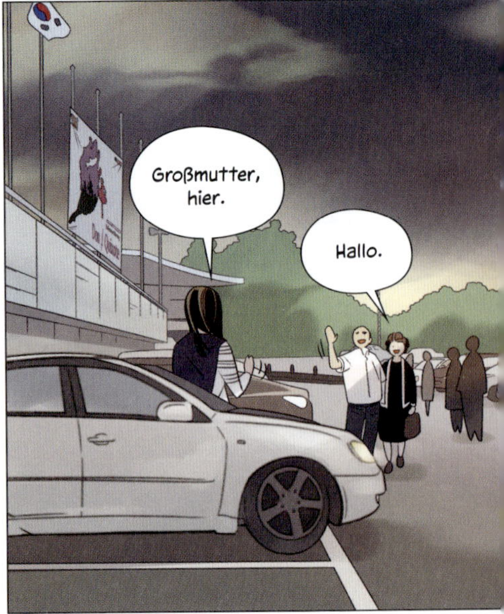
Großmutter, hier.
Hallo.

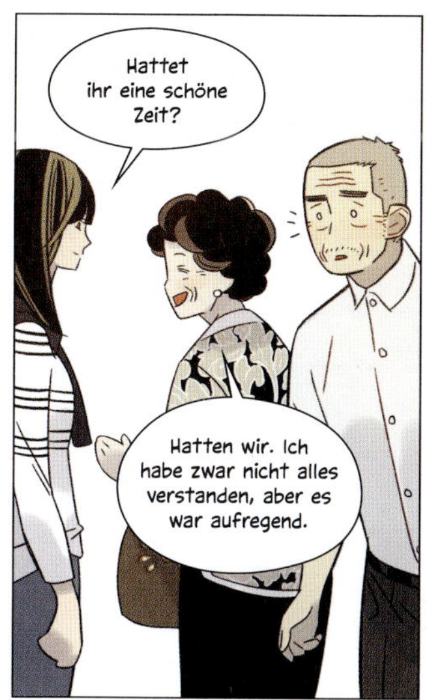
Hattet ihr eine schöne Zeit?
Hatten wir. Ich habe zwar nicht alles verstanden, aber es war aufregend.

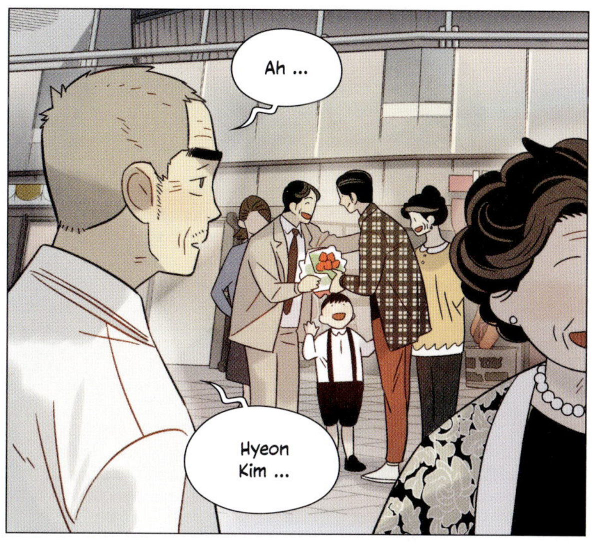
Ah …
Hyeon Kim …

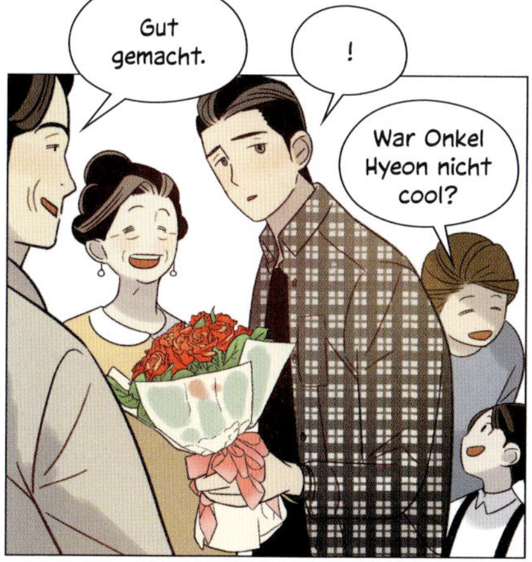
Gut gemacht.
!
War Onkel Hyeon nicht cool?

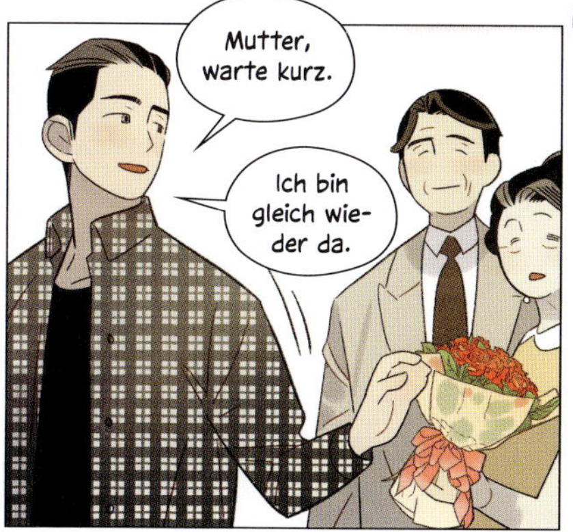
Mutter, warte kurz.
Ich bin gleich wie-der da.

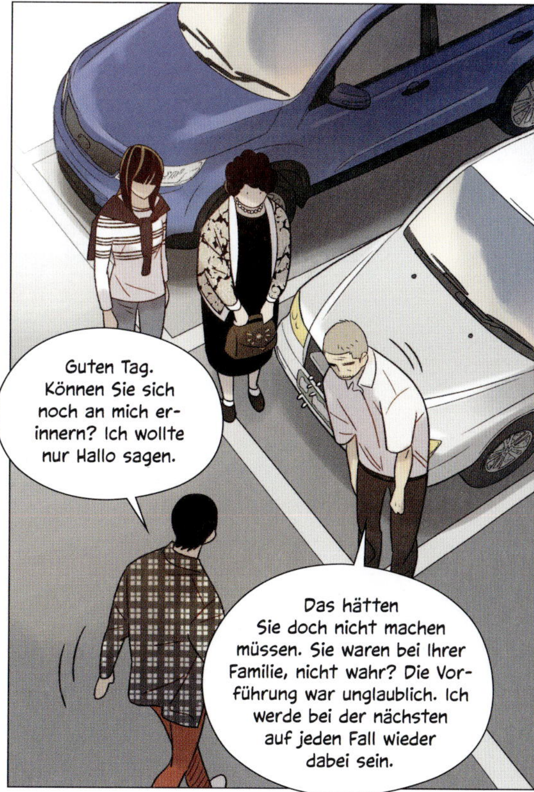
Guten Tag. Können Sie sich noch an mich er-innern? Ich wollte nur Hallo sagen.
Das hätten Sie doch nicht machen müssen. Sie waren bei Ihrer Familie, nicht wahr? Die Vor-führung war unglaublich. Ich werde bei der nächsten auf jeden Fall wieder dabei sein.

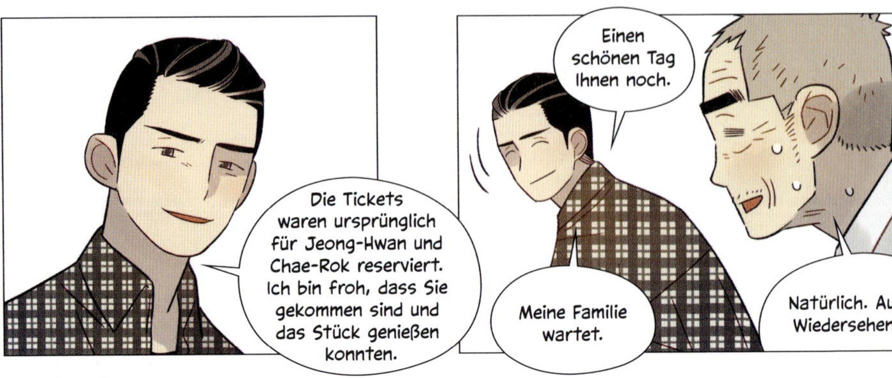
Die Tickets waren ursprünglich für Jeong-Hwan und Chae-Rok reserviert. Ich bin froh, dass Sie gekommen sind und das Stück genießen konnten.
Einen schönen Tag Ihnen noch.
Meine Familie wartet.
Natürlich. Auf Wiedersehen.

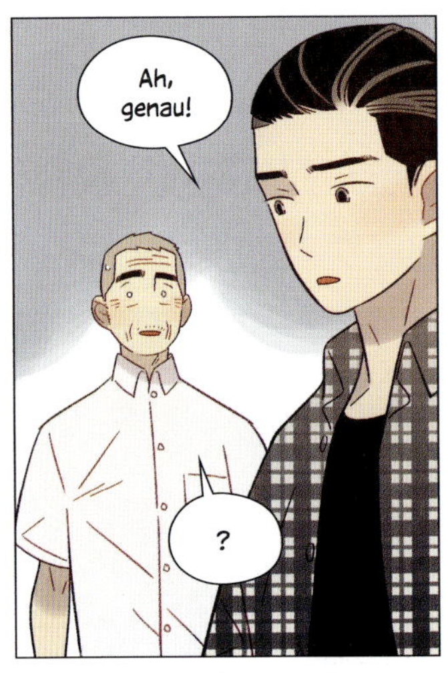
Ah, genau!
?

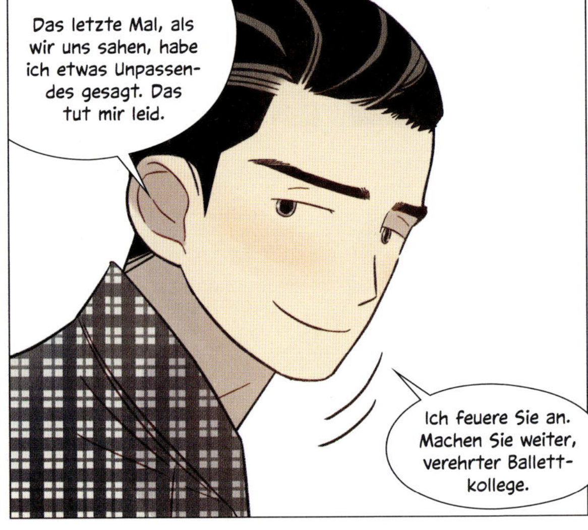
Das letzte Mal, als wir uns sahen, habe ich etwas Unpassendes gesagt. Das tut mir leid.
Ich feuere Sie an. Machen Sie weiter, verehrter Ballettkollege.

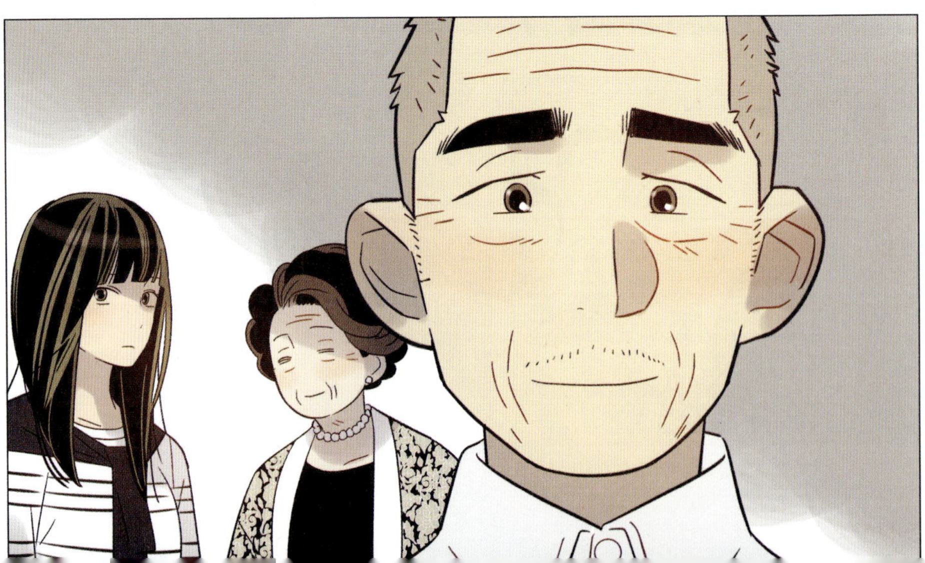

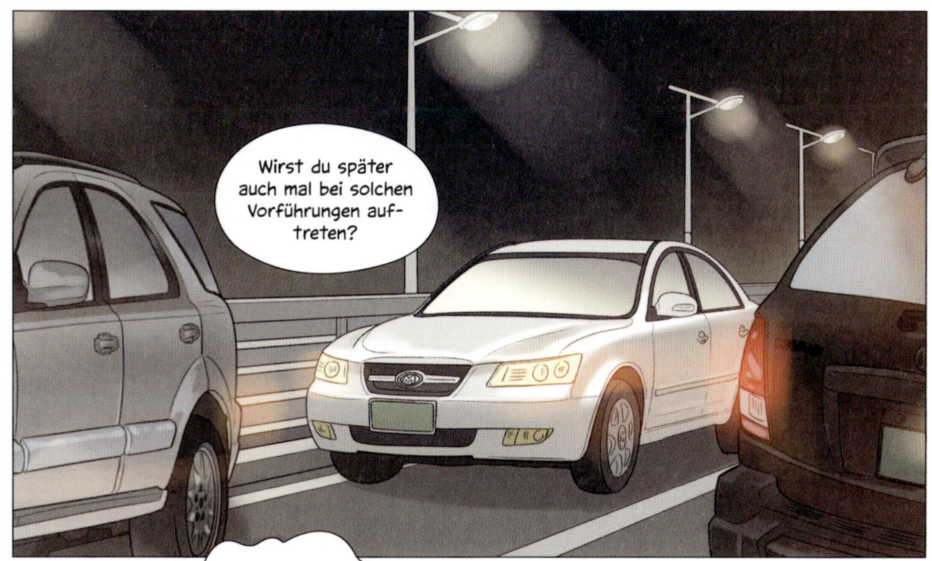
Wirst du später auch mal bei solchen Vorführungen auf-treten?

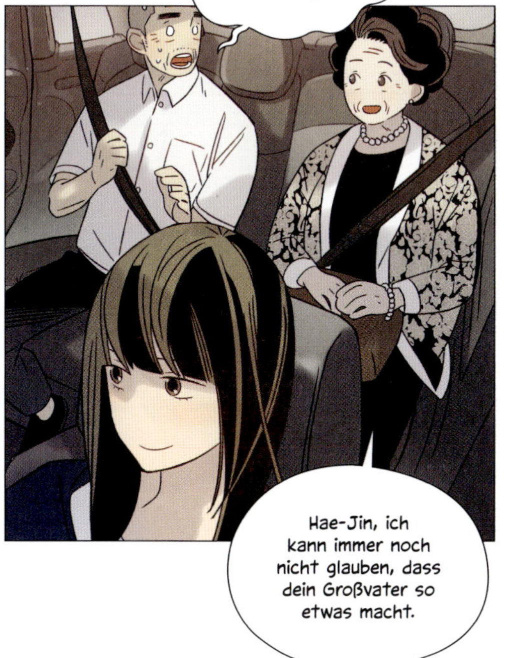
Natürlich nicht! Das war eine Vorführung der besten Ballettakade-mie des Landes. Ich bin lediglich ein alter Mann und Anfänger.
Hae-Jin, ich kann immer noch nicht glauben, dass dein Großvater so etwas macht.

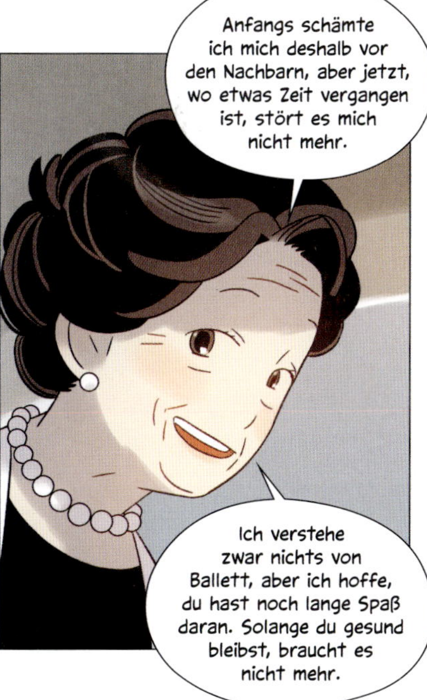
Anfangs schämte ich mich deshalb vor den Nachbarn, aber jetzt, wo etwas Zeit vergangen ist, stört es mich nicht mehr.
Ich verstehe zwar nichts von Ballett, aber ich hoffe, du hast noch lange Spaß daran. Solange du gesund bleibst, braucht es nicht mehr.

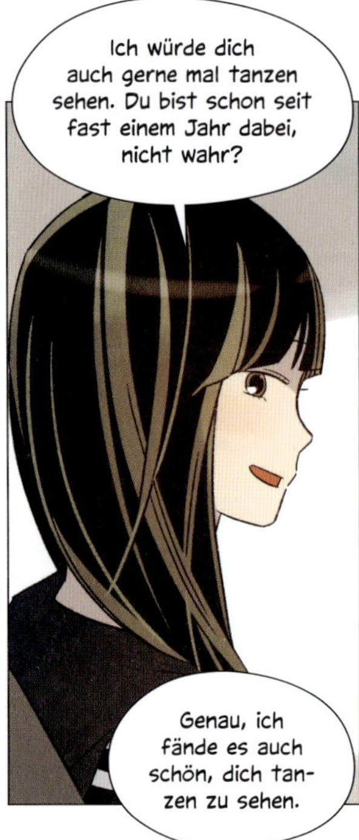

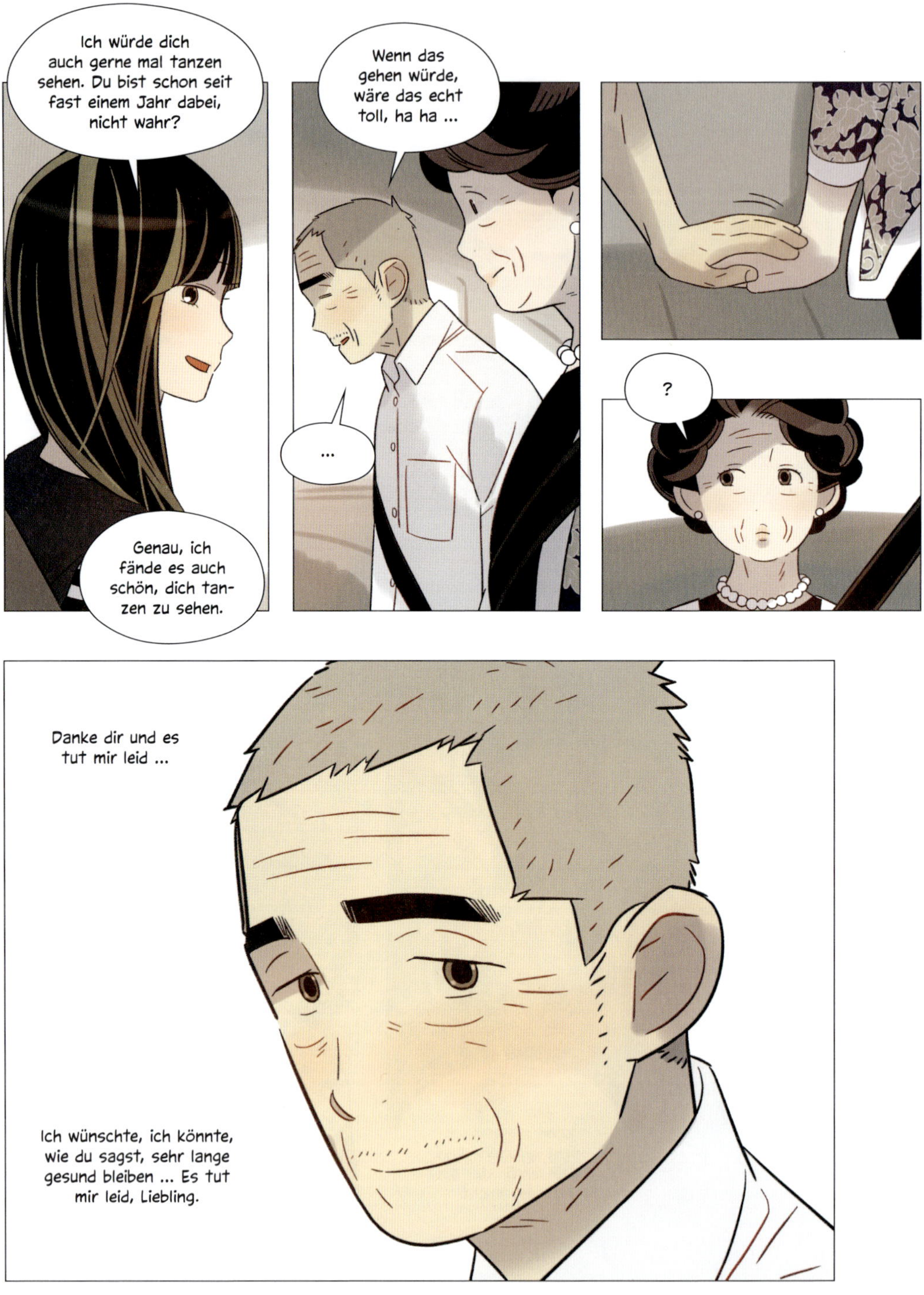

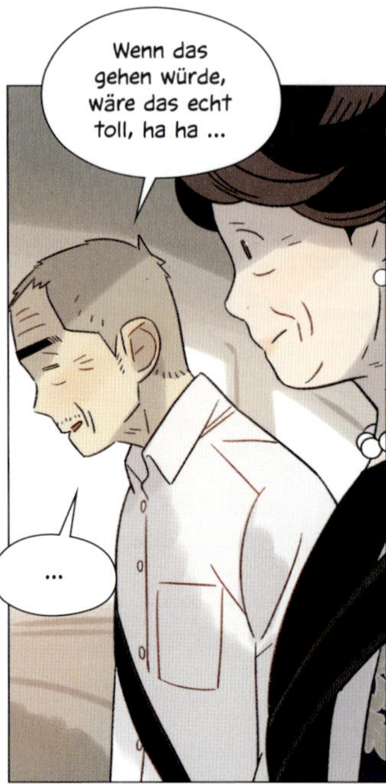

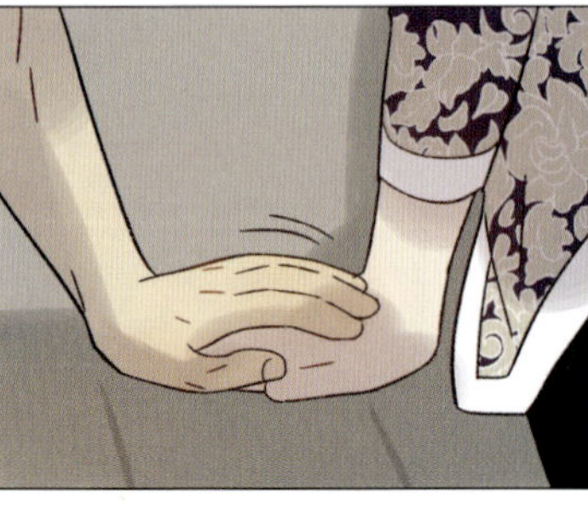

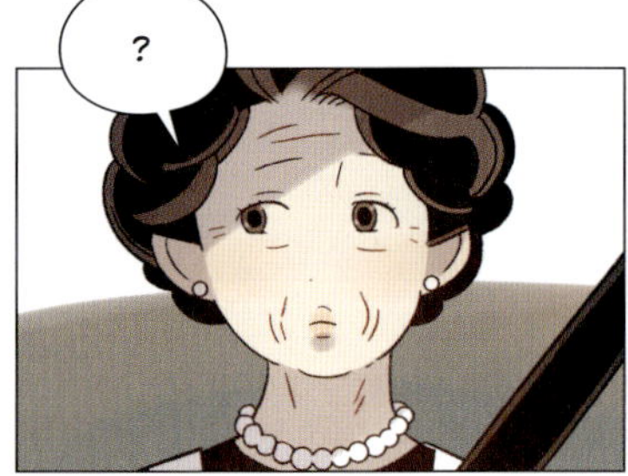

Danke dir und es tut mir leid …

Ich wünschte, ich könnte, wie du sagst, sehr lange gesund bleiben … Es tut mir leid, Liebling.

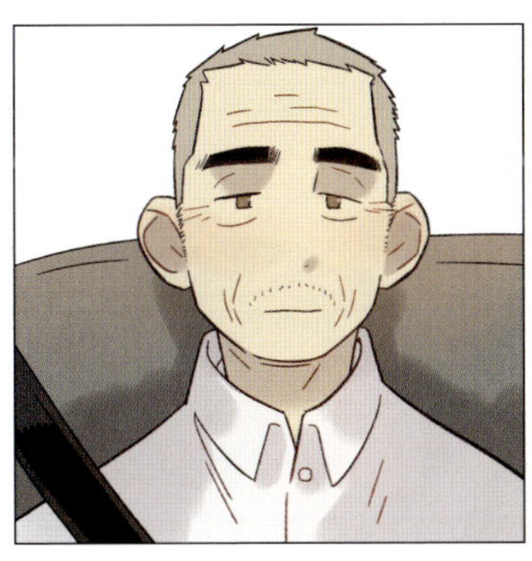

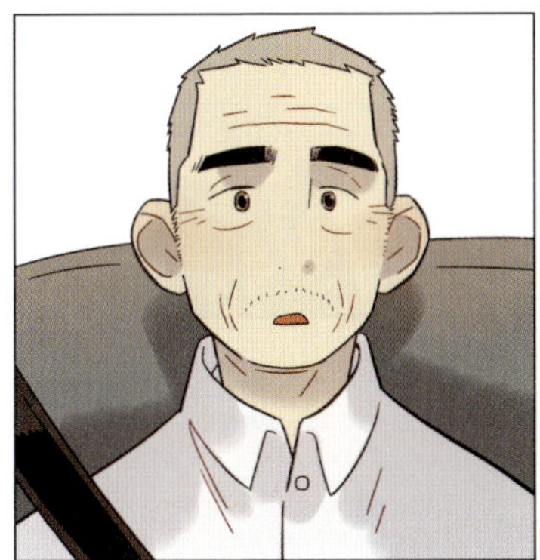

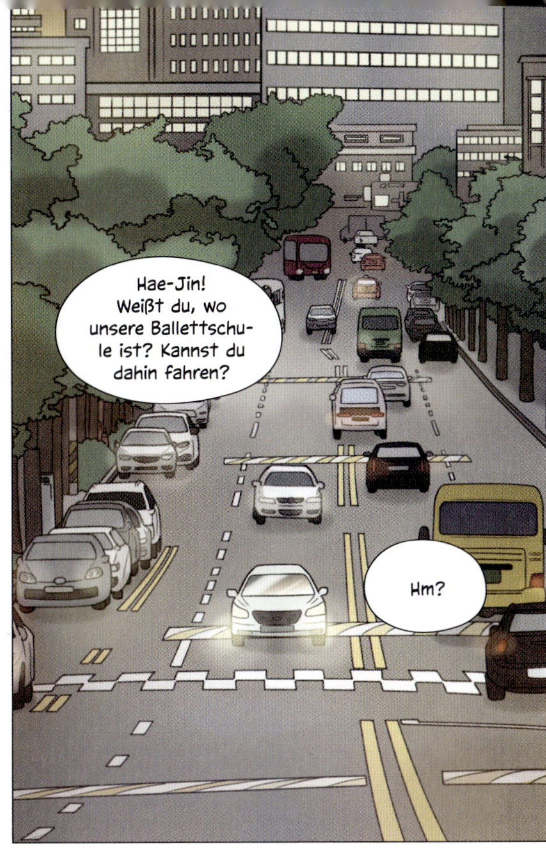
Hae-Jin!
Weißt du, wo unsere Ballettschu-le ist? Kannst du dahin fahren?
Hm?

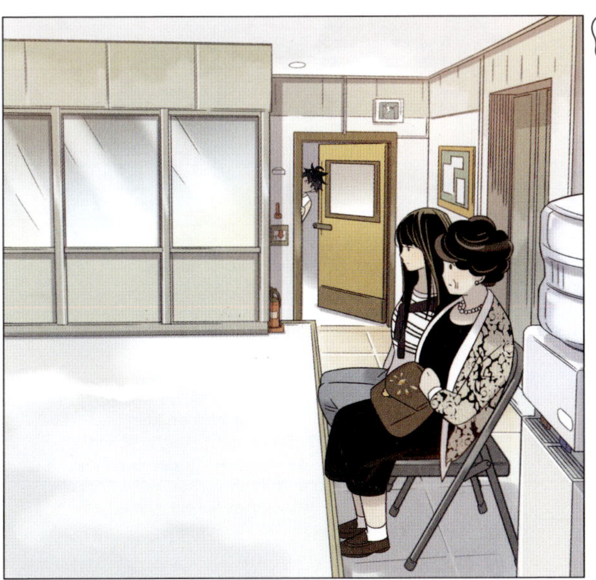

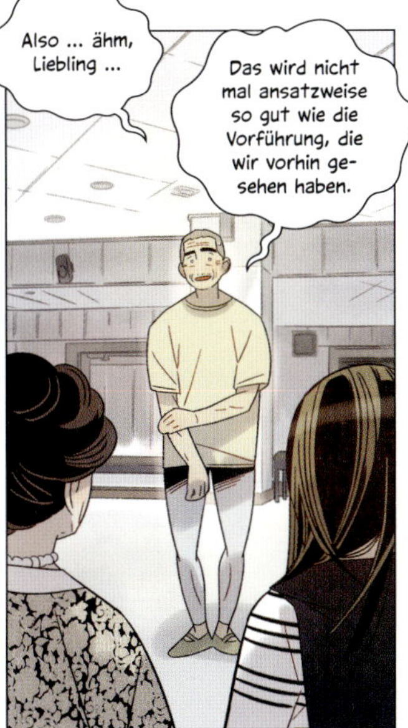
Also ... ähm, Liebling ...
Das wird nicht mal ansatzweise so gut wie die Vorführung, die wir vorhin ge-sehen haben.

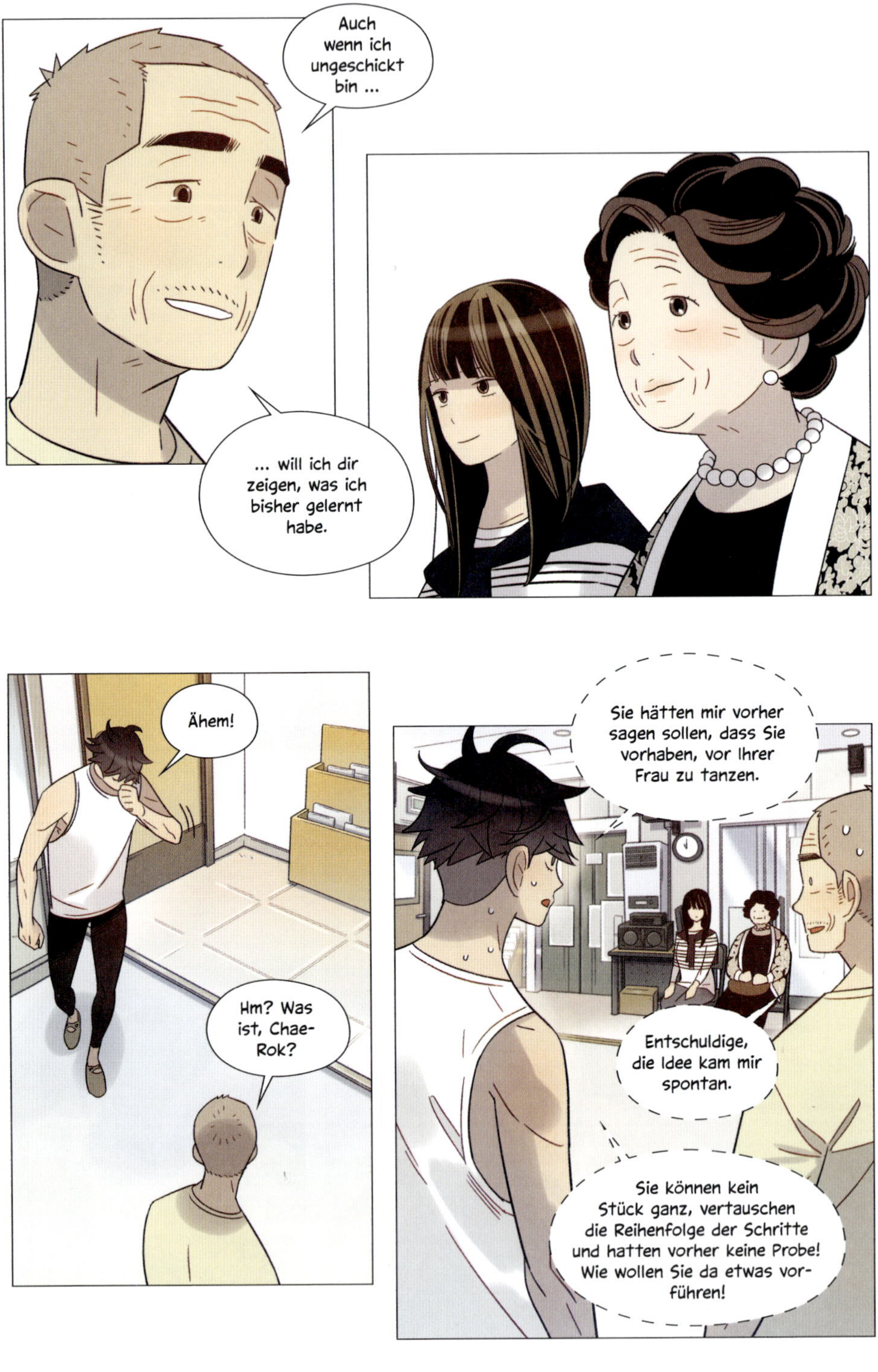

Auch wenn ich ungeschickt bin ...

... will ich dir zeigen, was ich bisher gelernt habe.

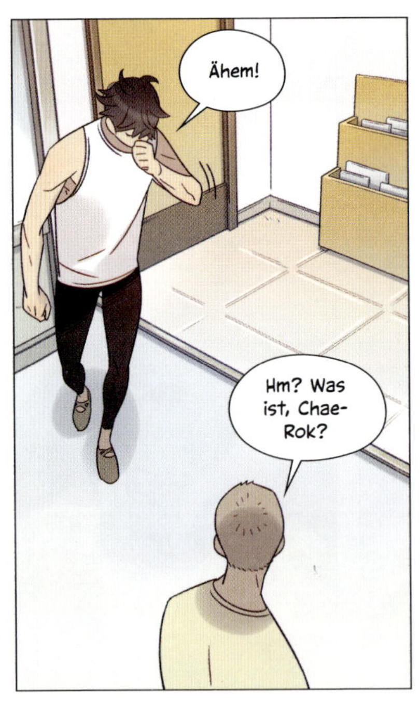

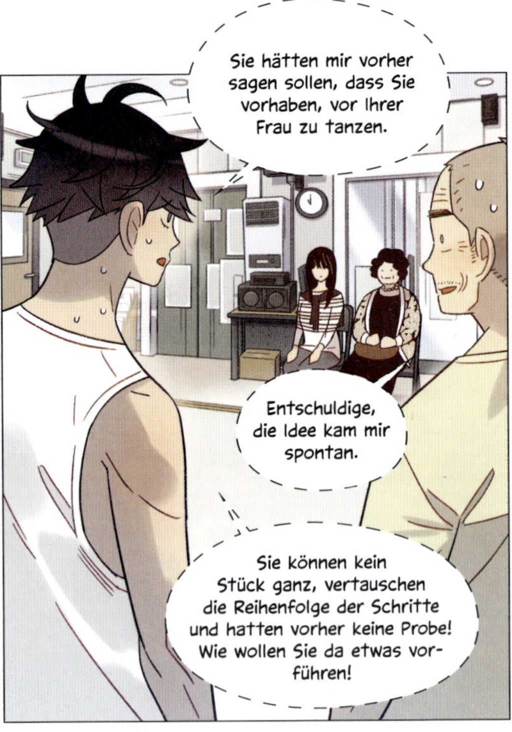

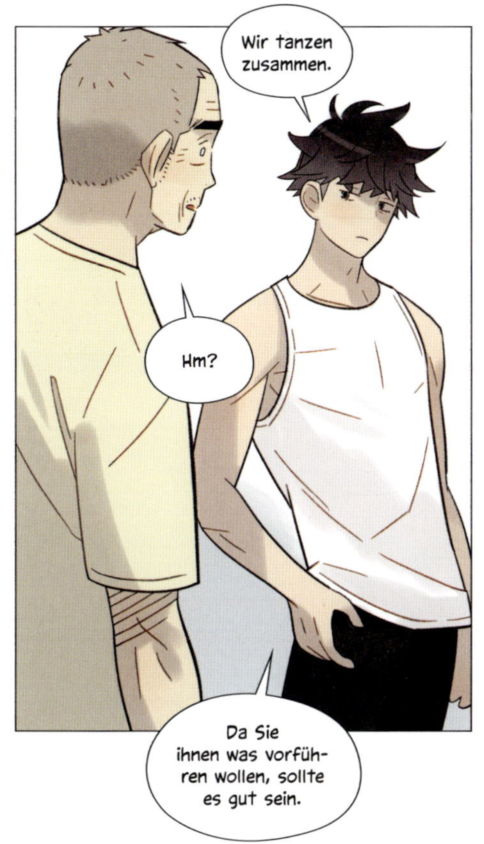
Wir tanzen zusammen.
Hm?
Da Sie ihnen was vorführen wollen, sollte es gut sein.

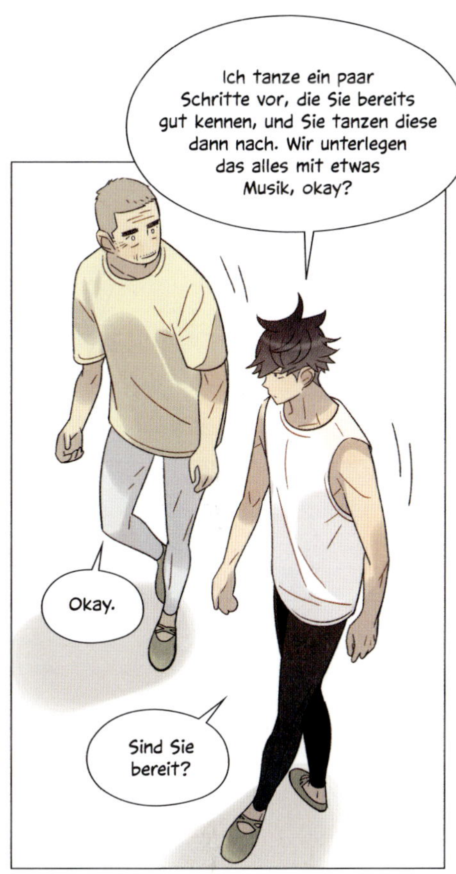
Ich tanze ein paar Schritte vor, die Sie bereits gut kennen, und Sie tanzen diese dann nach. Wir unterlegen das alles mit etwas Musik, okay?
Okay.
Sind Sie bereit?

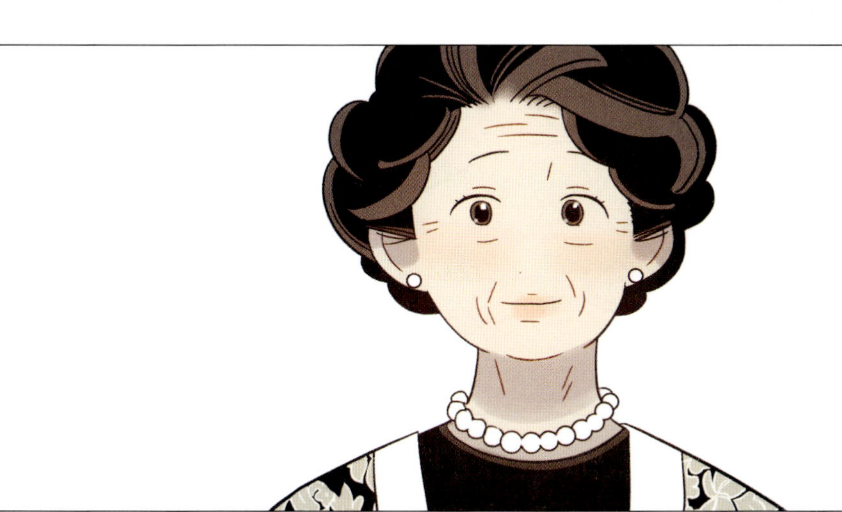

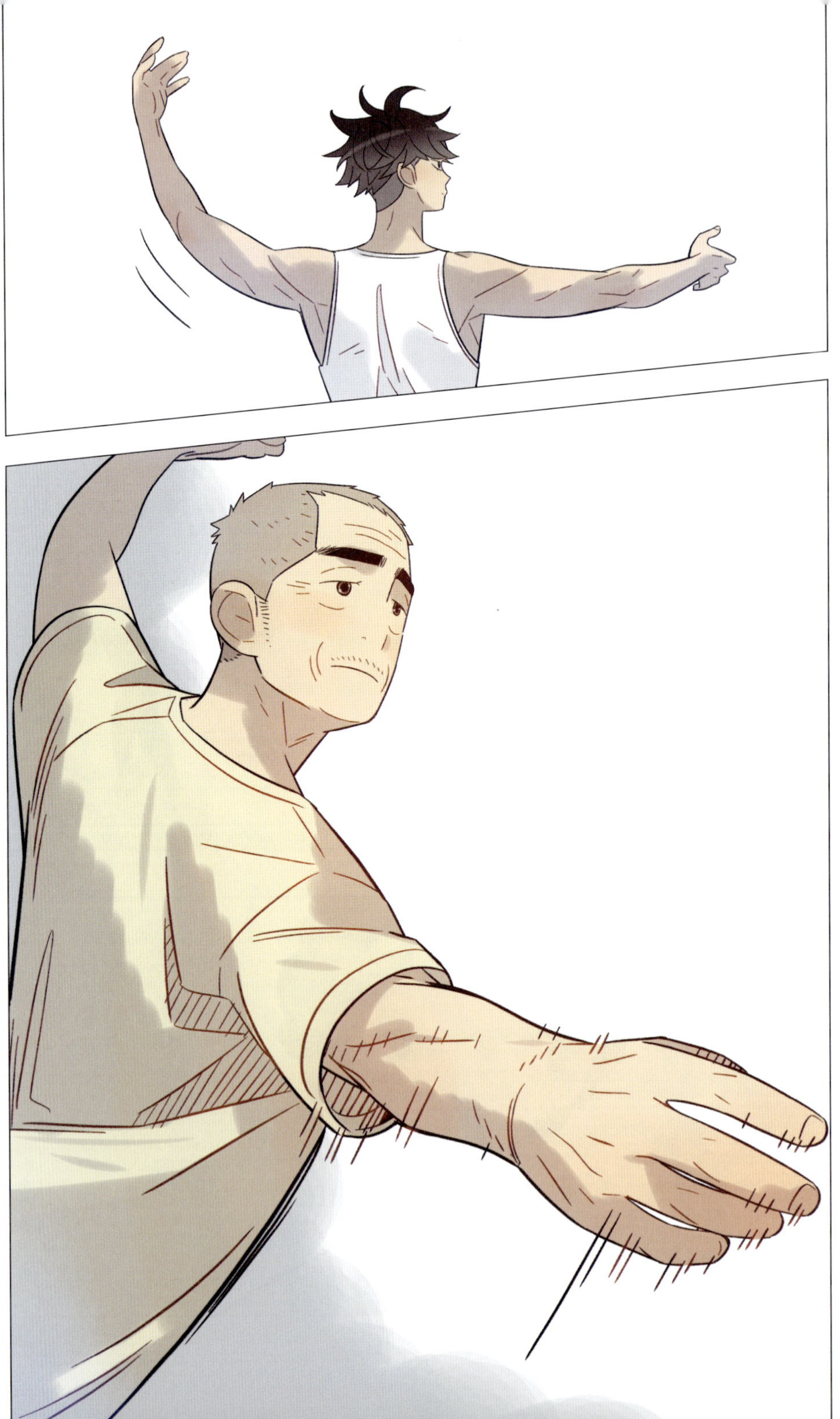

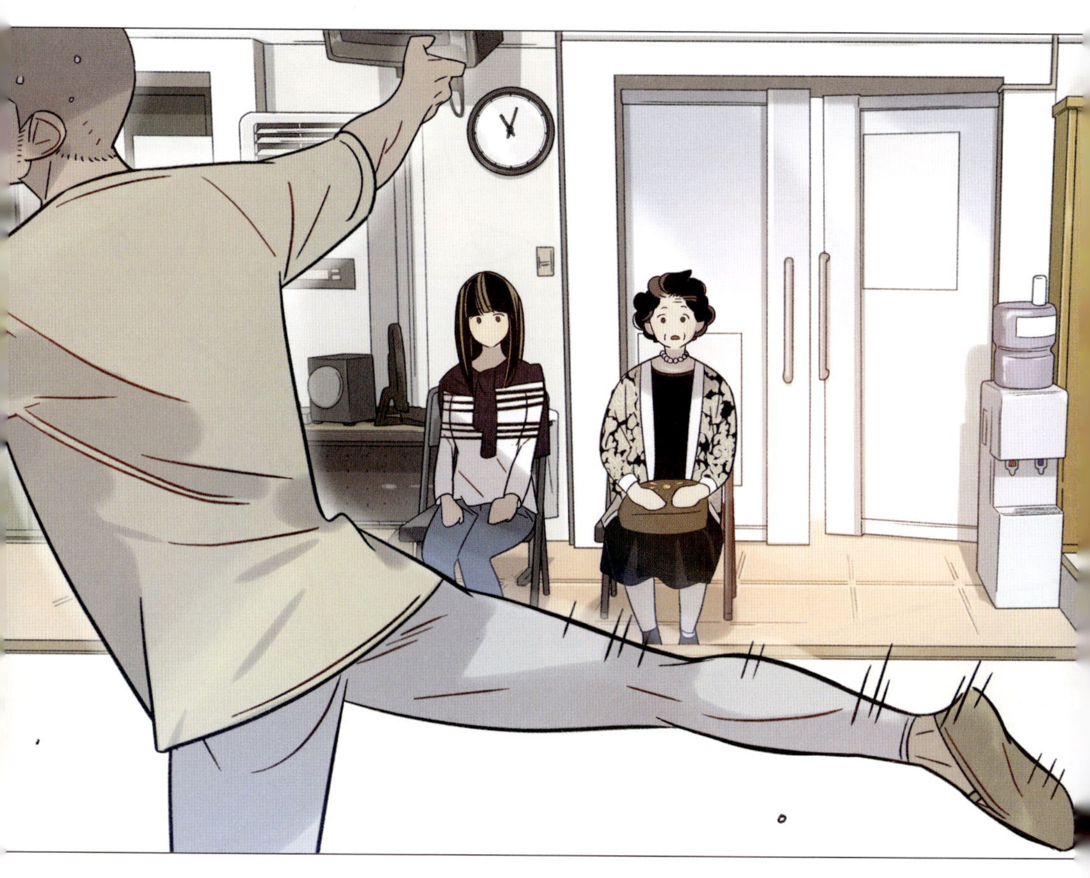

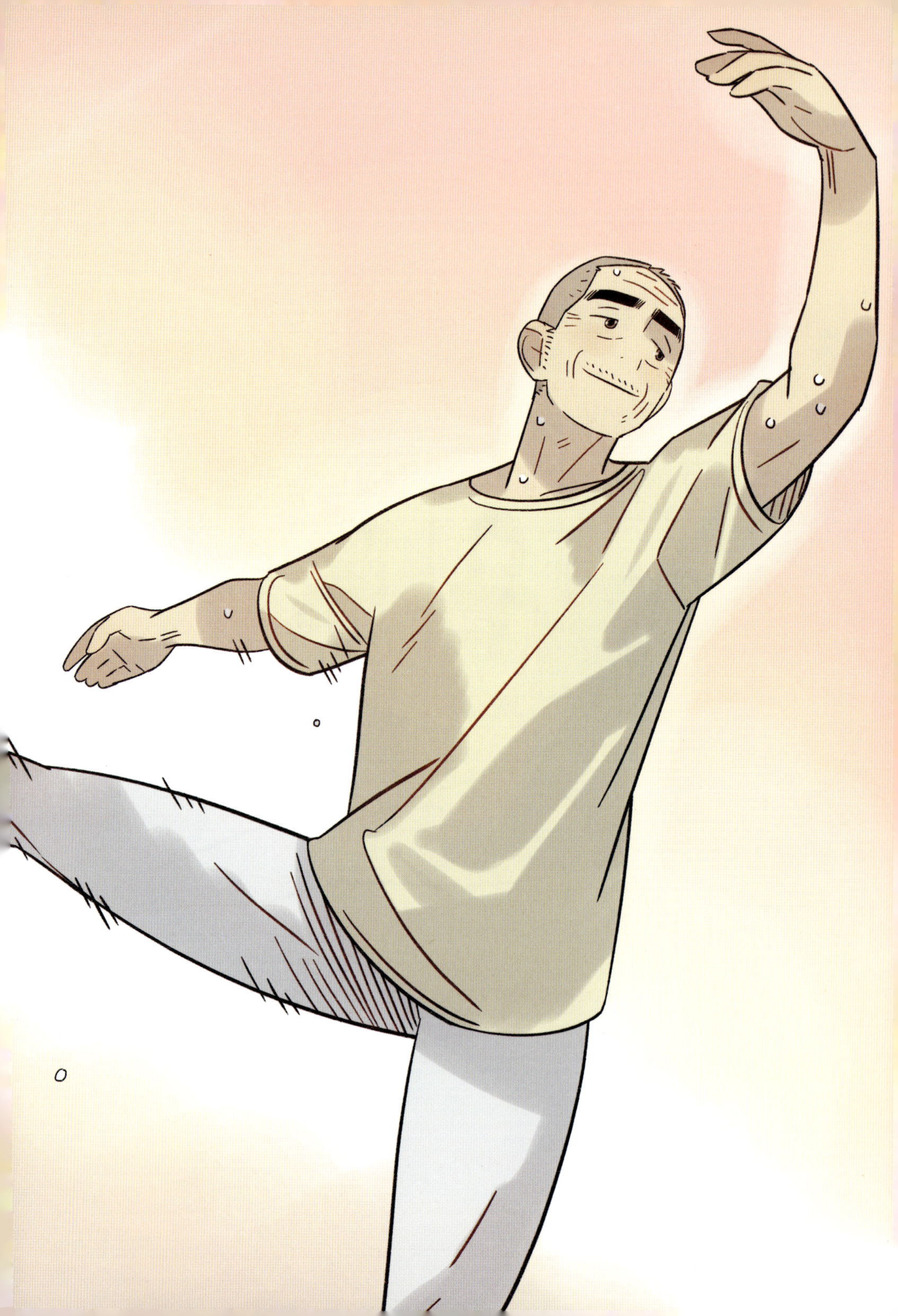

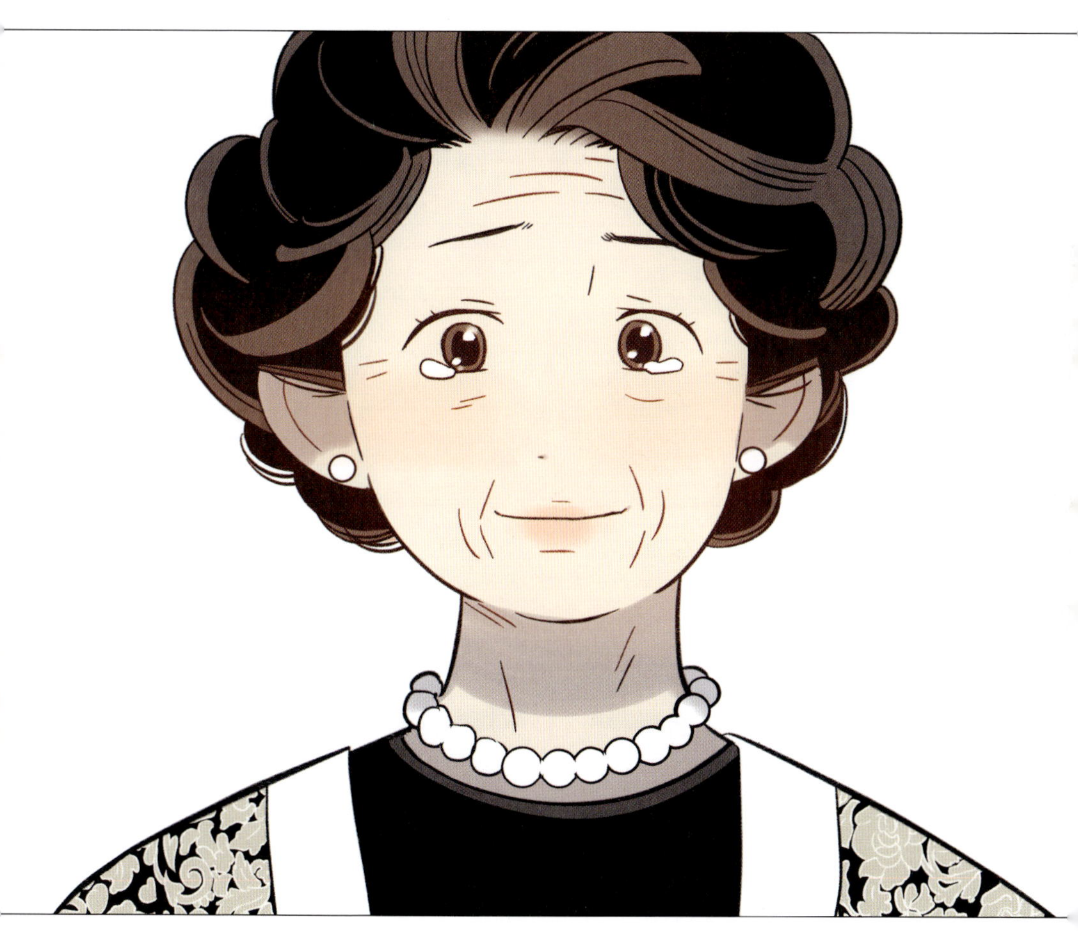

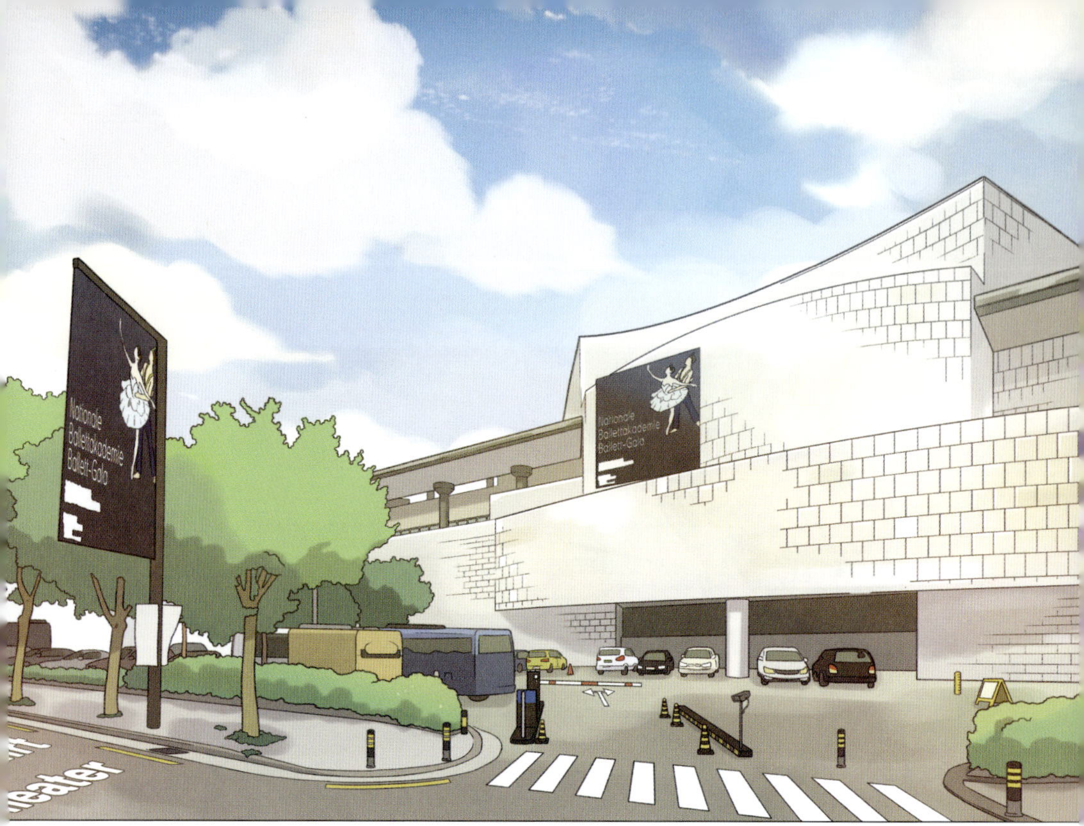

Nationale
Ballettakademie
Ballett-Gala
Nationale
Ballettakademie
Ballett-Gala

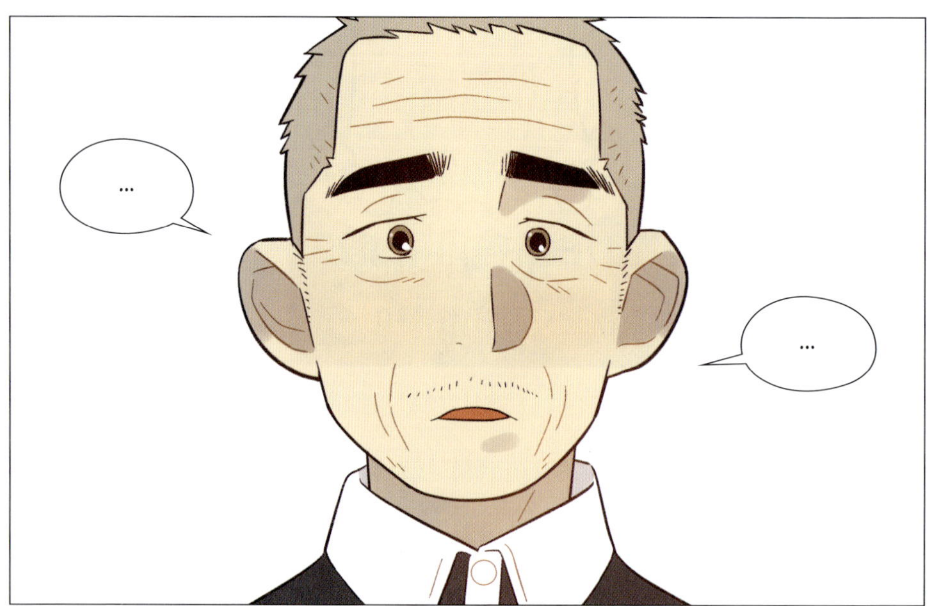
...
...

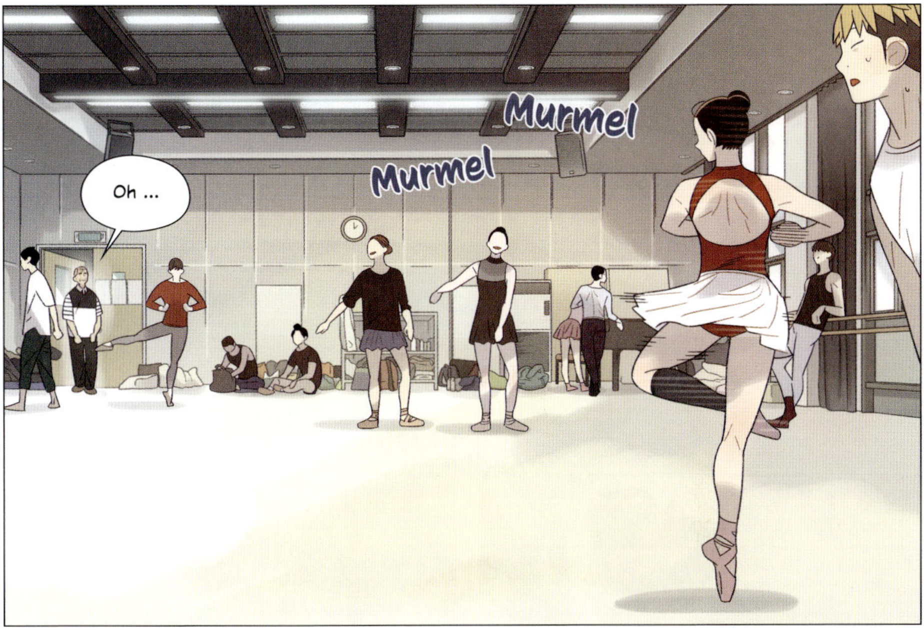

Oh ...
Murmel
Murmel

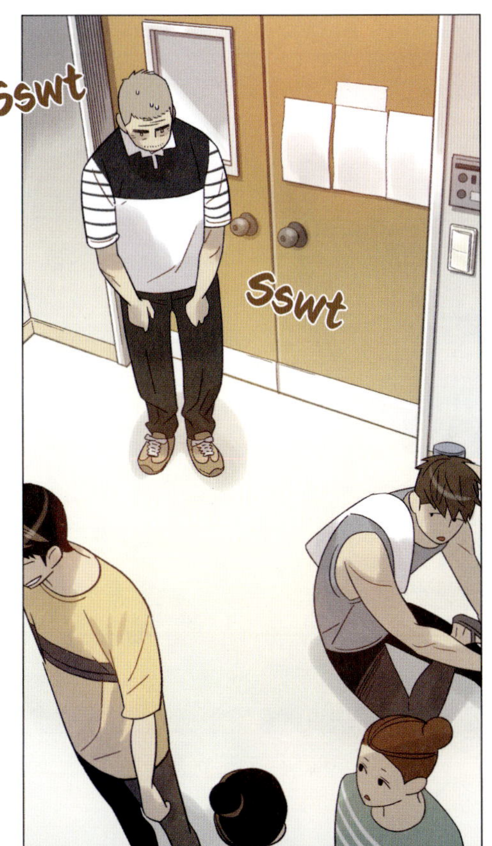
Sswt
Sswt

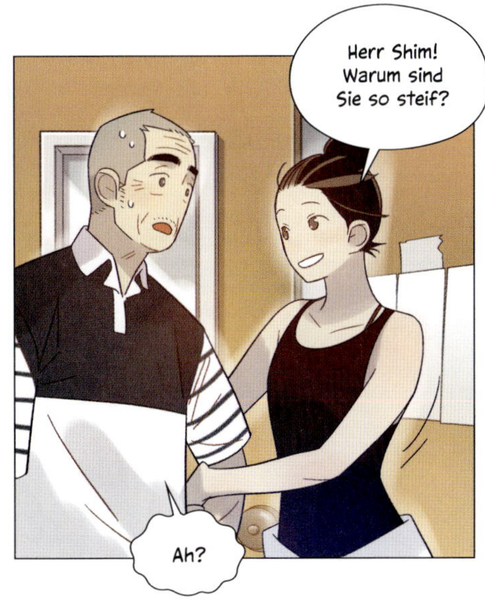
Herr Shim! Warum sind Sie so steif?
Ah?

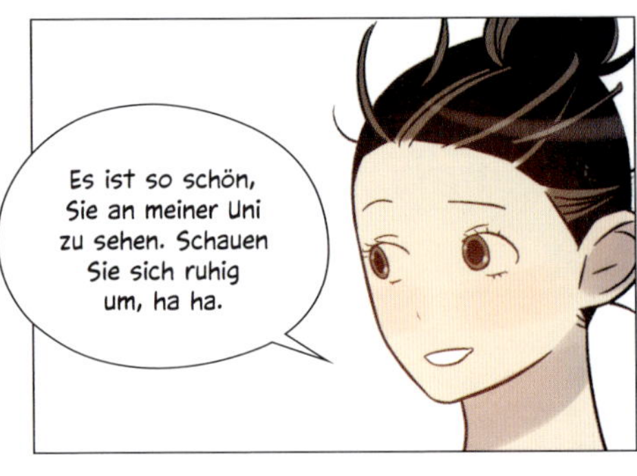

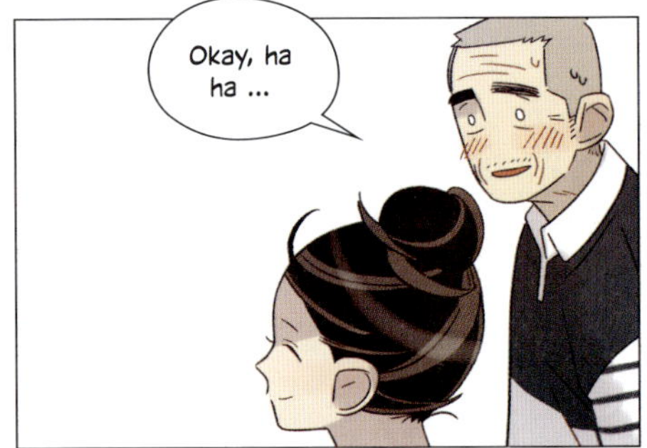

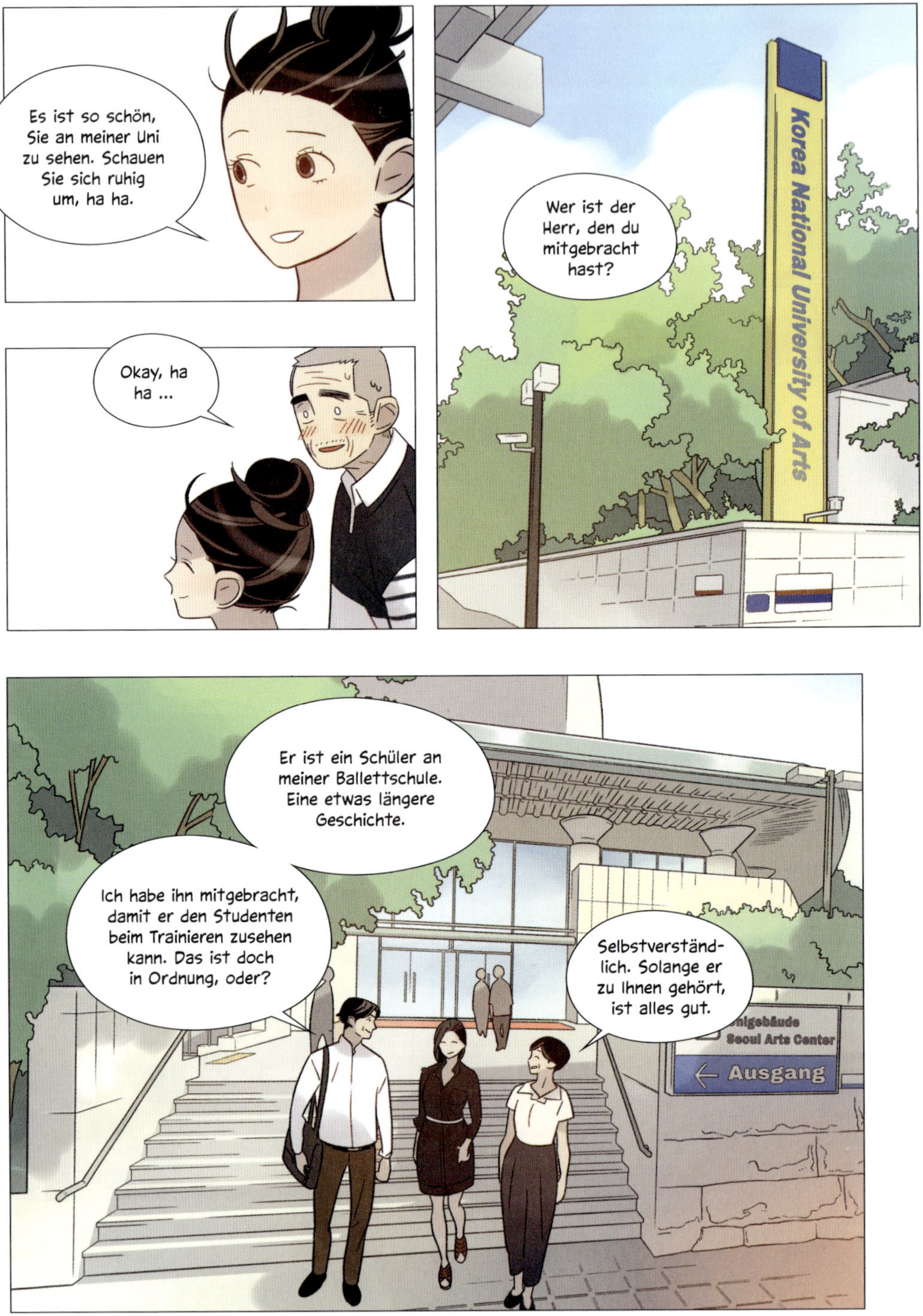

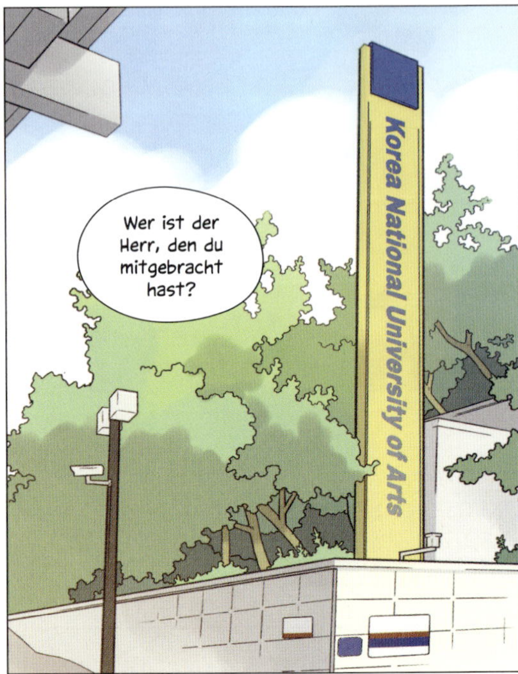

Er ist ein Schüler an meiner Ballettschule. Eine etwas längere Geschichte.

Ich habe ihn mitgebracht, damit er den Studenten beim Trainieren zusehen kann. Das ist doch in Ordnung, oder?

Selbstverständlich. Solange er zu Ihnen gehört, ist alles gut.

Seoul Arts Center

← Ausgang

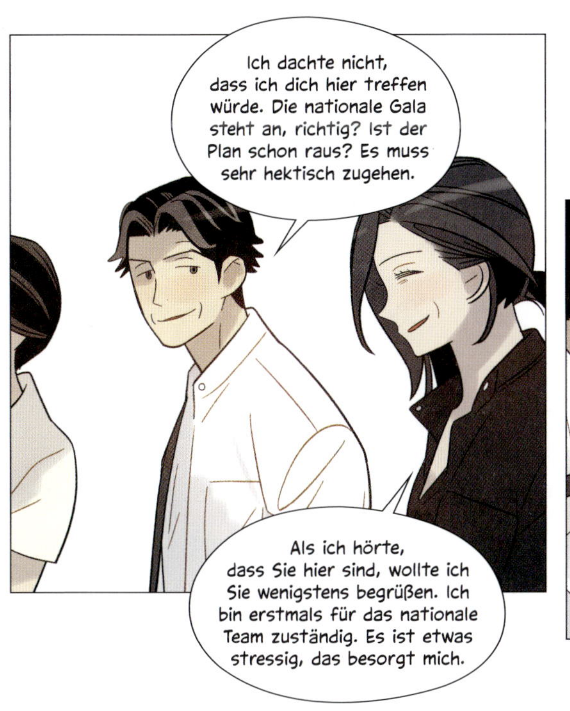
Ich dachte nicht, dass ich dich hier treffen würde. Die nationale Gala steht an, richtig? Ist der Plan schon raus? Es muss sehr hektisch zugehen.
Als ich hörte, dass Sie hier sind, wollte ich Sie wenigstens begrüßen. Ich bin erstmals für das nationale Team zuständig. Es ist etwas stressig, das besorgt mich.

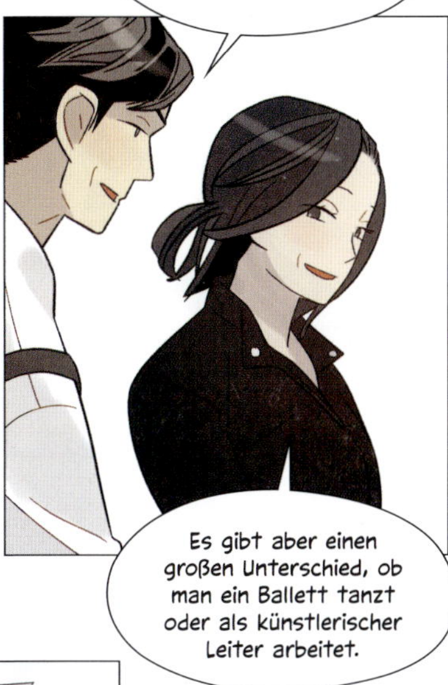
Mach dir keine Sorgen. Du bist die weltberühmte Ballerina Hye-Jin Kang. Alles wird gut laufen.
Es gibt aber einen großen Unterschied, ob man ein Ballett tanzt oder als künstlerischer Leiter arbeitet.

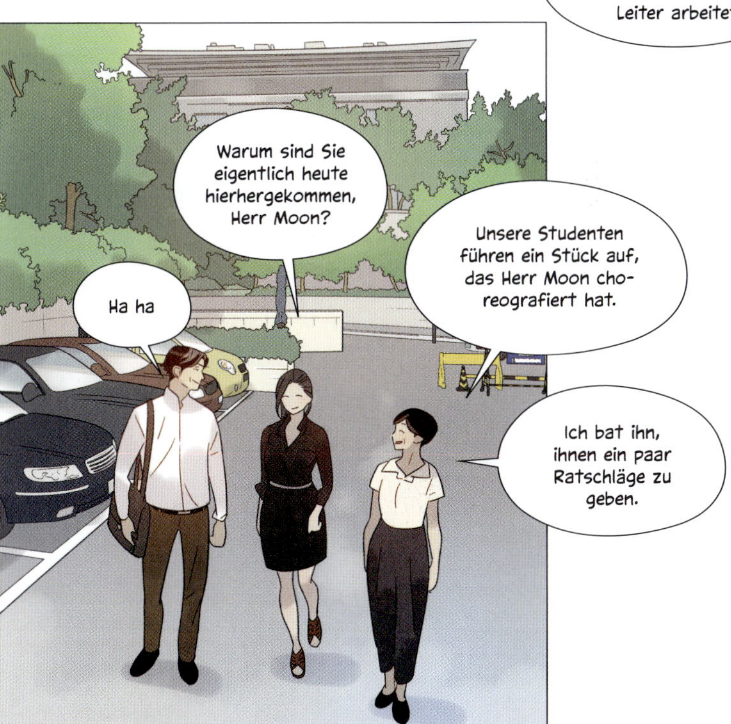
Warum sind Sie eigentlich heute hierhergekommen, Herr Moon?
Ha ha
Unsere Studenten führen ein Stück auf, das Herr Moon choreografiert hat.
Ich bat ihn, ihnen ein paar Ratschläge zu geben.

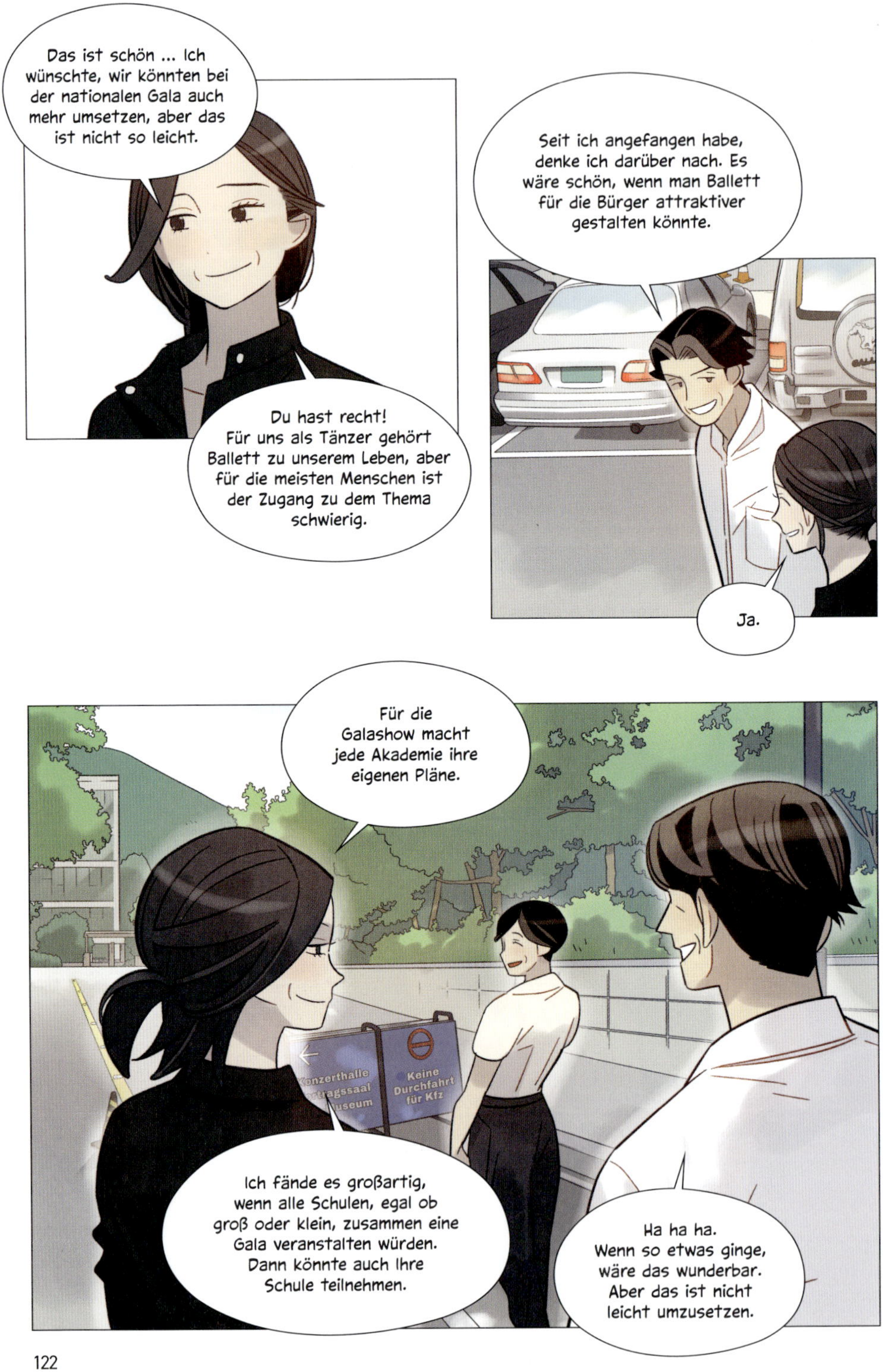

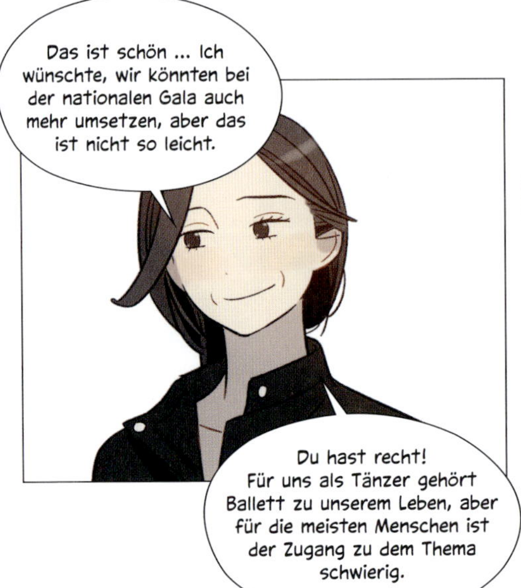

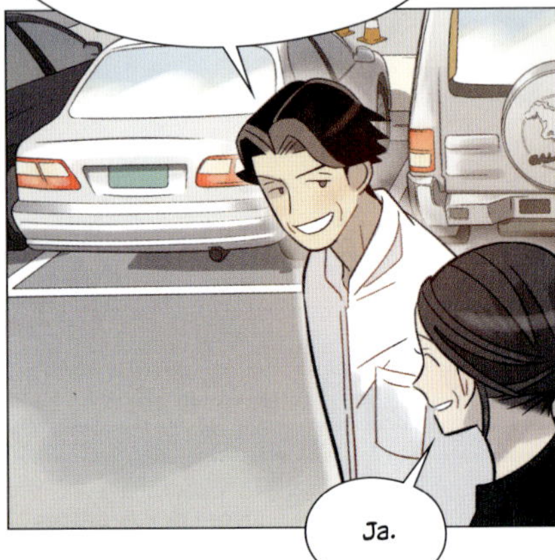

Für die Galashow macht jede Akademie ihre eigenen Pläne.

Konzerthalle

Keine Durchfahrt für Kfz

Ich fände es großartig, wenn alle Schulen, egal ob groß oder klein, zusammen eine Gala veranstalten würden. Dann könnte auch Ihre Schule teilnehmen.

Ha ha ha. Wenn so etwas ginge, wäre das wunderbar. Aber das ist nicht leicht umzusetzen.

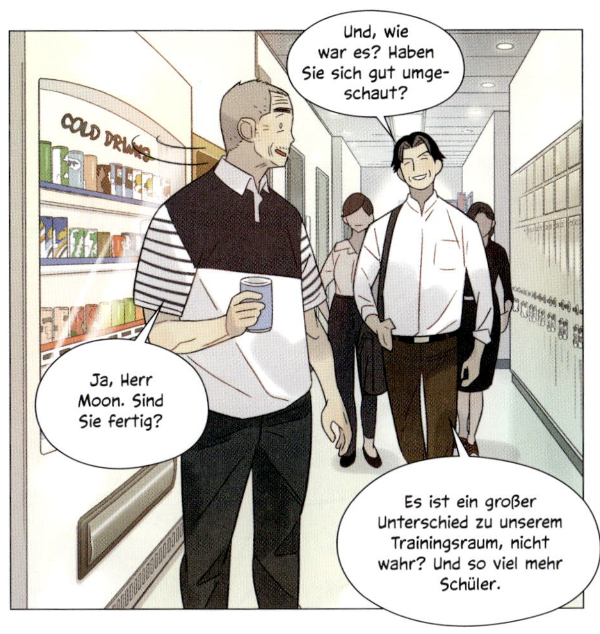

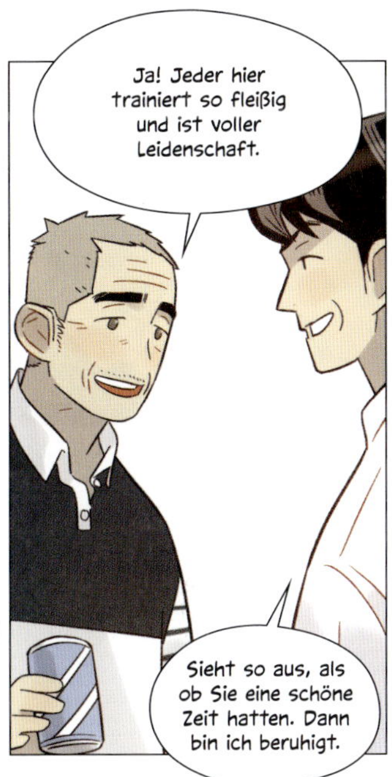

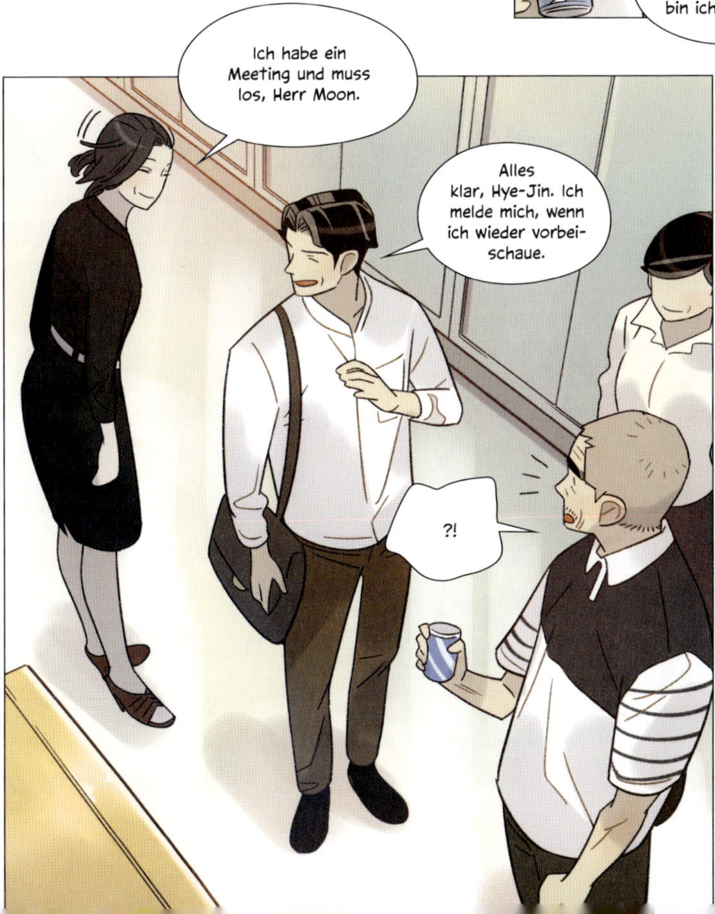

Ich habe ein Meeting und muss los, Herr Moon.

Alles klar, Hye-Jin. Ich melde mich, wenn ich wieder vorbeischaue.

?!

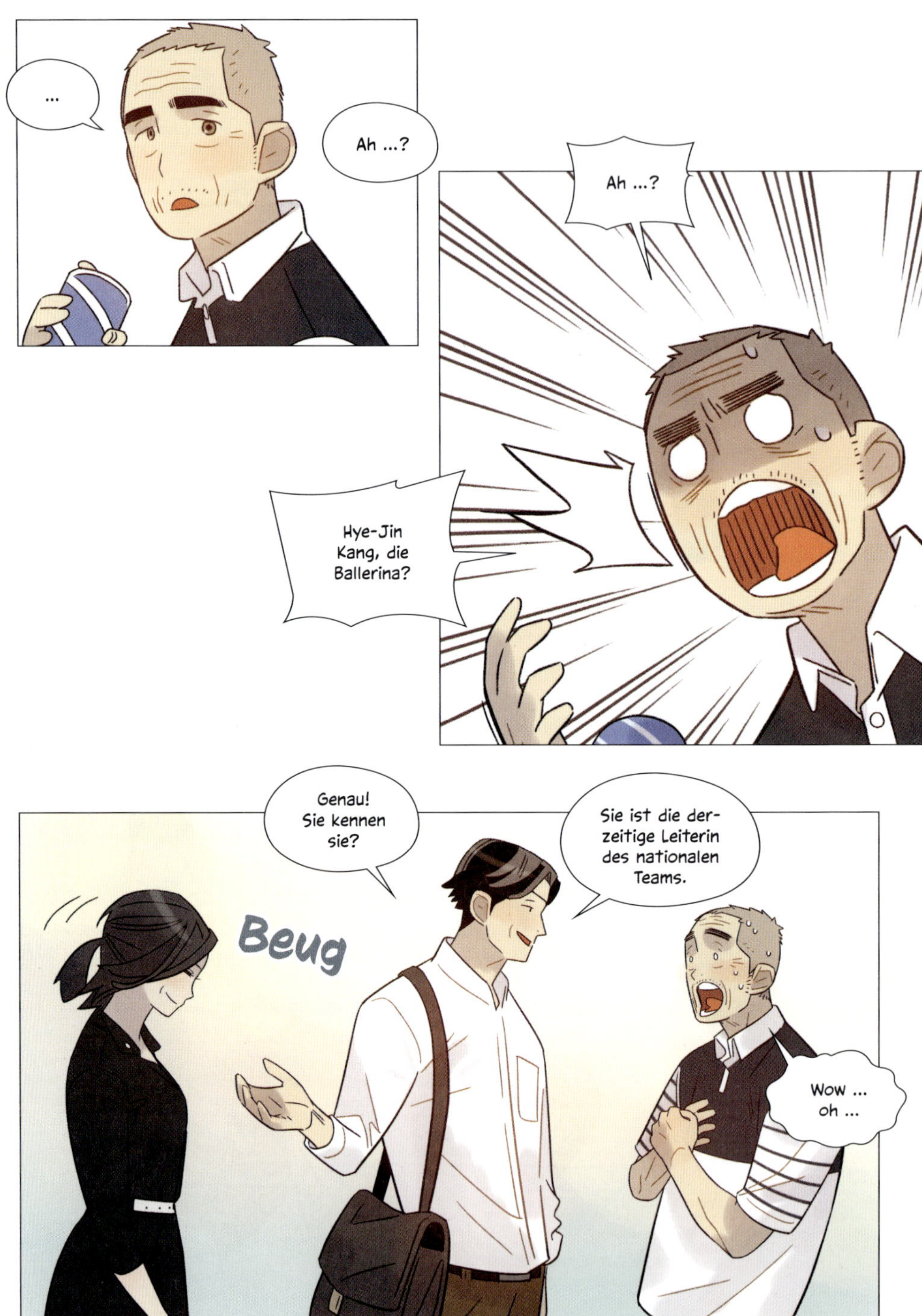
...
Ah ...?
Ah ...?
Hye-Jin Kang, die Ballerina?
Genau! Sie kennen sie?
Sie ist die derzeitige Leiterin des nationalen Teams.
Beug
Wow ... oh ...

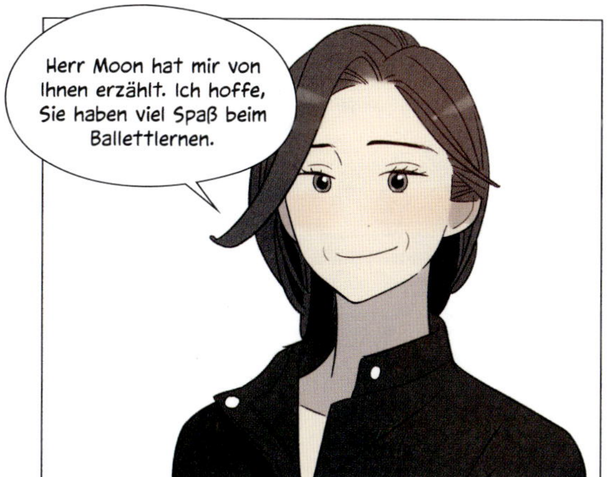
Herr Moon hat mir von Ihnen erzählt. Ich hoffe, Sie haben viel Spaß beim Ballettlernen.

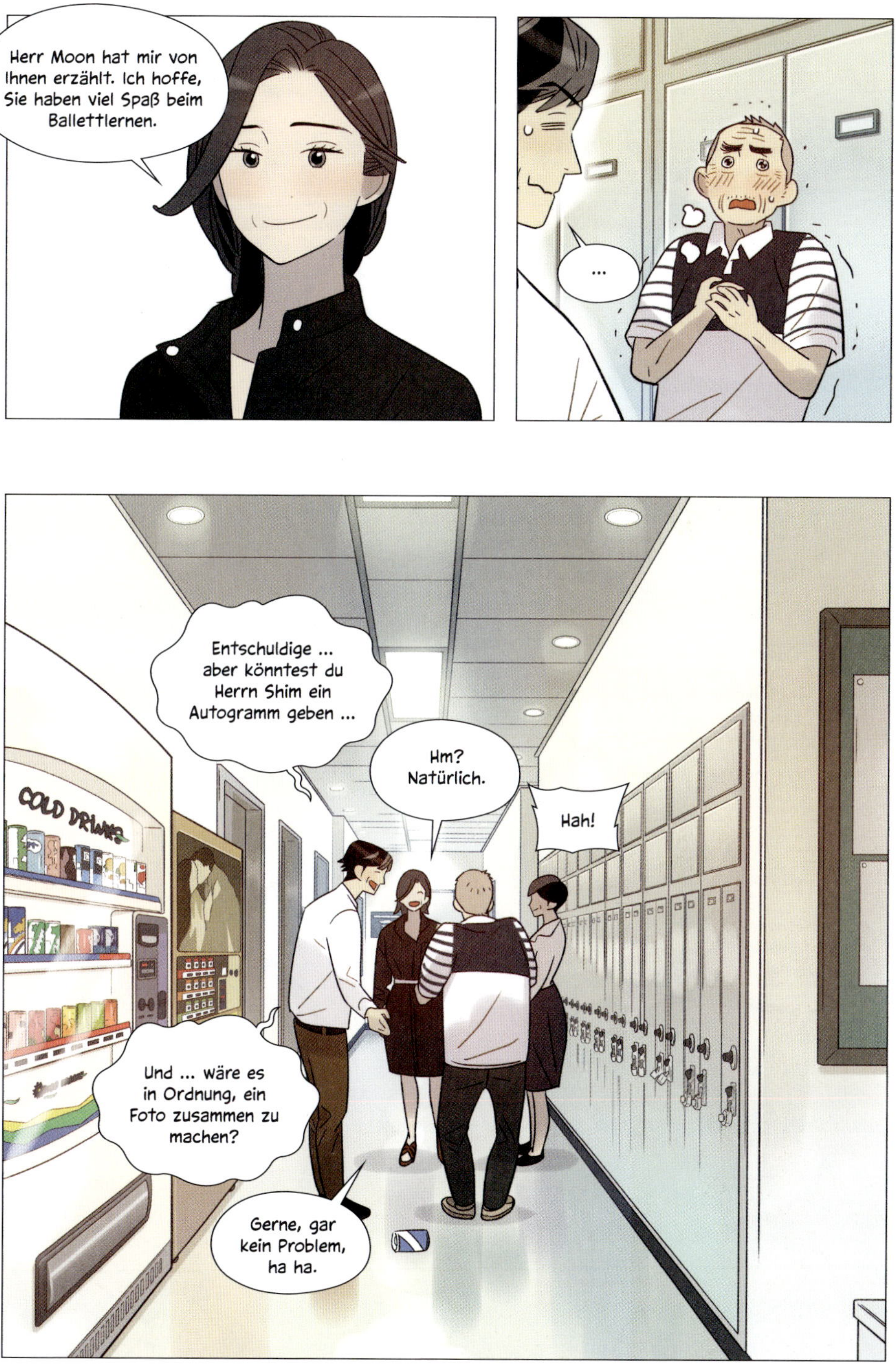

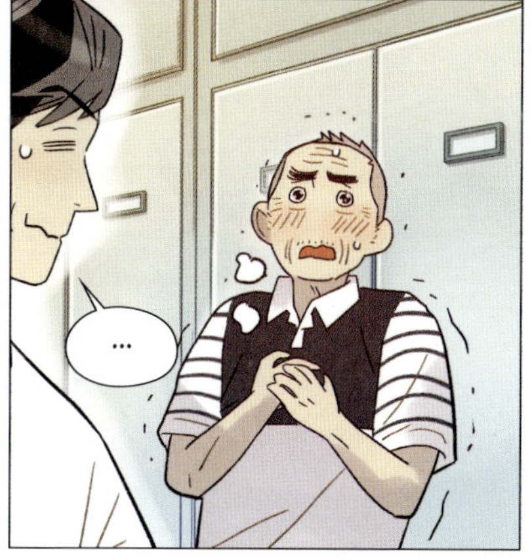
...

Entschuldige ... aber könntest du Herrn Shim ein Autogramm geben ...
Hm? Natürlich.
Hah!
COLD DRINKS
Und ... wäre es in Ordnung, ein Foto zusammen zu machen?
Gerne, gar kein Problem, ha ha.

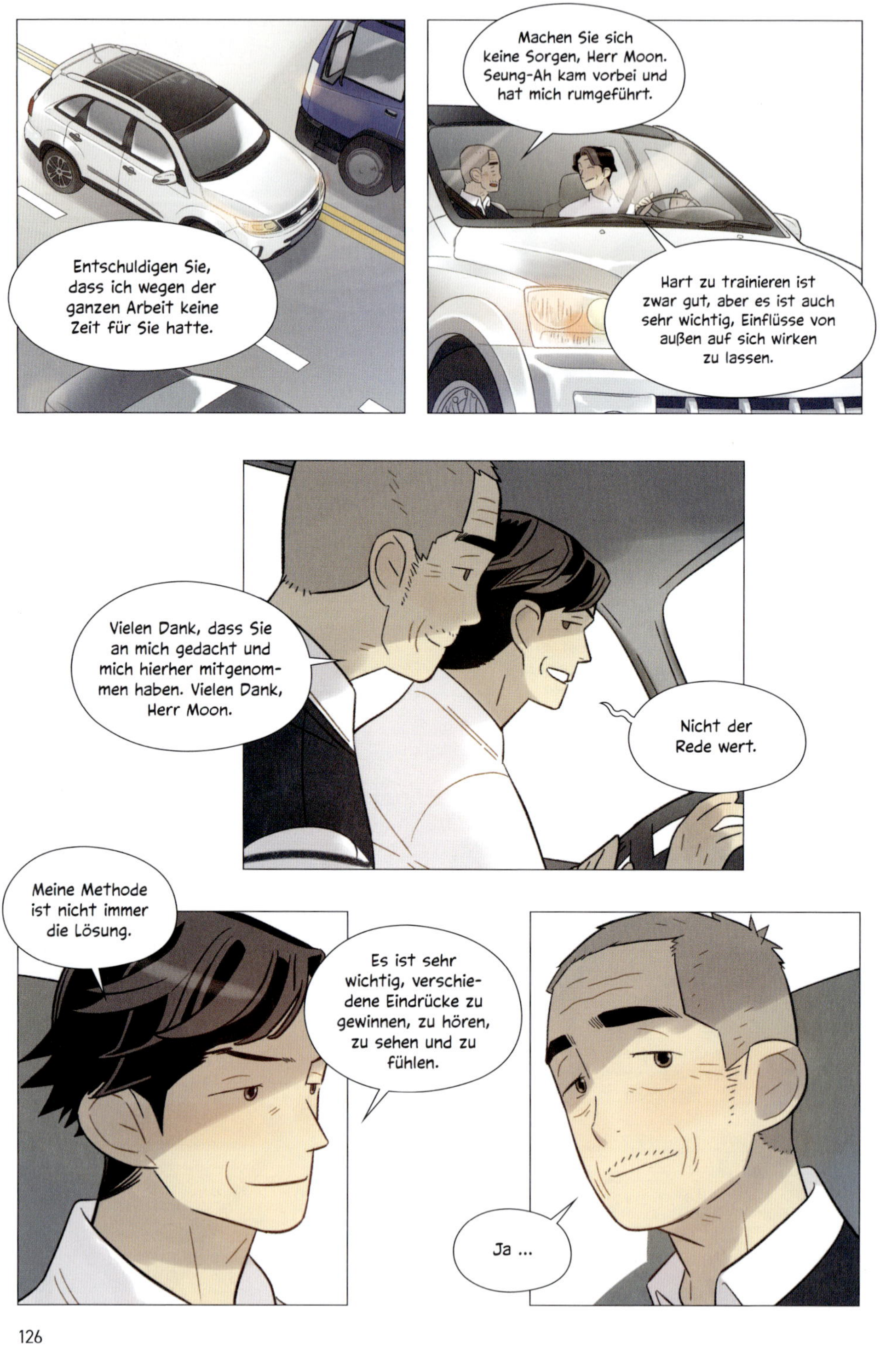

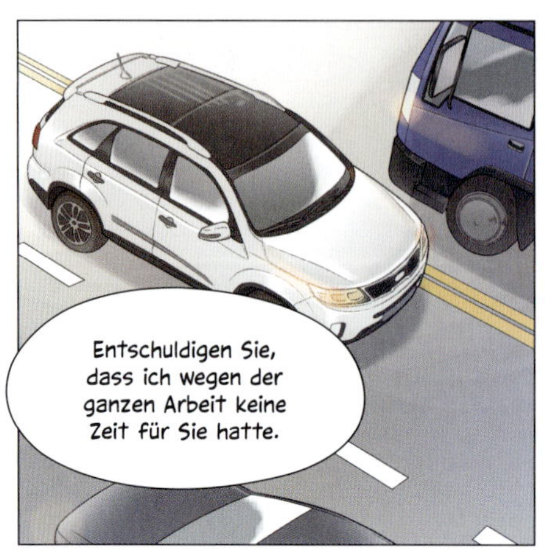
Entschuldigen Sie,
dass ich wegen der
ganzen Arbeit keine
Zeit für Sie hatte.

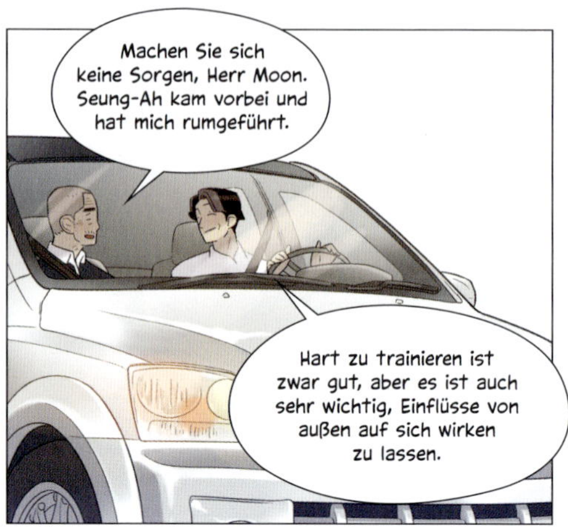
Machen Sie sich
keine Sorgen, Herr Moon.
Seung-Ah kam vorbei und
hat mich rumgeführt.
Hart zu trainieren ist
zwar gut, aber es ist auch
sehr wichtig, Einflüsse von
außen auf sich wirken
zu lassen.

Vielen Dank, dass Sie
an mich gedacht und
mich hierher mitgenom-
men haben. Vielen Dank,
Herr Moon.
Nicht der
Rede wert.
Meine Methode
ist nicht immer
die Lösung.
Es ist sehr
wichtig, verschie-
dene Eindrücke zu
gewinnen, zu hören,
zu sehen und zu
fühlen.
Ja ...

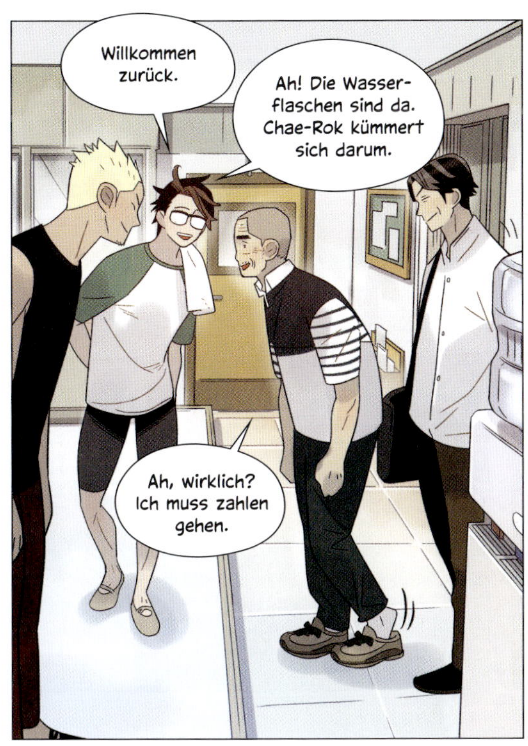
Willkommen zurück.
Ah! Die Wasser-flaschen sind da. Chae-Rok kümmert sich darum.
Ah, wirklich? Ich muss zahlen gehen.

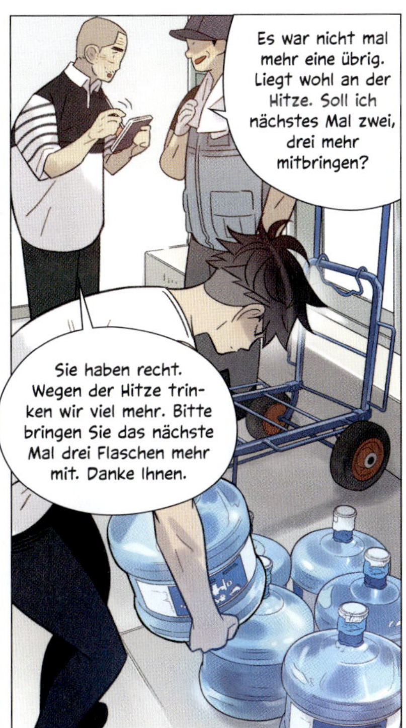
Es war nicht mal mehr eine übrig. Liegt wohl an der Hitze. Soll ich nächstes Mal zwei, drei mehr mitbringen?
Sie haben recht. Wegen der Hitze trinken wir viel mehr. Bitte bringen Sie das nächste Mal drei Flaschen mehr mit. Danke Ihnen.

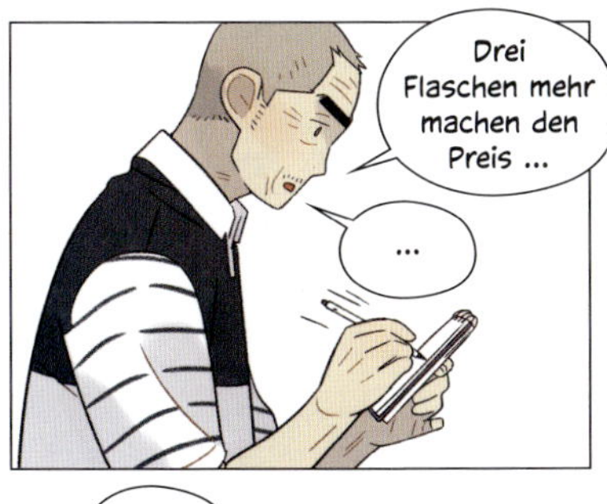
Drei Flaschen mehr machen den Preis ...
...

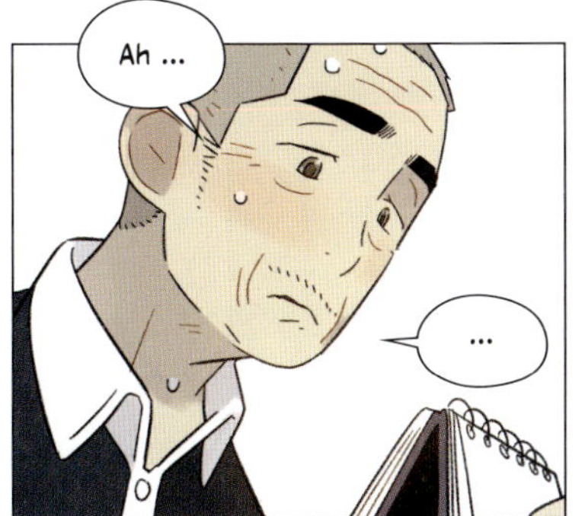
Ah ...
...

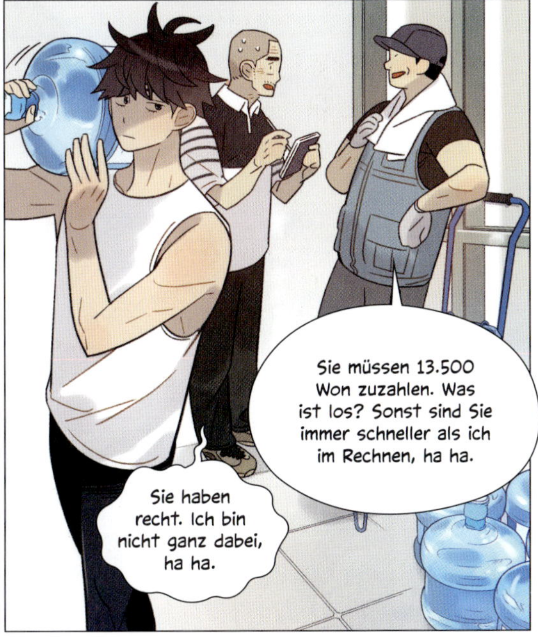
Sie müssen 13.500 Won zuzahlen. Was ist los? Sonst sind Sie immer schneller als ich im Rechnen, ha ha.
Sie haben recht. Ich bin nicht ganz dabei, ha ha.

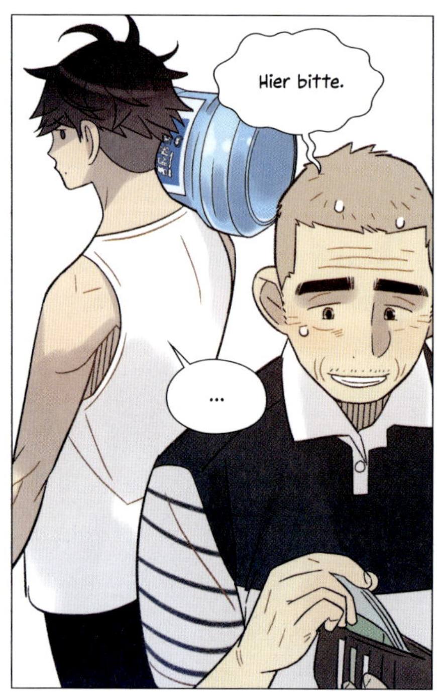
Hier bitte.
...

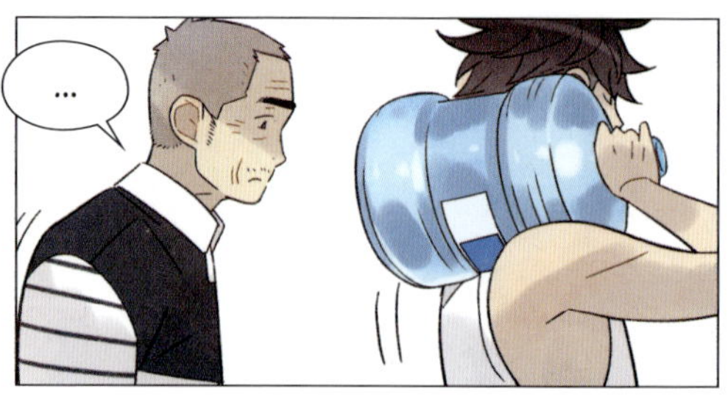
...

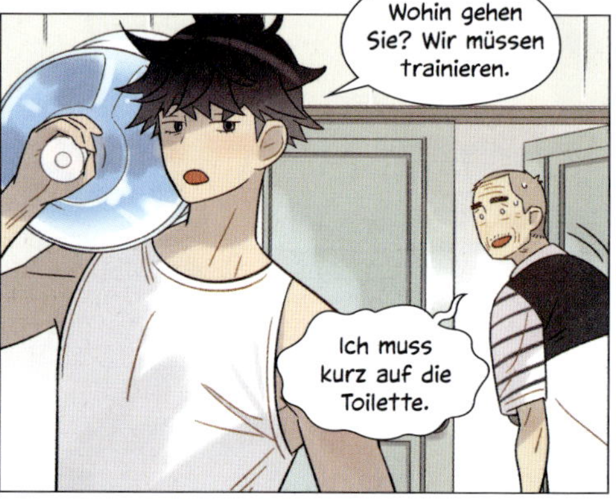
Wohin gehen Sie? Wir müssen trainieren.
Ich muss kurz auf die Toilette.

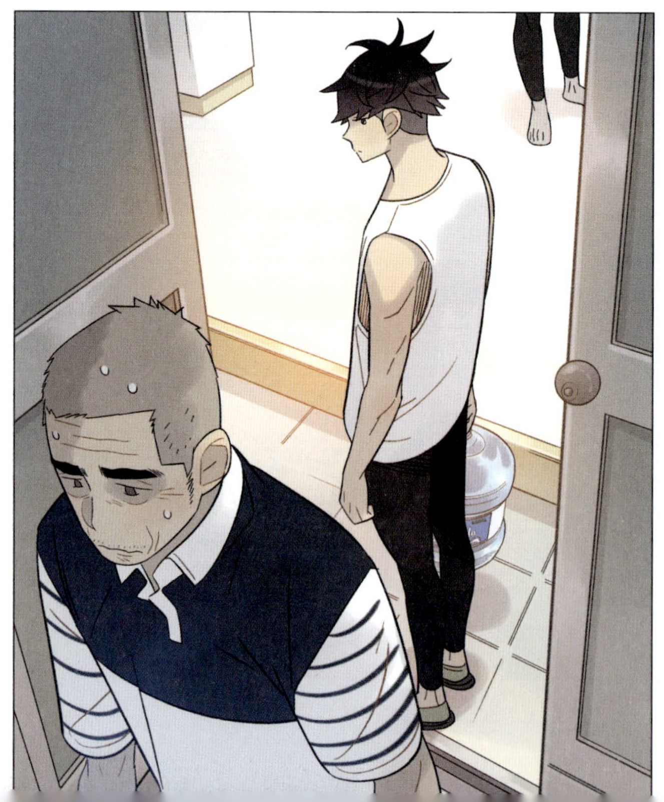

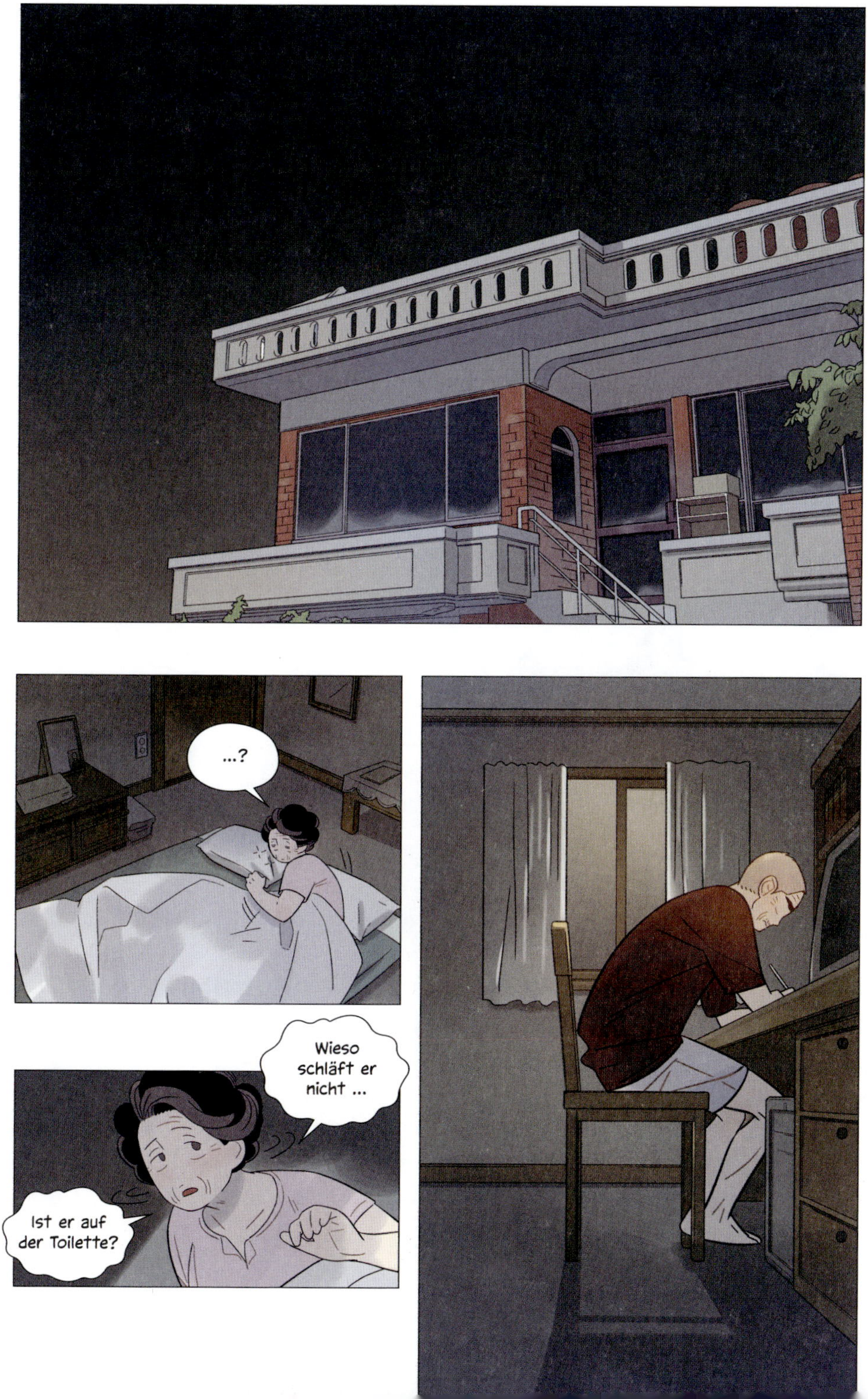

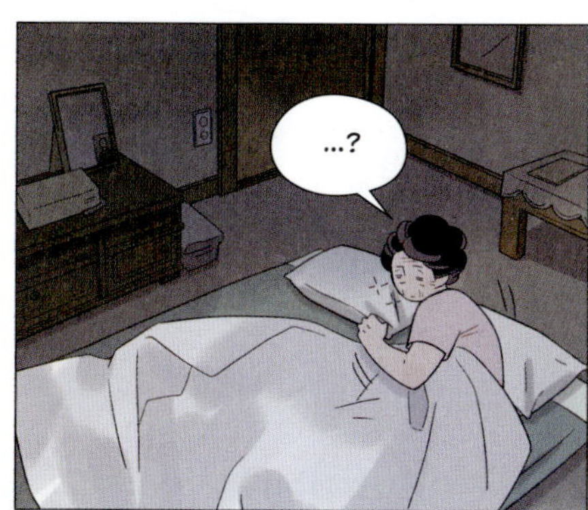
...?

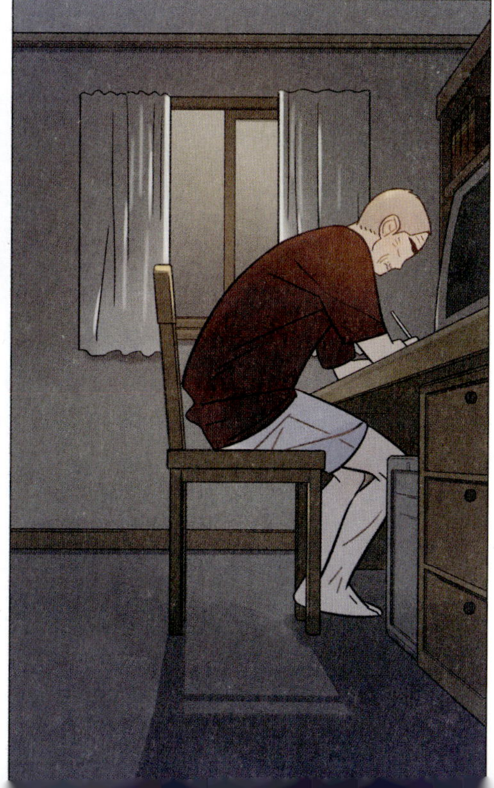

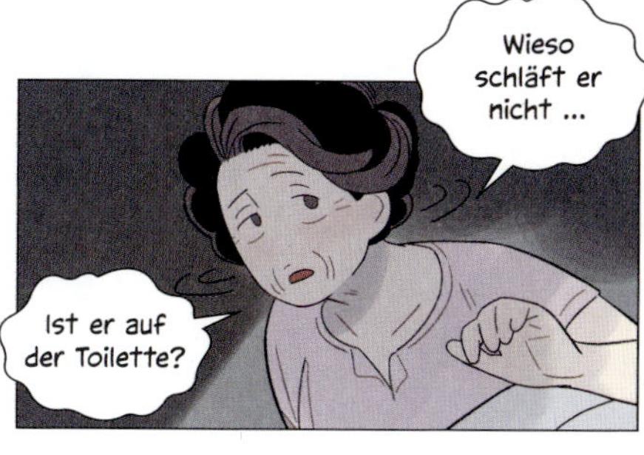
Wieso schläft er nicht ...
Ist er auf der Toilette?

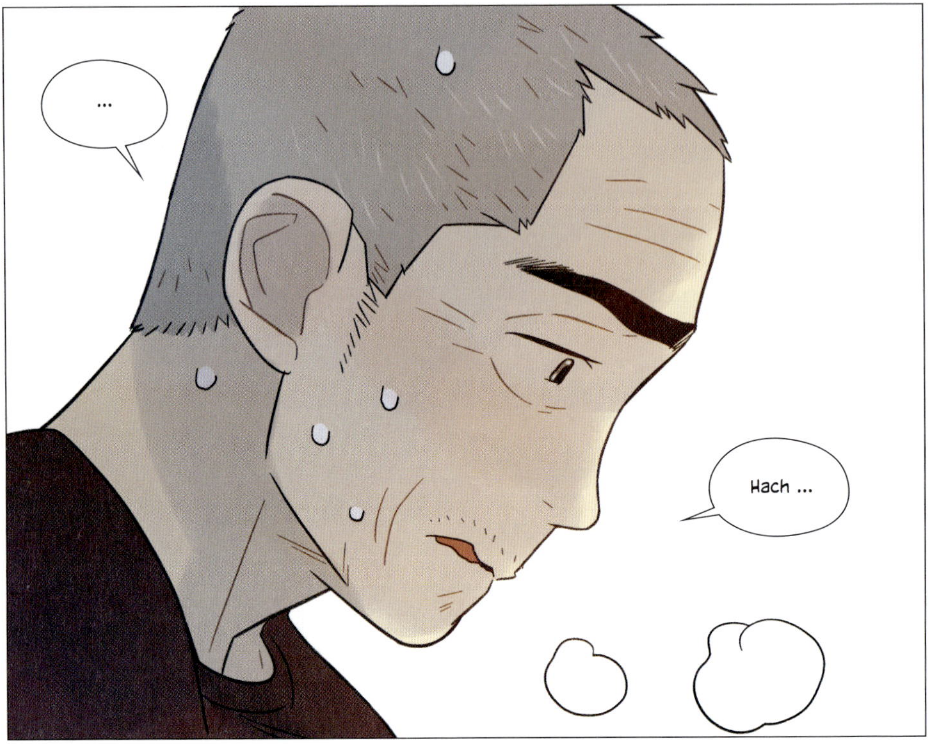

...

Hach ...

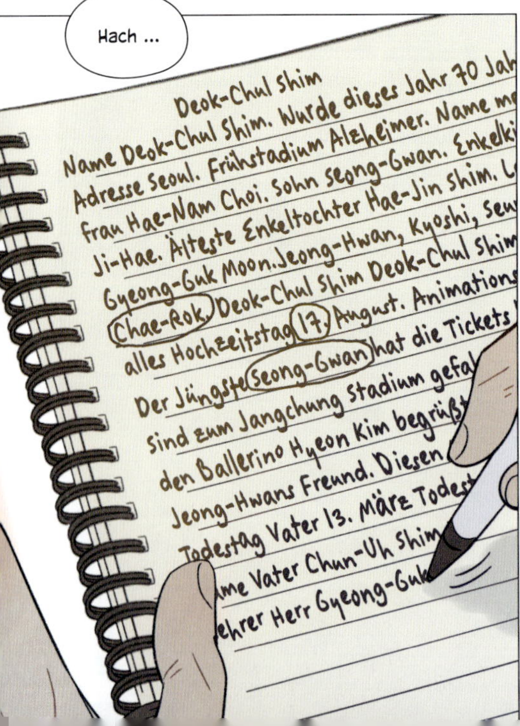

Hach ...
Deok-Chul Shim
Name Deok-Chul Shim. Wurde dieses Jahr 70 Jah
Adresse Seoul. Frühstadium Alzheimer. Name me
Frau Hae-Nam Choi. Sohn Seong-Gwan. Enkelki
Ji-Hae. Älteste Enkeltochter Hae-Jin Shim. L
Gyeong-Guk Moon. Jeong-Hwan, Kyoshi, Se
Chae-Rok Deok-Chul Shim Deok-Chul Shim
alles Hochzeitstag 17. August. Animations
Der Jüngste Seong-Gwan hat die Tickets
Sind zum Jangchung Stadium gefal
den Ballerino Hyeon Kim begrüßt
Jeong-Hwans Freund. Diesen
Todestag Vater 13. März Todest
me Vater Chun-Uh Shim
ehrer Herr Gyeong-Guk

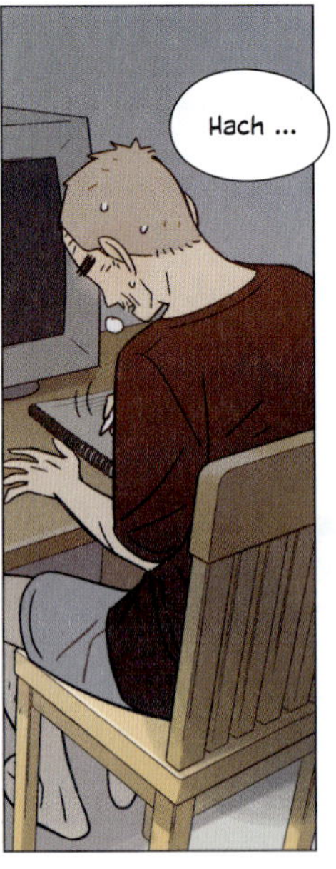

Hach ...

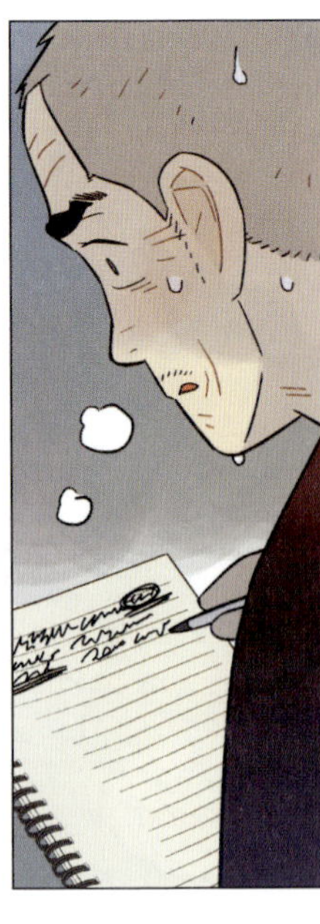

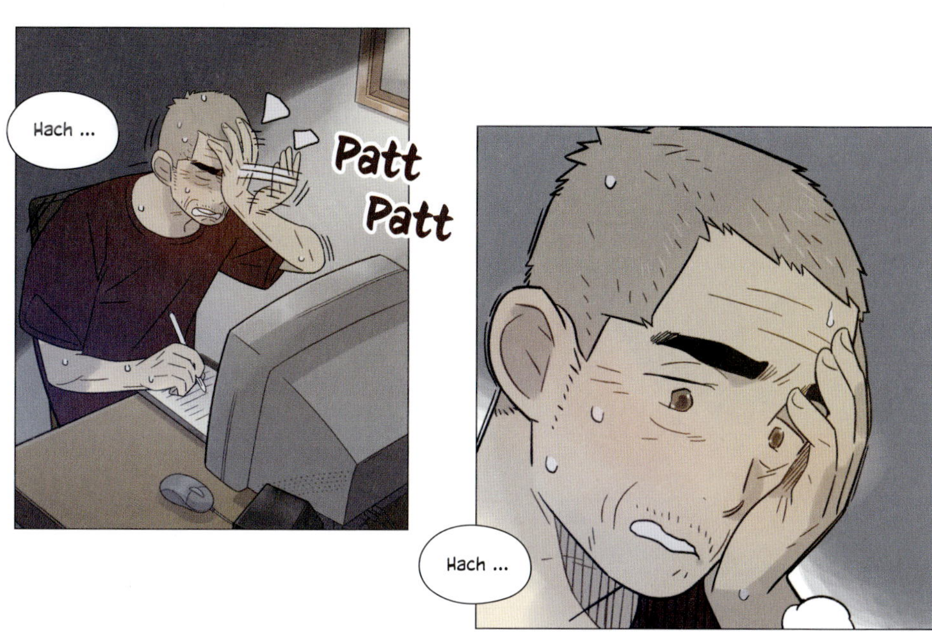

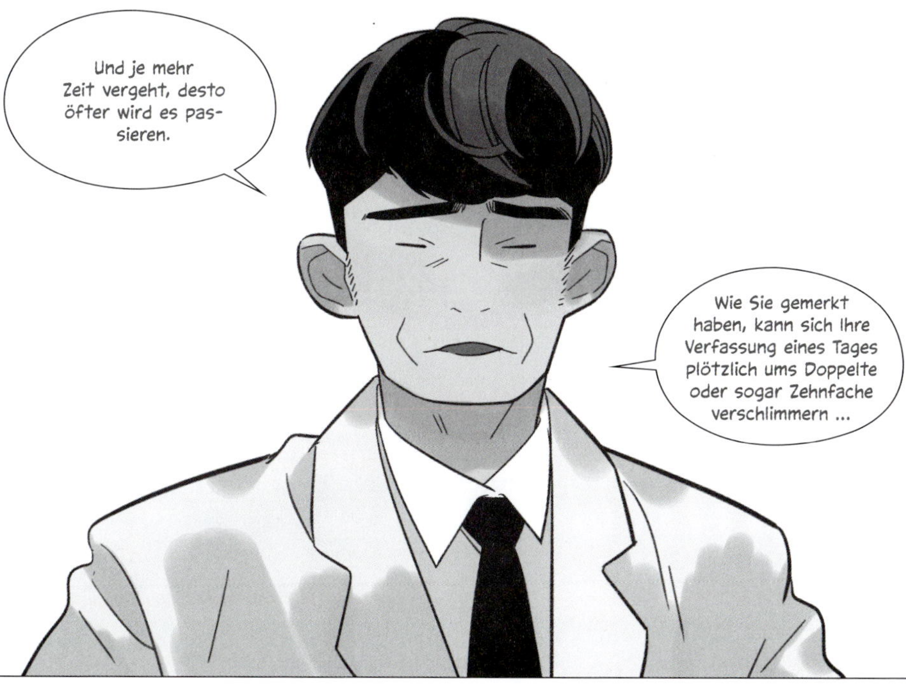

Und je mehr Zeit vergeht, desto öfter wird es passieren.

Wie Sie gemerkt haben, kann sich Ihre Verfassung eines Tages plötzlich ums Doppelte oder sogar Zehnfache verschlimmern ...

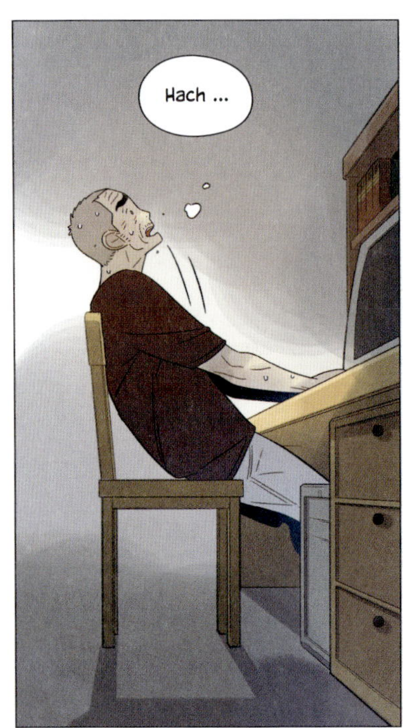

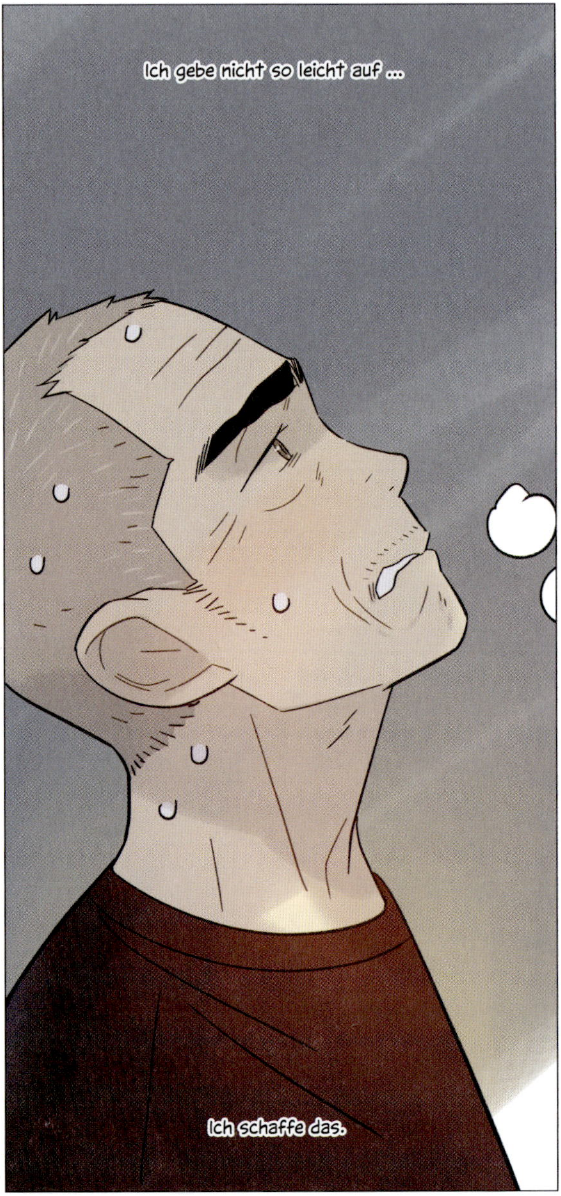

Ich gebe nicht so leicht auf ...

Ich schaffe das.

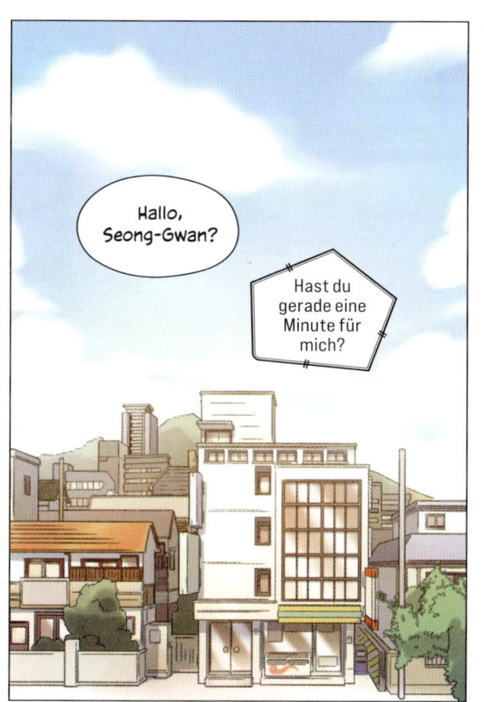
Hallo, Seong-Gwan?
Hast du gerade eine Minute für mich?

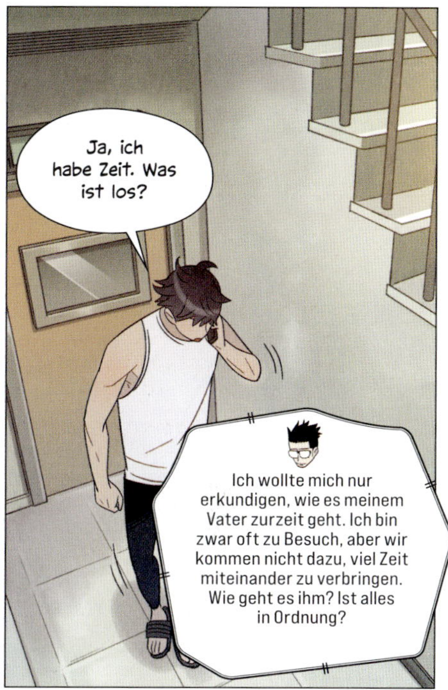
Ja, ich habe Zeit. Was ist los?
Ich wollte mich nur erkundigen, wie es meinem Vater zurzeit geht. Ich bin zwar oft zu Besuch, aber wir kommen nicht dazu, viel Zeit miteinander zu verbringen. Wie geht es ihm? Ist alles in Ordnung?

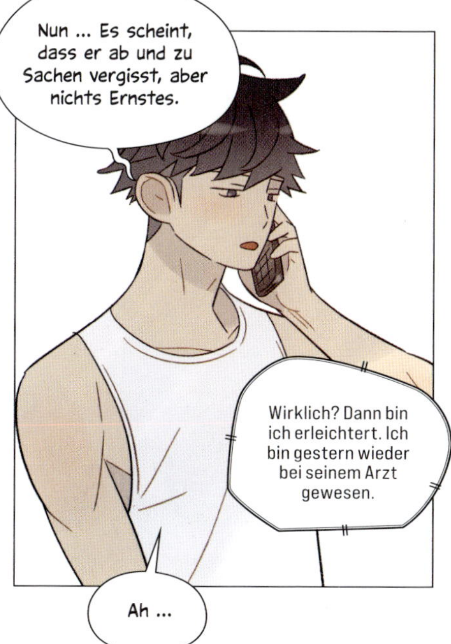
Nun ... Es scheint, dass er ab und zu Sachen vergisst, aber nichts Ernstes.
Wirklich? Dann bin ich erleichtert. Ich bin gestern wieder bei seinem Arzt gewesen.
Ah ...

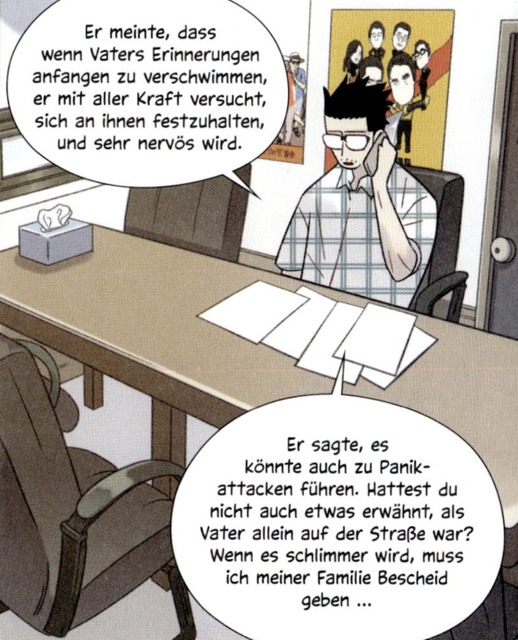
Er meinte, dass wenn Vaters Erinnerungen anfangen zu verschwimmen, er mit aller Kraft versucht, sich an ihnen festzuhalten, und sehr nervös wird.
Er sagte, es könnte auch zu Panikattacken führen. Hattest du nicht auch etwas erwähnt, als Vater allein auf der Straße war? Wenn es schlimmer wird, muss ich meiner Familie Bescheid geben ...

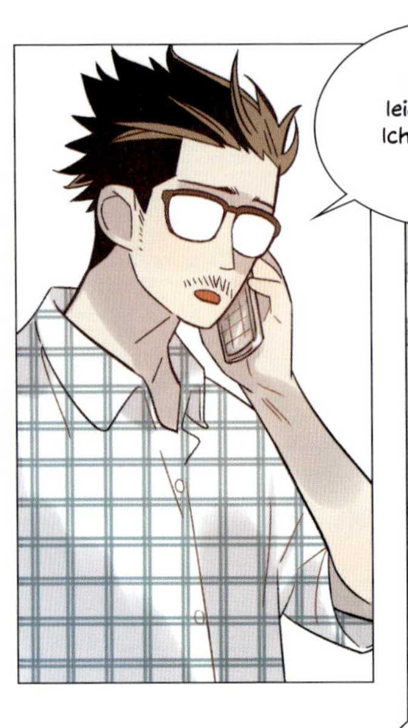
Es tut mir leid, Chae-Rok. Ich bürde dir zu viel auf.

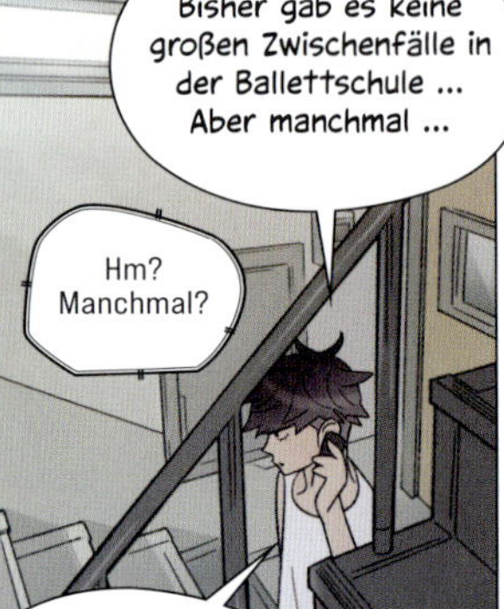
Bisher gab es keine großen Zwischenfälle in der Ballettschule ... Aber manchmal ...
Hm? Manchmal?

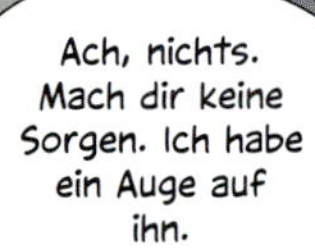
Ach, nichts. Mach dir keine Sorgen. Ich habe ein Auge auf ihn.

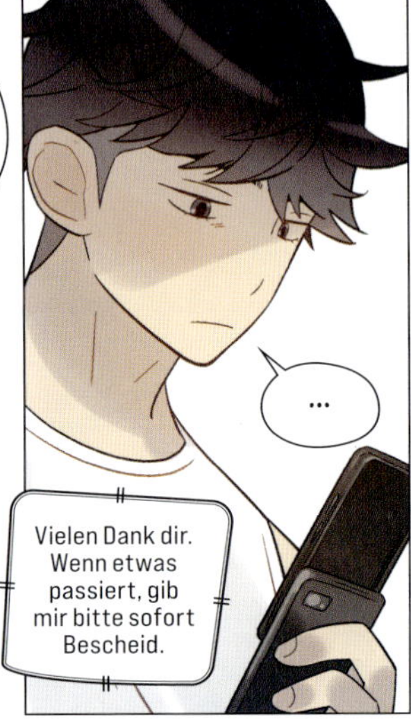
...
Vielen Dank dir. Wenn etwas passiert, gib mir bitte sofort Bescheid.

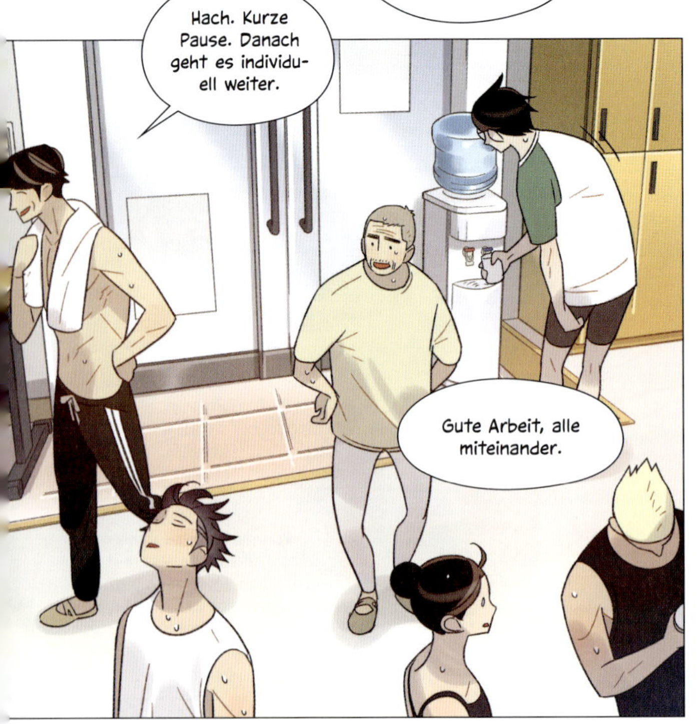
Hach. Kurze Pause. Danach geht es individu-ell weiter.
Gute Arbeit, alle miteinander.

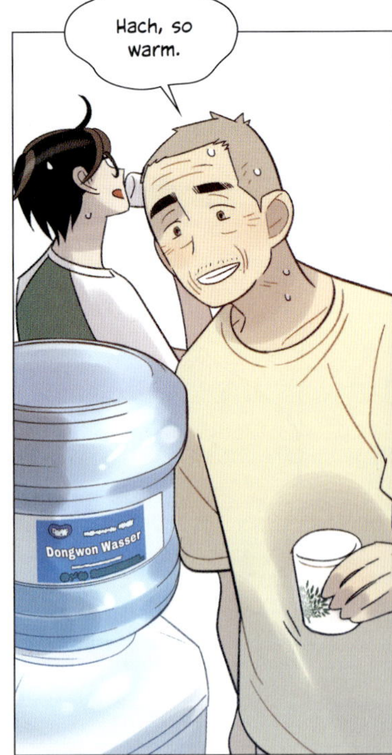
Hach, so warm.
Dongwon Wasser

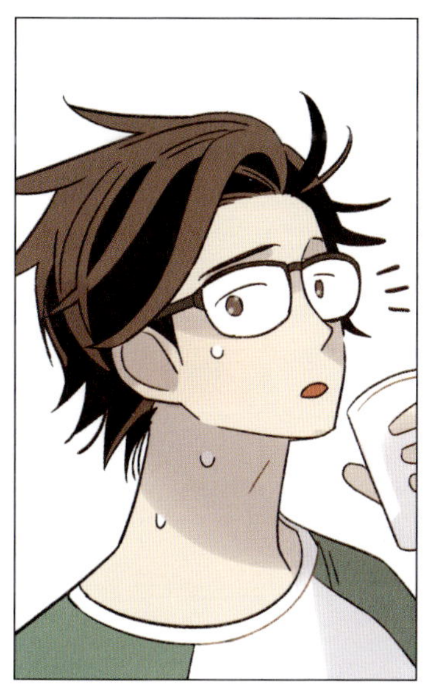

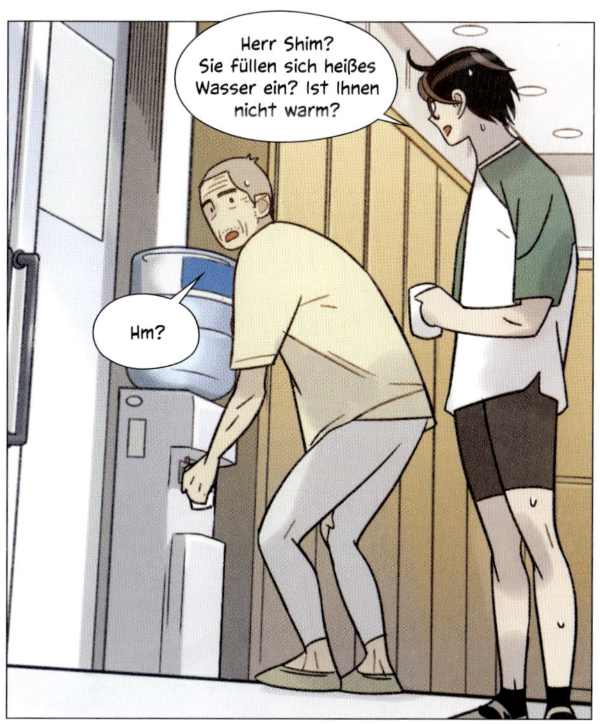
Herr Shim?
Sie füllen sich heißes Wasser ein? Ist Ihnen nicht warm?
Hm?

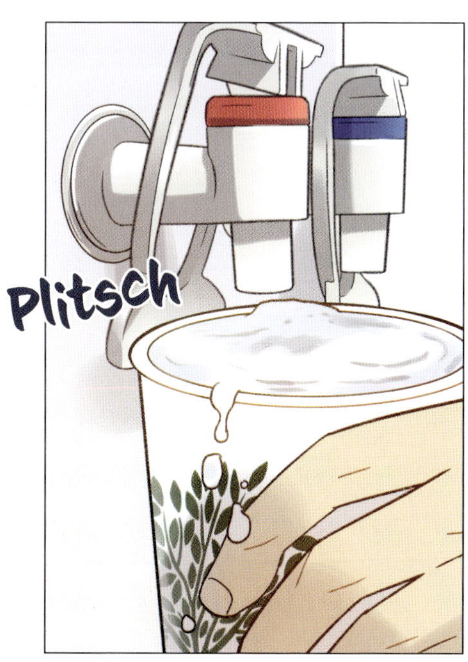
Plitsch

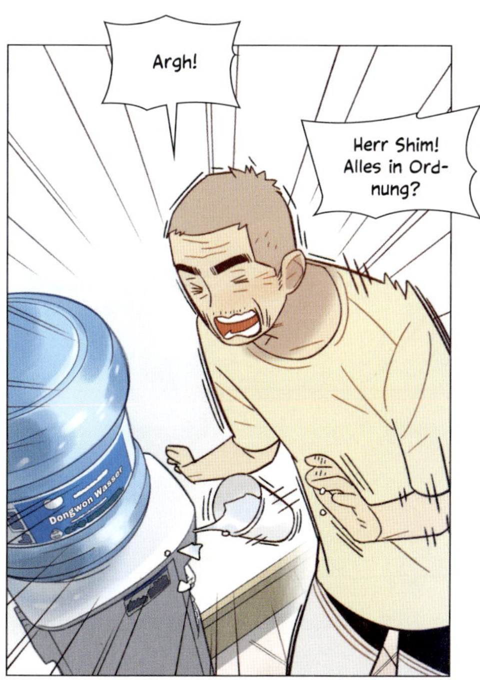
Argh!
Herr Shim! Alles in Ord-nung?
Dongwon Wasser

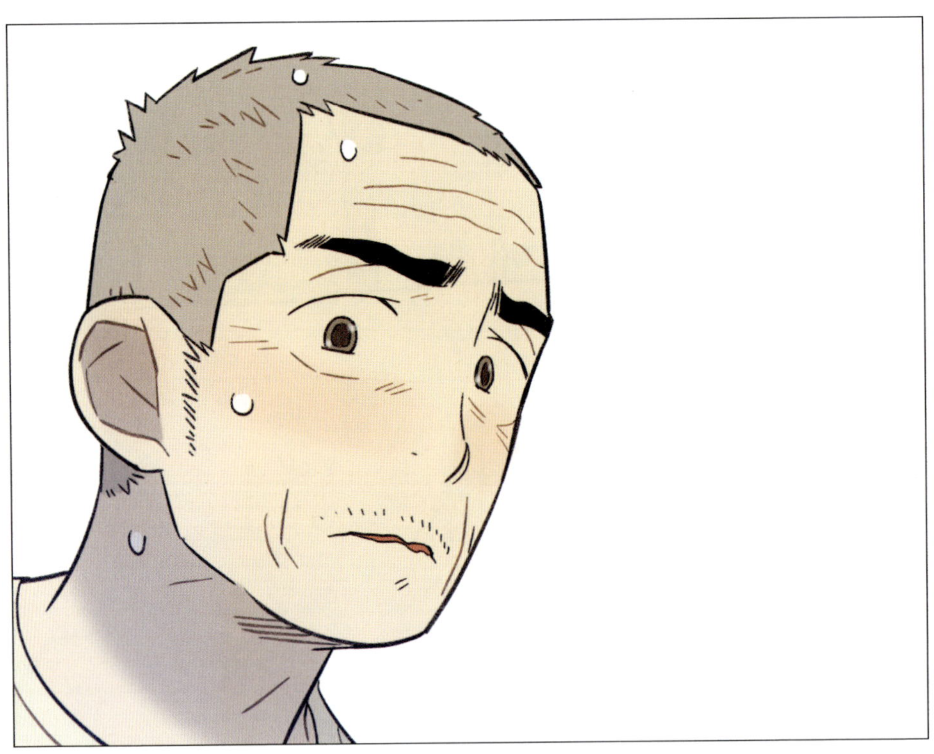

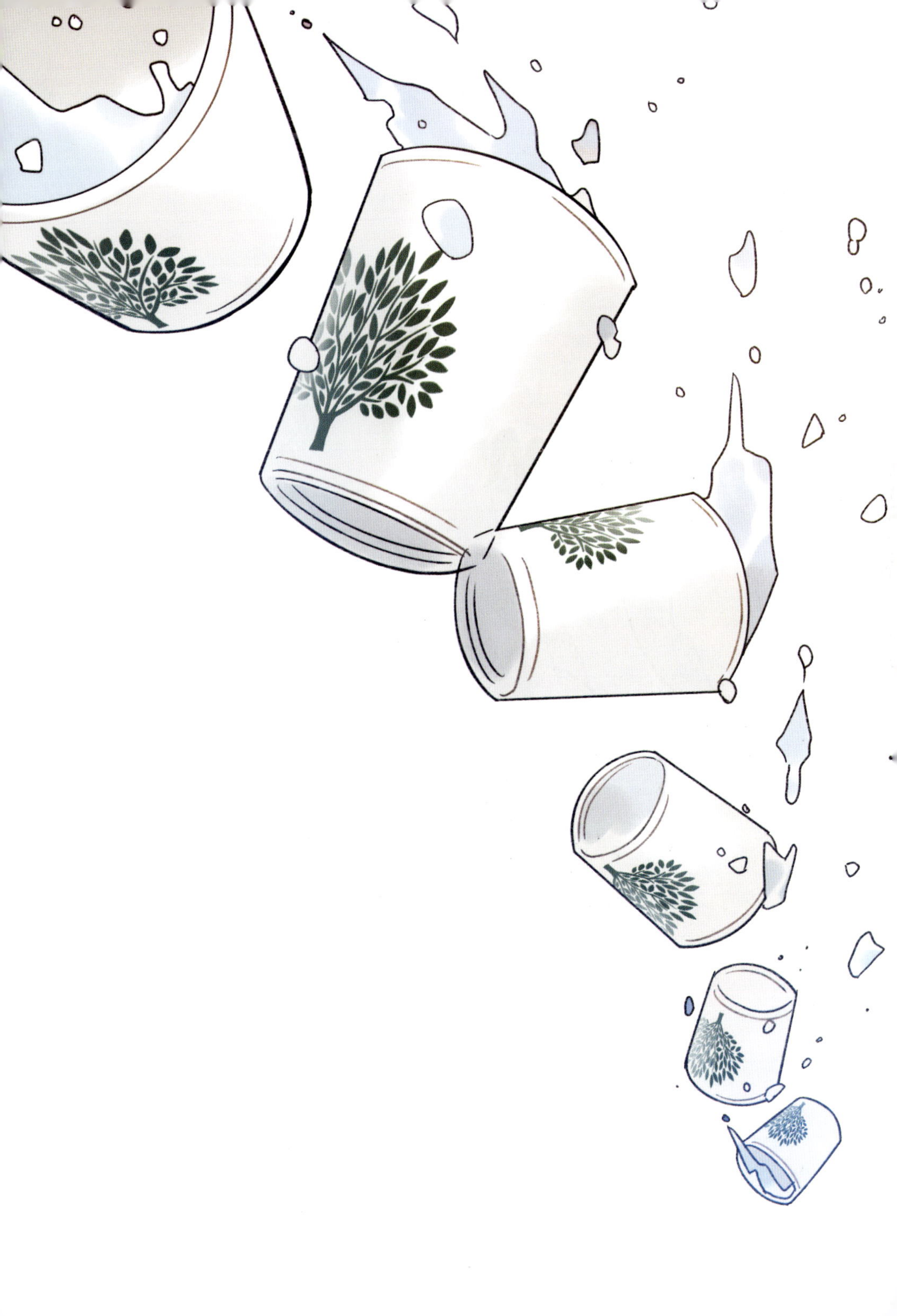

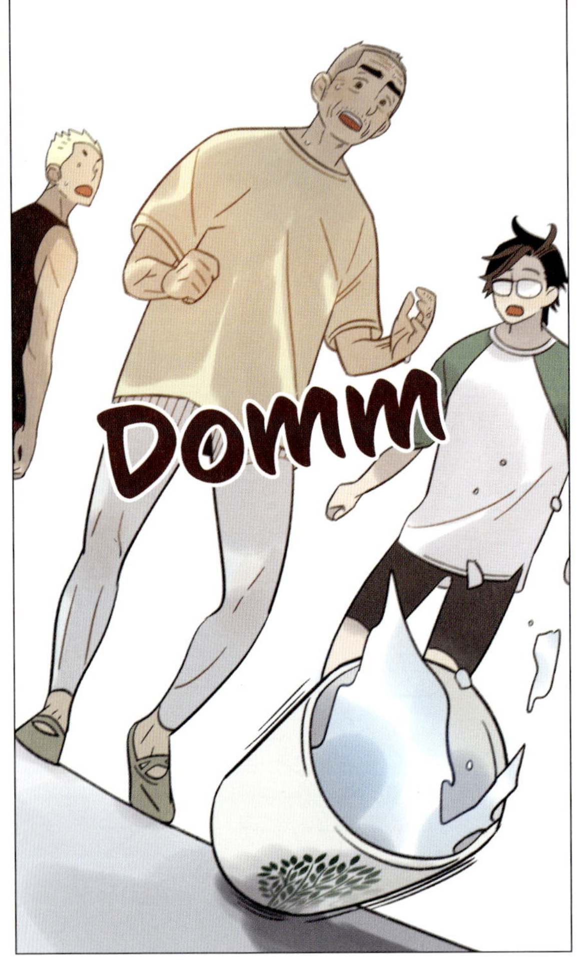
Domm

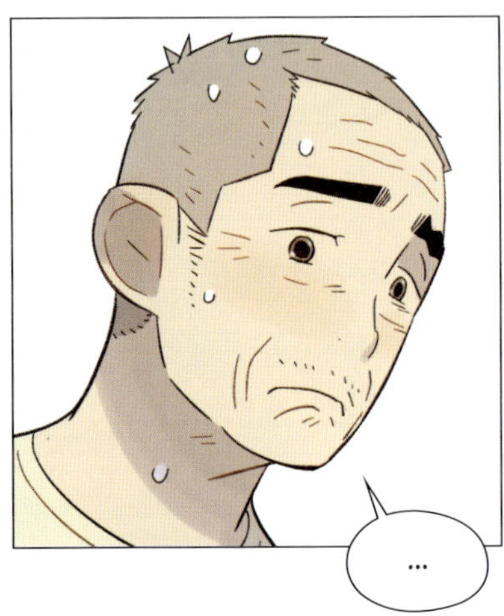
...

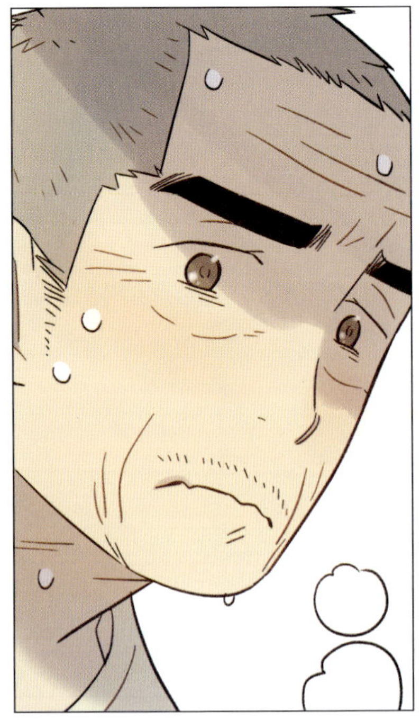

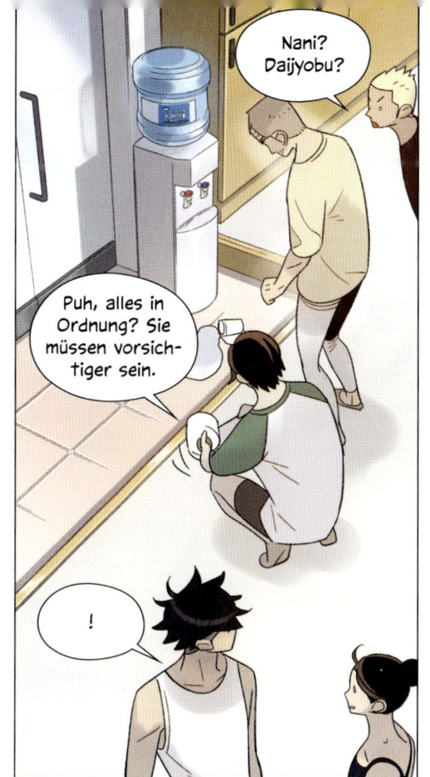
Nani? Daijyobu?
Puh, alles in Ordnung? Sie müssen vorsichtiger sein.
!

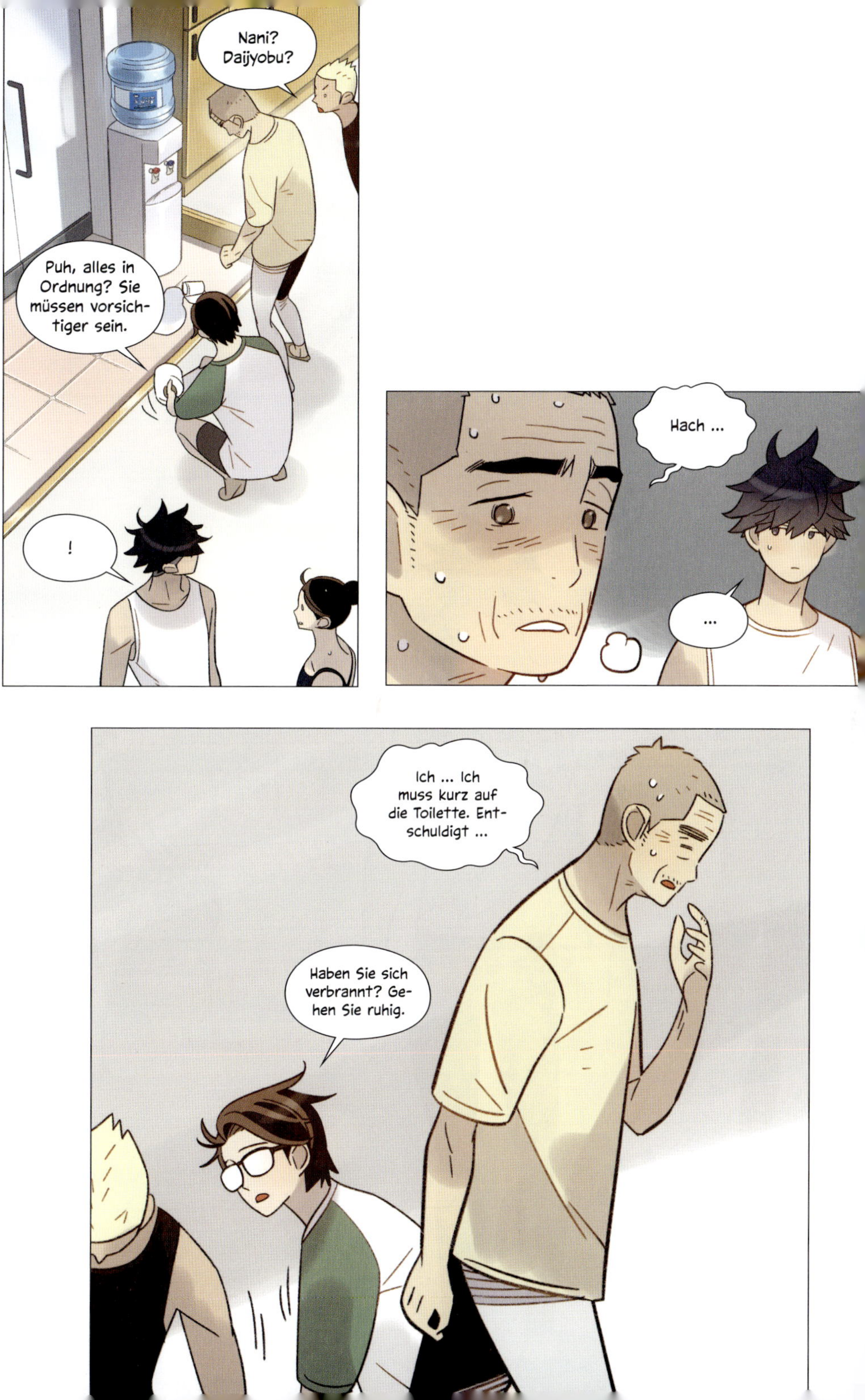

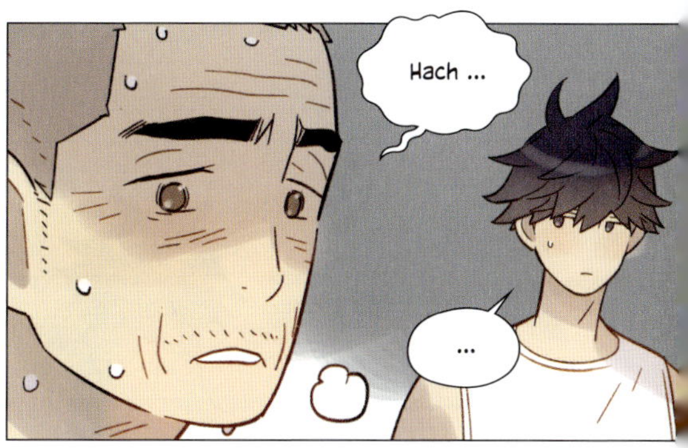
Hach ...
...

Ich ... Ich muss kurz auf die Toilette. Entschuldigt ...
Haben Sie sich verbrannt? Gehen Sie ruhig.

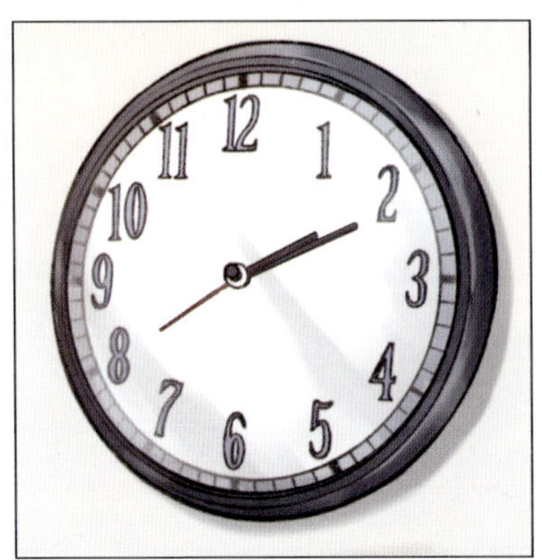

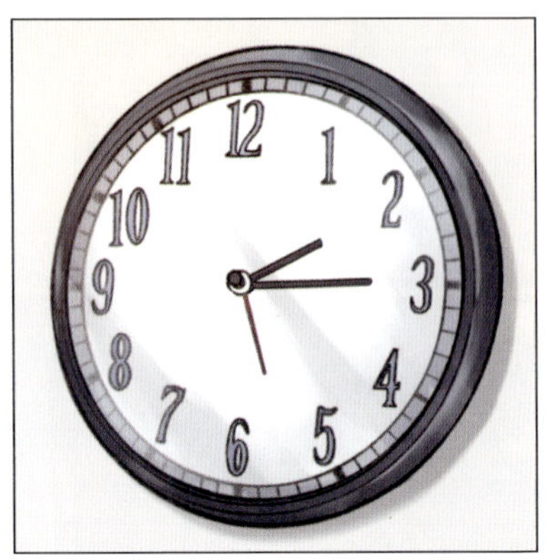

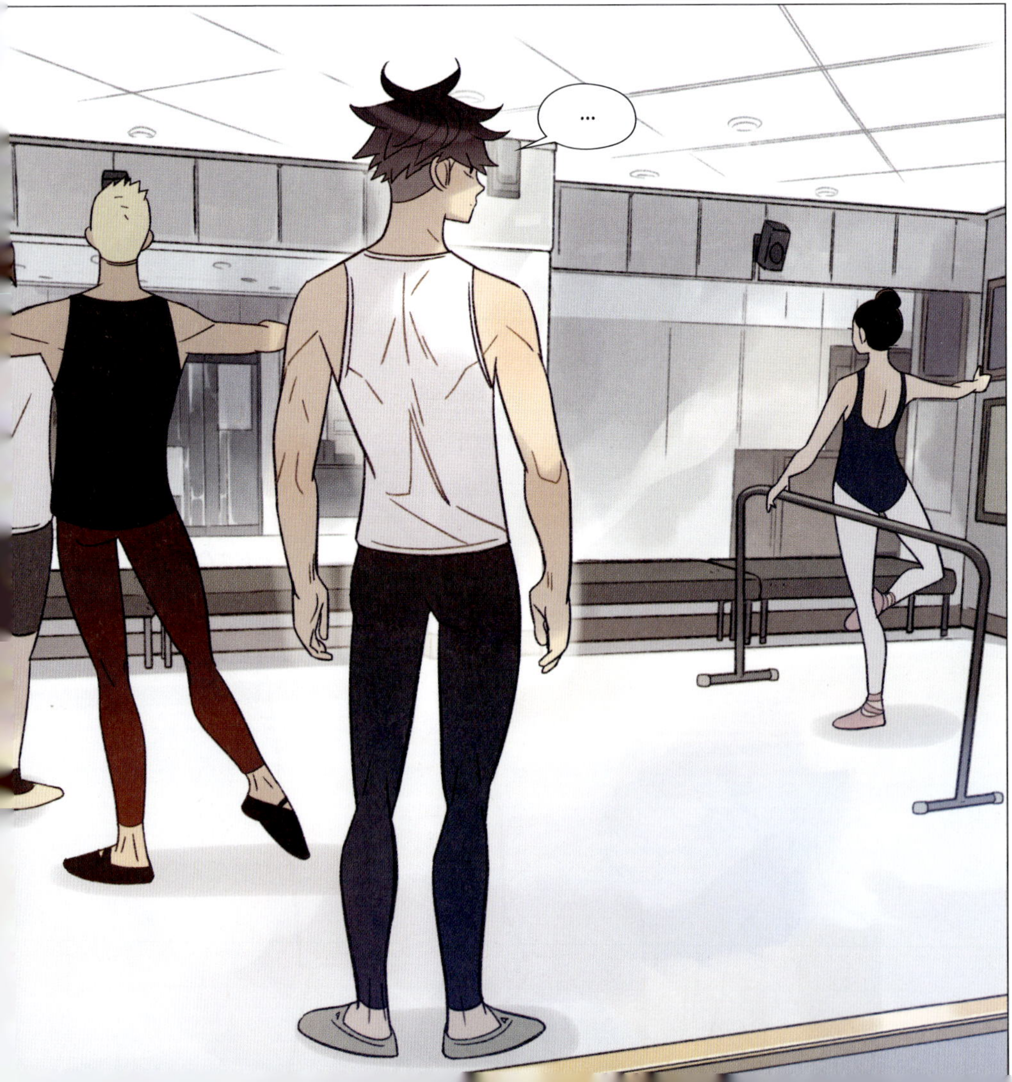

...

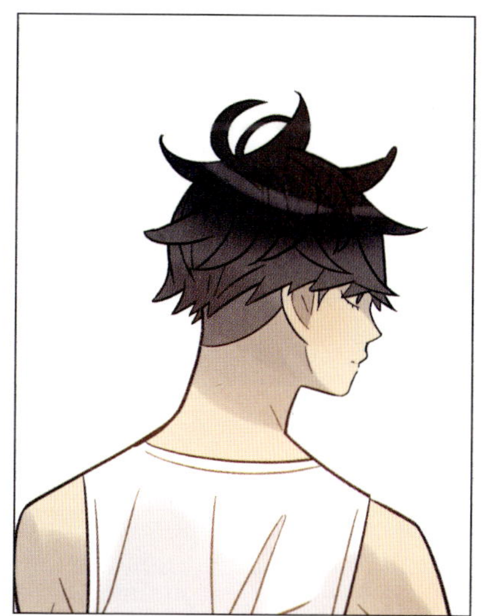

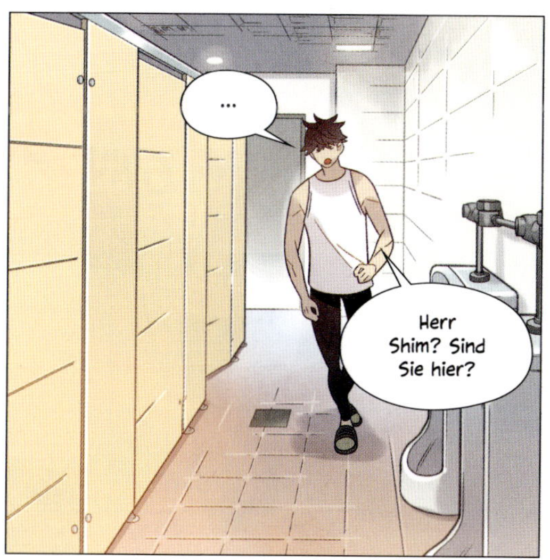
...
Herr Shim? Sind Sie hier?

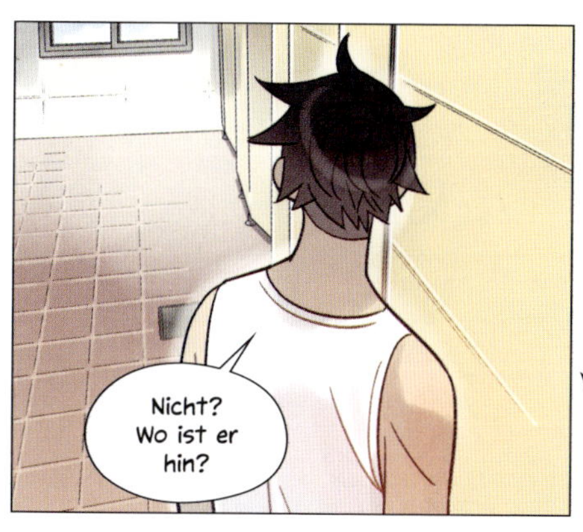
Nicht? Wo ist er hin?

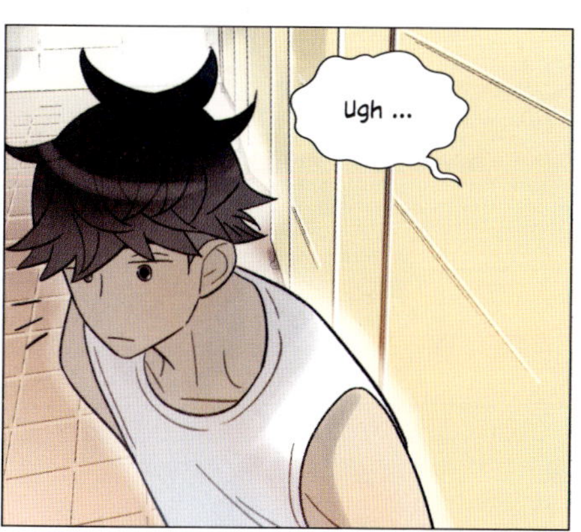
Ugh ...

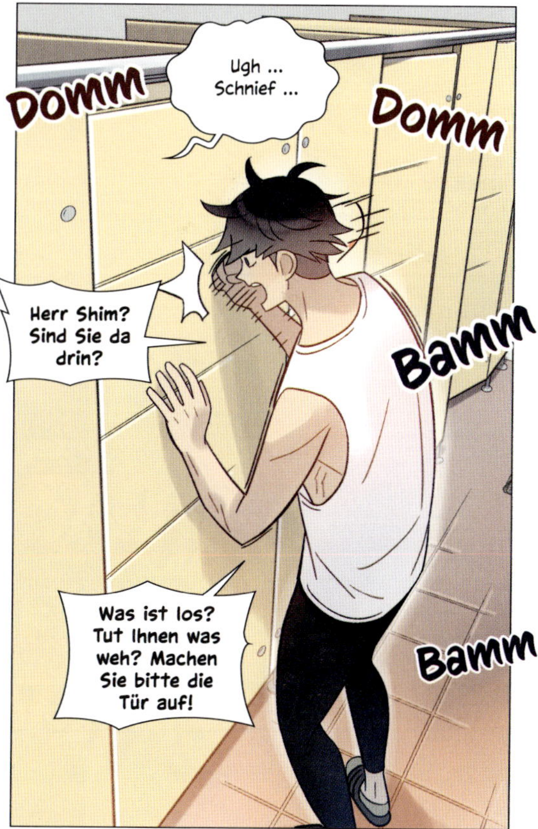
Domm
Ugh ... Schnief ...
Domm
Herr Shim? Sind Sie da drin?
Bamm
Was ist los? Tut Ihnen was weh? Machen Sie bitte die Tür auf!
Bamm

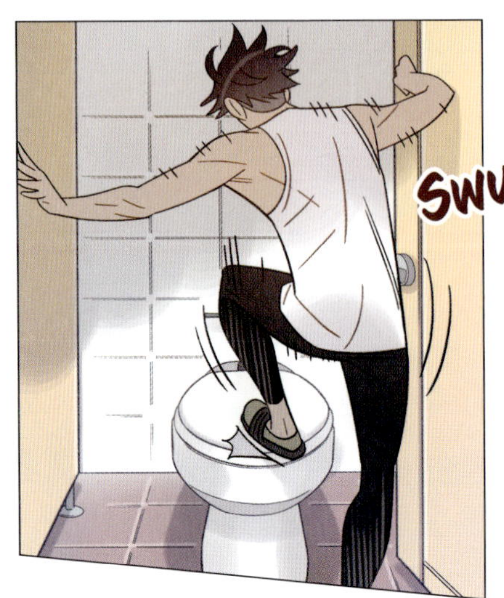

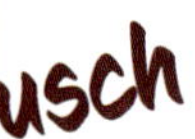
Swusch

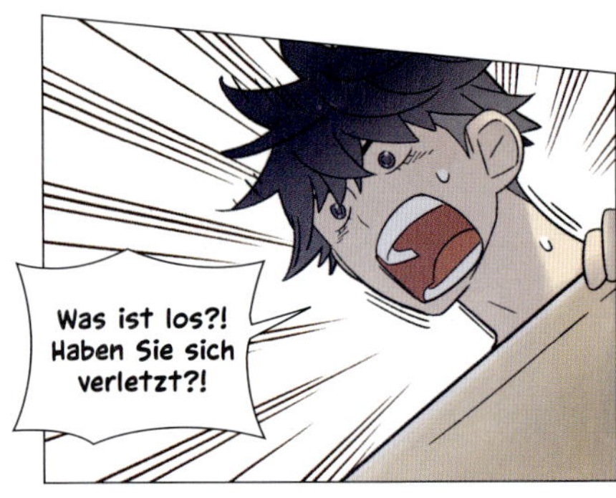
Was ist los?! Haben Sie sich verletzt?!

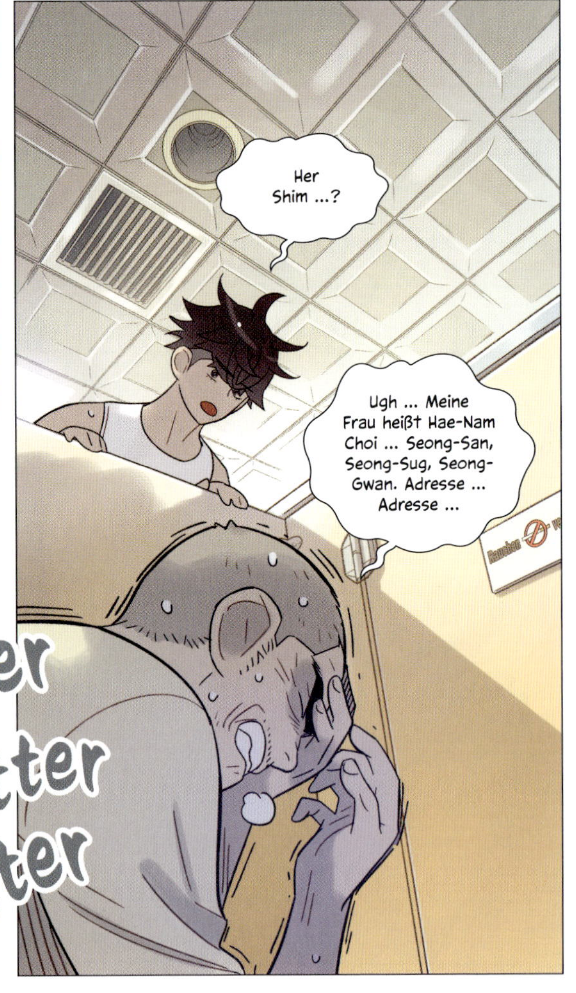
Her Shim ...?
Ugh ... Meine Frau heißt Hae-Nam Choi ... Seong-San, Seong-Sug, Seong-Gwan. Adresse ... Adresse ...
Zitter
Zitter
Zitter

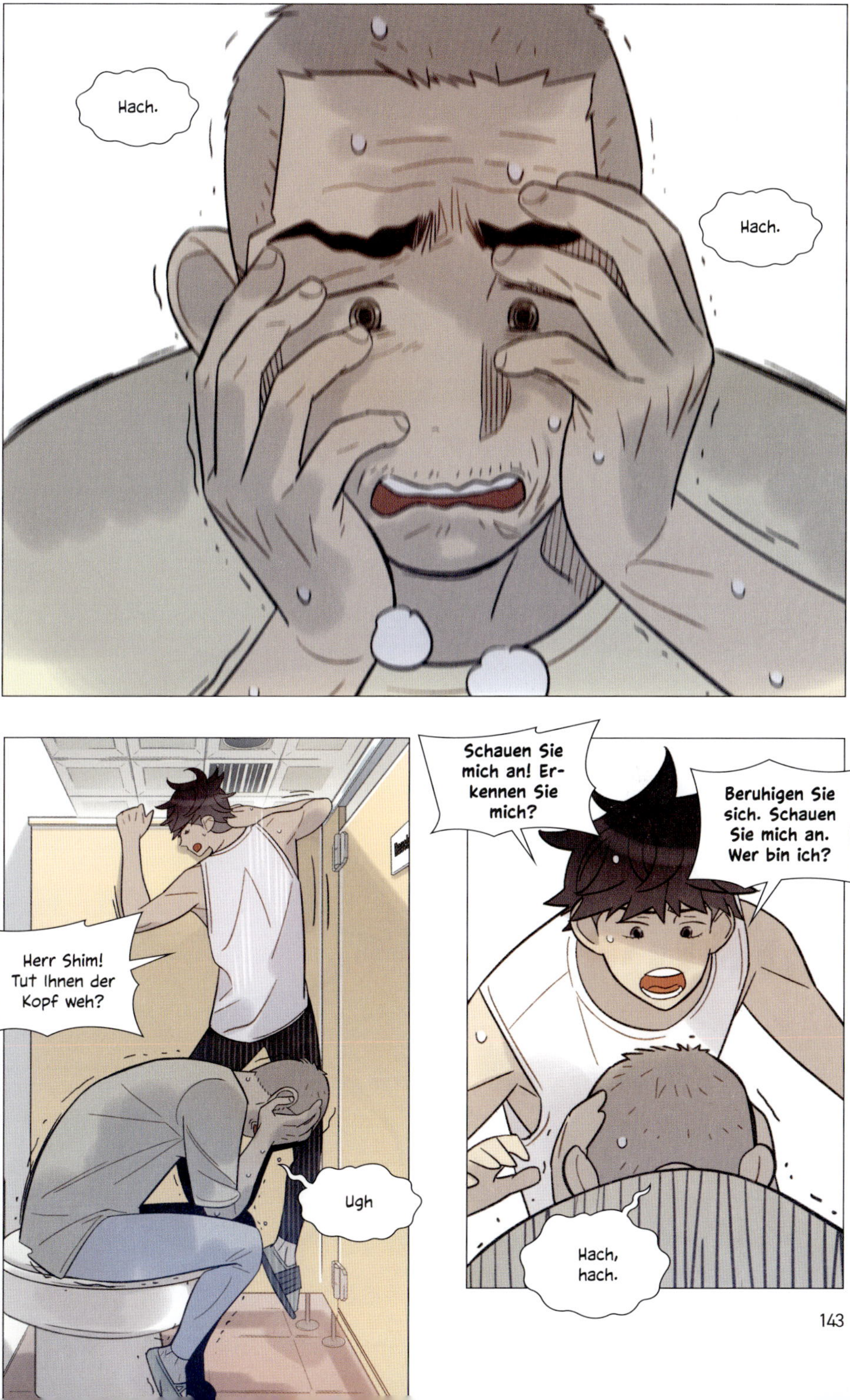

Hach.
Hach.
Herr Shim! Tut Ihnen der Kopf weh?
Ugh
Schauen Sie mich an! Erkennen Sie mich?
Beruhigen Sie sich. Schauen Sie mich an. Wer bin ich?
Hach, hach.

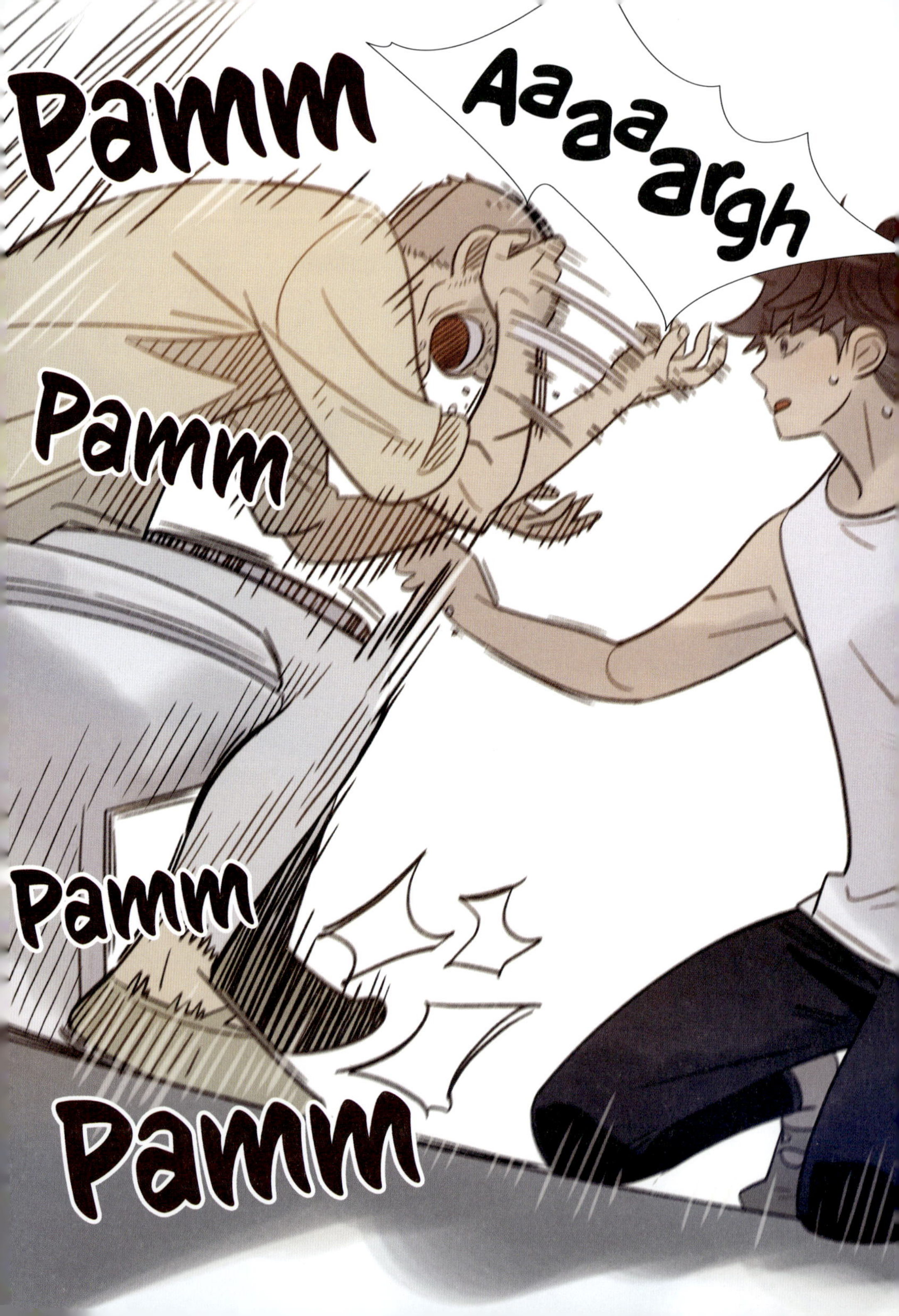
Pamm
Aaaaargh
Pamm
Pamm
Pamm

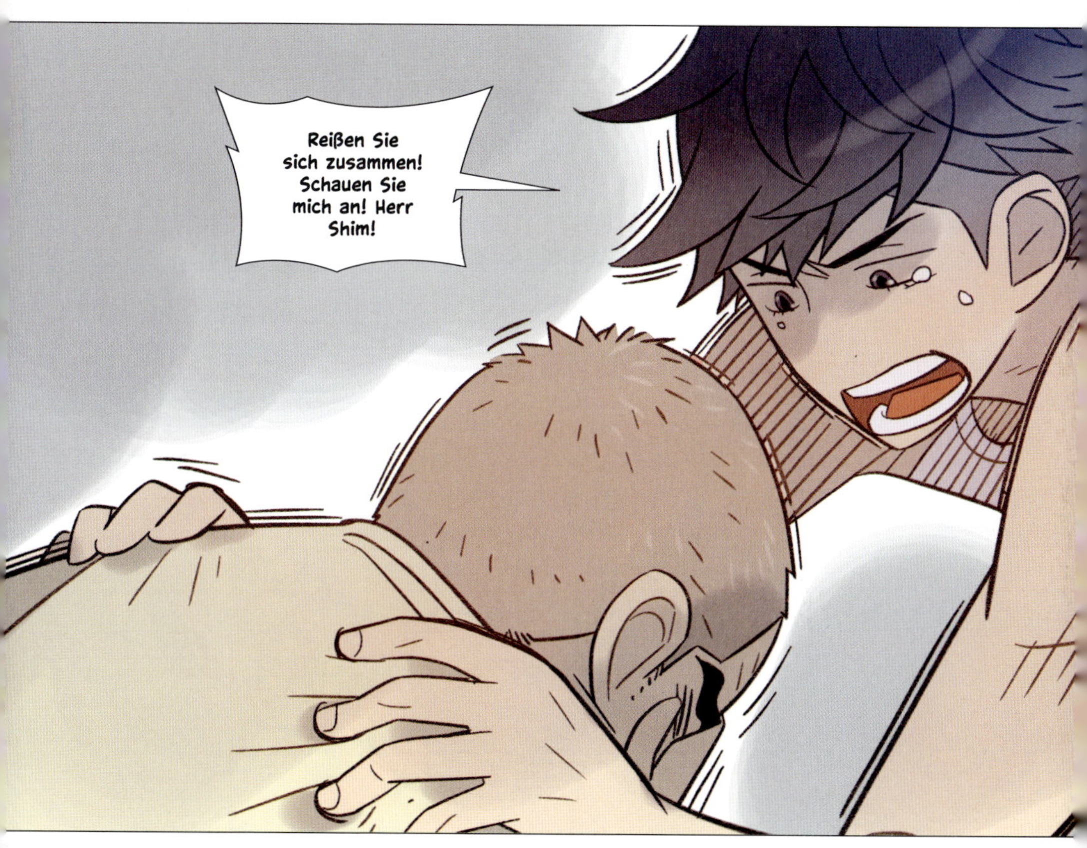
Reißen Sie sich zusammen! Schauen Sie mich an! Herr Shim!

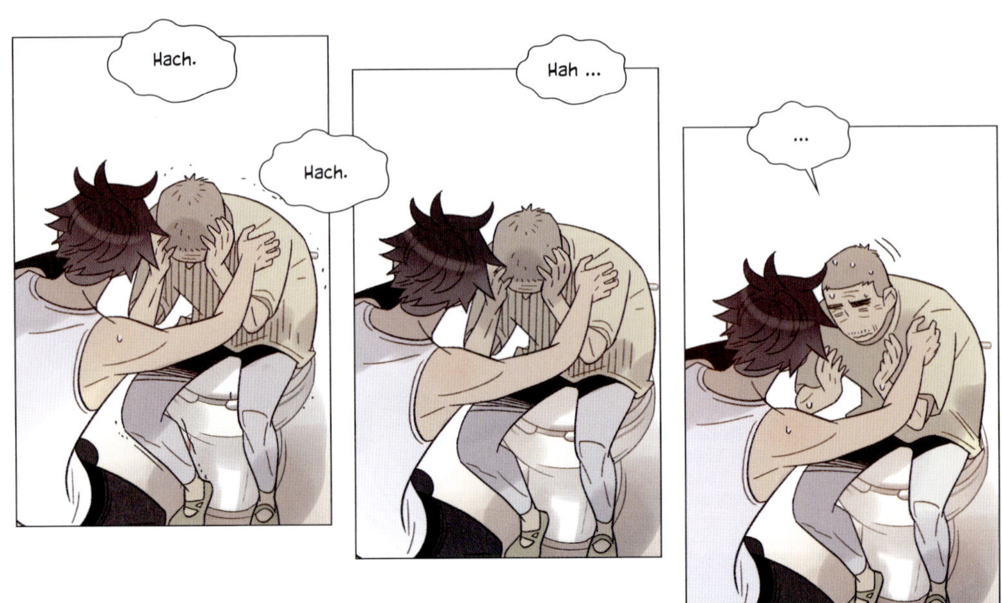
Hach.
Hach.
Hah ...
...

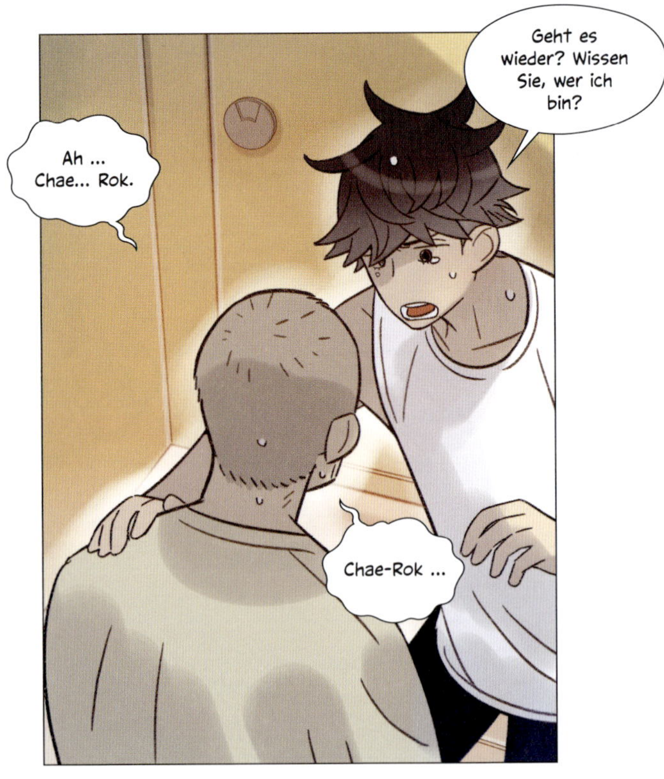
Geht es wieder? Wissen Sie, wer ich bin?
Ah ... Chae... Rok.
Chae-Rok ...

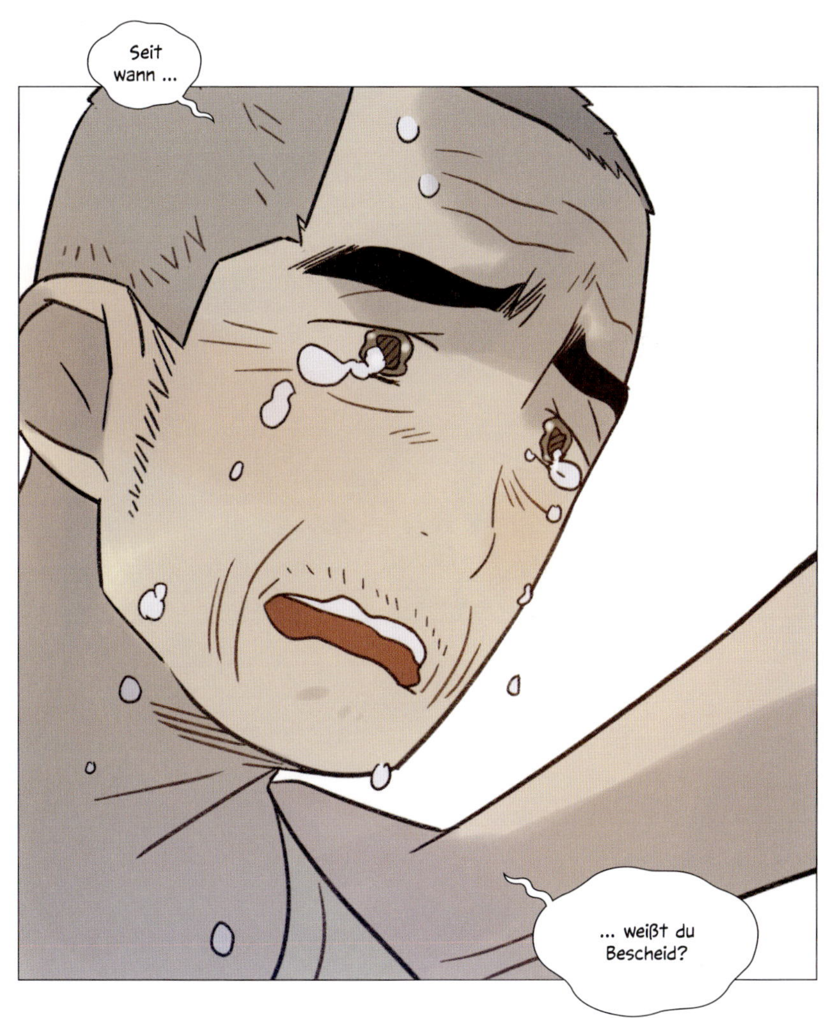
Seit wann ...
... weißt du Bescheid?

Herr Shim!
Ich brauche den Regenschirm nicht.

Ich kann ihn nicht zurückgeben. Also behalten Sie ihn.

Hören Sie auf ...

**Hören Sie auf ...
... mit Ballett.**

Mir geht es aber nicht gut! Ich bin fertig!

Sie halten mich vom
Training ab! Sie stören!
Nichts ist in Ordnung!

20

Komme ich nur so weit?

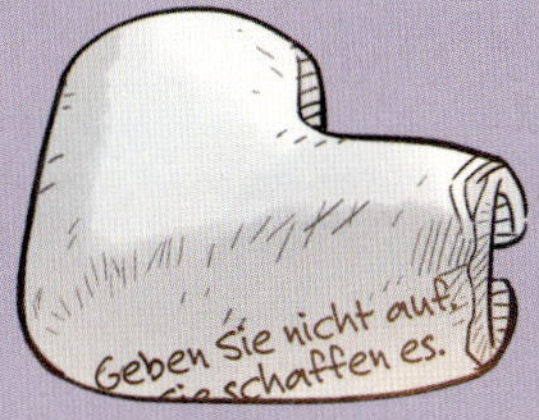

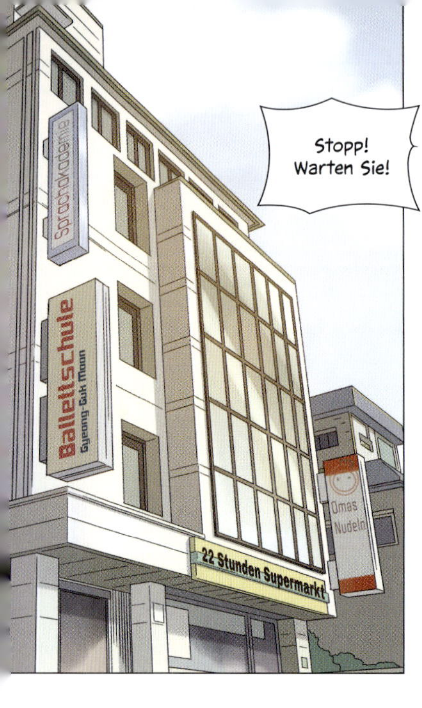
Sprachakademie
Ballettschule
Gyeong-Guk Moon
Omas Nudeln
22 Stunden Supermarkt
Stopp! Warten Sie!

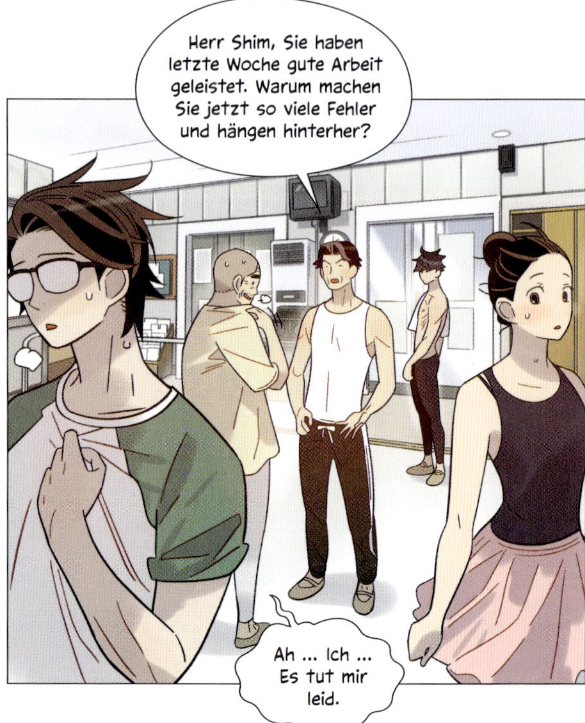
Herr Shim, Sie haben letzte Woche gute Arbeit geleistet. Warum machen Sie jetzt so viele Fehler und hängen hinterher?
Ah ... Ich ... Es tut mir leid.

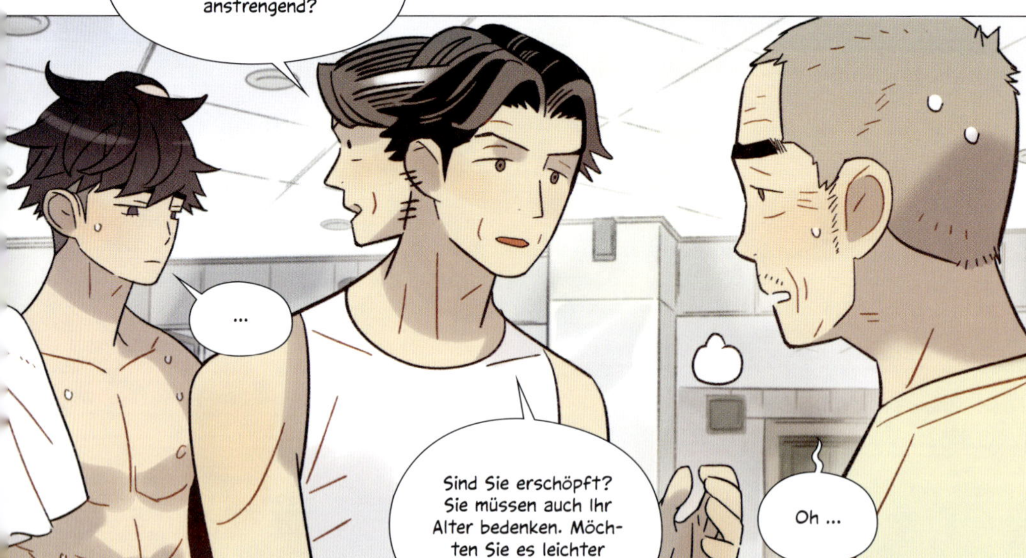
Was ist los, Chae-Rok? Ist sein Trainingsplan zu anstrengend?
...
Sind Sie erschöpft? Sie müssen auch Ihr Alter bedenken. Möchten Sie es leichter angehen?
Oh ...

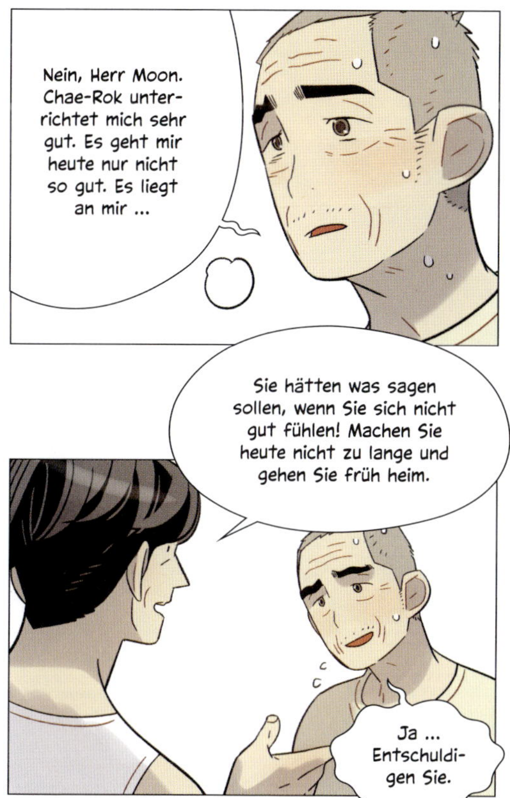
Nein, Herr Moon. Chae-Rok unterrichtet mich sehr gut. Es geht mir heute nur nicht so gut. Es liegt an mir ...
Sie hätten was sagen sollen, wenn Sie sich nicht gut fühlen! Machen Sie heute nicht zu lange und gehen Sie früh heim.
Ja ... Entschuldigen Sie.

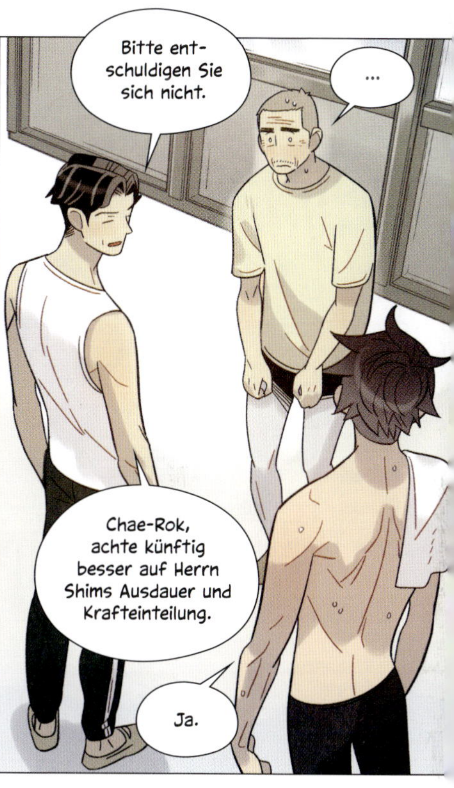
Bitte entschuldigen Sie sich nicht.
...
Chae-Rok, achte künftig besser auf Herrn Shims Ausdauer und Krafteinteilung.
Ja.

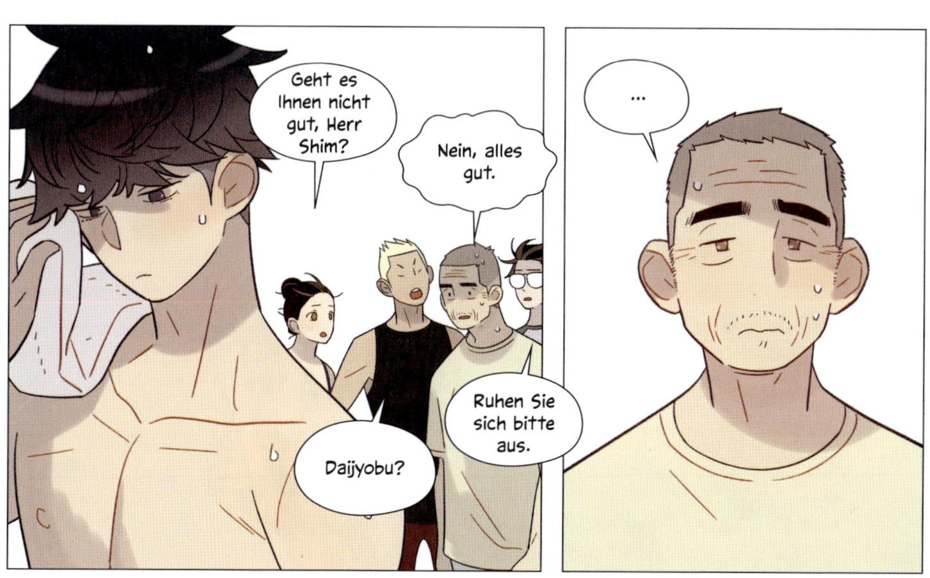
Geht es Ihnen nicht gut, Herr Shim?
Nein, alles gut.
Ruhen Sie sich bitte aus.
Daijyobu?
...

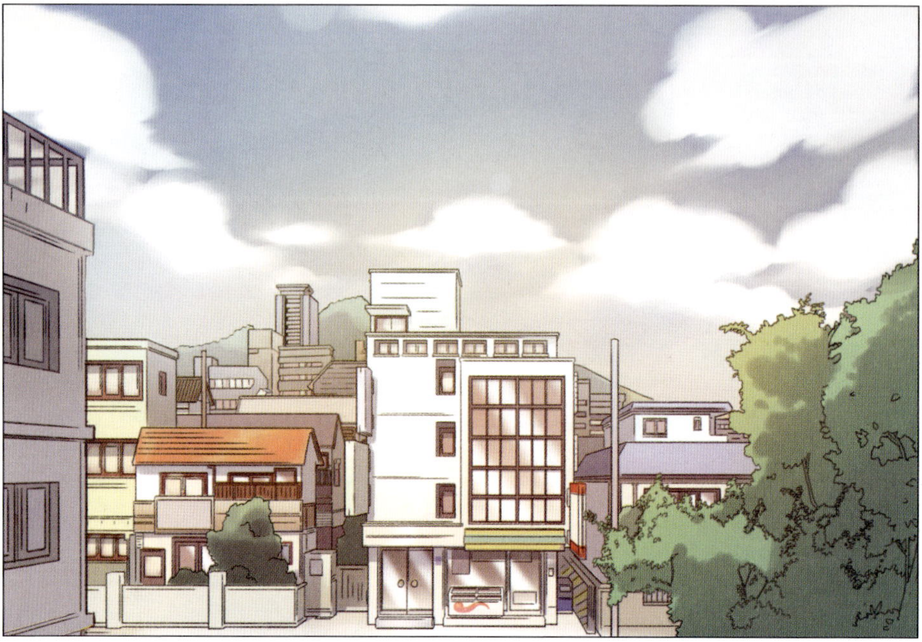

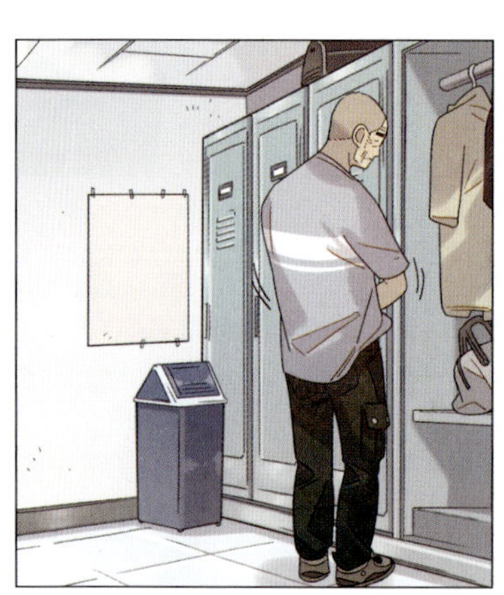

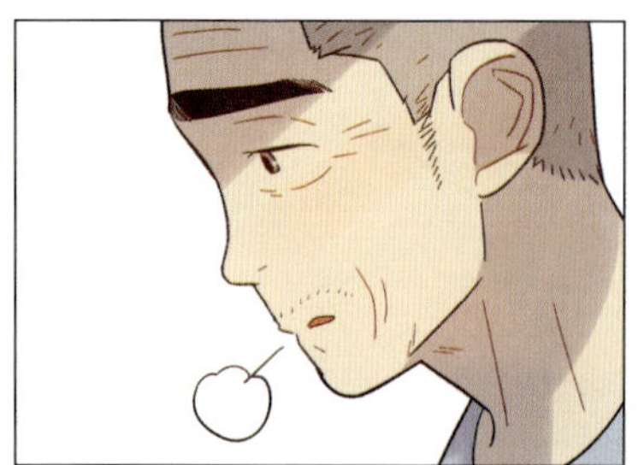

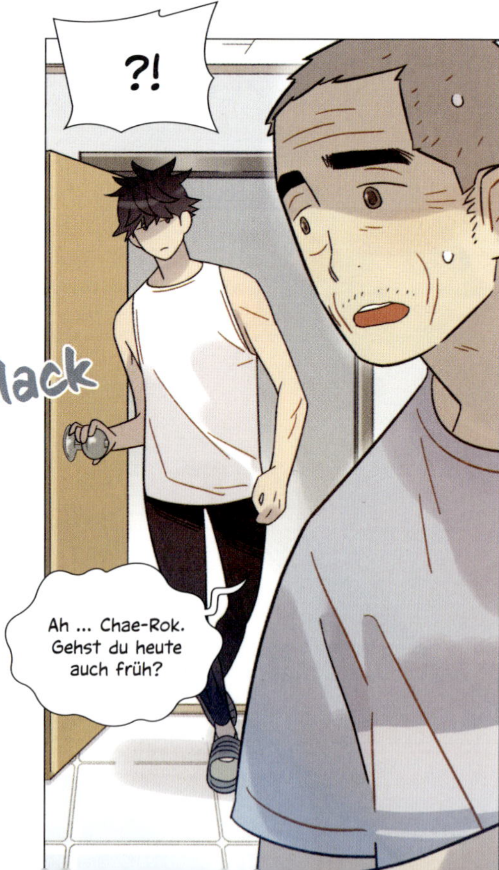
?!
Klack
Ah ... Chae-Rok. Gehst du heute auch früh?

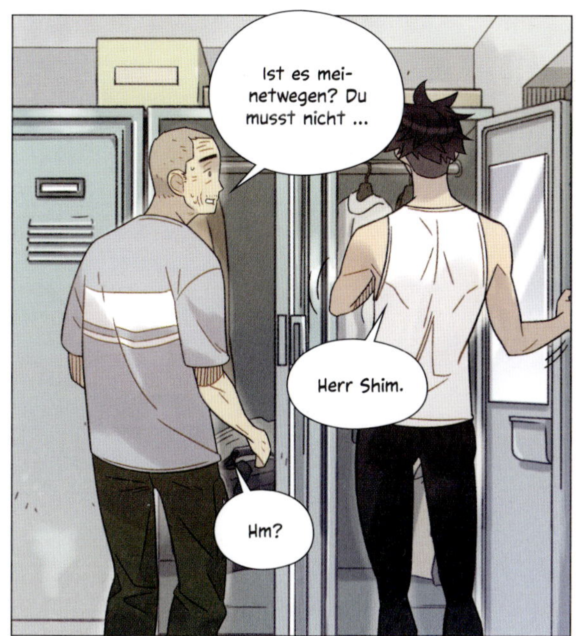
Ist es meinetwegen? Du musst nicht ...
Herr Shim.
Hm?

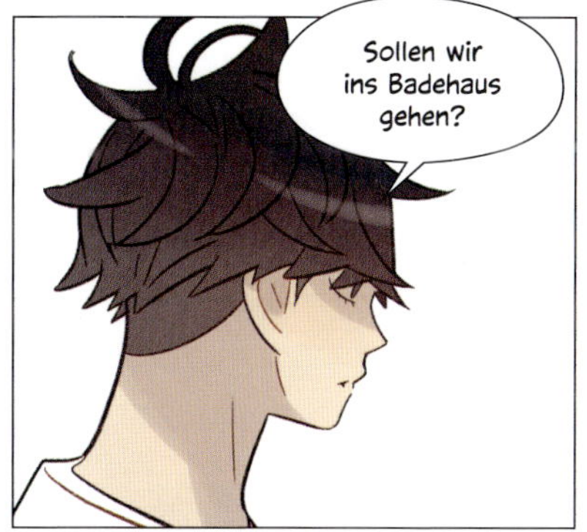
Sollen wir ins Badehaus gehen?

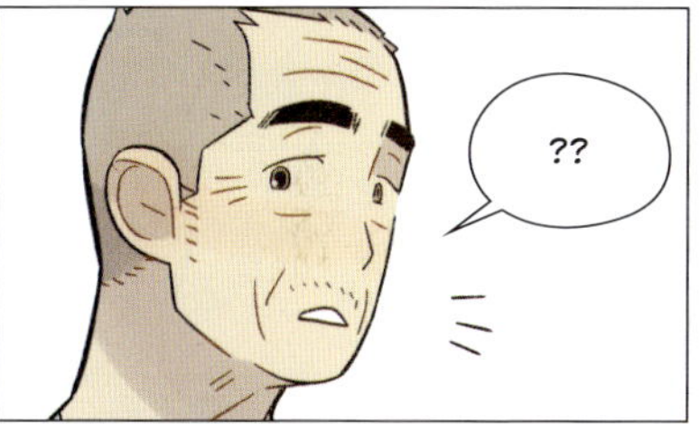
??

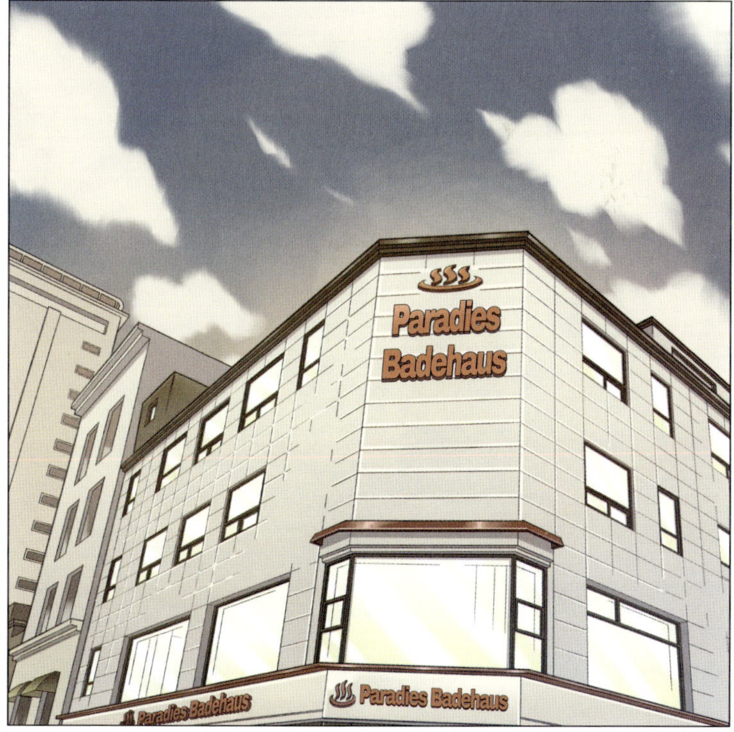
Paradies Badehaus
Paradies Badehaus
Paradies Badehaus

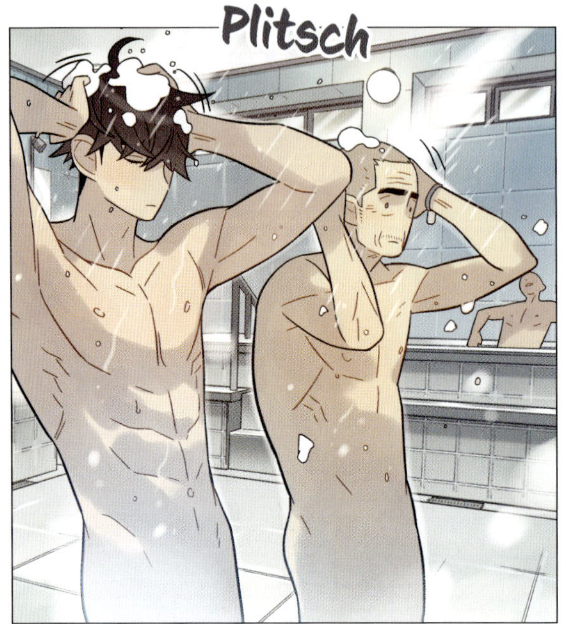
Plitsch

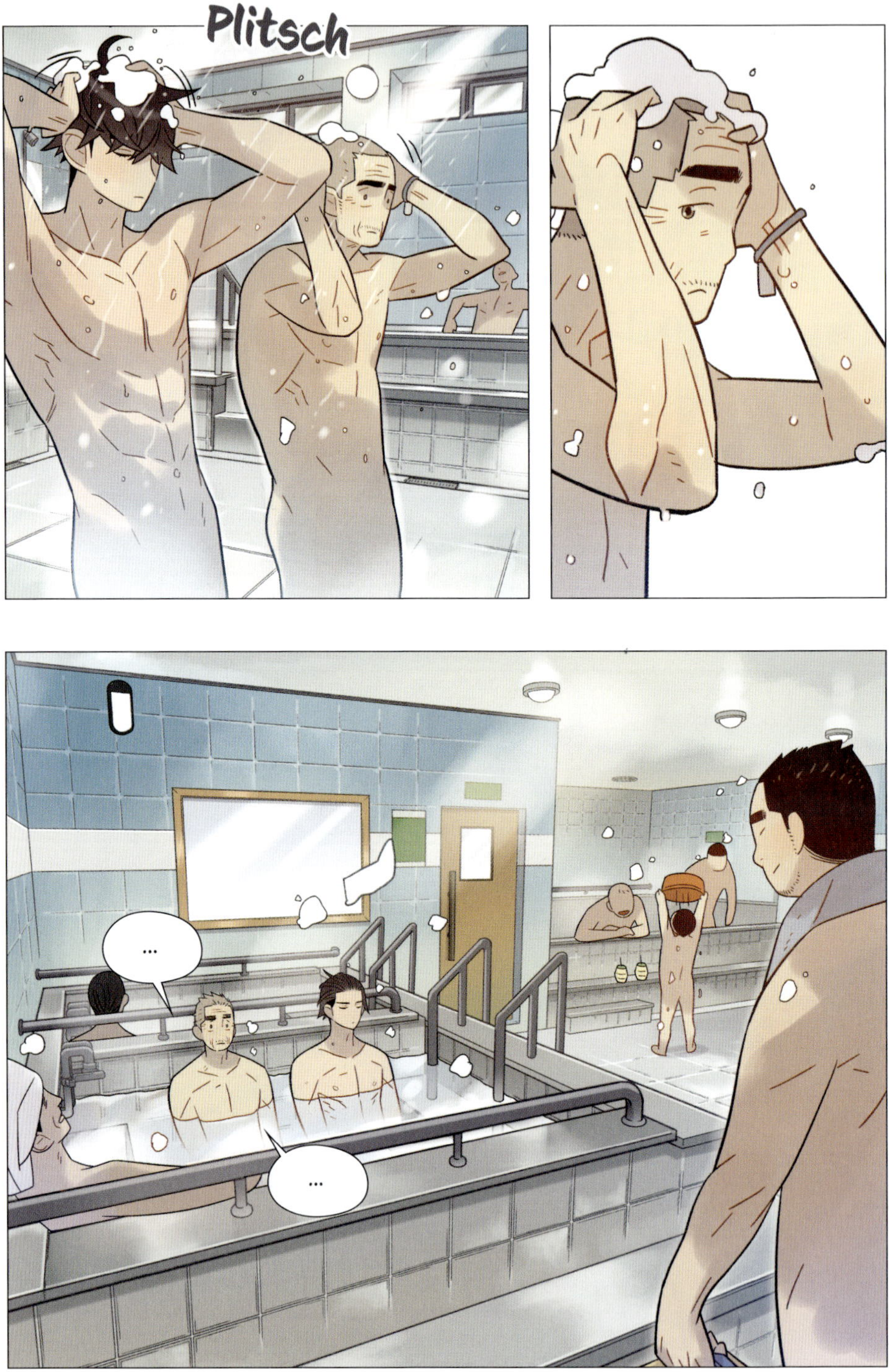

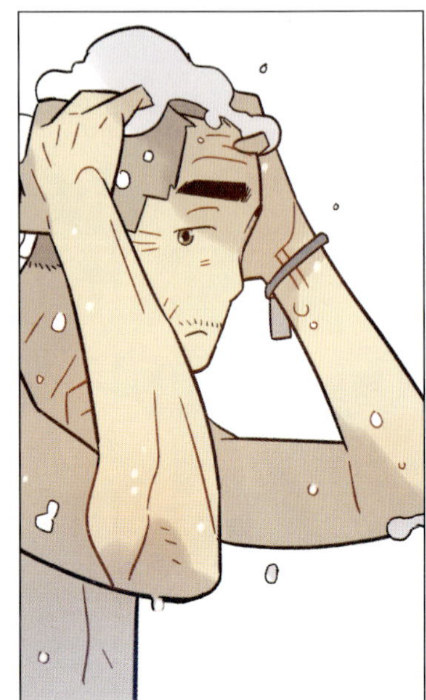

...

...

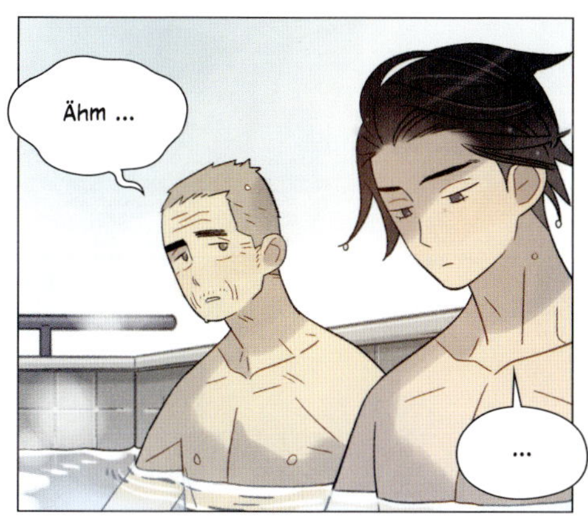

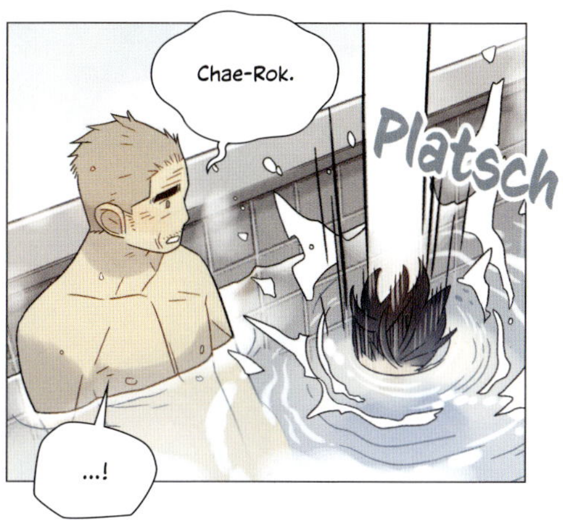

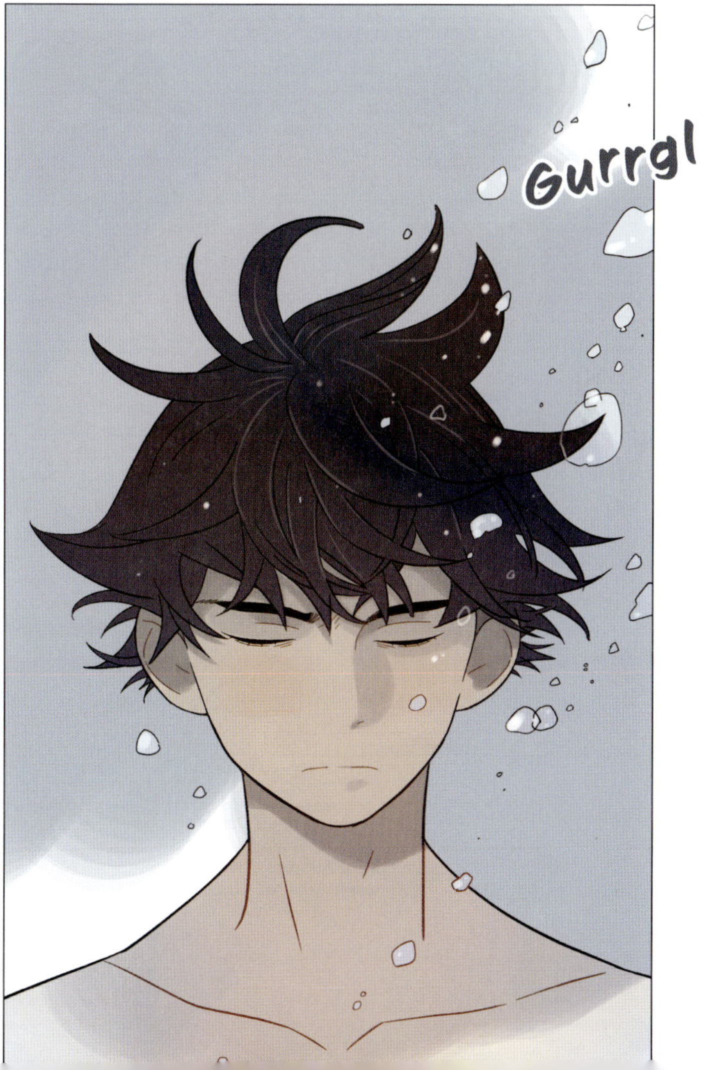

Gurrgl

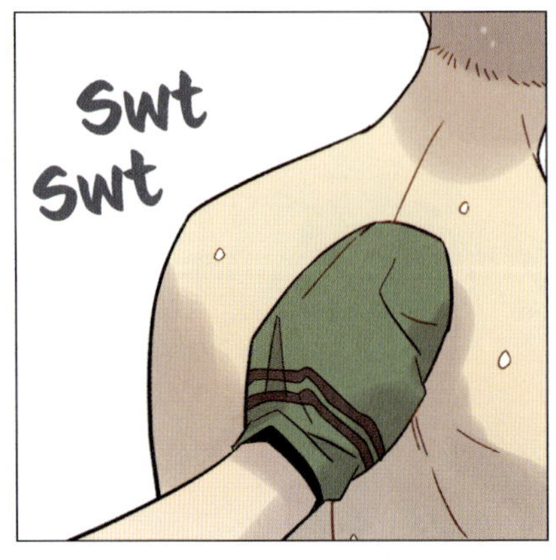
Swt
Swt

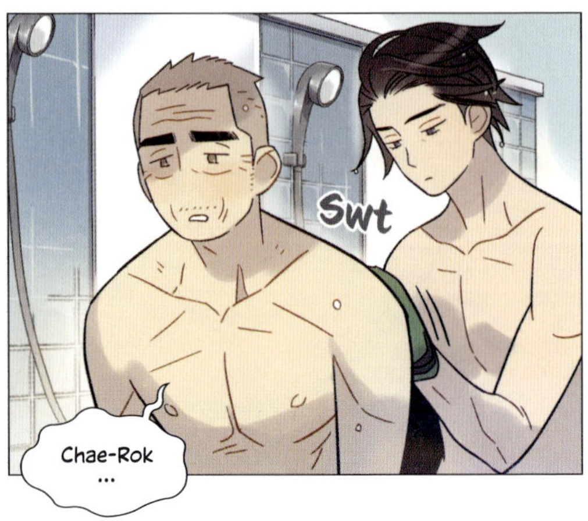
Swt
Chae-Rok ...

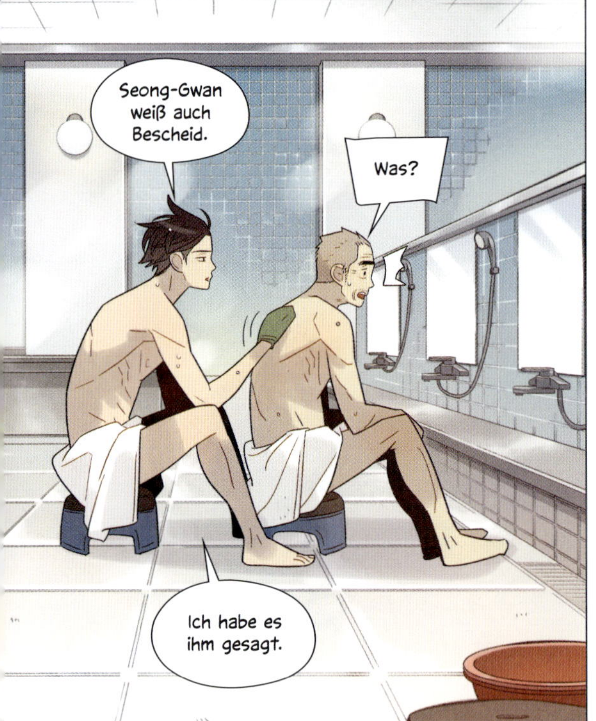
Seong-Gwan weiß auch Bescheid.
Was?
Ich habe es ihm gesagt.

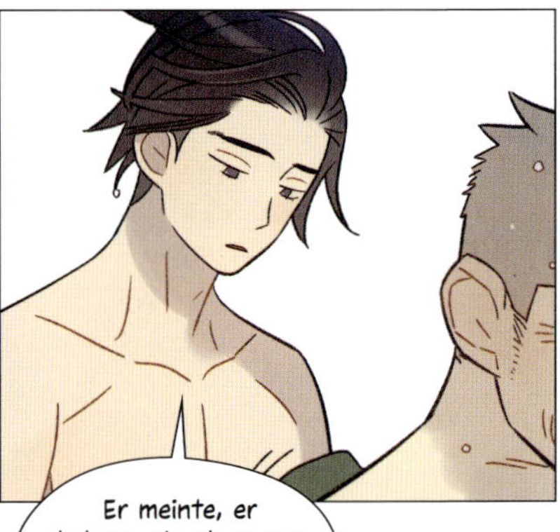
Er meinte, er tut so, als ob er von nichts wüsste. Also ist alles in Ordnung.

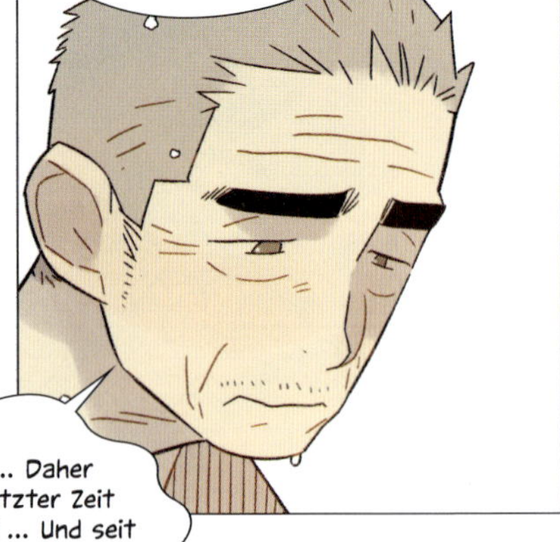
Verstehe ... Daher kam er in letzter Zeit so oft vorbei ... Und seit wann weißt du Bescheid, Chae-Rok?

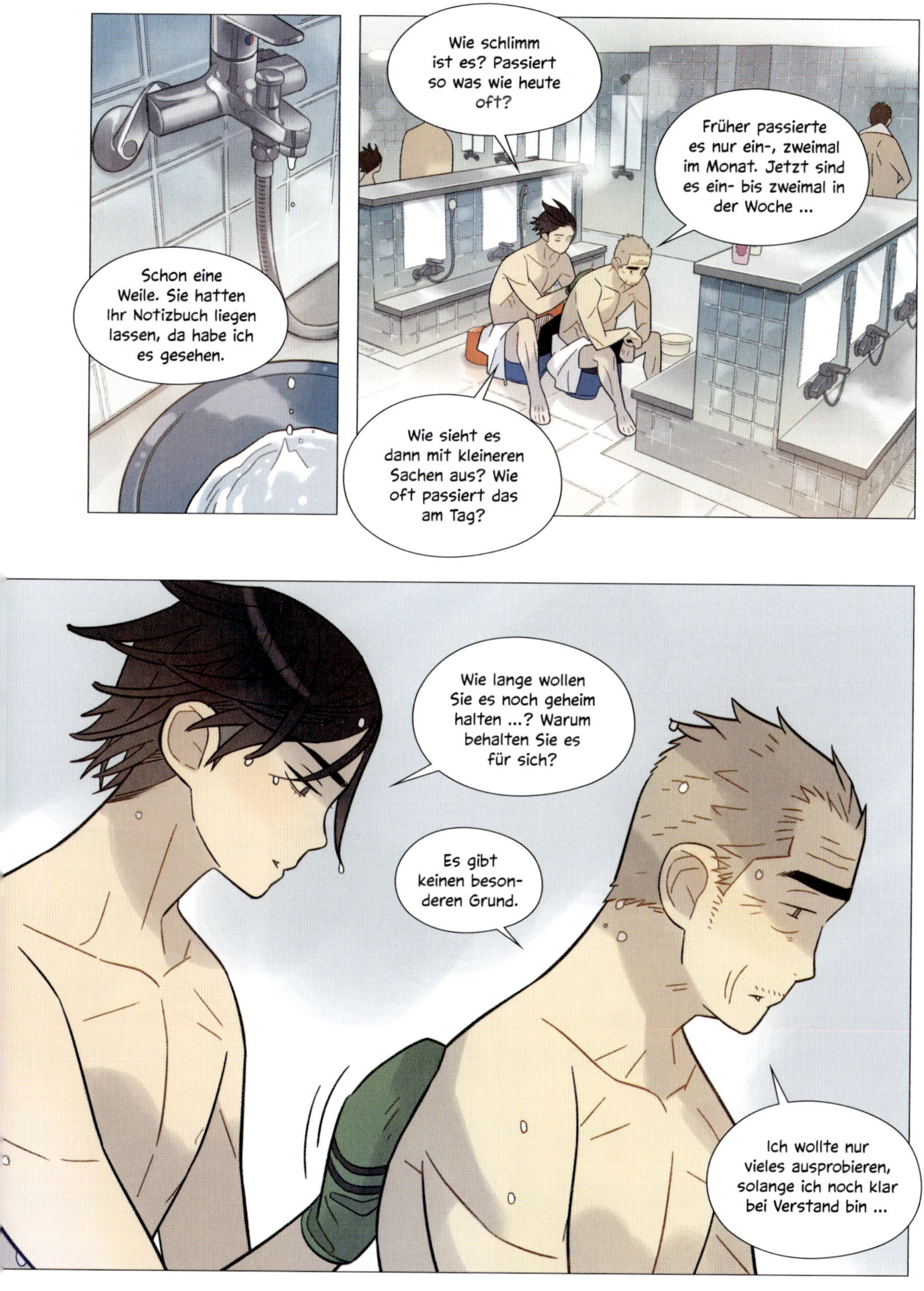

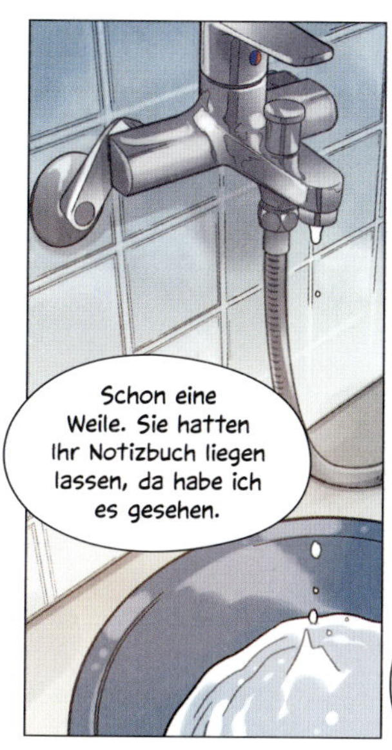
Schon eine Weile. Sie hatten Ihr Notizbuch liegen lassen, da habe ich es gesehen.

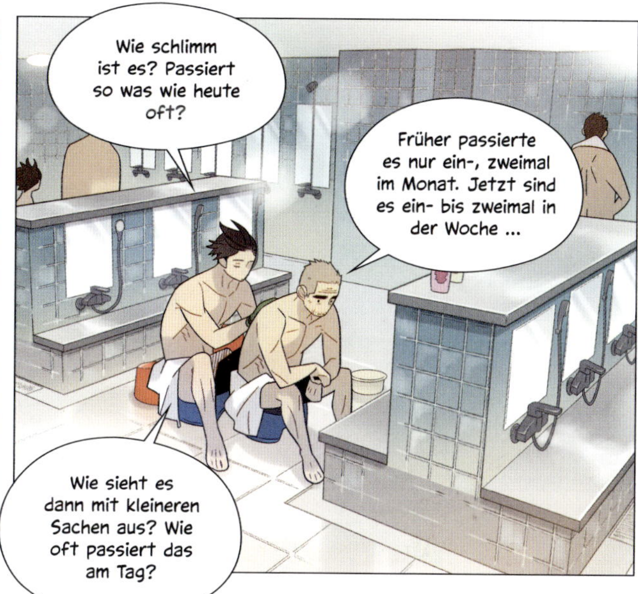
Wie schlimm ist es? Passiert so was wie heute oft?
Früher passierte es nur ein-, zweimal im Monat. Jetzt sind es ein- bis zweimal in der Woche ...
Wie sieht es dann mit kleineren Sachen aus? Wie oft passiert das am Tag?

Wie lange wollen Sie es noch geheim halten ...? Warum behalten Sie es für sich?
Es gibt keinen besonderen Grund.
Ich wollte nur vieles ausprobieren, solange ich noch klar bei Verstand bin ...

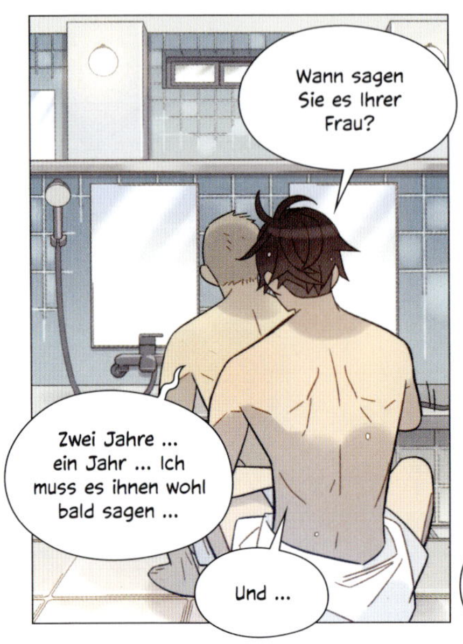
Wann sagen Sie es Ihrer Frau?
Zwei Jahre ... ein Jahr ... Ich muss es ihnen wohl bald sagen ...
Und ...

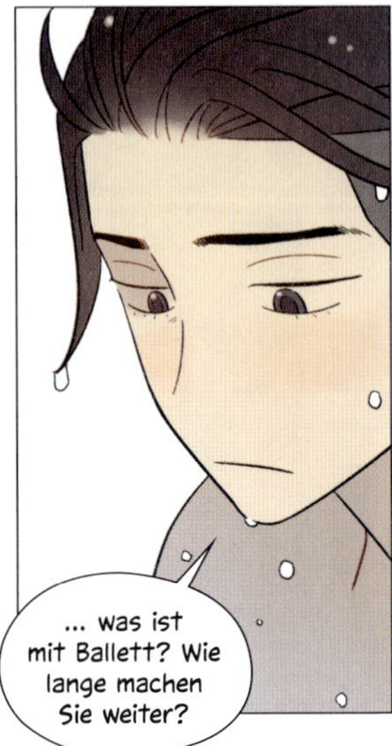
... was ist mit Ballett? Wie lange machen Sie weiter?

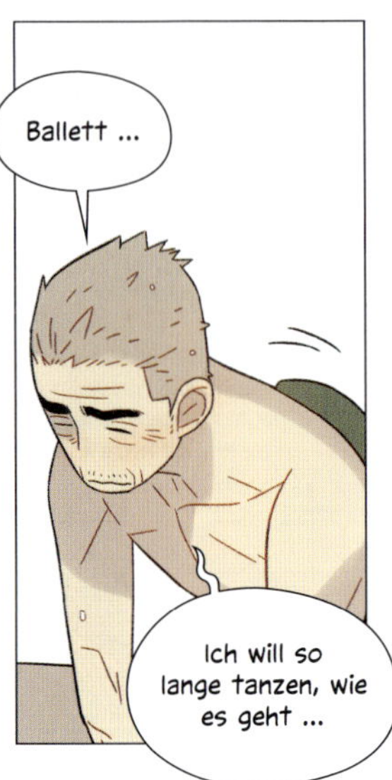
Ballett ...
Ich will so lange tanzen, wie es geht ...

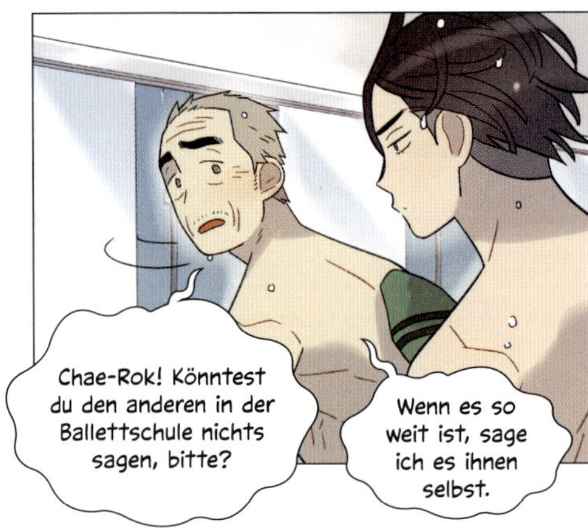
Chae-Rok! Könntest du den anderen in der Ballettschule nichts sagen, bitte?
Wenn es so weit ist, sage ich es ihnen selbst.

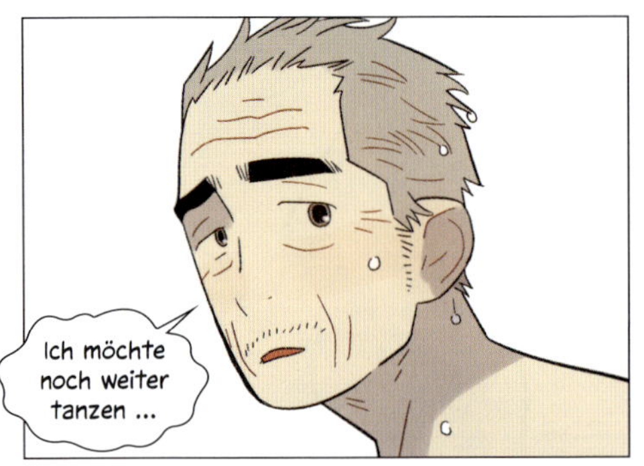
Ich möchte noch weiter tanzen ...

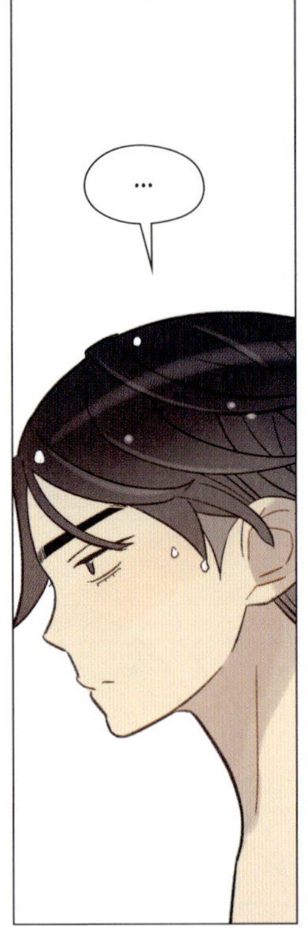
...

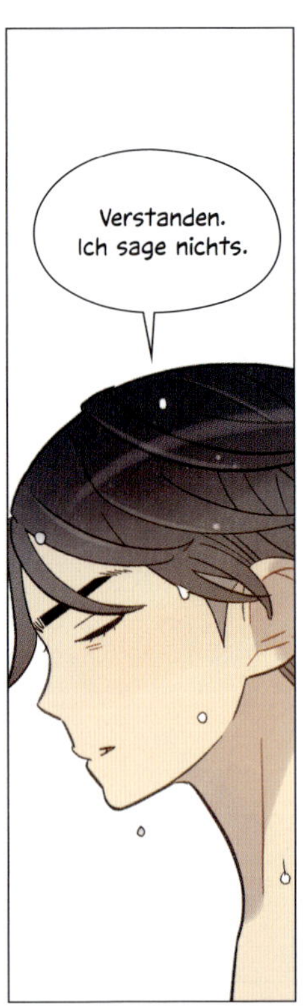
Verstanden. Ich sage nichts.

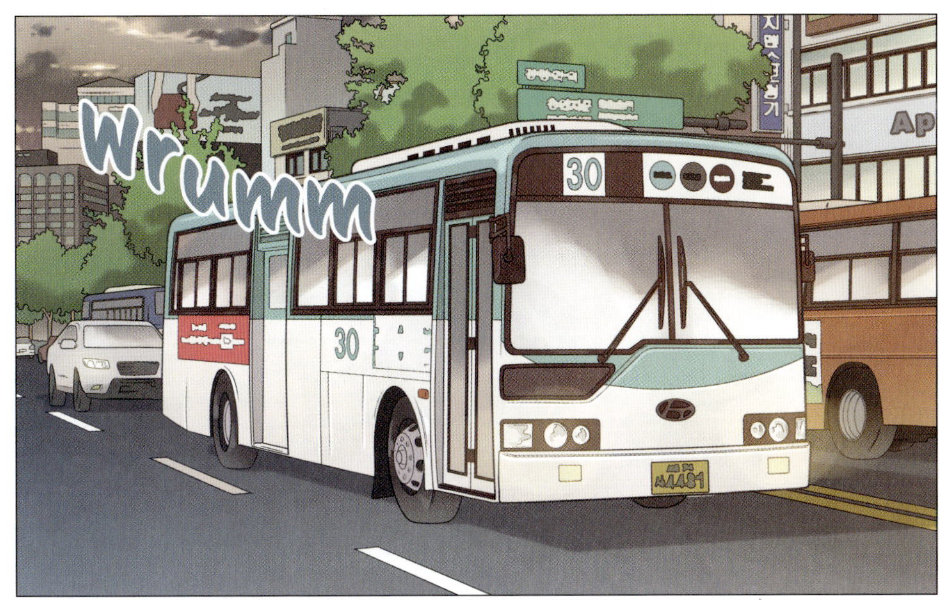
Wrumm
30
30

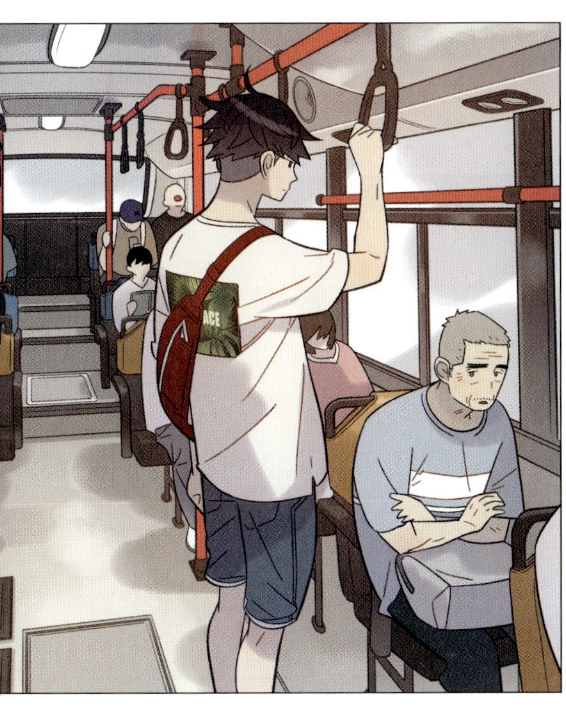

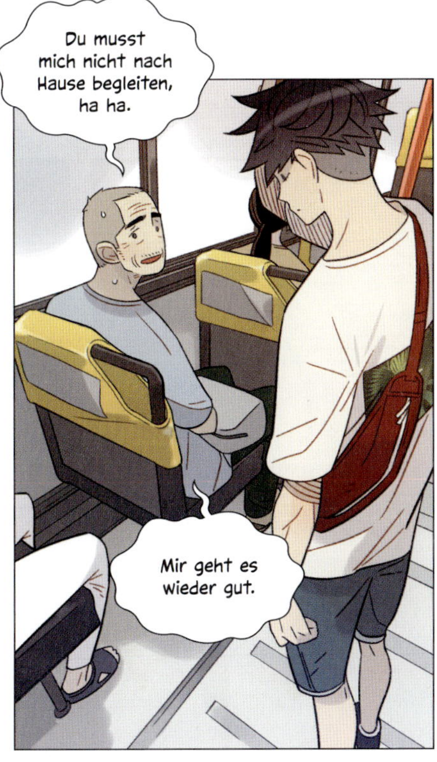
Du musst mich nicht nach Hause begleiten, ha ha.
Mir geht es wieder gut.

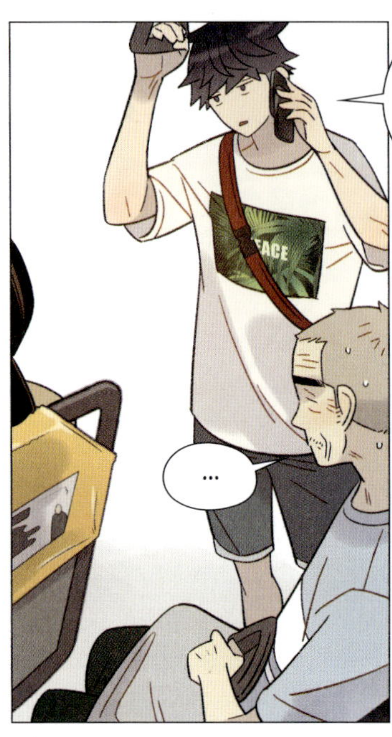
…

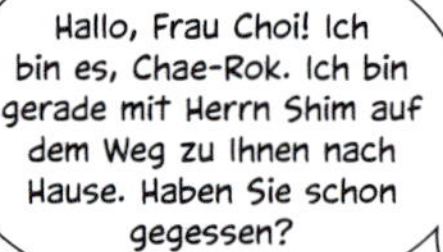
Hallo, Frau Choi! Ich bin es, Chae-Rok. Ich bin gerade mit Herrn Shim auf dem Weg zu Ihnen nach Hause. Haben Sie schon gegessen?

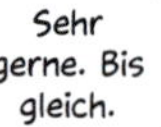
Sehr gerne. Bis gleich.

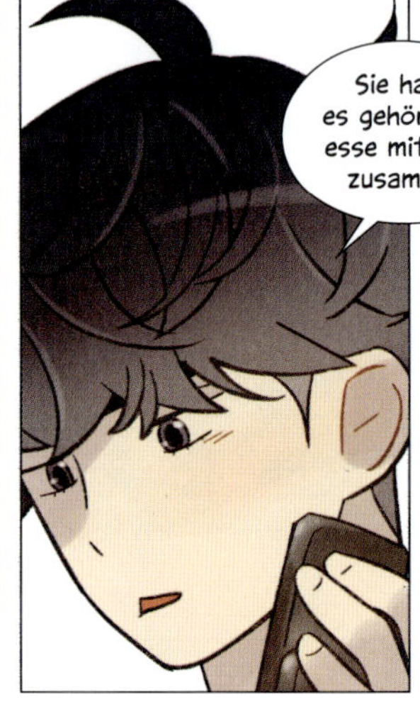
Sie haben es gehört? Ich esse mit Ihnen zusammen.

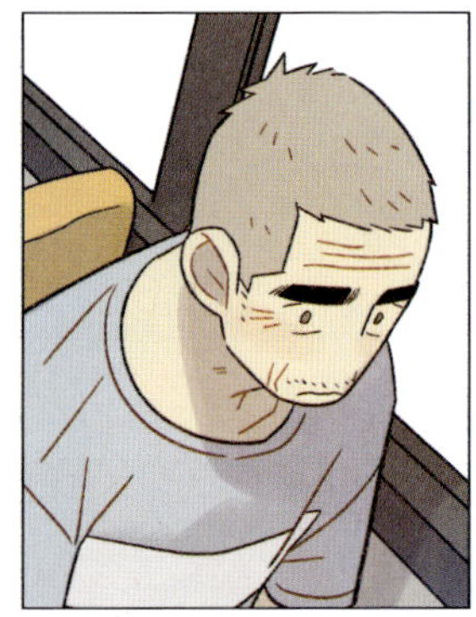

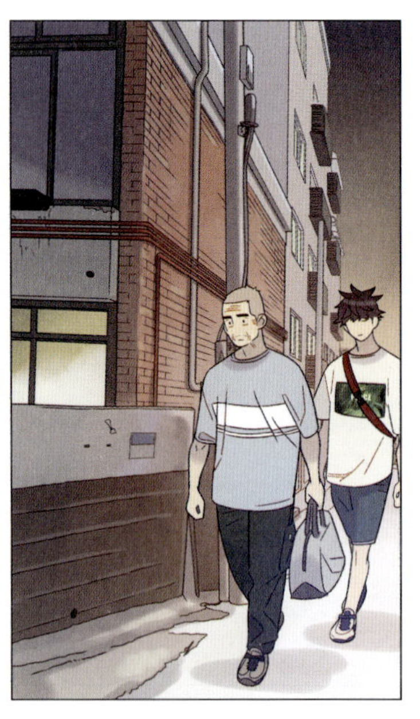

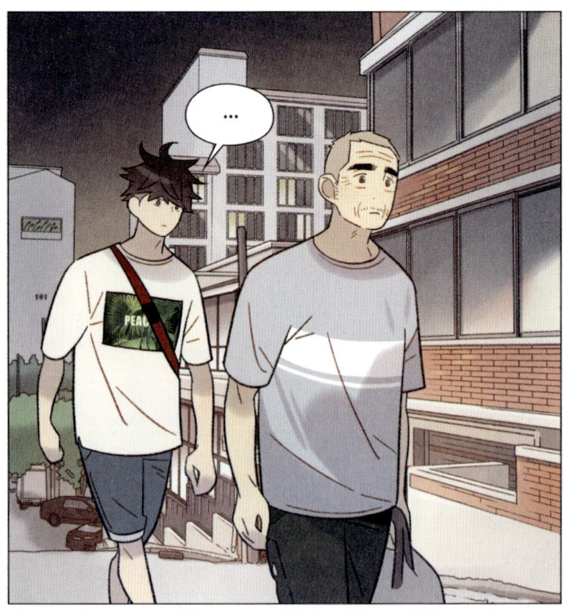
…

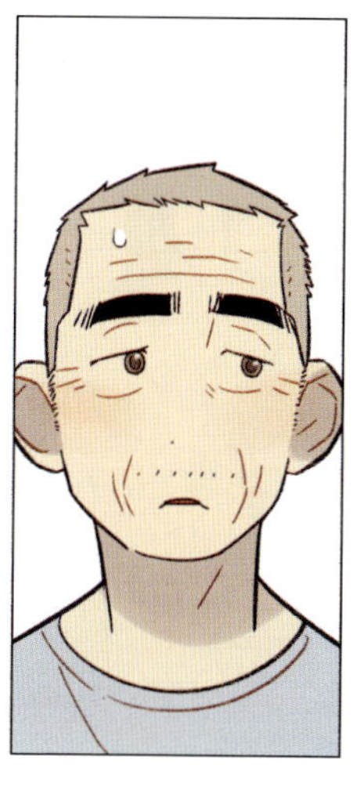
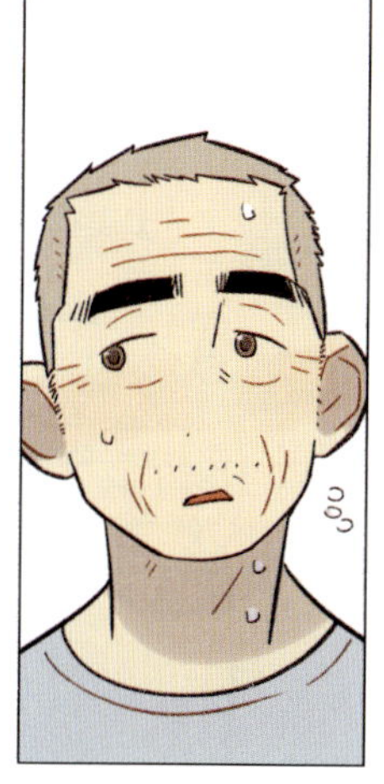
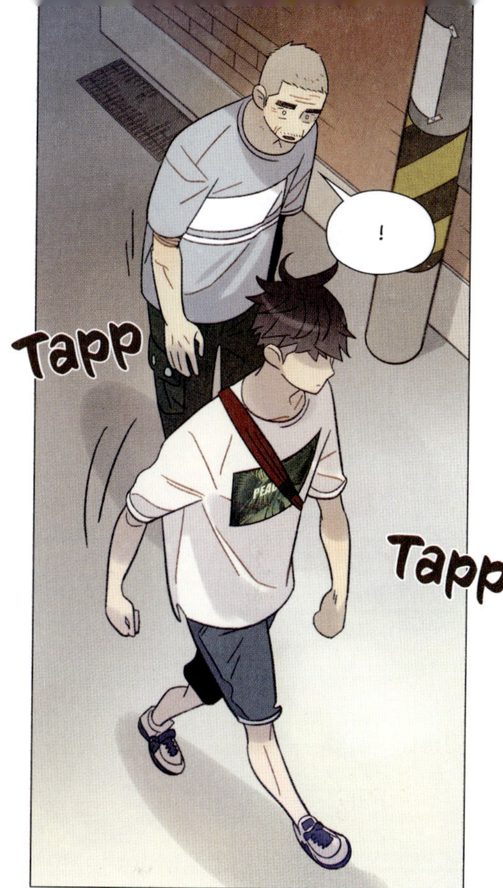
!
Tapp
Tapp
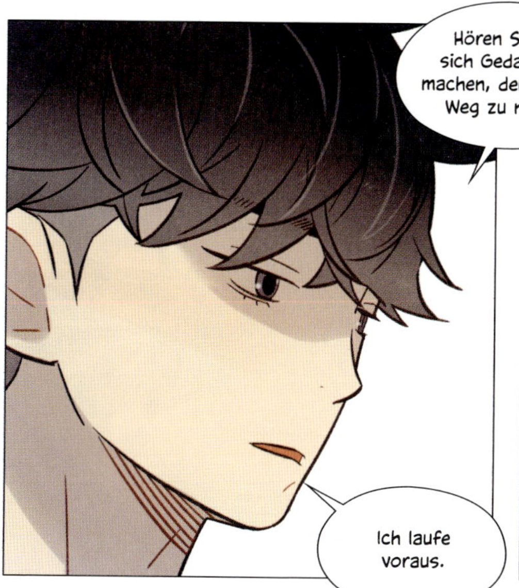
Hören Sie auf, sich Gedanken zu machen, den falschen Weg zu nehmen.
Ich laufe voraus.
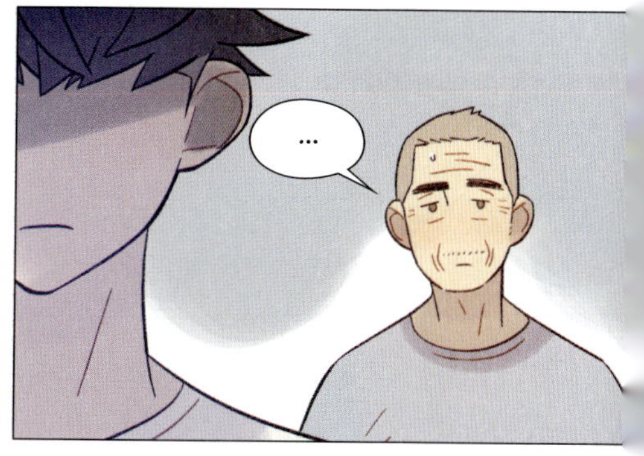
...

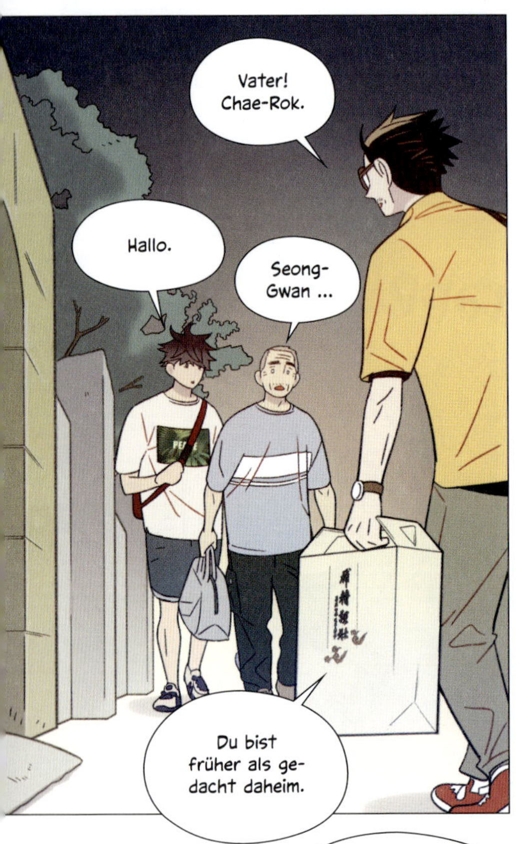
Vater!
Chae-Rok.
Hallo.
Seong-
Gwan ...
Du bist
früher als ge-
dacht daheim.

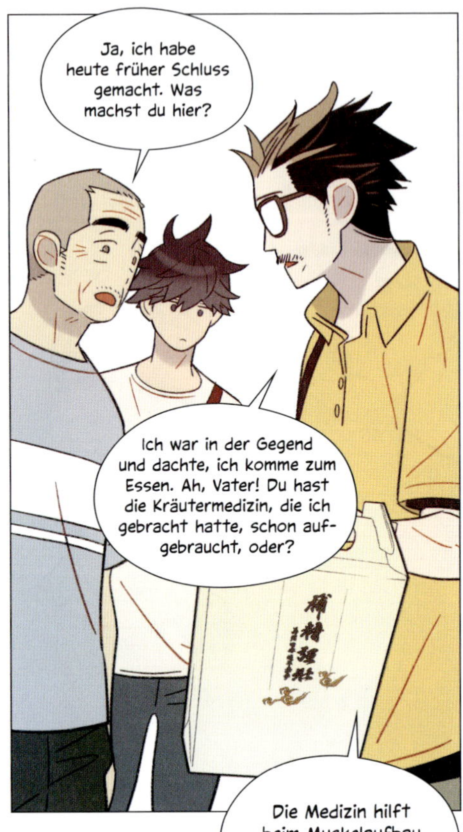
Ja, ich habe
heute früher Schluss
gemacht. Was
machst du hier?
Ich war in der Gegend
und dachte, ich komme zum
Essen. Ah, Vater! Du hast
die Kräutermedizin, die ich
gebracht hatte, schon auf-
gebraucht, oder?
Die Medizin hilft
beim Muskelaufbau
und bei Gedächt-
nisverlust.

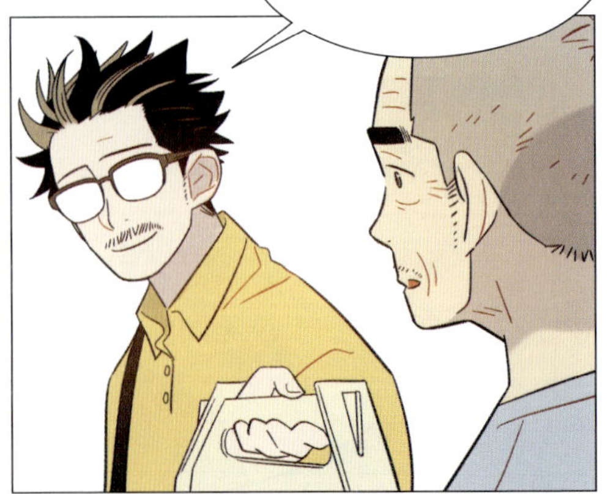
Ich war heute in einer
Akupunkturklinik und habe
wieder etwas Kräuterme-
dizin mitgebracht.
Hier, für dich.

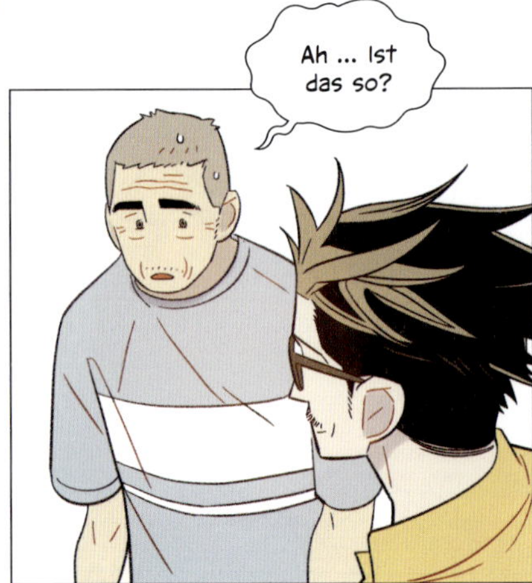
Ah ... Ist
das so?

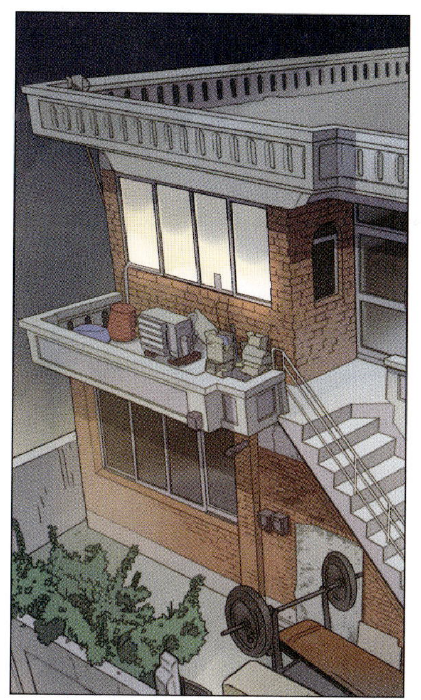

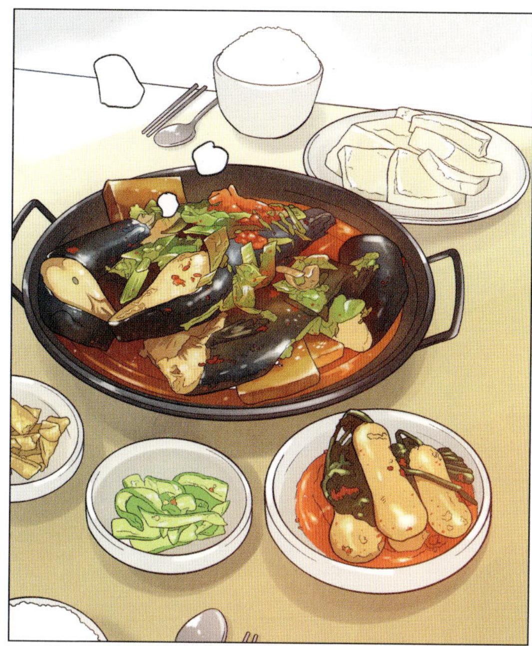

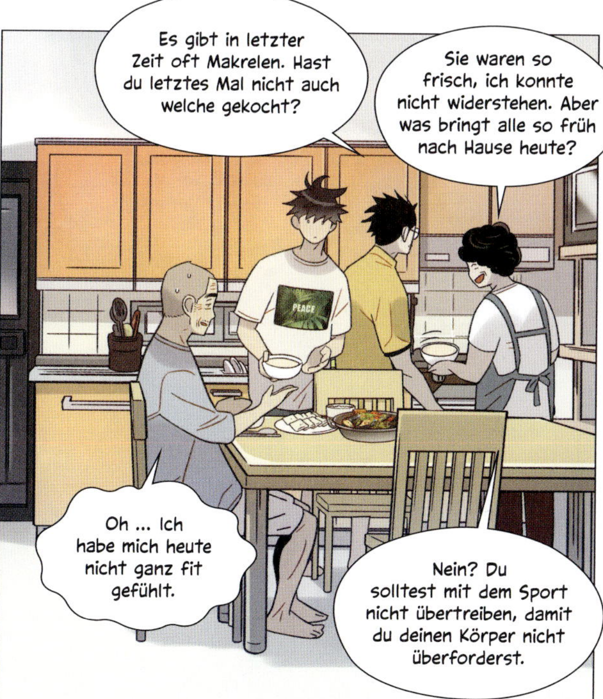
Es gibt in letzter Zeit oft Makrelen. Hast du letztes Mal nicht auch welche gekocht?
Sie waren so frisch, ich konnte nicht widerstehen. Aber was bringt alle so früh nach Hause heute?
Oh ... Ich habe mich heute nicht ganz fit gefühlt.
Nein? Du solltest mit dem Sport nicht übertreiben, damit du deinen Körper nicht überforderst.

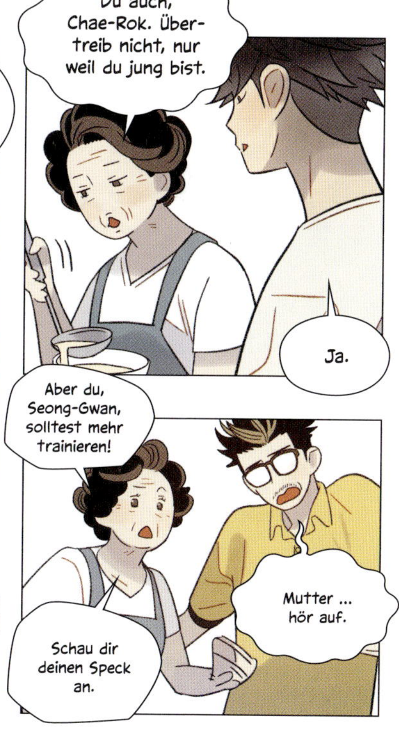
Du auch, Chae-Rok. Über-treib nicht, nur weil du jung bist.
Ja.
Aber du, Seong-Gwan, solltest mehr trainieren!
Schau dir deinen Speck an.
Mutter ... hör auf.

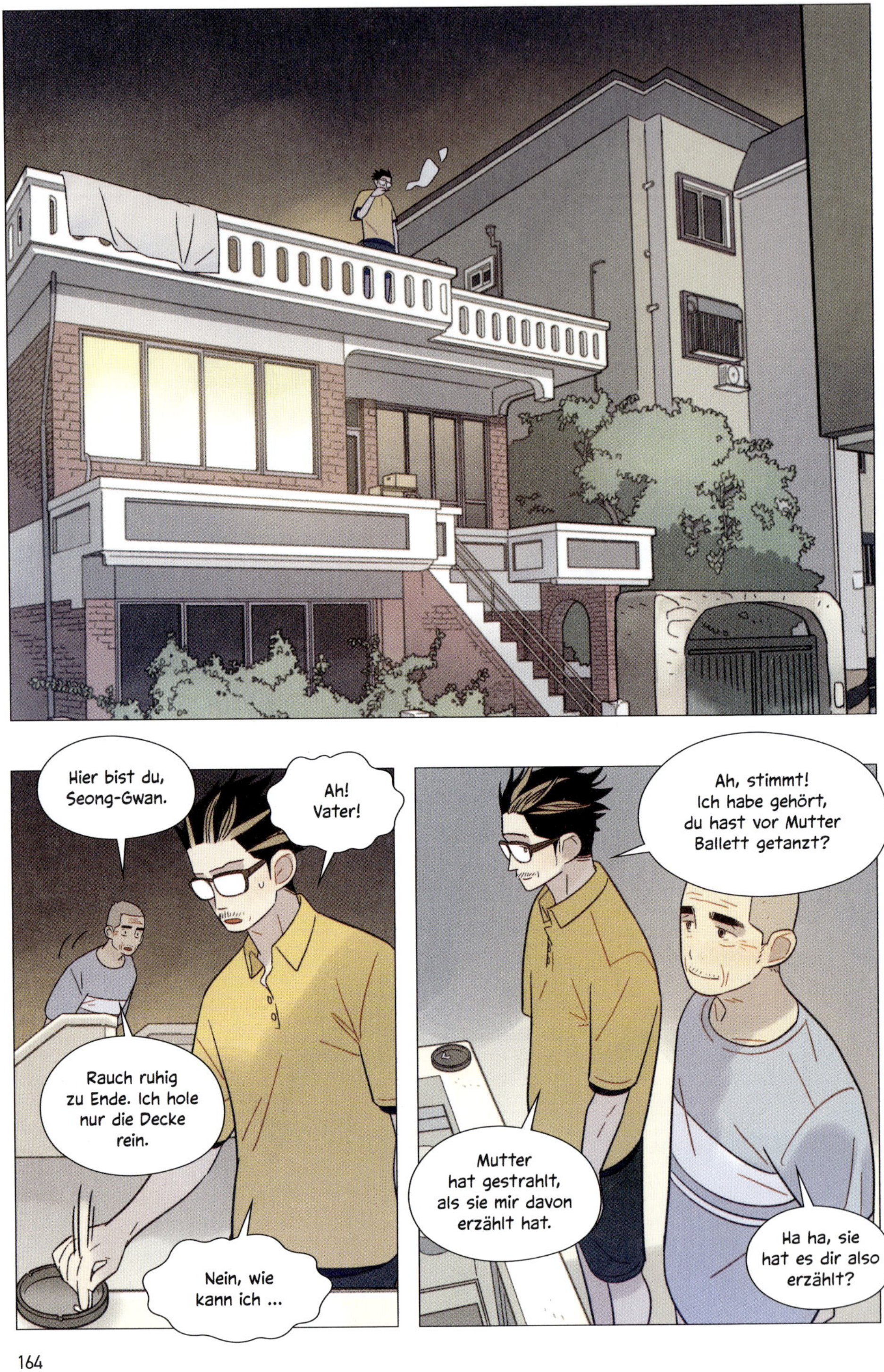

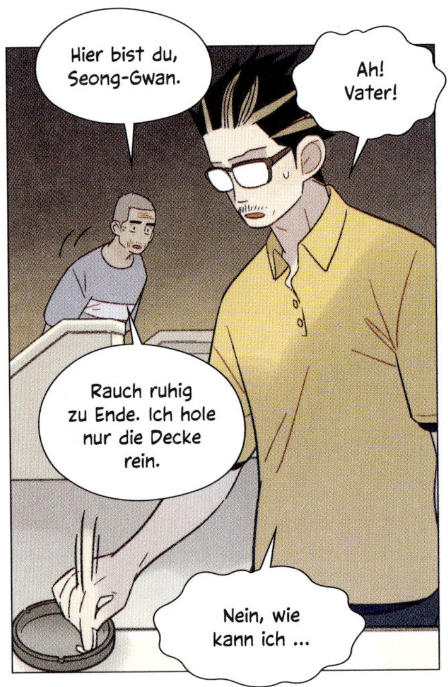
Hier bist du, Seong-Gwan.
Ah! Vater!
Rauch ruhig zu Ende. Ich hole nur die Decke rein.
Nein, wie kann ich ...

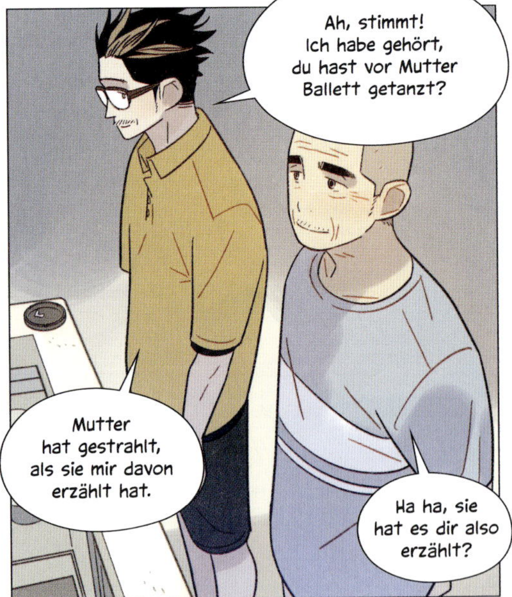
Ah, stimmt! Ich habe gehört, du hast vor Mutter Ballett getanzt?
Mutter hat gestrahlt, als sie mir davon erzählt hat.
Ha ha, sie hat es dir also erzählt?

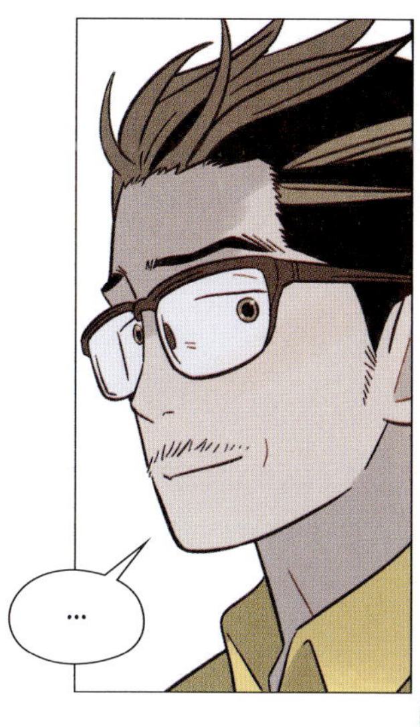
...

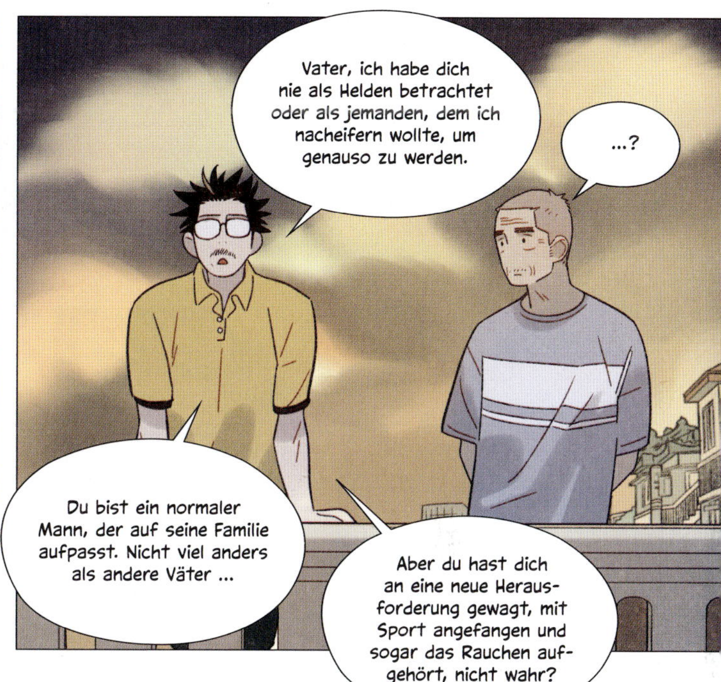
Vater, ich habe dich nie als Helden betrachtet oder als jemanden, dem ich nacheifern wollte, um genauso zu werden.
...?
Du bist ein normaler Mann, der auf seine Familie aufpasst. Nicht viel anders als andere Väter ...
Aber du hast dich an eine neue Herausforderung gewagt, mit Sport angefangen und sogar das Rauchen aufgehört, nicht wahr?

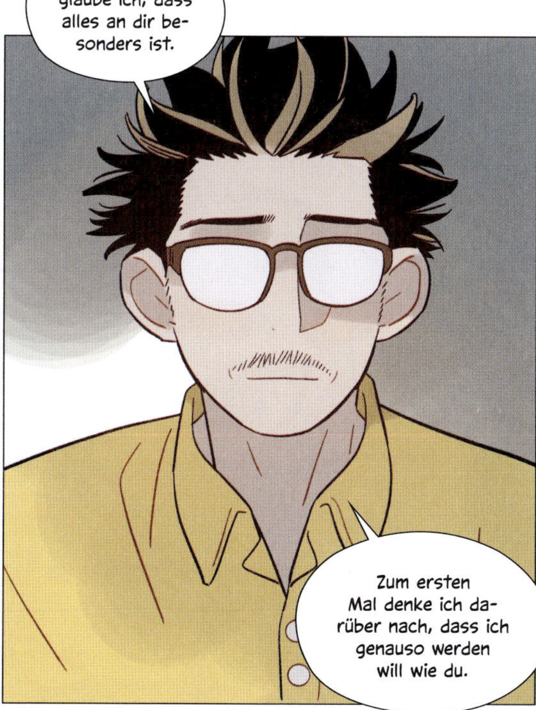
Heutzutage glaube ich, dass alles an dir besonders ist.
Zum ersten Mal denke ich darüber nach, dass ich genauso werden will wie du.

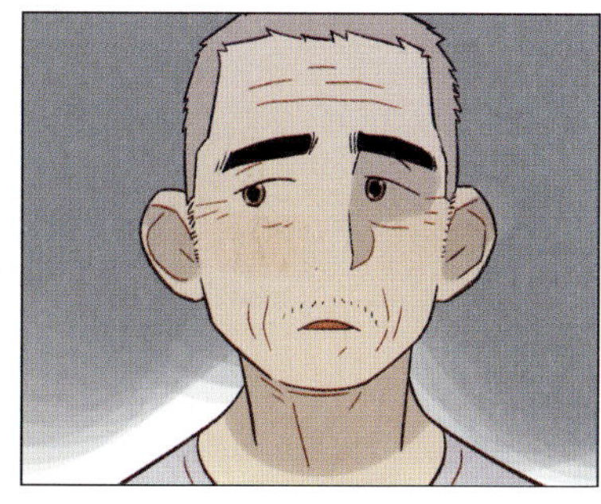

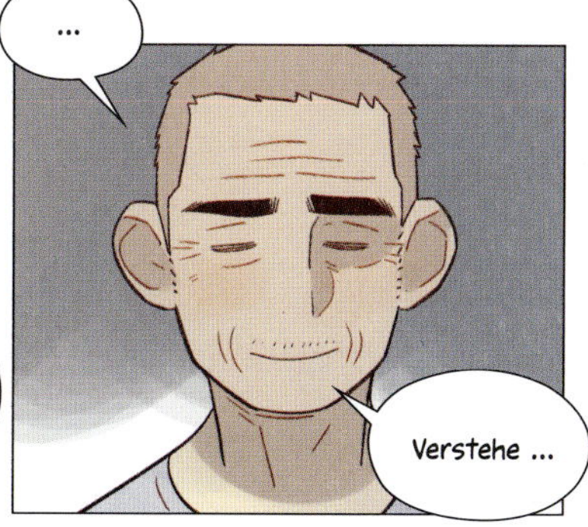
...
Verstehe ...

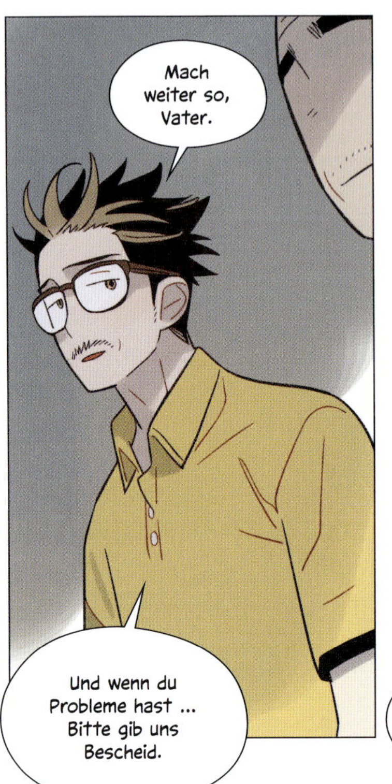
Mach weiter so, Vater.
Und wenn du Probleme hast ... Bitte gib uns Bescheid.

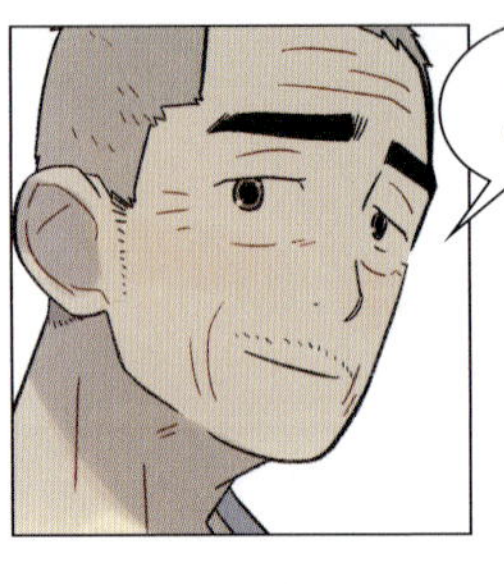
Seong-Gwan ...

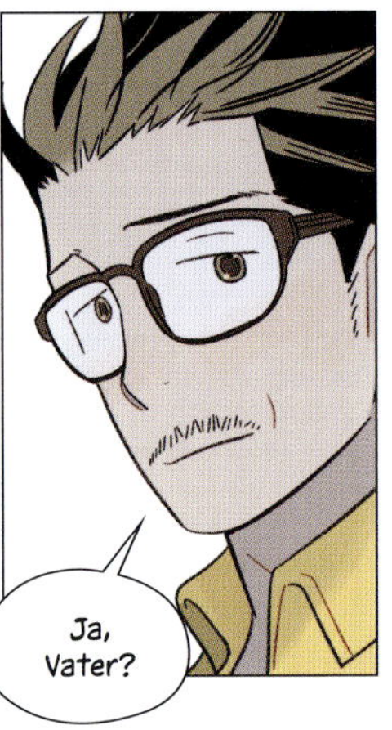
Ja, Vater?

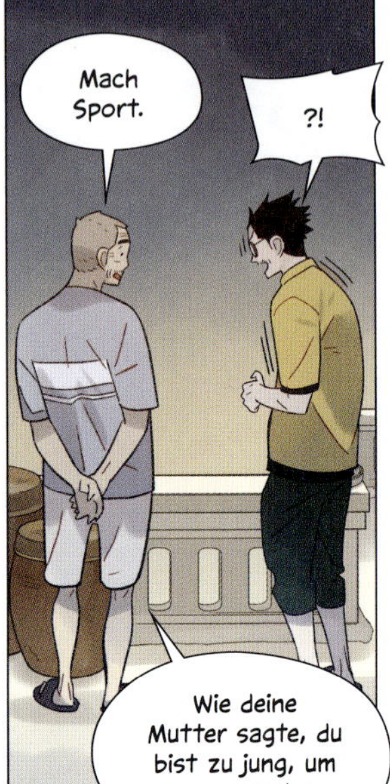
Mach Sport.
?!
Wie deine Mutter sagte, du bist zu jung, um so auszusehen.

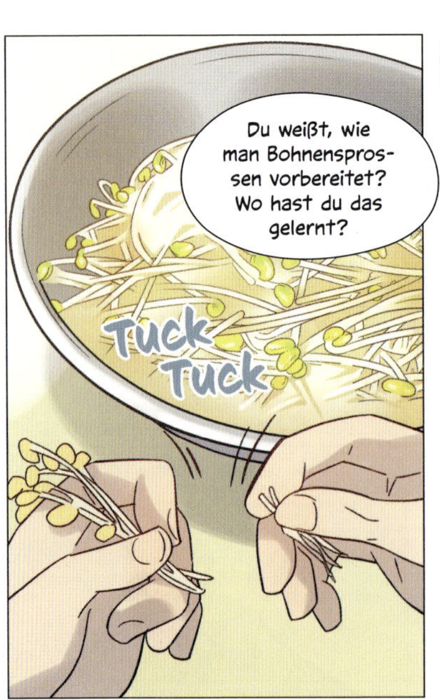
Du weißt, wie man Bohnensprossen vorbereitet? Wo hast du das gelernt?
TUCK TUCK

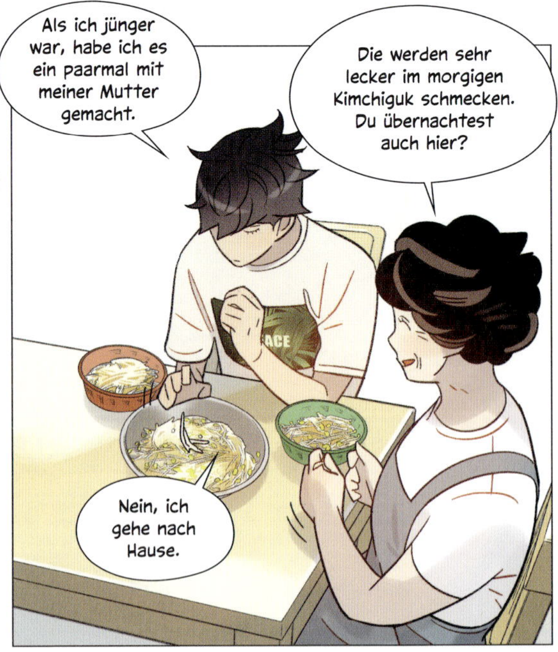
Als ich jünger war, habe ich es ein paarmal mit meiner Mutter gemacht.
Die werden sehr lecker im morgigen Kimchiguk schmecken. Du übernachtest auch hier?
Nein, ich gehe nach Hause.

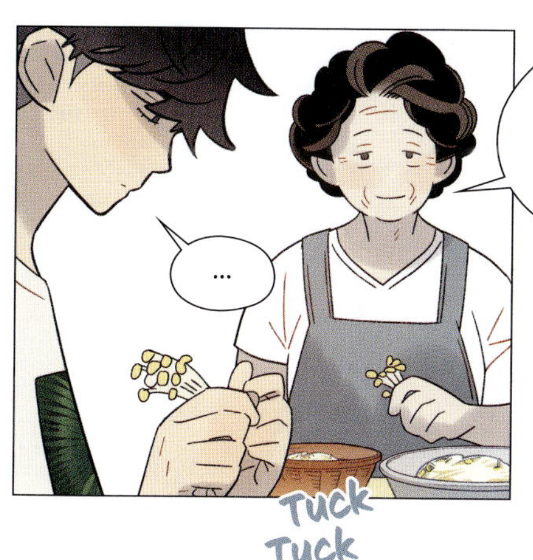
Wie schön ist das, jemanden zu haben, der meinen Mann nach Hause begleitet, wenn er sich nicht so gut fühlt.
...
Tuck
Tuck
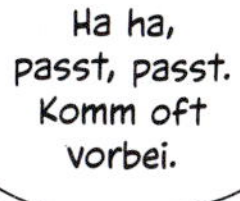
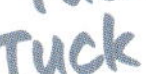
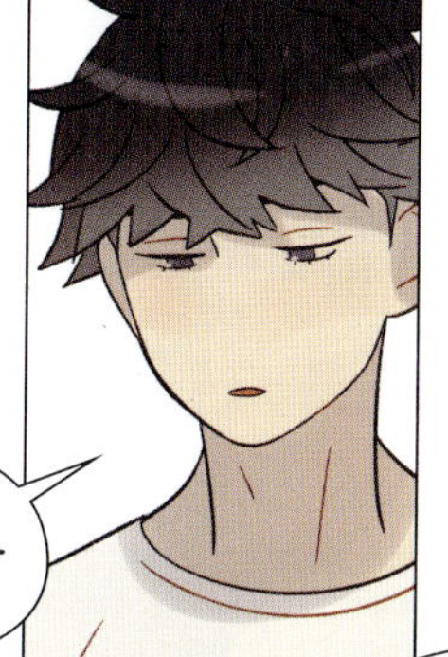
Ich bin zum Essen vorbeige-kommen.
Ha ha, passt, passt. Komm oft vorbei.
Warte! Bedeutet das, mein Mann soll öfter krank sein? Das wollen wir aber auch nicht.
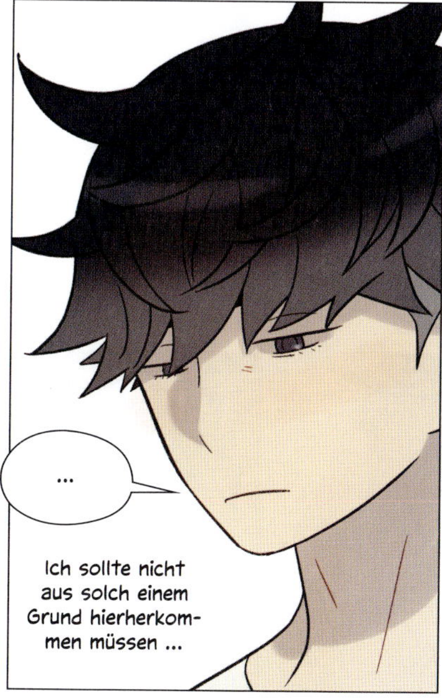
...
Ich sollte nicht aus solch einem Grund hierherkom-men müssen ...
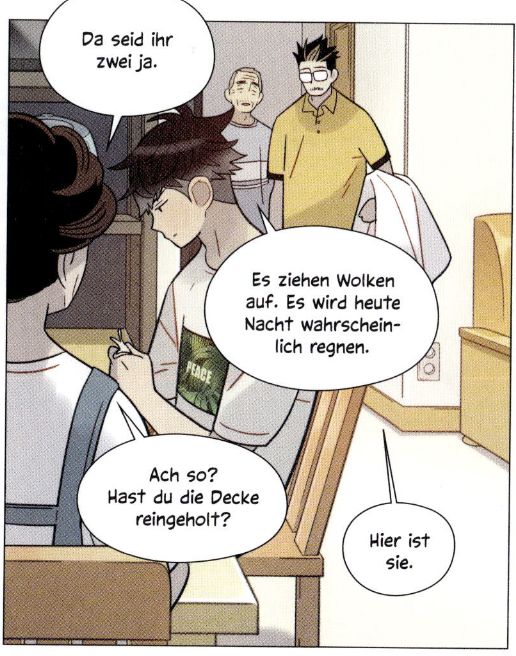
Da seid ihr zwei ja.
Es ziehen Wolken auf. Es wird heute Nacht wahrschein-lich regnen.
Ach so? Hast du die Decke reingeholt?
Hier ist sie.
PEACE

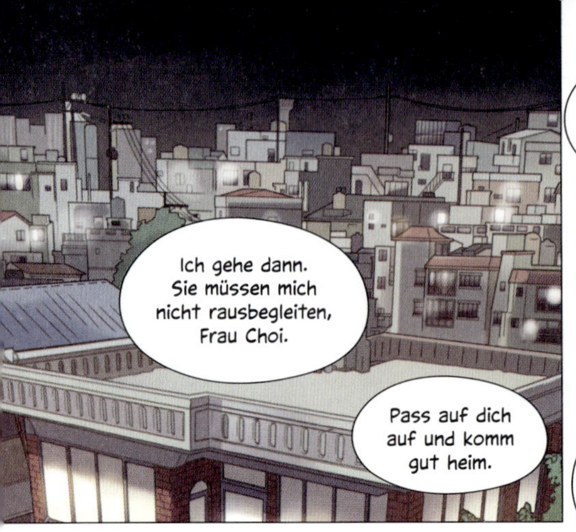
Ich gehe dann. Sie müssen mich nicht rausbegleiten, Frau Choi.
Pass auf dich auf und komm gut heim.

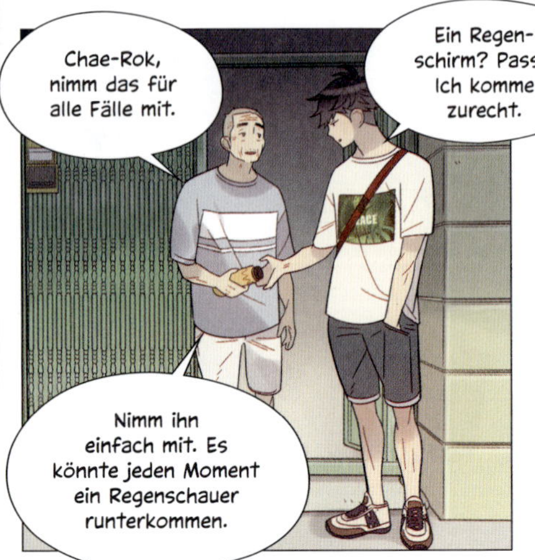
Chae-Rok, nimm das für alle Fälle mit.
Ein Regen-schirm? Passt. Ich komme zurecht.
Nimm ihn einfach mit. Es könnte jeden Moment ein Regenschauer runterkommen.

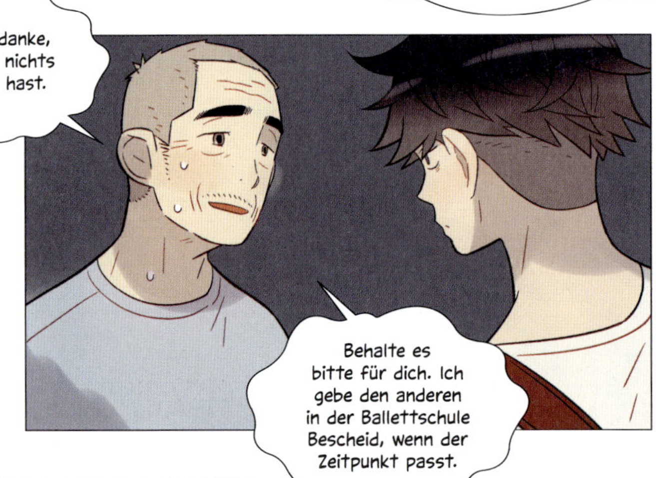
Und ... danke, dass du nichts gesagt hast.
Behalte es bitte für dich. Ich gebe den anderen in der Ballettschule Bescheid, wenn der Zeitpunkt passt.

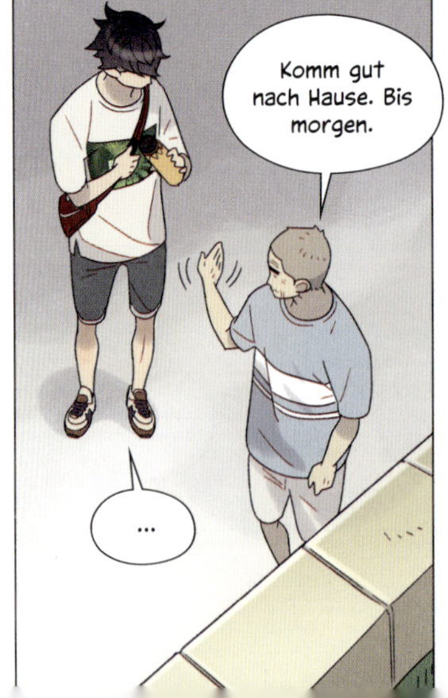
Komm gut nach Hause. Bis morgen.
...

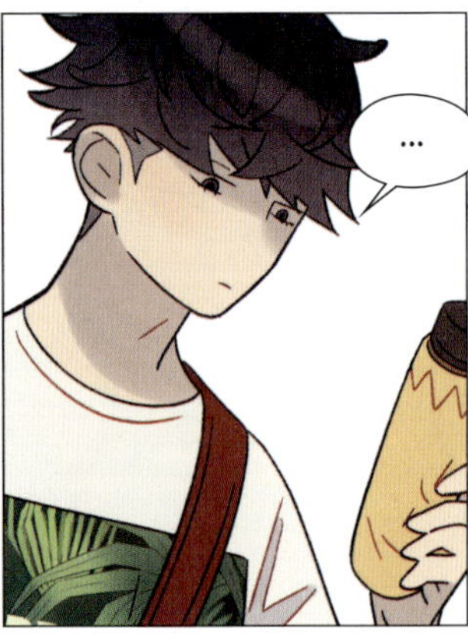
...

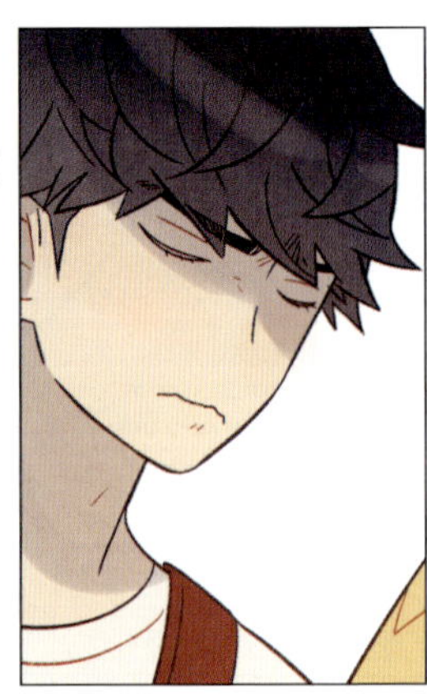

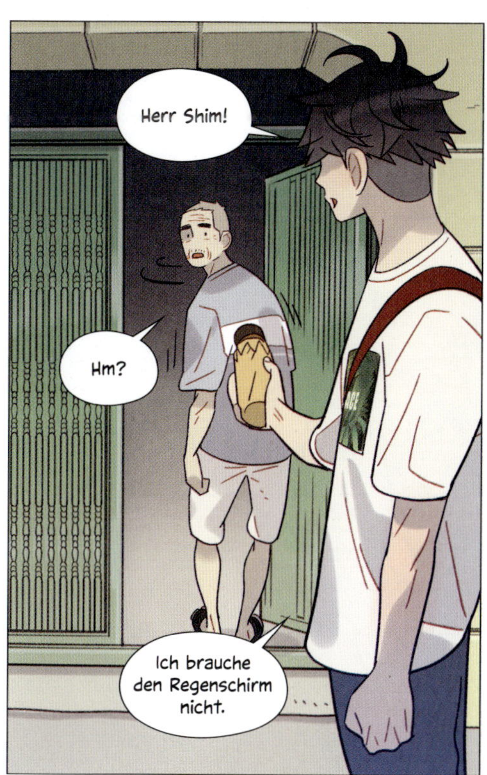
Herr Shim!
Hm?
Ich brauche den Regenschirm nicht.

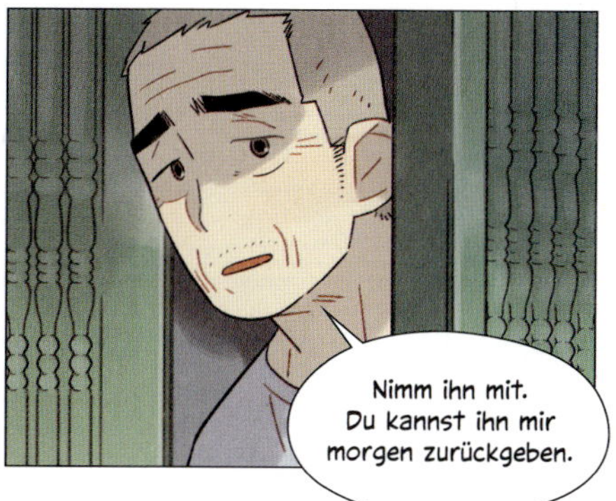
Nimm ihn mit. Du kannst ihn mir morgen zurückgeben.

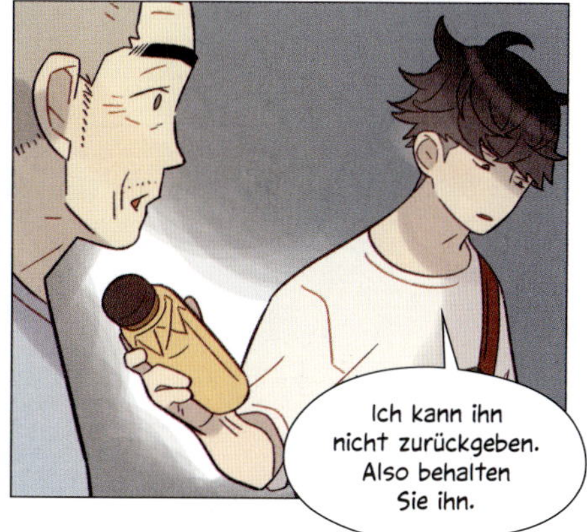
Ich kann ihn nicht zurückgeben. Also behalten Sie ihn.

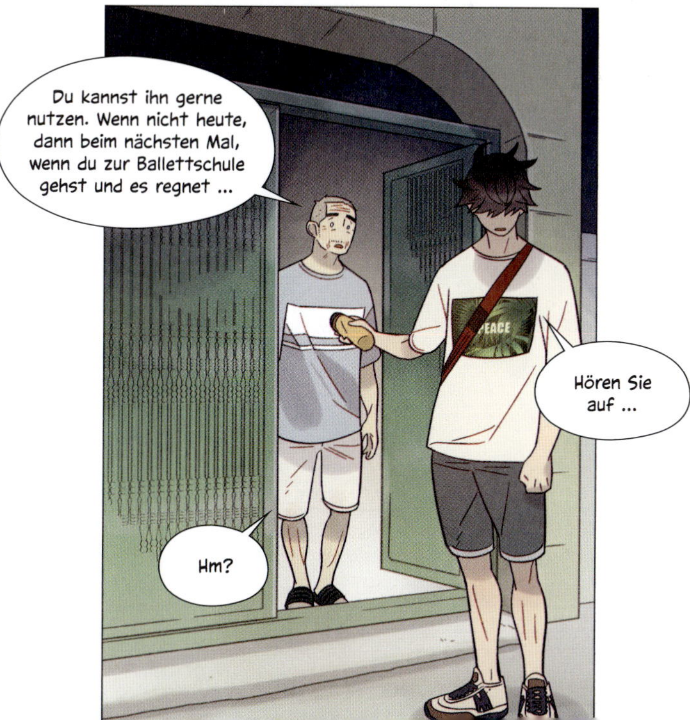
Du kannst ihn gerne nutzen. Wenn nicht heute, dann beim nächsten Mal, wenn du zur Ballettschule gehst und es regnet ...
Hören Sie auf ...
Hm?

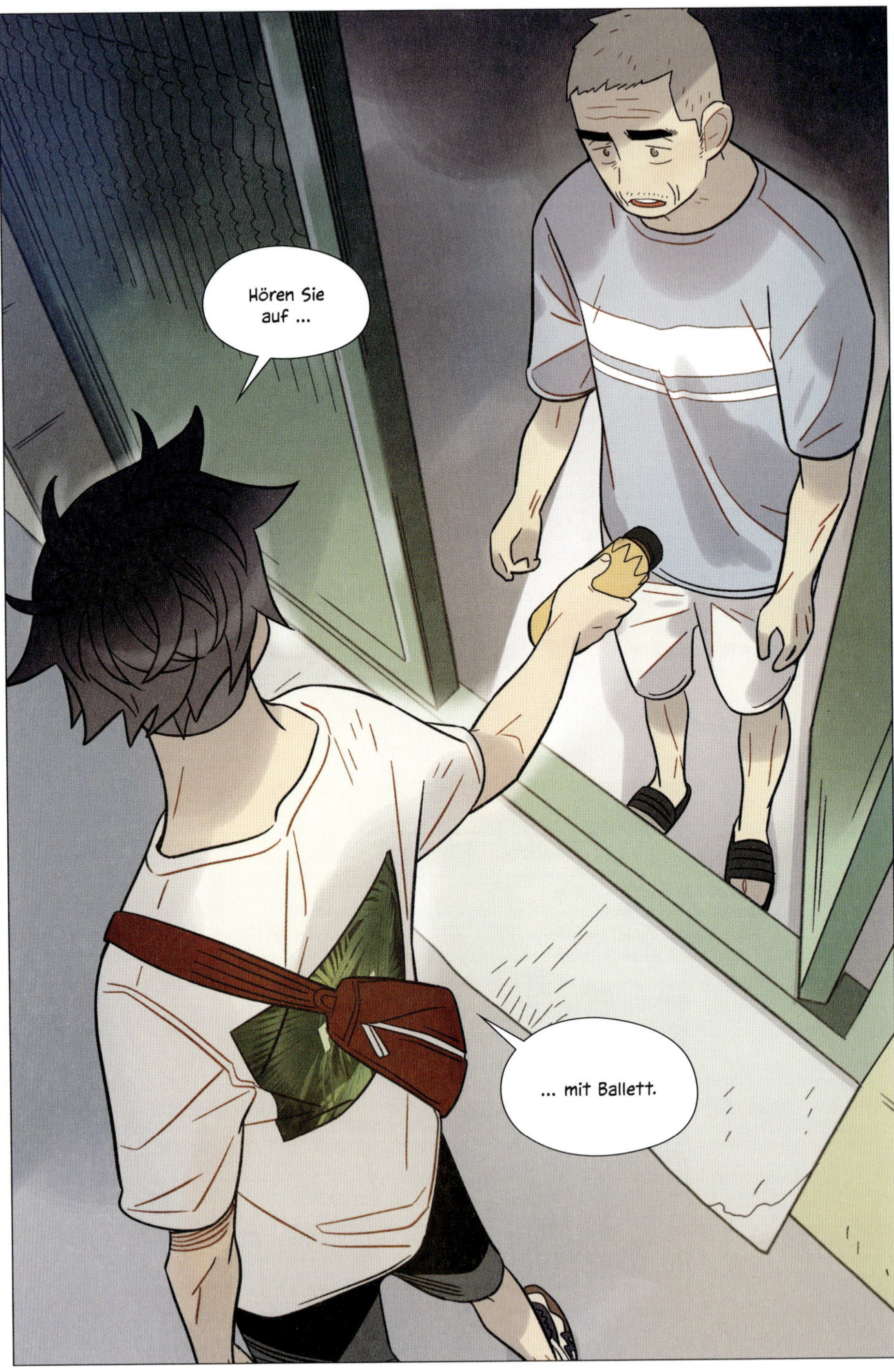
Hören Sie
auf ...
... mit Ballett.

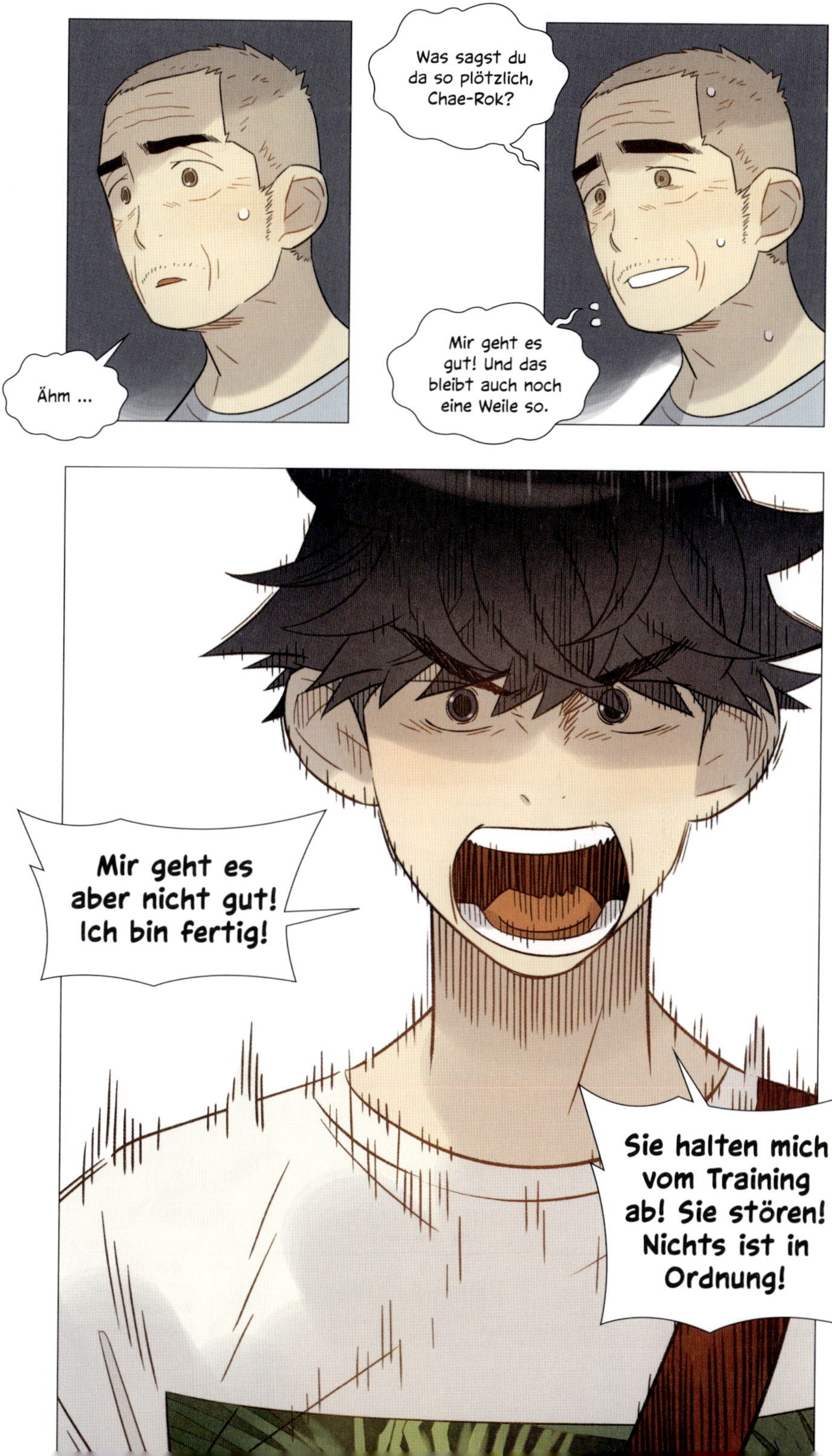

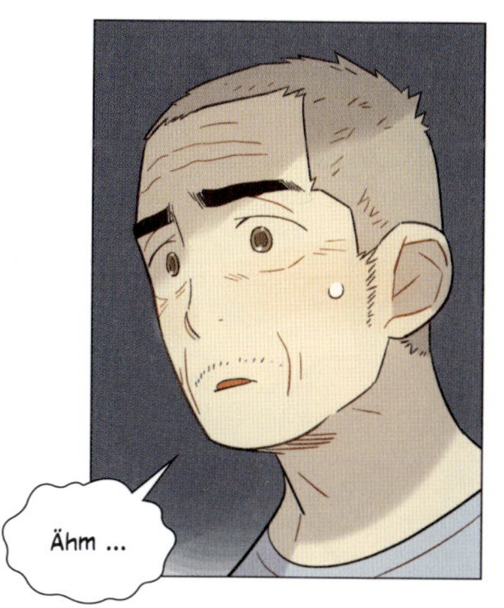

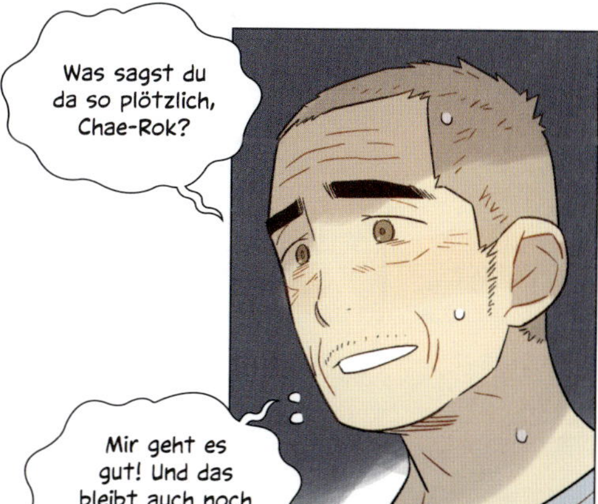

Mir geht es aber nicht gut! Ich bin fertig!

Sie halten mich vom Training ab! Sie stören! Nichts ist in Ordnung!

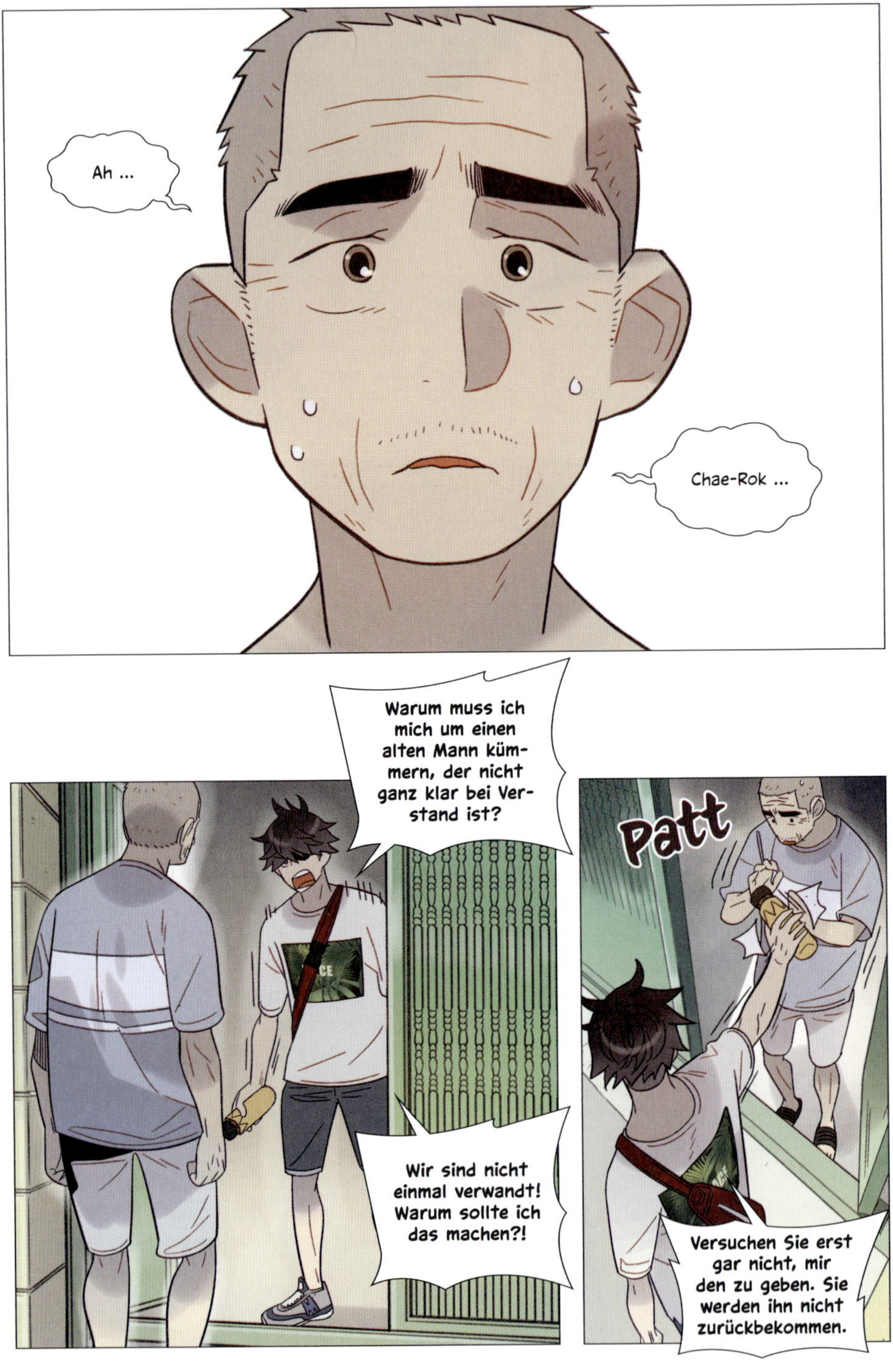

Ah ...

Chae-Rok ...

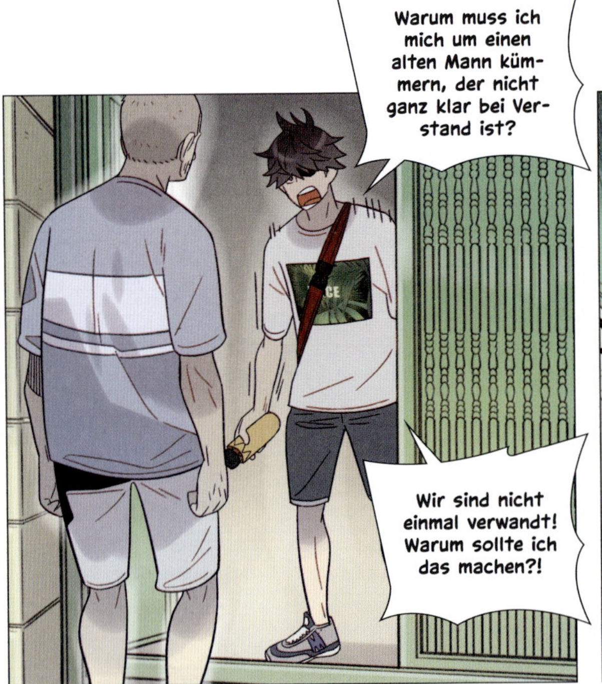
Warum muss ich mich um einen alten Mann küm-mern, der nicht ganz klar bei Ver-stand ist?
Wir sind nicht einmal verwandt! Warum sollte ich das machen?!

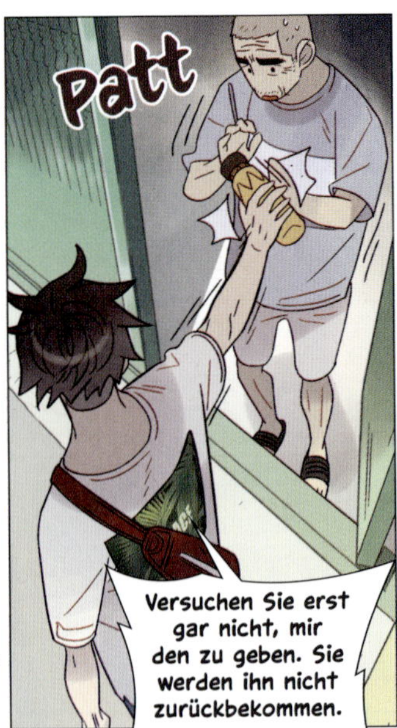
Patt
Versuchen Sie erst gar nicht, mir den zu geben. Sie werden ihn nicht zurückbekommen.

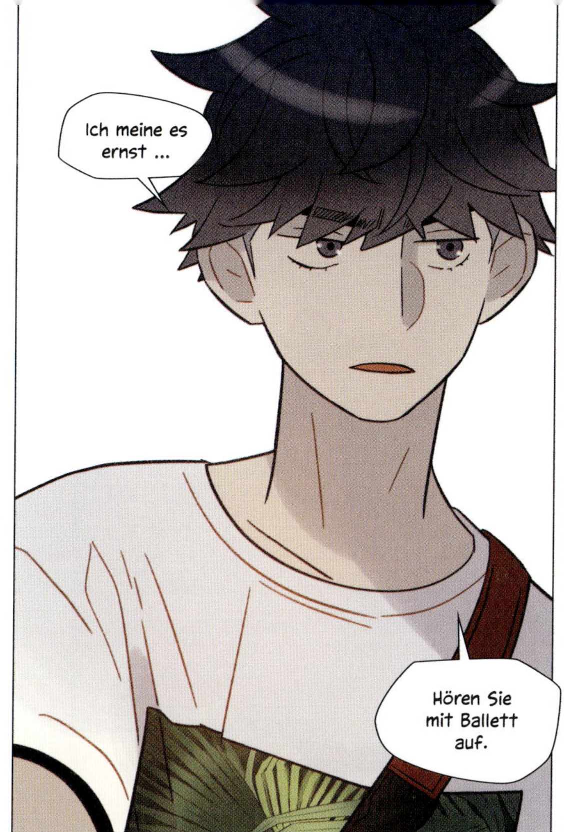
Ich meine es ernst ...
Hören Sie mit Ballett auf.

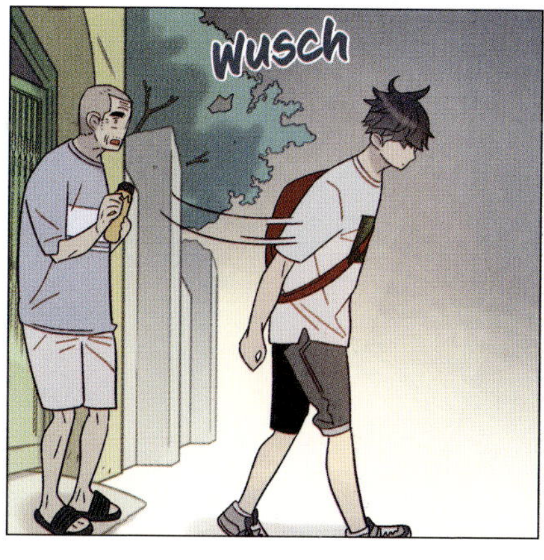
WUSCH

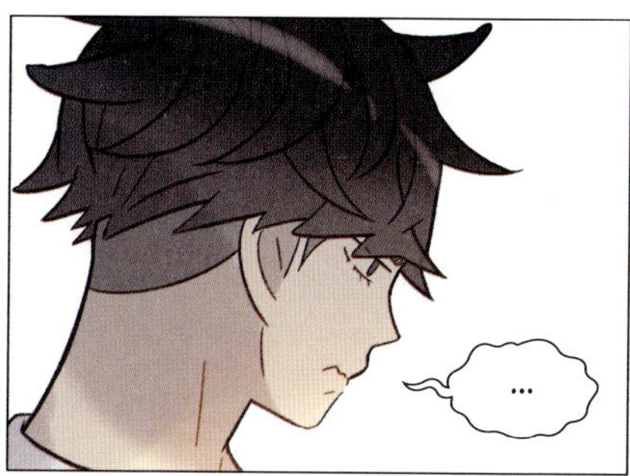
...

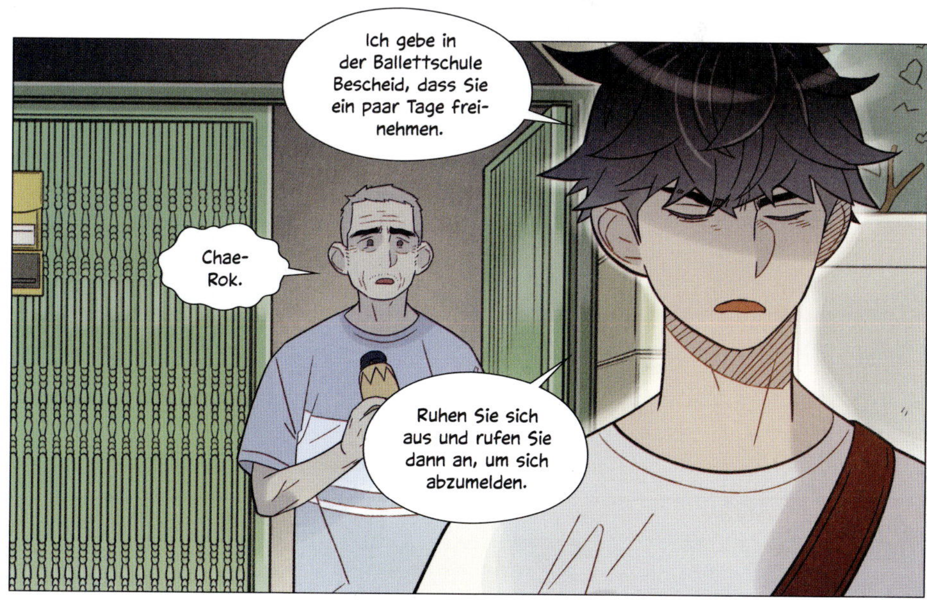
Ich gebe in der Ballettschule Bescheid, dass Sie ein paar Tage frei-nehmen.
Chae-Rok.
Ruhen Sie sich aus und rufen Sie dann an, um sich abzumelden.

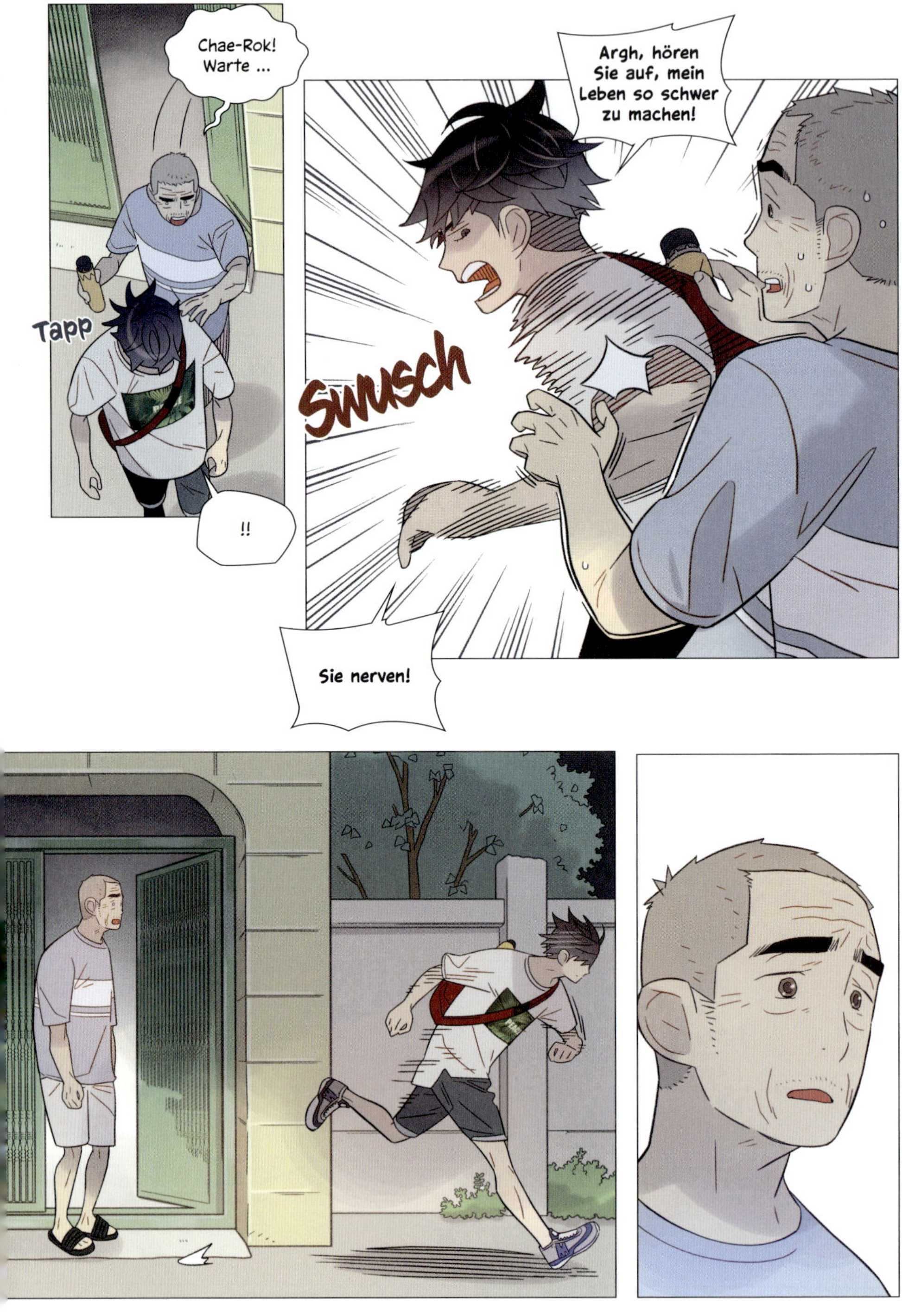

Chae-Rok! Warte ...
Tapp
!!
Argh, hören Sie auf, mein Leben so schwer zu machen!
Swusch
Sie nerven!

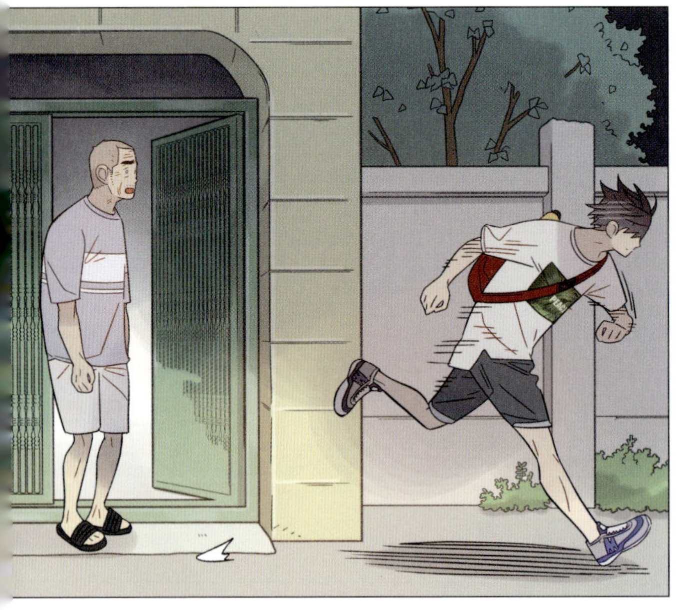

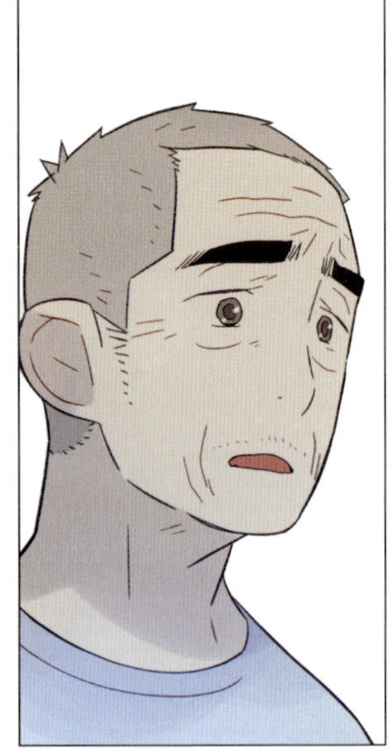

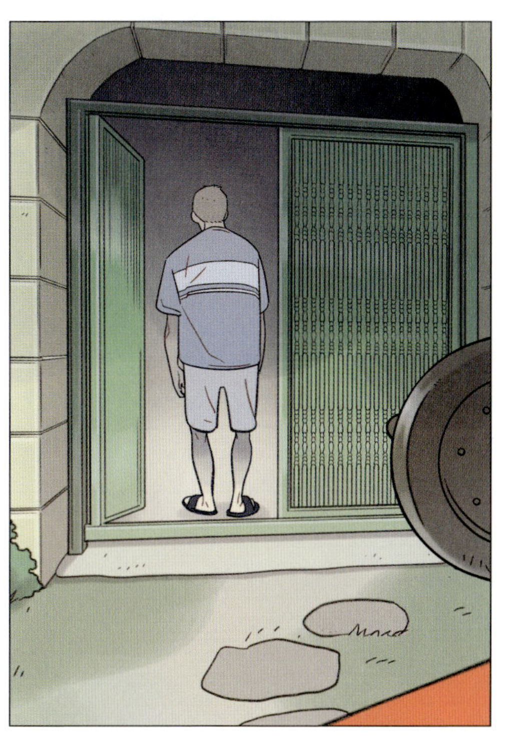
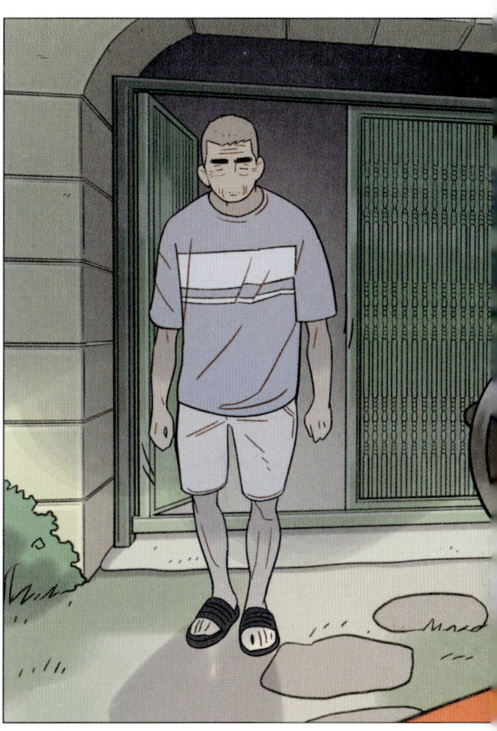
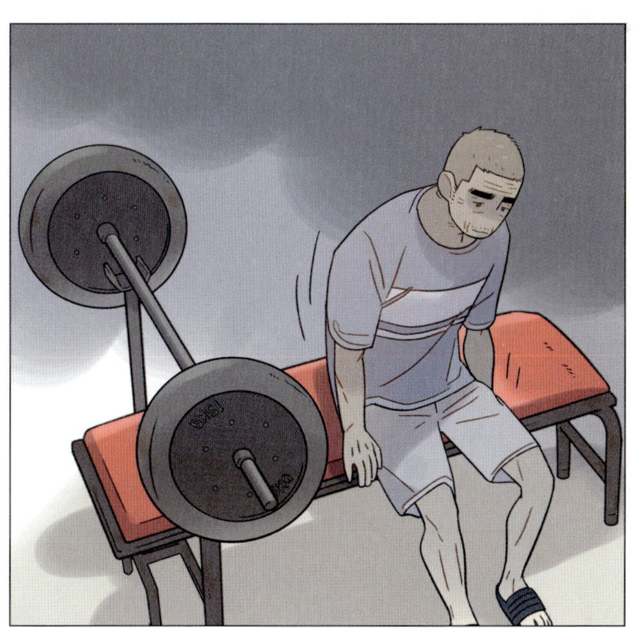
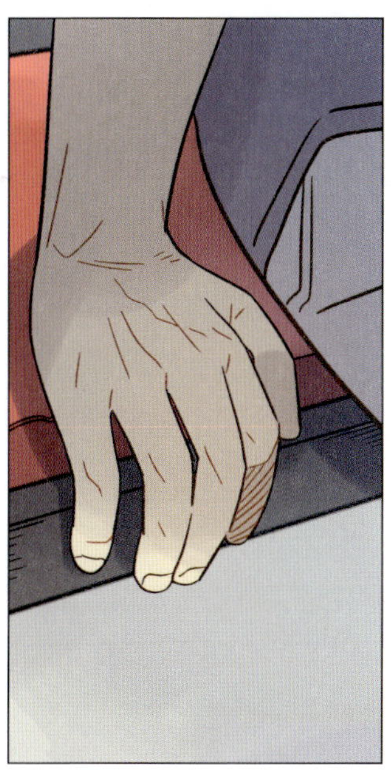

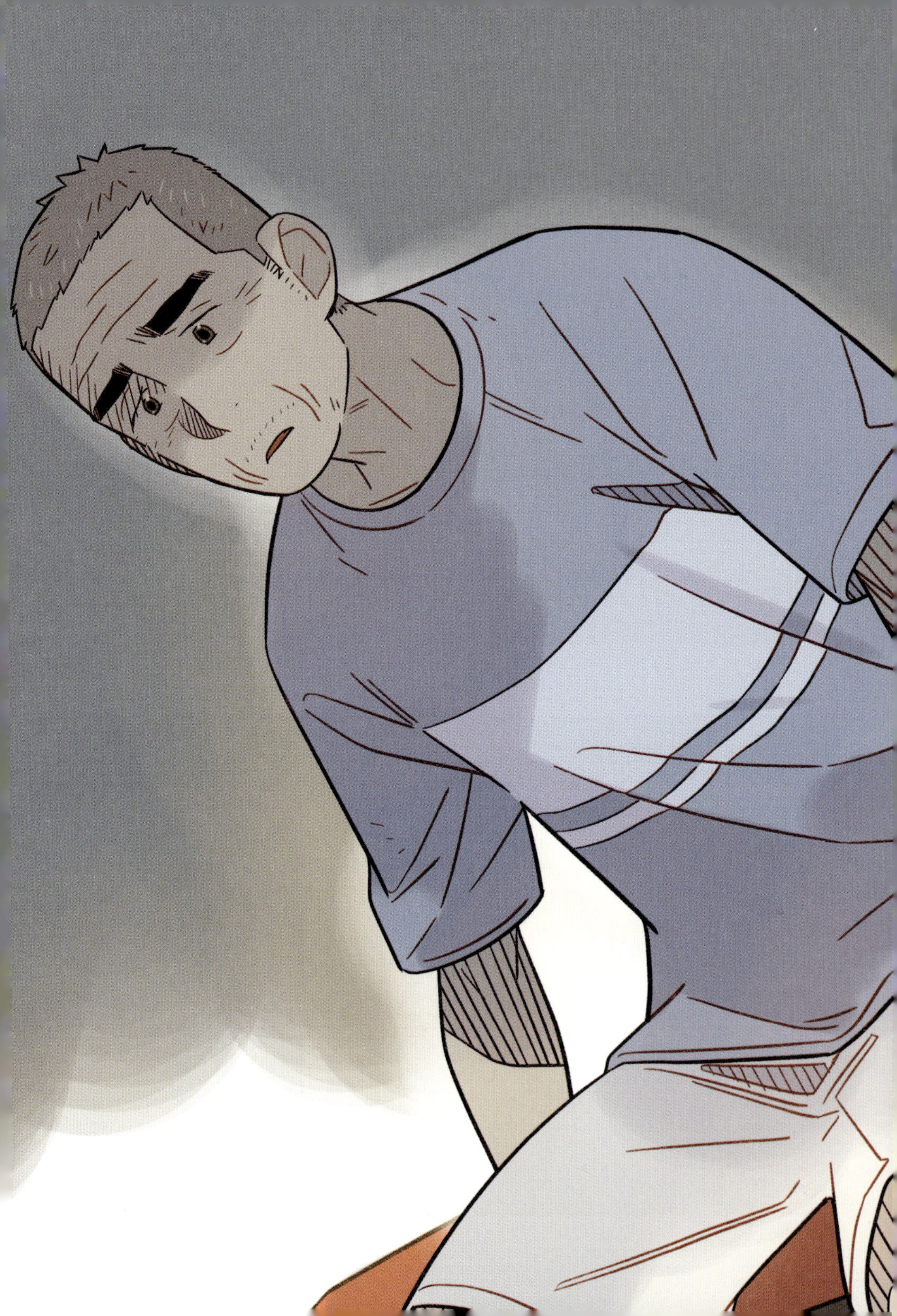

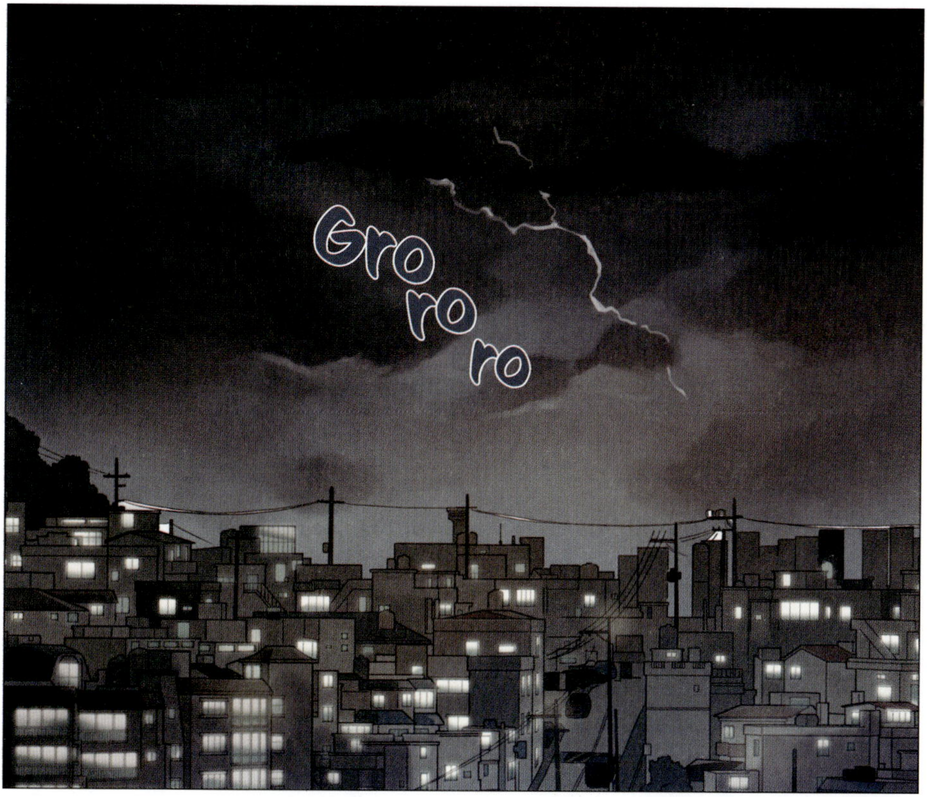

Grororo

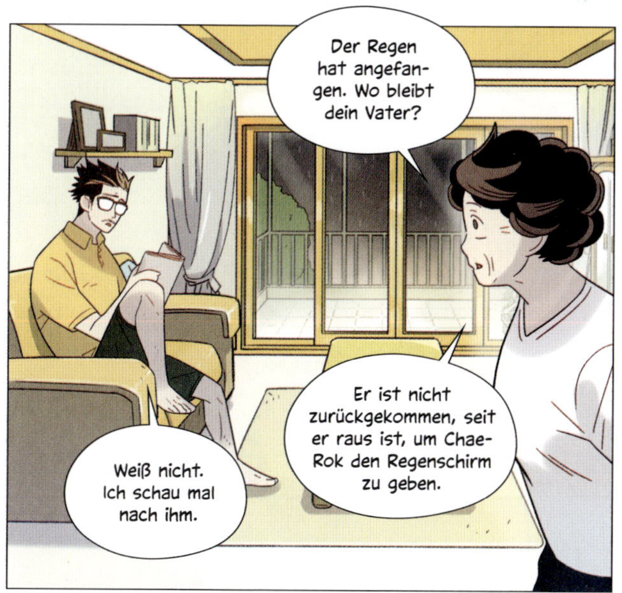

Der Regen hat angefangen. Wo bleibt dein Vater?
Er ist nicht zurückgekommen, seit er raus ist, um Chae-Rok den Regenschirm zu geben.
Weiß nicht. Ich schau mal nach ihm.

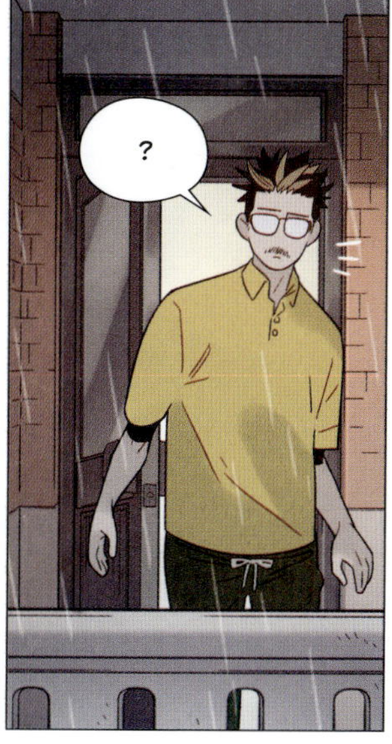

?

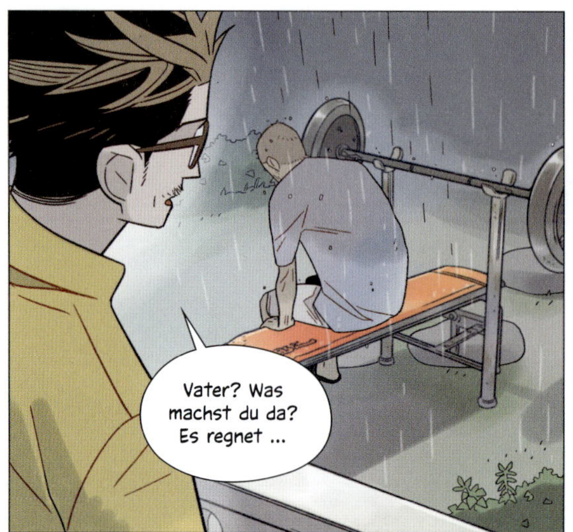

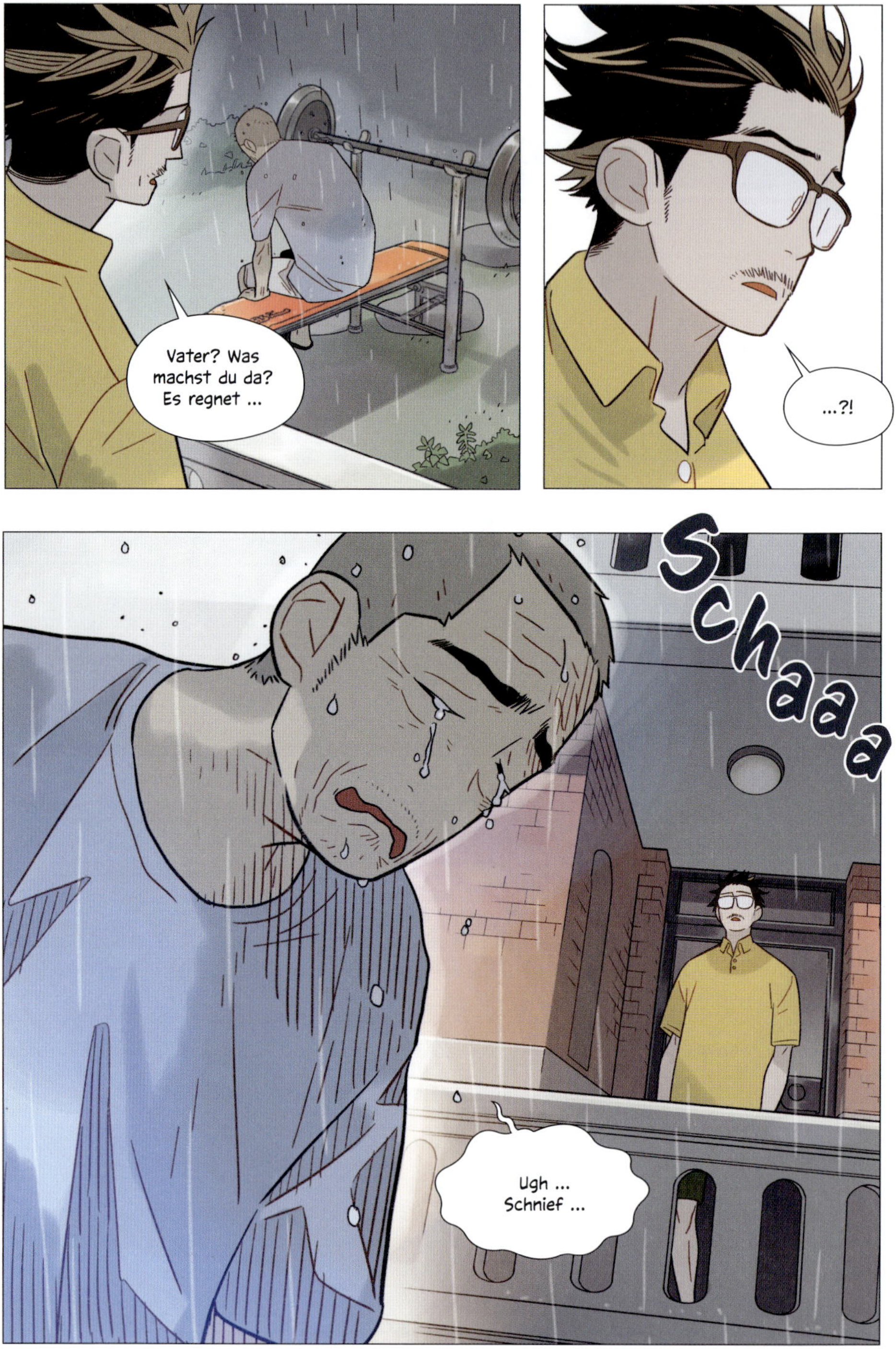

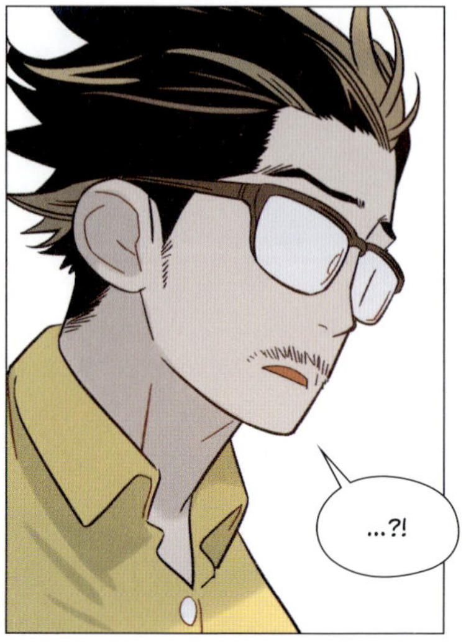

Schaaa

Ugh ... Schnief ...

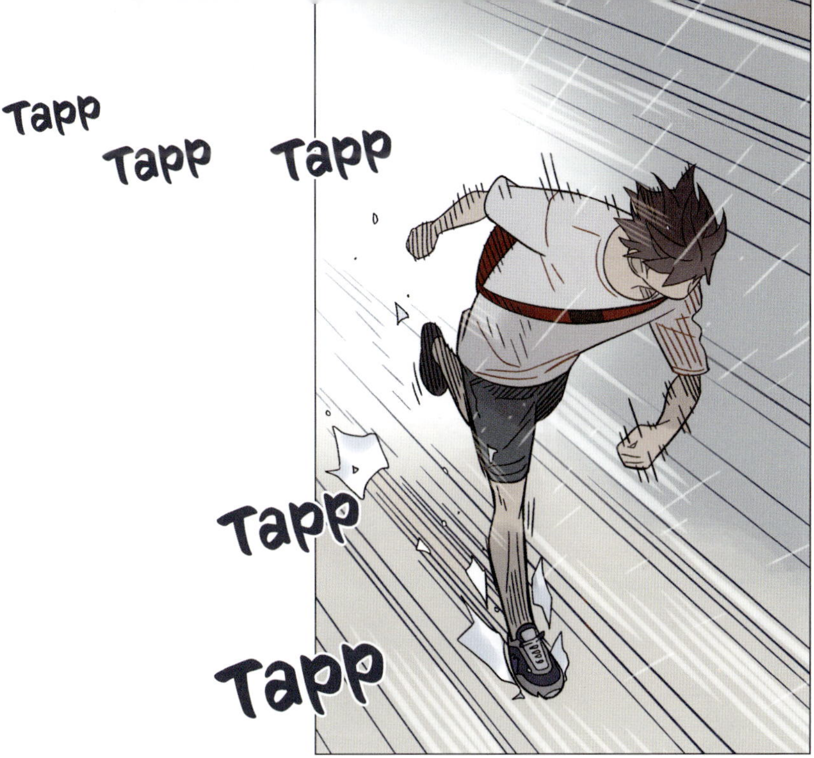

Tapp
Tapp Tapp
Tapp
Tapp

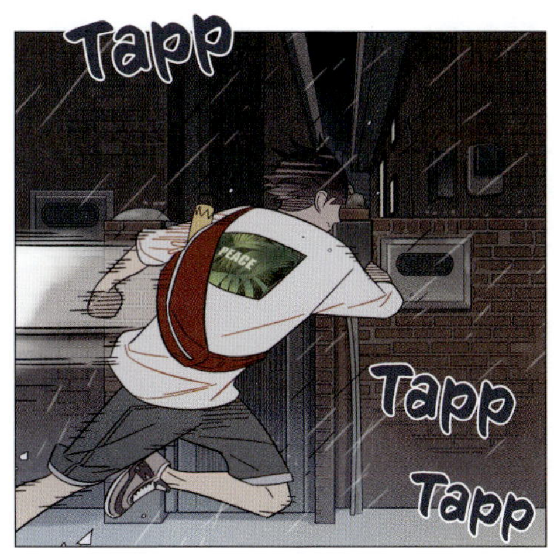

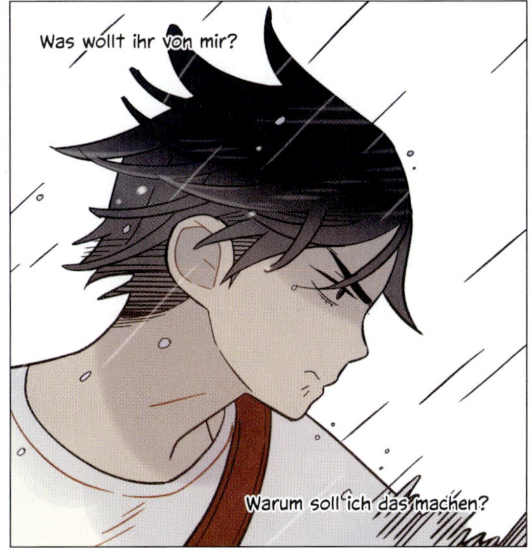

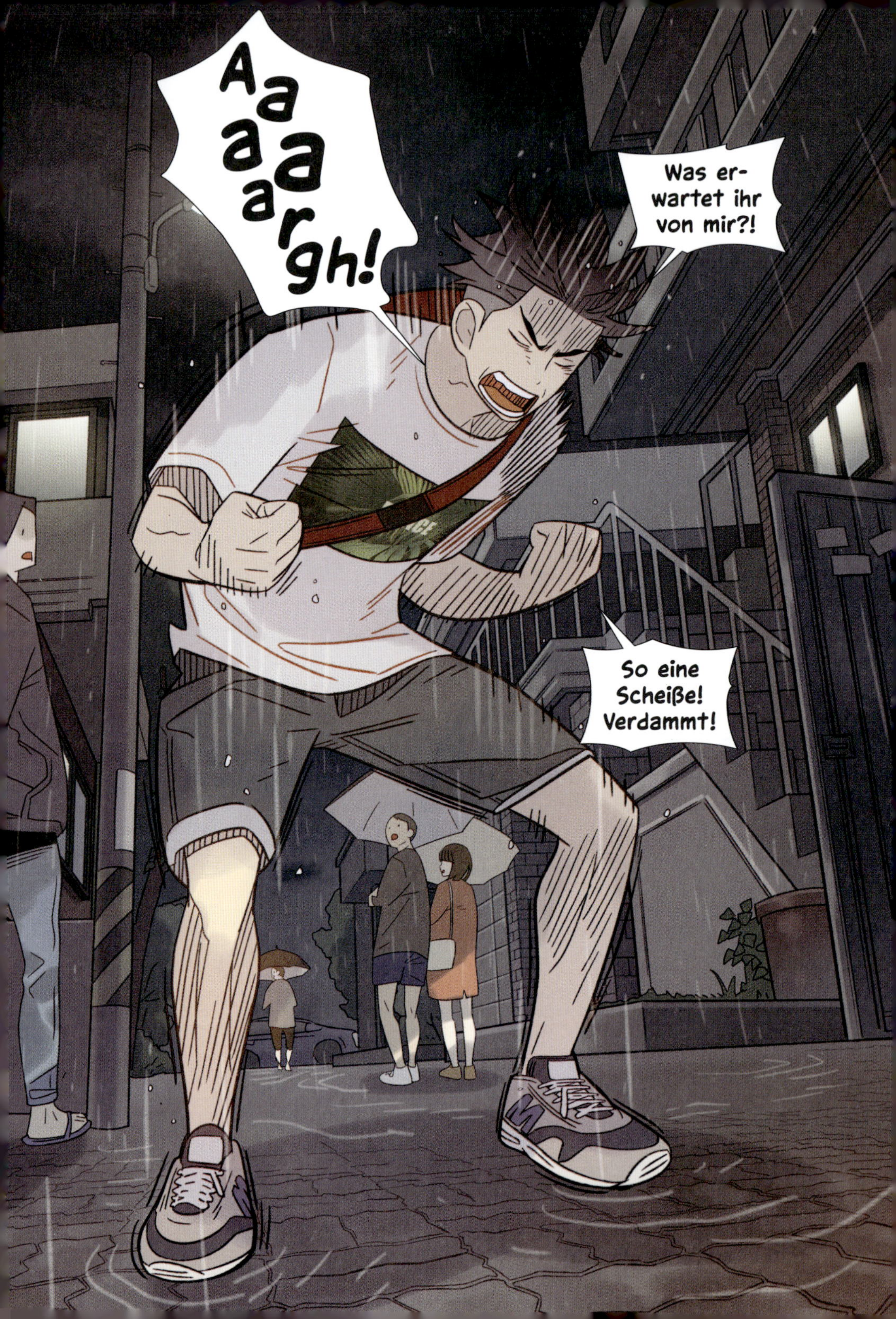
Aaaaargh!
Was erwartet ihr von mir?!
So eine Scheiße! Verdammt!

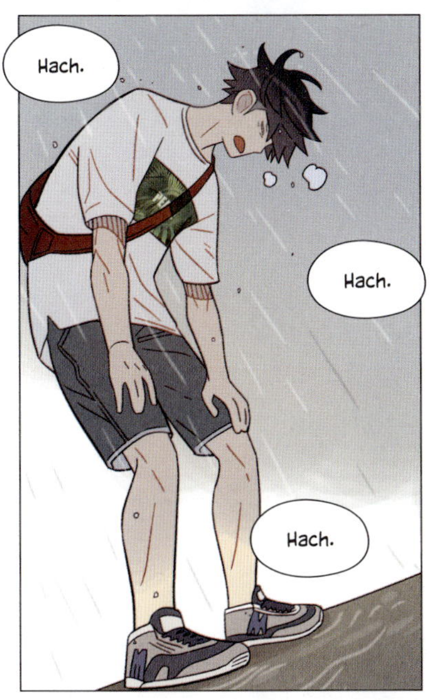
Hach.
Hach.
Hach.

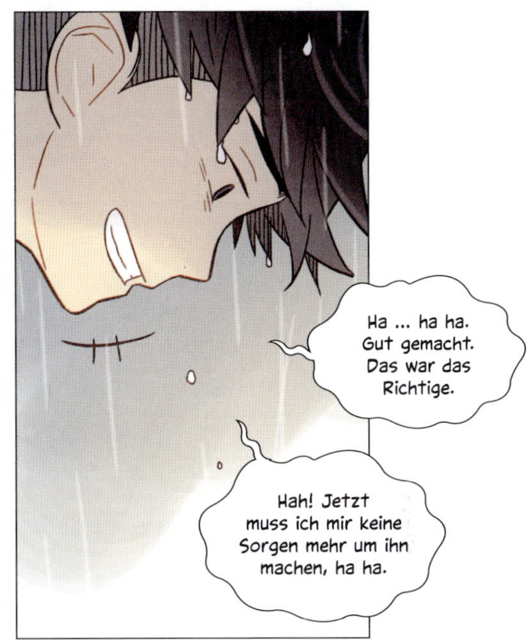
Ha ... ha ha. Gut gemacht. Das war das Richtige.
Hah! Jetzt muss ich mir keine Sorgen mehr um ihn machen, ha ha.

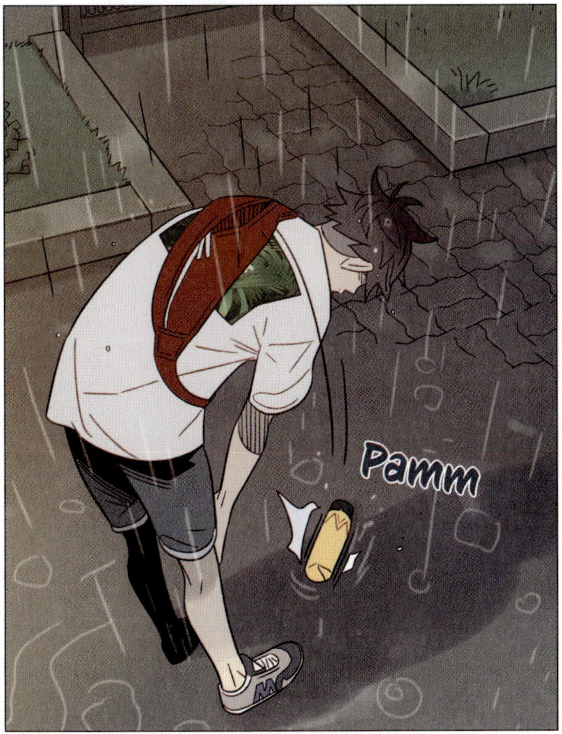
Pamm

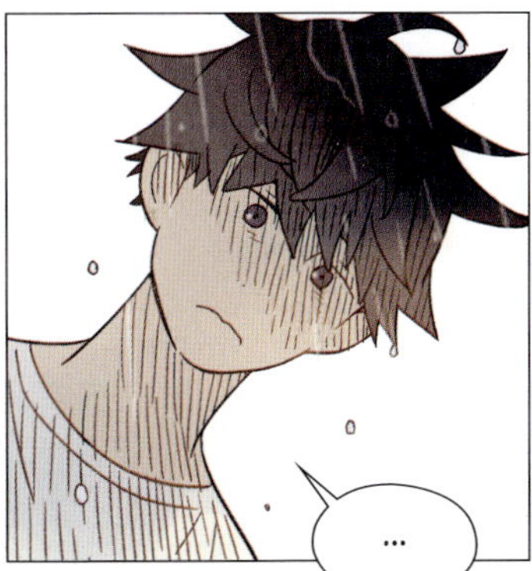
...

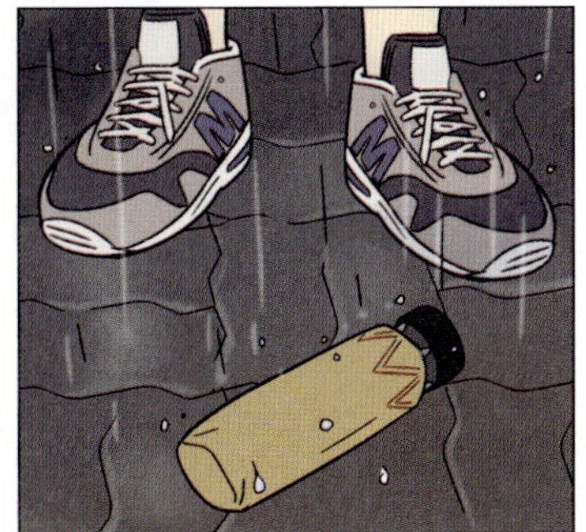

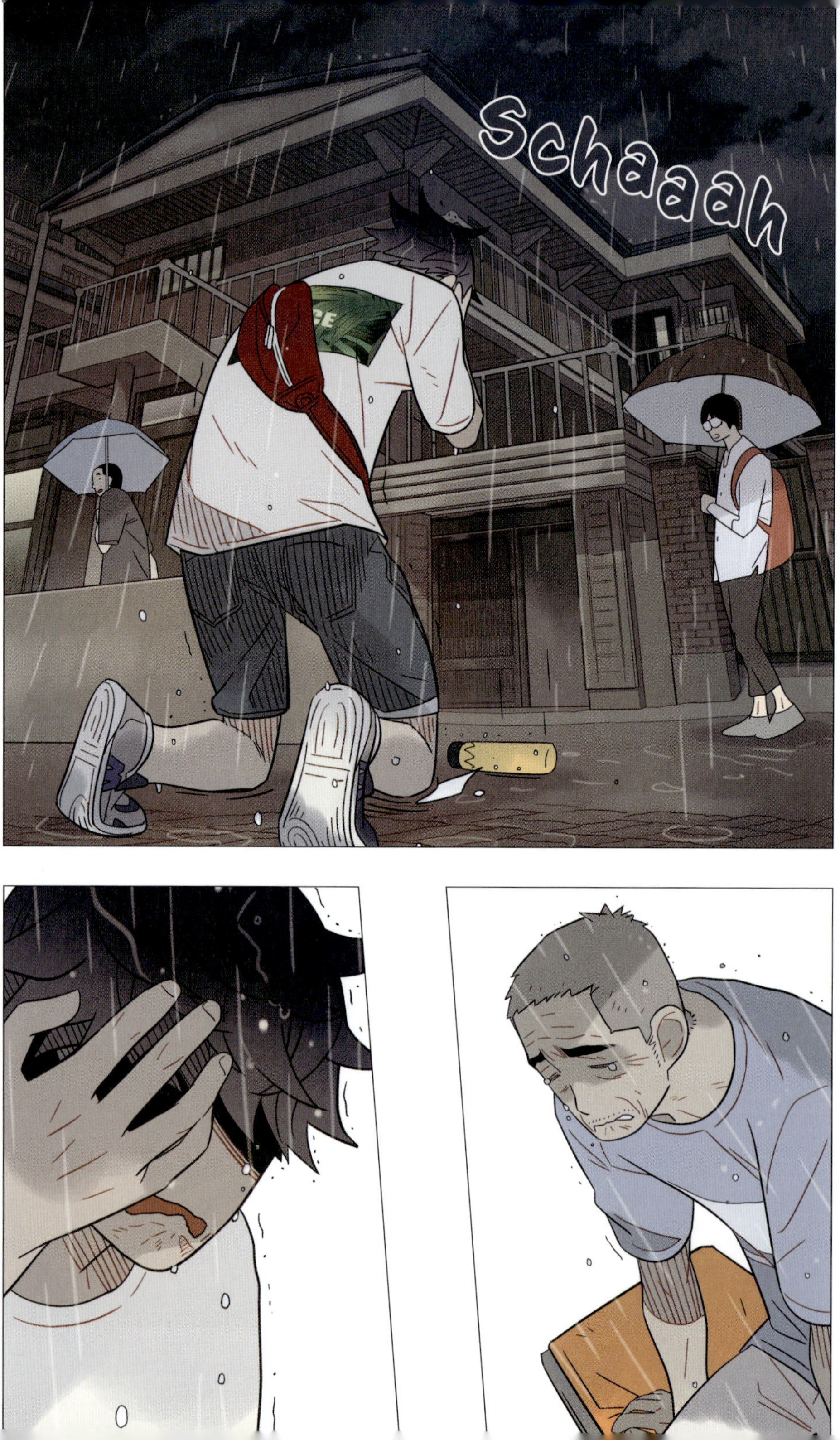

Schaaah

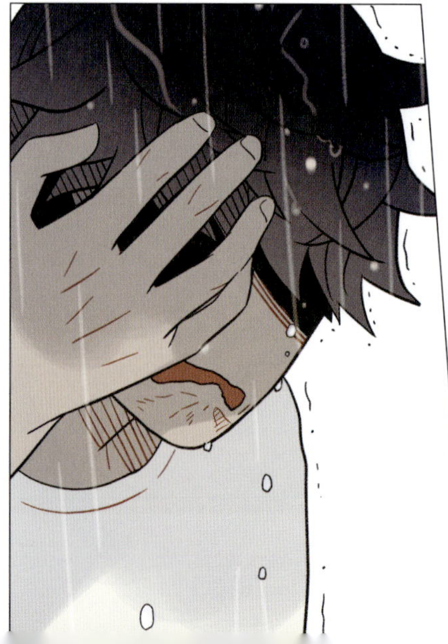

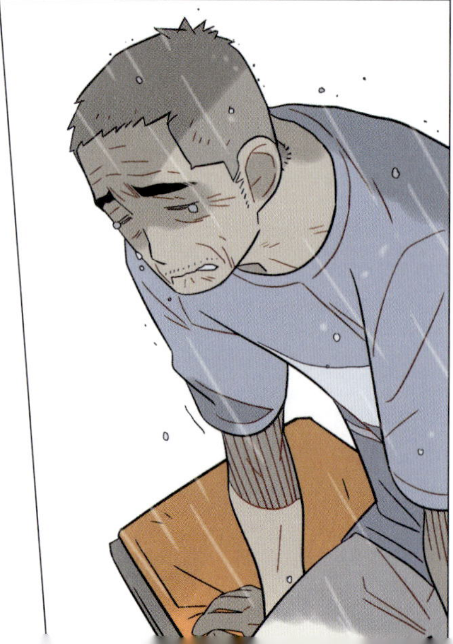

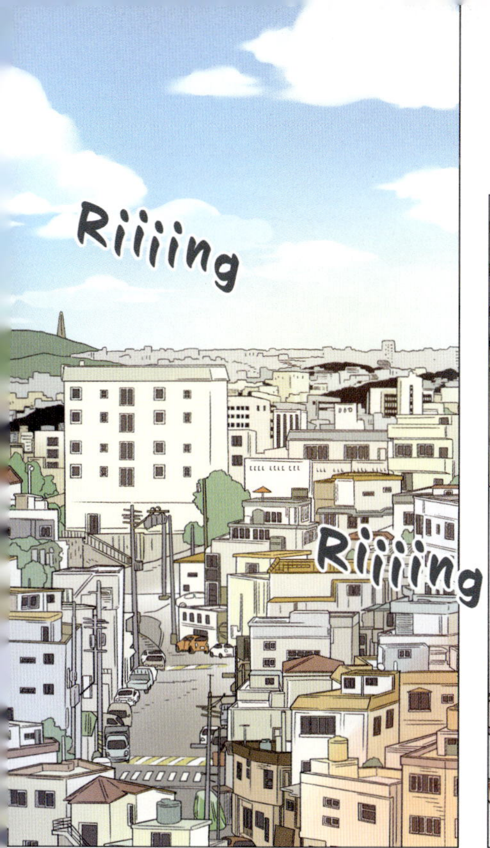
Riiiing
Riiiing

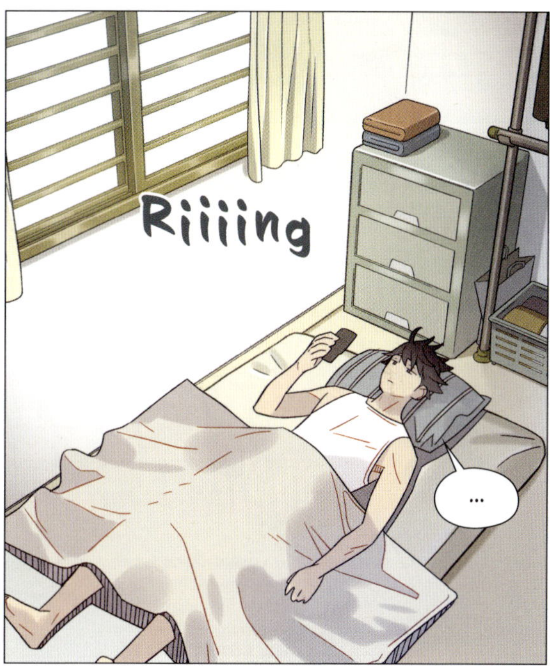
Riiiing
...

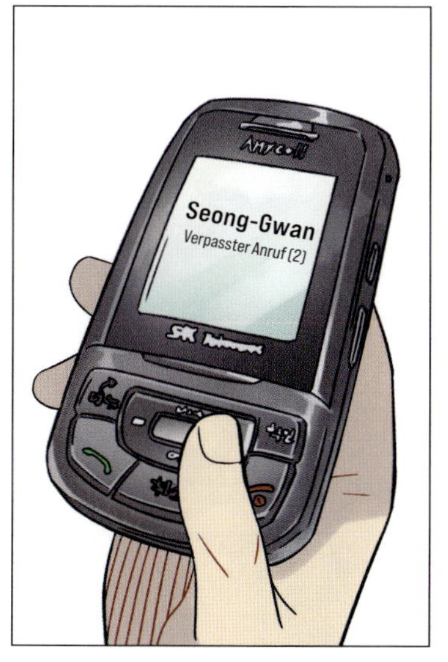
Seong-Gwan
Verpasster Anruf (2)

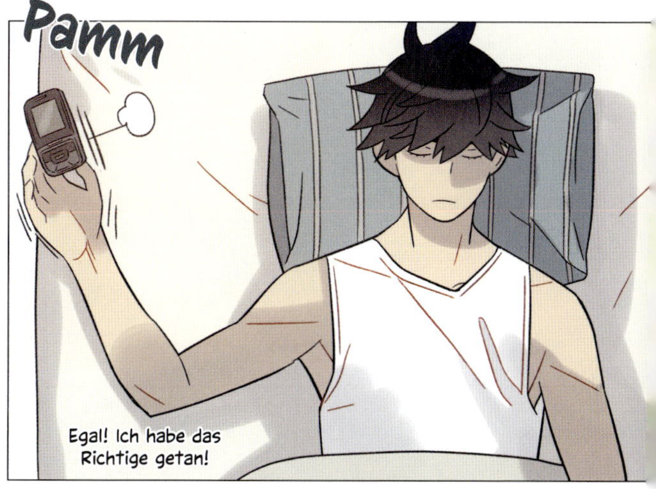
Pamm
Egal! Ich habe das Richtige getan!

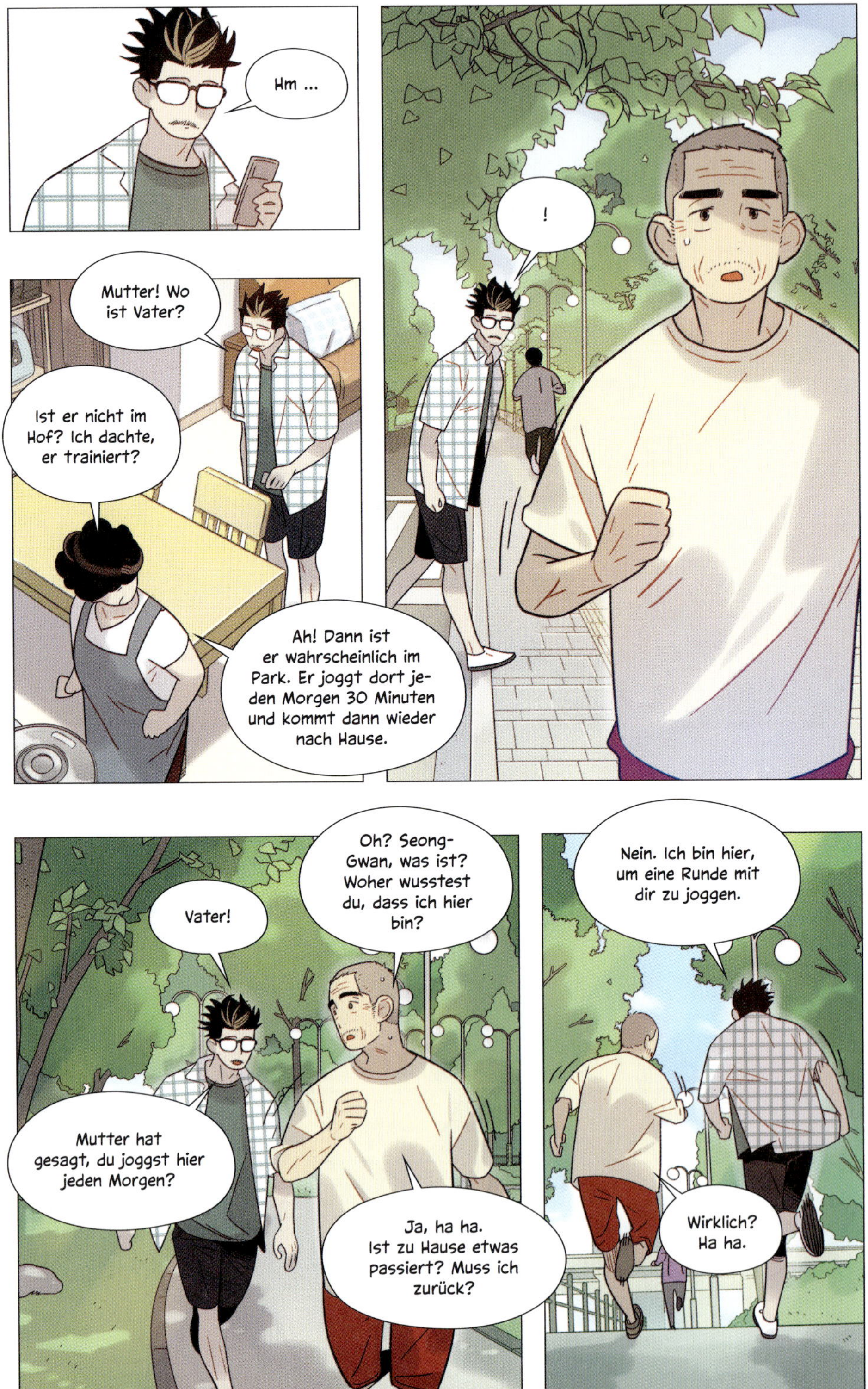

Hm ...

!

Mutter! Wo ist Vater?

Ist er nicht im Hof? Ich dachte, er trainiert?

Ah! Dann ist er wahrscheinlich im Park. Er joggt dort jeden Morgen 30 Minuten und kommt dann wieder nach Hause.

Vater!

Oh? Seong-Gwan, was ist? Woher wusstest du, dass ich hier bin?

Mutter hat gesagt, du joggst hier jeden Morgen?

Ja, ha ha. Ist zu Hause etwas passiert? Muss ich zurück?

Nein. Ich bin hier, um eine Runde mit dir zu joggen.

Wirklich? Ha ha.

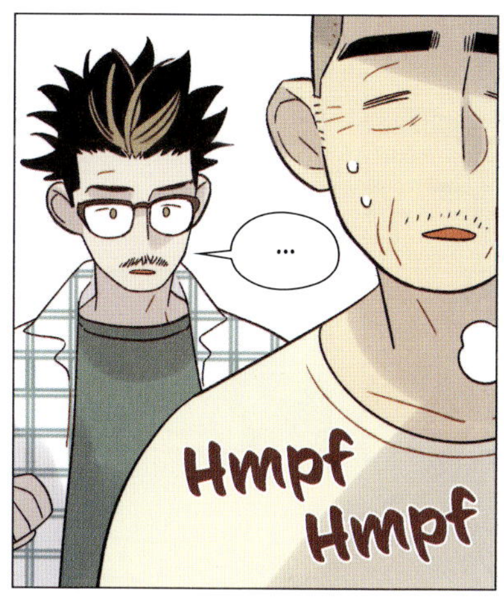
...
Hmpf
Hmpf

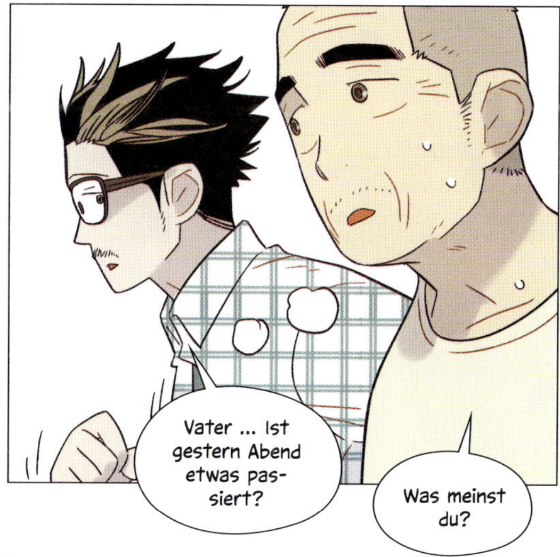
Vater ... Ist gestern Abend etwas passiert?
Was meinst du?

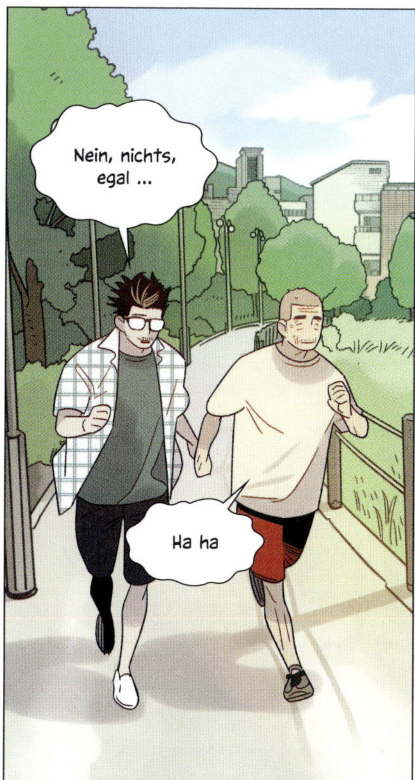
Nein, nichts, egal ...
Ha ha

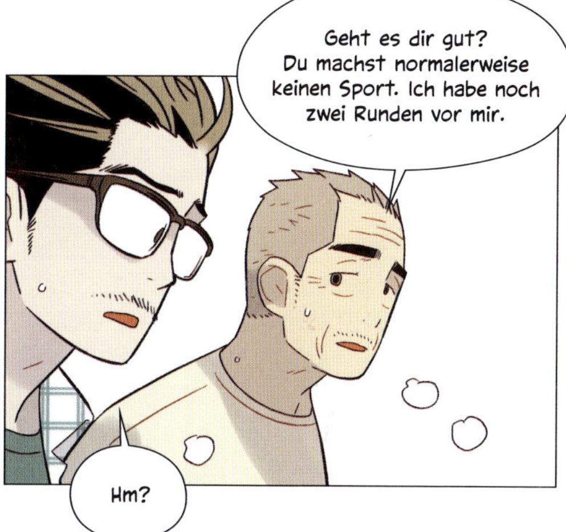
Geht es dir gut? Du machst normalerweise keinen Sport. Ich habe noch zwei Runden vor mir.
Hm?

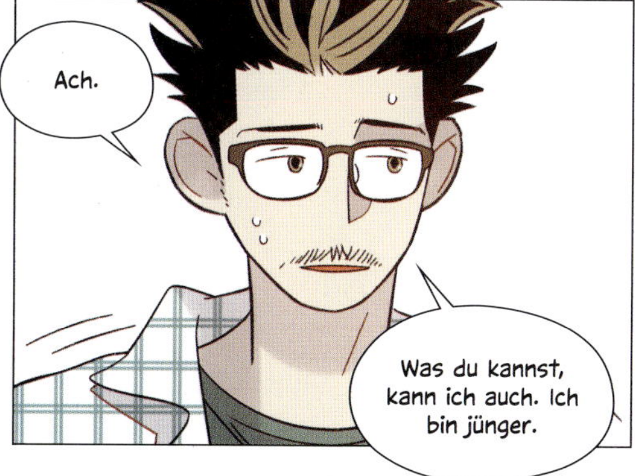
Ach.
Was du kannst, kann ich auch. Ich bin jünger.

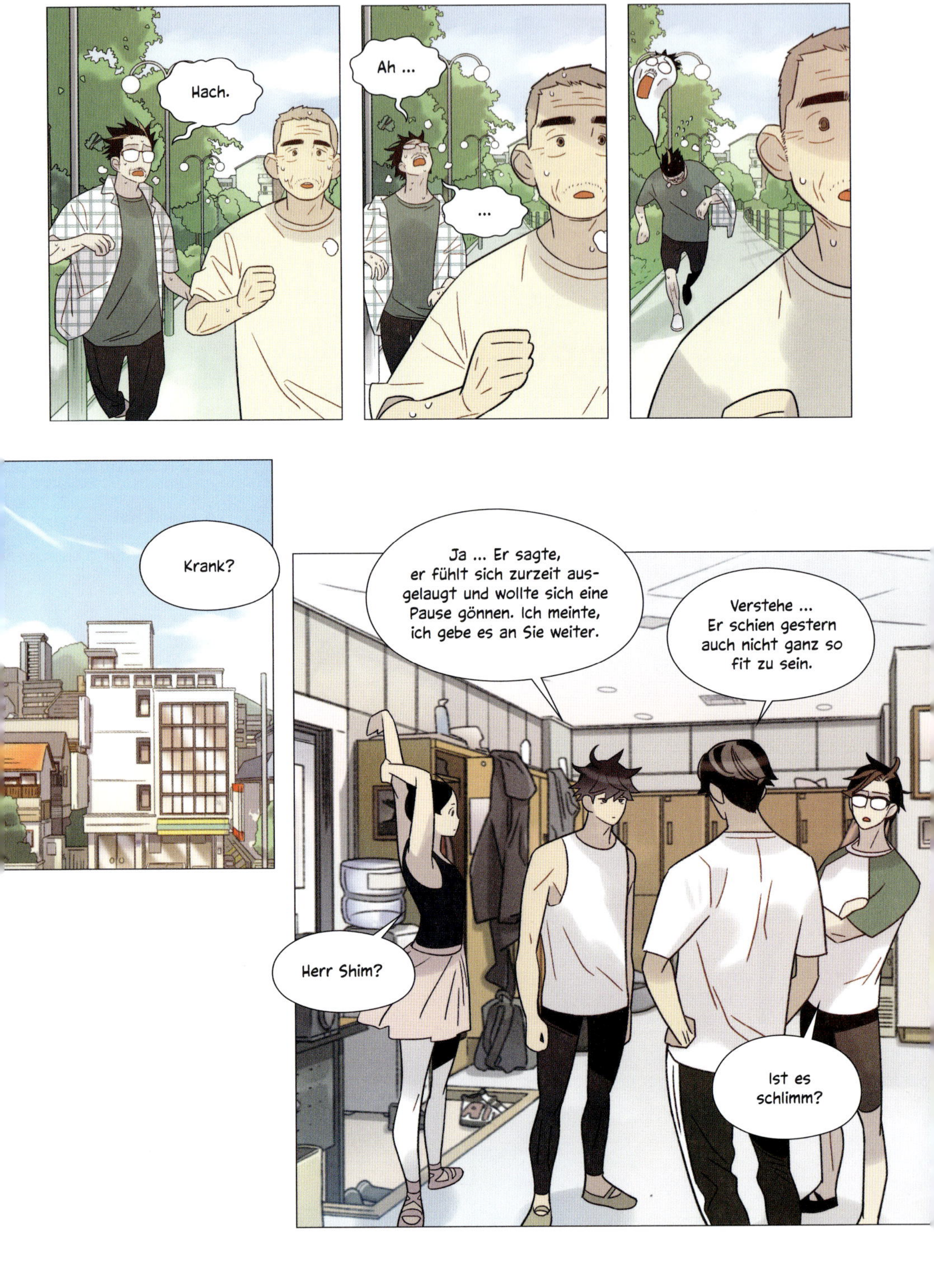

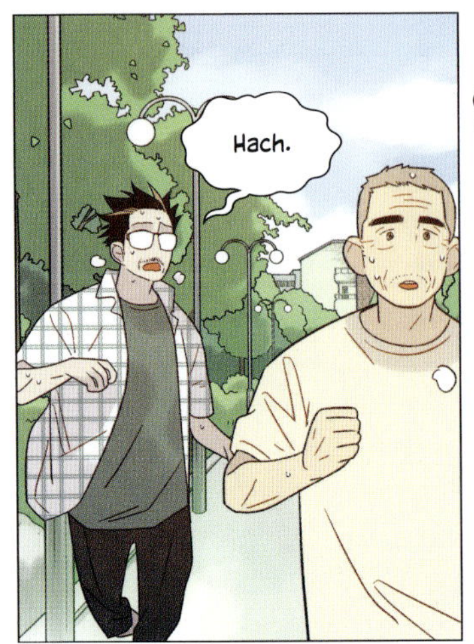

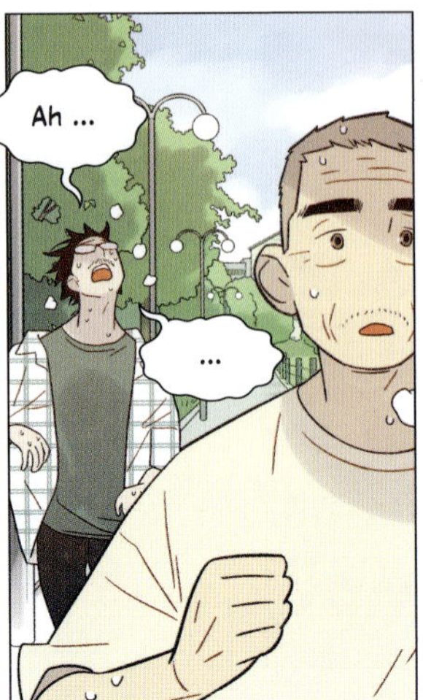

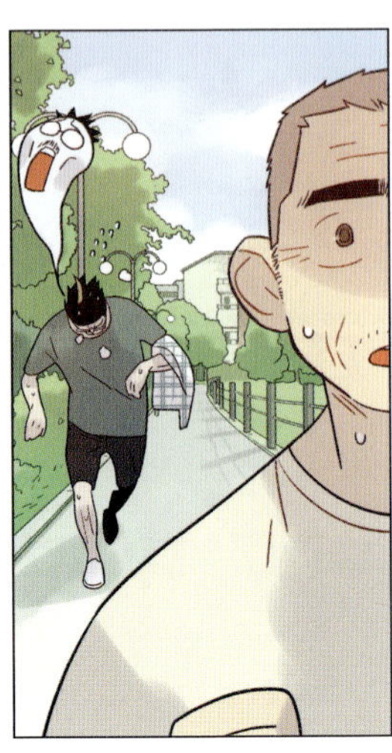

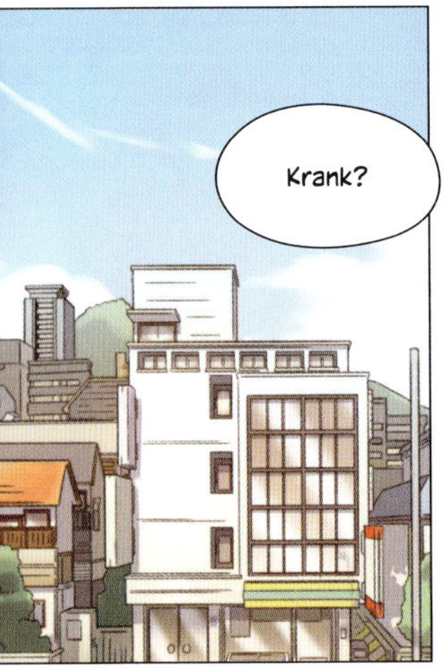

Ja ... Er sagte, er fühlt sich zurzeit ausgelaugt und wollte sich eine Pause gönnen. Ich meinte, ich gebe es an Sie weiter.

Verstehe ... Er schien gestern auch nicht ganz so fit zu sein.

Herr Shim?

Ist es schlimm?

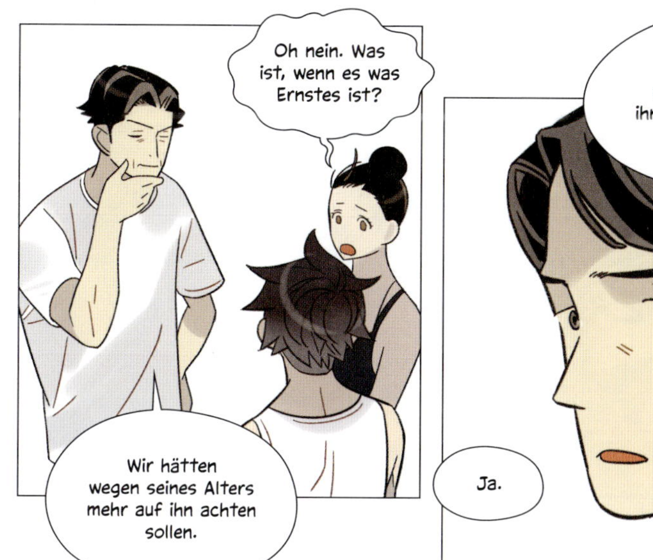
Oh nein. Was ist, wenn es was Ernstes ist?
Wir hätten wegen seines Alters mehr auf ihn achten sollen.

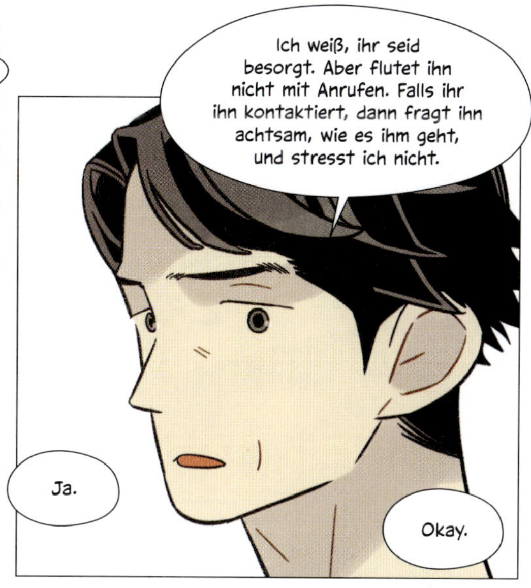
Ich weiß, ihr seid besorgt. Aber flutet ihn nicht mit Anrufen. Falls ihr ihn kontaktiert, dann fragt ihn achtsam, wie es ihm geht, und stresst ich nicht.
Ja.
Okay.

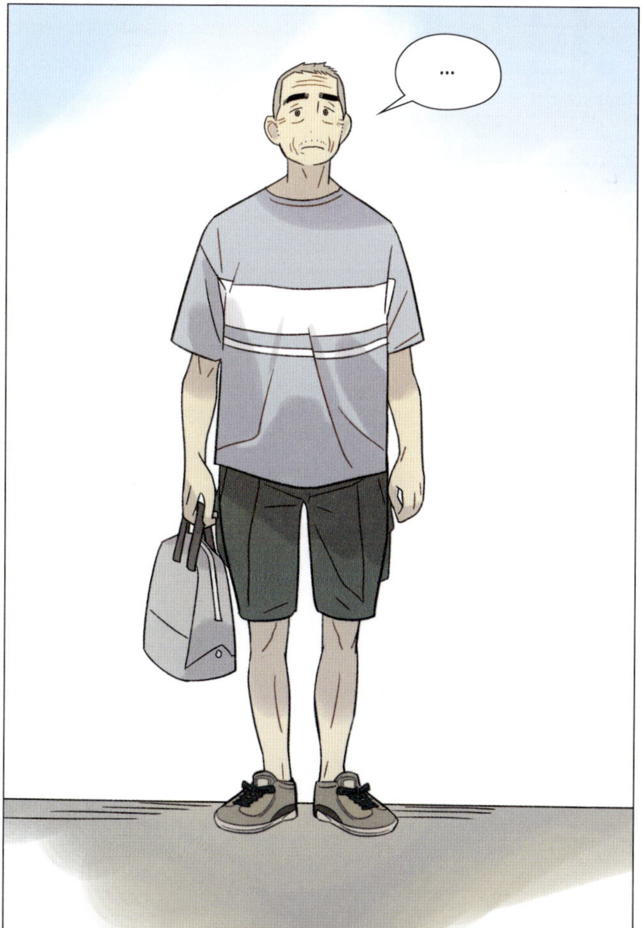

...

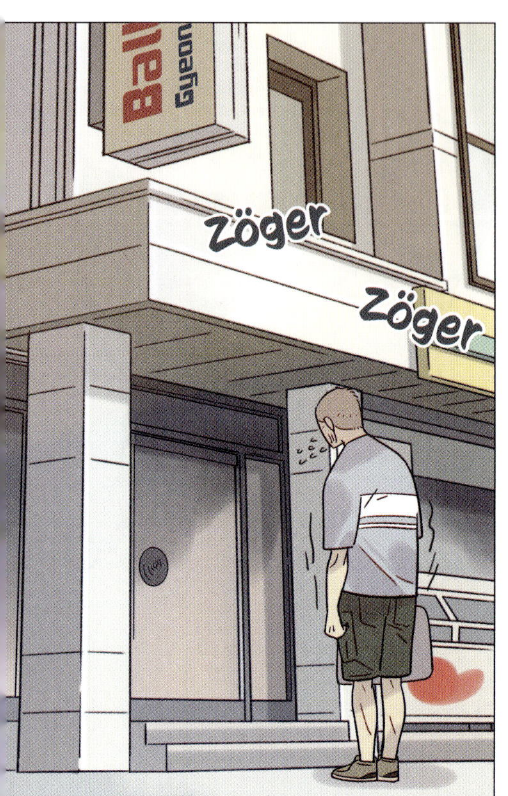
Zöger
Zöger

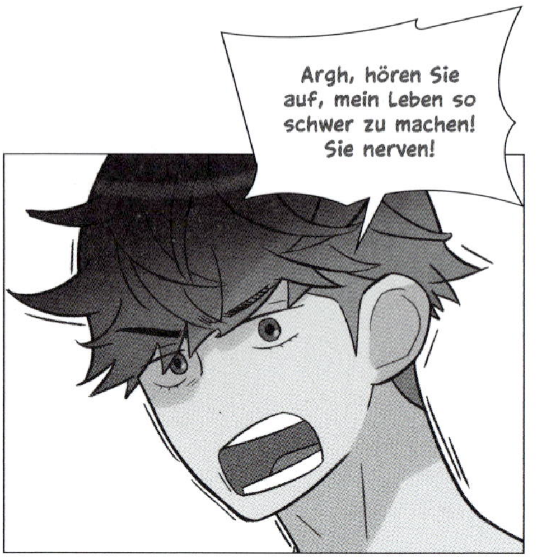
Argh, hören Sie auf, mein Leben so schwer zu machen! Sie nerven!

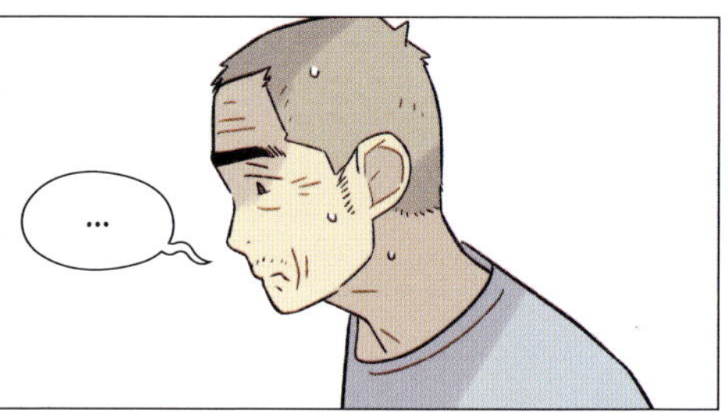
...

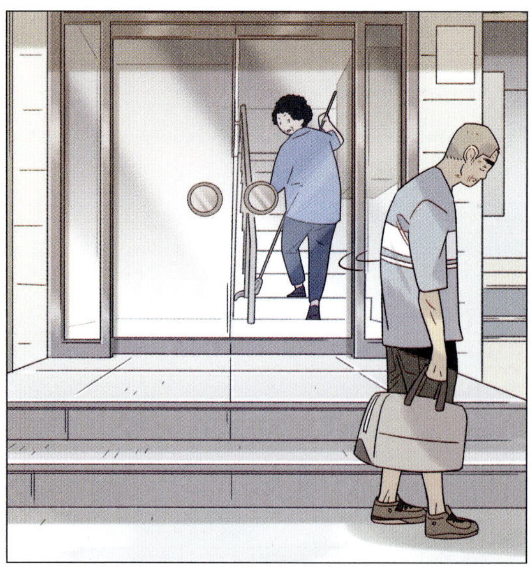

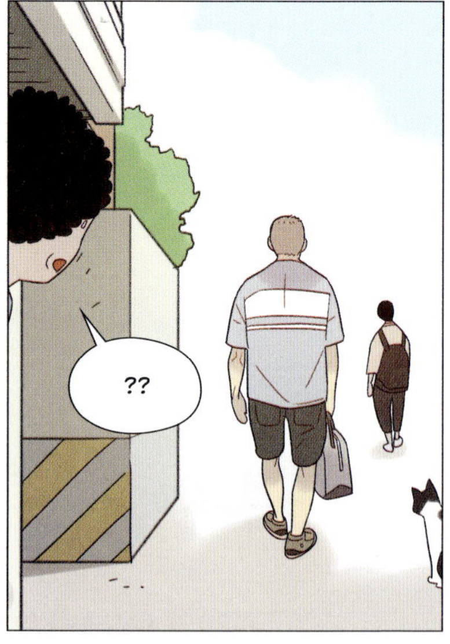
??

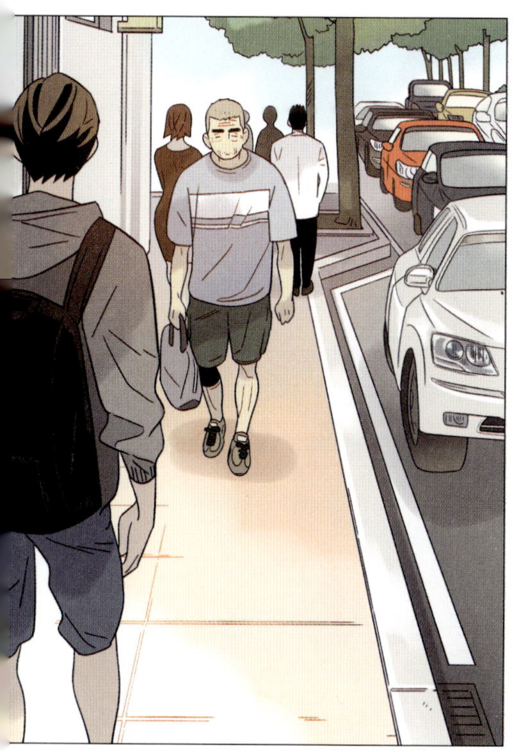

Ist es das?

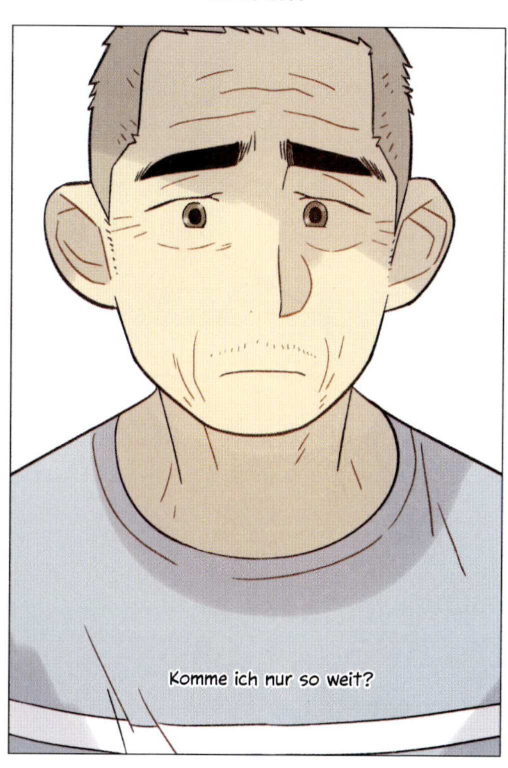

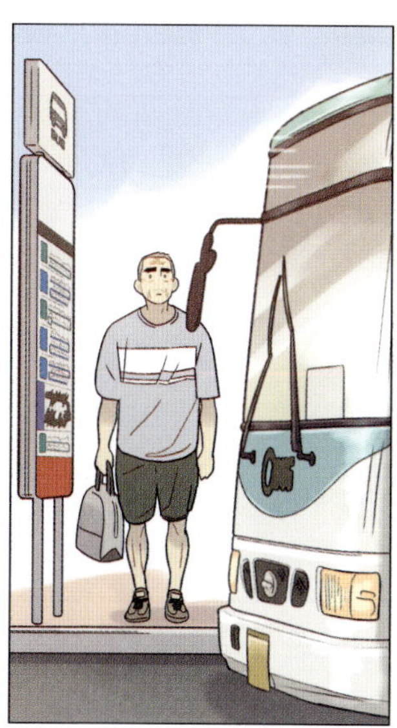

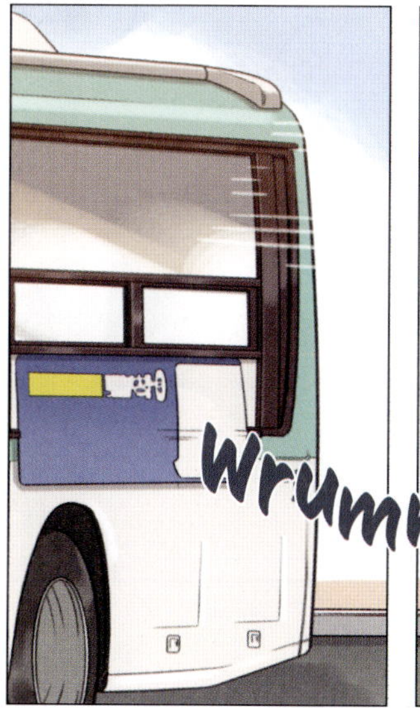

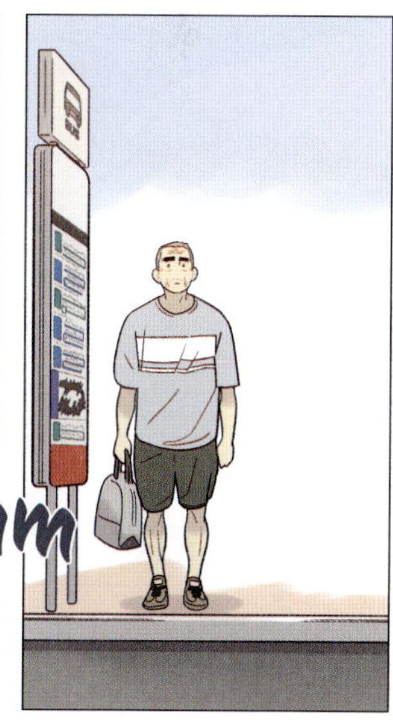

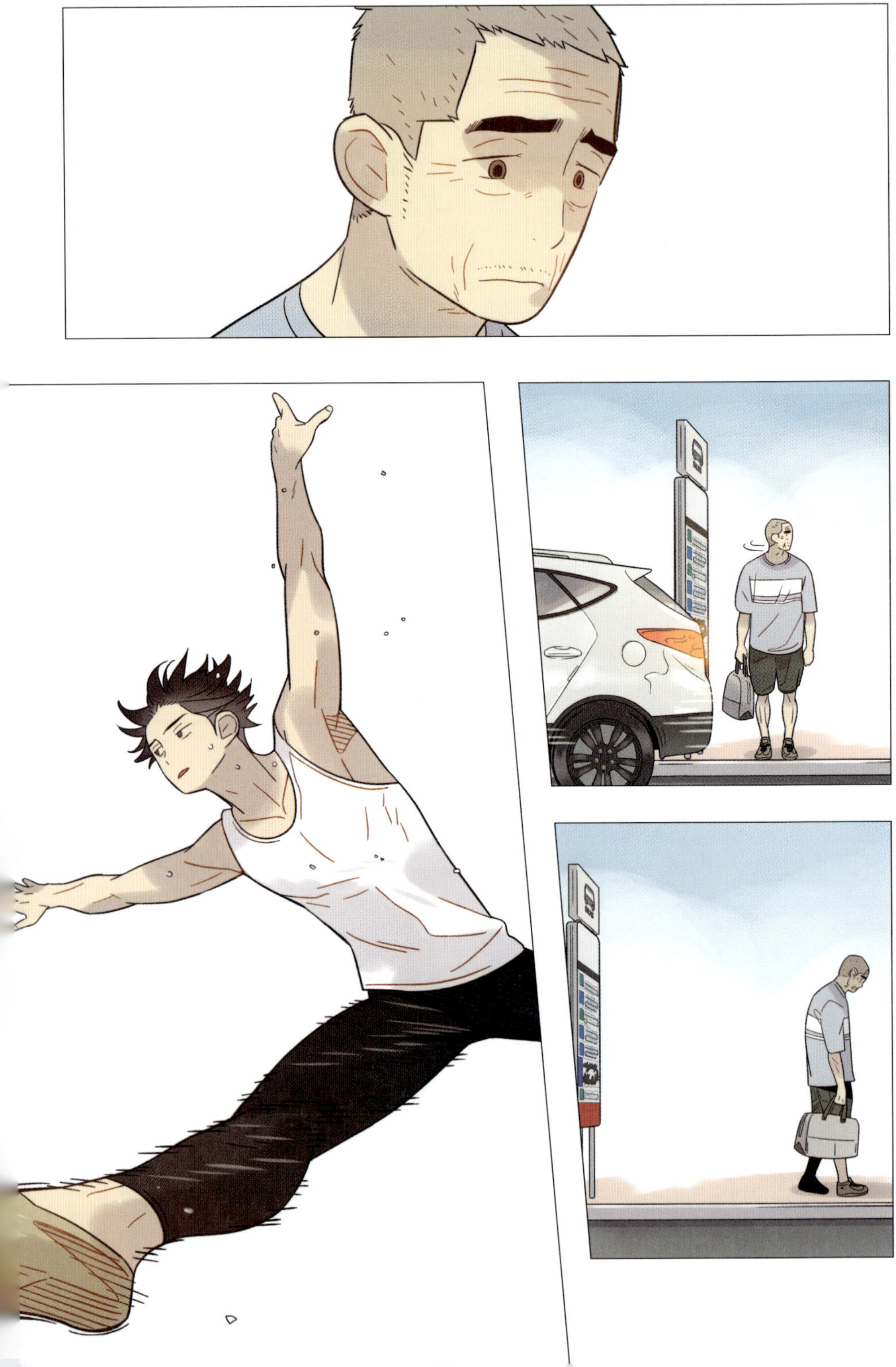

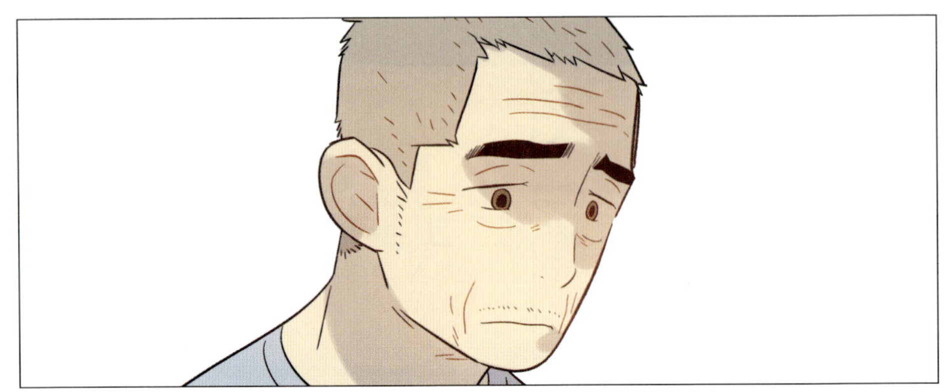

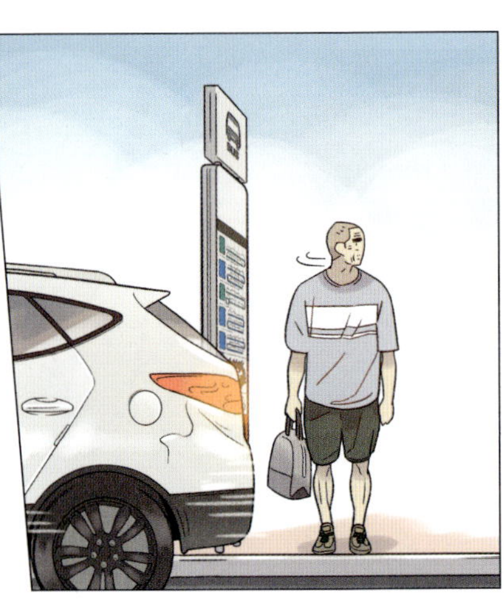

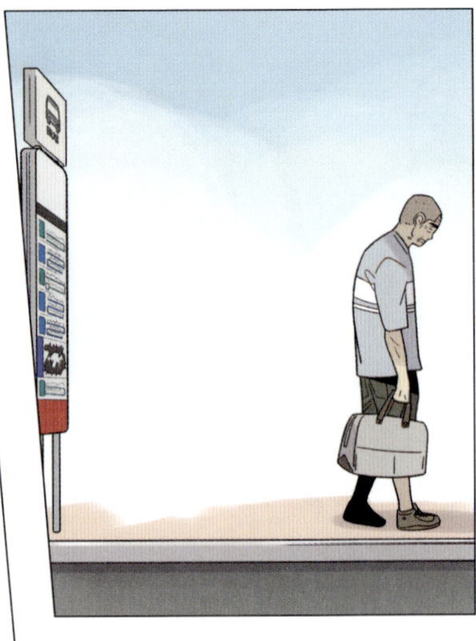

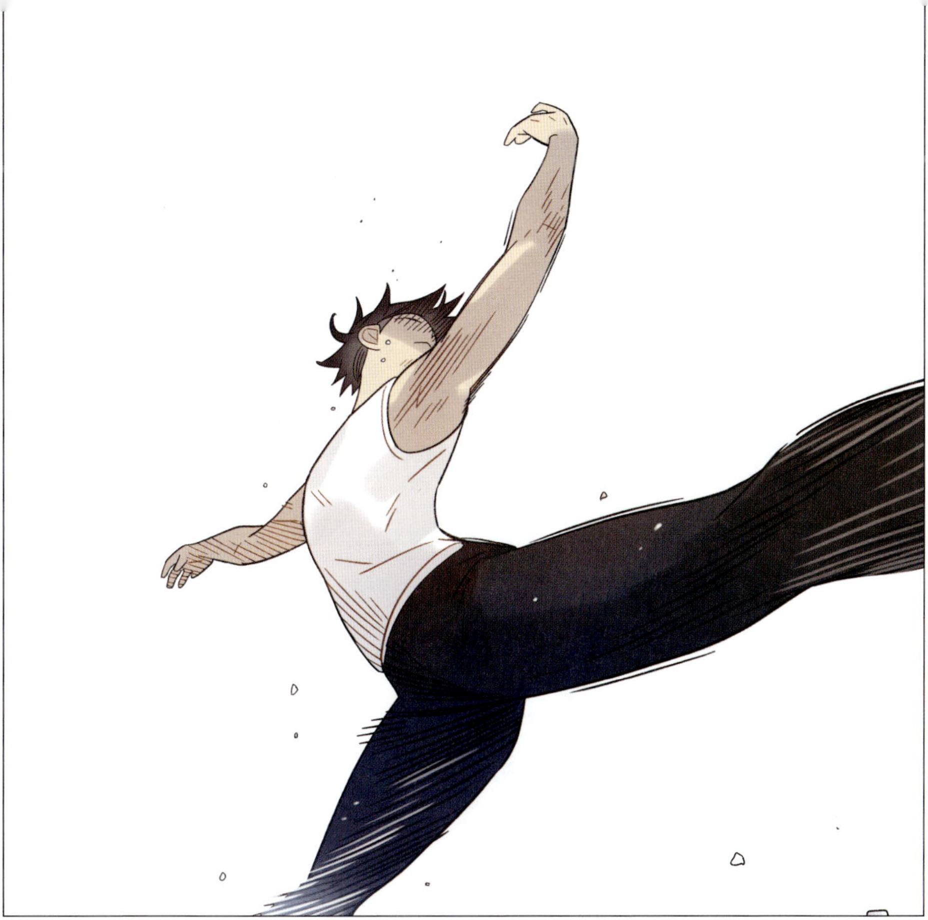

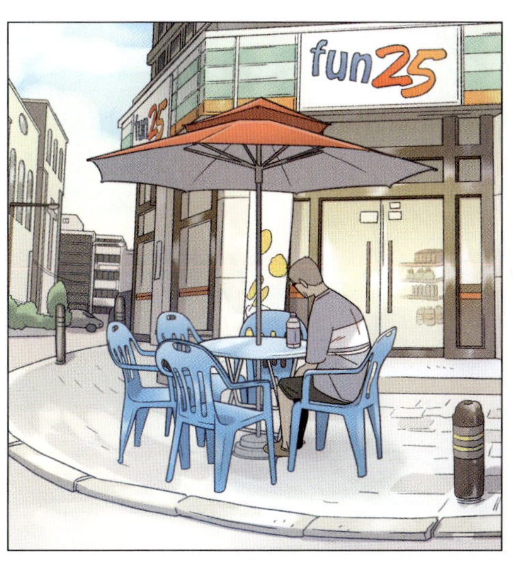
fun25

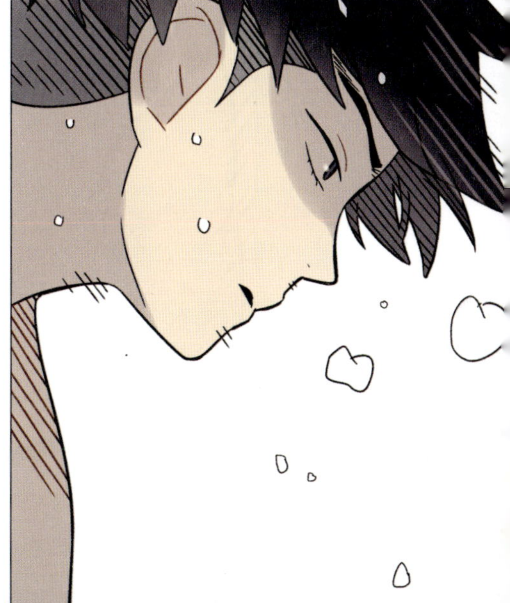

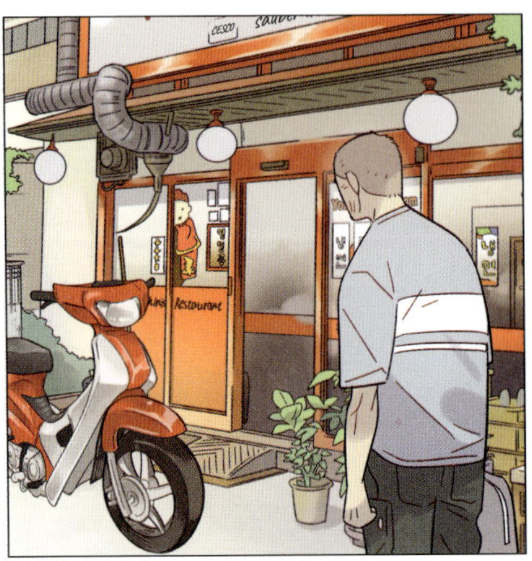
CESCO
Restaurant

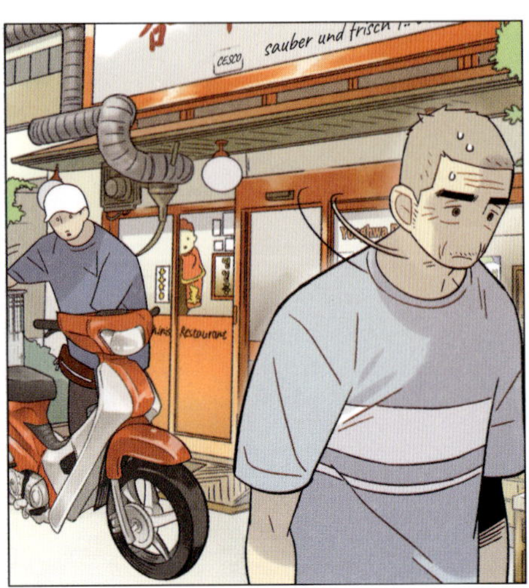
sauber und frisch
CESCO
Restaurant

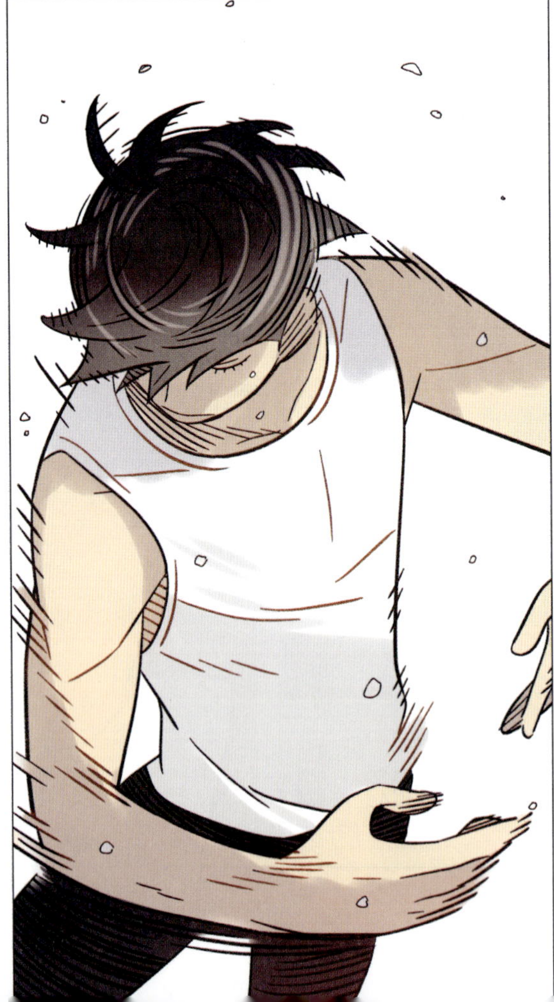

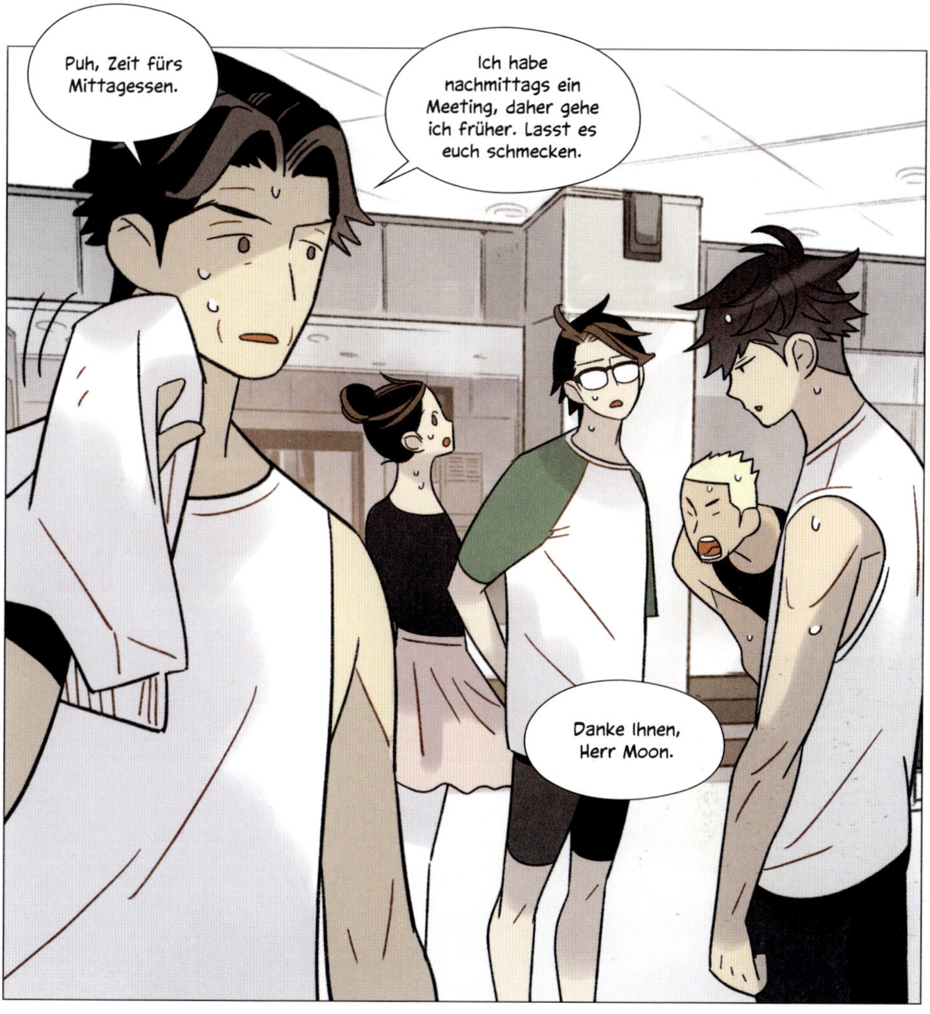

Puh, Zeit fürs Mittagessen.

Ich habe nachmittags ein Meeting, daher gehe ich früher. Lasst es euch schmecken.

Danke Ihnen, Herr Moon.

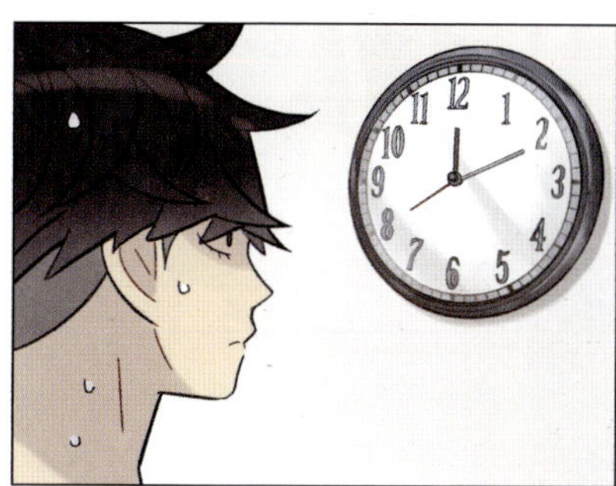

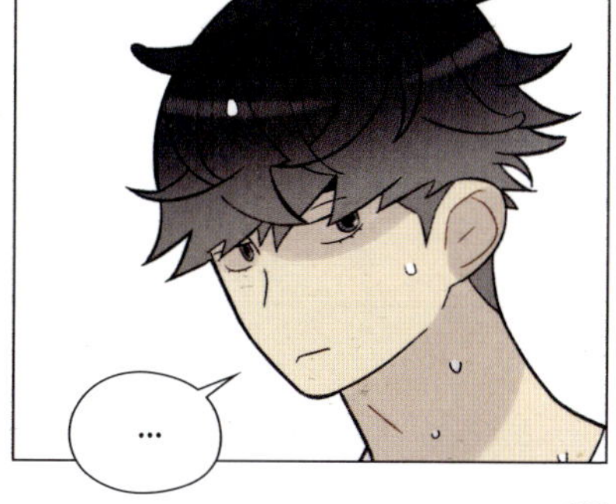

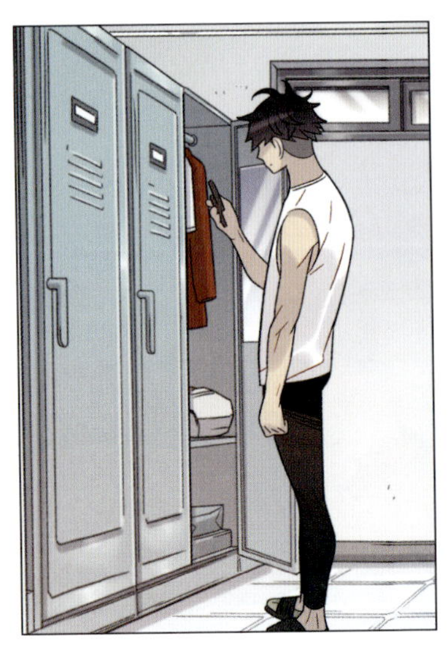

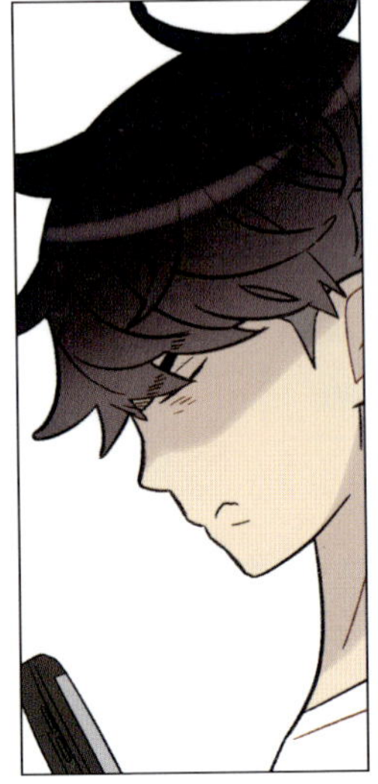

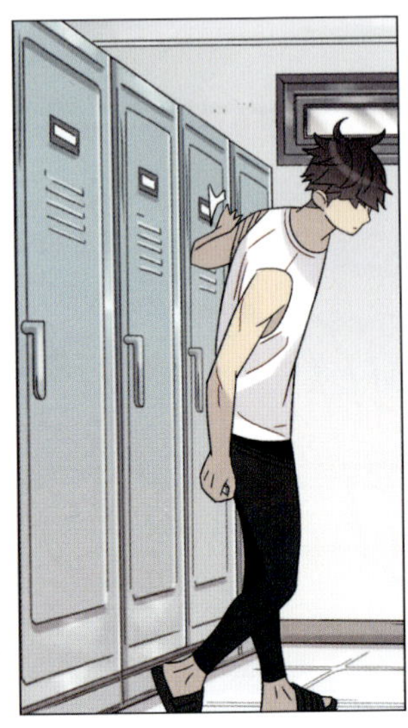

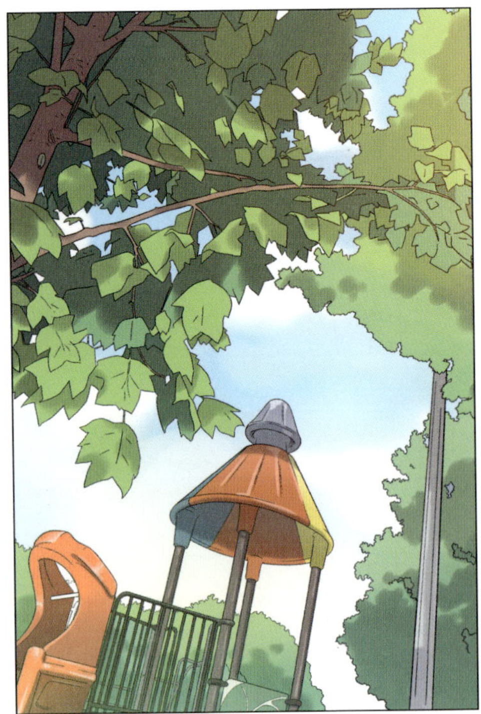

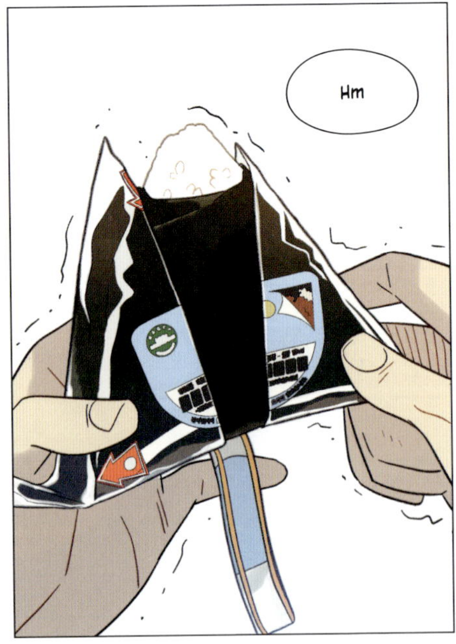
Hm

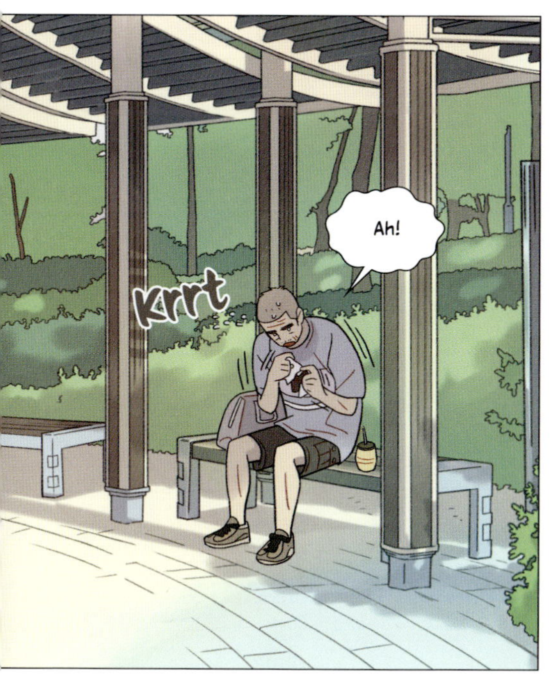
Krrt
Ah!

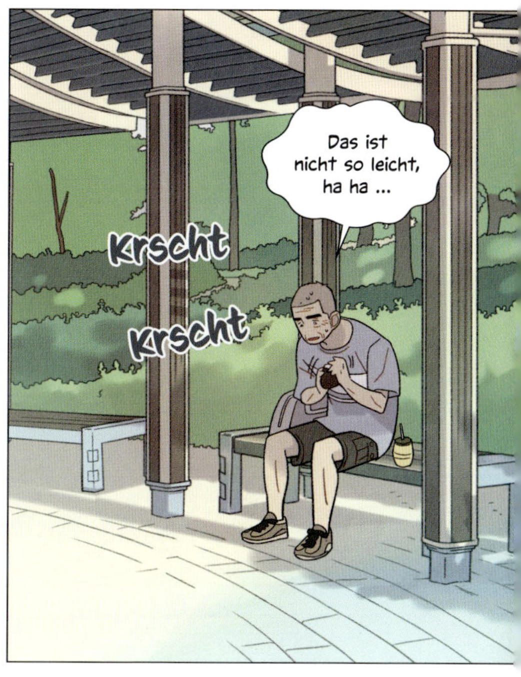
Das ist nicht so leicht, ha ha ...
Krscht
Krscht

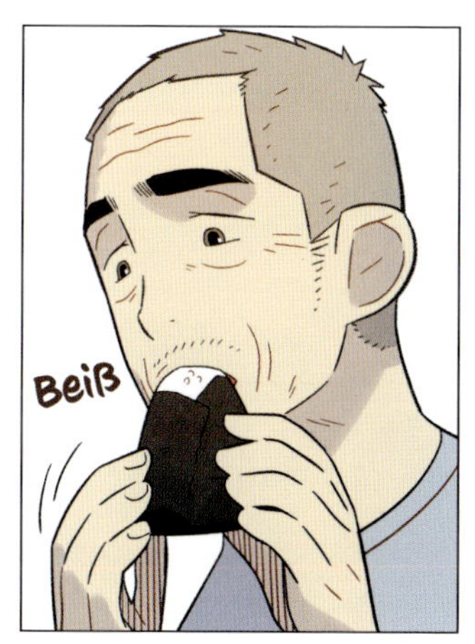
Beiß

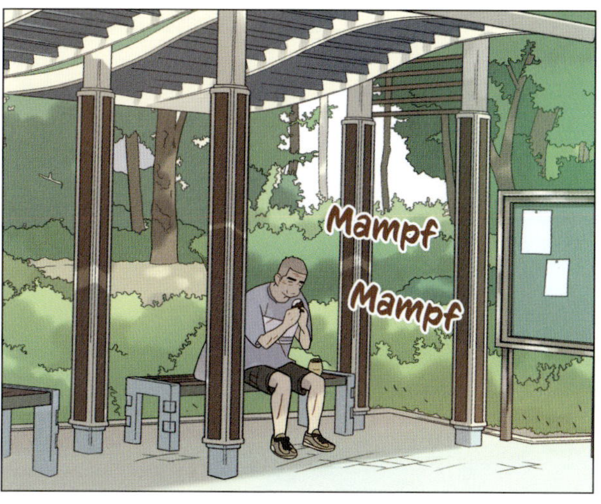
Mampf
Mampf

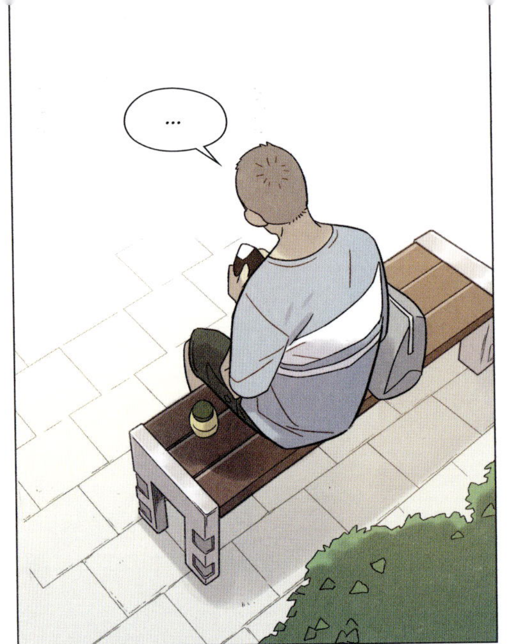

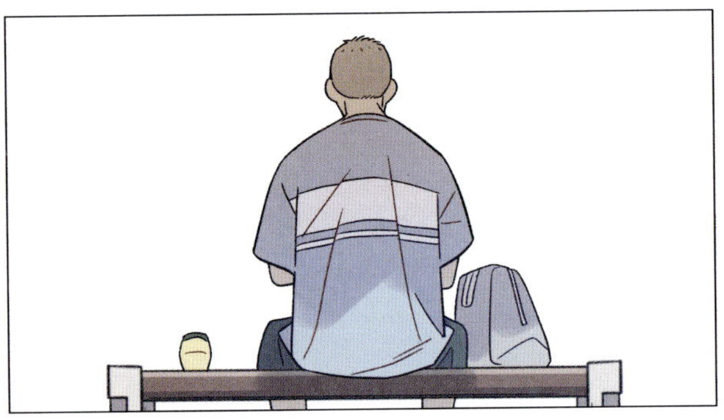

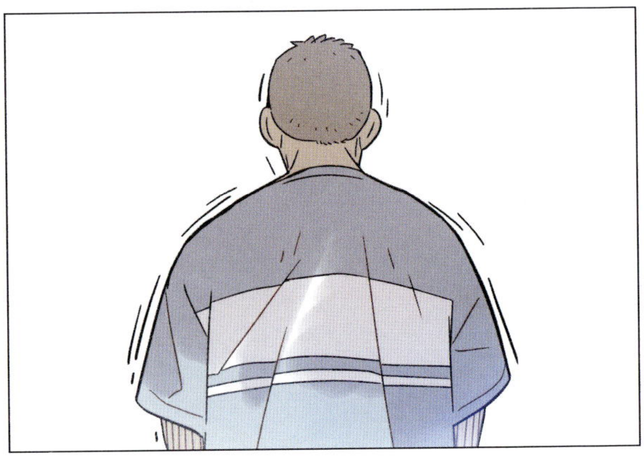

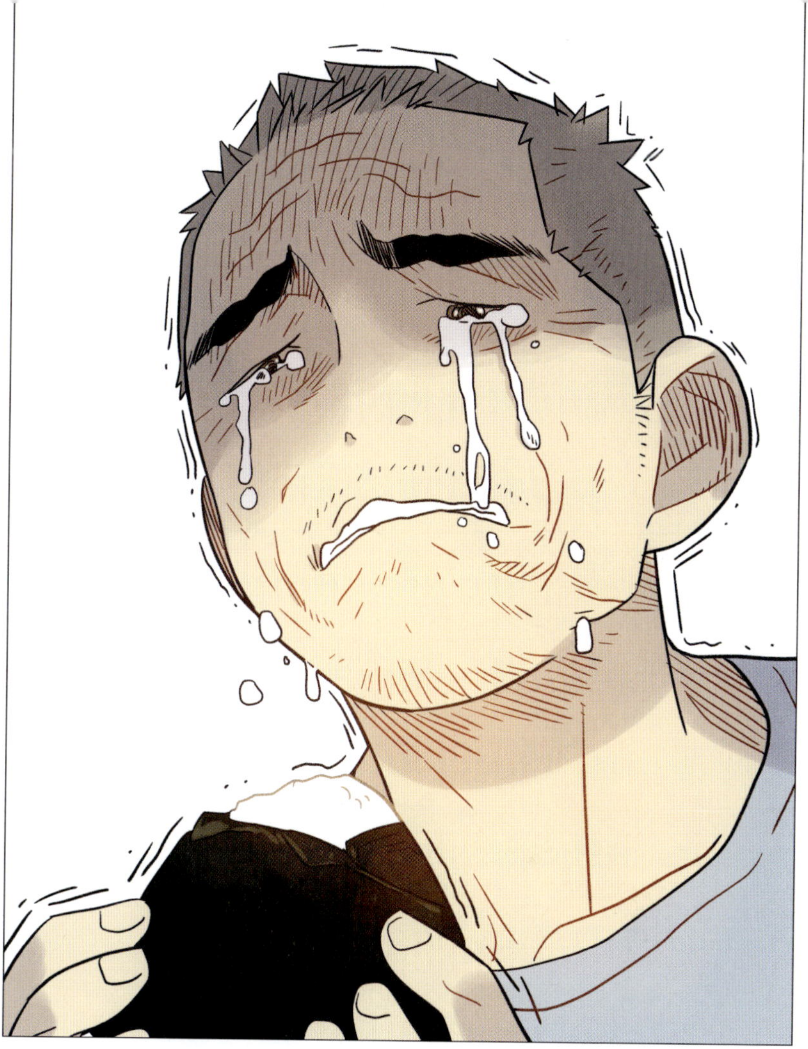

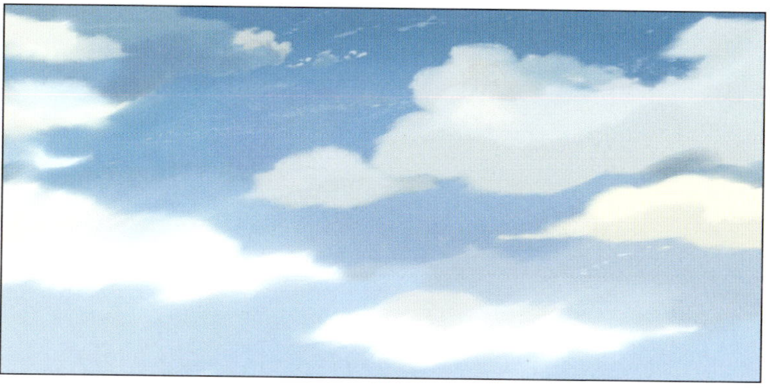

Ich denke zurzeit über etwas nach.

Ob ich durch meinen Wunsch, Ballett zu tanzen, anderen eine Bürde auferlege.

Meine Familie ist dagegen und mein alter Körper sendet mir die ganze Zeit Signale, dass es zu viel ist ...

Nun frage selbst ich mich, ist es das Richtige?

Ich dachte mir: »Dann macht er eben Ballett. Was ist schon dabei, wenn es etwas belastend ist für seinen Körper?«

»Dann bricht er sich eben ein-, zweimal das Bein.«

»Lieber ein gebrochenes Bein als zerbrochene Träume!«

21

Ich habe die Grenze überschritten, um hier zu sein

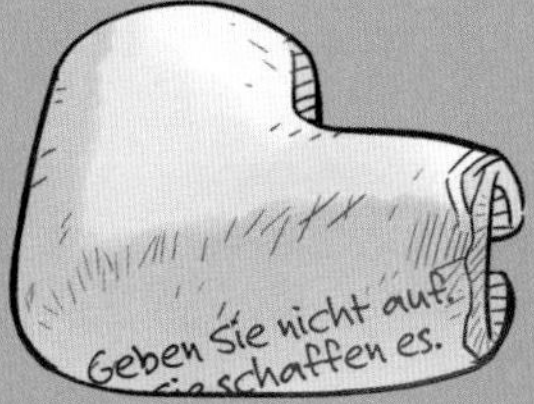

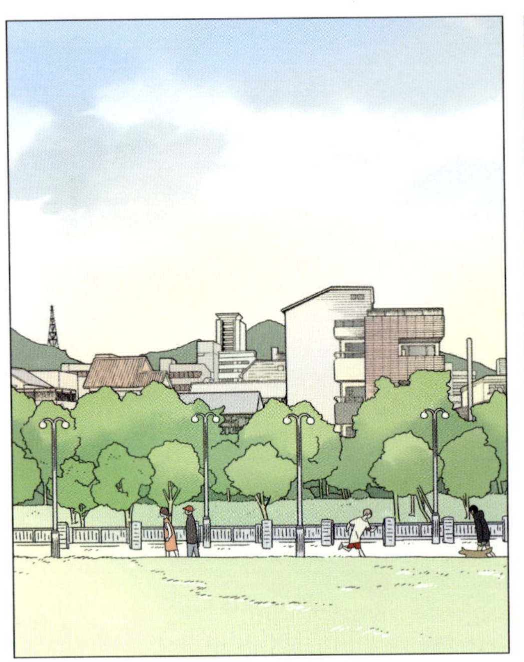

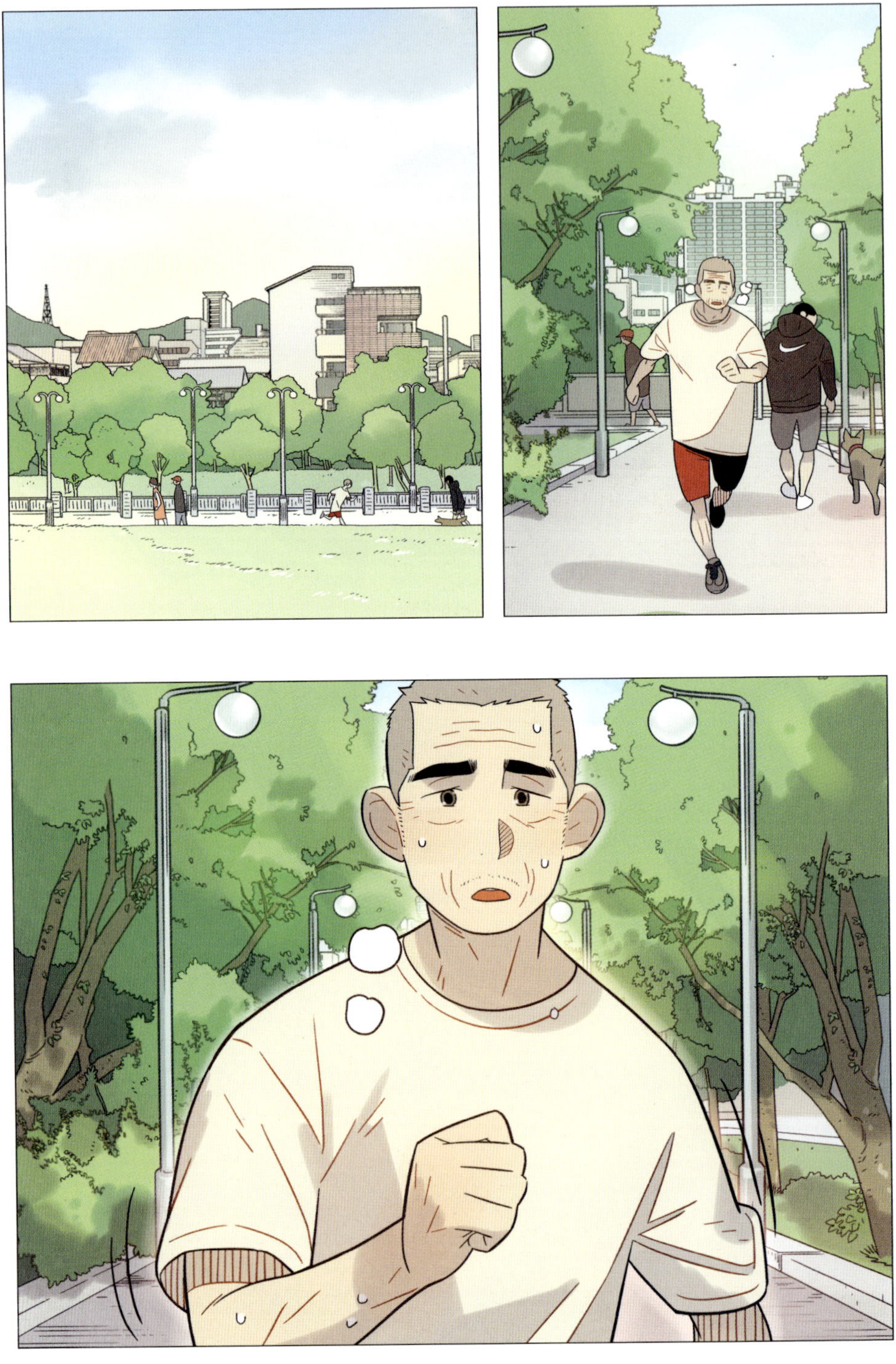

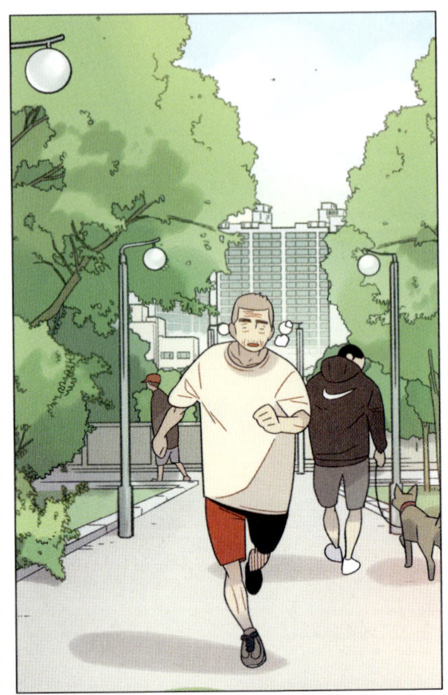

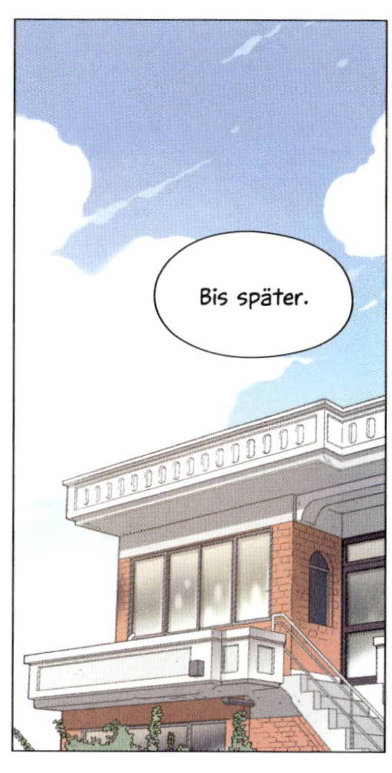
Bis später.

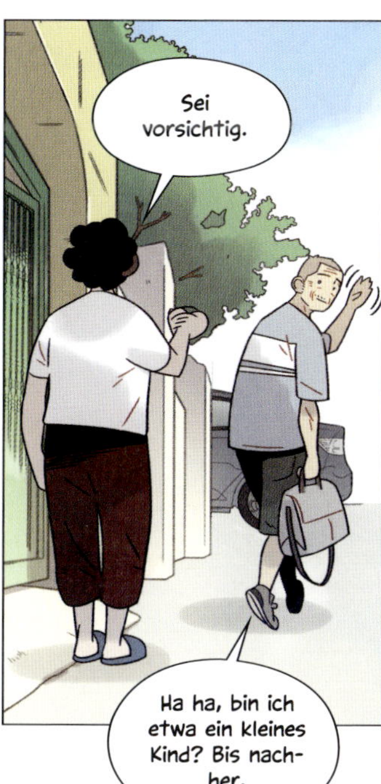
Sei vorsichtig.
Ha ha, bin ich etwa ein kleines Kind? Bis nach-her.

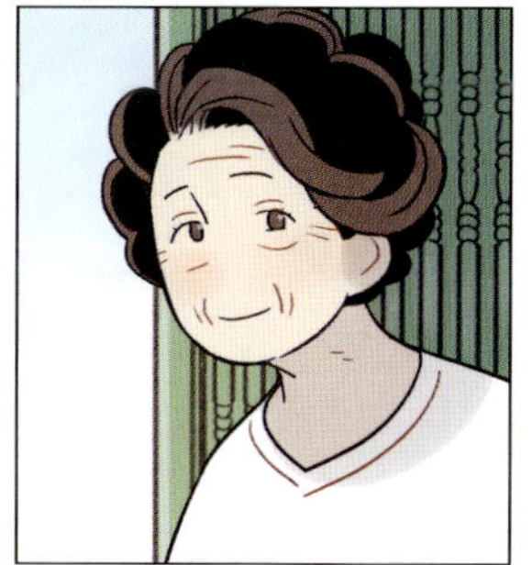

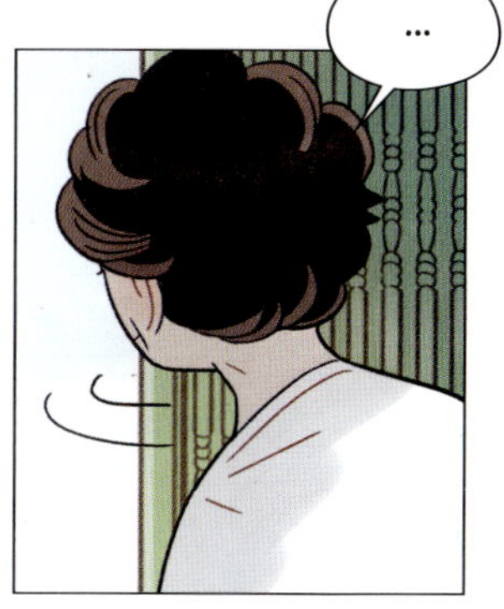
...

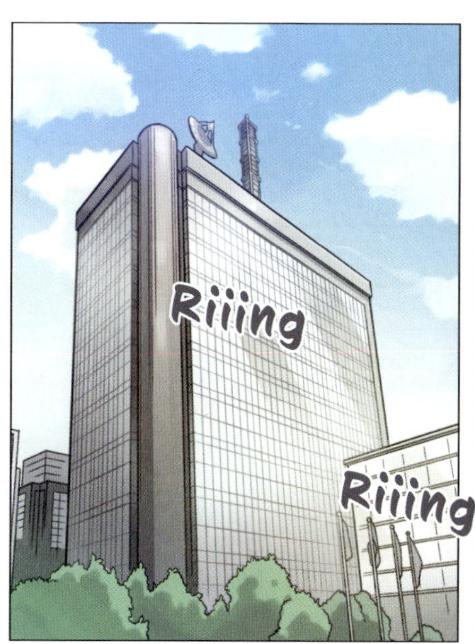
Riiing
Riiing

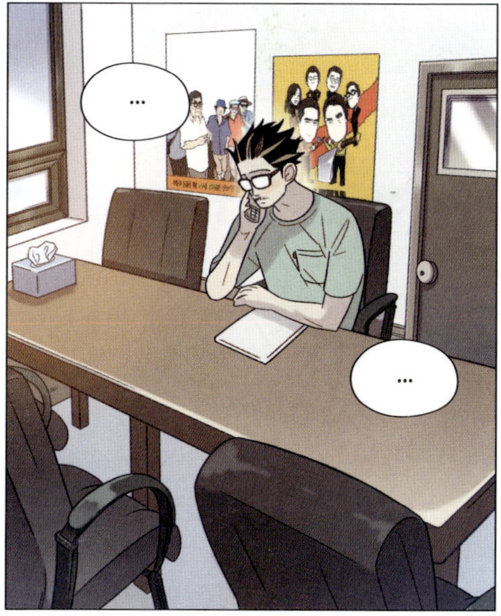
...
...

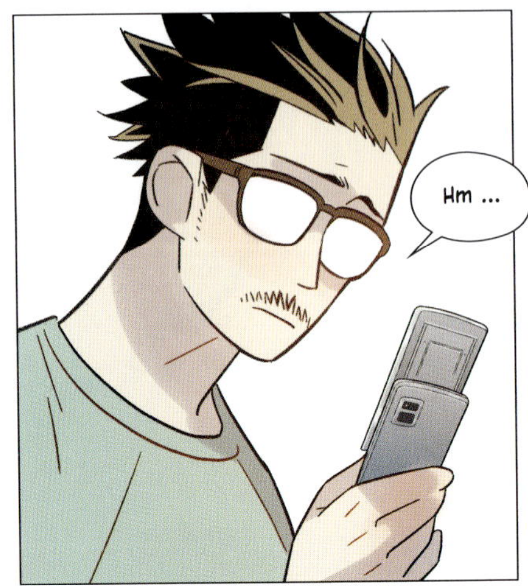

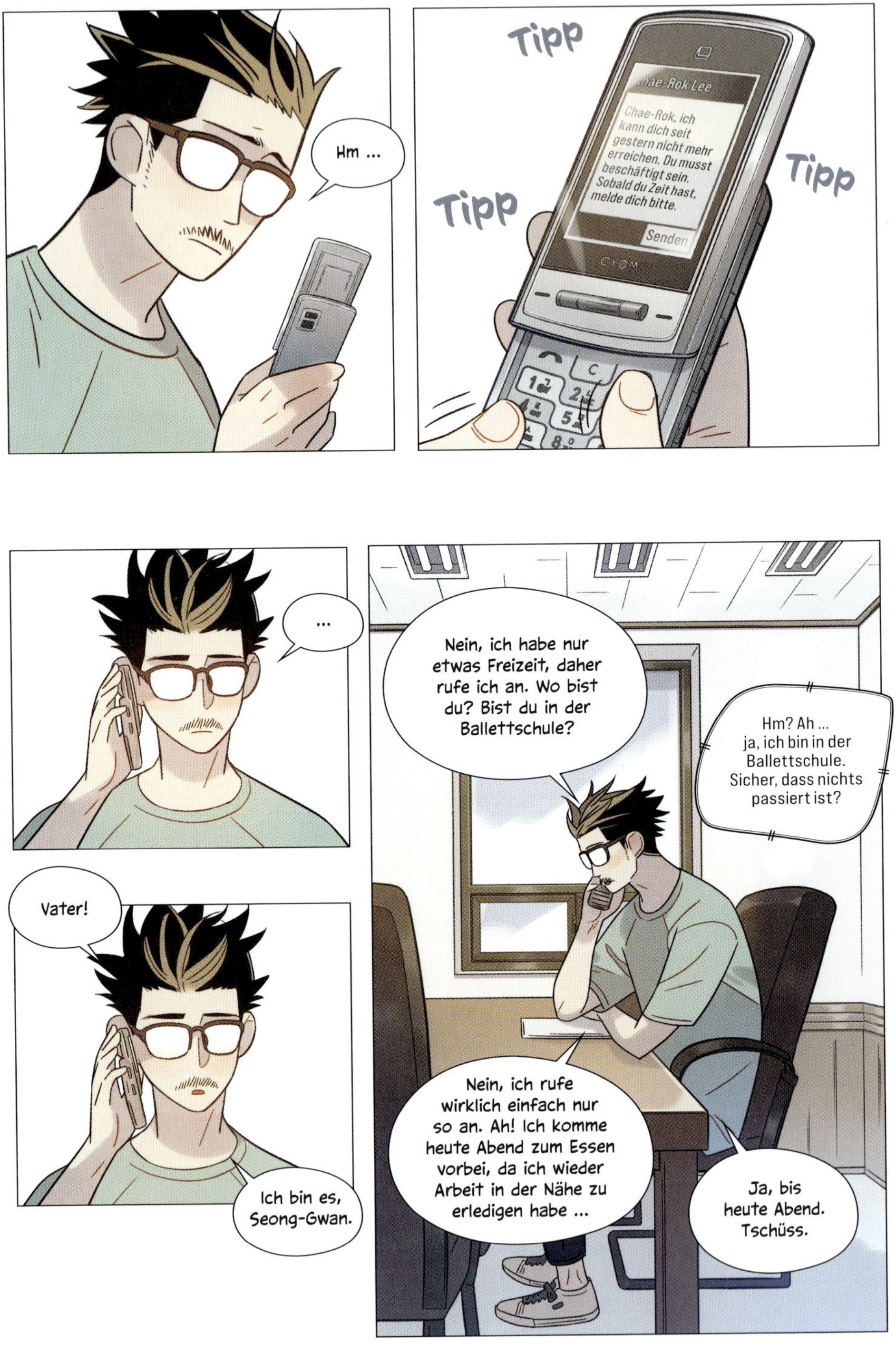

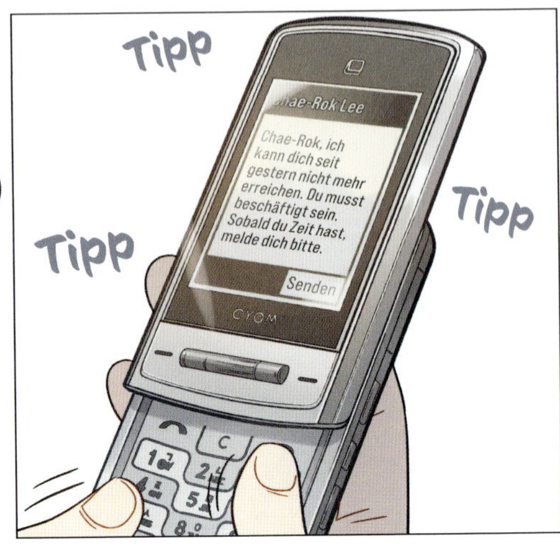

...

Vater!

Ich bin es, Seong-Gwan.

Nein, ich habe nur etwas Freizeit, daher rufe ich an. Wo bist du? Bist du in der Ballettschule?

Hm? Ah ... ja, ich bin in der Ballettschule. Sicher, dass nichts passiert ist?

Nein, ich rufe wirklich einfach nur so an. Ah! Ich komme heute Abend zum Essen vorbei, da ich wieder Arbeit in der Nähe zu erledigen habe ...

Ja, bis heute Abend. Tschüss.

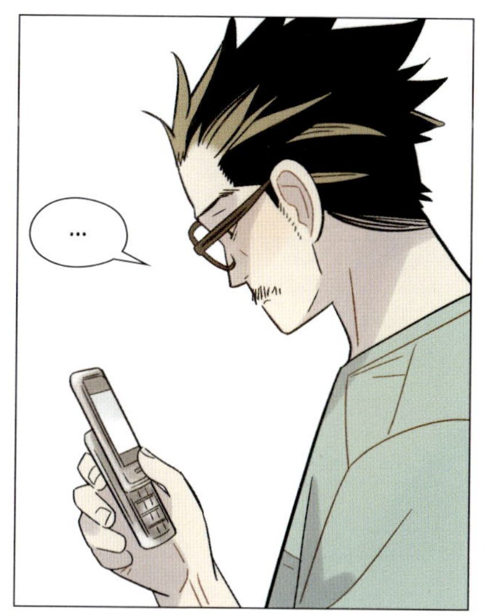

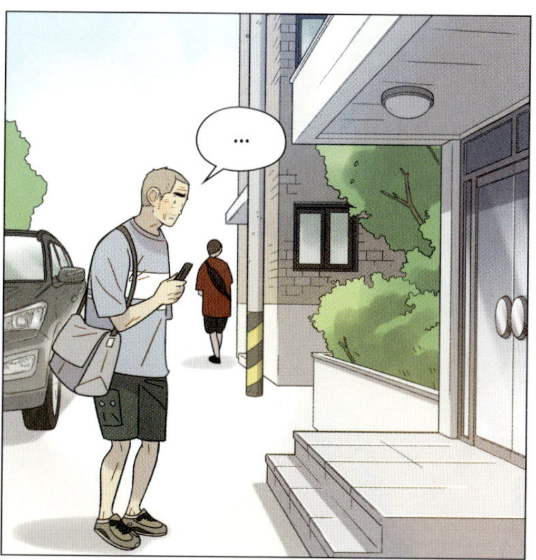

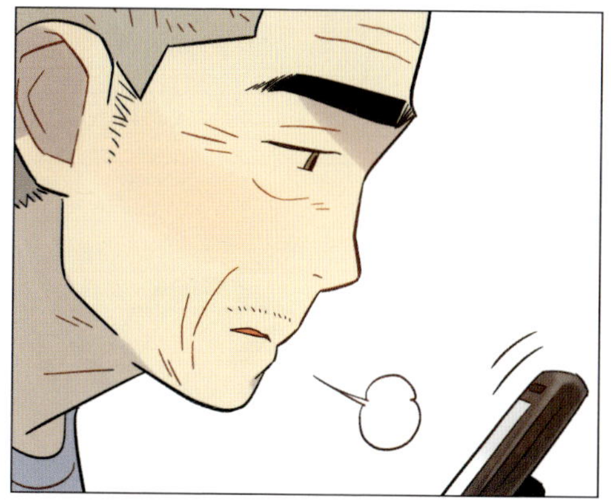
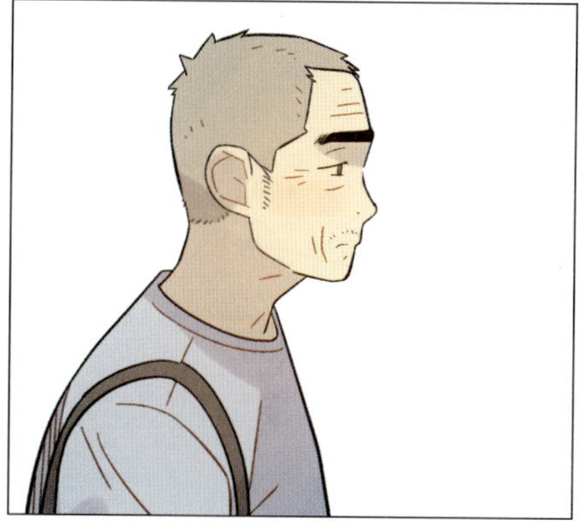
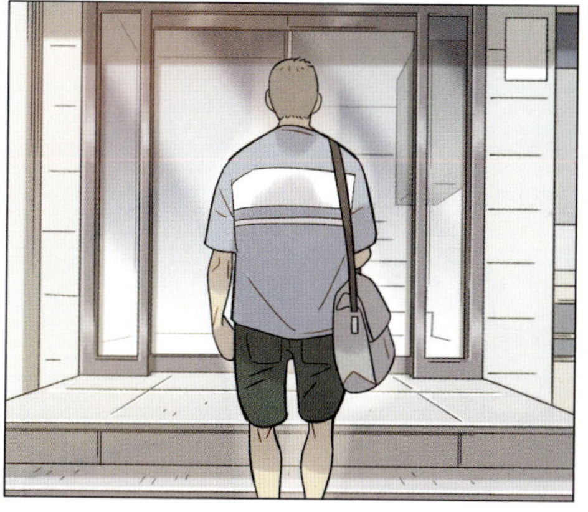
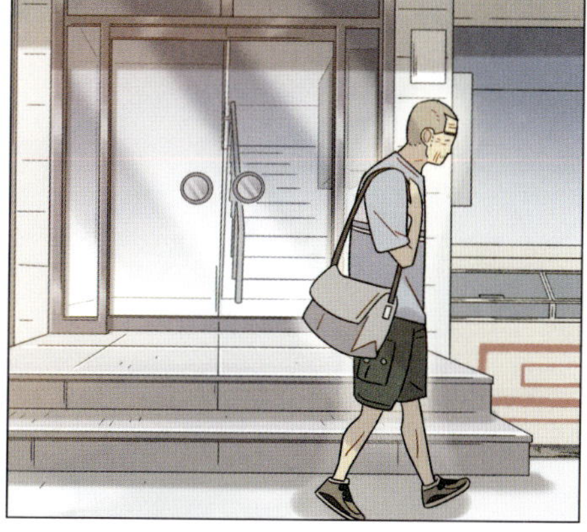

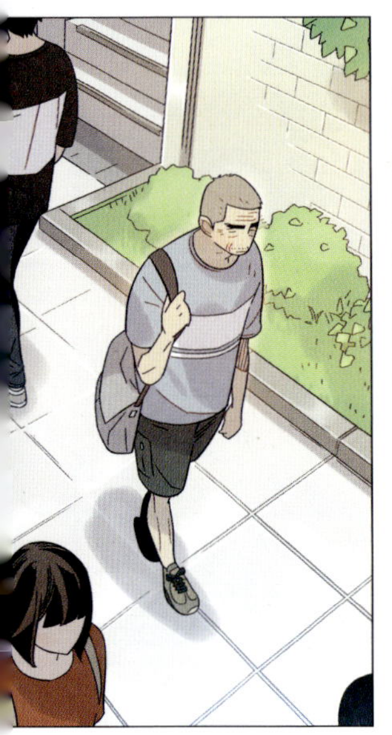

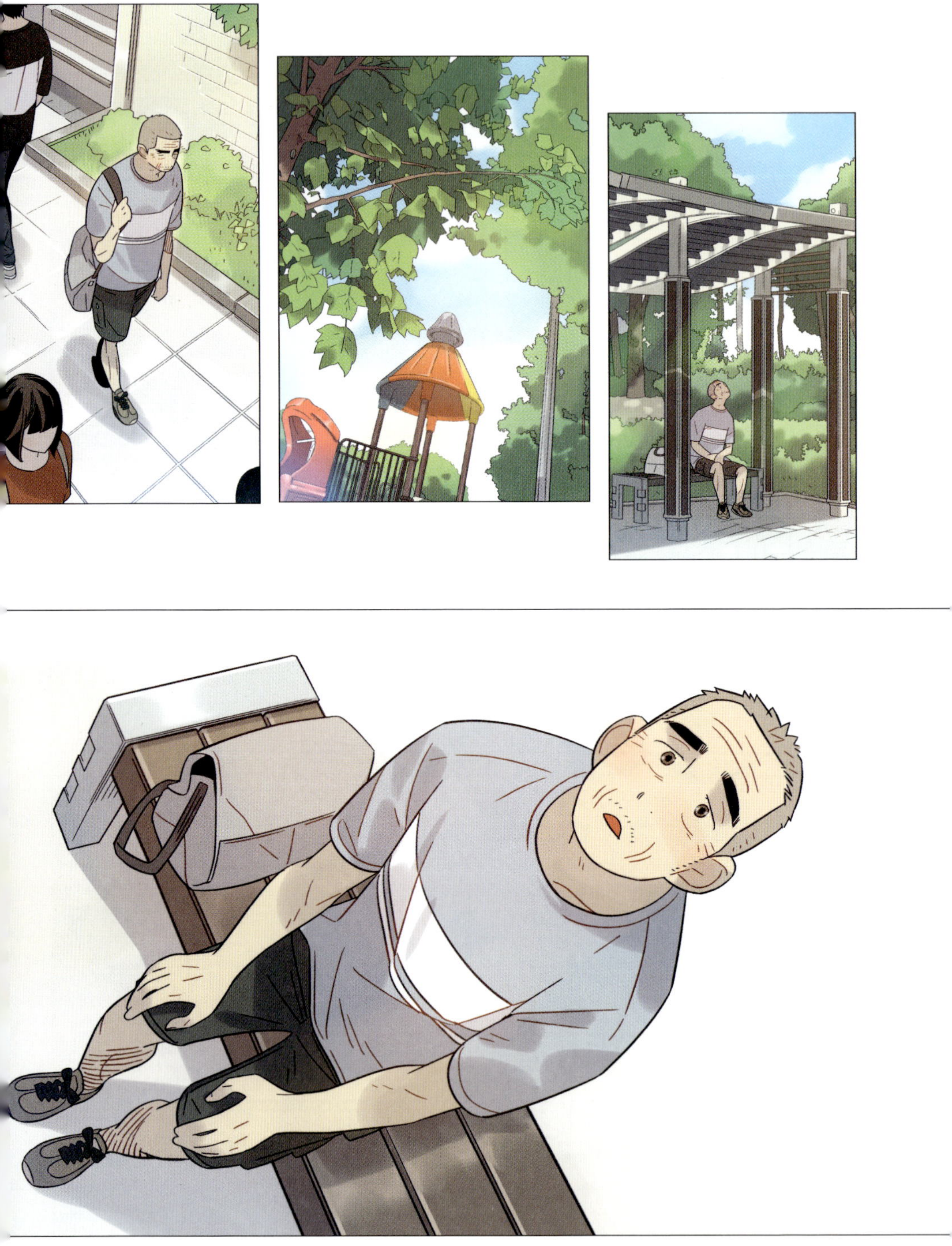

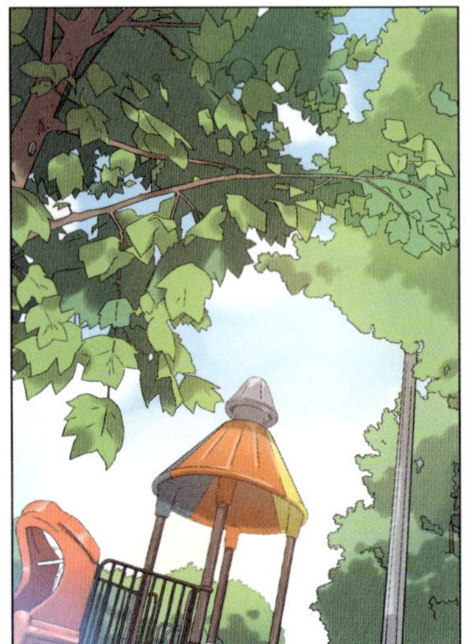

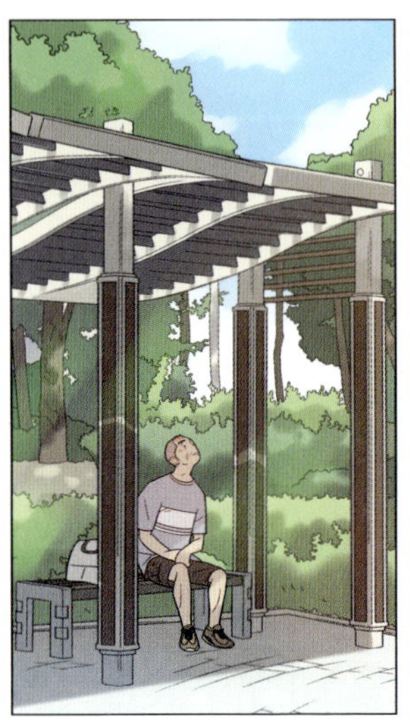

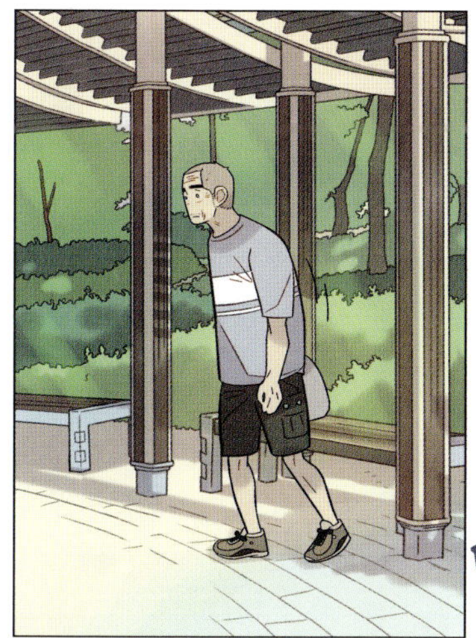

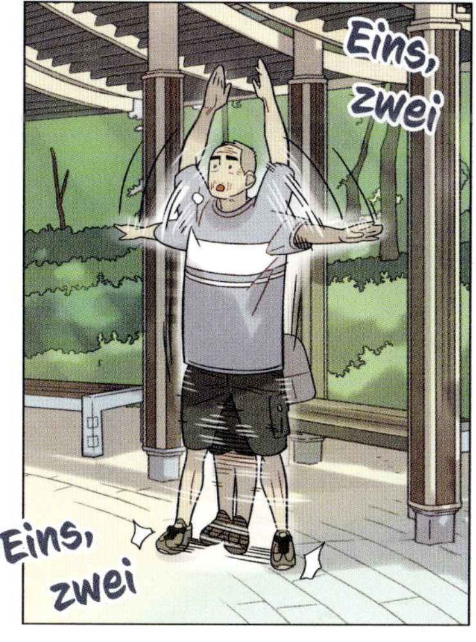
Eins, zwei
Eins, zwei

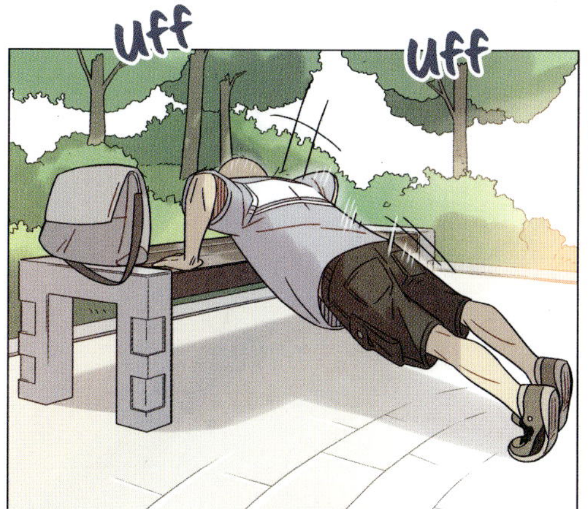
Uff
Uff

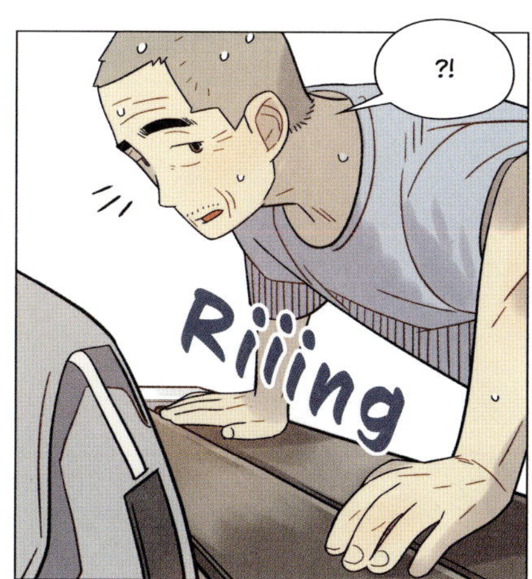
?!
Riiing

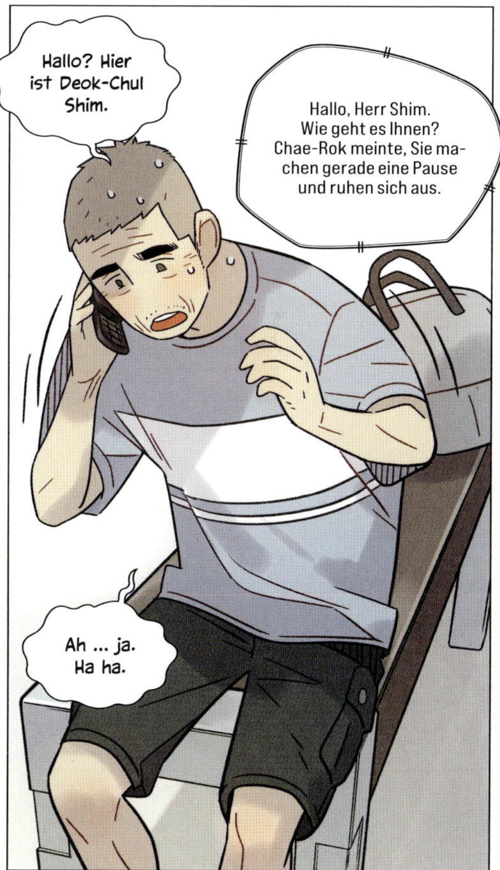
Hallo? Hier ist Deok-Chul Shim.
Hallo, Herr Shim. Wie geht es Ihnen? Chae-Rok meinte, Sie machen gerade eine Pause und ruhen sich aus.
Ah ... ja. Ha ha.

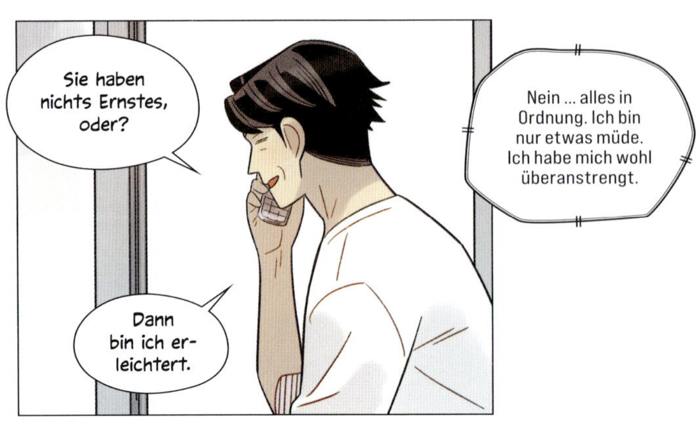
Sie haben nichts Ernstes, oder?
Nein ... alles in Ordnung. Ich bin nur etwas müde. Ich habe mich wohl überanstrengt.
Dann bin ich erleichtert.

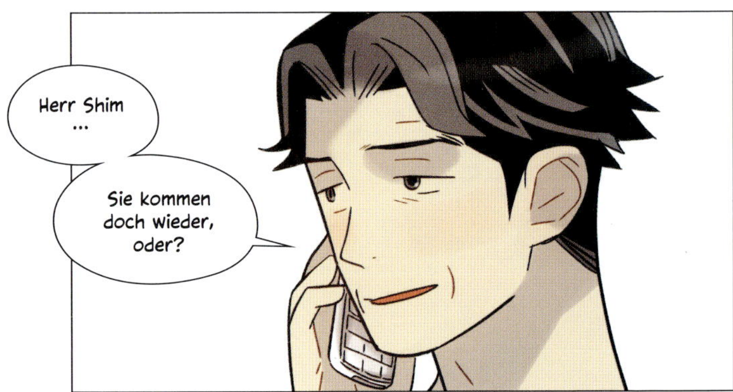
Herr Shim ...
Sie kommen doch wieder, oder?

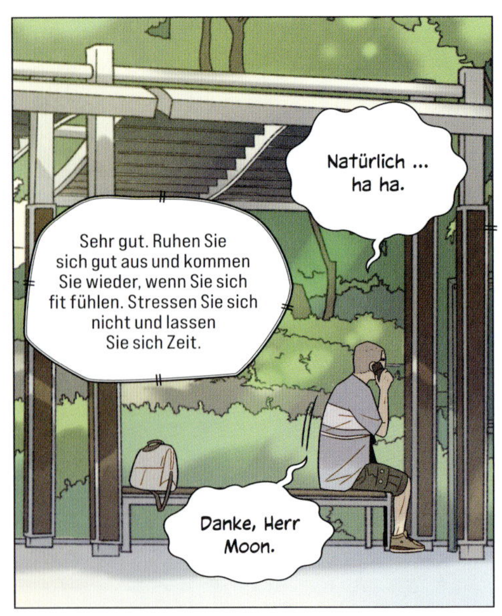
Natürlich ... ha ha.
Sehr gut. Ruhen Sie sich gut aus und kommen Sie wieder, wenn Sie sich fit fühlen. Stressen Sie sich nicht und lassen Sie sich Zeit.
Danke, Herr Moon.

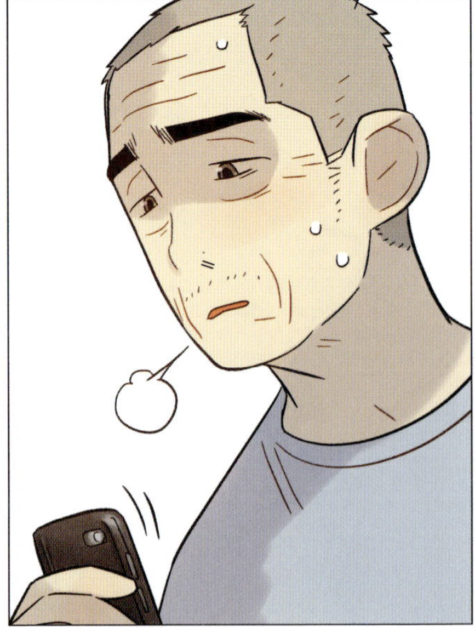

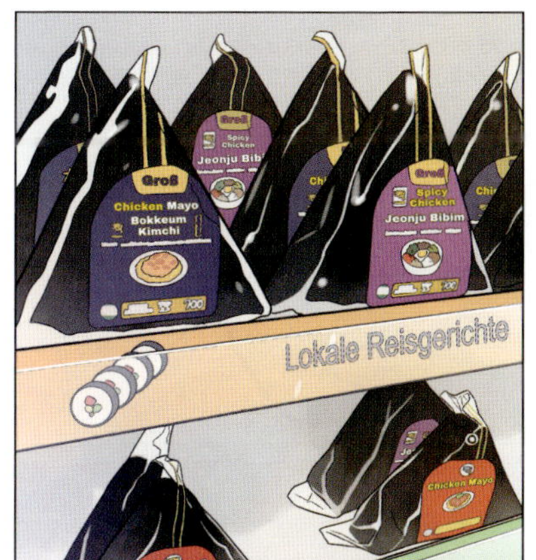
Groß
Chicken Mayo
Bokkeum Kimchi
Groß
Spicy Chicken
Jeonju Bibim
Lokale Reisgerichte
Chicken Mayo

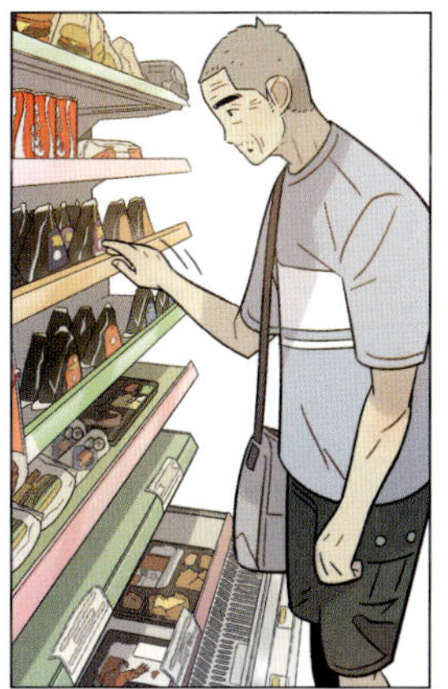

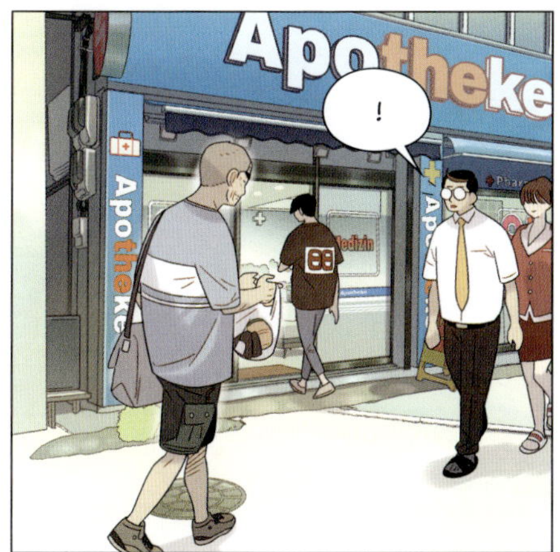
Apotheke
!
Medizin
Guten Tag, Herr Shim.
Ah! Dr. Kim. Guten Tag.
Was machen Sie um diese Uhrzeit hier? Sind Sie normalerweise jetzt nicht in der Ballettschule? Haben Sie schon gegessen?

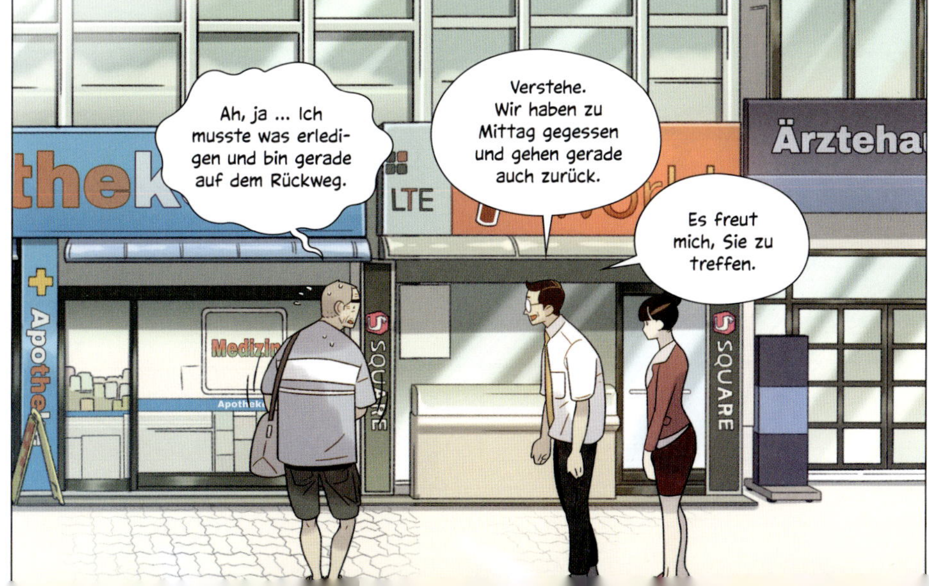
Ah, ja ... Ich musste was erledigen und bin gerade auf dem Rückweg.
Verstehe. Wir haben zu Mittag gegessen und gehen gerade auch zurück.
Es freut mich, Sie zu treffen.
LTE
Medizin
SQUARE
SQUARE

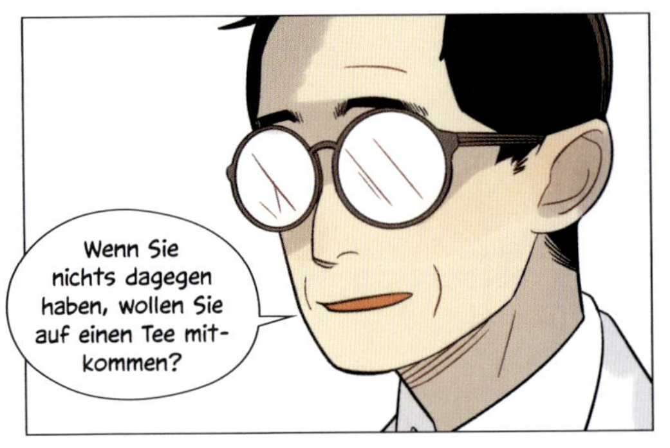
Wenn Sie nichts dagegen haben, wollen Sie auf einen Tee mitkommen?

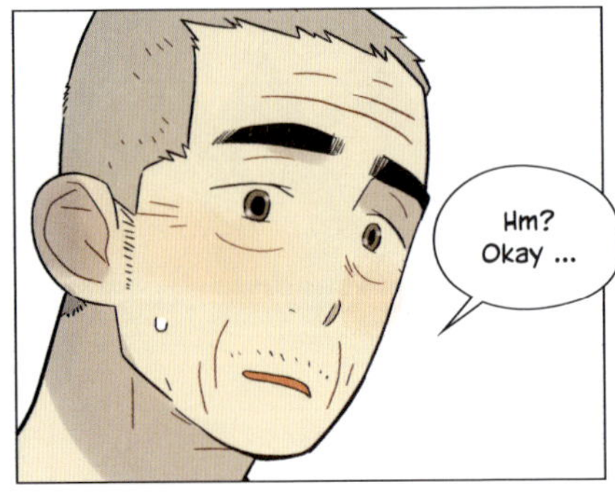
Hm? Okay ...

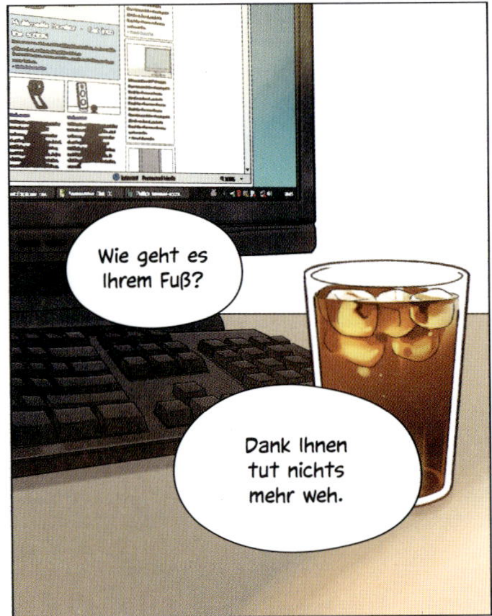
Wie geht es Ihrem Fuß?
Dank Ihnen tut nichts mehr weh.

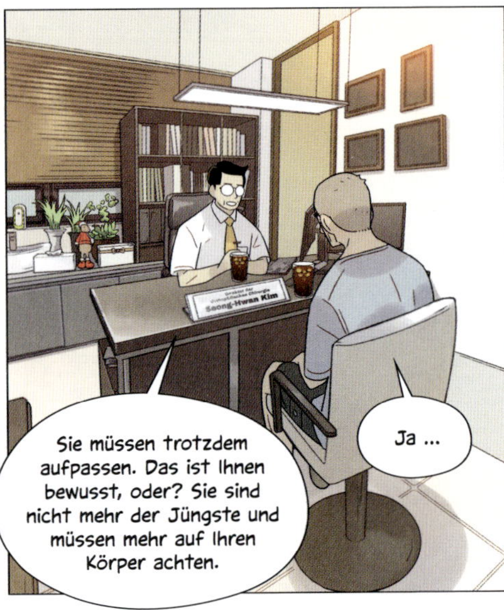
Seong-Hwan Kim
Sie müssen trotzdem aufpassen. Das ist Ihnen bewusst, oder? Sie sind nicht mehr der Jüngste und müssen mehr auf Ihren Körper achten.
Ja ...

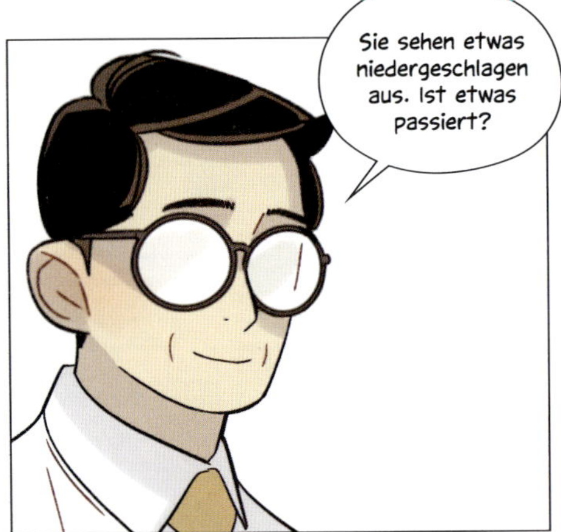
Sie sehen etwas niedergeschlagen aus. Ist etwas passiert?

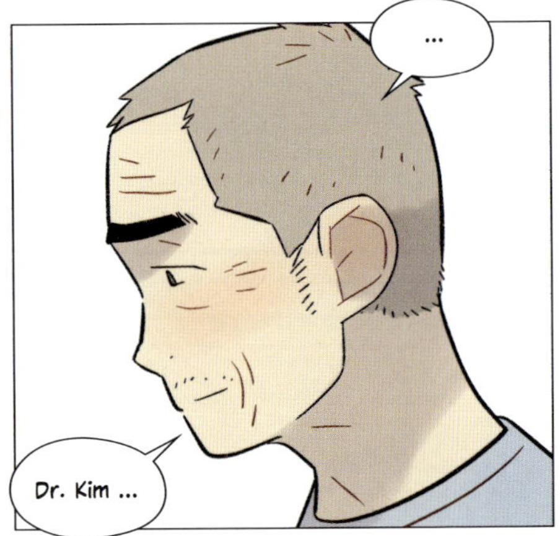
...
Dr. Kim ...

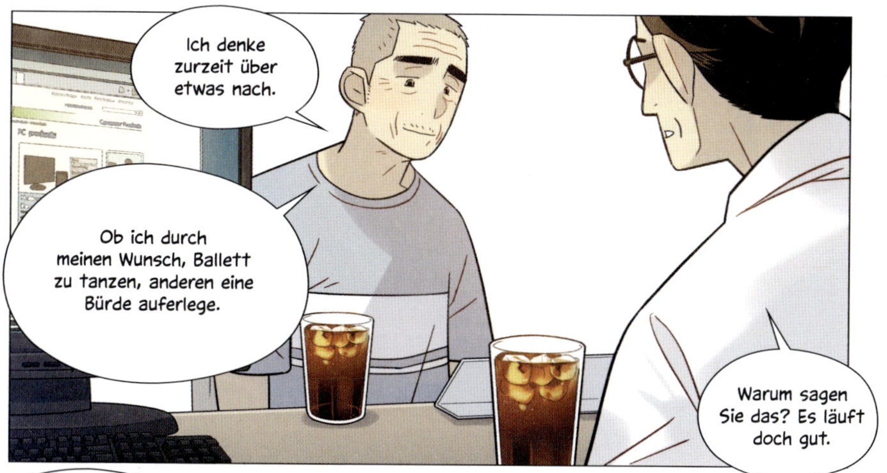
Ich denke zurzeit über etwas nach.
Ob ich durch meinen Wunsch, Ballett zu tanzen, anderen eine Bürde auferlege.
Warum sagen Sie das? Es läuft doch gut.

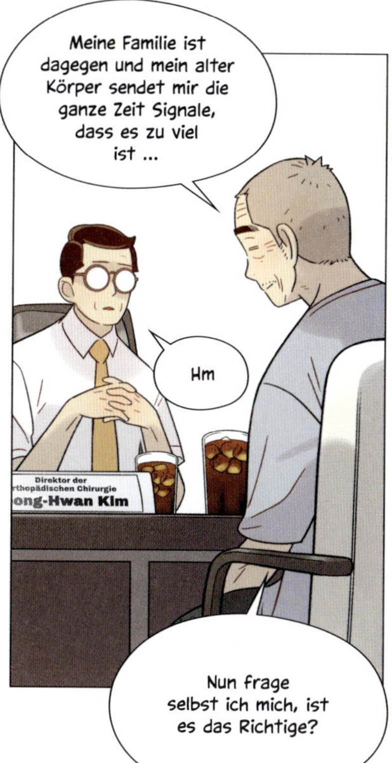
Meine Familie ist dagegen und mein alter Körper sendet mir die ganze Zeit Signale, dass es zu viel ist ...
Hm
Direktor der
rthopädischen Chirurgie
ong-Hwan Kim
Nun frage selbst ich mich, ist es das Richtige?

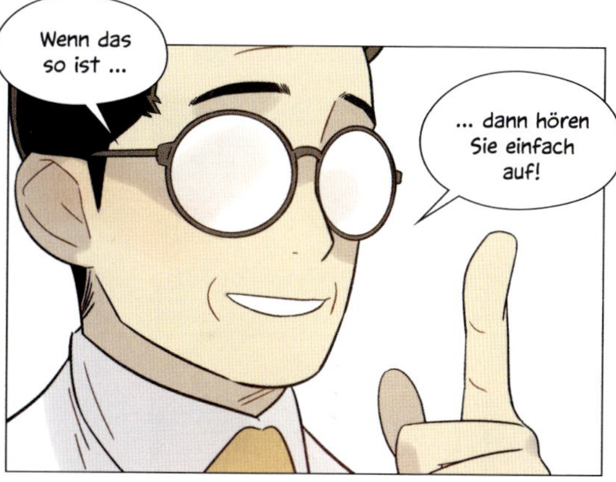
Wenn das so ist ...
... dann hören Sie einfach auf!

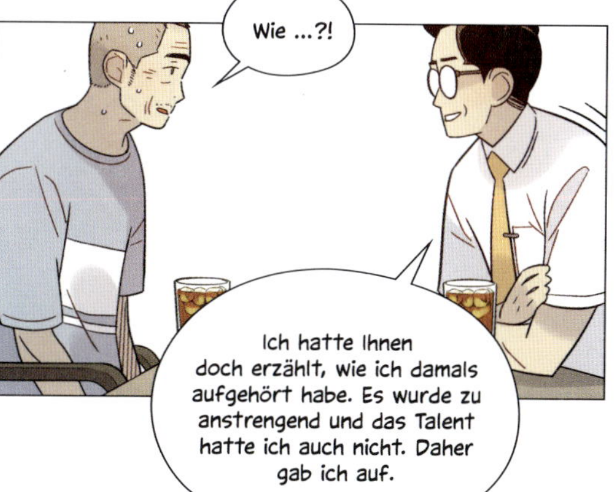
Wie ...?!
Ich hatte Ihnen doch erzählt, wie ich damals aufgehört habe. Es wurde zu anstrengend und das Talent hatte ich auch nicht. Daher gab ich auf.

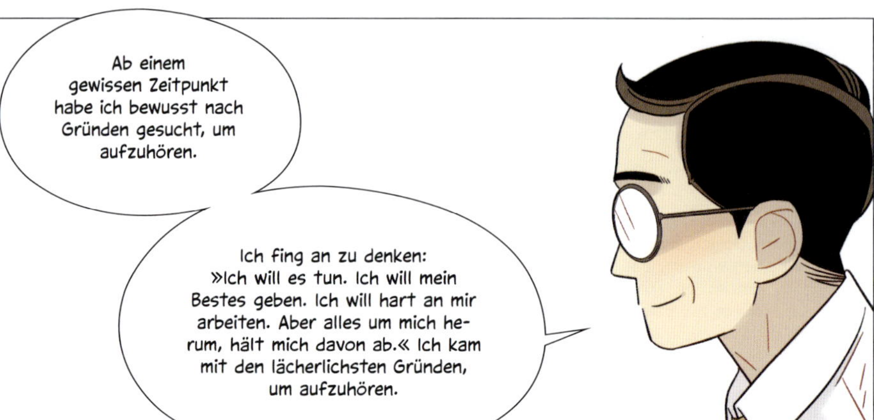
Ab einem gewissen Zeitpunkt habe ich bewusst nach Gründen gesucht, um aufzuhören.
Ich fing an zu denken: »Ich will es tun. Ich will mein Bestes geben. Ich will hart an mir arbeiten. Aber alles um mich herum, hält mich davon ab.« Ich kam mit den lächerlichsten Gründen, um aufzuhören.

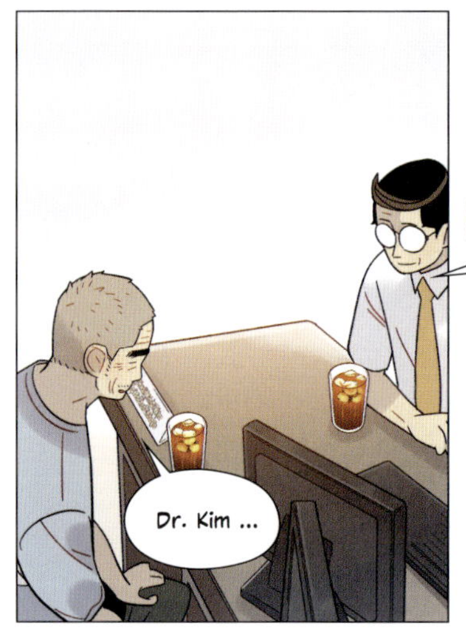
Und was war es wirklich am Ende? Ich wollte einfach nicht mehr tanzen.
»Ich liebe es und bin so weit gekommen, wie es ging.« Nachdem ich mir das eingestanden hatte, konnte ich endlich loslassen.
Dr. Kim ...

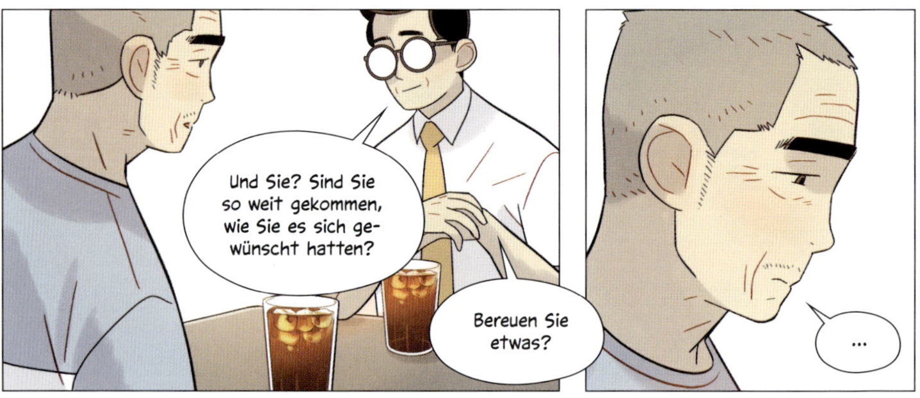
Und Sie? Sind Sie so weit gekommen, wie Sie es sich gewünscht hatten?
Bereuen Sie etwas?
...

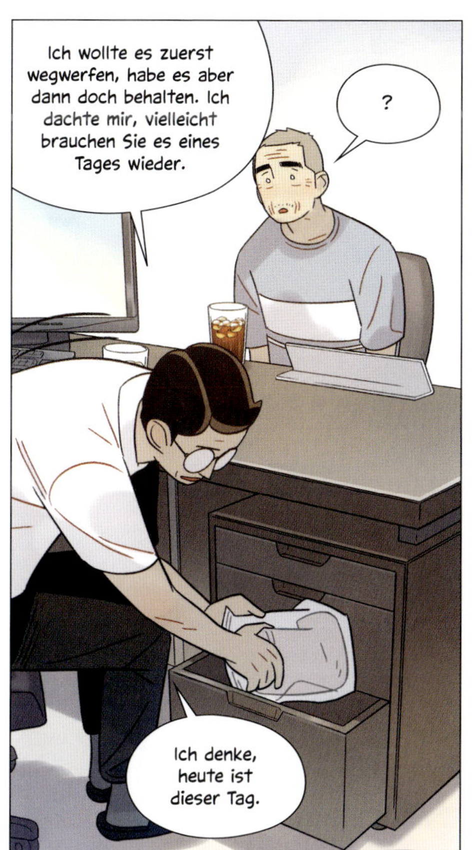
Ich wollte es zuerst wegwerfen, habe es aber dann doch behalten. Ich dachte mir, vielleicht brauchen Sie es eines Tages wieder.
?
Ich denke, heute ist dieser Tag.

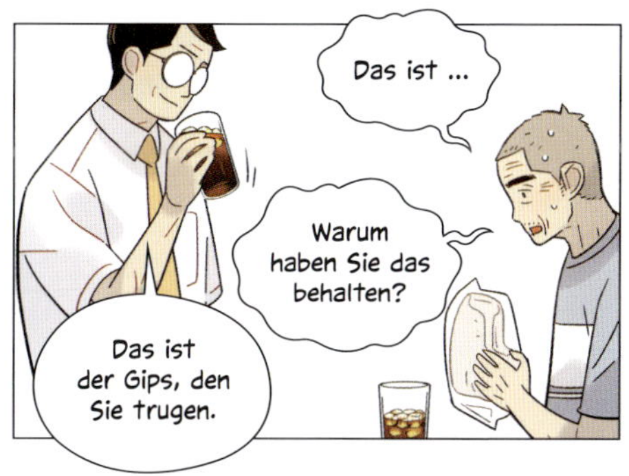
Das ist …
Warum haben Sie das behalten?
Das ist der Gips, den Sie trugen.

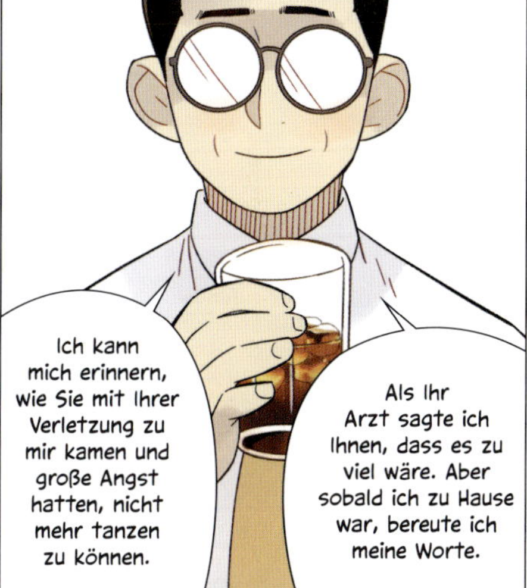
Ich kann mich erinnern, wie Sie mit Ihrer Verletzung zu mir kamen und große Angst hatten, nicht mehr tanzen zu können.
Als Ihr Arzt sagte ich Ihnen, dass es zu viel wäre. Aber sobald ich zu Hause war, bereute ich meine Worte.

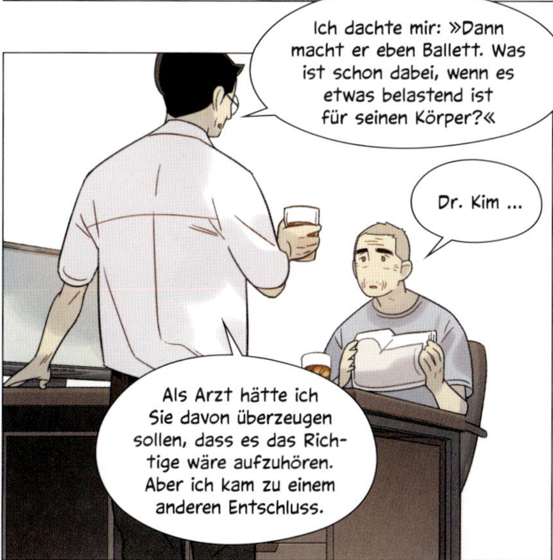
Ich dachte mir: »Dann macht er eben Ballett. Was ist schon dabei, wenn es etwas belastend ist für seinen Körper?«
Dr. Kim …
Als Arzt hätte ich Sie davon überzeugen sollen, dass es das Richtige wäre aufzuhören. Aber ich kam zu einem anderen Entschluss.

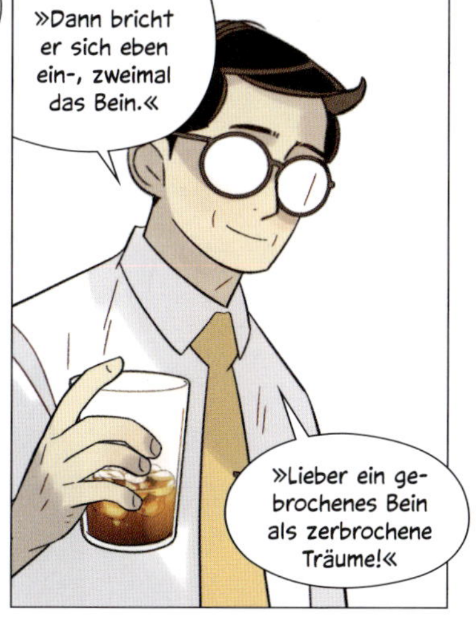
»Dann bricht er sich eben ein-, zweimal das Bein.«
»Lieber ein gebrochenes Bein als zerbrochene Träume!«

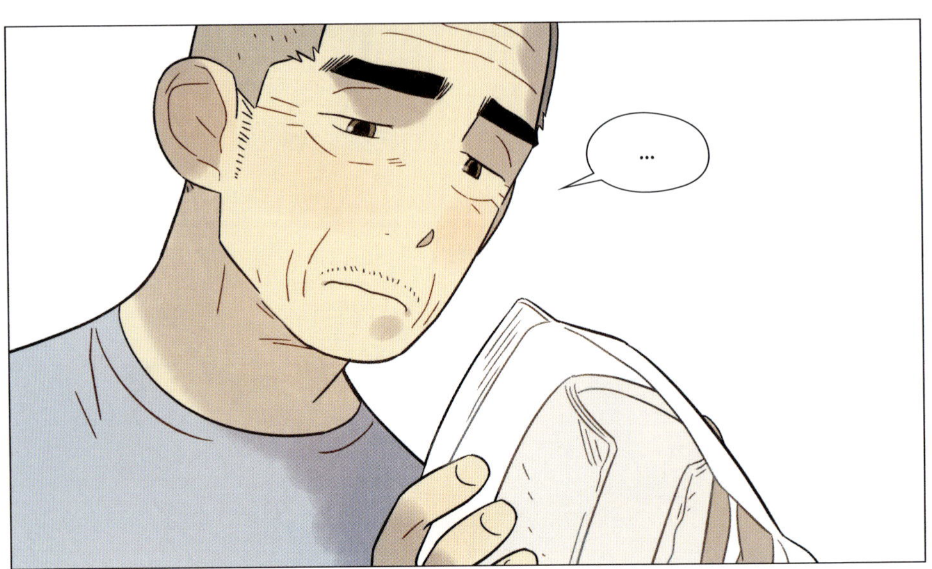
...

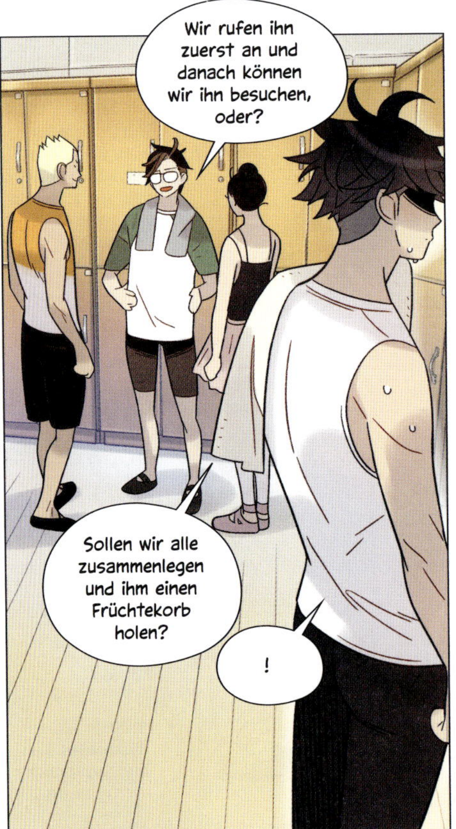
Wir rufen ihn zuerst an und danach können wir ihn besuchen, oder?
Sollen wir alle zusammenlegen und ihm einen Früchtekorb holen?
!

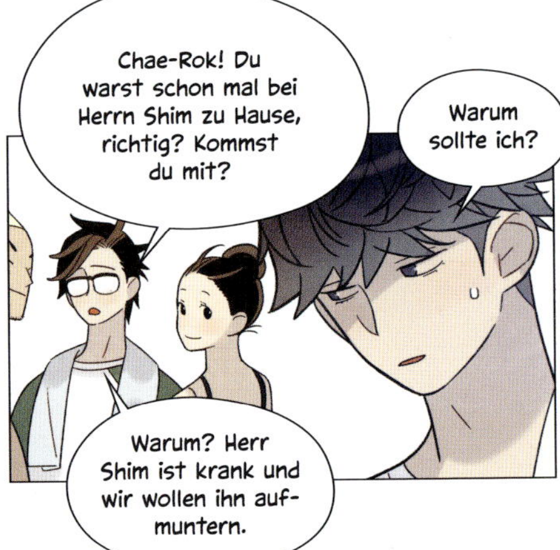
Chae-Rok! Du warst schon mal bei Herrn Shim zu Hause, richtig? Kommst du mit?
Warum sollte ich?
Warum? Herr Shim ist krank und wir wollen ihn aufmuntern.

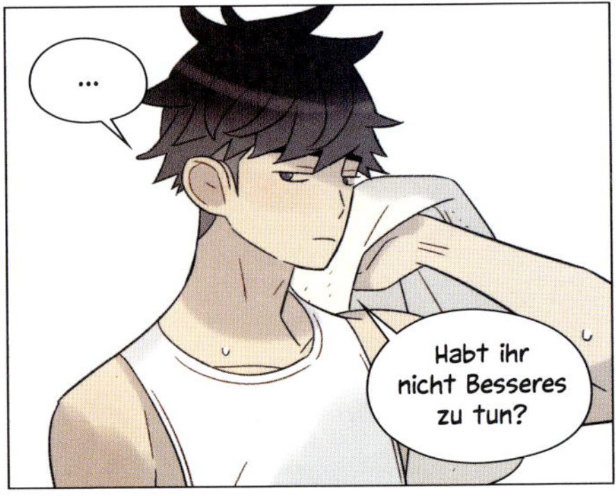
...
Habt ihr nicht Besseres zu tun?

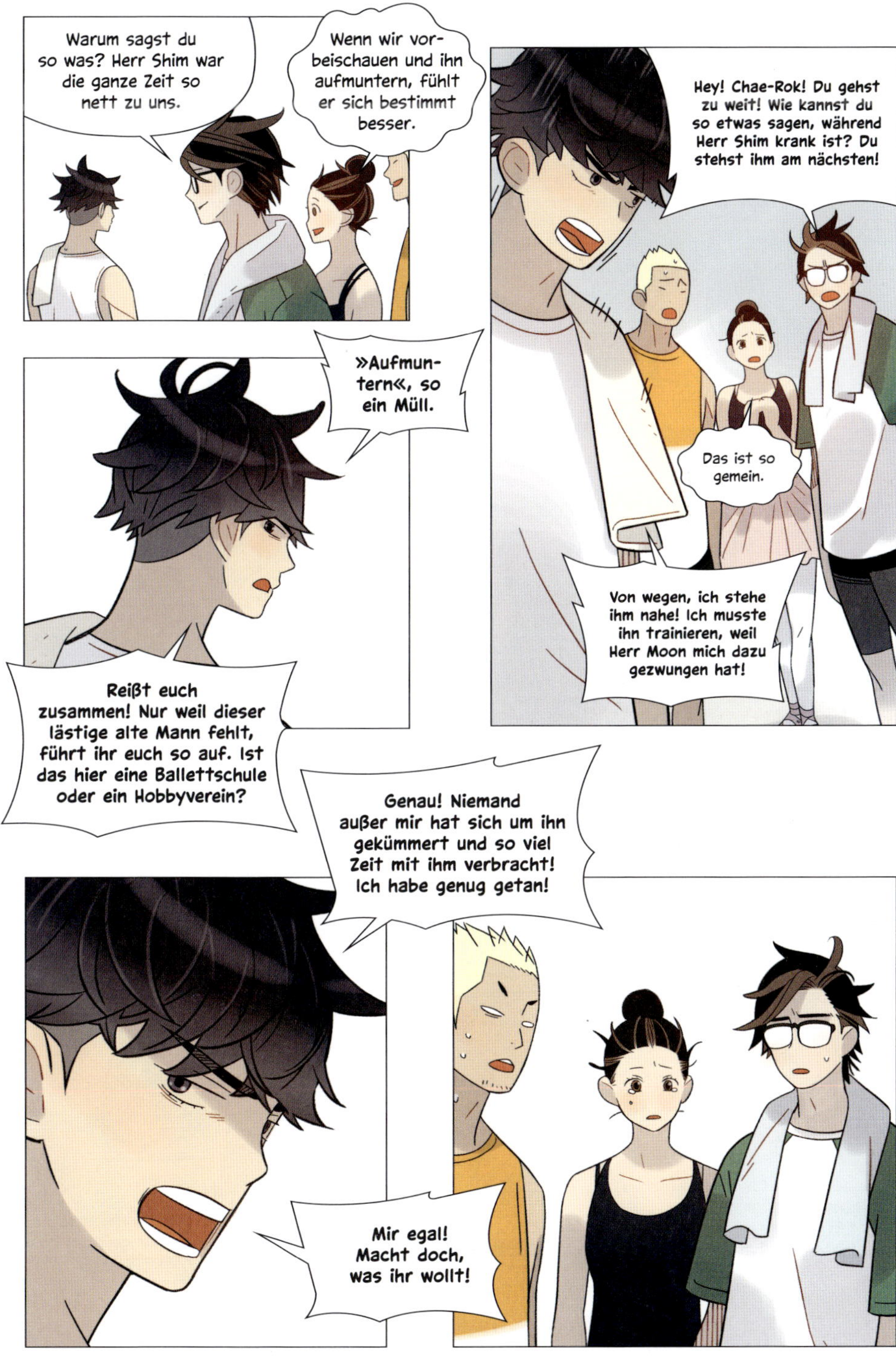
Warum sagst du so was? Herr Shim war die ganze Zeit so nett zu uns.
Wenn wir vorbeischauen und ihn aufmuntern, fühlt er sich bestimmt besser.
Hey! Chae-Rok! Du gehst zu weit! Wie kannst du so etwas sagen, während Herr Shim krank ist? Du stehst ihm am nächsten!
Das ist so gemein.
»Aufmuntern«, so ein Müll.
Von wegen, ich stehe ihm nahe! Ich musste ihn trainieren, weil Herr Moon mich dazu gezwungen hat!
Reißt euch zusammen! Nur weil dieser lästige alte Mann fehlt, führt ihr euch so auf. Ist das hier eine Ballettschule oder ein Hobbyverein?
Genau! Niemand außer mir hat sich um ihn gekümmert und so viel Zeit mit ihm verbracht! Ich habe genug getan!
Mir egal! Macht doch, was ihr wollt!

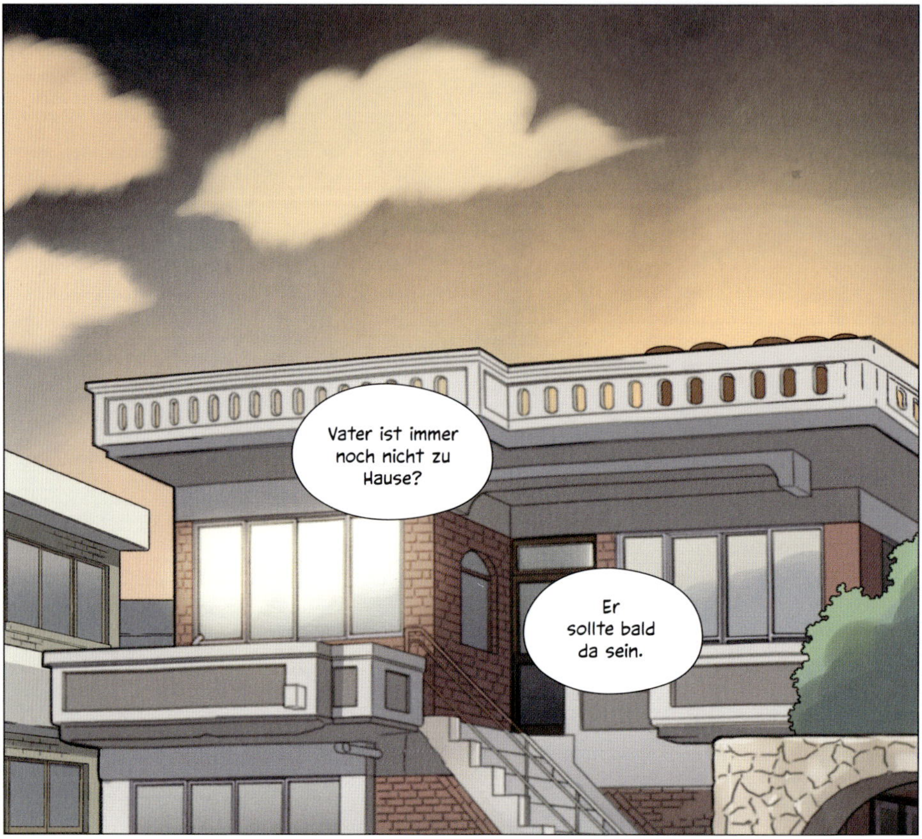

Vater ist immer noch nicht zu Hause?
Er sollte bald da sein.

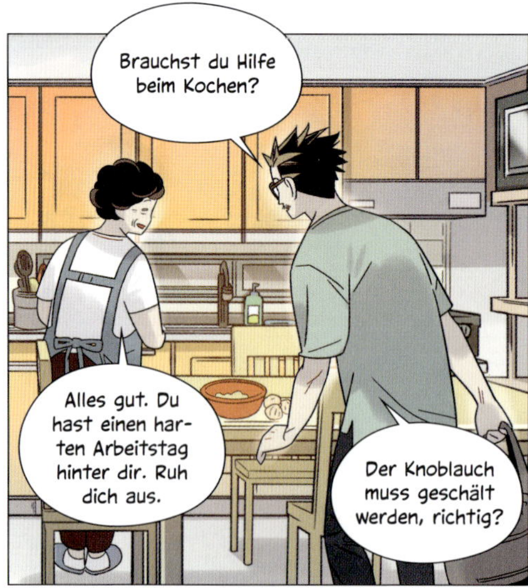

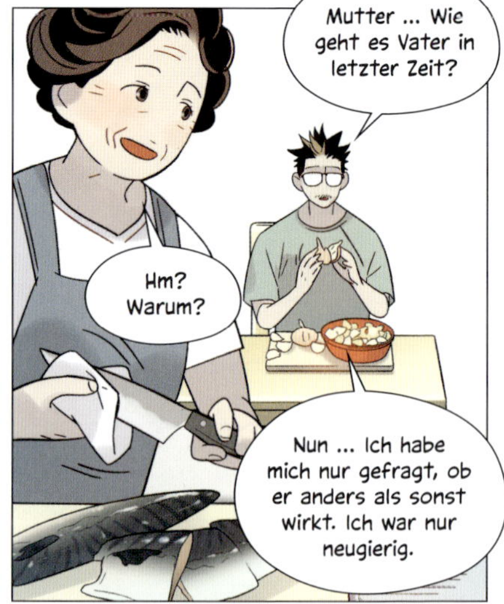

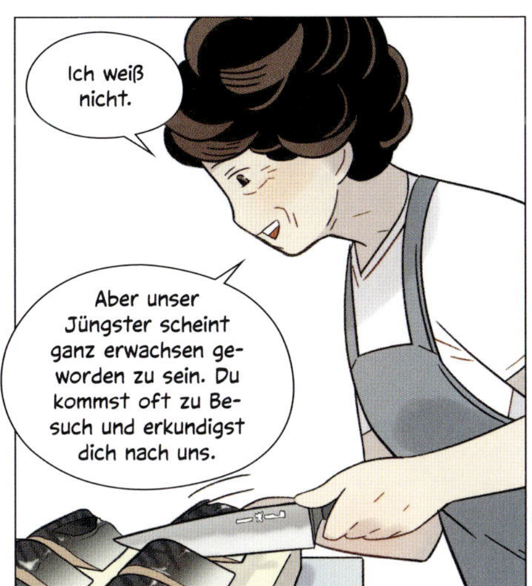
Ich weiß nicht.
Aber unser Jüngster scheint ganz erwachsen geworden zu sein. Du kommst oft zu Besuch und erkundigst dich nach uns.

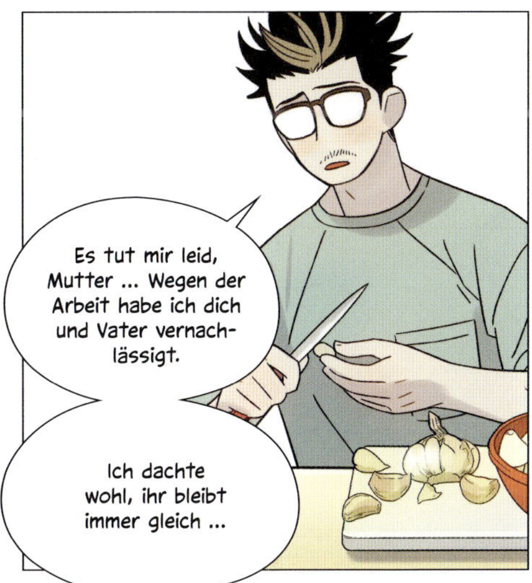
Es tut mir leid, Mutter ... Wegen der Arbeit habe ich dich und Vater vernachlässigt.
Ich dachte wohl, ihr bleibt immer gleich ...

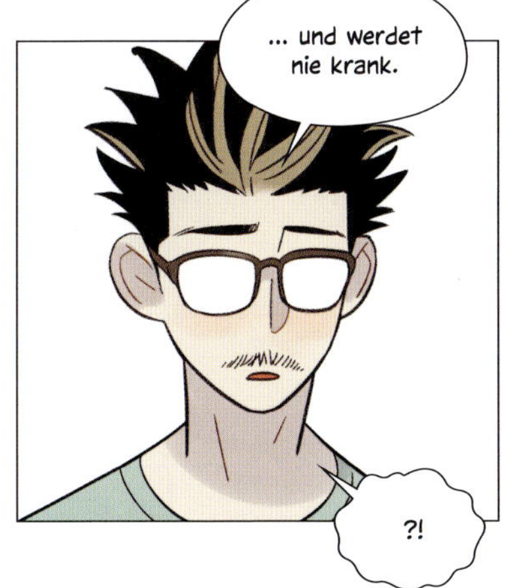
... und werdet nie krank.
?!

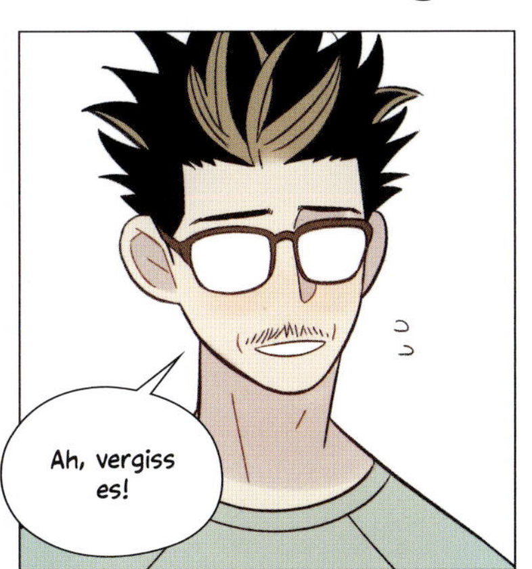
Ah, vergiss es!

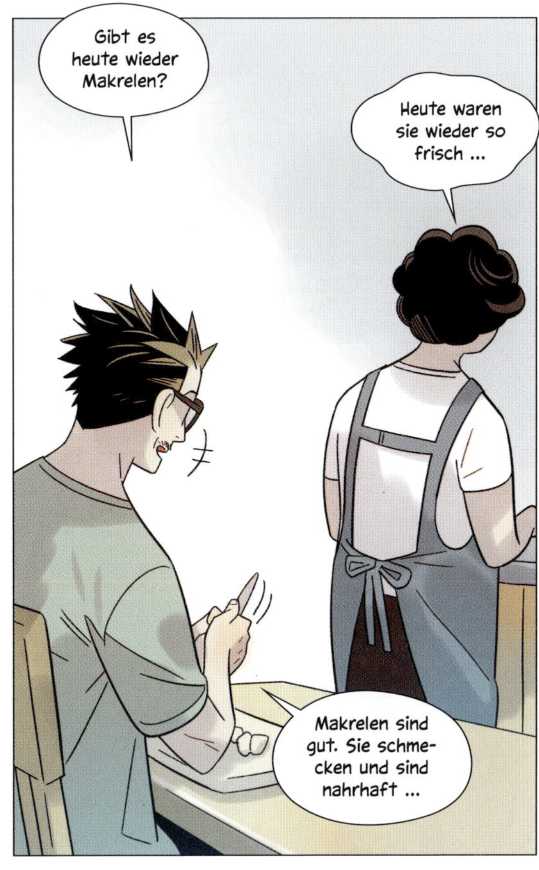
Gibt es heute wieder Makrelen?
Heute waren sie wieder so frisch ...
Makrelen sind gut. Sie schmecken und sind nahrhaft ...

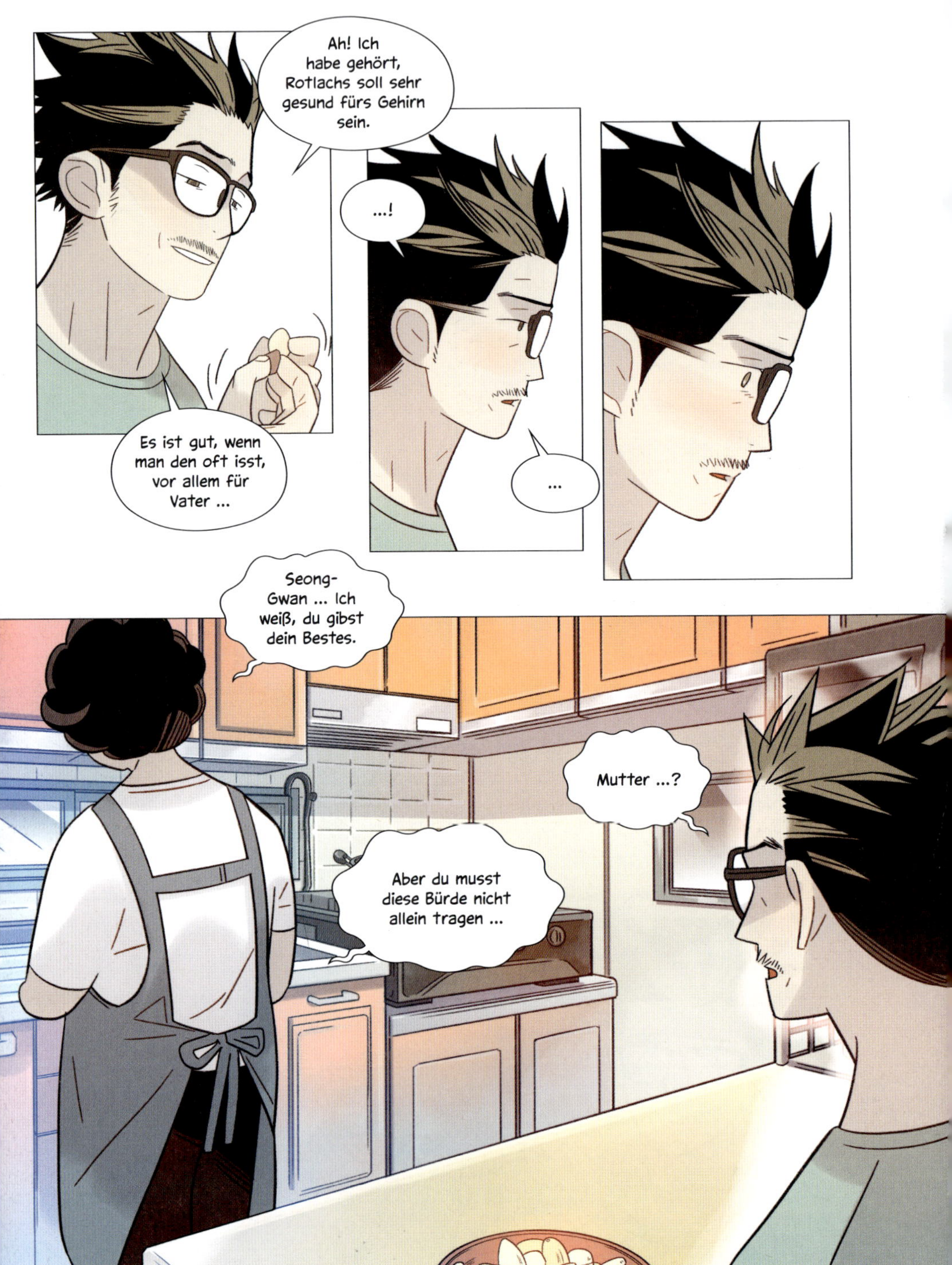
Ah! Ich habe gehört, Rotlachs soll sehr gesund fürs Gehirn sein.
Es ist gut, wenn man den oft isst, vor allem für Vater ...
...!
...
Seong-Gwan ... Ich weiß, du gibst dein Bestes.
Mutter ...?
Aber du musst diese Bürde nicht allein tragen ...

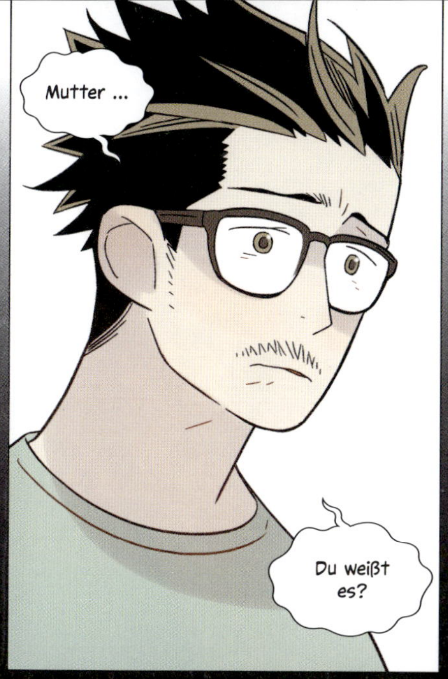
Mutter ...
Du weißt es?

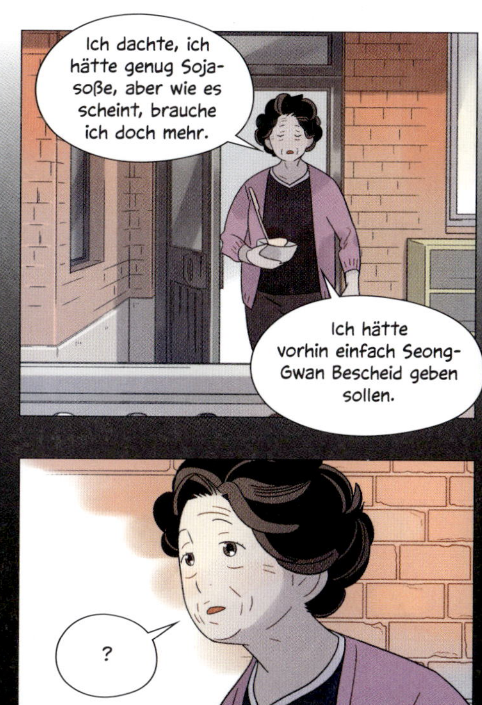
Ich dachte, ich hätte genug Sojasoße, aber wie es scheint, brauche ich doch mehr.
Ich hätte vorhin einfach Seong-Gwan Bescheid geben sollen.
?

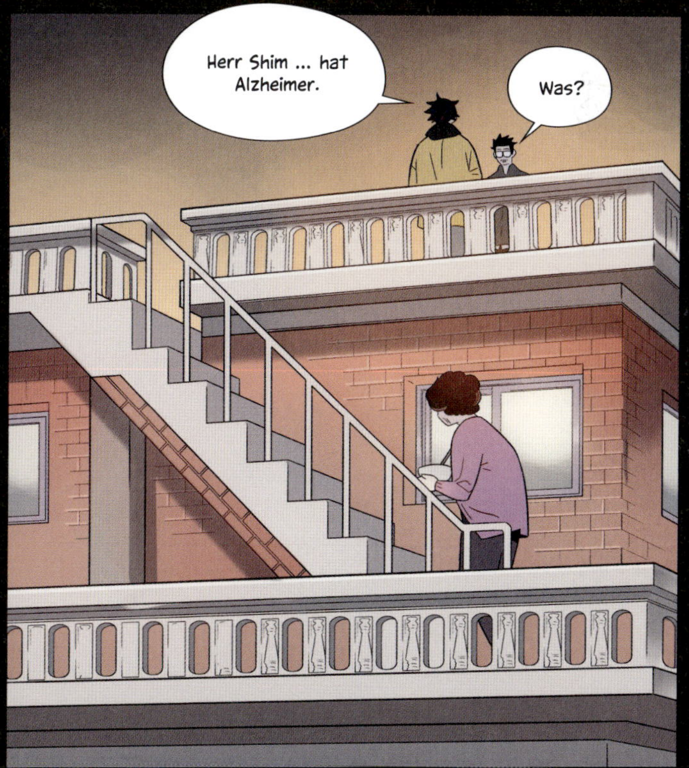
Herr Shim ... hat Alzheimer.
Was?

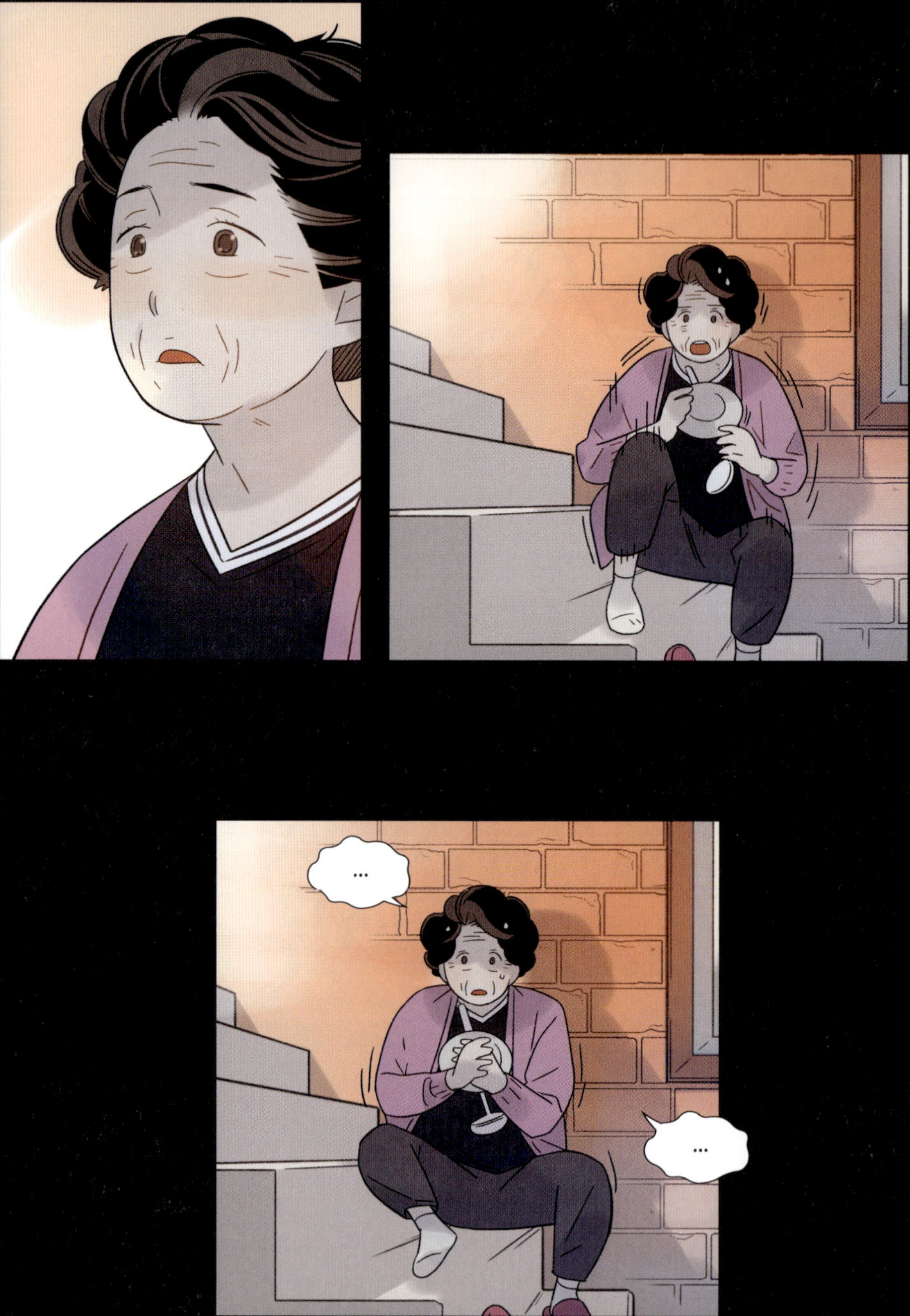

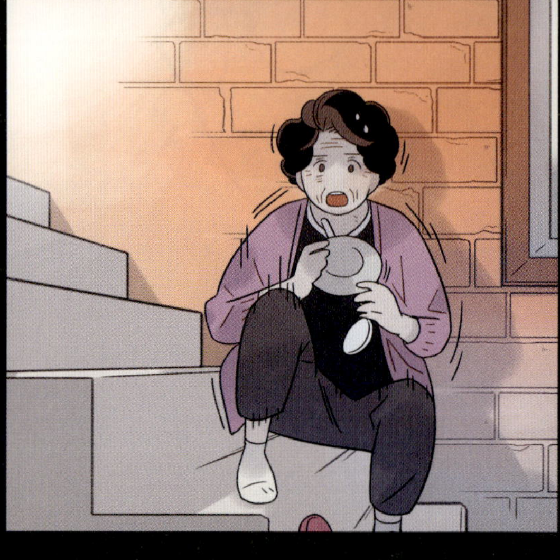

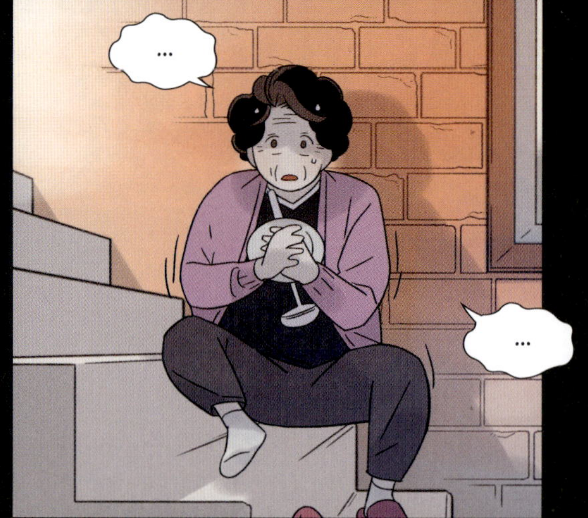

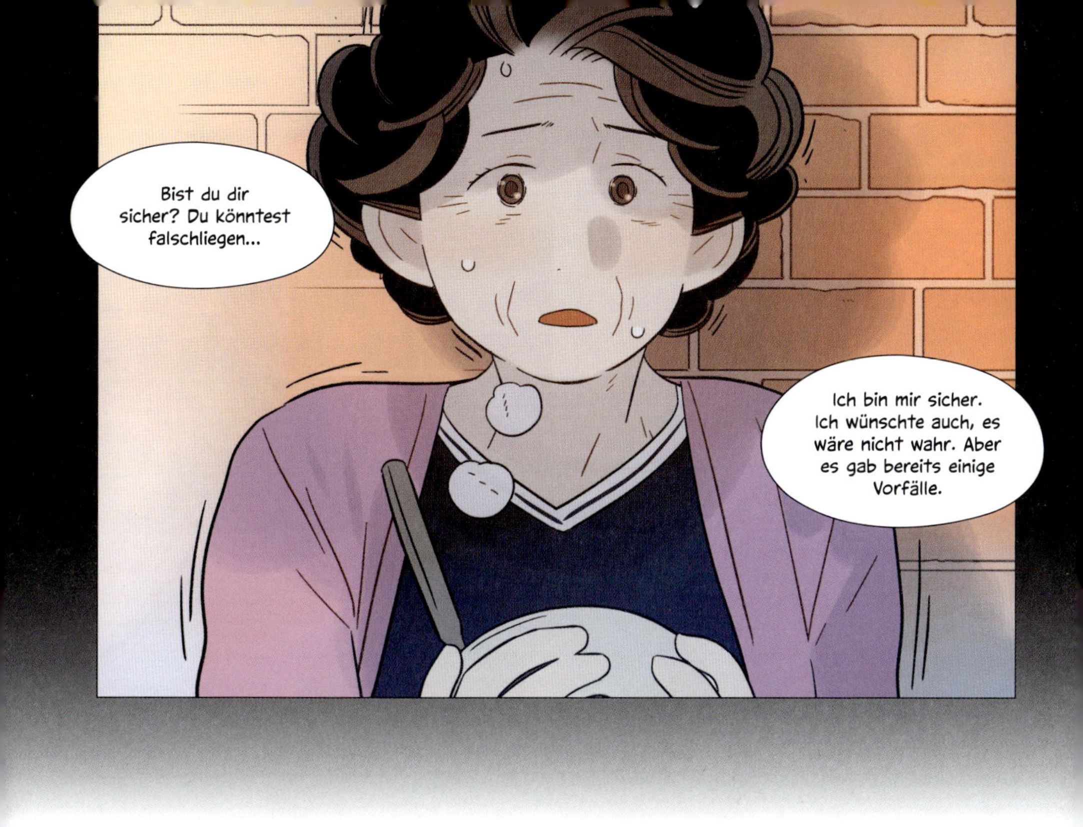

Bist du dir sicher? Du könntest falschliegen...

Ich bin mir sicher. Ich wünschte auch, es wäre nicht wahr. Aber es gab bereits einige Vorfälle.

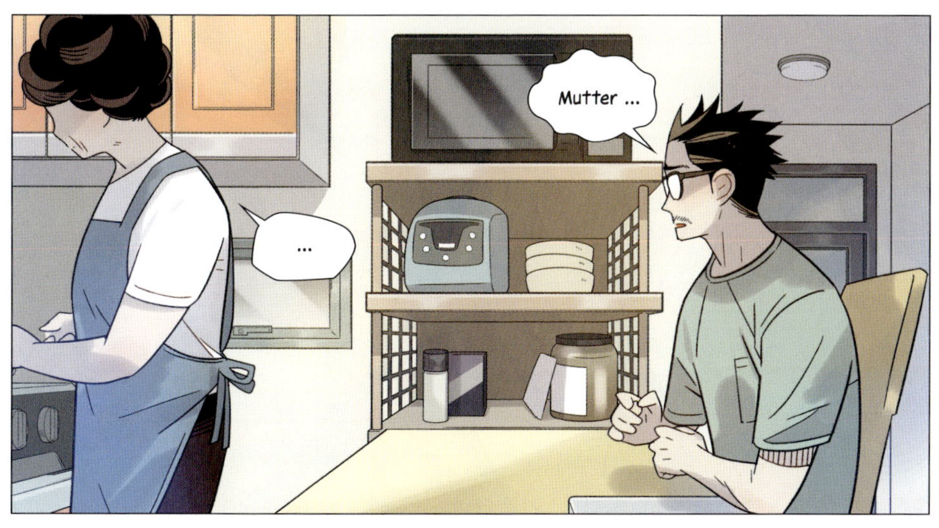

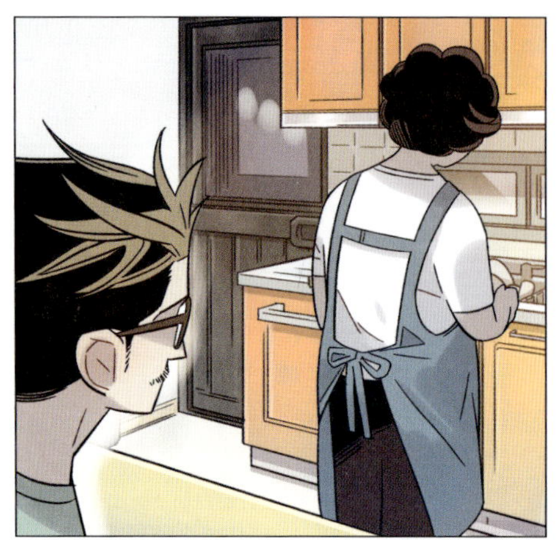

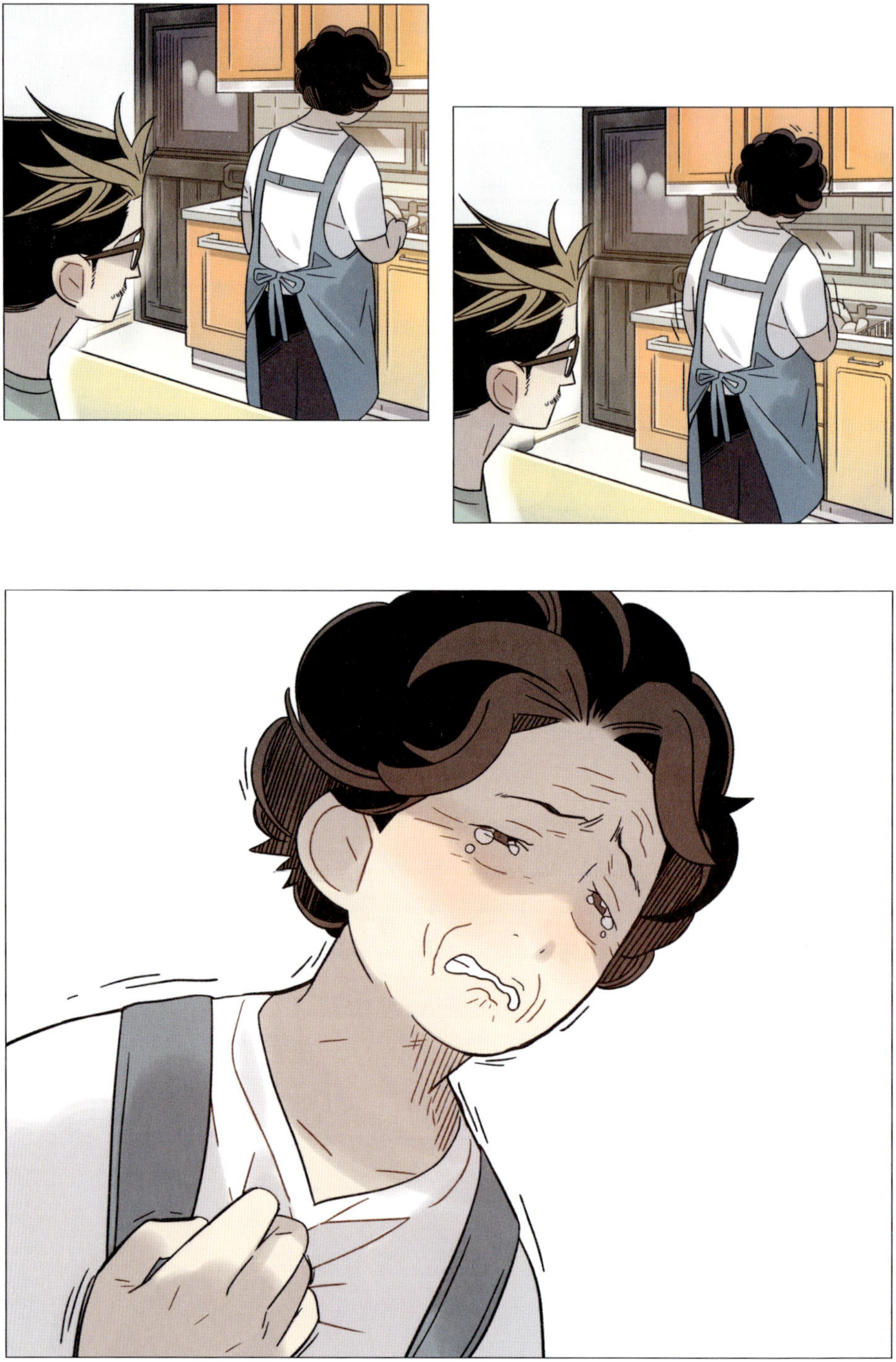

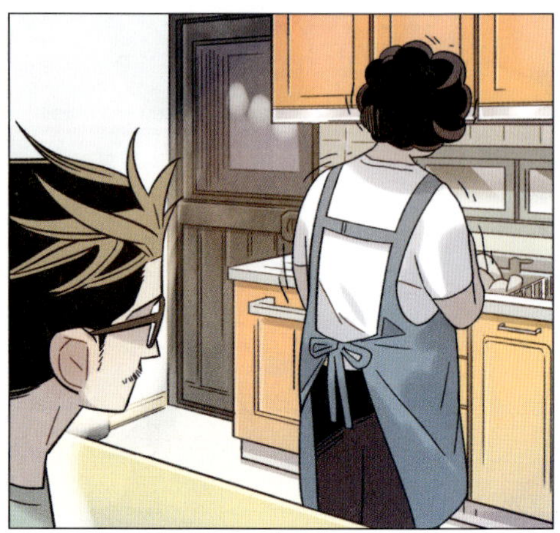

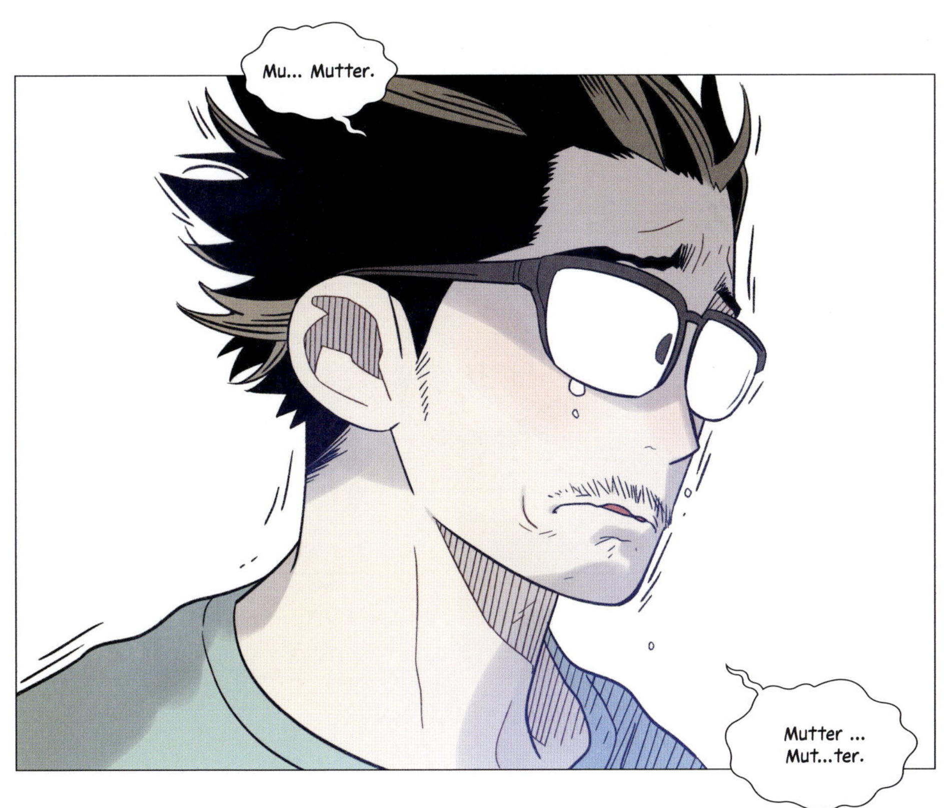
Mu... Mutter.
Mutter ...
Mut...ter.

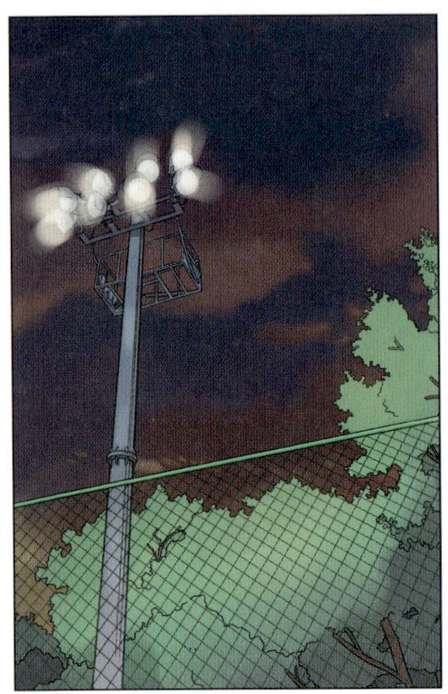

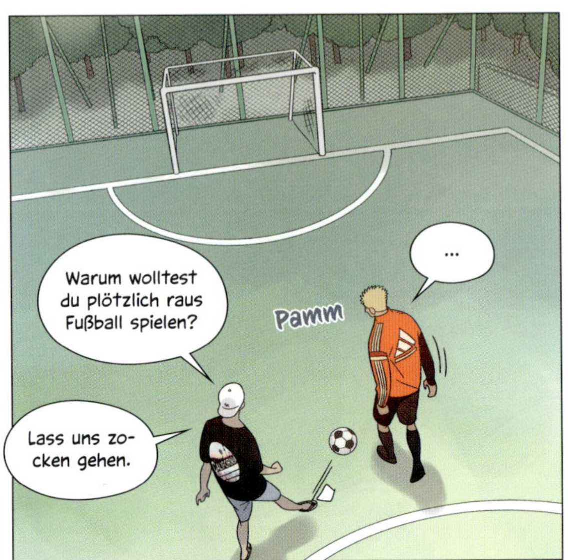

Lass uns zocken gehen.
Warum wolltest du plötzlich raus Fußball spielen?
Pamm
...

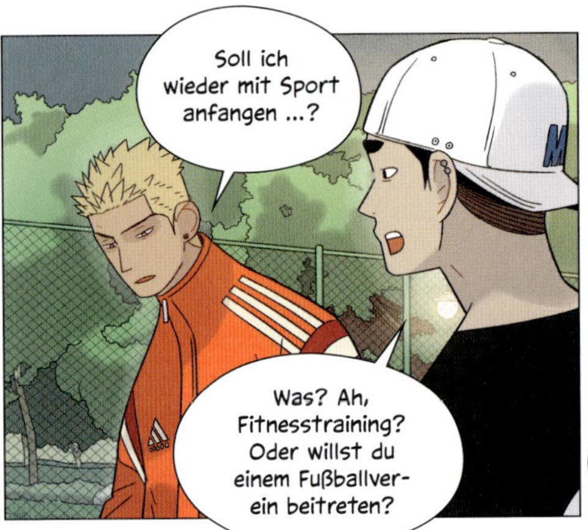

Soll ich wieder mit Sport anfangen ...?
Was? Ah, Fitnesstraining? Oder willst du einem Fußballverein beitreten?

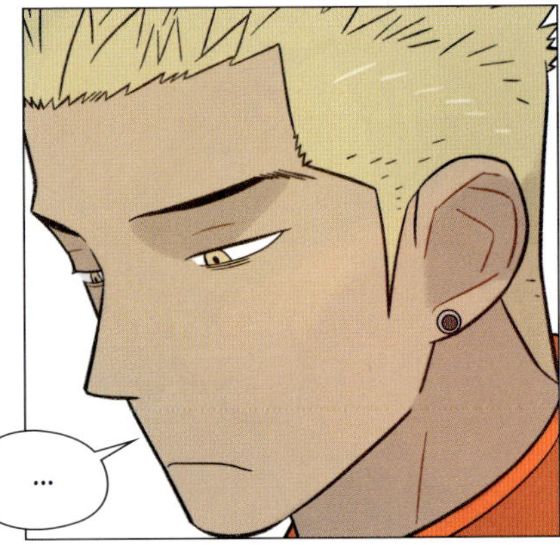

...

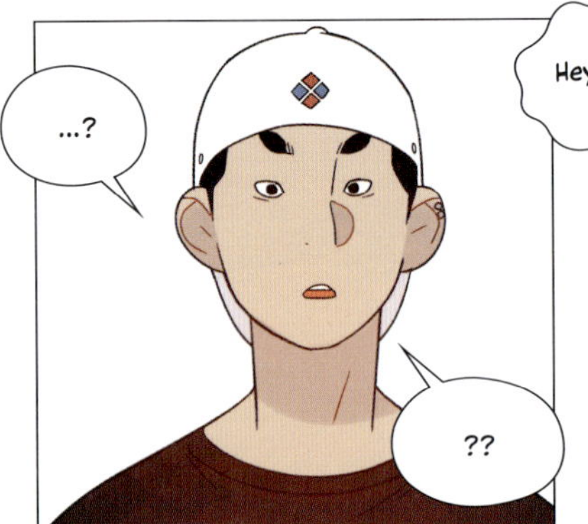

...?
??

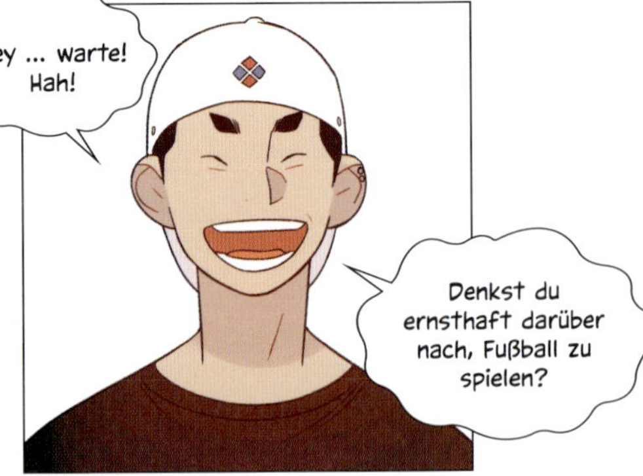

Hey ... warte! Hah!
Denkst du ernsthaft darüber nach, Fußball zu spielen?

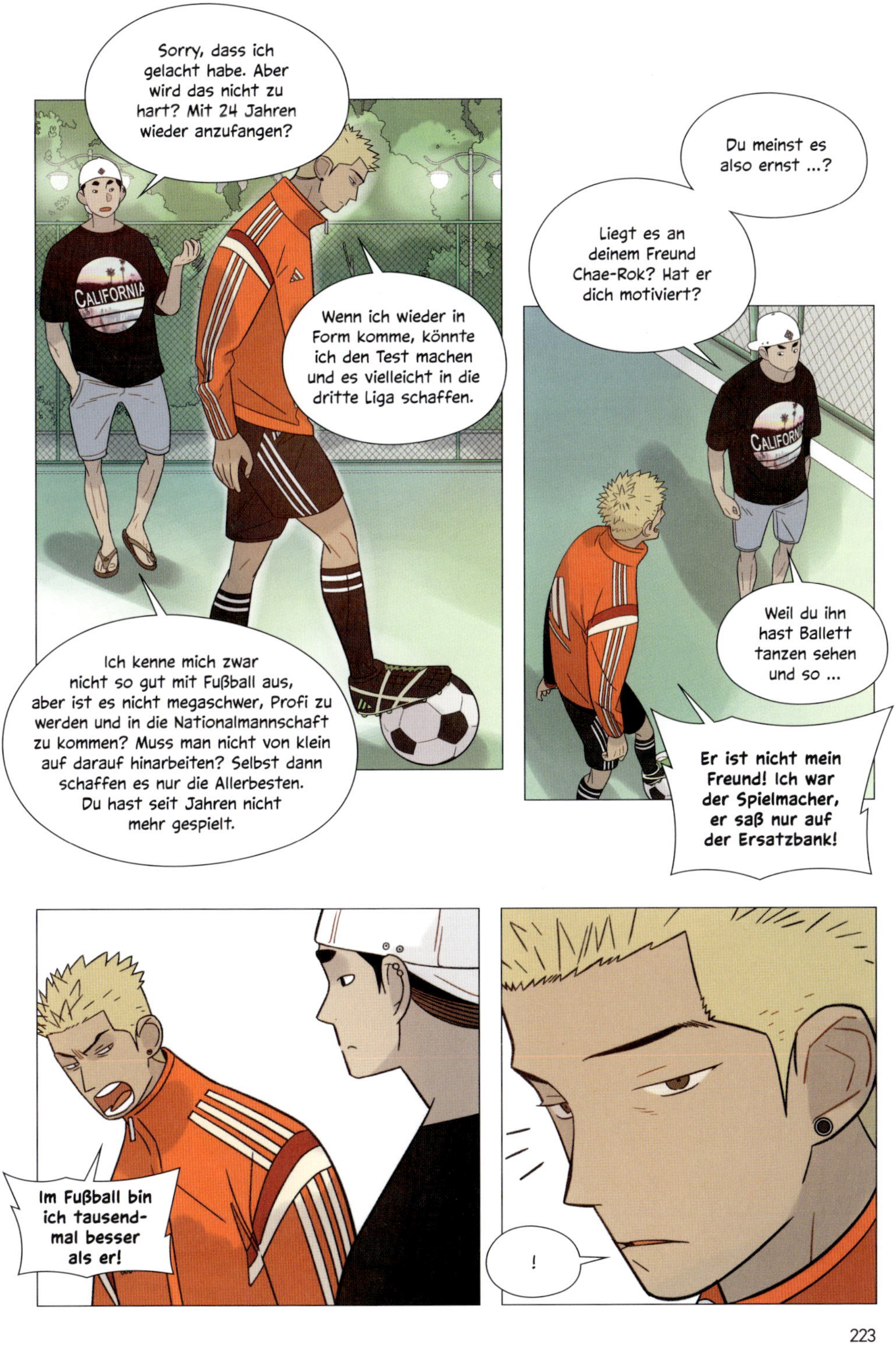

Sorry, dass ich gelacht habe. Aber wird das nicht zu hart? Mit 24 Jahren wieder anzufangen?

Wenn ich wieder in Form komme, könnte ich den Test machen und es vielleicht in die dritte Liga schaffen.

Ich kenne mich zwar nicht so gut mit Fußball aus, aber ist es nicht megaschwer, Profi zu werden und in die Nationalmannschaft zu kommen? Muss man nicht von klein auf darauf hinarbeiten? Selbst dann schaffen es nur die Allerbesten. Du hast seit Jahren nicht mehr gespielt.

Du meinst es also ernst ...?

Liegt es an deinem Freund Chae-Rok? Hat er dich motiviert?

Weil du ihn hast Ballett tanzen sehen und so ...

Er ist nicht mein Freund! Ich war der Spielmacher, er saß nur auf der Ersatzbank!

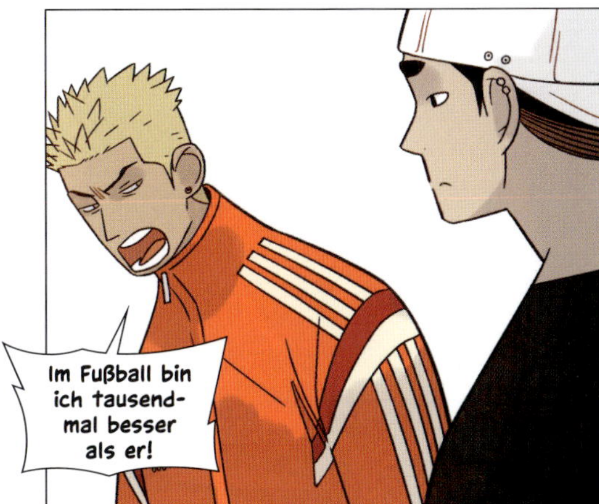

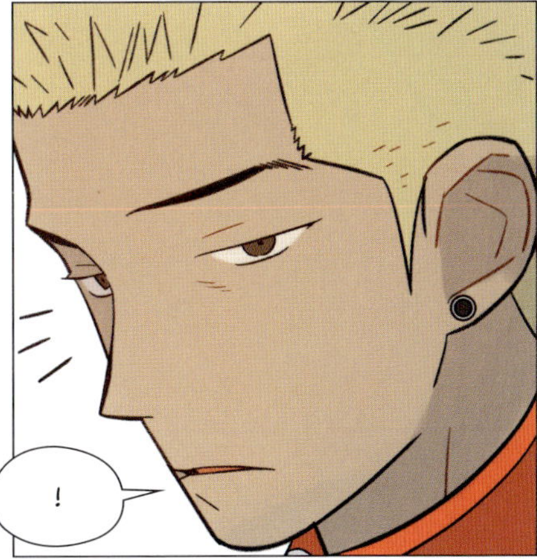

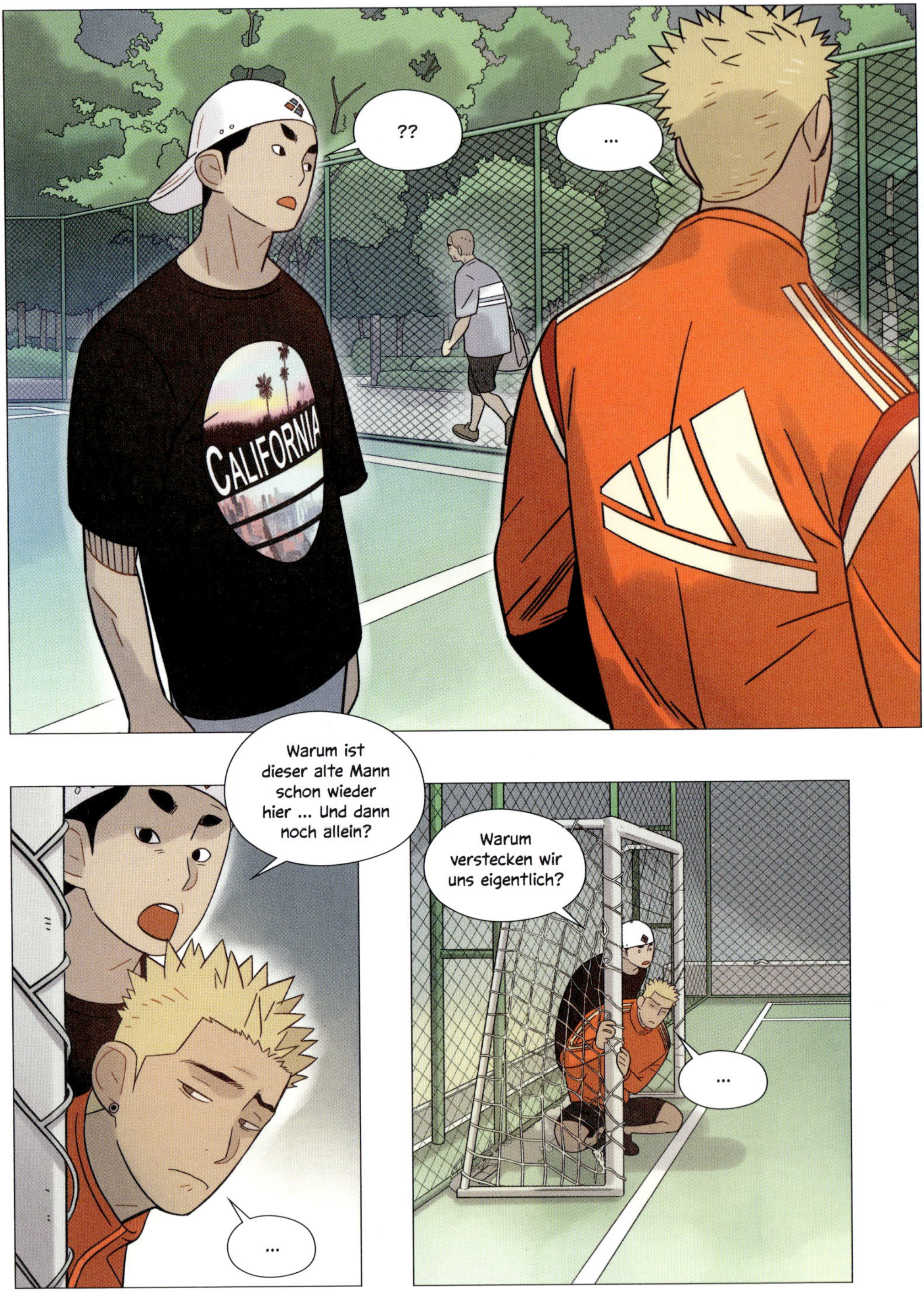

??

…

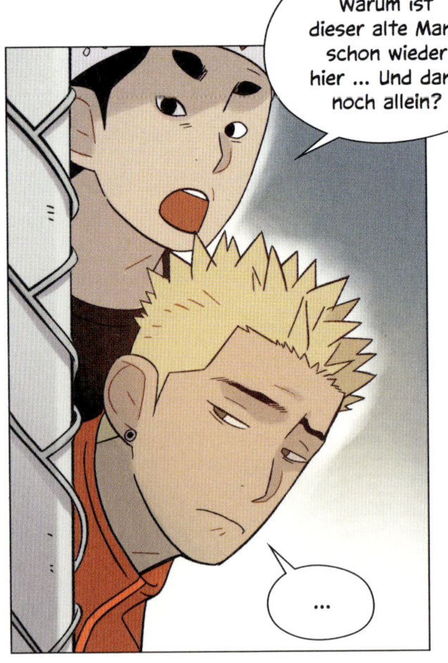
Warum ist dieser alte Mann schon wieder hier … Und dann noch allein?
…

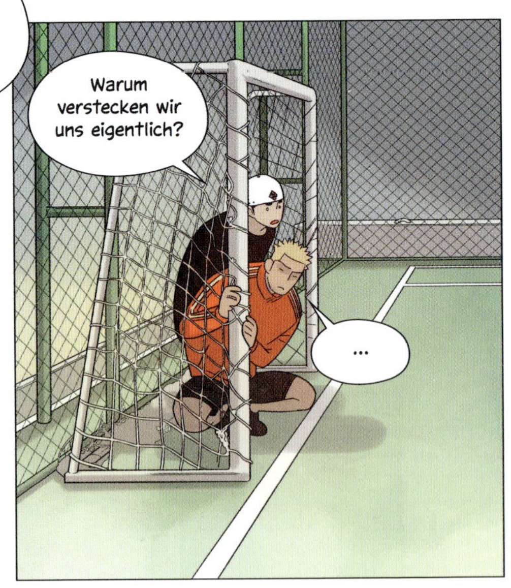
Warum verstecken wir uns eigentlich?
…

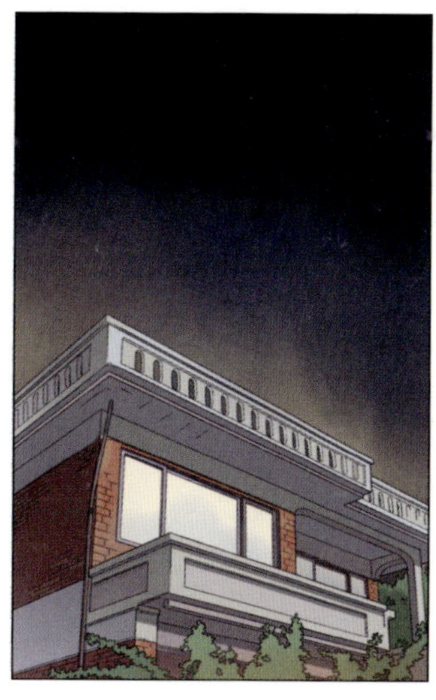

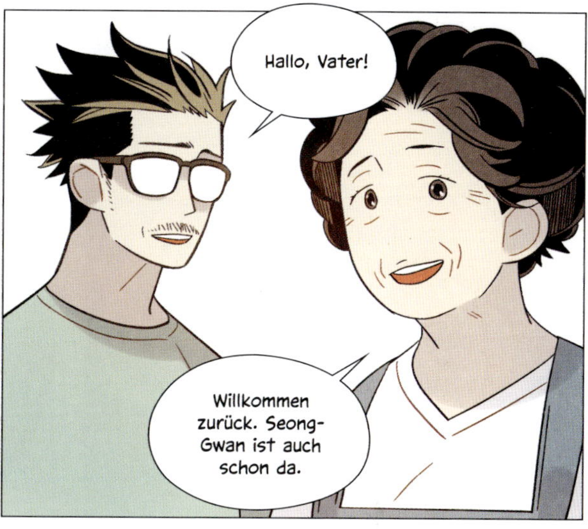
Hallo, Vater!
Willkommen zurück. Seong-Gwan ist auch schon da.

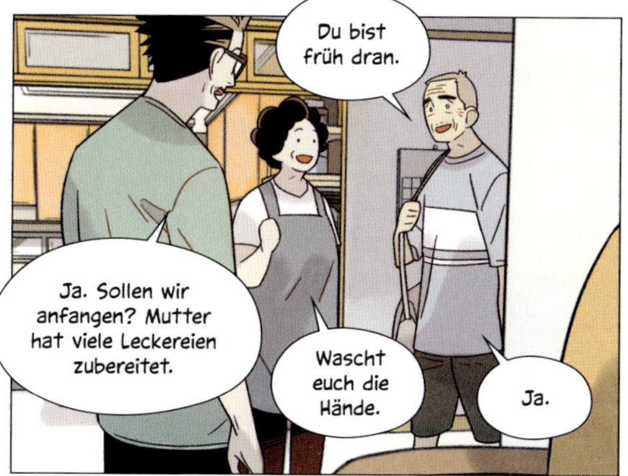
Du bist früh dran.
Ja. Sollen wir anfangen? Mutter hat viele Leckereien zubereitet.
Wascht euch die Hände.
Ja.

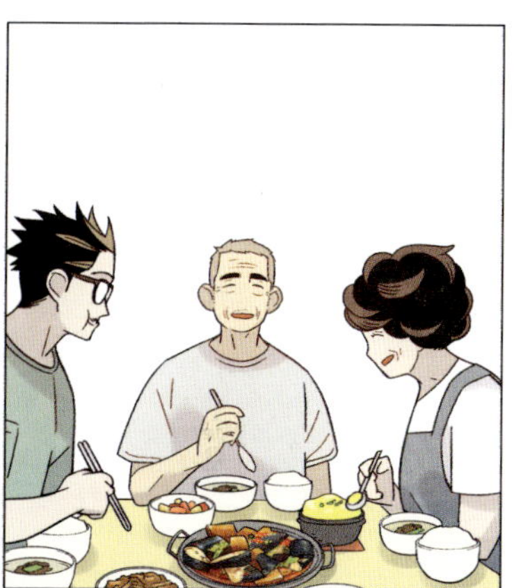

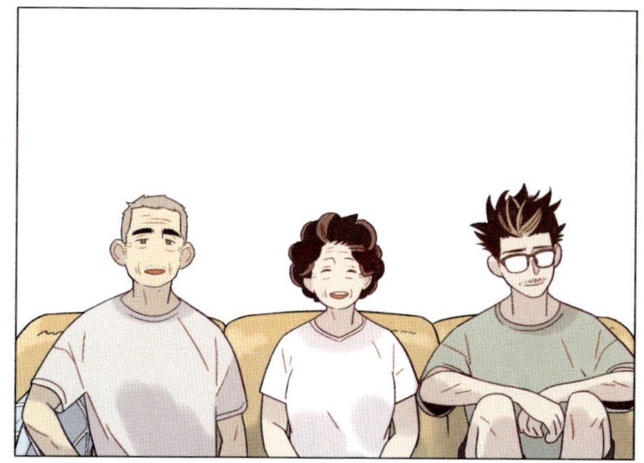

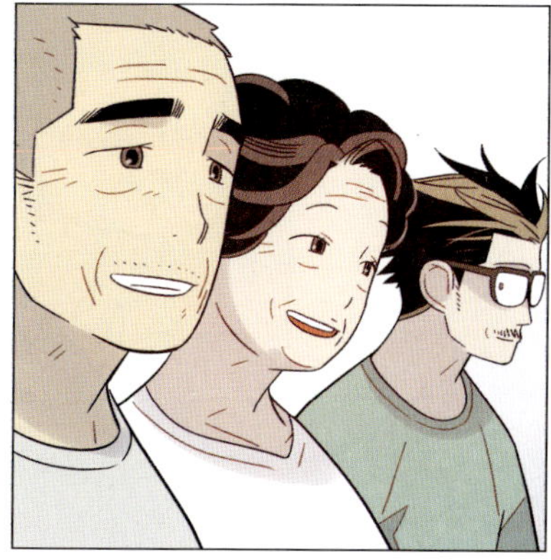

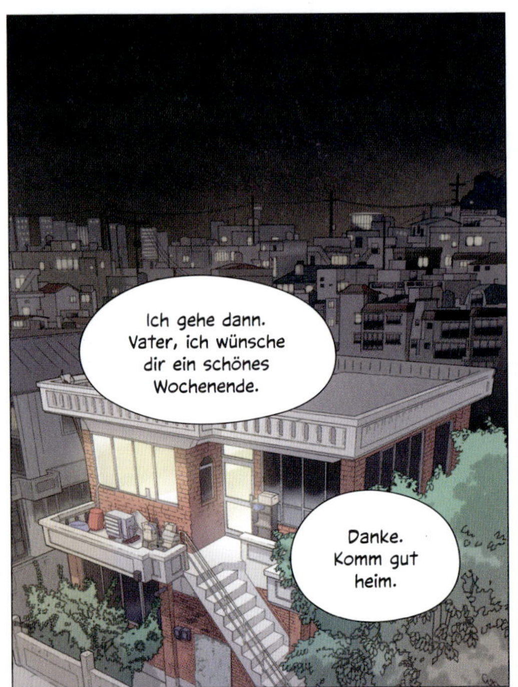
Ich gehe dann. Vater, ich wünsche dir ein schönes Wochenende.
Danke. Komm gut heim.

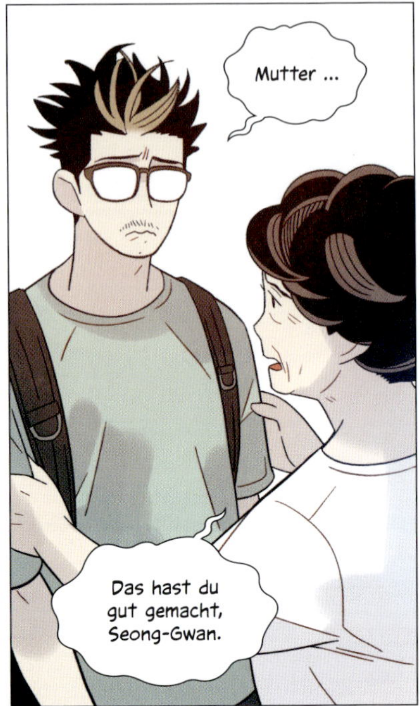
Mutter ...
Das hast du gut gemacht, Seong-Gwan.

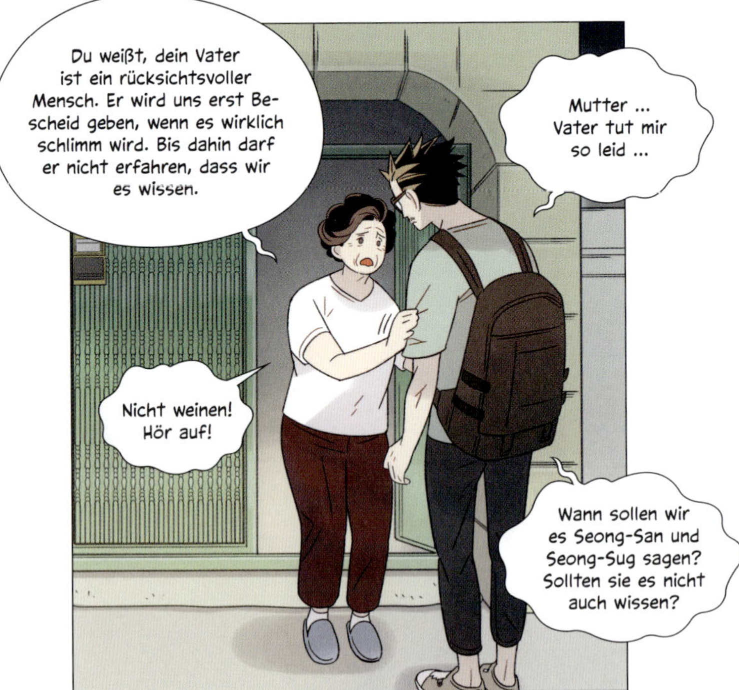
Du weißt, dein Vater ist ein rücksichtsvoller Mensch. Er wird uns erst Bescheid geben, wenn es wirklich schlimm wird. Bis dahin darf er nicht erfahren, dass wir es wissen.
Mutter ... Vater tut mir so leid ...
Nicht weinen! Hör auf!
Wann sollen wir es Seong-San und Seong-Sug sagen? Sollten sie es nicht auch wissen?

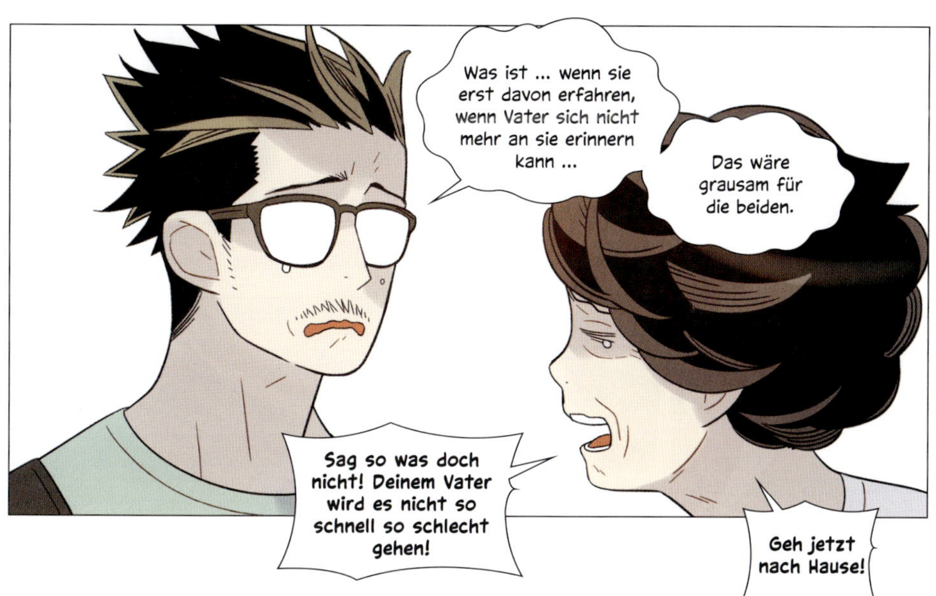
Was ist ... wenn sie erst davon erfahren, wenn Vater sich nicht mehr an sie erinnern kann ...
Das wäre grausam für die beiden.
Sag so was doch nicht! Deinem Vater wird es nicht so schnell so schlecht gehen!
Geh jetzt nach Hause!

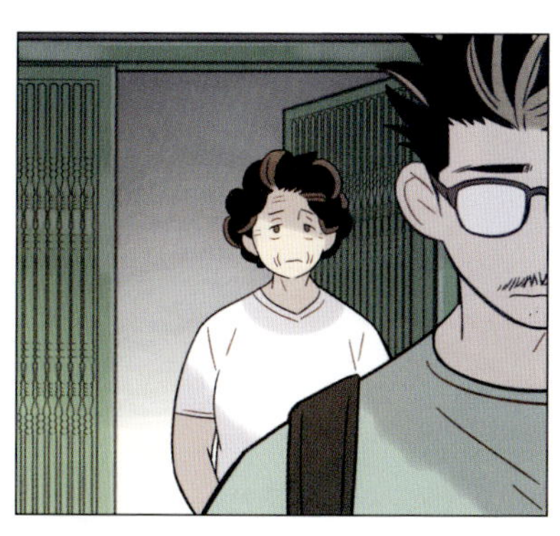

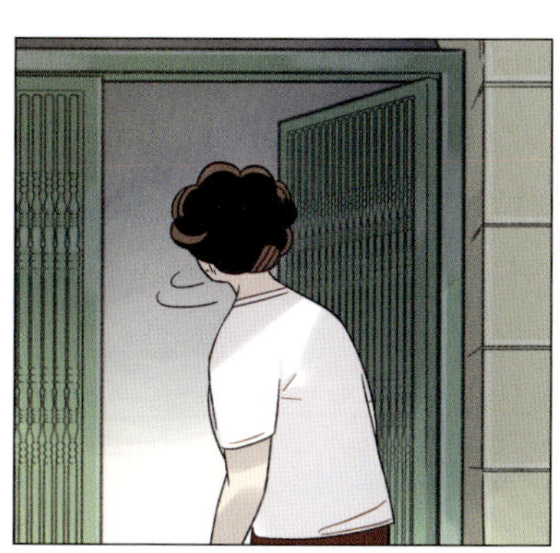

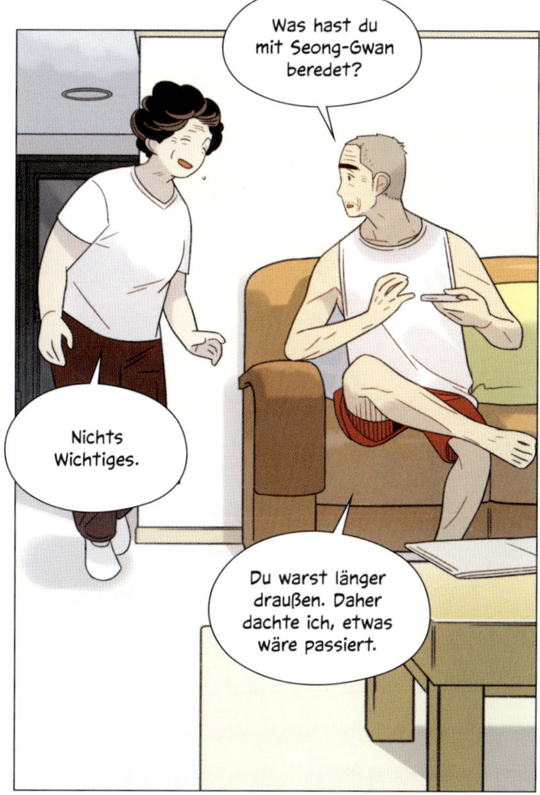
Was hast du mit Seong-Gwan beredet?
Nichts Wichtiges.
Du warst länger draußen. Daher dachte ich, etwas wäre passiert.

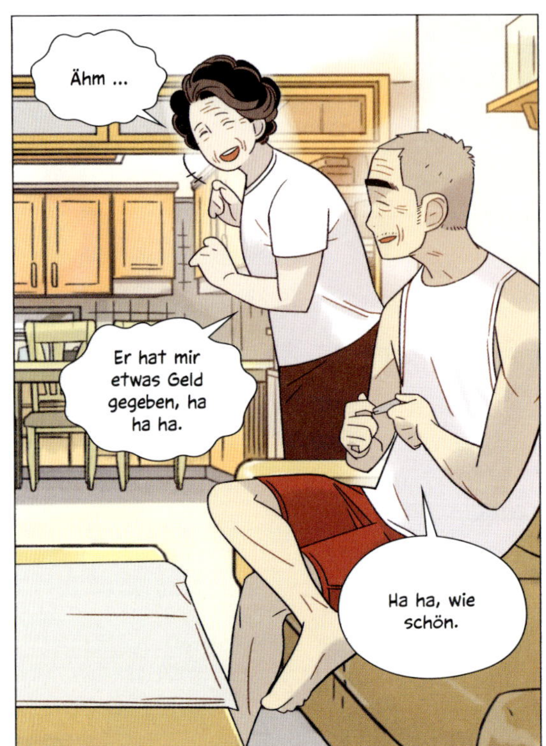
Ähm ...
Er hat mir etwas Geld gegeben, ha ha ha.
Ha ha, wie schön.

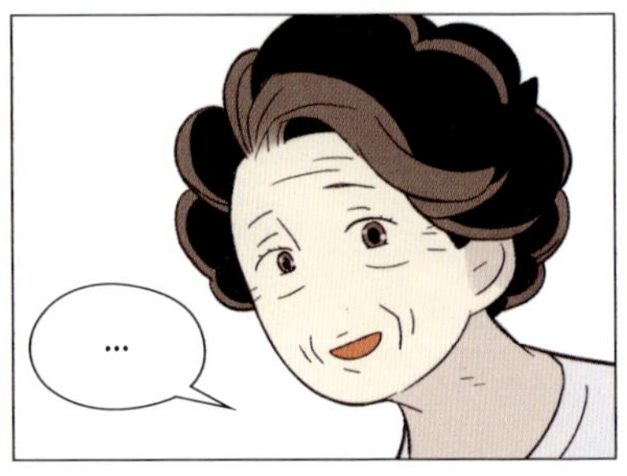
...

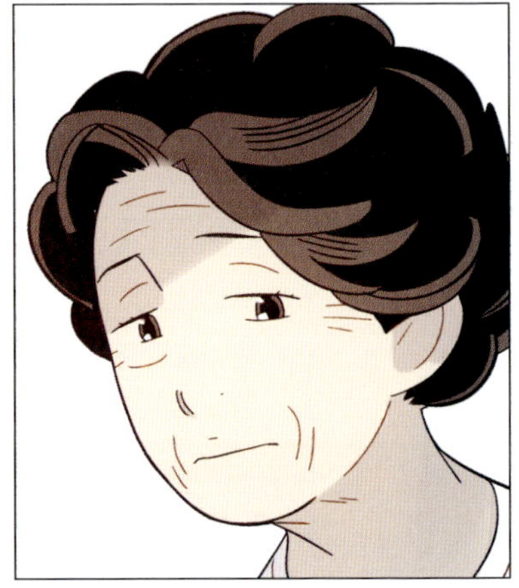

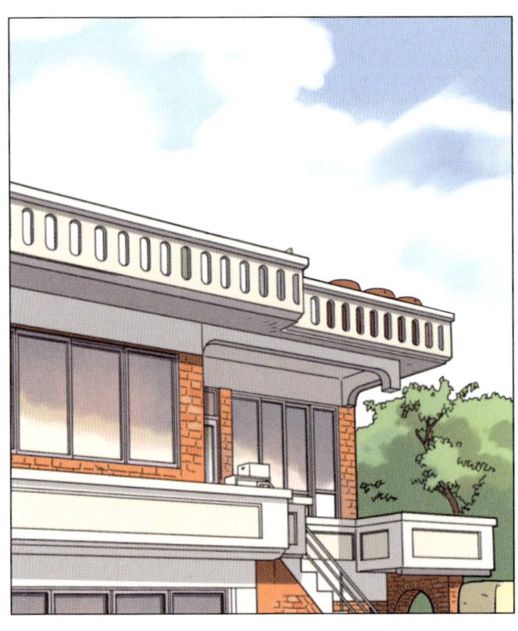

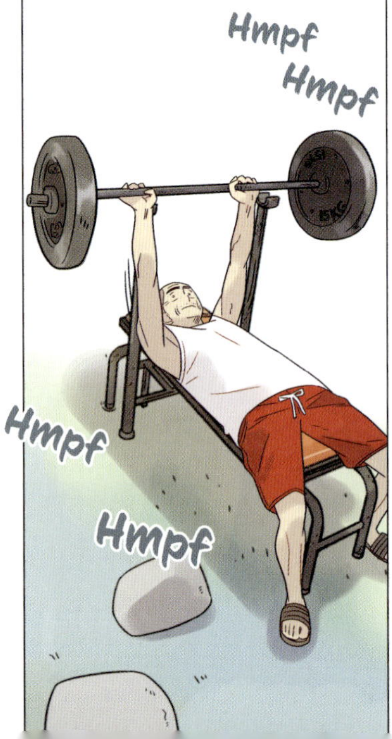
Hmpf
Hmpf
Hmpf
Hmpf

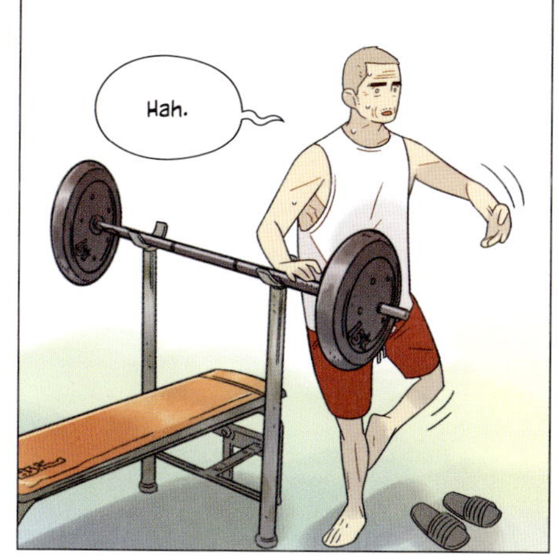
Hah.
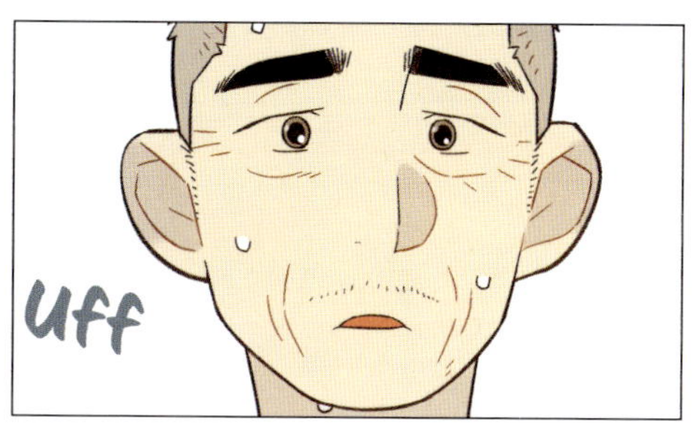
Uff
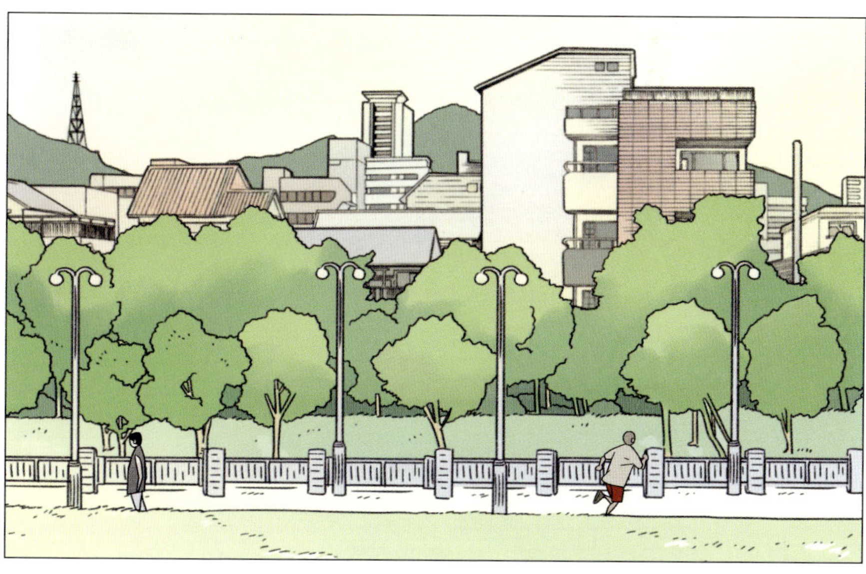
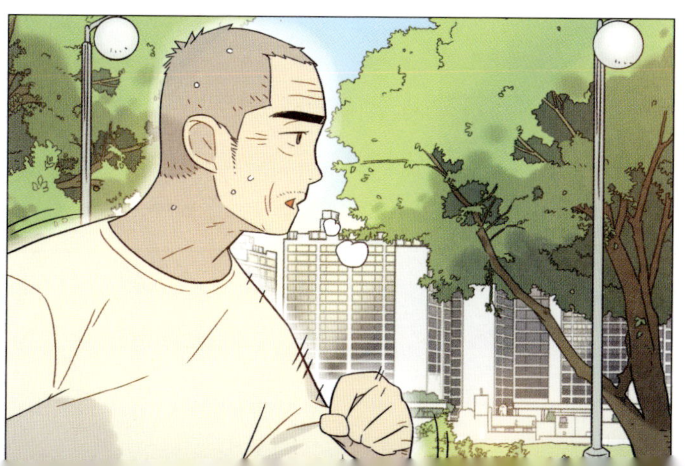

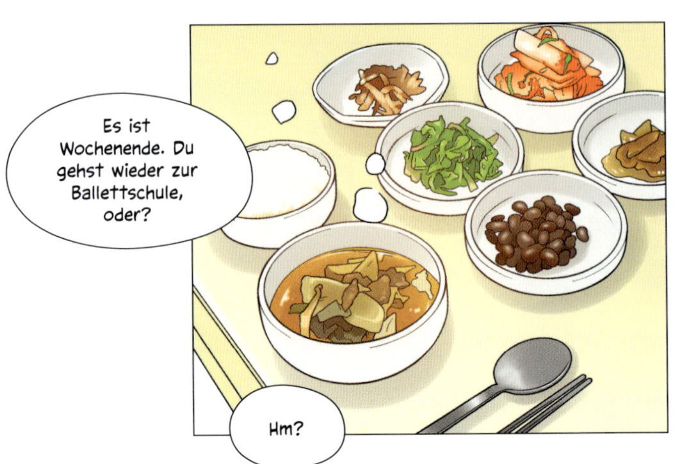
Es ist Wochenende. Du gehst wieder zur Ballettschule, oder?
Hm?

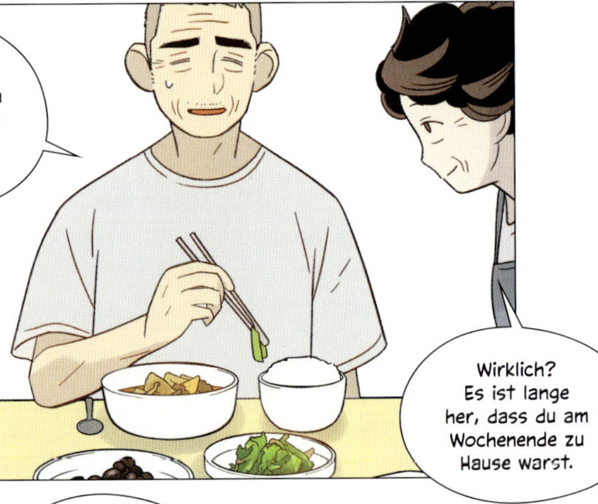
Ah, stimmt! Dieses Wochenende gehe ich nicht. Es müssen ein paar Reparaturen erledigt werden.
Wirklich? Es ist lange her, dass du am Wochenende zu Hause warst.

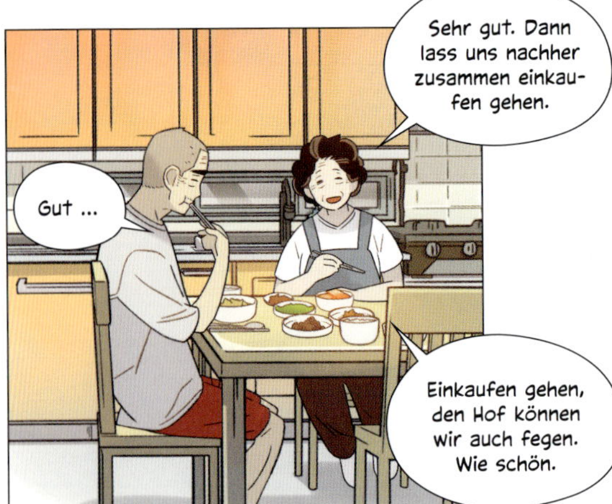
Sehr gut. Dann lass uns nachher zusammen einkaufen gehen.
Gut ...
Einkaufen gehen, den Hof können wir auch fegen. Wie schön.

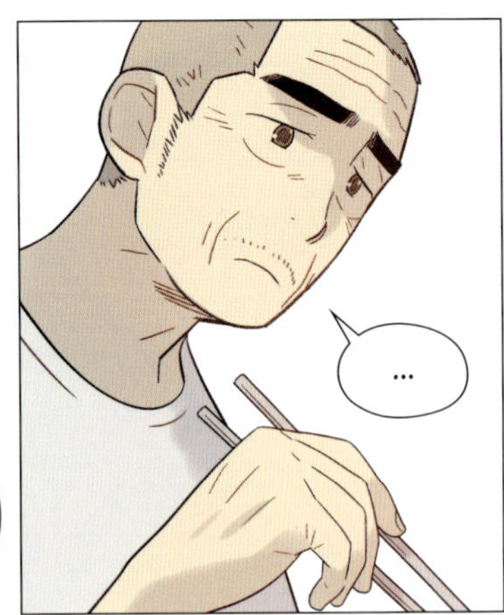
...

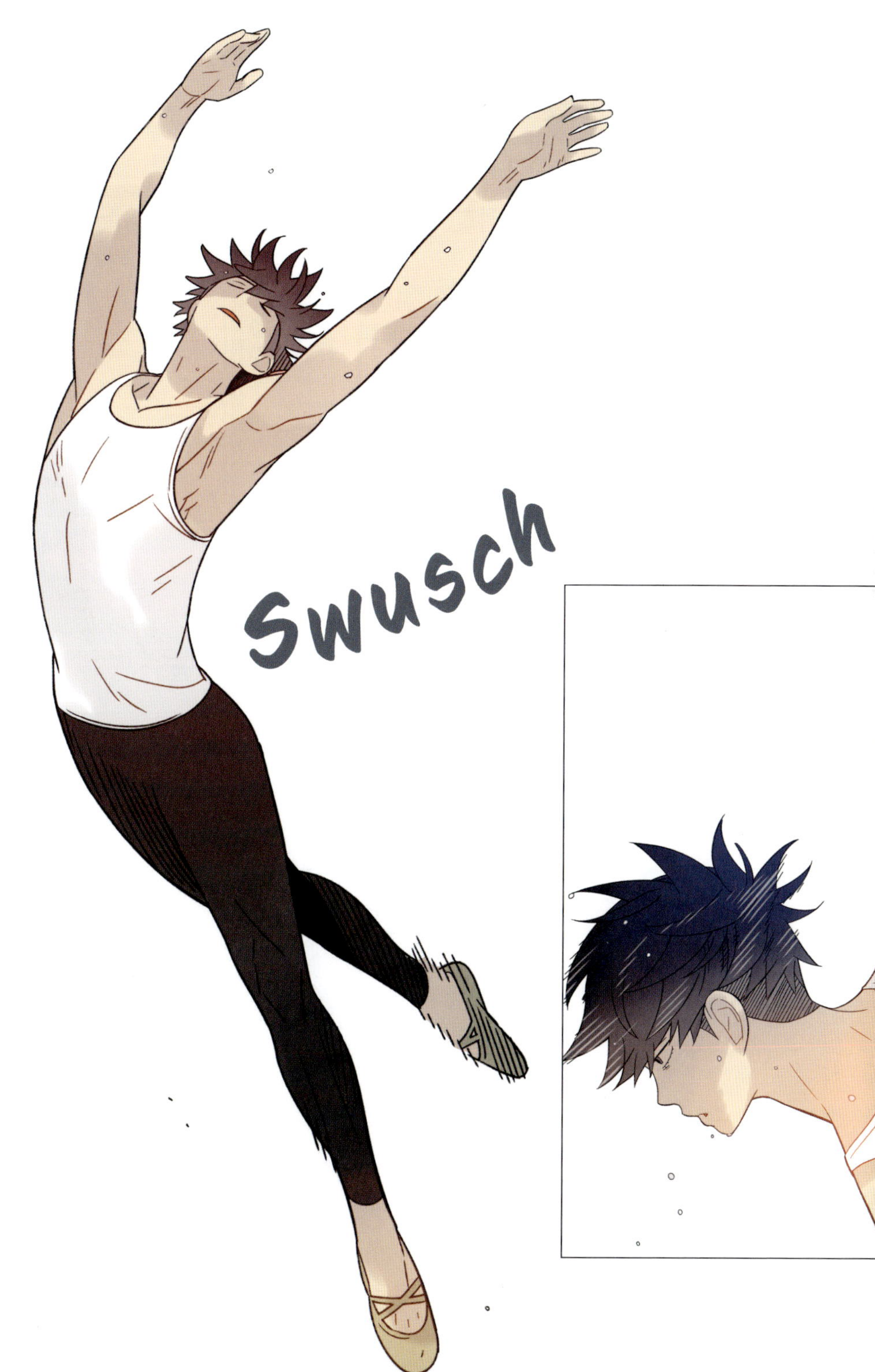
Swusch

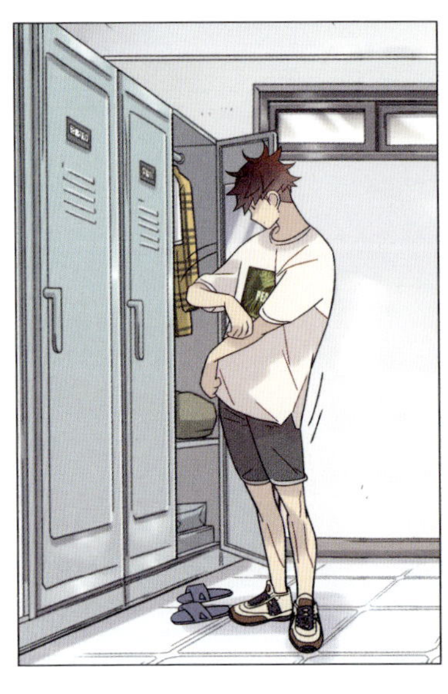

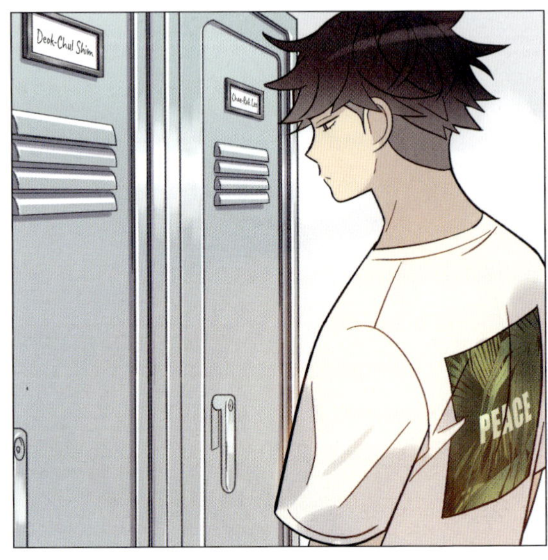
Deok-Chul Shim

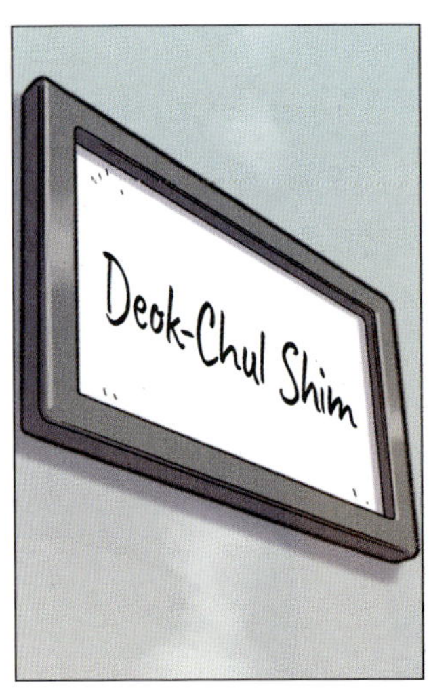
Deok-Chul Shim

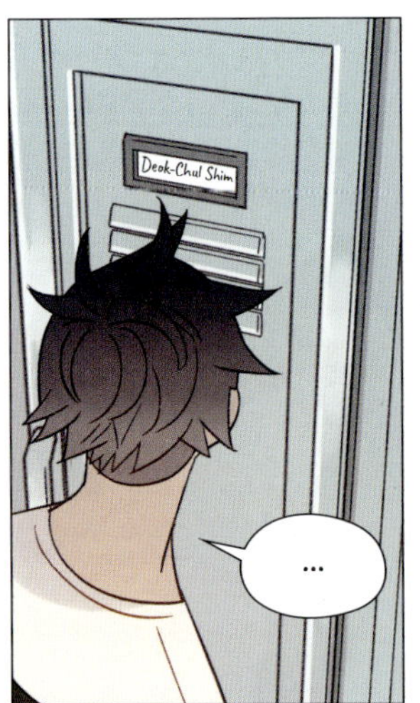
Deok-Chul Shim
...

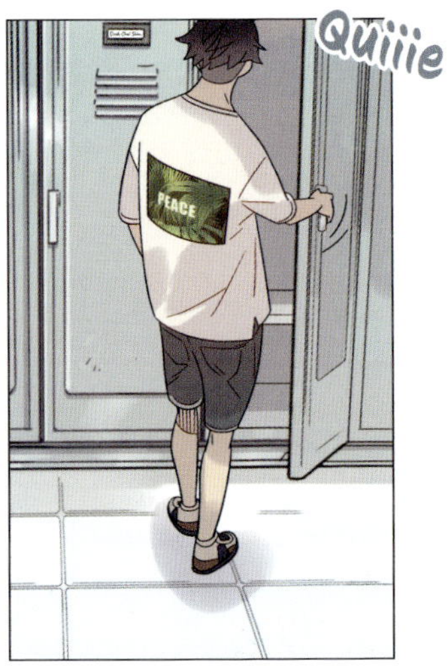
Quiiie

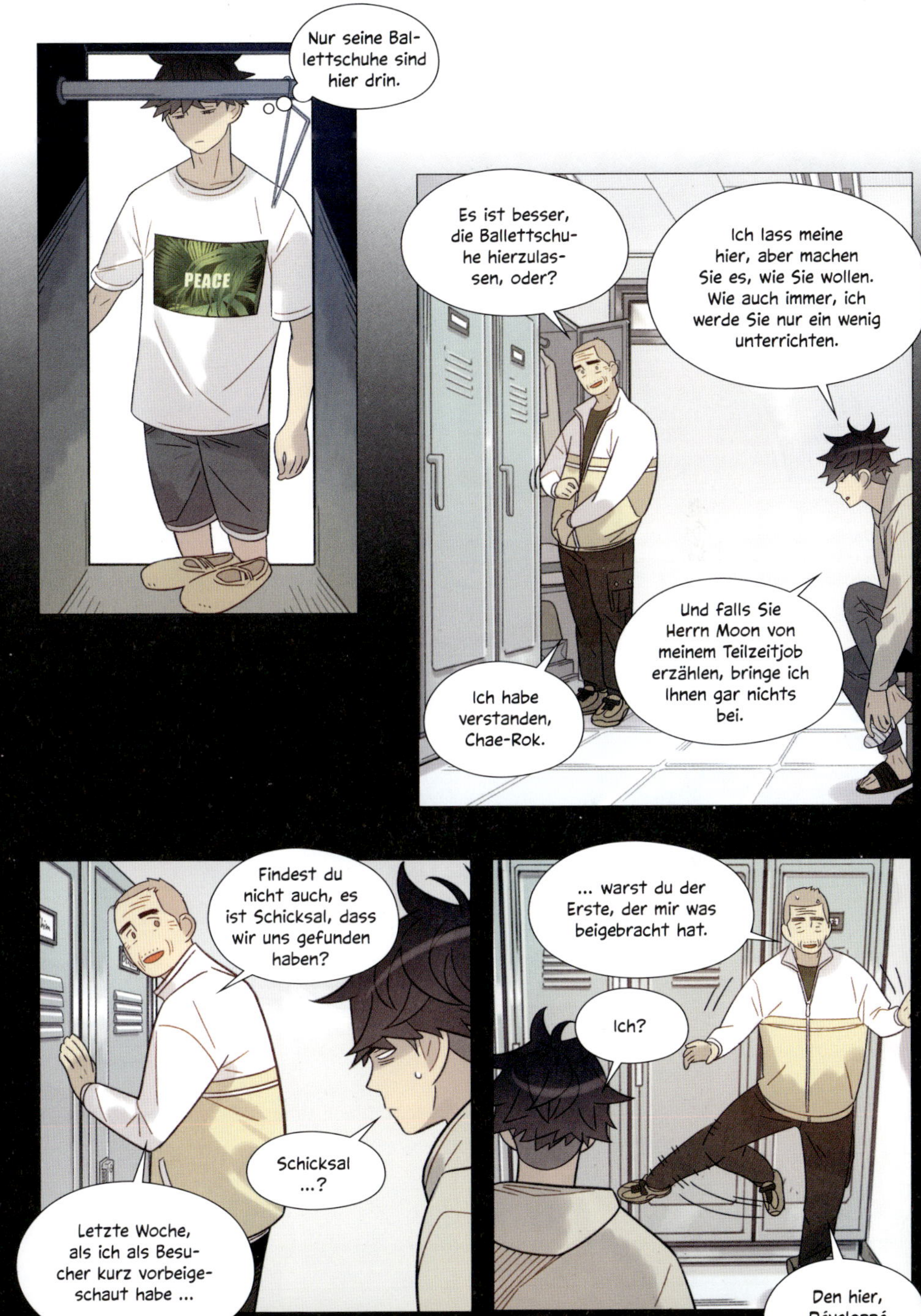
Nur seine Bal-
lettschuhe sind
hier drin.
Es ist besser,
die Ballettschu-
he hierzulas-
sen, oder?
Ich lass meine
hier, aber machen
Sie es, wie Sie wollen.
Wie auch immer, ich
werde Sie nur ein wenig
unterrichten.
Und falls Sie
Herrn Moon von
meinem Teilzeitjob
erzählen, bringe ich
Ihnen gar nichts
bei.
Ich habe
verstanden,
Chae-Rok.
Findest du
nicht auch, es
ist Schicksal, dass
wir uns gefunden
haben?
Schicksal
...?
Letzte Woche,
als ich als Besu-
cher kurz vorbeige-
schaut habe ...
... warst du der
Erste, der mir was
beigebracht hat.
Ich?
Den hier,
Développé
richtig?

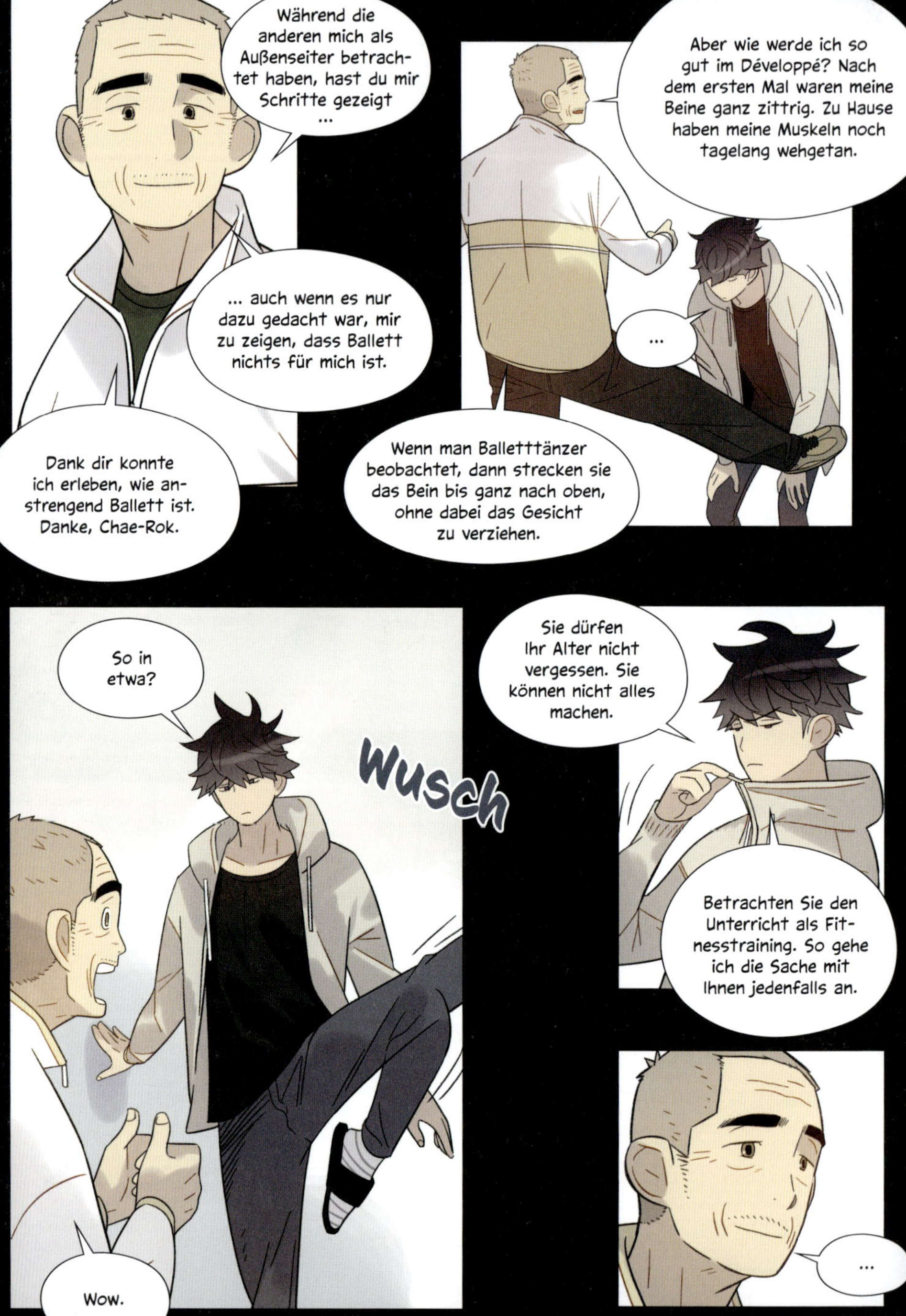
Während die anderen mich als Außenseiter betrachtet haben, hast du mir Schritte gezeigt ...
... auch wenn es nur dazu gedacht war, mir zu zeigen, dass Ballett nichts für mich ist.
Dank dir konnte ich erleben, wie anstrengend Ballett ist. Danke, Chae-Rok.
Aber wie werde ich so gut im Développé? Nach dem ersten Mal waren meine Beine ganz zittrig. Zu Hause haben meine Muskeln noch tagelang wehgetan.
...
Wenn man Balletttänzer beobachtet, dann strecken sie das Bein bis ganz nach oben, ohne dabei das Gesicht zu verziehen.
So in etwa?
Wusch
Wow.
Sie dürfen Ihr Alter nicht vergessen. Sie können nicht alles machen.
Betrachten Sie den Unterricht als Fitnesstraining. So gehe ich die Sache mit Ihnen jedenfalls an.
...

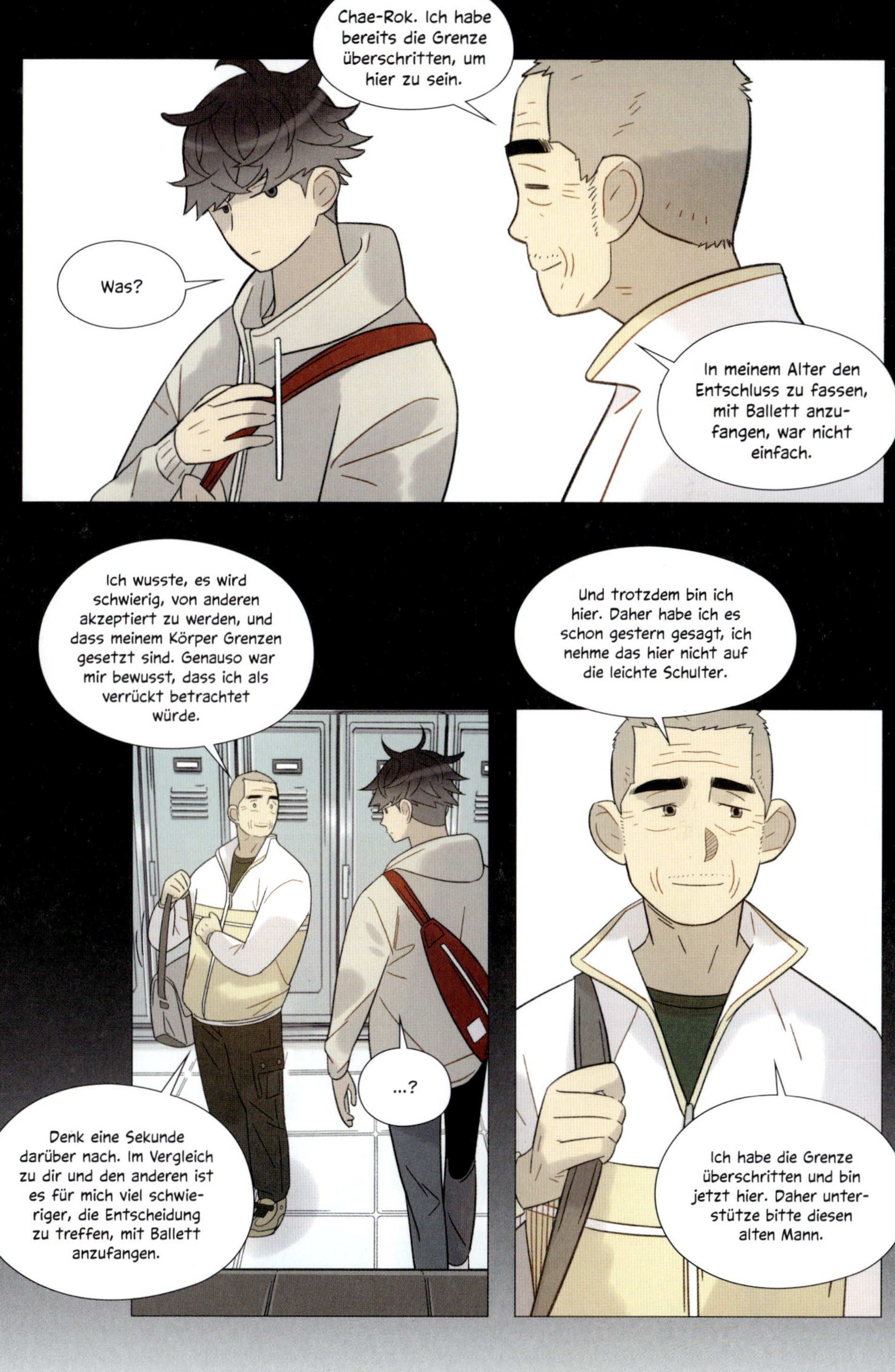
Chae-Rok. Ich habe bereits die Grenze überschritten, um hier zu sein.
Was?
In meinem Alter den Entschluss zu fassen, mit Ballett anzufangen, war nicht einfach.
Ich wusste, es wird schwierig, von anderen akzeptiert zu werden, und dass meinem Körper Grenzen gesetzt sind. Genauso war mir bewusst, dass ich als verrückt betrachtet würde.
Und trotzdem bin ich hier. Daher habe ich es schon gestern gesagt, ich nehme das hier nicht auf die leichte Schulter.
Denk eine Sekunde darüber nach. Im Vergleich zu dir und den anderen ist es für mich viel schwieriger, die Entscheidung zu treffen, mit Ballett anzufangen.
...?
Ich habe die Grenze überschritten und bin jetzt hier. Daher unterstütze bitte diesen alten Mann.

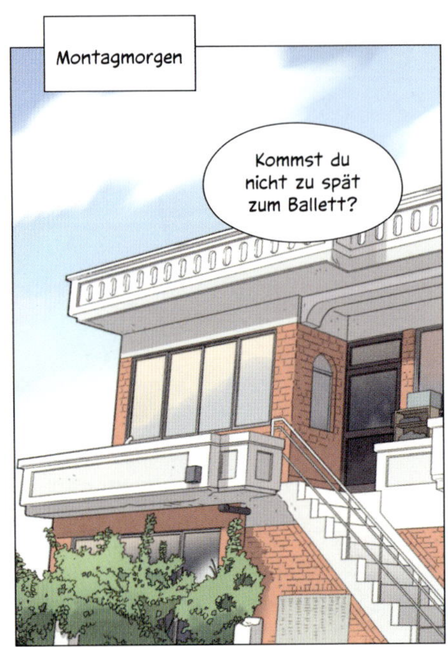
Montagmorgen
Kommst du nicht zu spät zum Ballett?

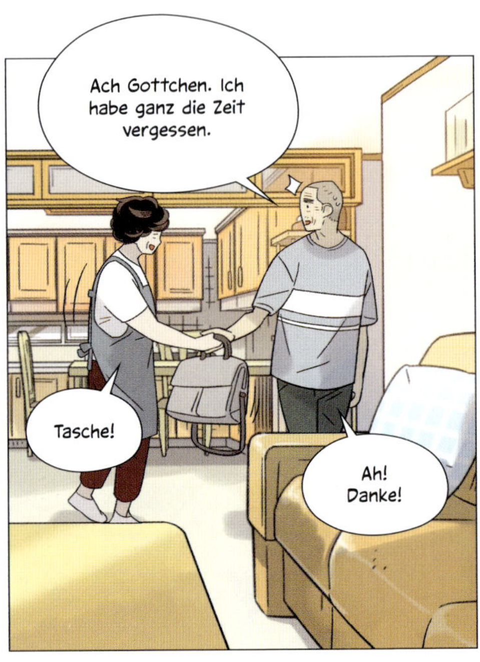
Ach Gottchen. Ich habe ganz die Zeit vergessen.
Tasche!
Ah! Danke!

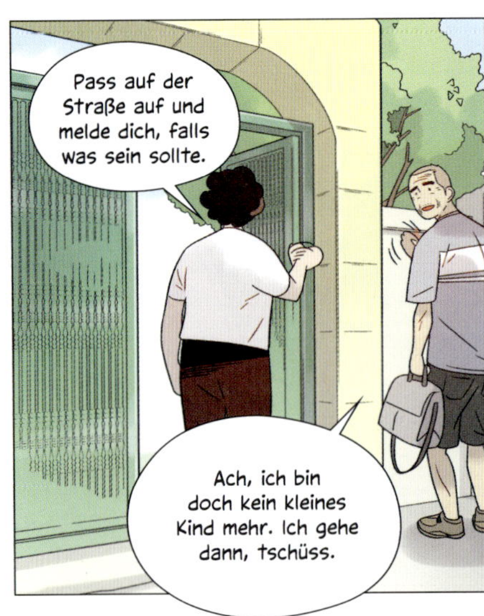
Pass auf der Straße auf und melde dich, falls was sein sollte.
Ach, ich bin doch kein kleines Kind mehr. Ich gehe dann, tschüss.

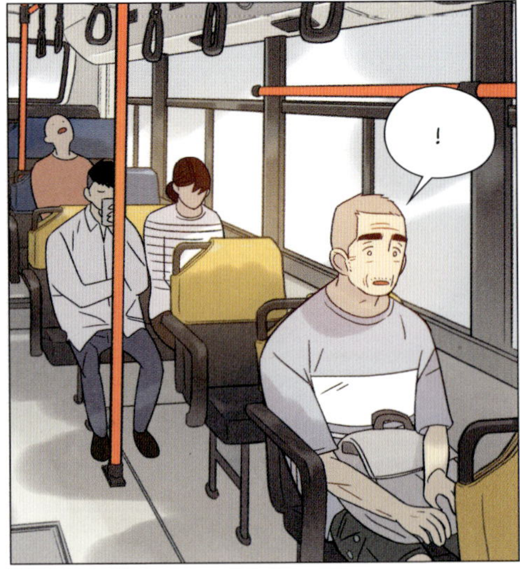
!

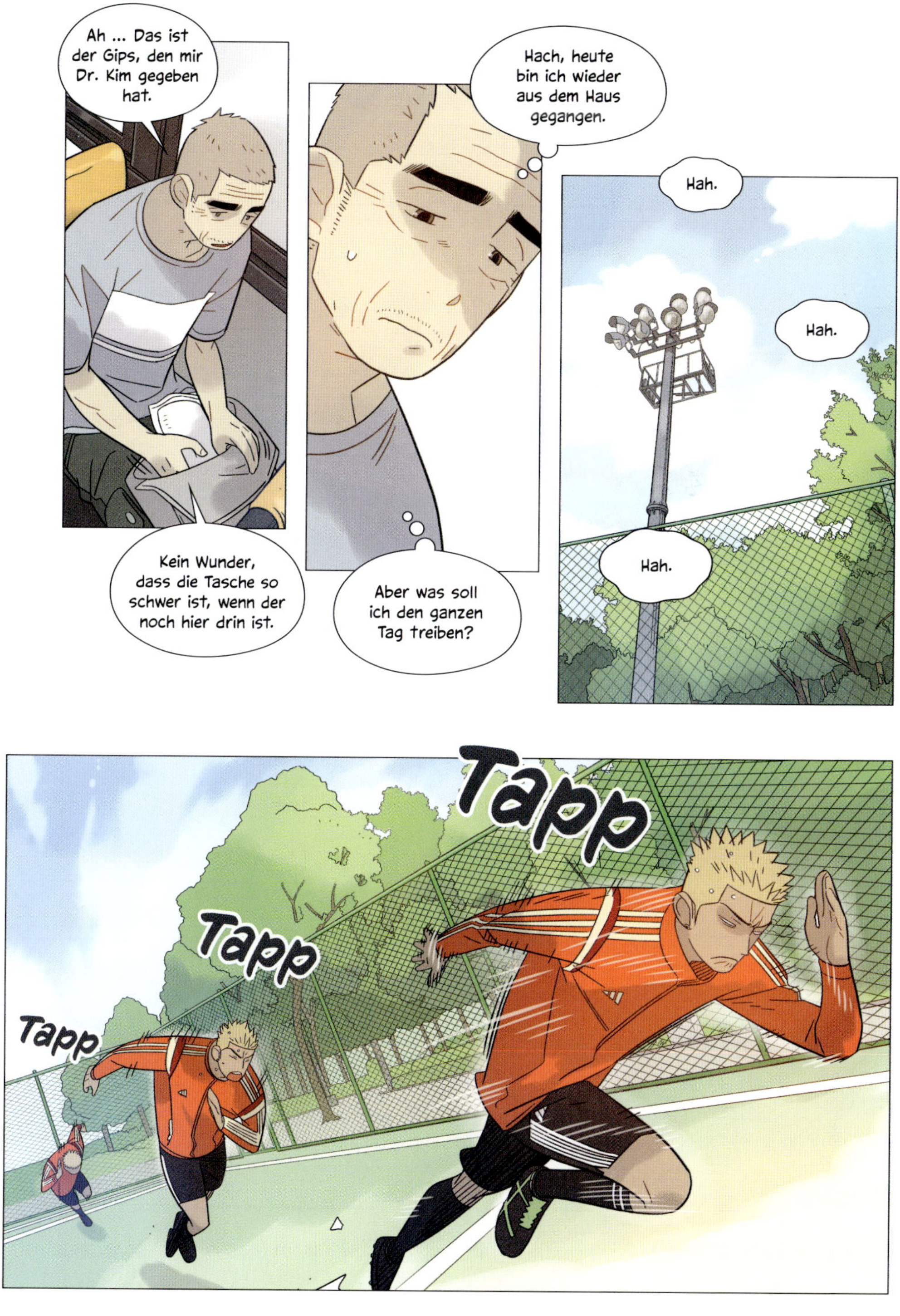

Ah ... Das ist der Gips, den mir Dr. Kim gegeben hat.
Kein Wunder, dass die Tasche so schwer ist, wenn der noch hier drin ist.
Hach, heute bin ich wieder aus dem Haus gegangen.
Aber was soll ich den ganzen Tag treiben?
Hah.
Hah.
Hah.
Tapp
Tapp
Tapp

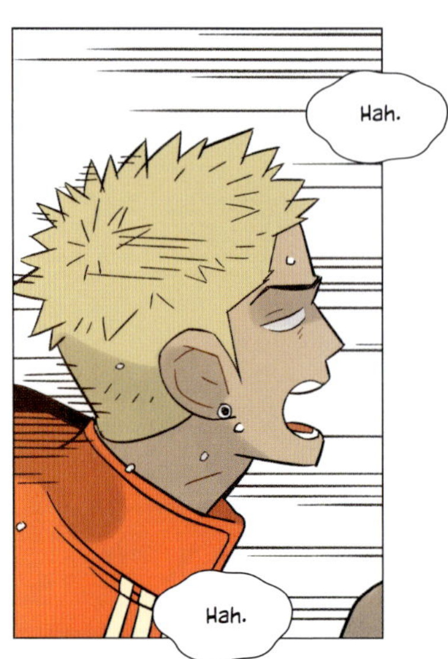
Hah.
Hah.

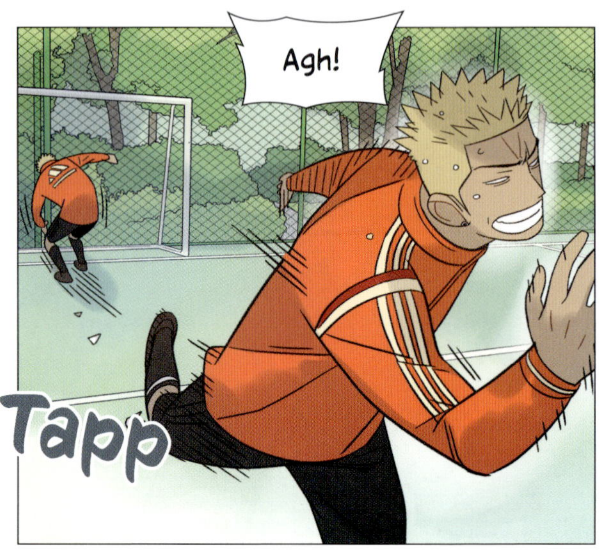
Agh!
Tapp

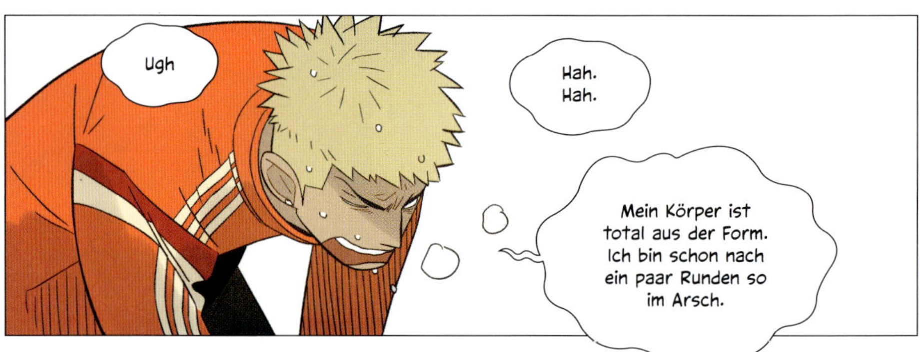
Ugh
Hah.
Hah.
Mein Körper ist total aus der Form. Ich bin schon nach ein paar Runden so im Arsch.

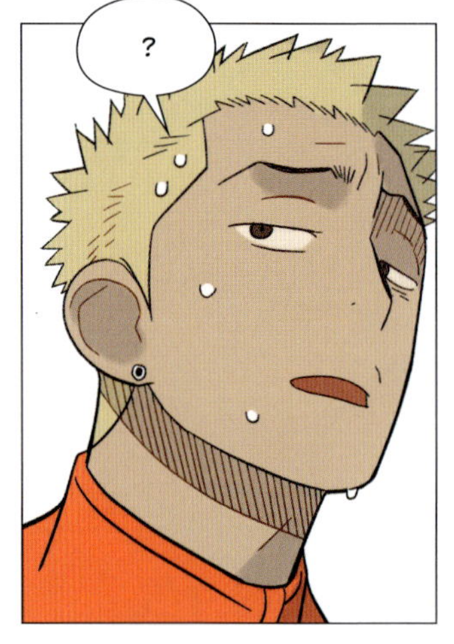
?

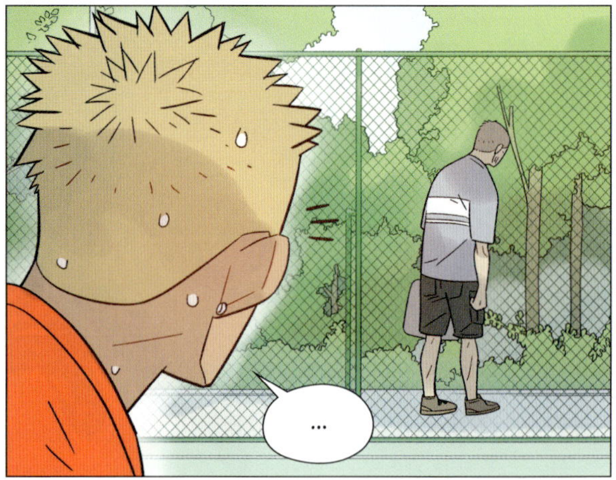
...

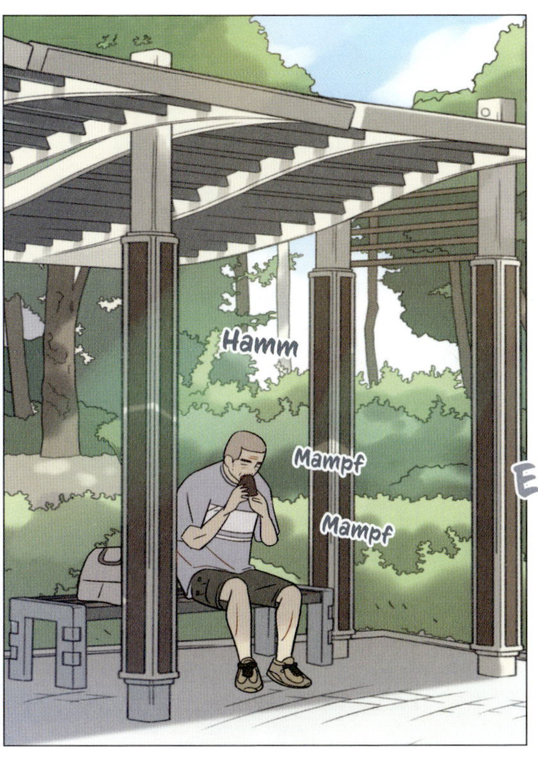
Hamm
Mampf
Mampf

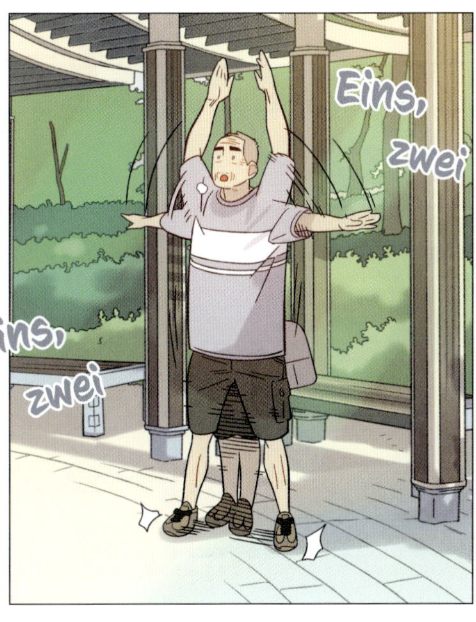
Eins,
zwei
Eins,
zwei

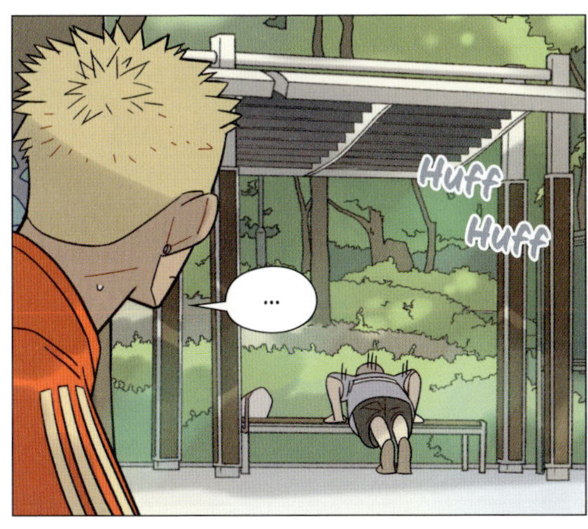
Huff
Huff
...

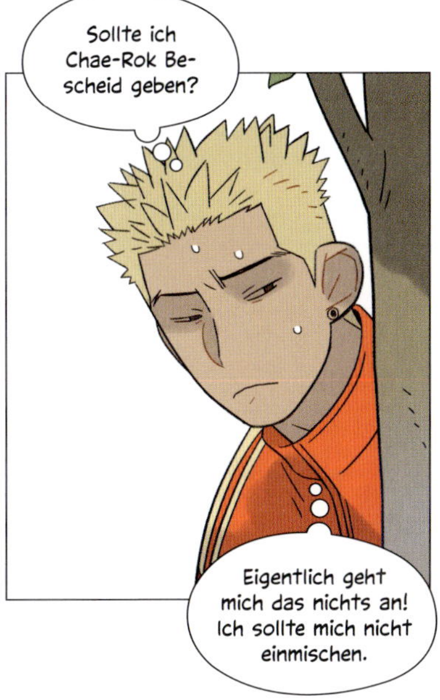
Sollte ich Chae-Rok Bescheid geben?
Eigentlich geht mich das nichts an! Ich sollte mich nicht einmischen.

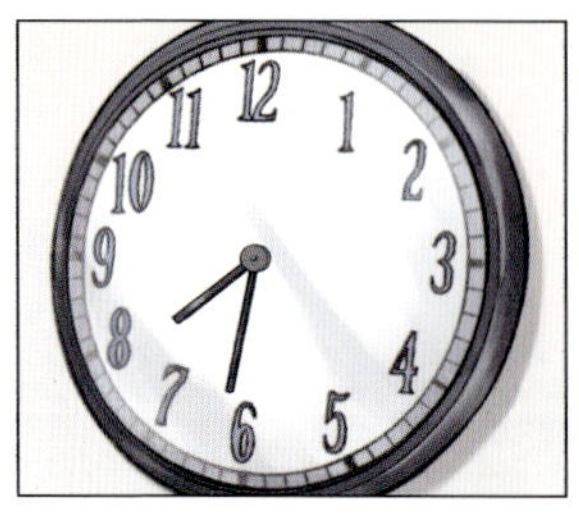

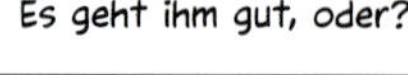
Es geht ihm gut, oder?

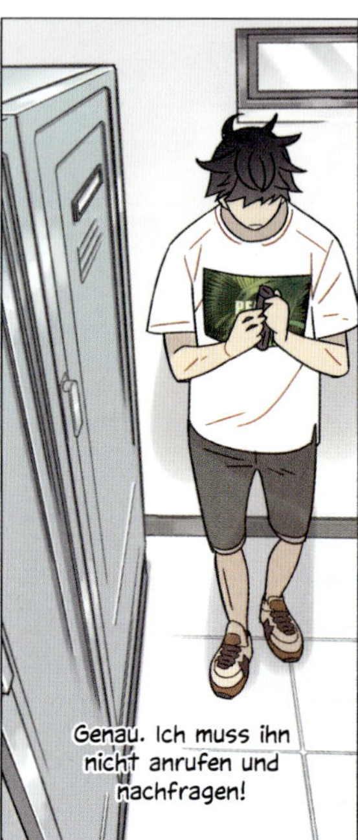
Genau. Ich muss ihn nicht anrufen und nachfragen!
...

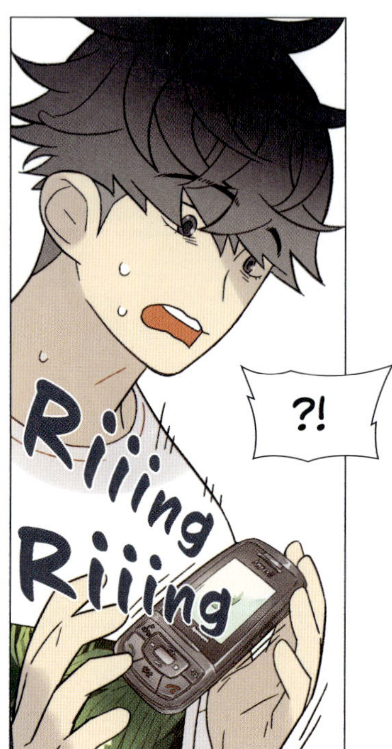
?!
Riiing Riiing

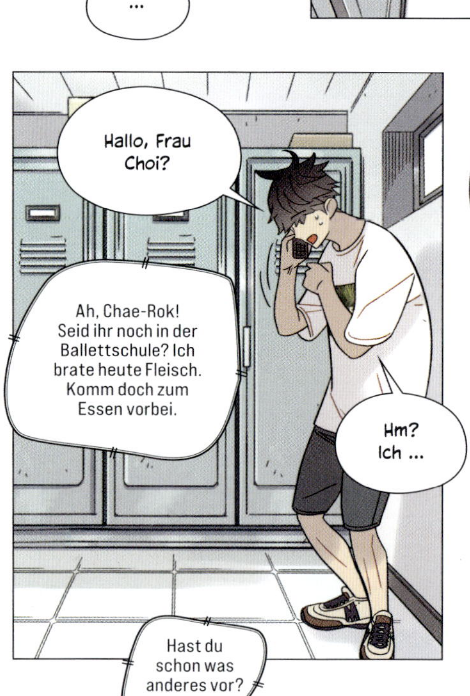
Hallo, Frau Choi?
Ah, Chae-Rok! Seid ihr noch in der Ballettschule? Ich brate heute Fleisch. Komm doch zum Essen vorbei.
Hm? Ich ...
Hast du schon was anderes vor?

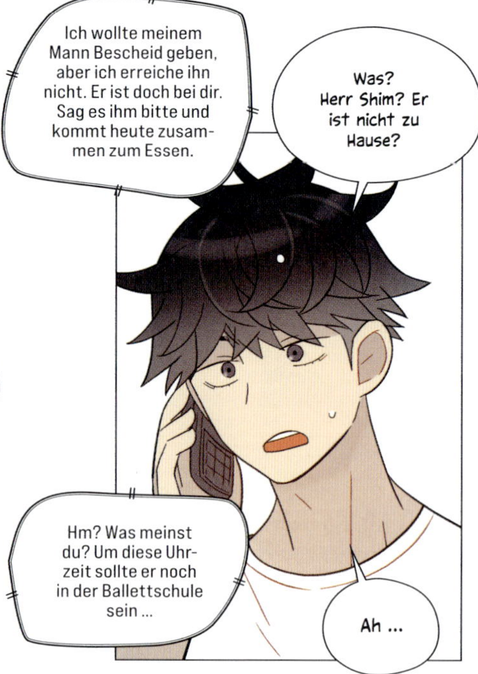
Ich wollte meinem Mann Bescheid geben, aber ich erreiche ihn nicht. Er ist doch bei dir. Sag es ihm bitte und kommt heute zusammen zum Essen.
Was? Herr Shim? Er ist nicht zu Hause?
Hm? Was meinst du? Um diese Uhrzeit sollte er noch in der Ballettschule sein ...
Ah ...

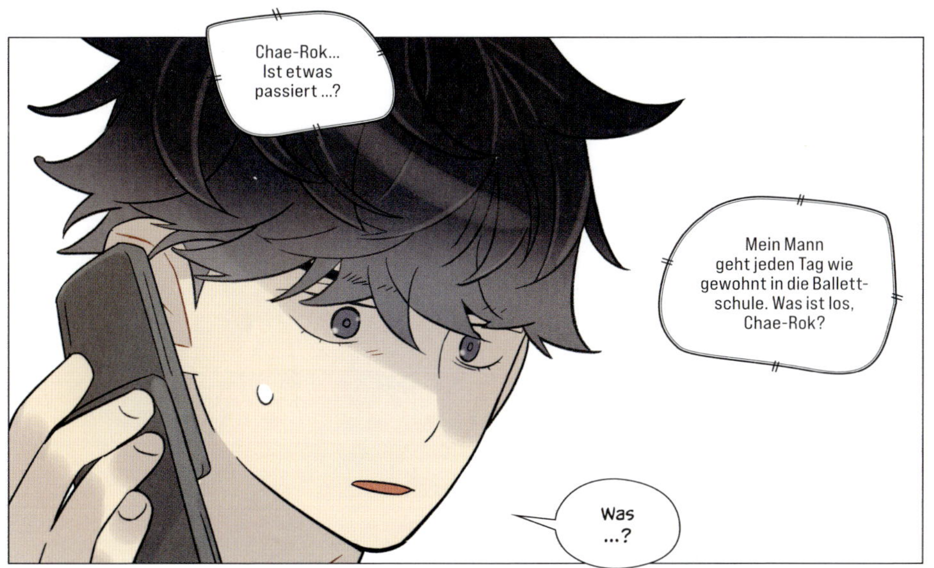
Chae-Rok...
Ist etwas
passiert ...?
Mein Mann
geht jeden Tag wie
gewohnt in die Ballett-
schule. Was ist los,
Chae-Rok?
Was
...?

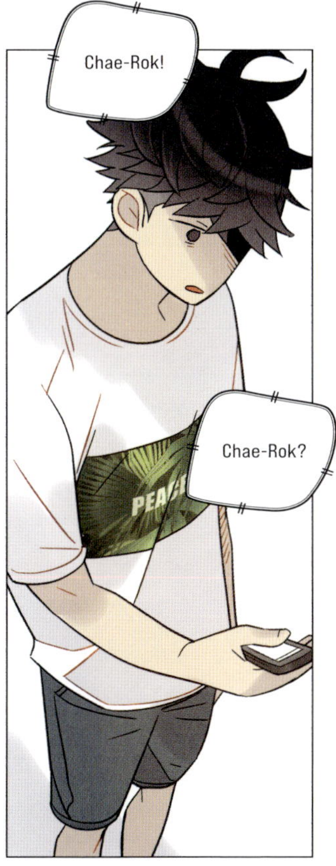
Chae-Rok!
Chae-Rok?

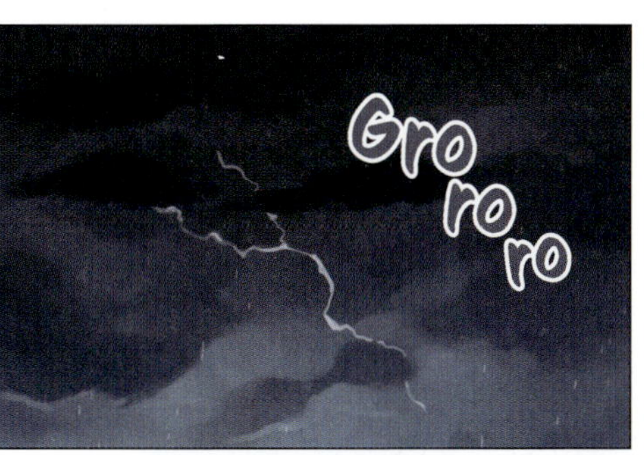
Grororo

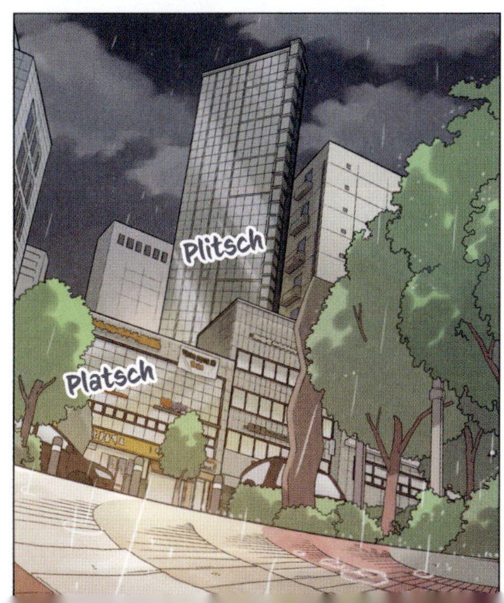
Plitsch
Platsch

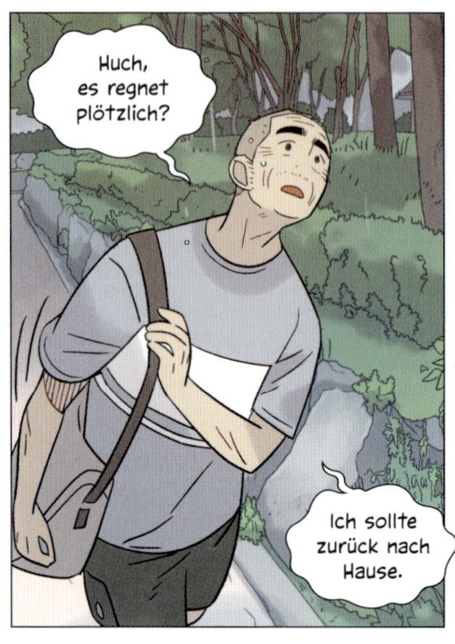
Huch, es regnet plötzlich?
Ich sollte zurück nach Hause.

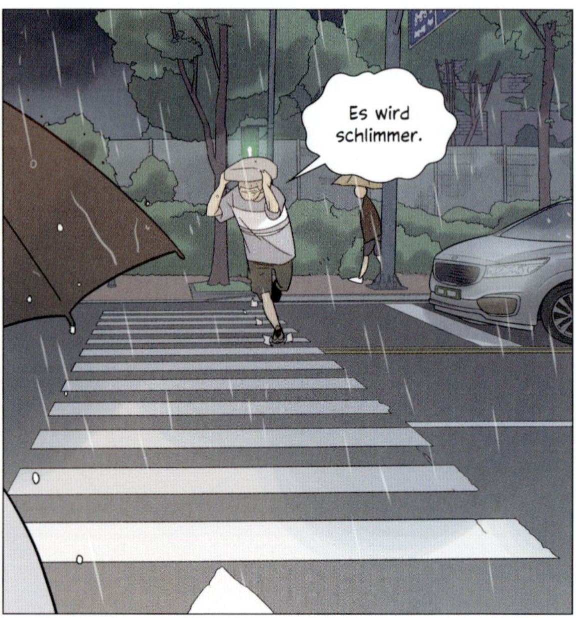
Es wird schlimmer.

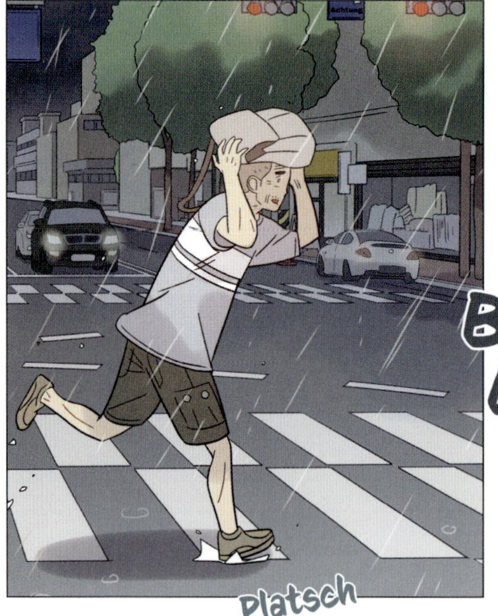
Platsch

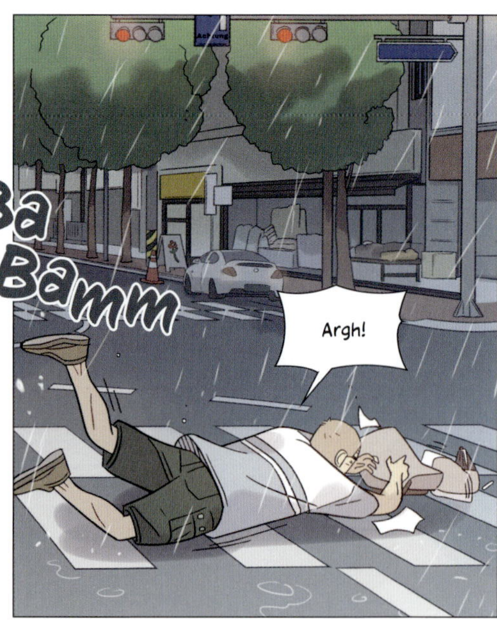
Ba Bamm
Argh!

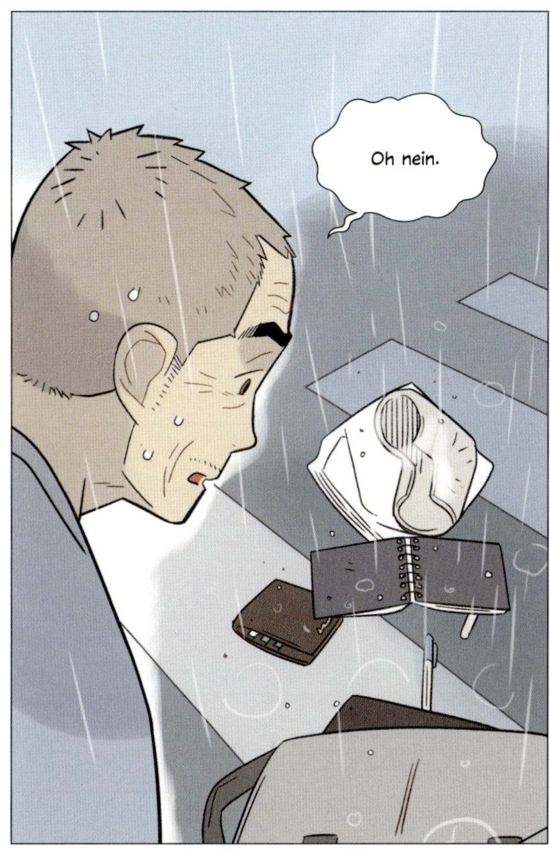
Oh nein.

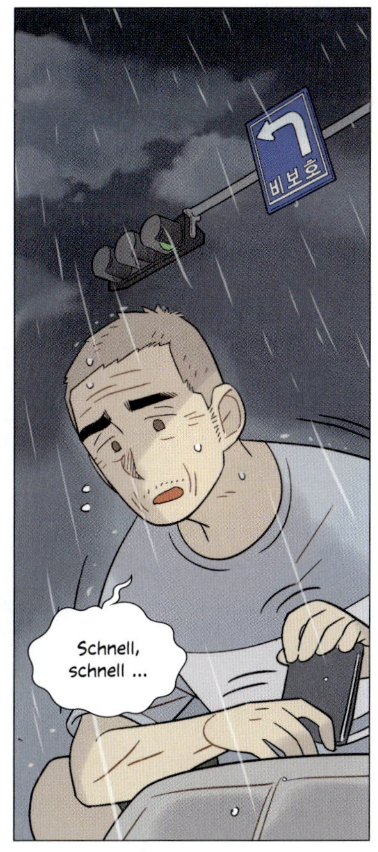
비보호
Schnell,
schnell ...

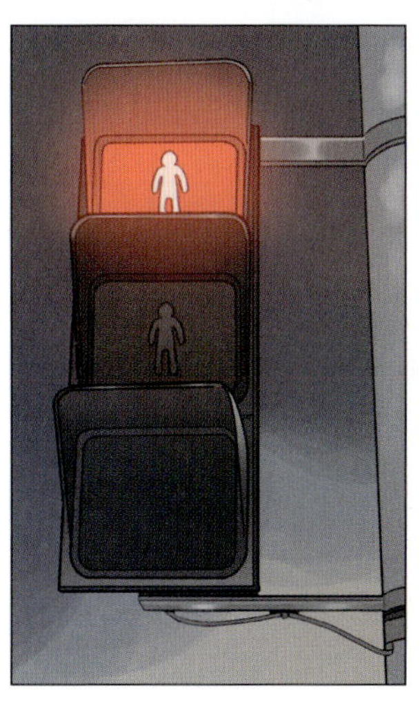

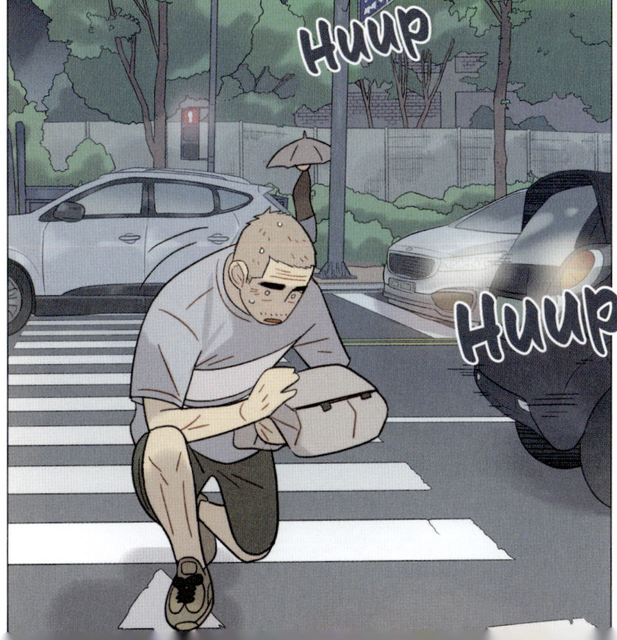
Huup
Huup

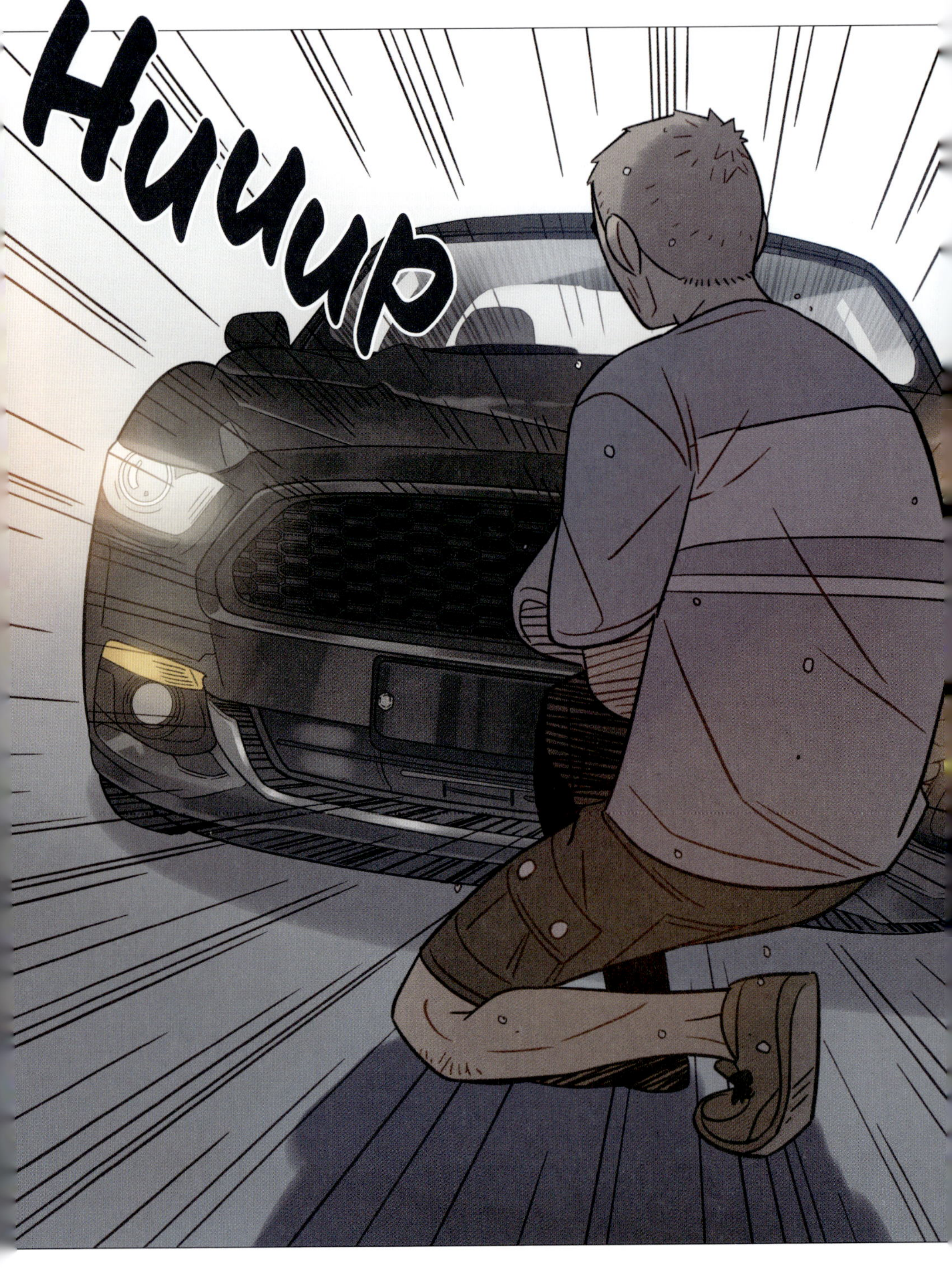
Huuuup

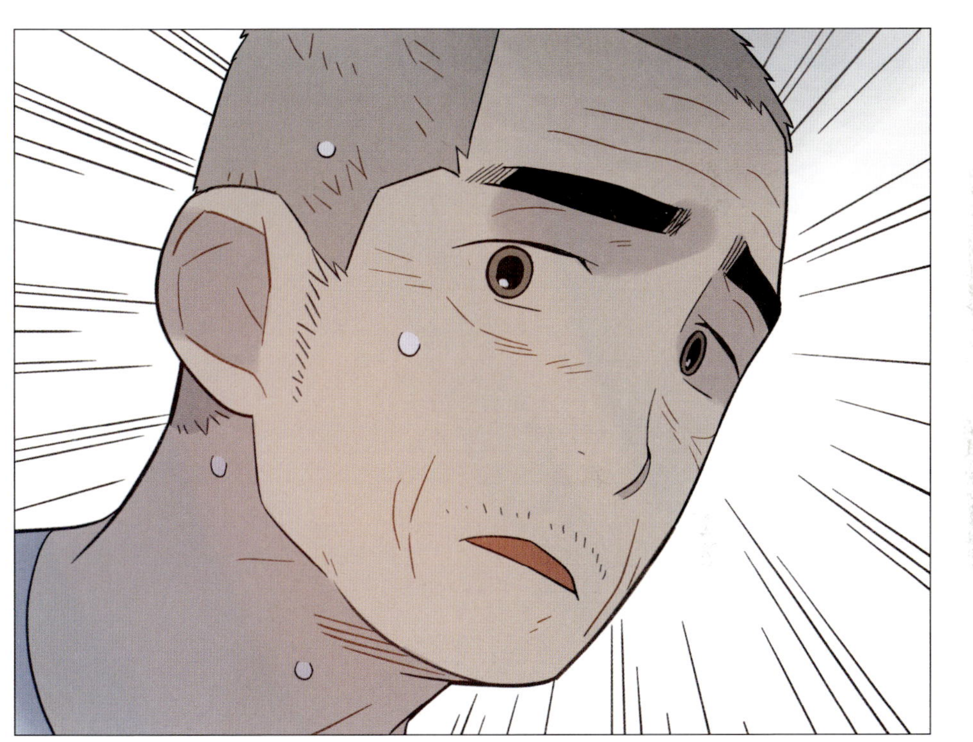

Als ich jünger war ...
war es mein Traum, viele Freunde zu haben.

Nach dem Krieg starb mein Vater ... Danach war es mein Ziel, dass meine Familie ein gutes Leben führen kann und nicht hungern muss.

Und als ich meine eigene Familie gründete, war es mein Ziel, auf meine Frau und Kinder aufzupassen und sie zu behüten.

Danach habe ich die Jahre verstreichen lassen, ohne darüber nachzudenken ... was mein Traum sein könnte oder was ich machen will.

Ja ... Ich ...

... will Ballett tanzen.

22

Die beste Zeit des Lebens

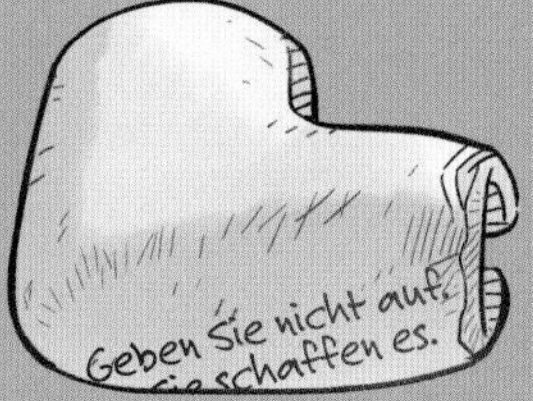

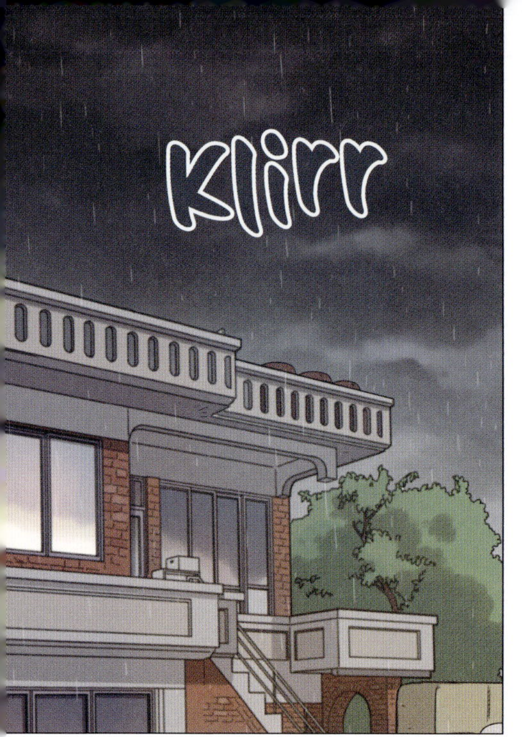

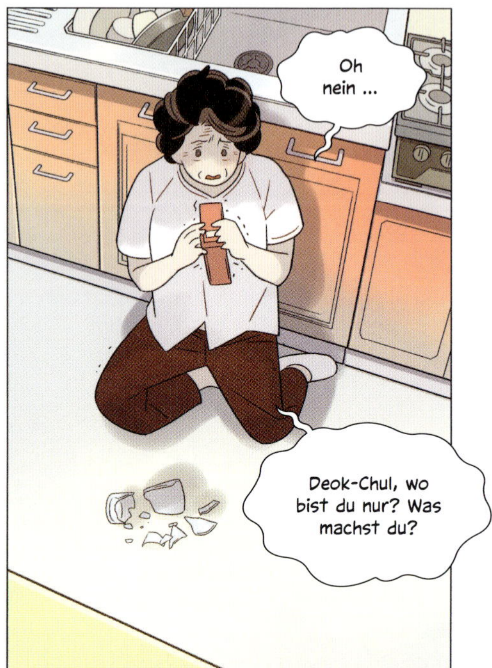

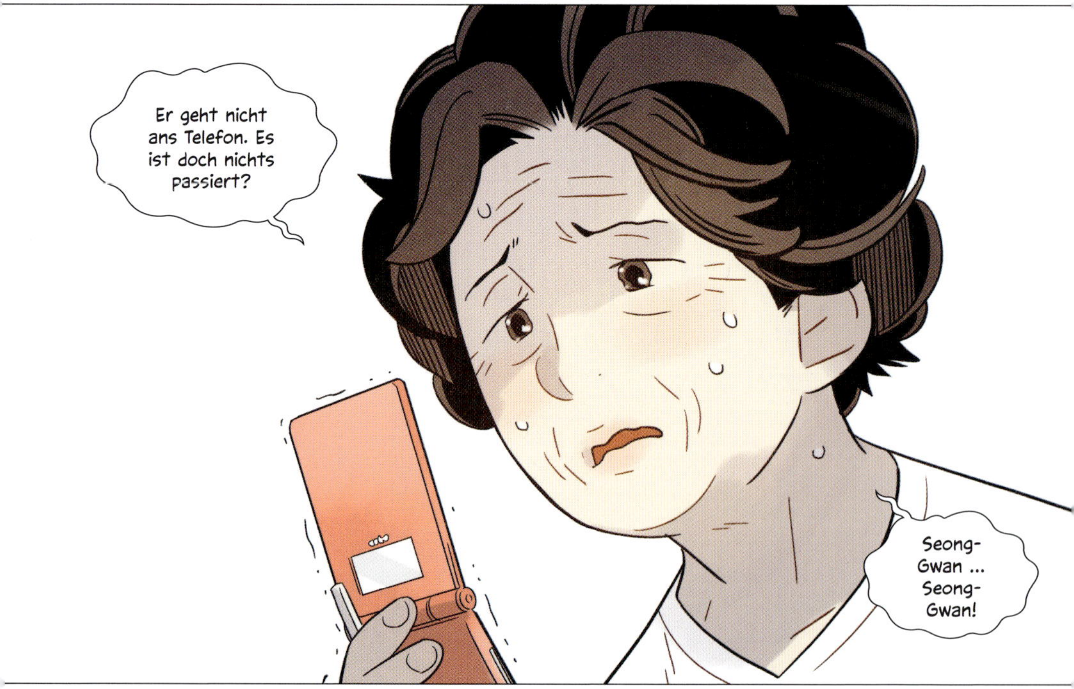

Er geht nicht ans Telefon. Es ist doch nichts passiert?

Seong-Gwan ... Seong-Gwan!

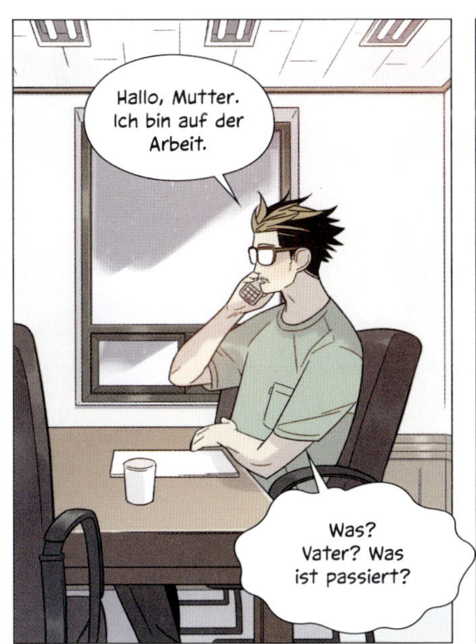
Hallo, Mutter. Ich bin auf der Arbeit.
Was? Vater? Was ist passiert?

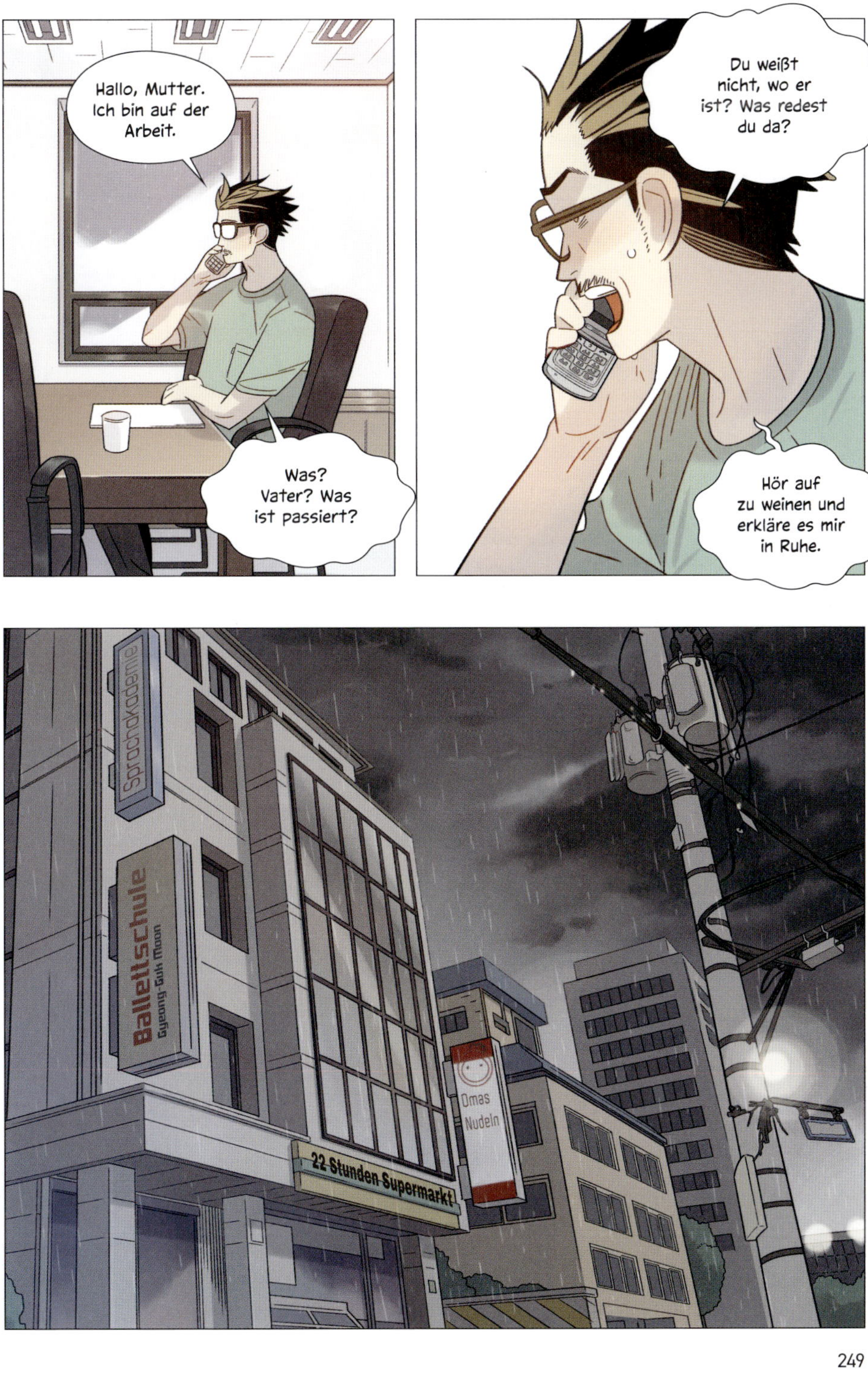

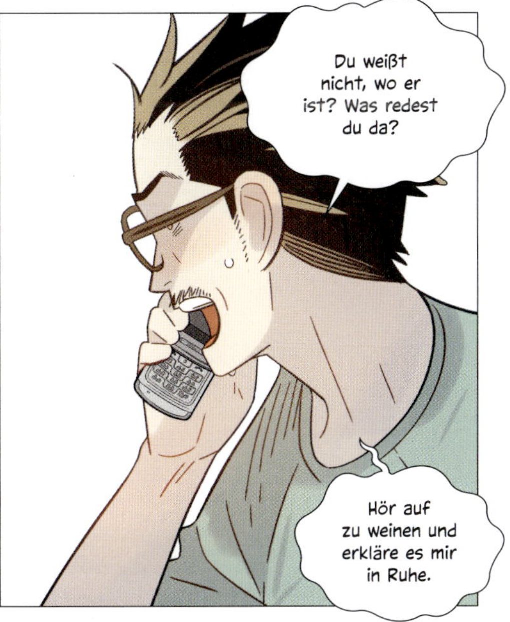
Du weißt nicht, wo er ist? Was redest du da?
Hör auf zu weinen und erkläre es mir in Ruhe.

Sprachakademie
Ballettschule Gyeong-Guk Moon
Omas Nudeln
22 Stunden Supermarkt

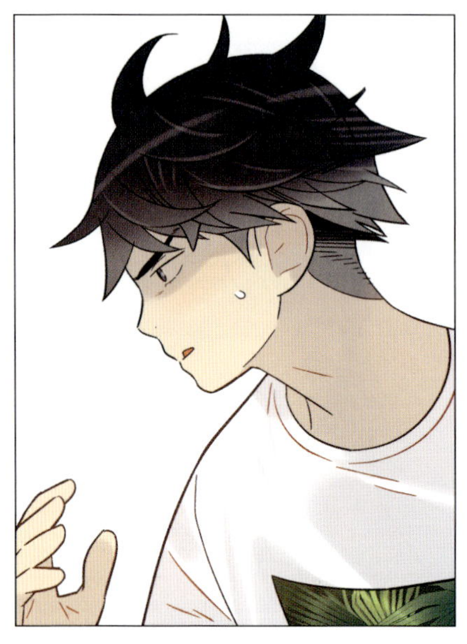

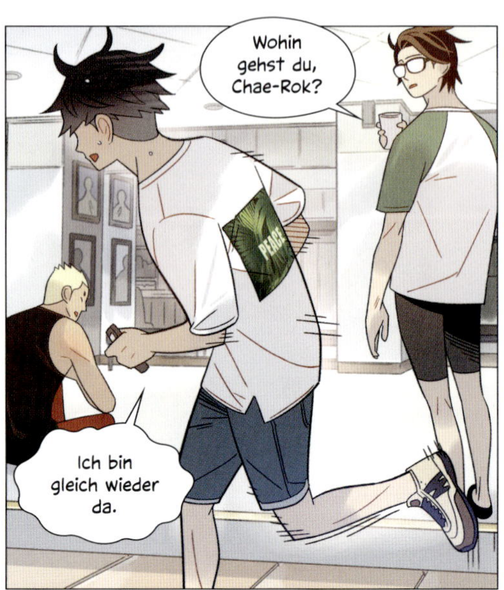
Wohin gehst du, Chae-Rok?
Ich bin gleich wieder da.

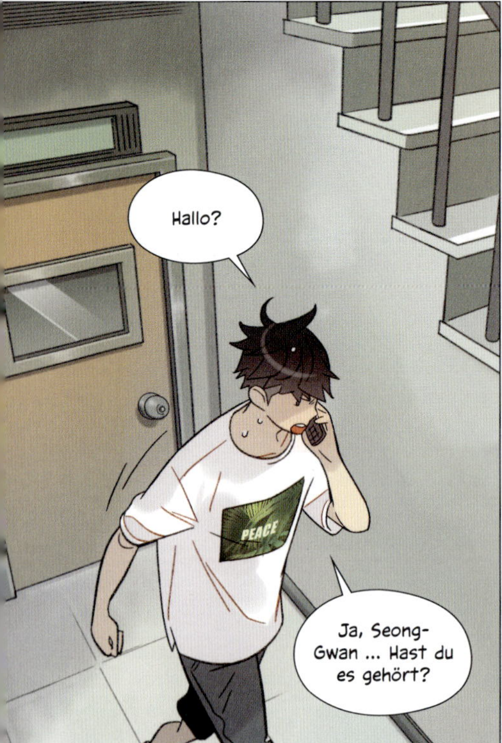
Hallo?
Ja, Seong-Gwan ... Hast du es gehört?

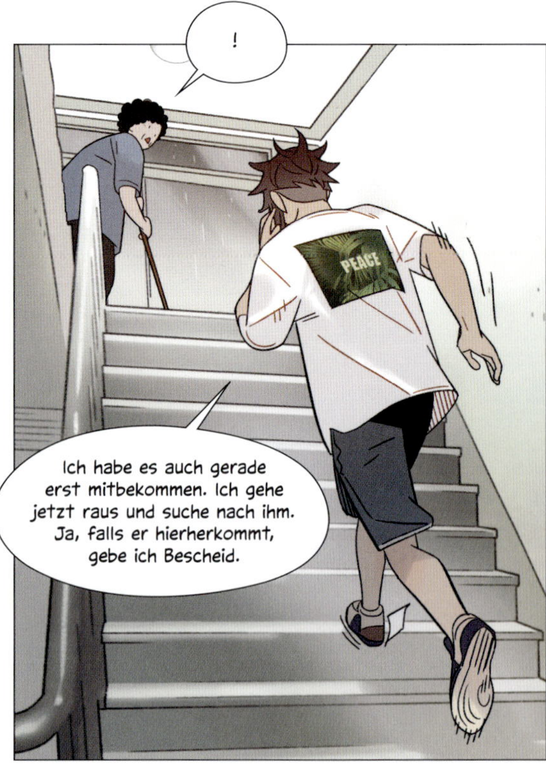
!
Ich habe es auch gerade erst mitbekommen. Ich gehe jetzt raus und suche nach ihm. Ja, falls er hierherkommt, gebe ich Bescheid.

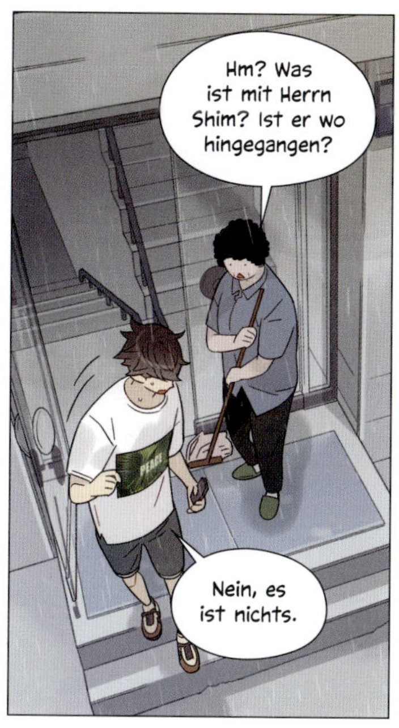
Hm? Was ist mit Herrn Shim? Ist er wo hingegangen?
Nein, es ist nichts.

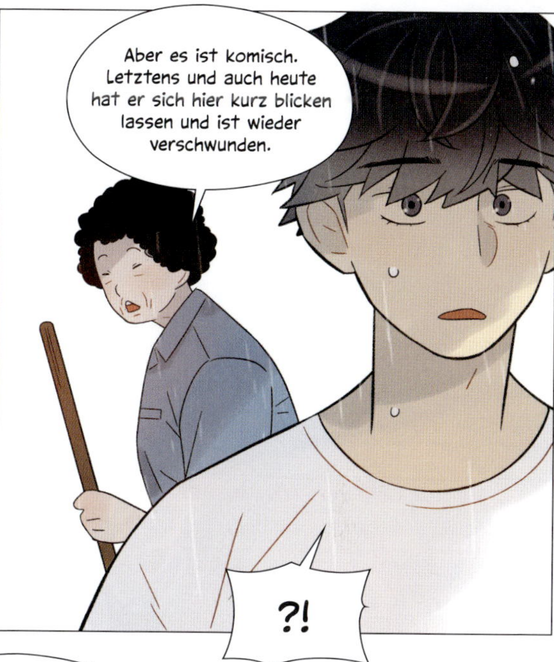
Aber es ist komisch. Letztens und auch heute hat er sich hier kurz blicken lassen und ist wieder verschwunden.
?!

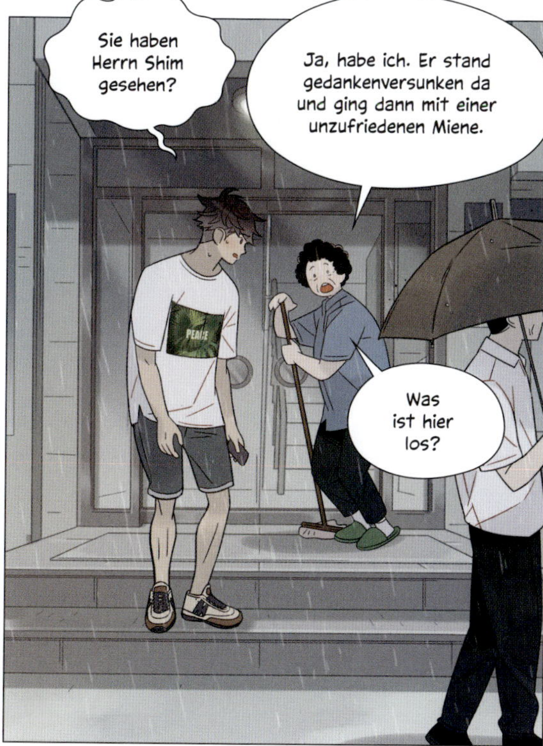
Sie haben Herrn Shim gesehen?
Ja, habe ich. Er stand gedankenversunken da und ging dann mit einer unzufriedenen Miene.
Was ist hier los?

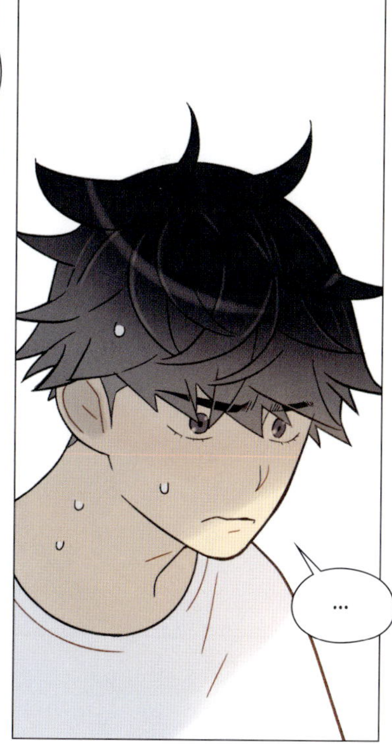
...

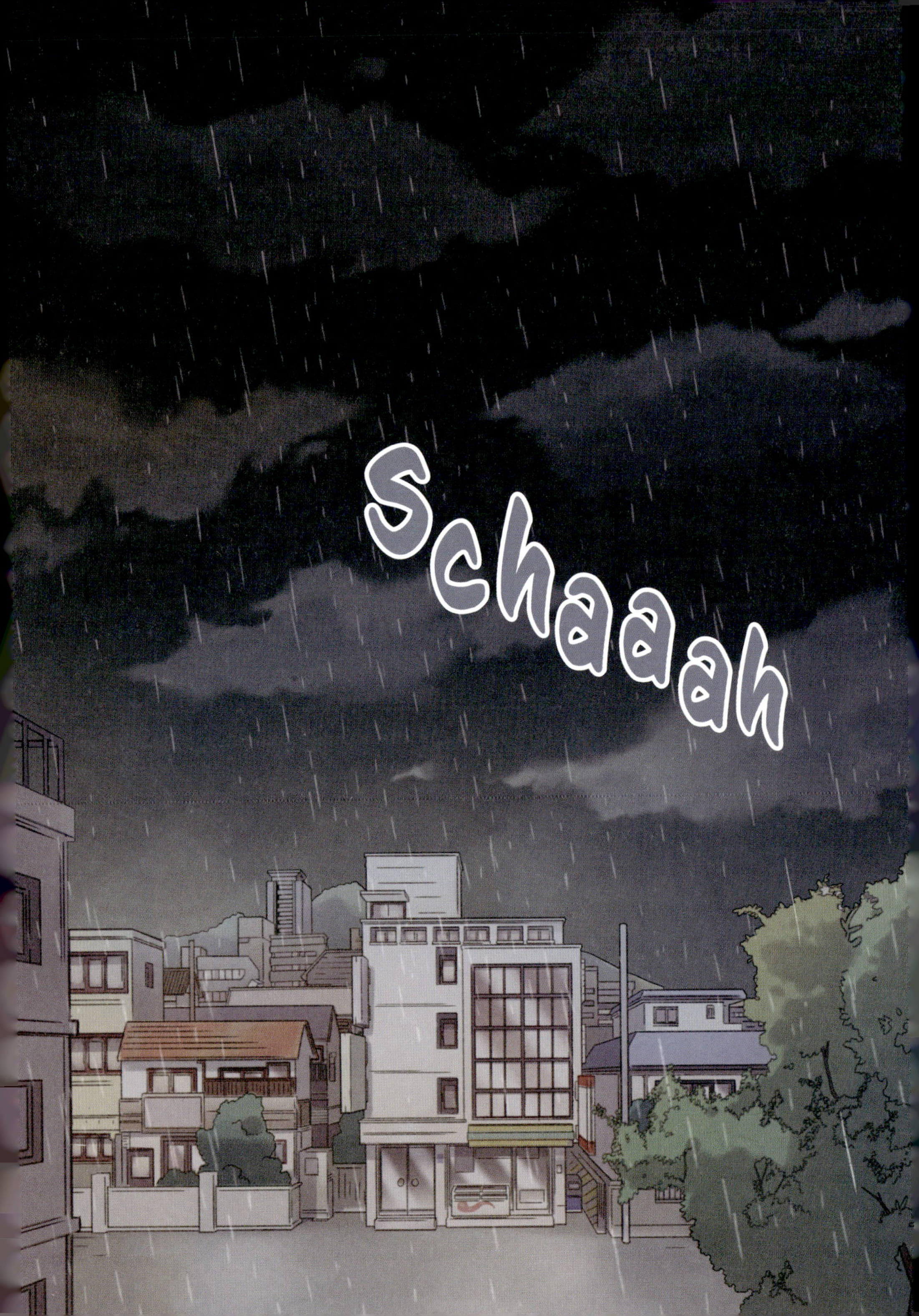
Schaaah

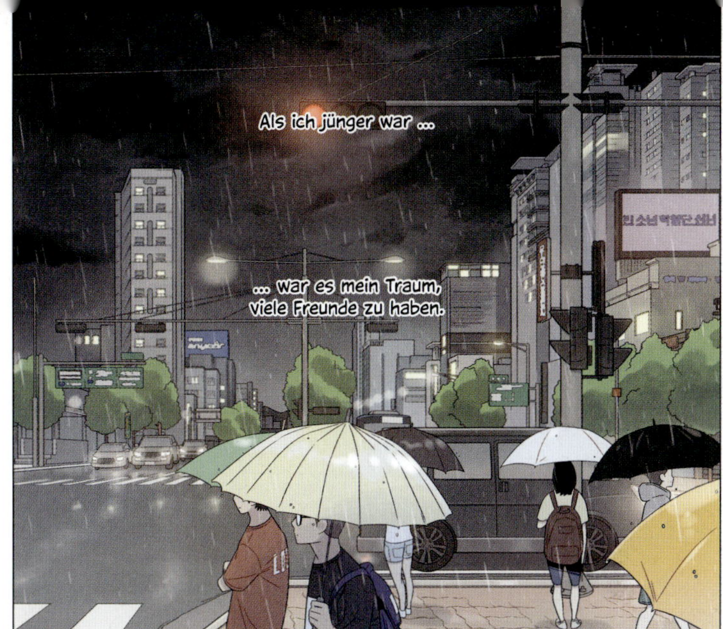

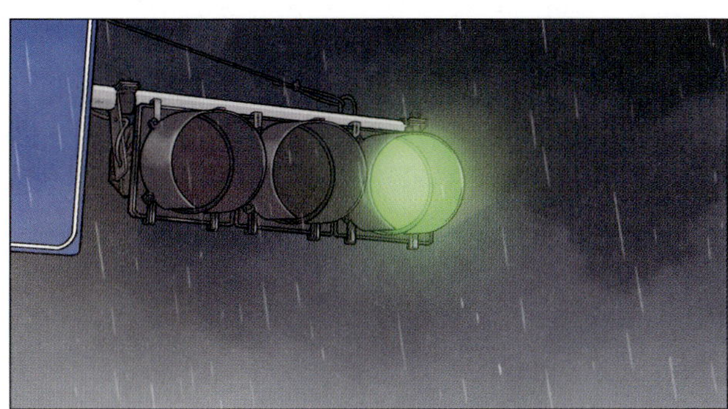

Nach dem Krieg starb mein Vater ... Danach war es mein Ziel, dass meine Familie ein gutes Leben führen kann und nicht hungern muss.

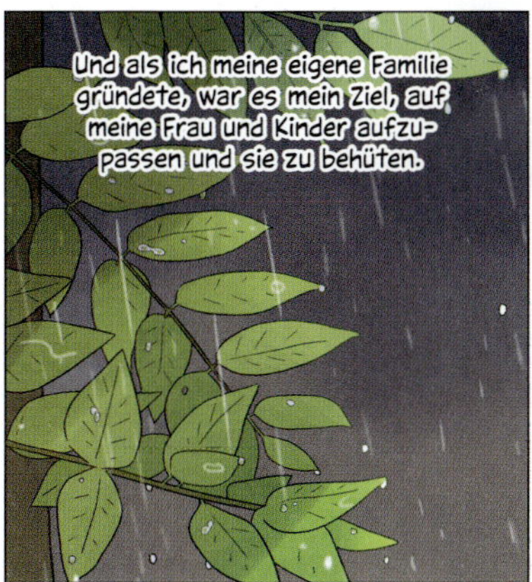

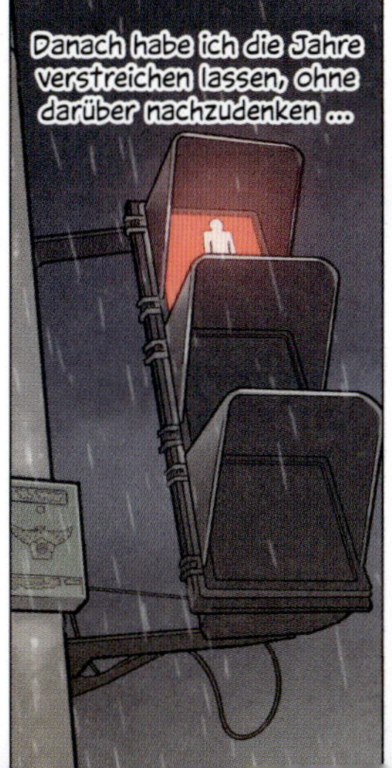

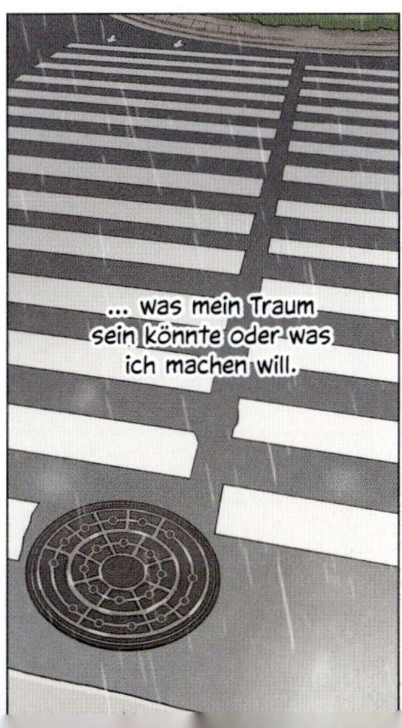

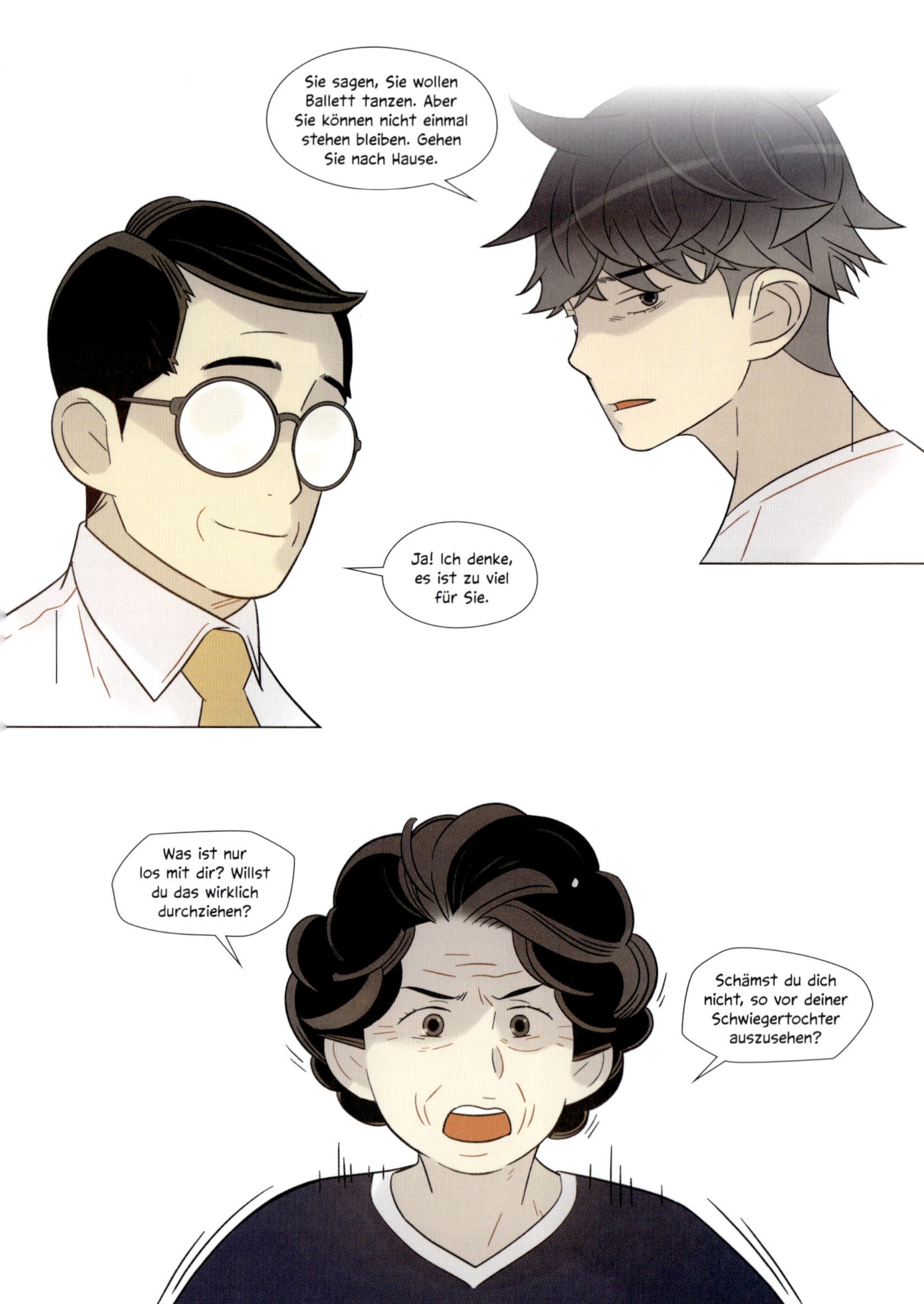
Sie sagen, Sie wollen Ballett tanzen. Aber Sie können nicht einmal stehen bleiben. Gehen Sie nach Hause.
Ja! Ich denke, es ist zu viel für Sie.
Was ist nur los mit dir? Willst du das wirklich durchziehen?
Schämst du dich nicht, so vor deiner Schwiegertochter auszusehen?

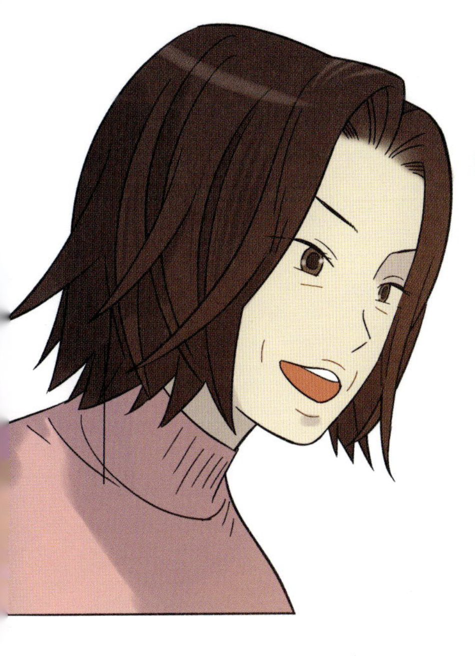
Vater, anstatt Ballett, willst du nicht mit mir zum Aerobic-Kurs kommen?
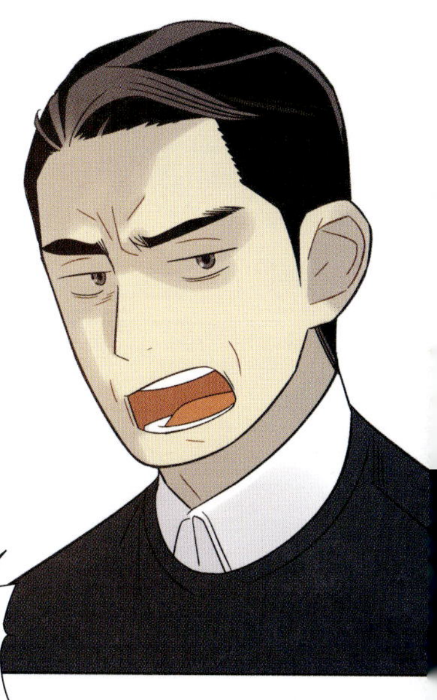
Warum bist du nur so, Vater?!
Denk doch mal an deine Familie!
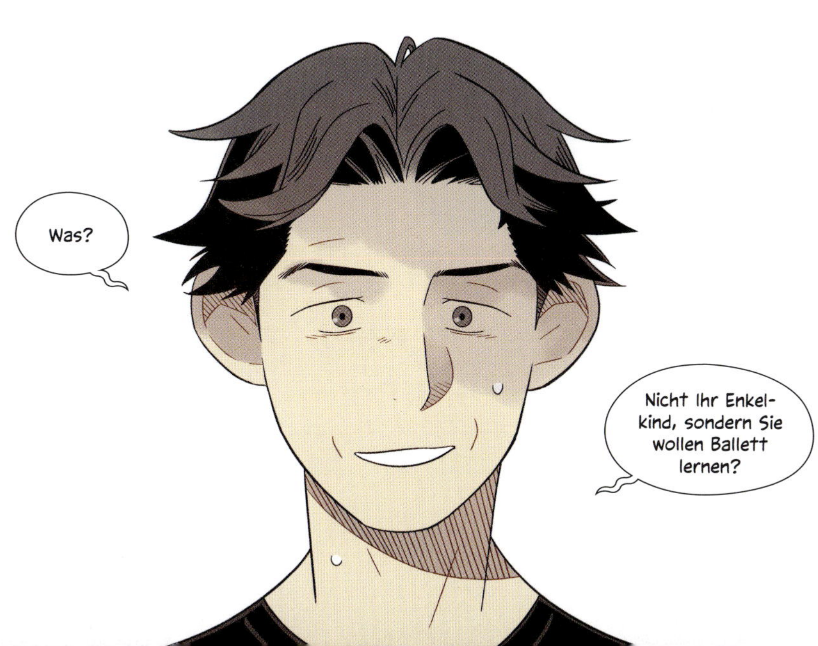
Was?
Nicht Ihr Enkelkind, sondern Sie wollen Ballett lernen?

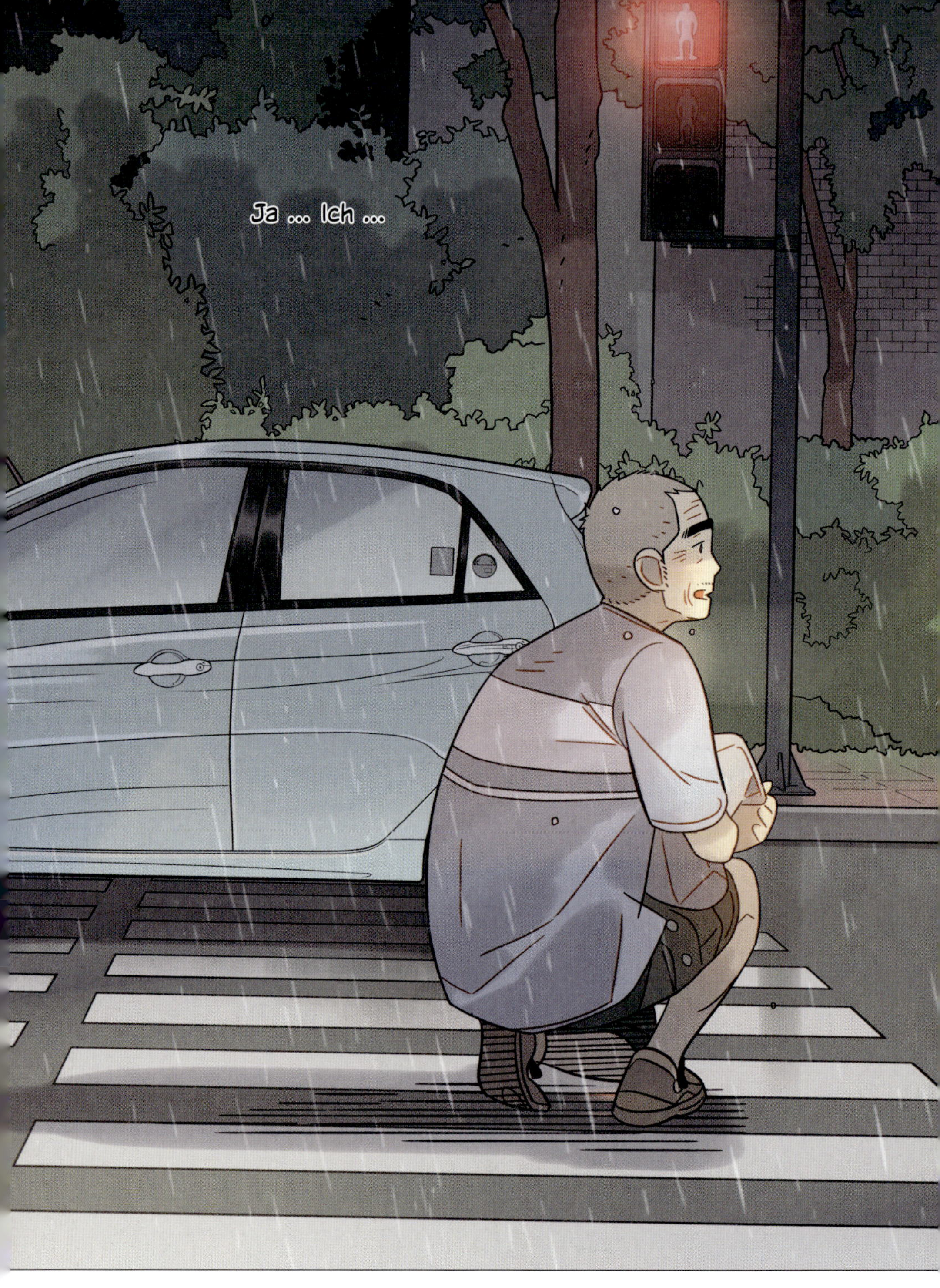
Ja ... Ich ...

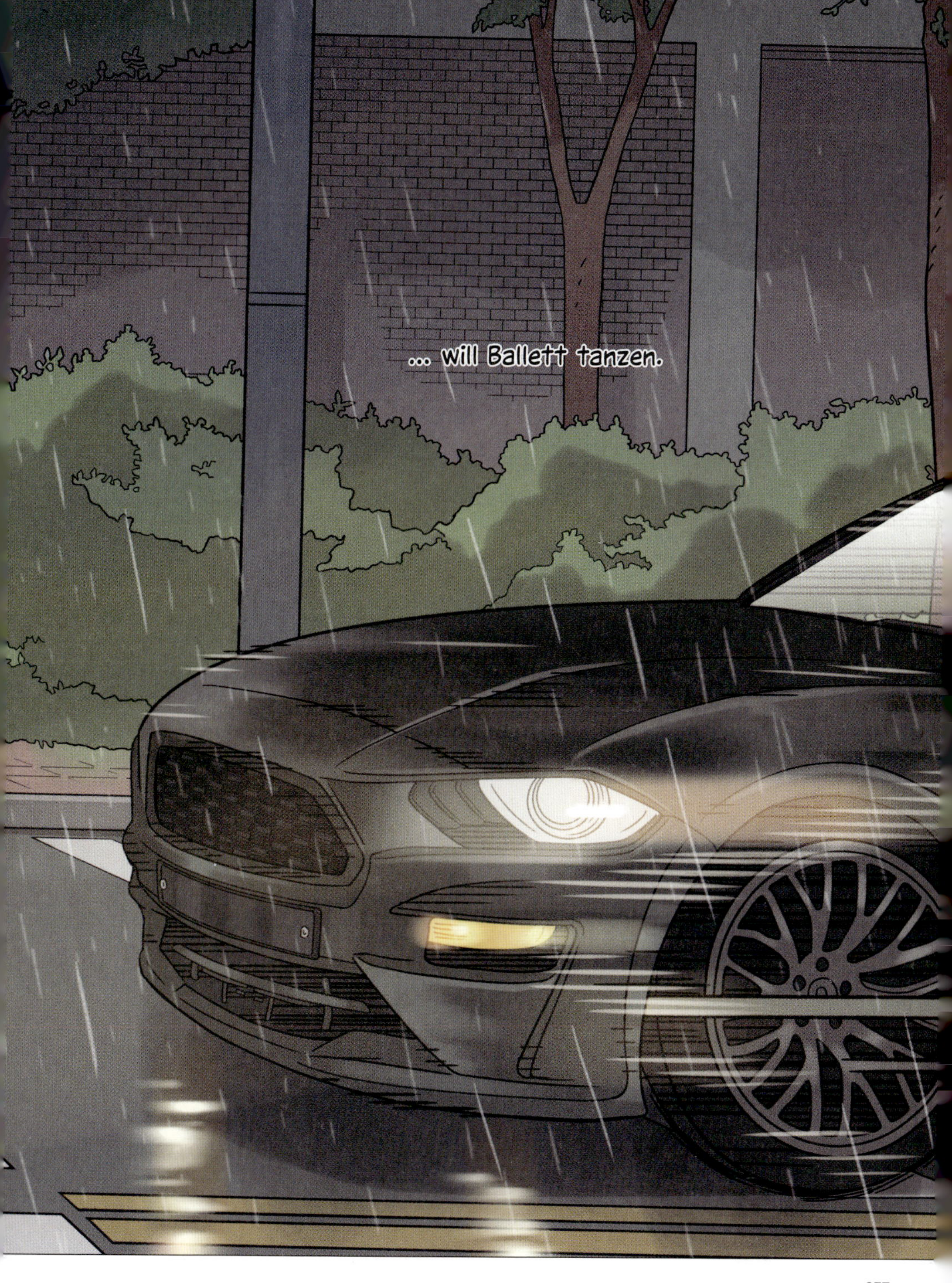
... will Ballett tanzen.

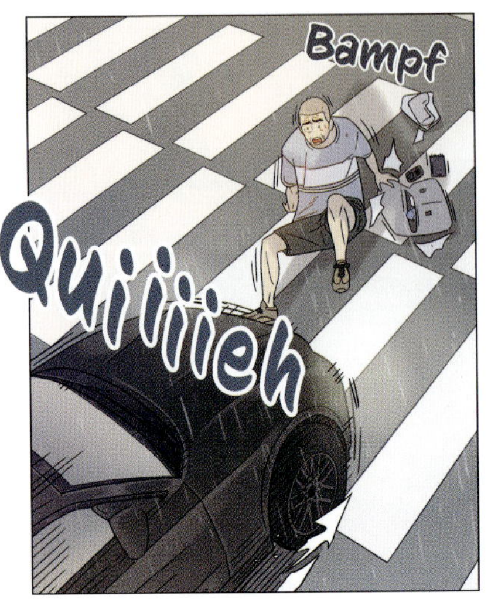
Bampf
Quiiiieh

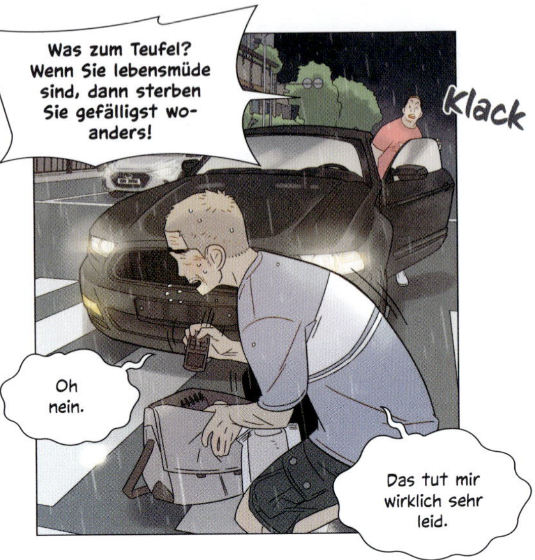
Was zum Teufel? Wenn Sie lebensmüde sind, dann sterben Sie gefälligst woanders!
Klack
Oh nein.
Das tut mir wirklich sehr leid.

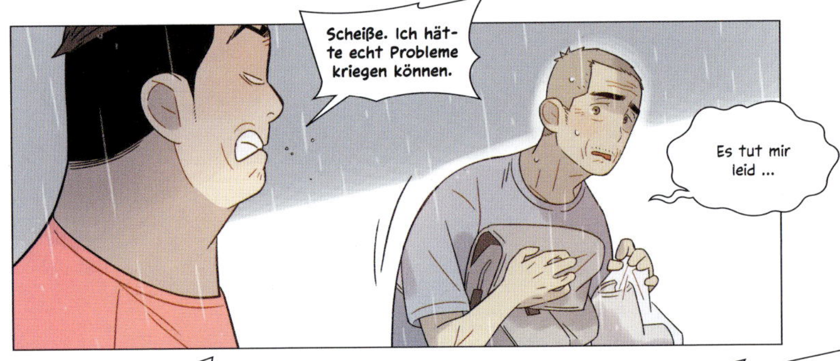
Scheiße. Ich hätte echt Probleme kriegen können.
Es tut mir leid ...

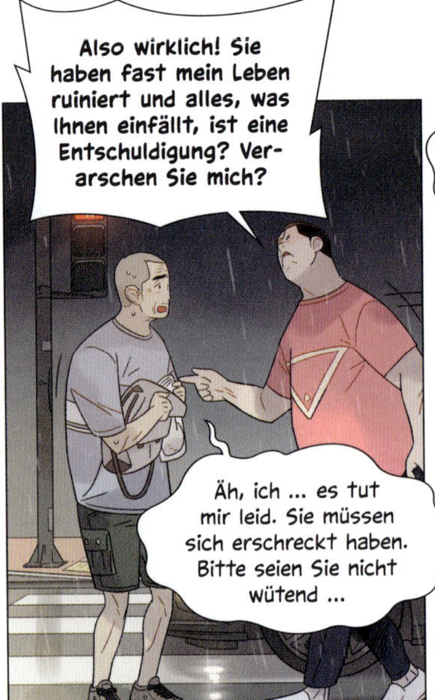
Also wirklich! Sie haben fast mein Leben ruiniert und alles, was Ihnen einfällt, ist eine Entschuldigung? Verarschen Sie mich?
Äh, ich ... es tut mir leid. Sie müssen sich erschreckt haben. Bitte seien Sie nicht wütend ...

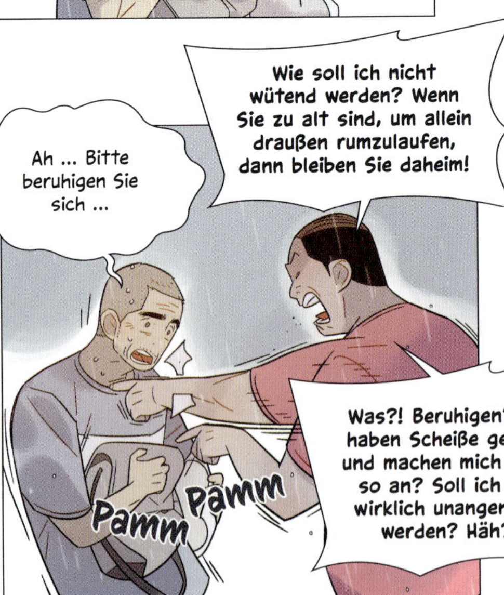
Ah ... Bitte beruhigen Sie sich ...
Wie soll ich nicht wütend werden? Wenn Sie zu alt sind, um allein draußen rumzulaufen, dann bleiben Sie daheim!
Pamm
Pamm
Was?! Beruhigen? Sie haben Scheiße gebaut und machen mich jetzt so an? Soll ich mal wirklich unangenehm werden? Häh?!

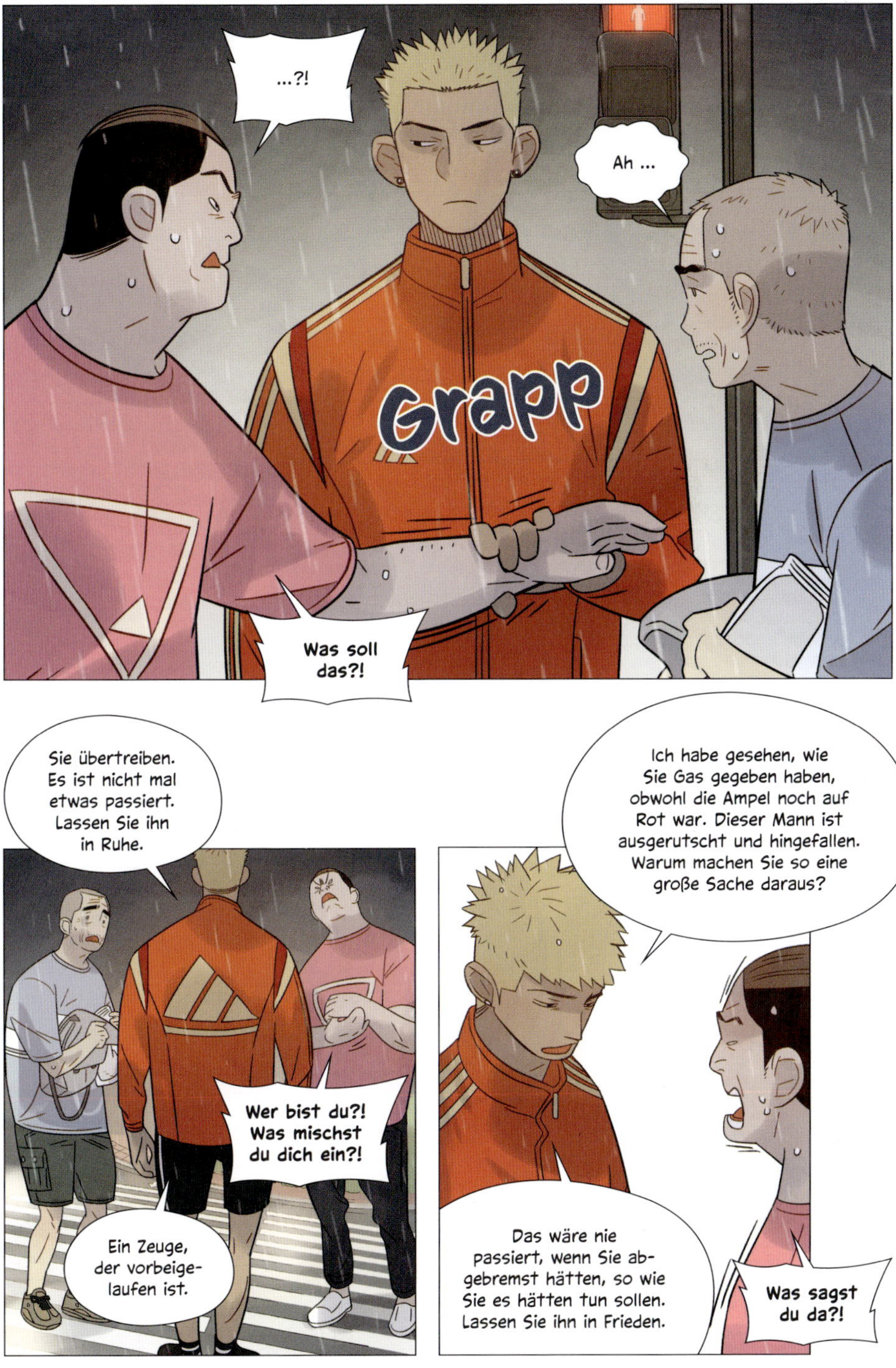

...?!
Ah ...
Grapp
Was soll das?!

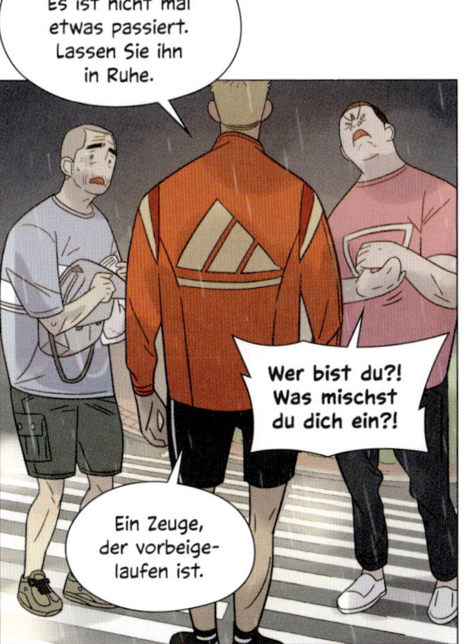

Ich habe gesehen, wie Sie Gas gegeben haben, obwohl die Ampel noch auf Rot war. Dieser Mann ist ausgerutscht und hingefallen. Warum machen Sie so eine große Sache daraus?
Das wäre nie passiert, wenn Sie abgebremst hätten, so wie Sie es hätten tun sollen. Lassen Sie ihn in Frieden.
Was sagst du da?!

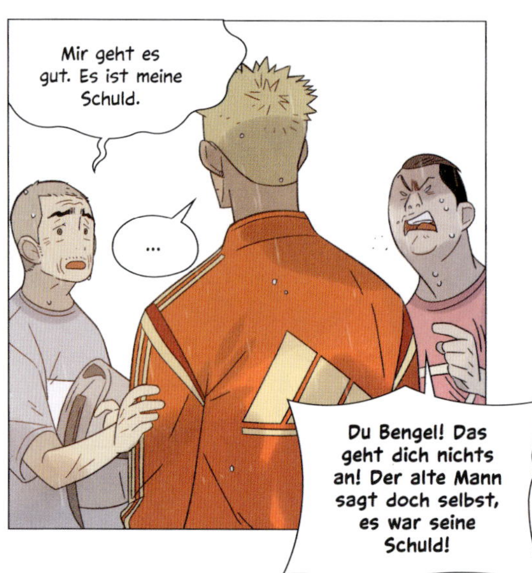
Mir geht es gut. Es ist meine Schuld.
...
Du Bengel! Das geht dich nichts an! Der alte Mann sagt doch selbst, es war seine Schuld!

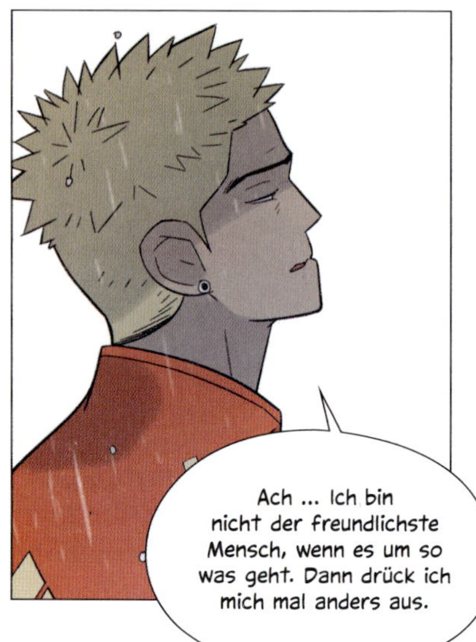
Ach ... Ich bin nicht der freundlichste Mensch, wenn es um so was geht. Dann drück ich mich mal anders aus.

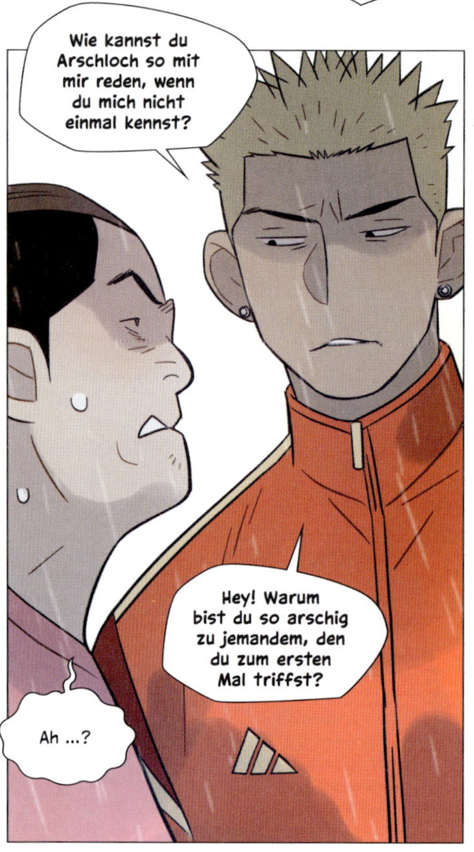
Wie kannst du Arschloch so mit mir reden, wenn du mich nicht einmal kennst?
Hey! Warum bist du so arschig zu jemandem, den du zum ersten Mal triffst?
Ah ...?

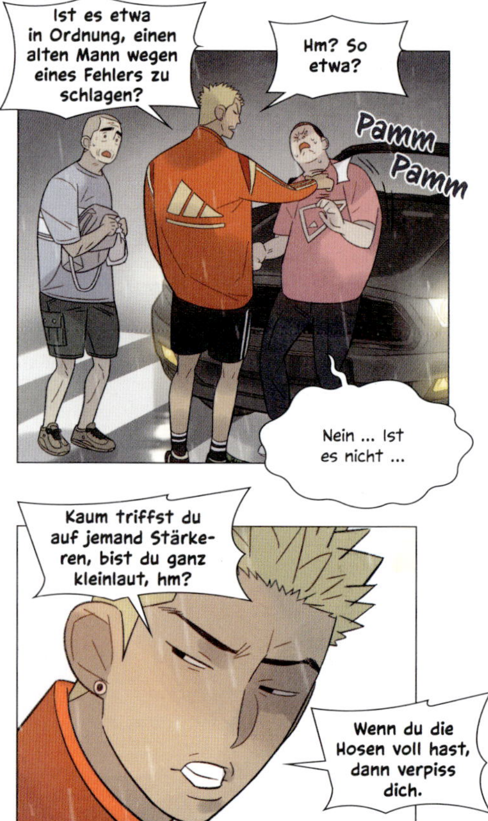
Ist es etwa in Ordnung, einen alten Mann wegen eines Fehlers zu schlagen?
Hm? So etwa?
Pamm
Pamm
Nein ... Ist es nicht ...
Kaum triffst du auf jemand Stärke-ren, bist du ganz kleinlaut, hm?
Wenn du die Hosen voll hast, dann verpiss dich.

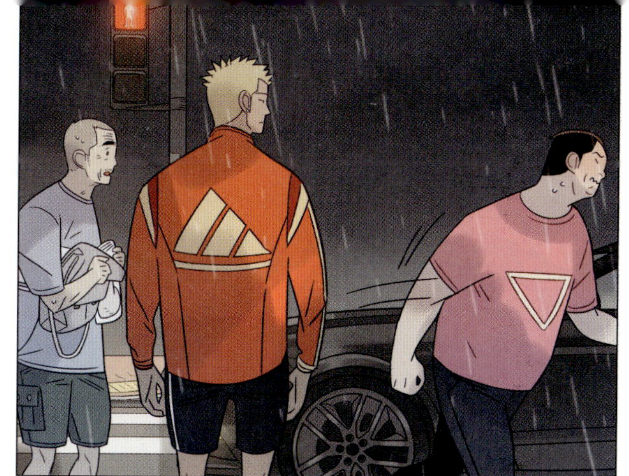

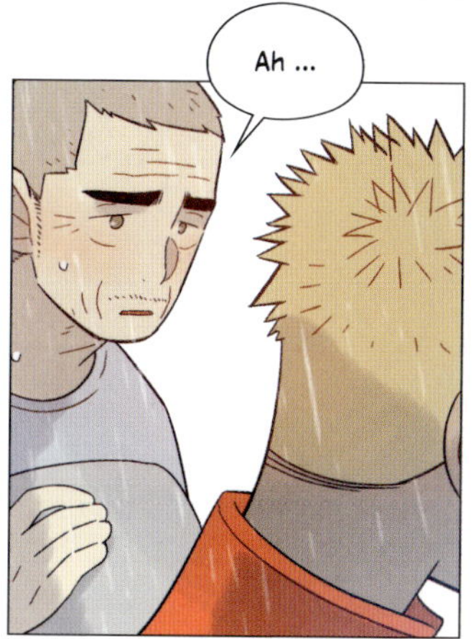
Ah ...

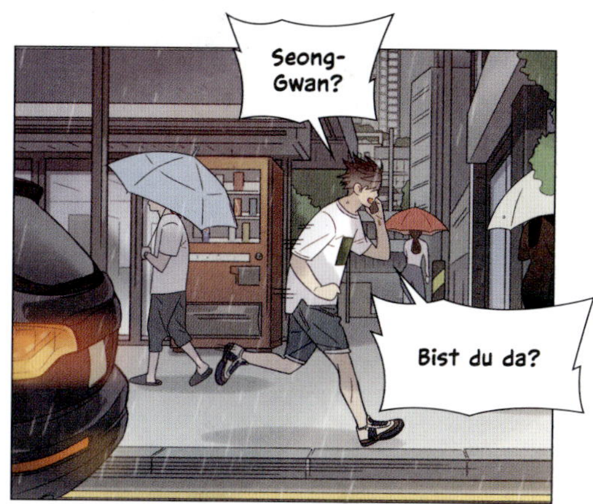
Seong-Gwan?
Bist du da?

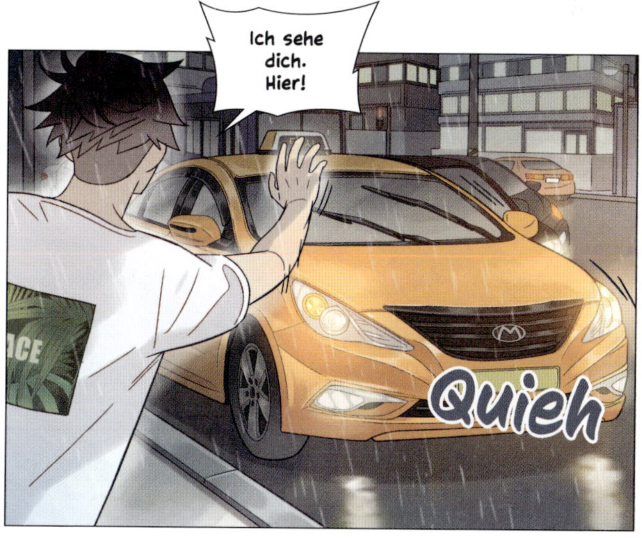
Ich sehe dich. Hier!
Quieh

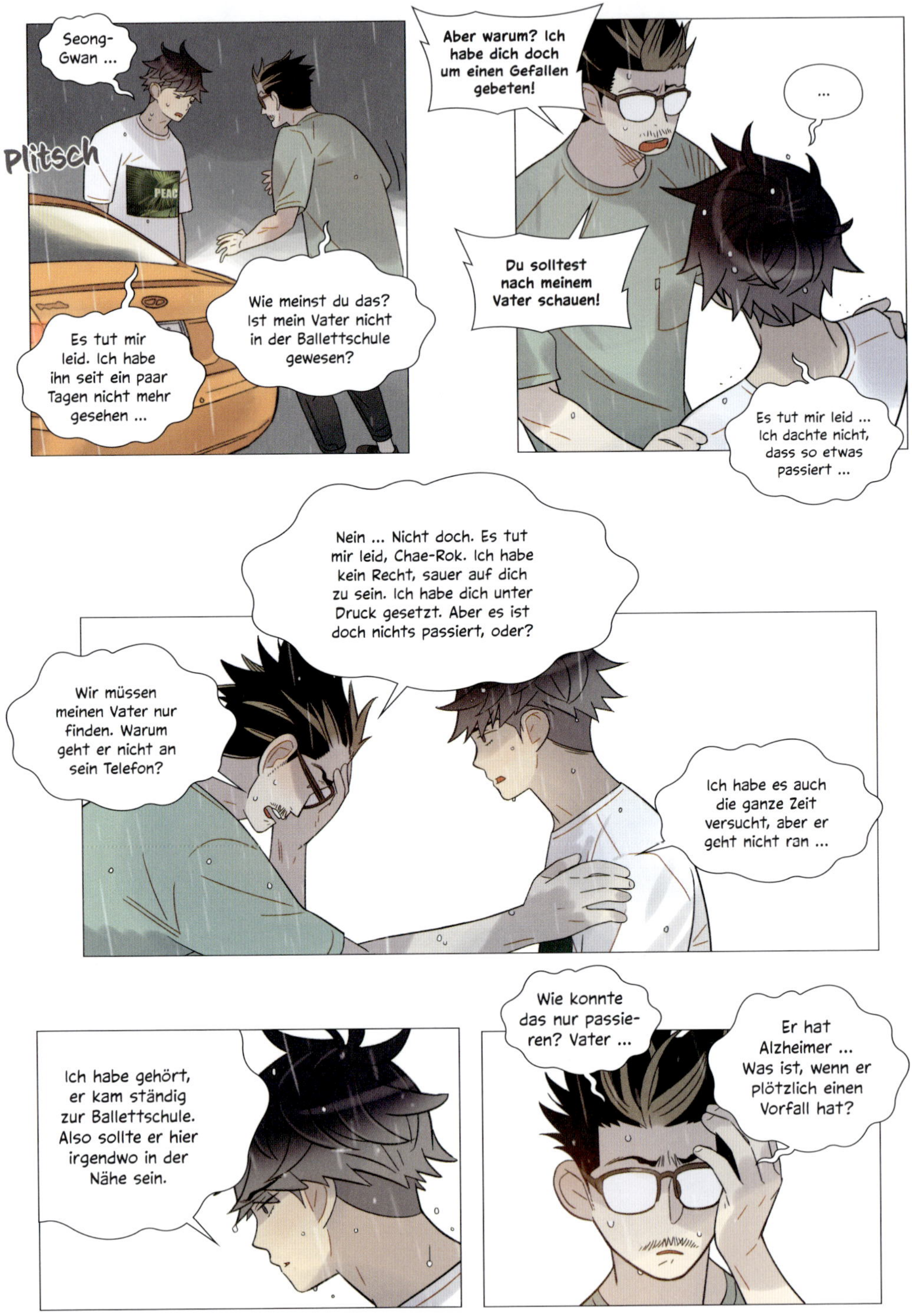

Seong-Gwan ...
Plitsch
Es tut mir leid. Ich habe ihn seit ein paar Tagen nicht mehr gesehen ...
Wie meinst du das? Ist mein Vater nicht in der Ballettschule gewesen?
Aber warum? Ich habe dich doch um einen Gefallen gebeten!
...
Du solltest nach meinem Vater schauen!
Es tut mir leid ... Ich dachte nicht, dass so etwas passiert ...

Nein ... Nicht doch. Es tut mir leid, Chae-Rok. Ich habe kein Recht, sauer auf dich zu sein. Ich habe dich unter Druck gesetzt. Aber es ist doch nichts passiert, oder?
Wir müssen meinen Vater nur finden. Warum geht er nicht an sein Telefon?
Ich habe es auch die ganze Zeit versucht, aber er geht nicht ran ...

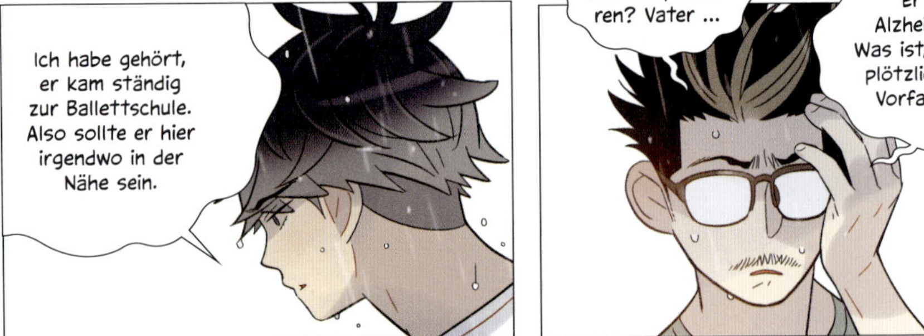

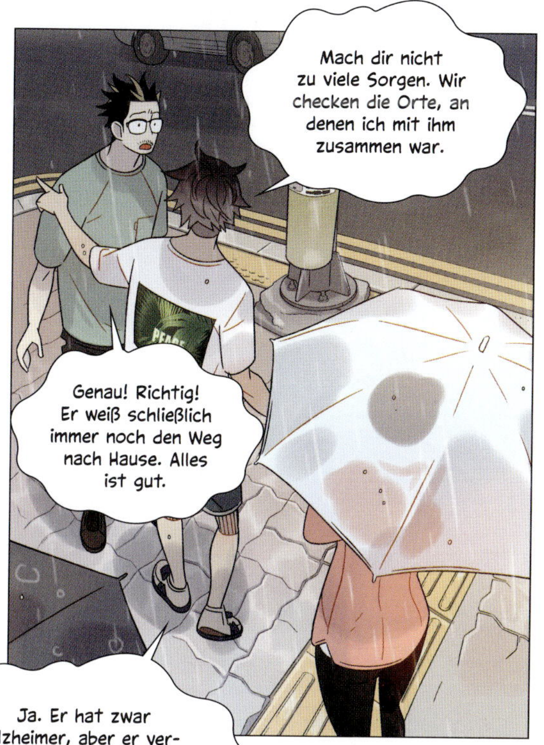
Mach dir nicht zu viele Sorgen. Wir checken die Orte, an denen ich mit ihm zusammen war.
Genau! Richtig! Er weiß schließlich immer noch den Weg nach Hause. Alles ist gut.
Ja. Er hat zwar Alzheimer, aber er verliert nur manchmal sein Gedächtnis. Es geht ihm bestimmt gut. Lass uns getrennt nach ihm suchen.

Genau.
...!

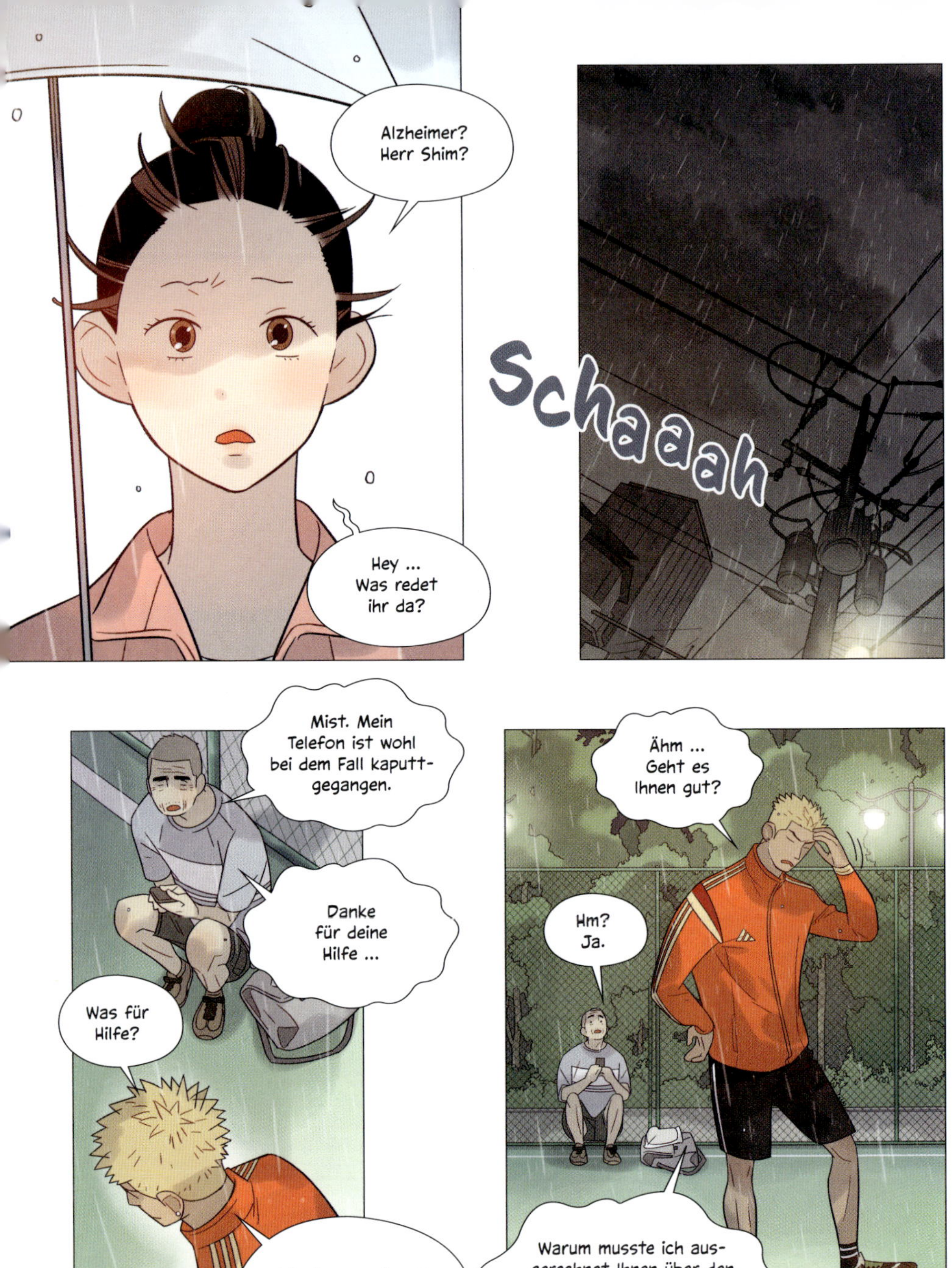
Alzheimer? Herr Shim?
Schaaaah
Hey ... Was redet ihr da?
Mist. Mein Telefon ist wohl bei dem Fall kaputt-gegangen.
Danke für deine Hilfe ...
Was für Hilfe?
Ich war gerade nur zufällig da und hatte Lust, jemanden anzuschreien.
Ähm ... Geht es Ihnen gut?
Hm? Ja.
Warum musste ich ausgerechnet Ihnen über den Weg laufen? Wenn es Ihnen gut geht, dann gehen Sie. Ich tue so, als ob ich Sie nicht gesehen hätte.

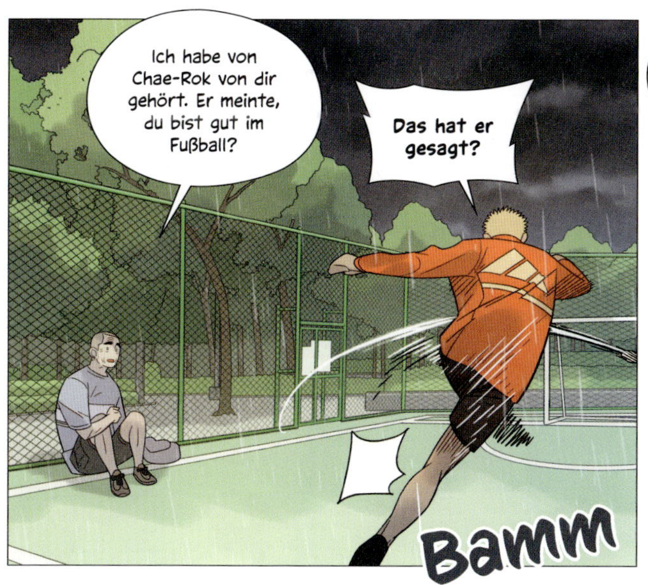
Ich habe von Chae-Rok von dir gehört. Er meinte, du bist gut im Fußball?
Das hat er gesagt?
Bamm

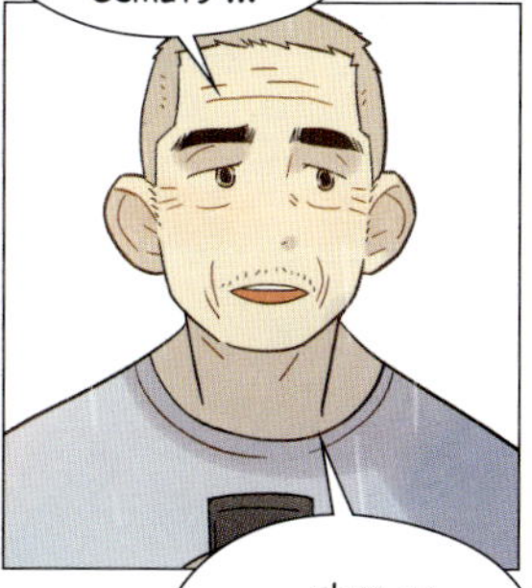
Er mag dich zwar nicht sonderlich wegen deines hitzigen Gemüts ...
... aber er meinte, du bist ein ausgezeichneter Fußballspieler.

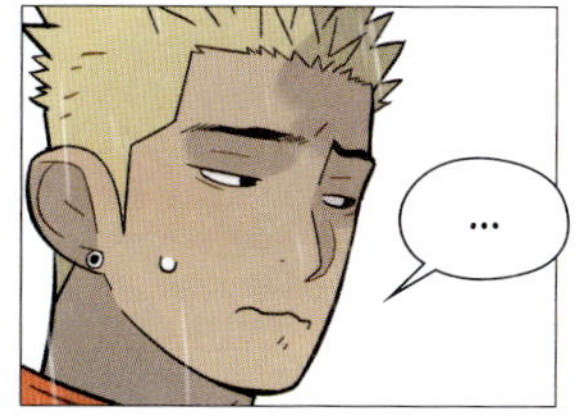
...

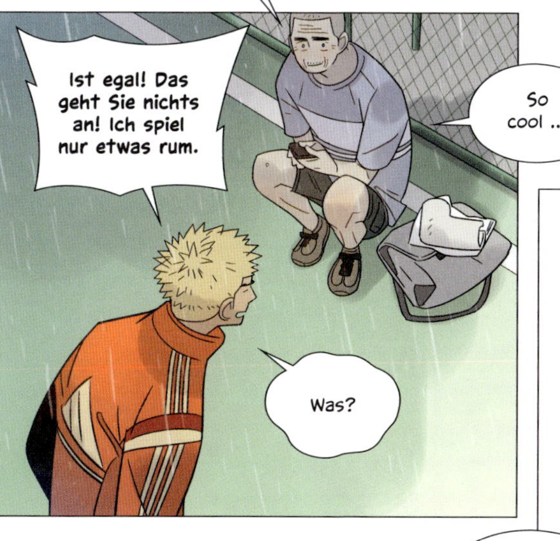
Fängst du wieder mit Sport an?
Ist egal! Das geht Sie nichts an! Ich spiel nur etwas rum.
So cool ...
Was?

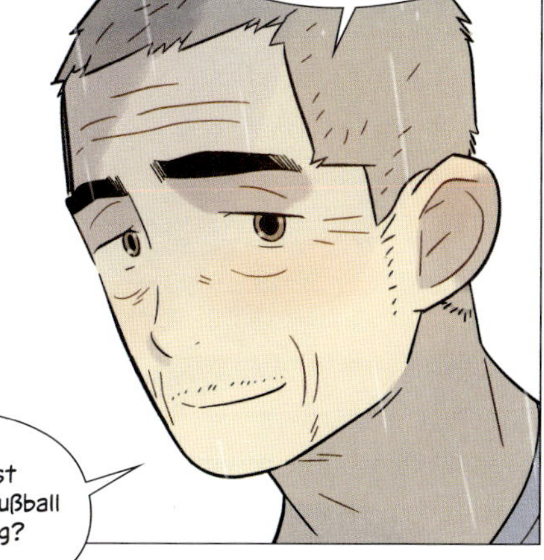
Ehrlich gesagt, war es erbärmlich, wie du deine Zeit jeden Tag in der Billardhalle verschwendet hast. Aber jetzt siehst du ziemlich cool aus.
Du fängst wieder mit Fußball an, richtig?

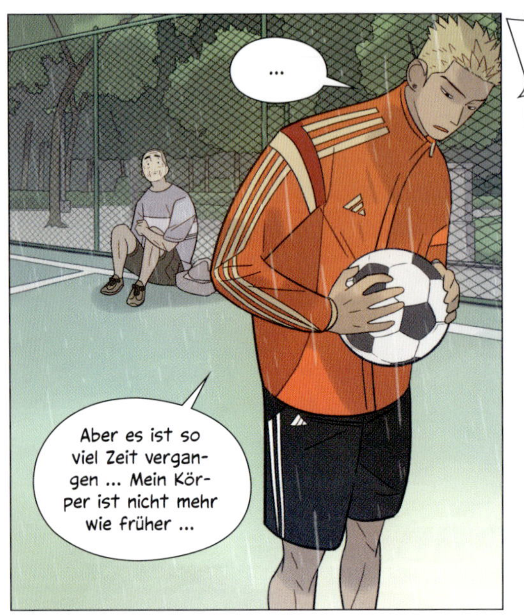
...
Aber es ist so viel Zeit vergangen ... Mein Körper ist nicht mehr wie früher ...

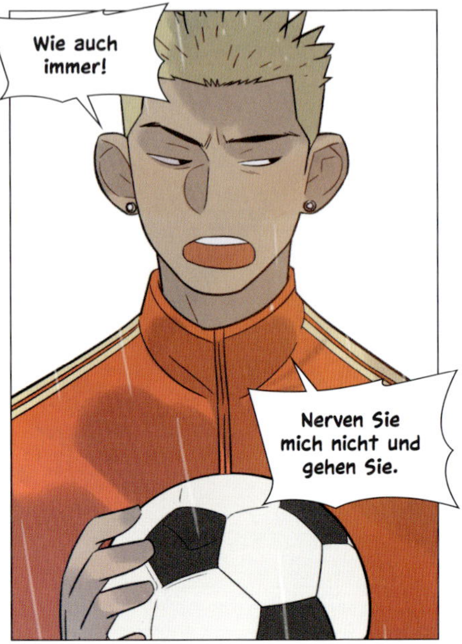
Wie auch immer!
Nerven Sie mich nicht und gehen Sie.

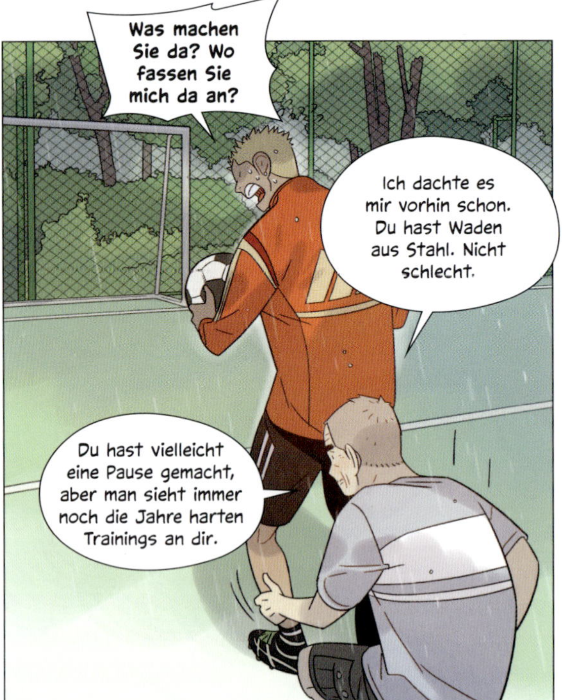
Was machen Sie da? Wo fassen Sie mich da an?
Ich dachte es mir vorhin schon. Du hast Waden aus Stahl. Nicht schlecht.
Du hast vielleicht eine Pause gemacht, aber man sieht immer noch die Jahre harten Trainings an dir.

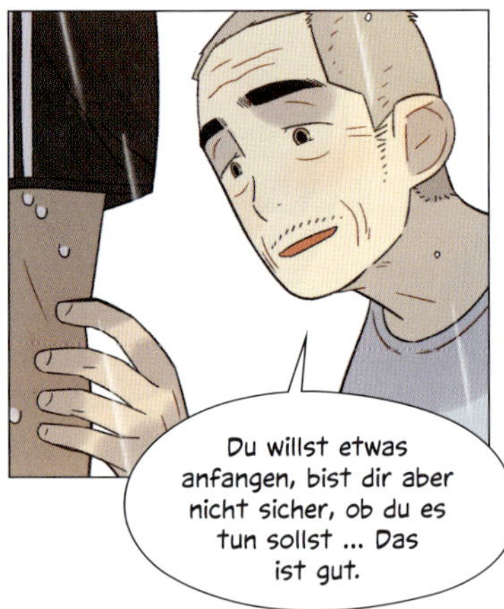
Du willst etwas anfangen, bist dir aber nicht sicher, ob du es tun sollst ... Das ist gut.

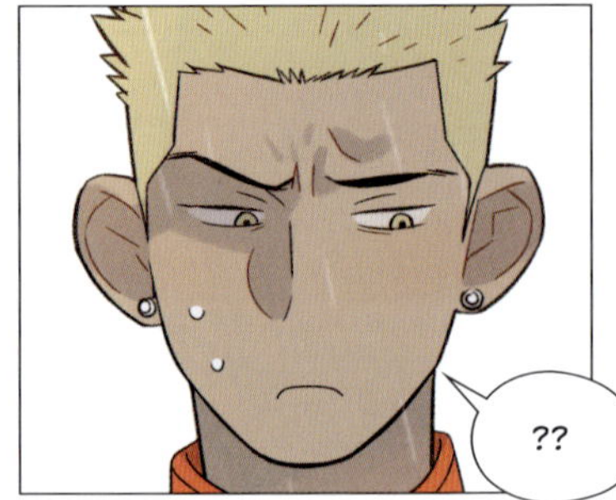
??

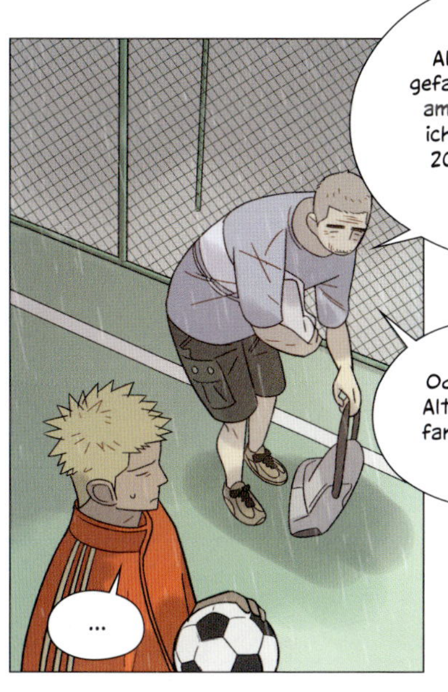
Als ich mit Ballett angefangen habe, habe ich es am meisten bereut, dass ich nicht schon 10 oder 20 Jahre vorher damit begonnen habe ...
Oder in deinem Alter. Das wäre fantastisch gewesen.
...

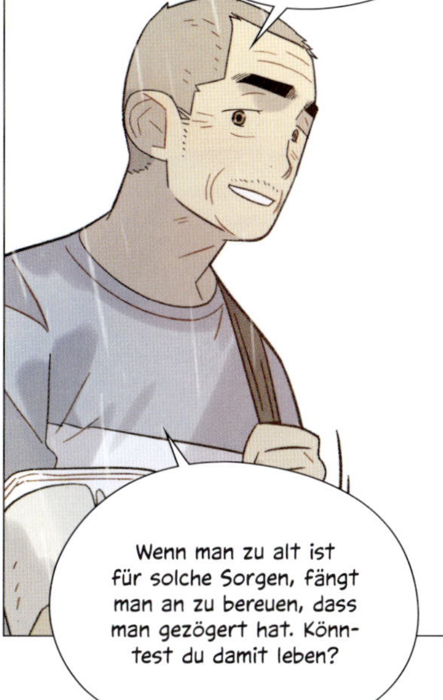
Du lebst gerade die beste Zeit deines Lebens. Sei glücklich, dass du Sorgen hast.
Wenn man zu alt ist für solche Sorgen, fängt man an zu bereuen, dass man gezögert hat. Könntest du damit leben?

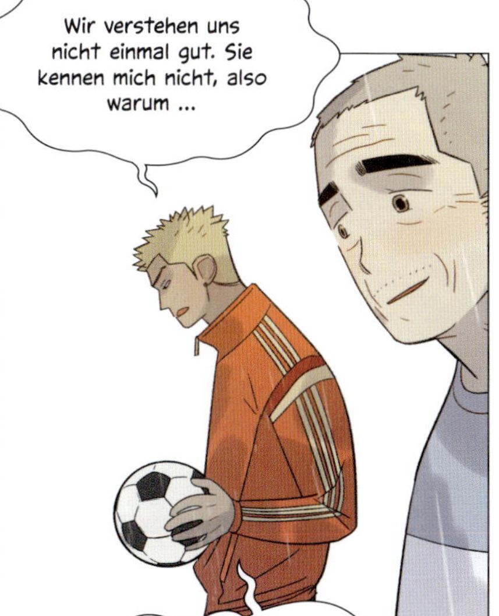
Wir verstehen uns nicht einmal gut. Sie kennen mich nicht, also warum ...
Wie können Sie so etwas sagen? Selbst meine Familie hält mich für einen Verlierer und ich selbst habe auch kein Selbstbewusstsein. Was wissen Sie schon über Fußball?!

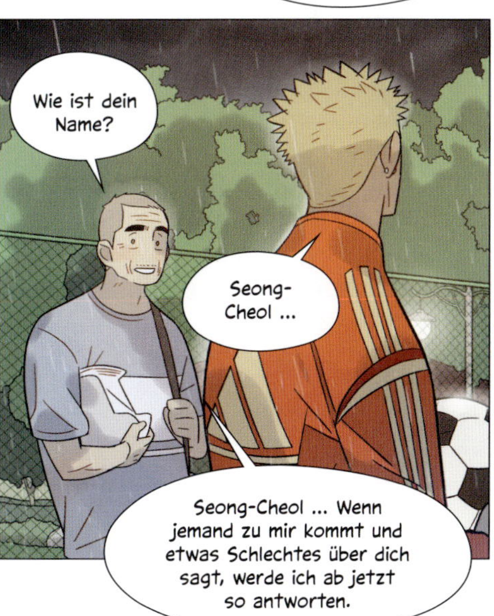
Wie ist dein Name?
Seong-Cheol ...
Seong-Cheol ... Wenn jemand zu mir kommt und etwas Schlechtes über dich sagt, werde ich ab jetzt so antworten.

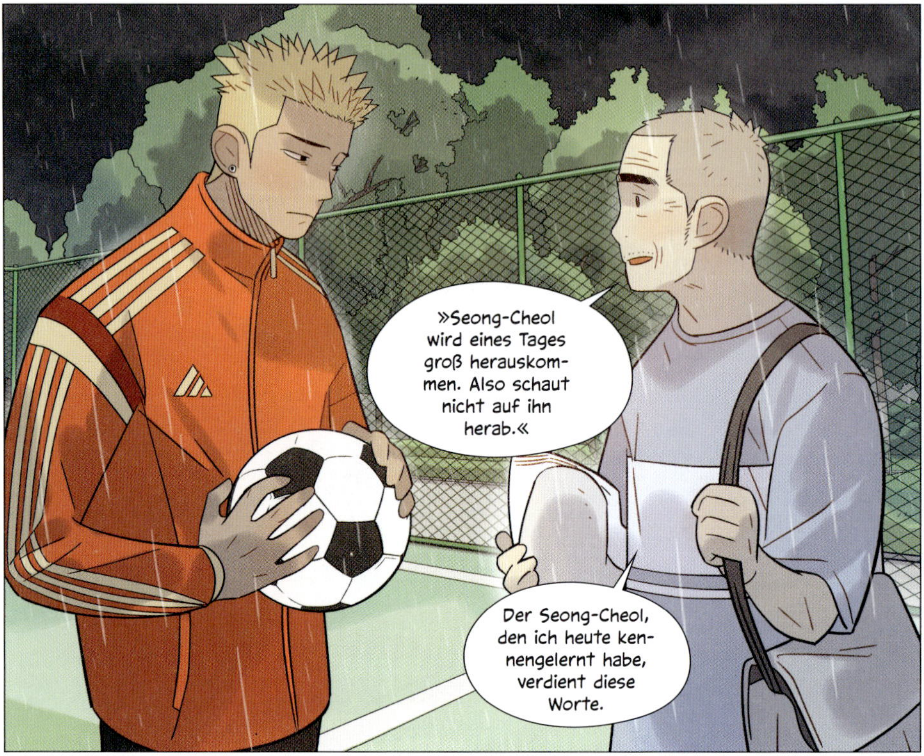

»Seong-Cheol wird eines Tages groß herauskommen. Also schaut nicht auf ihn herab.«

Der Seong-Cheol, den ich heute kennengelernt habe, verdient diese Worte.

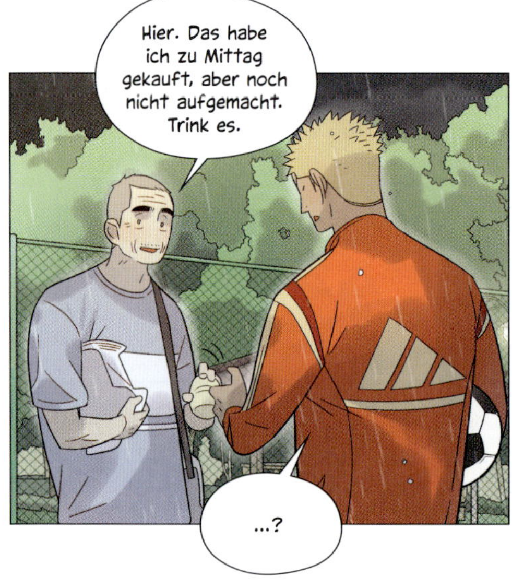

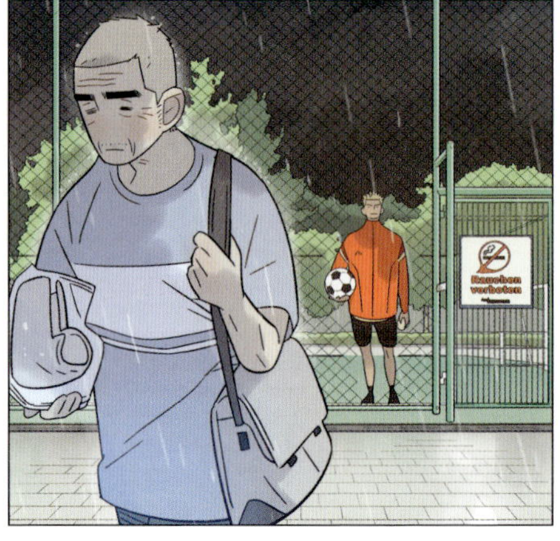

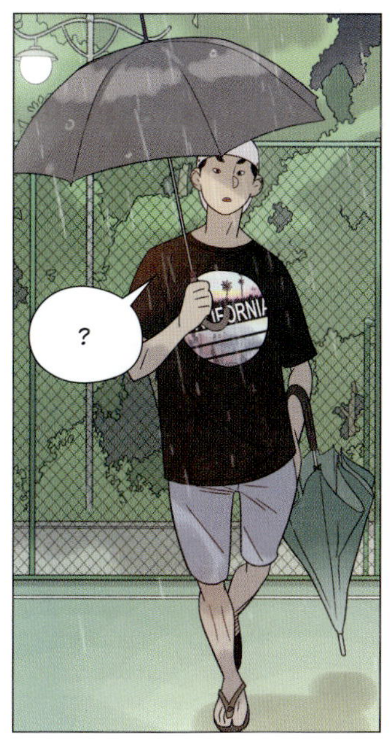
?

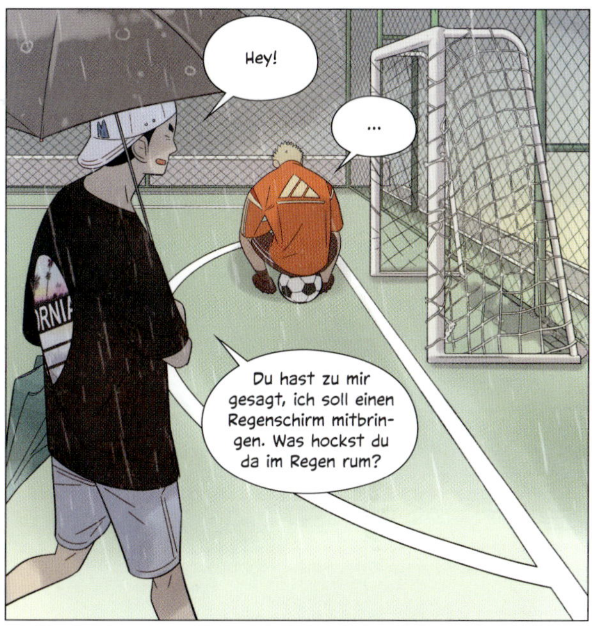
Hey!
...
Du hast zu mir gesagt, ich soll einen Regenschirm mitbringen. Was hockst du da im Regen rum?

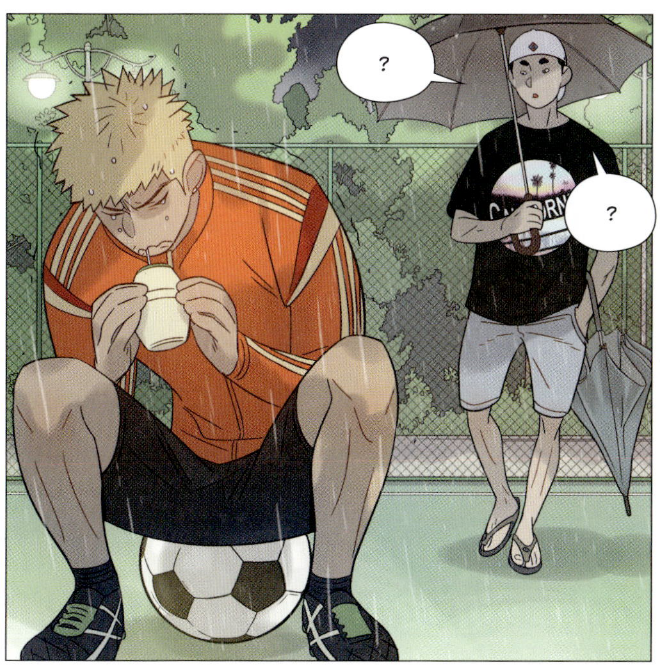
?
?

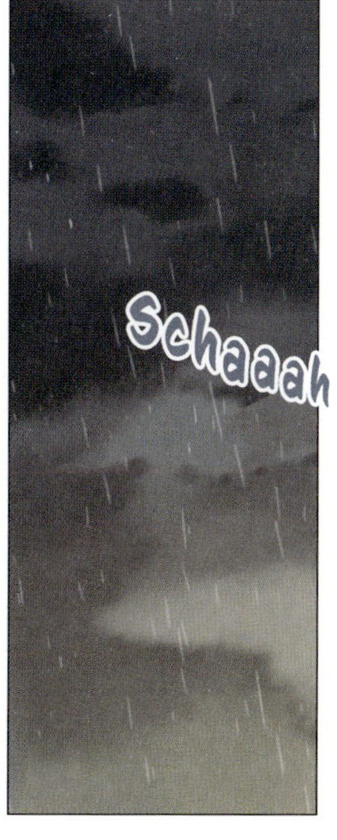
Schaaaah

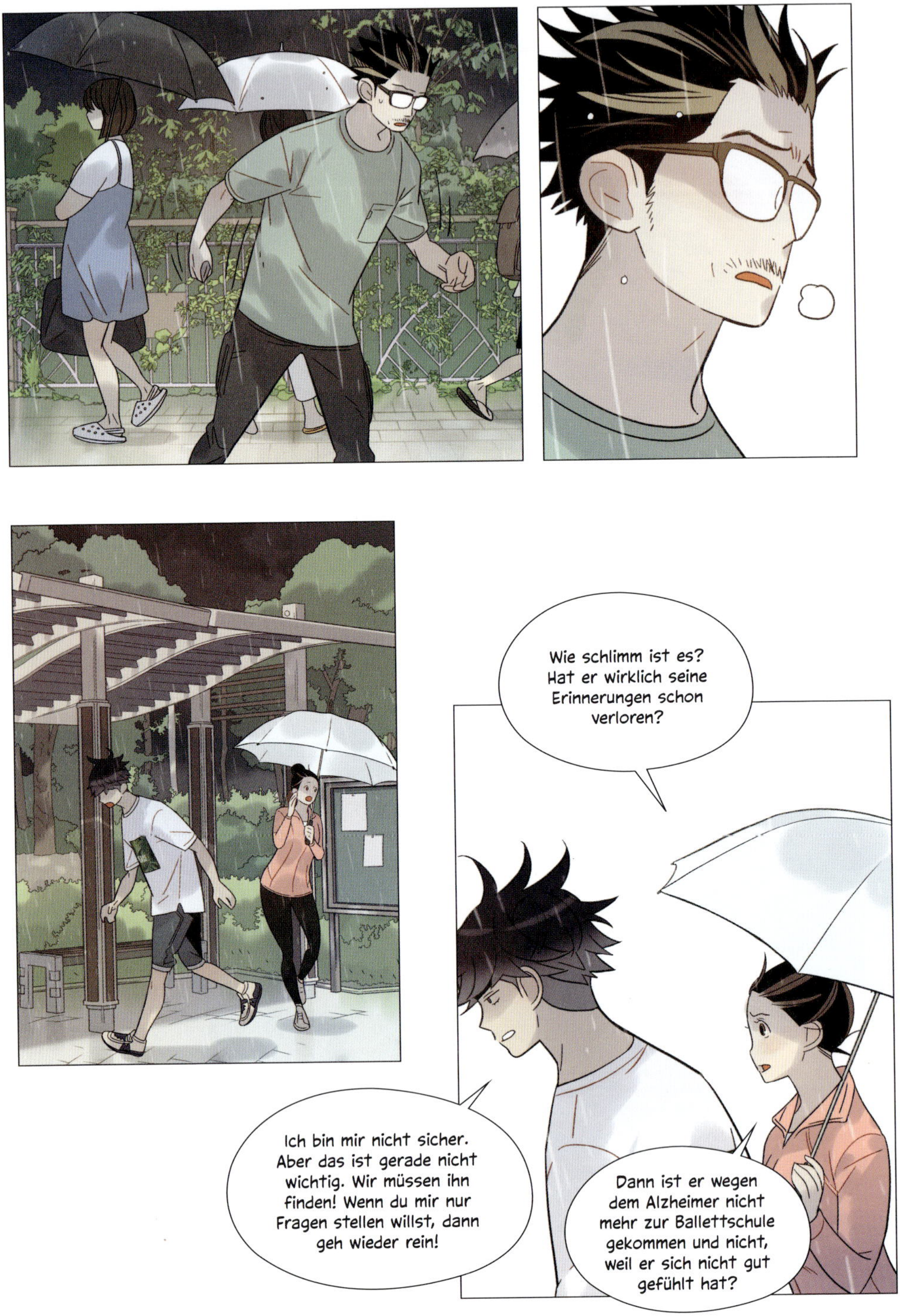

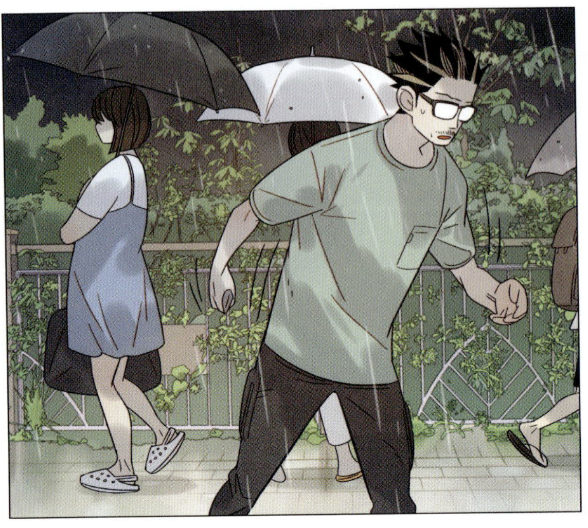

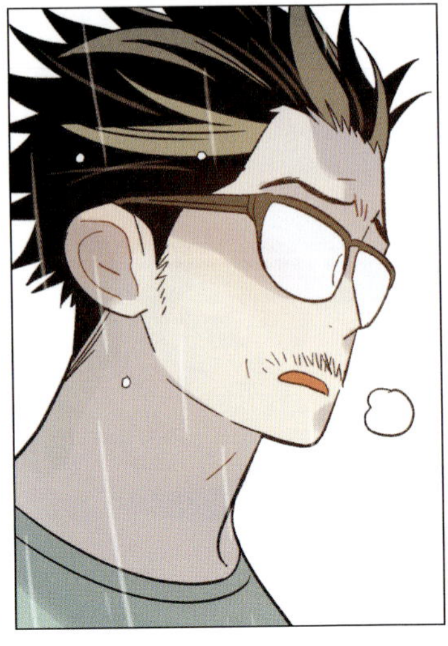

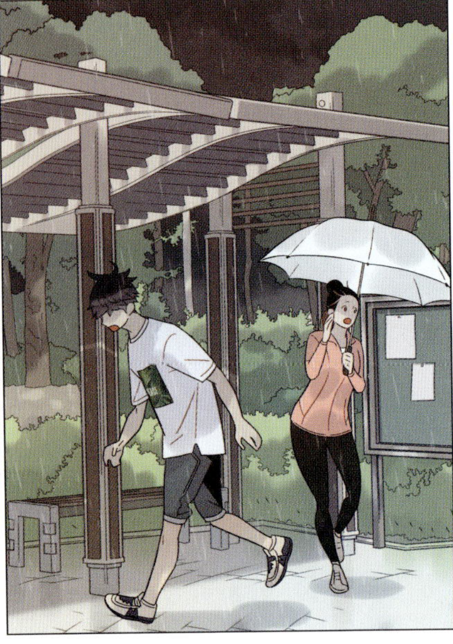

Wie schlimm ist es? Hat er wirklich seine Erinnerungen schon verloren?

Ich bin mir nicht sicher. Aber das ist gerade nicht wichtig. Wir müssen ihn finden! Wenn du mir nur Fragen stellen willst, dann geh wieder rein!

Dann ist er wegen dem Alzheimer nicht mehr zur Ballettschule gekommen und nicht, weil er sich nicht gut gefühlt hat?

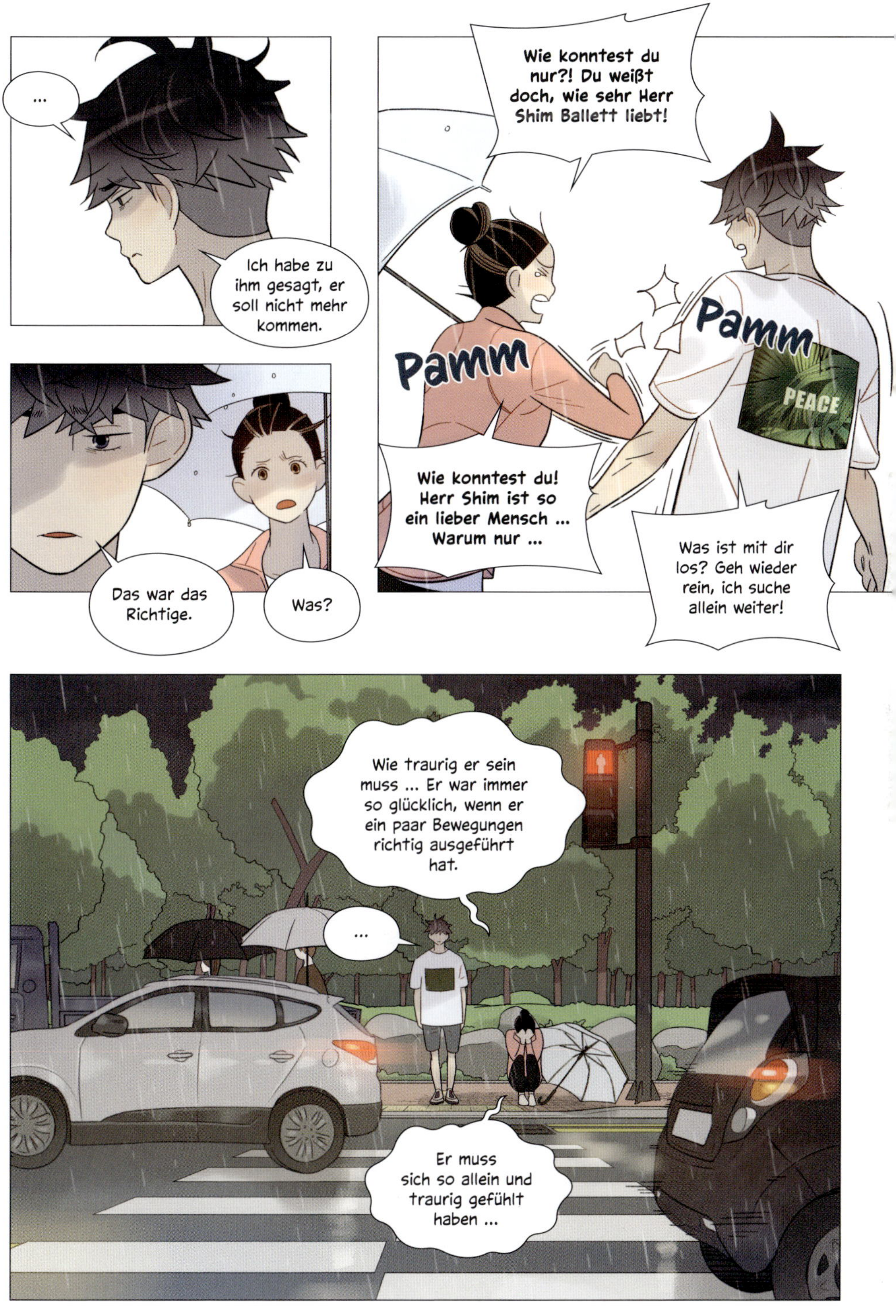

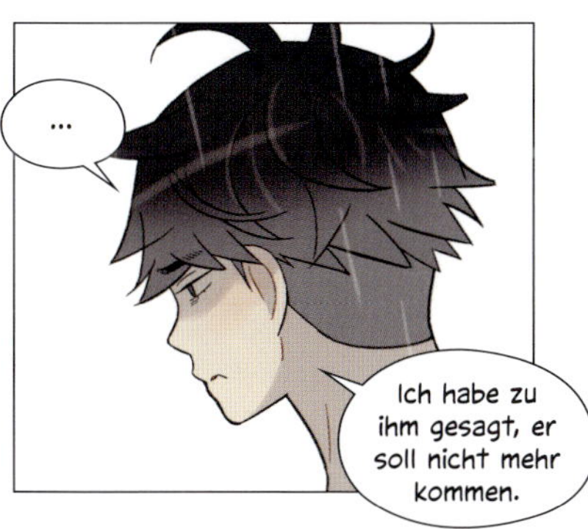
...
Ich habe zu ihm gesagt, er soll nicht mehr kommen.

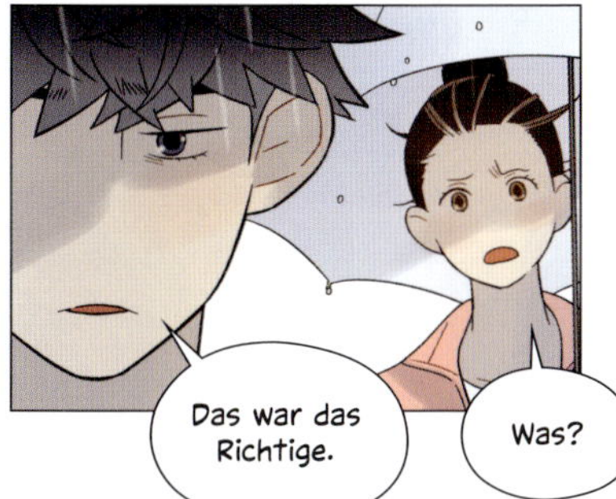
Das war das Richtige.
Was?

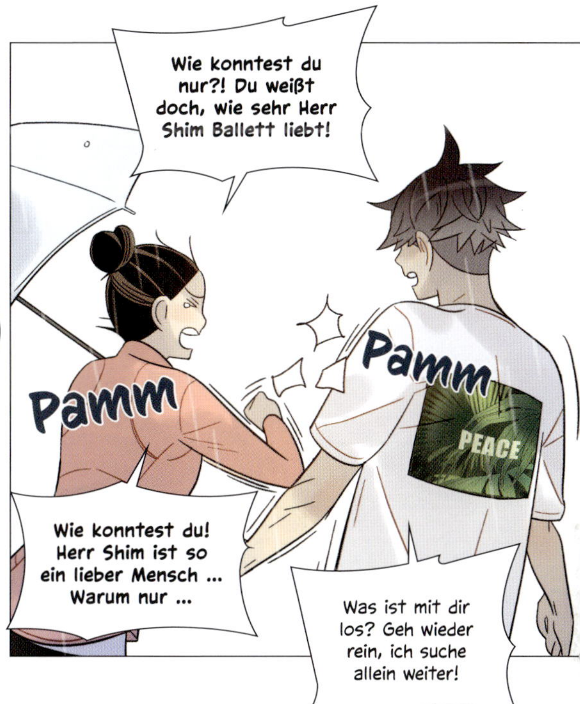
Wie konntest du nur?! Du weißt doch, wie sehr Herr Shim Ballett liebt!
Pamm
Pamm
PEACE
Wie konntest du! Herr Shim ist so ein lieber Mensch ... Warum nur ...
Was ist mit dir los? Geh wieder rein, ich suche allein weiter!

Wie traurig er sein muss ... Er war immer so glücklich, wenn er ein paar Bewegungen richtig ausgeführt hat.
...
Er muss sich so allein und traurig gefühlt haben ...

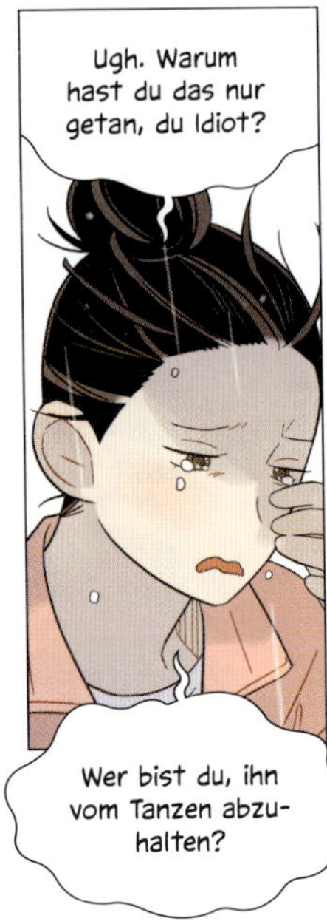
Ugh. Warum hast du das nur getan, du Idiot?
Wer bist du, ihn vom Tanzen abzuhalten?

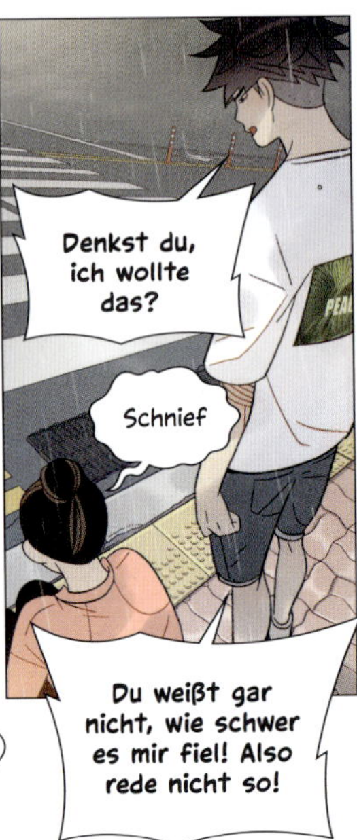
Denkst du, ich wollte das?
Schnief
Du weißt gar nicht, wie schwer es mir fiel! Also rede nicht so!

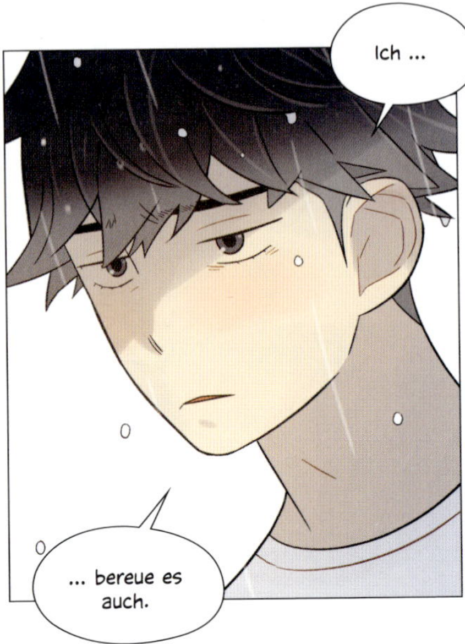
Ich ...
... bereue es auch.

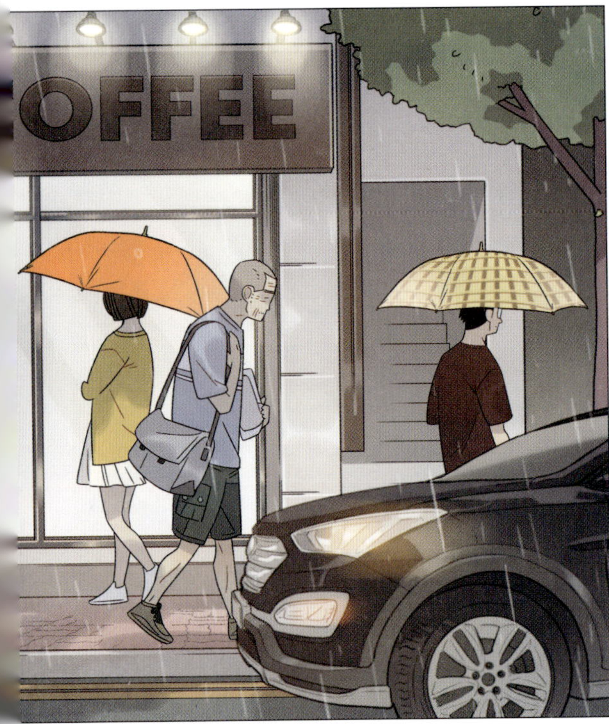
OFFEE

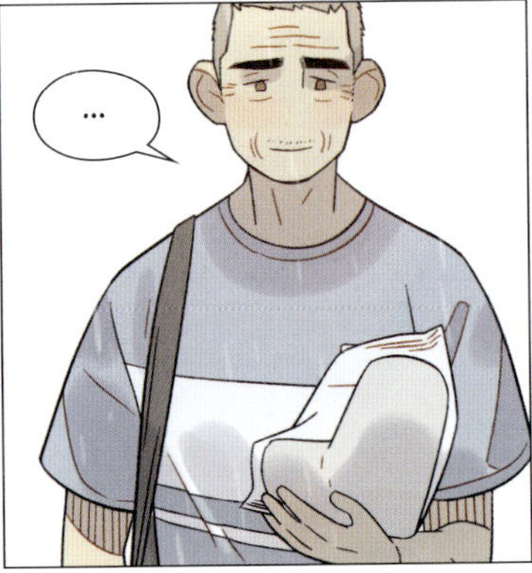
...

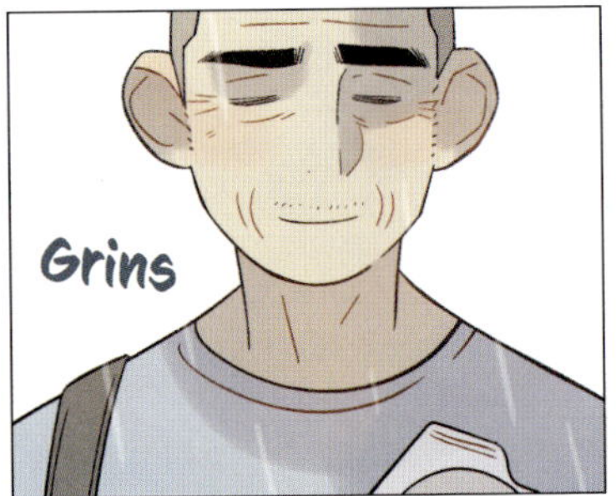
Grins

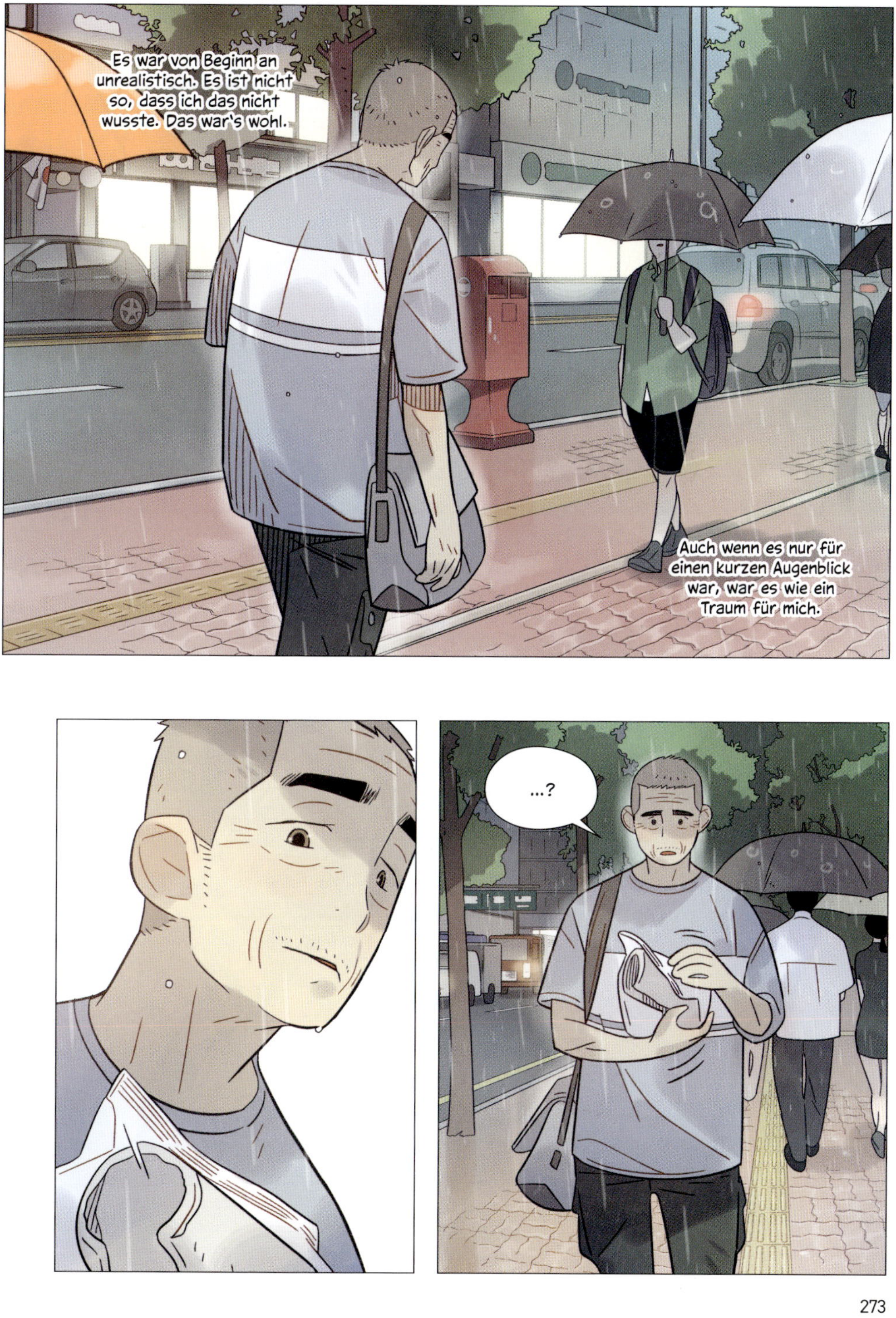

Es war von Beginn an unrealistisch. Es ist nicht so, dass ich das nicht wusste. Das war's wohl.

Auch wenn es nur für einen kurzen Augenblick war, war es wie ein Traum für mich.

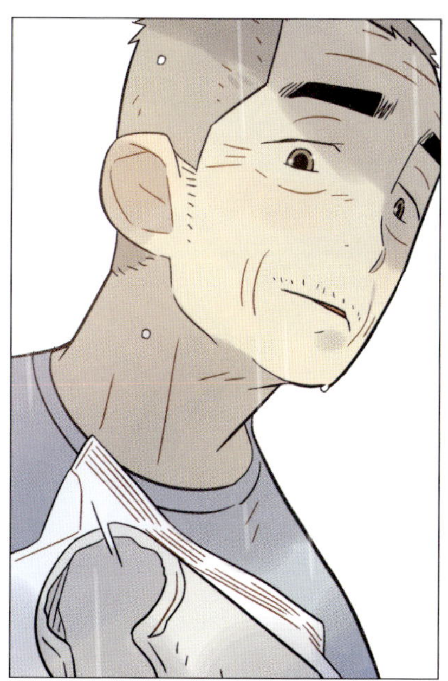

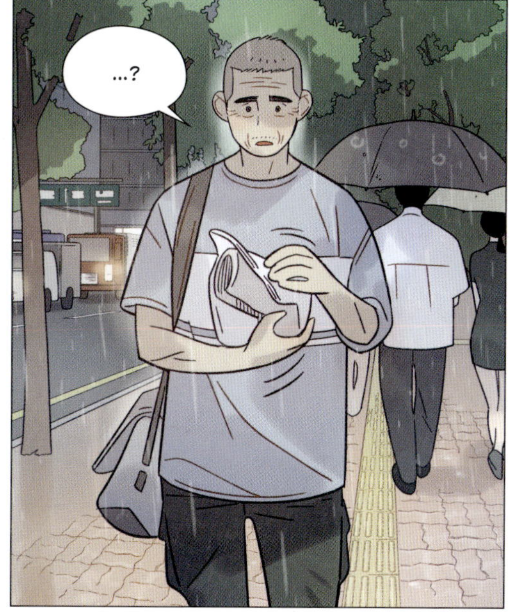

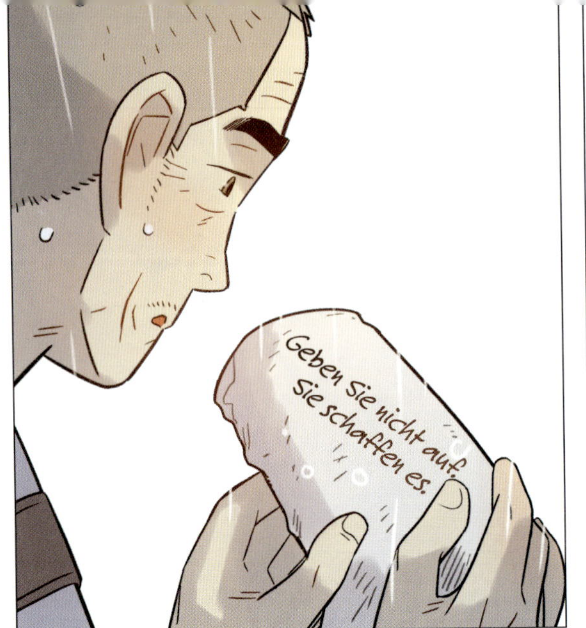
Geben Sie nicht auf.
Sie schaffen es.

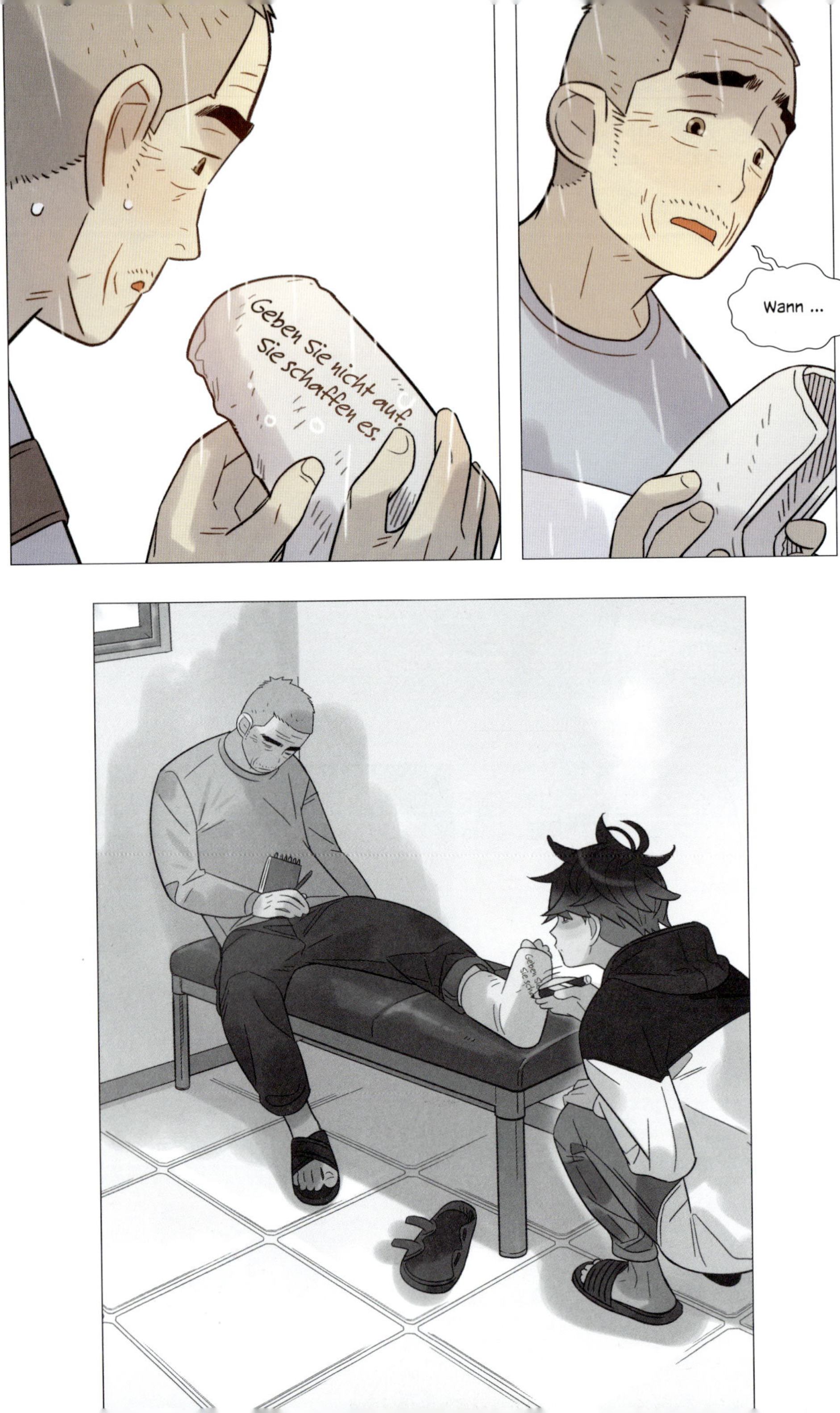

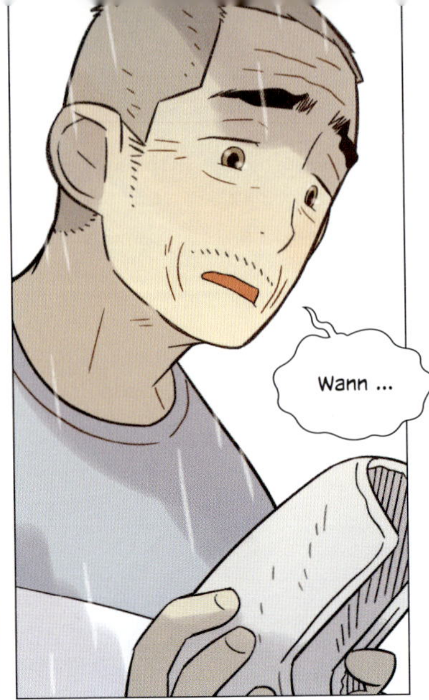
Wann ...

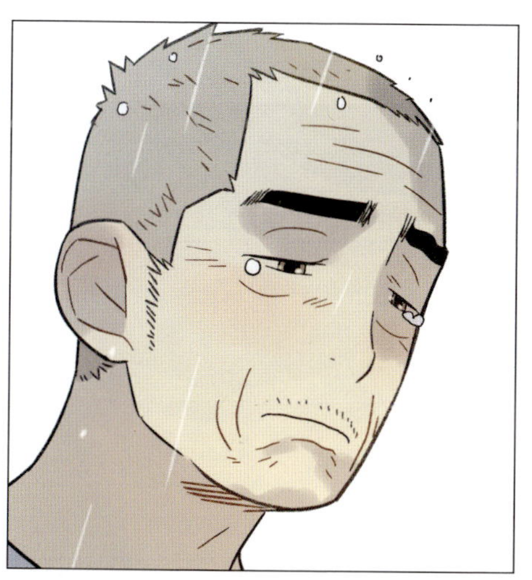

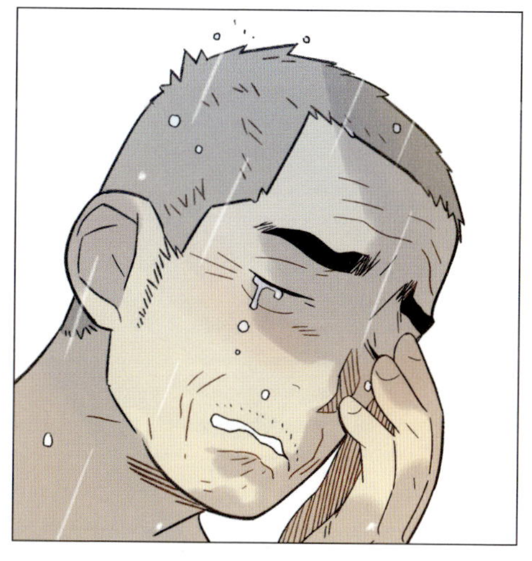

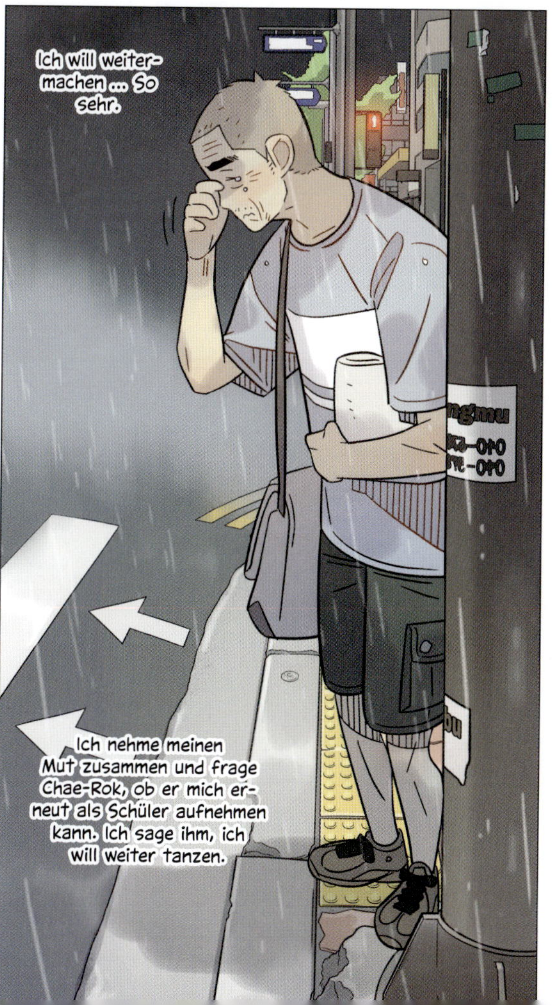
Ich will weiter-
machen ... So
sehr.
Ich nehme meinen
Mut zusammen und frage
Chae-Rok, ob er mich er-
neut als Schüler aufnehmen
kann. Ich sage ihm, ich
will weiter tanzen.

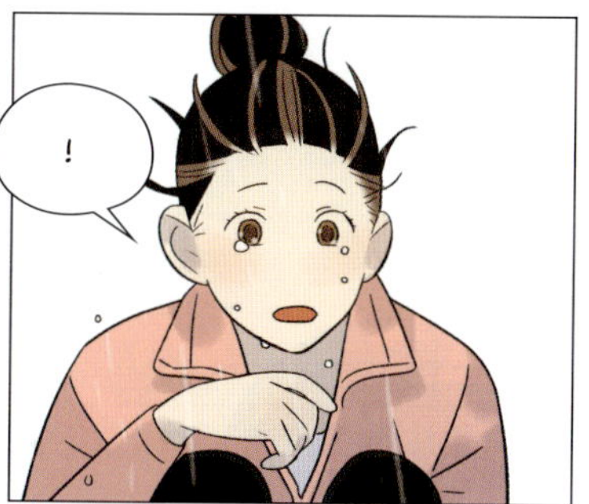
!

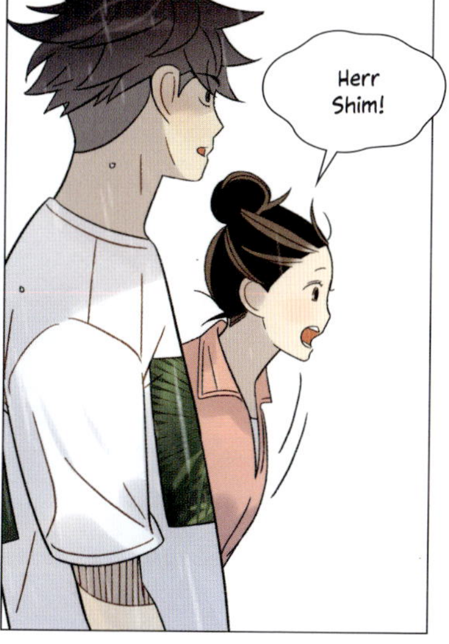
Herr
Shim!

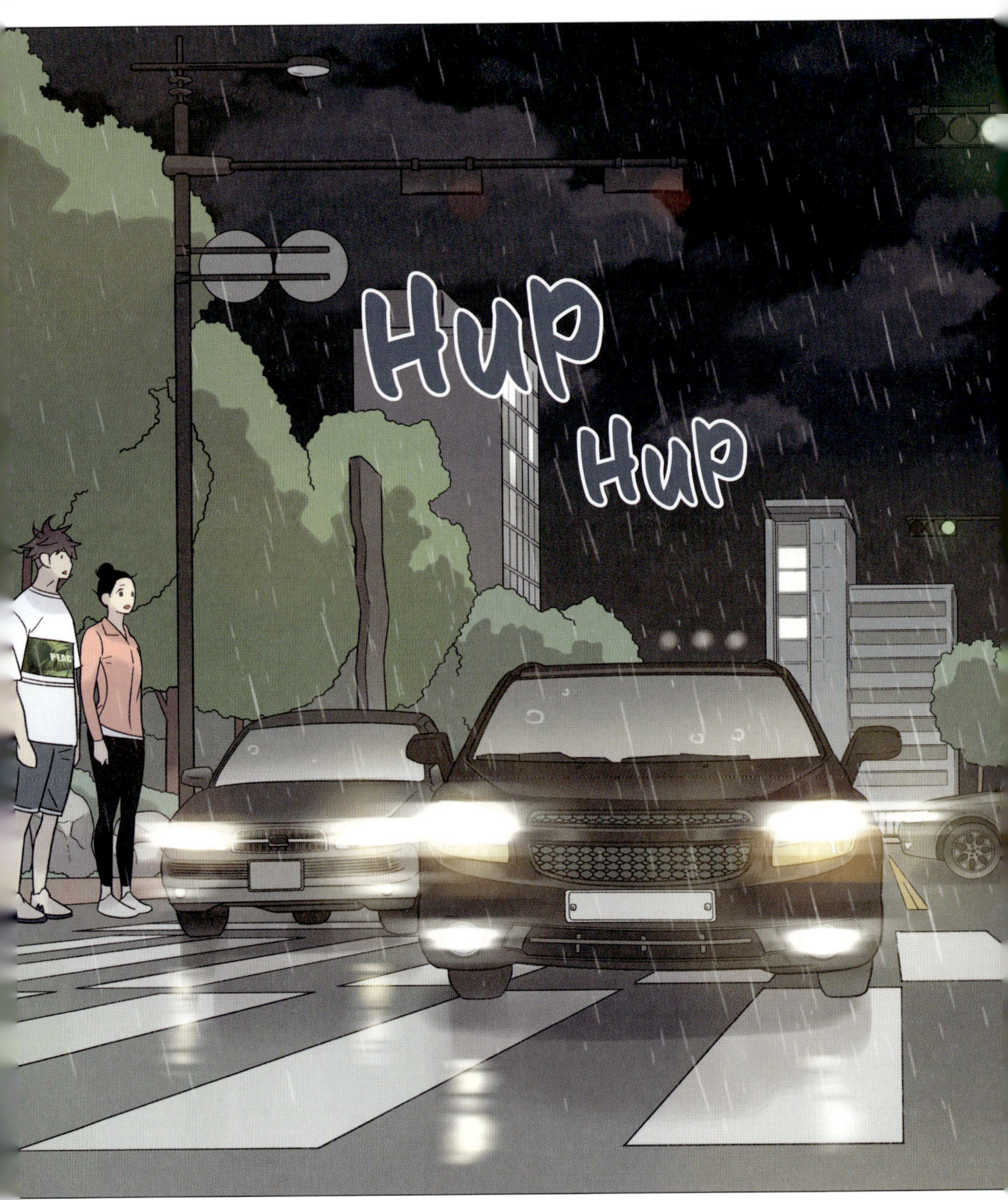
Hup
Hup

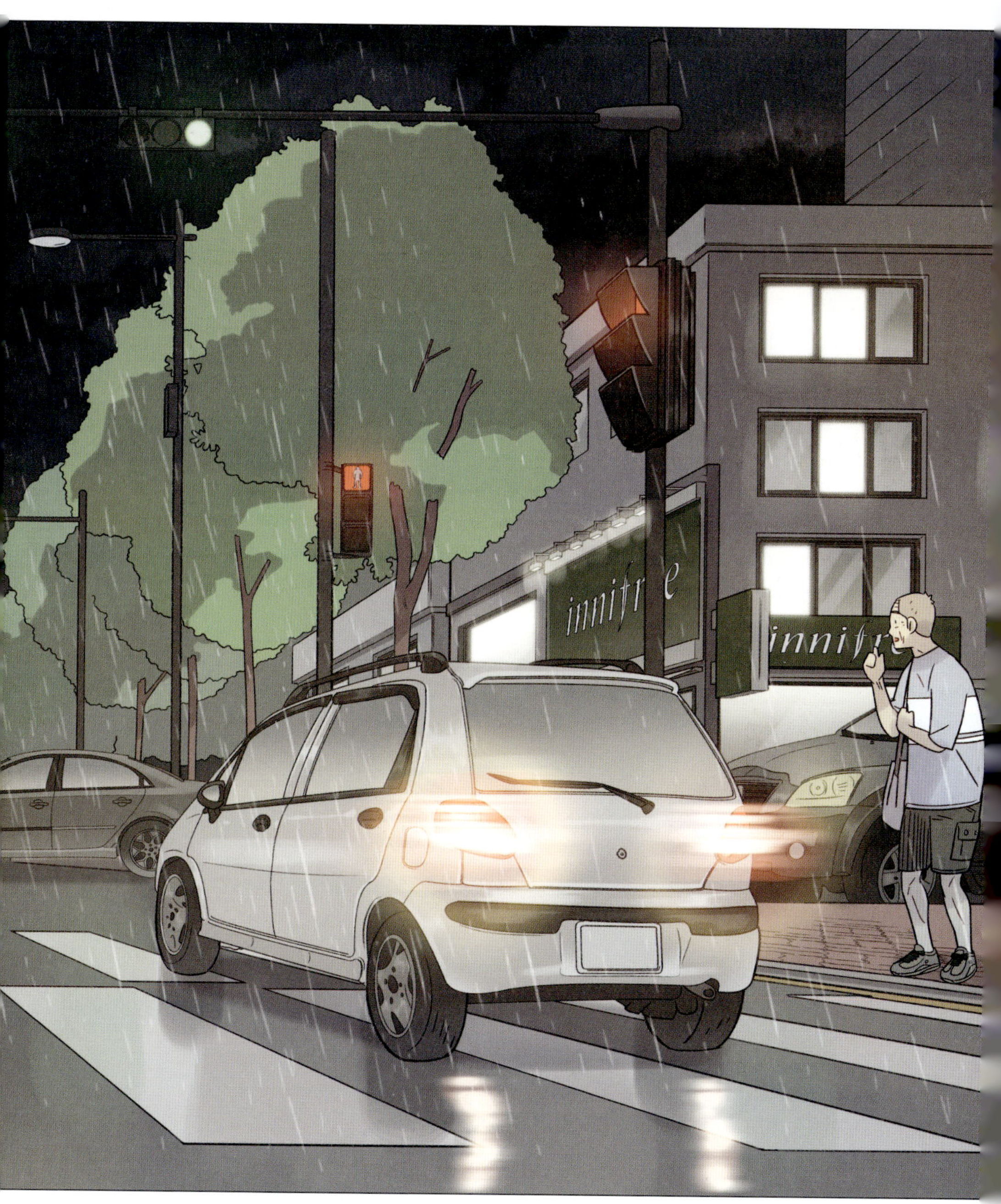

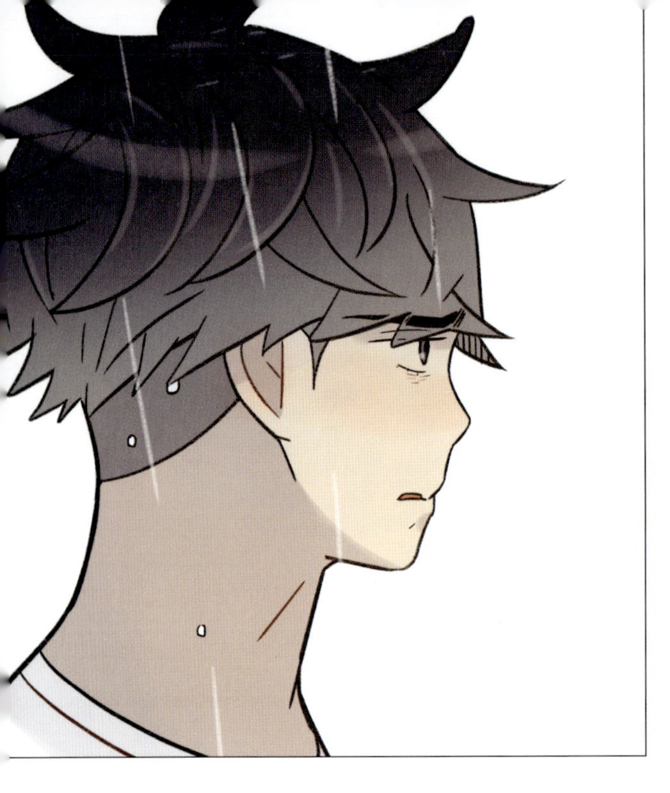

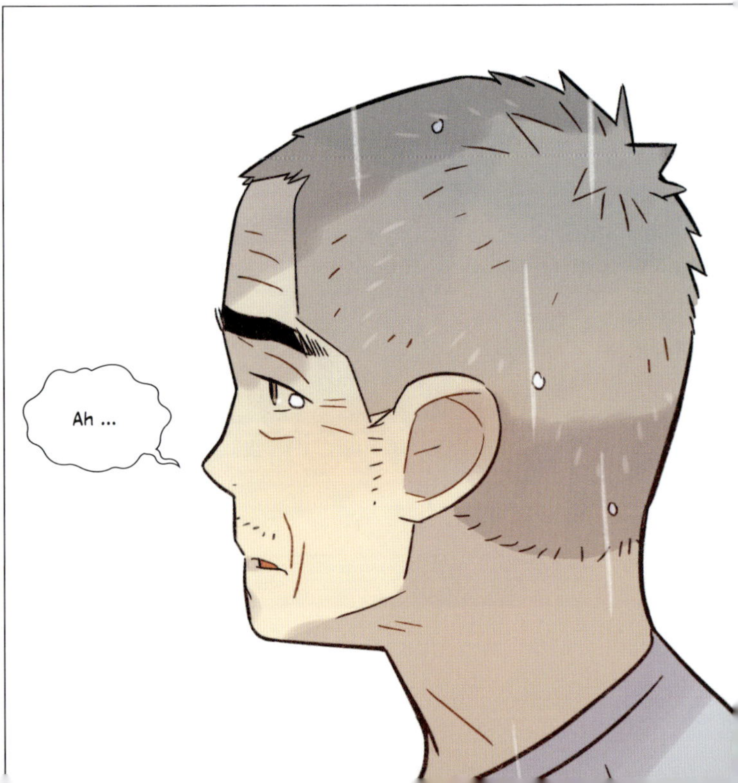

Ah ...

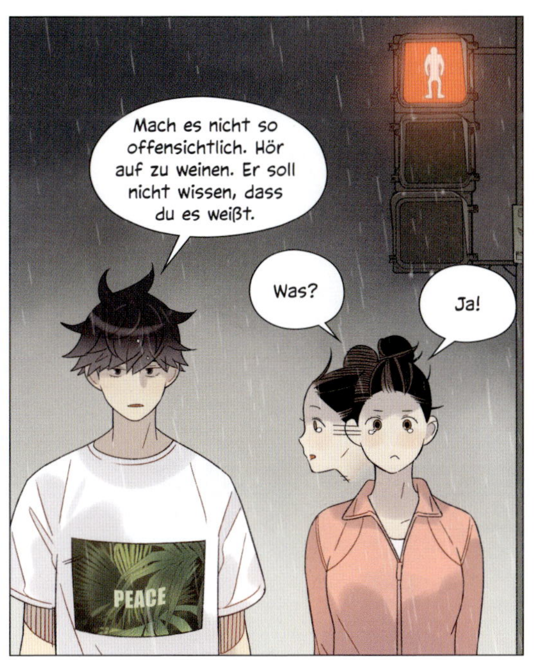
Mach es nicht so offensichtlich. Hör auf zu weinen. Er soll nicht wissen, dass du es weißt.
Was?
Ja!
PEACE

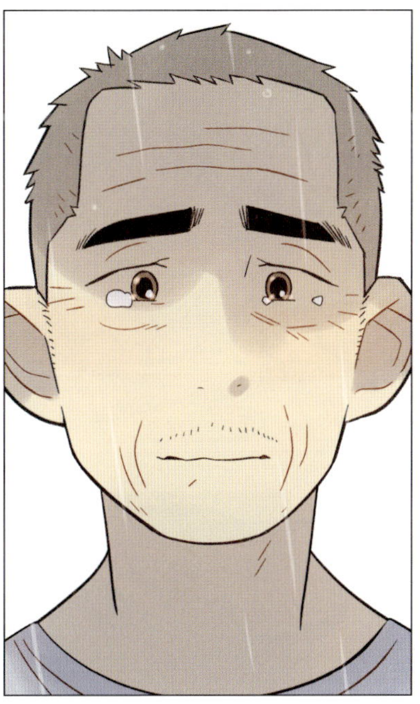

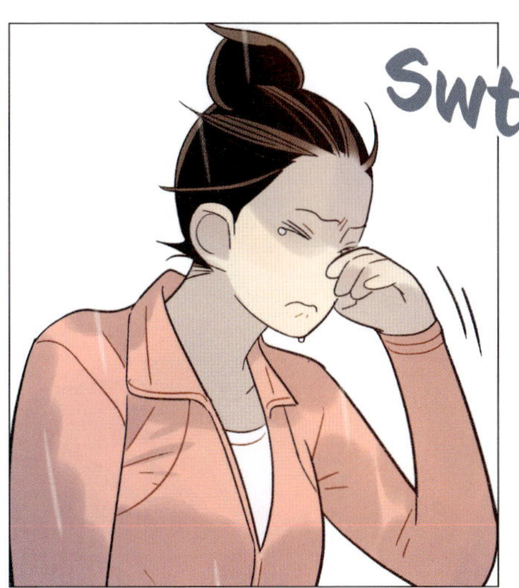
Swt

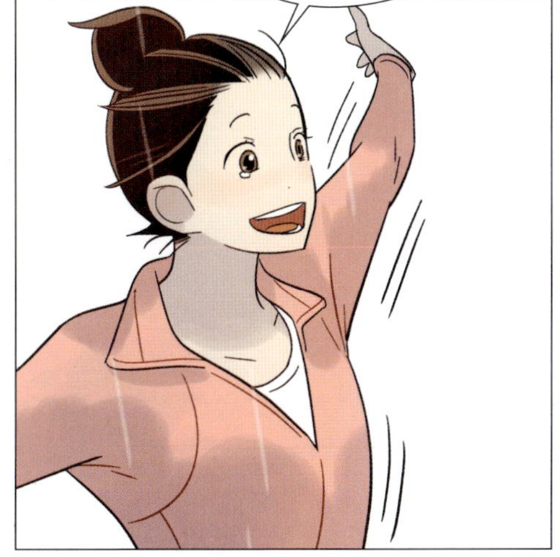
Hallo, Herr Shim! Hier, ha ha.

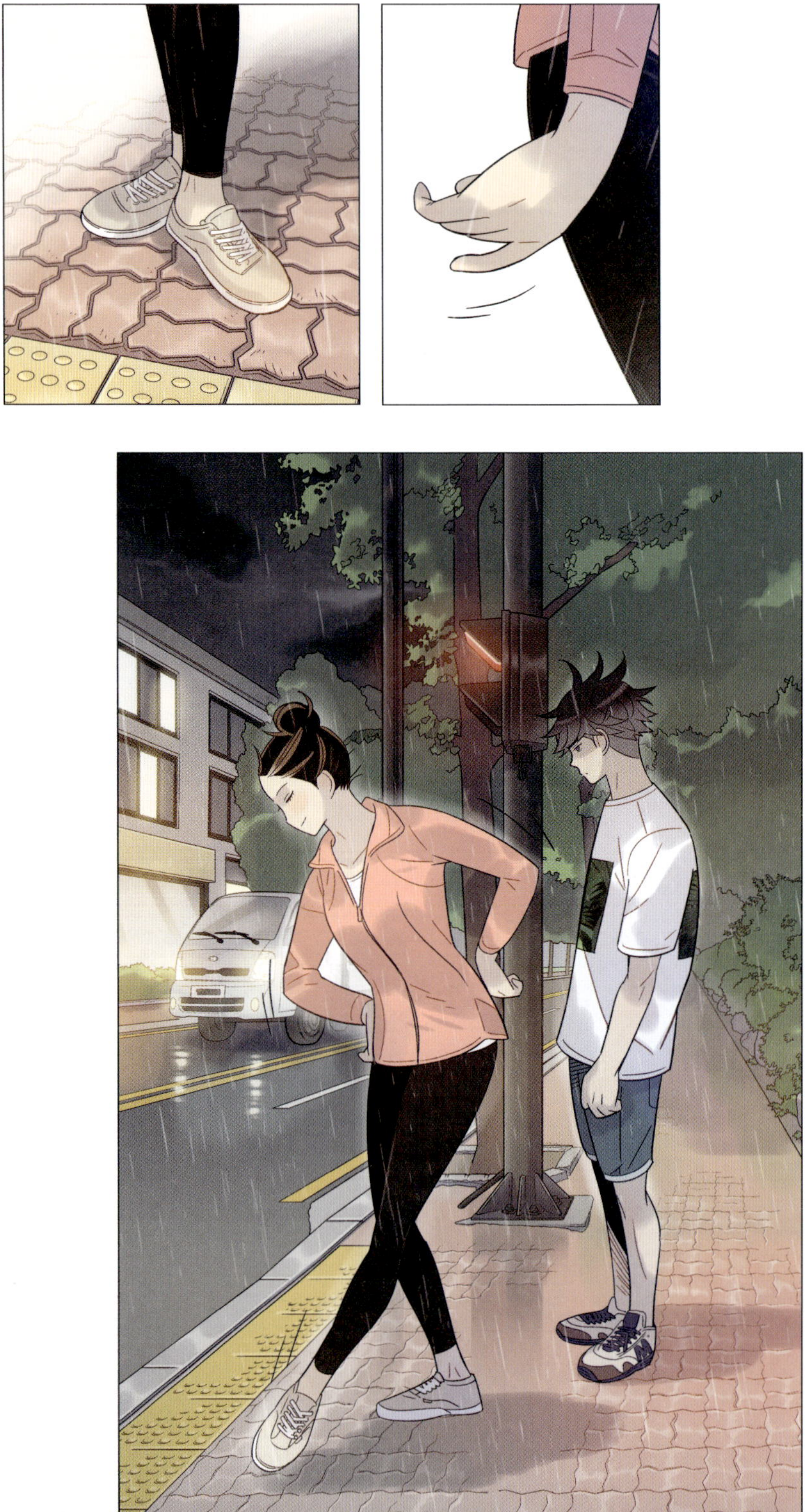

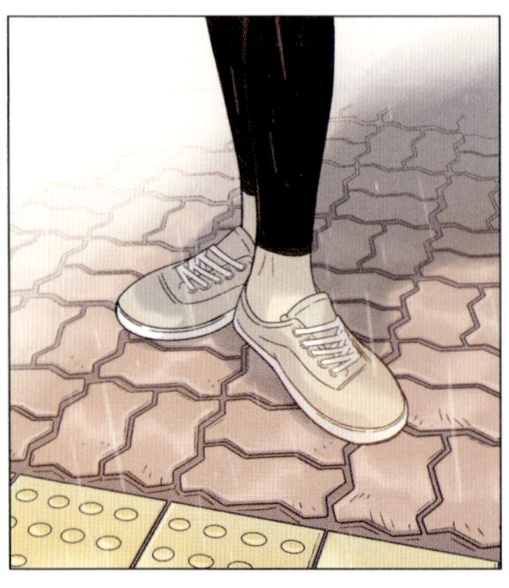
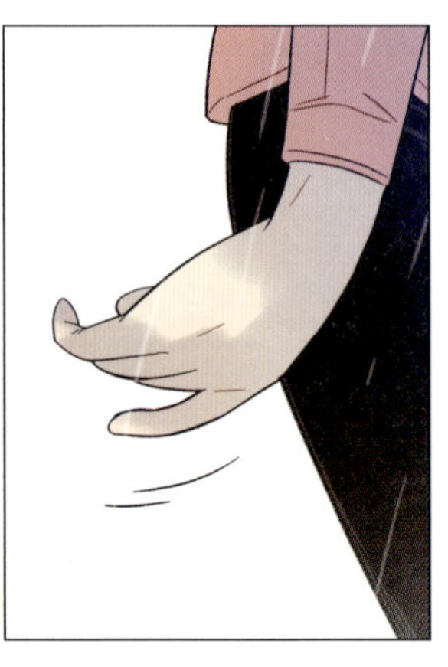

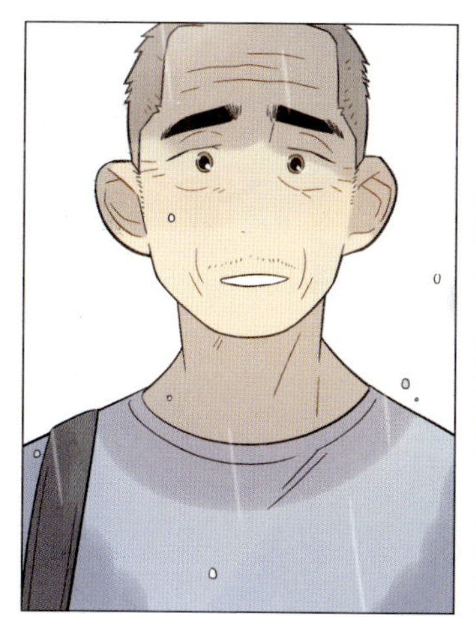

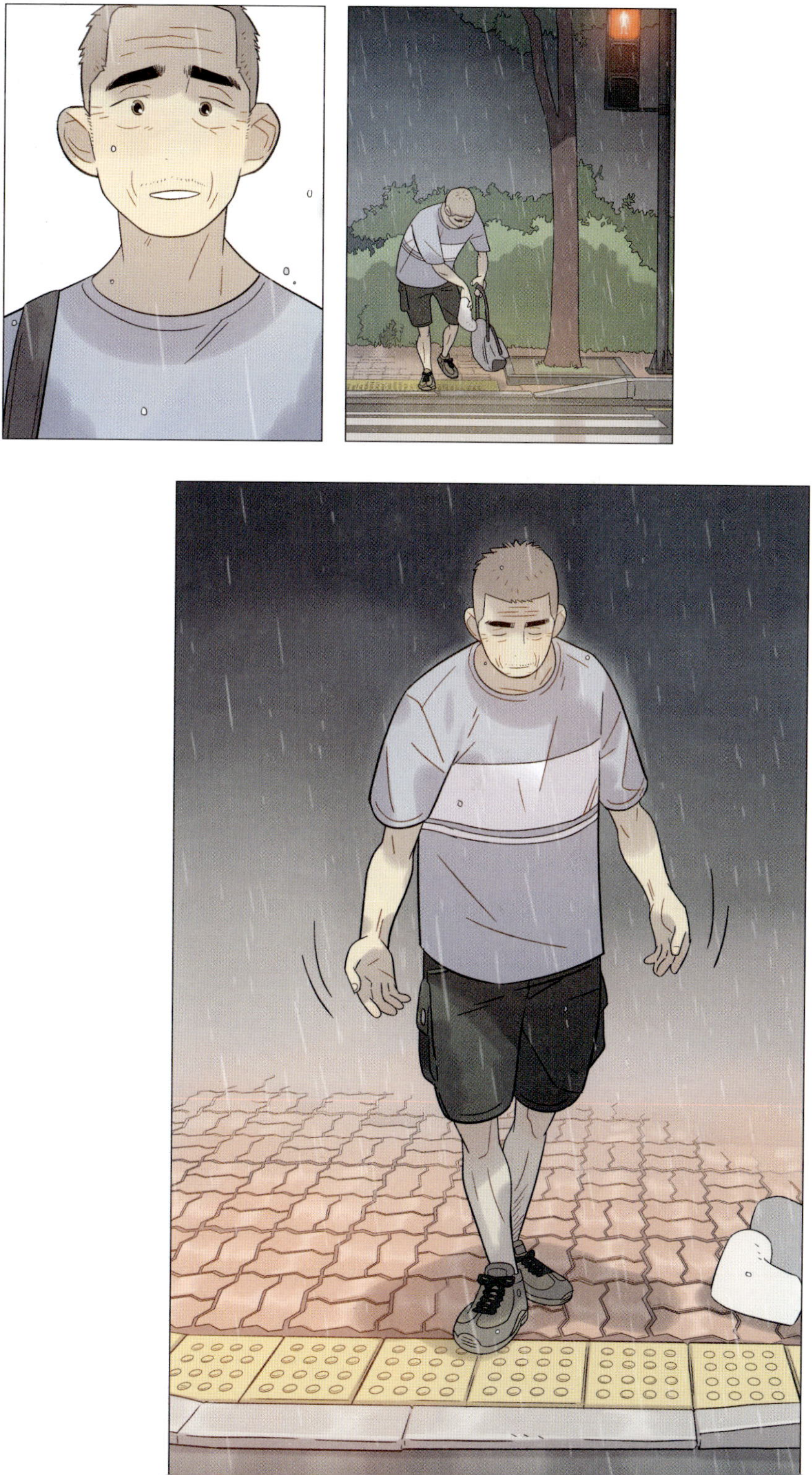

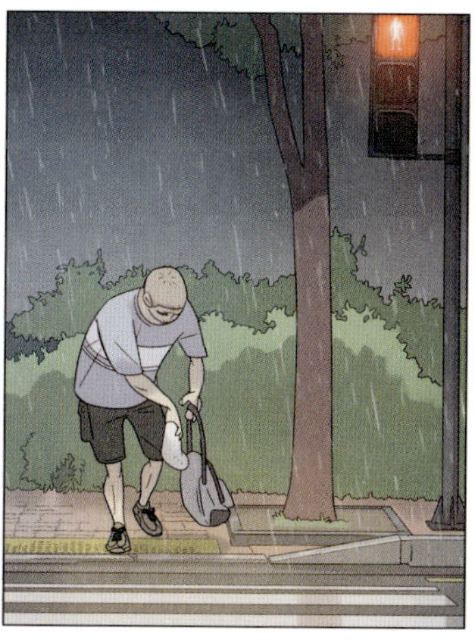

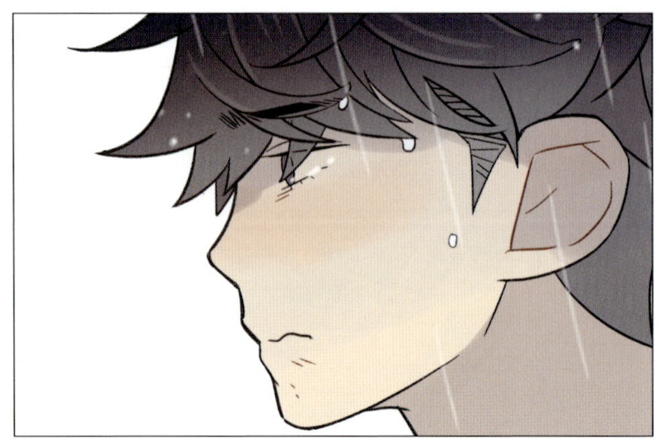
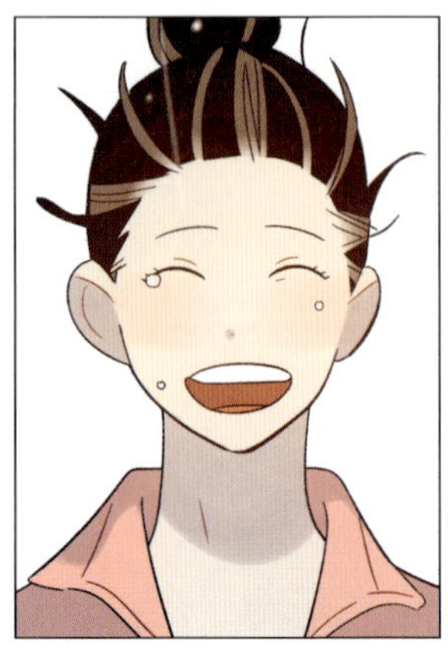
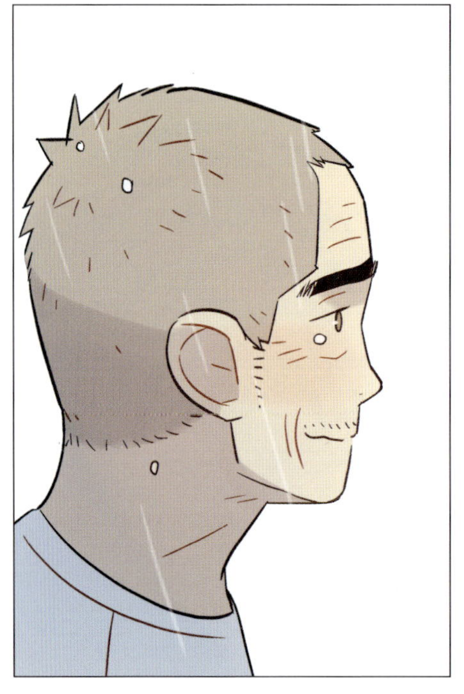
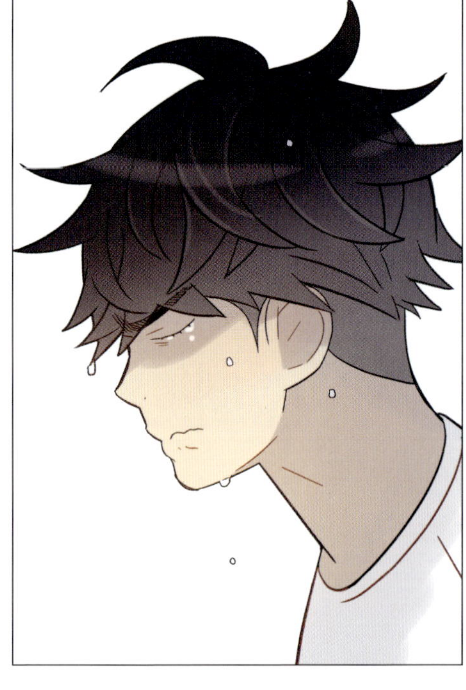

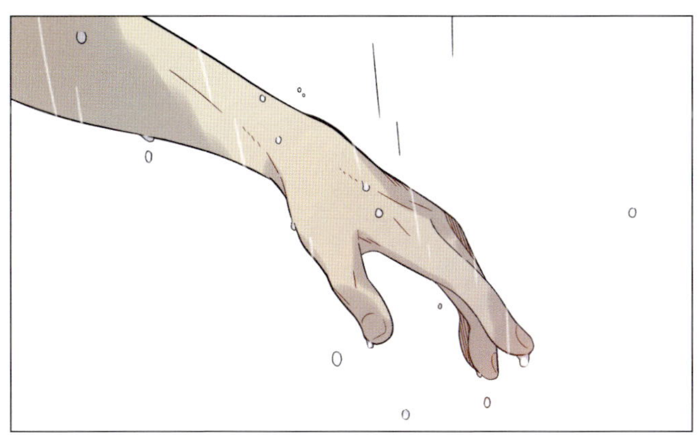

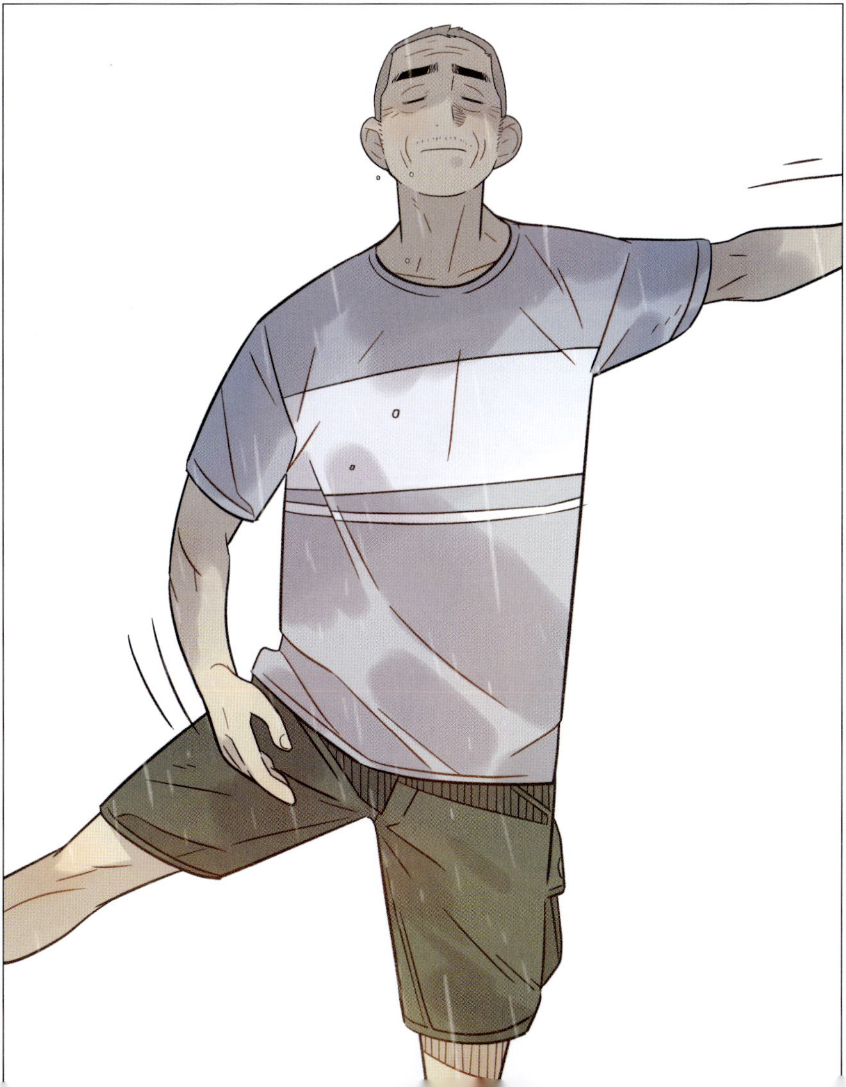

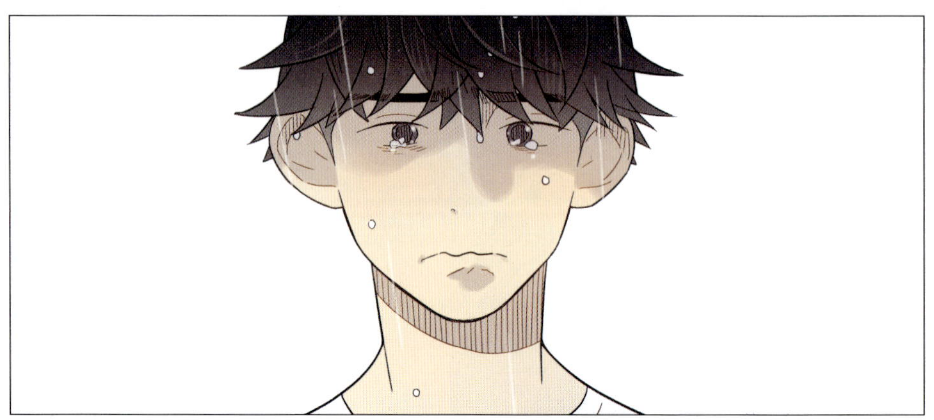

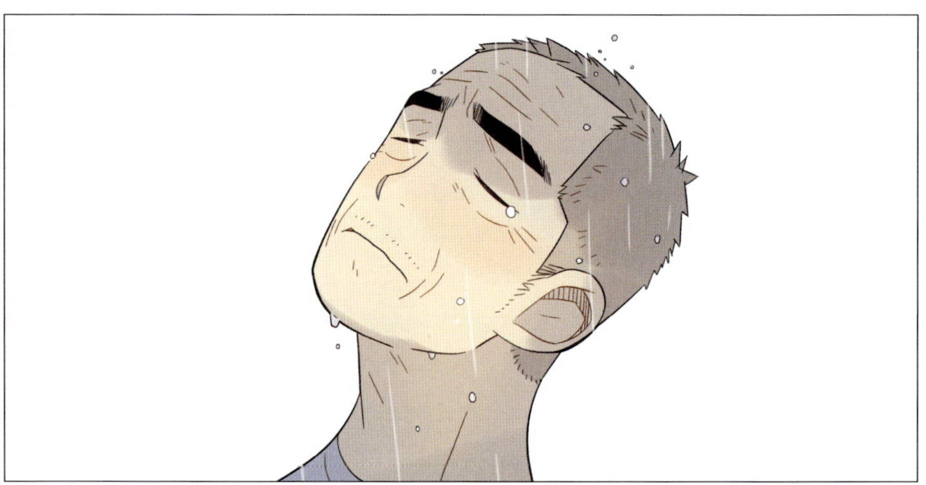

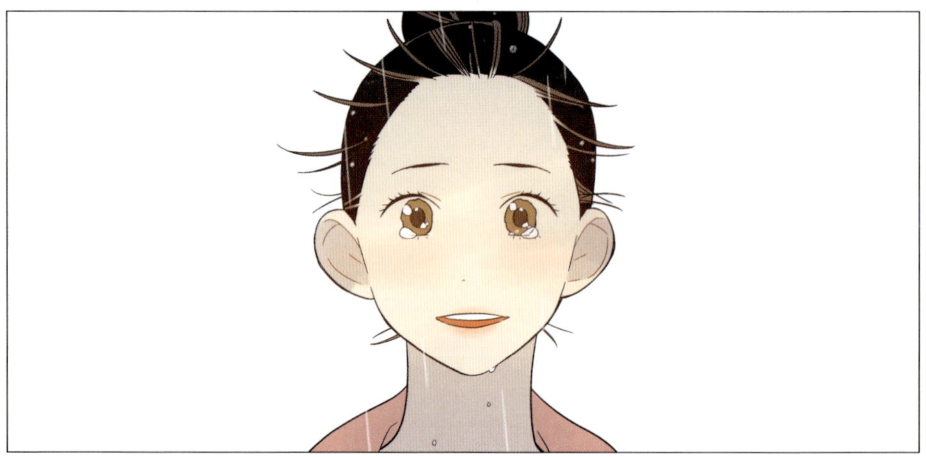

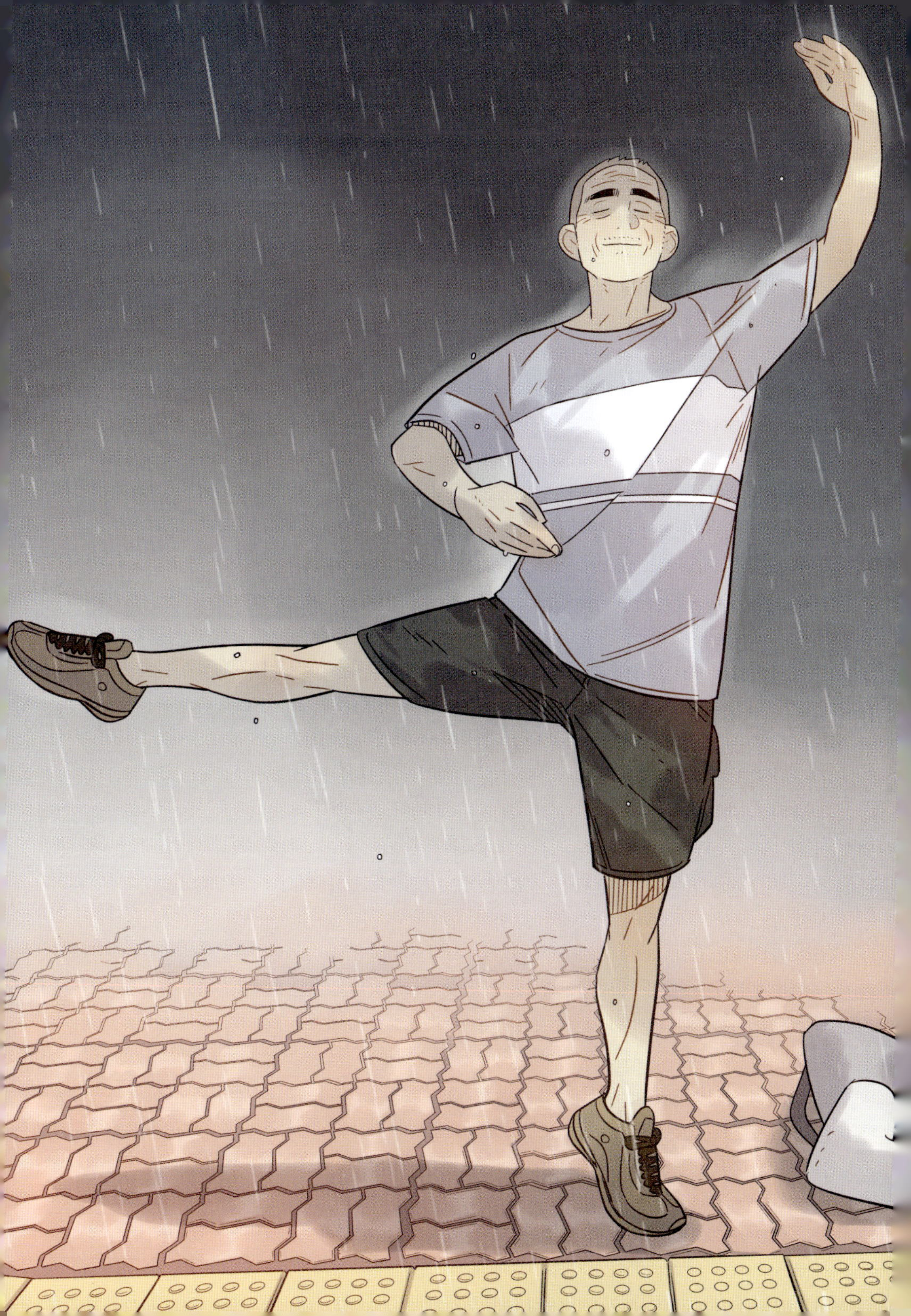

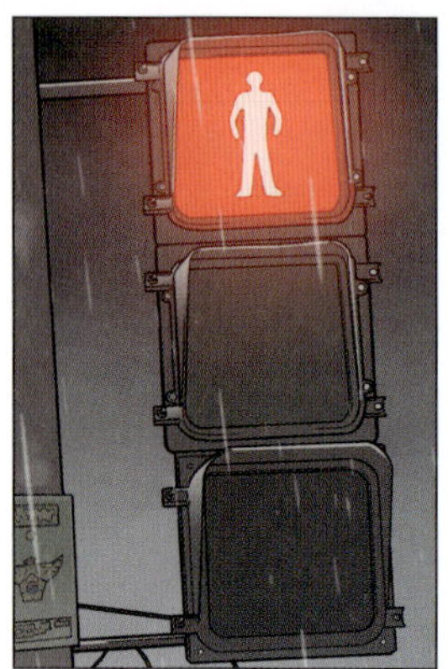

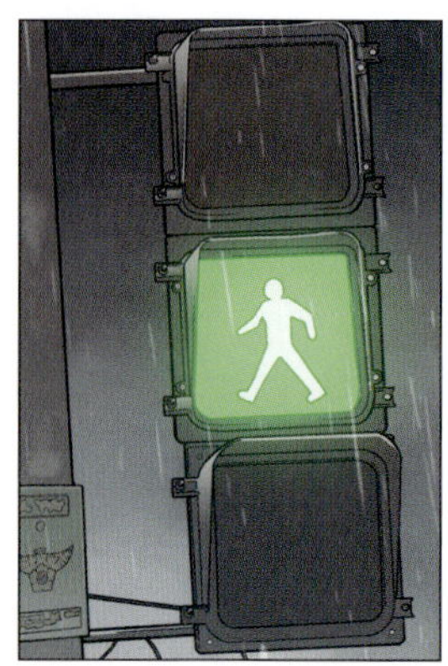

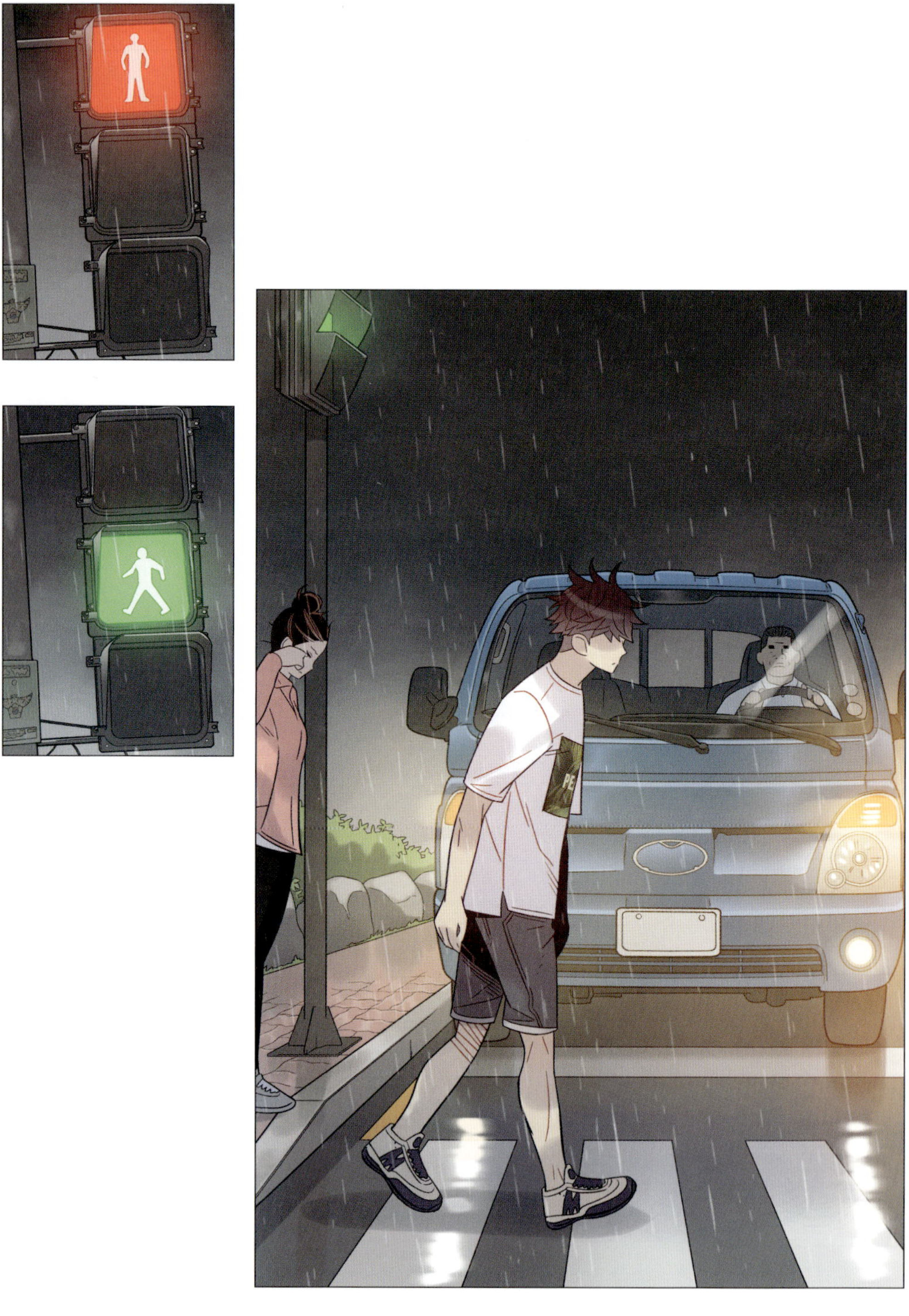

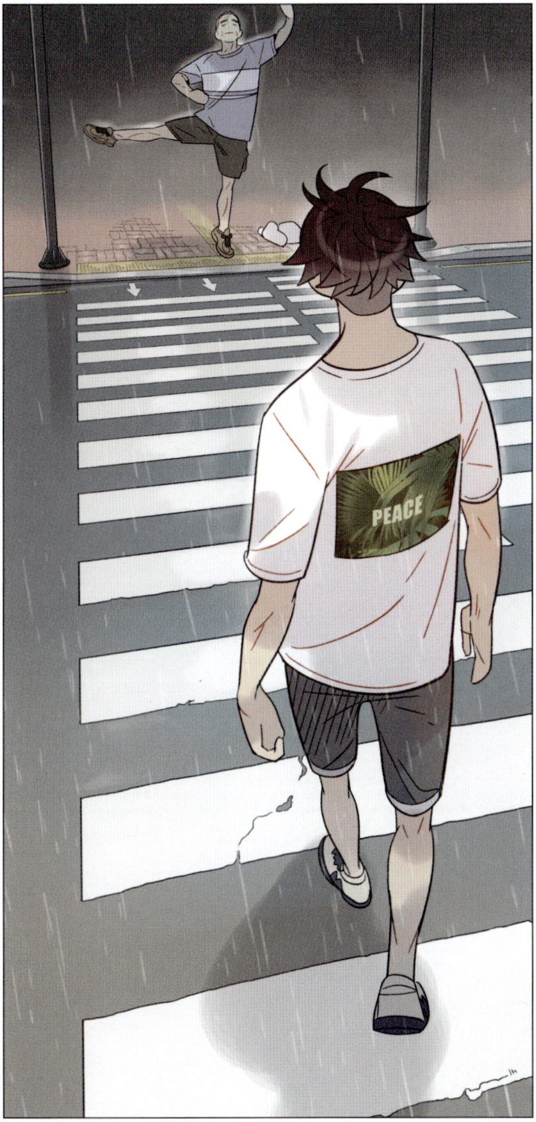

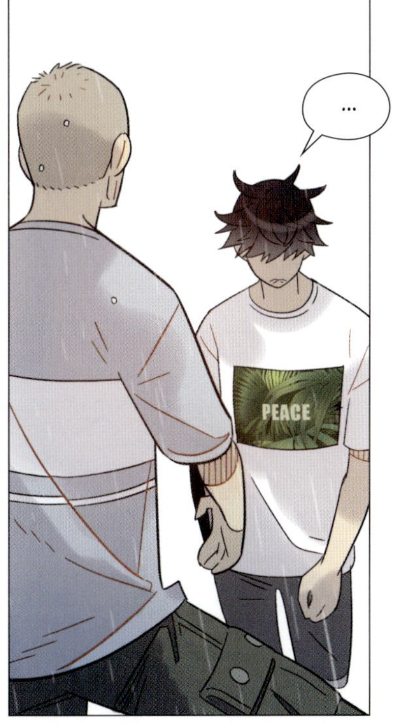
...
PEACE

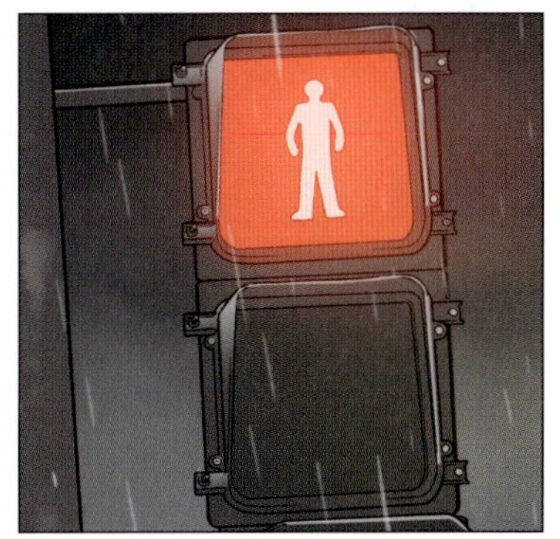

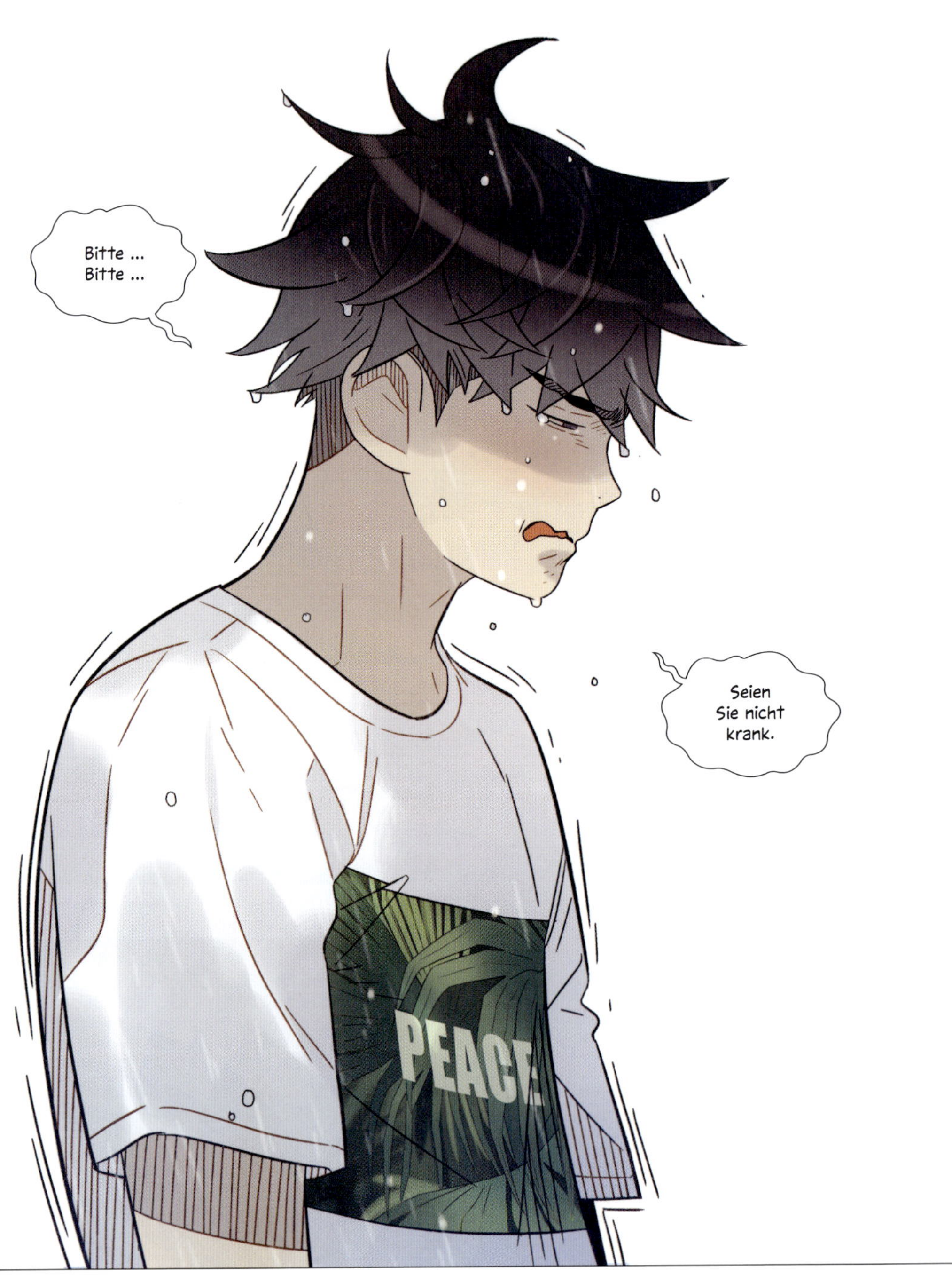
Bitte ...
Bitte ...
Seien Sie nicht krank.
PEACE

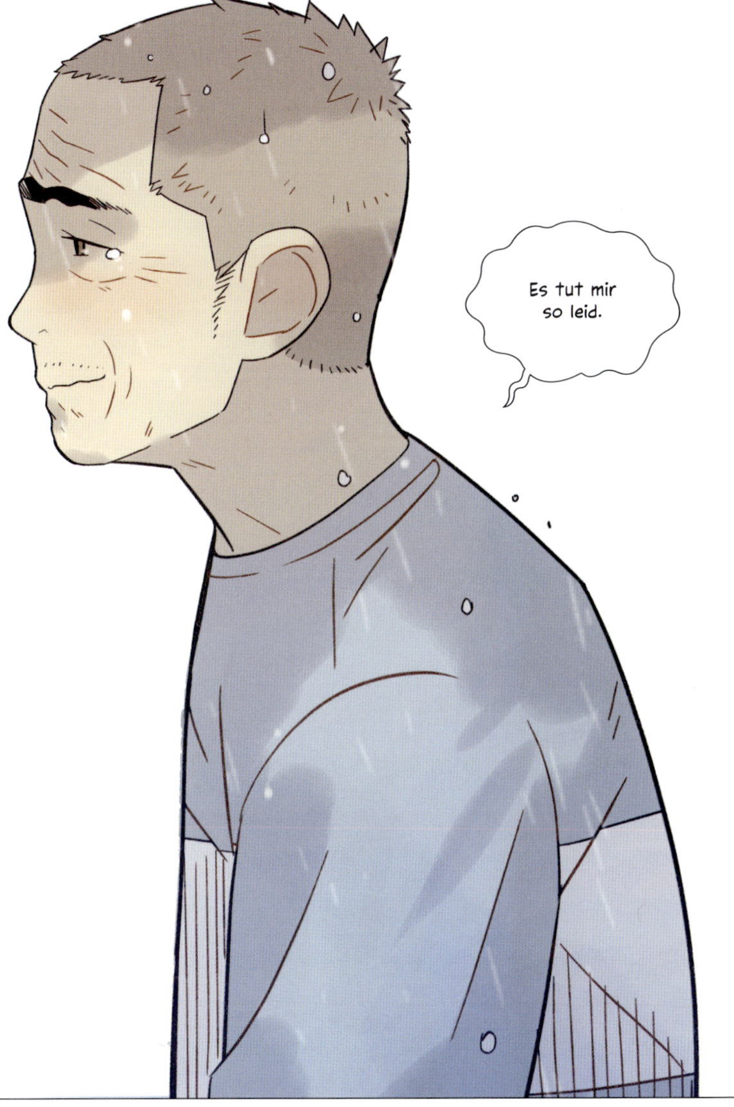
Es tut mir
so leid.

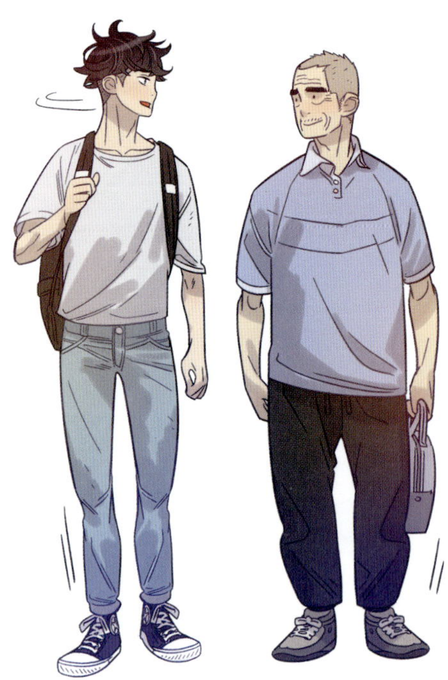

Fortsetzung folgt in Band 5

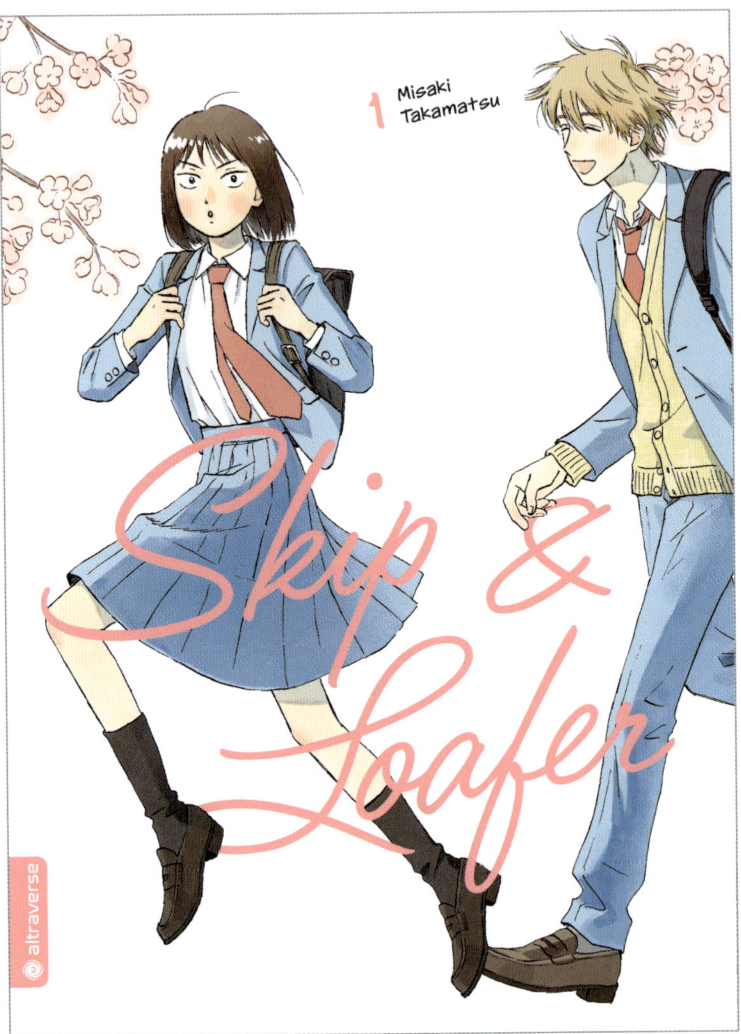

Skip & Loafer

Misaki Takamatsu

Mitsumi will hoch hinaus, um so ihrem verschlafenen Heimatort wieder auf die Beine zu helfen. Dafür entschließt sie sich eine Oberschule in Tokio zu besuchen. Dort angekommen, hält der Großstadtdschungel so manches Fettnäpfchen für sie parat, aber vielleicht auch erste Möglichkeiten in Sachen Liebe …?

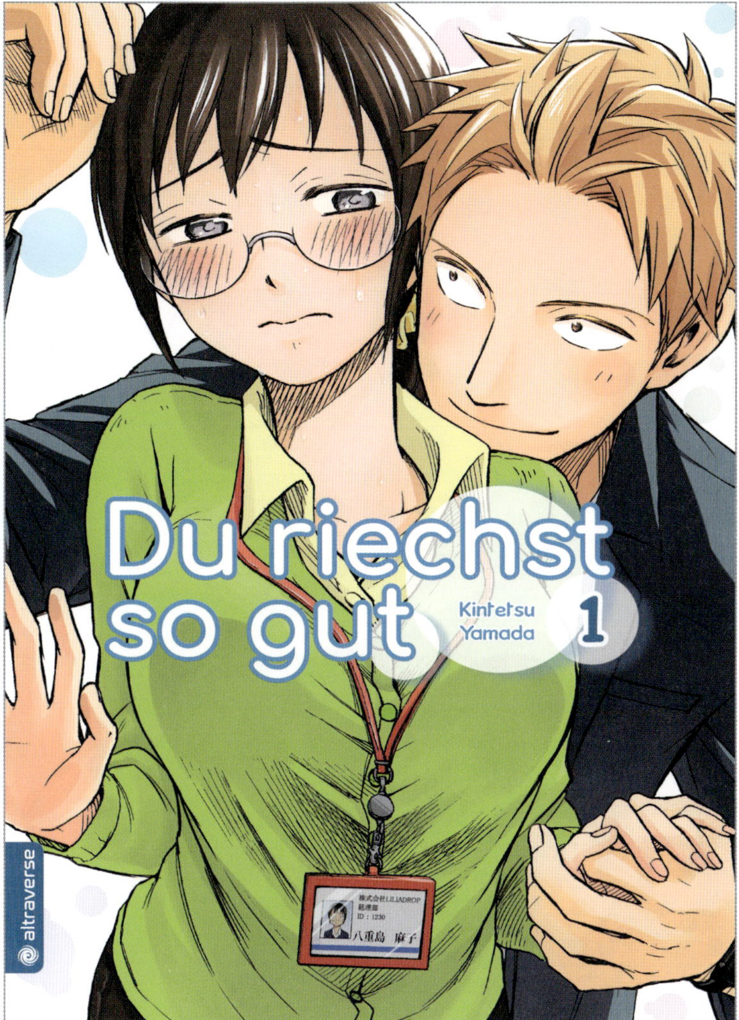

Du riechst so gut

Kintetsu Yamada

Asako hat beim Parfümhersteller Liliadrop ihren Traumjob gefunden. Doch was ihre Kollegen nicht wissen: Sie leidet an Hyperhidrose. Nur die Produkte ihrer Firma verschaffen Linderung. Und die werden vom Duftentwickler Kotaro hergestellt, der von Asakos Körpergeruch nicht genug bekommen kann.

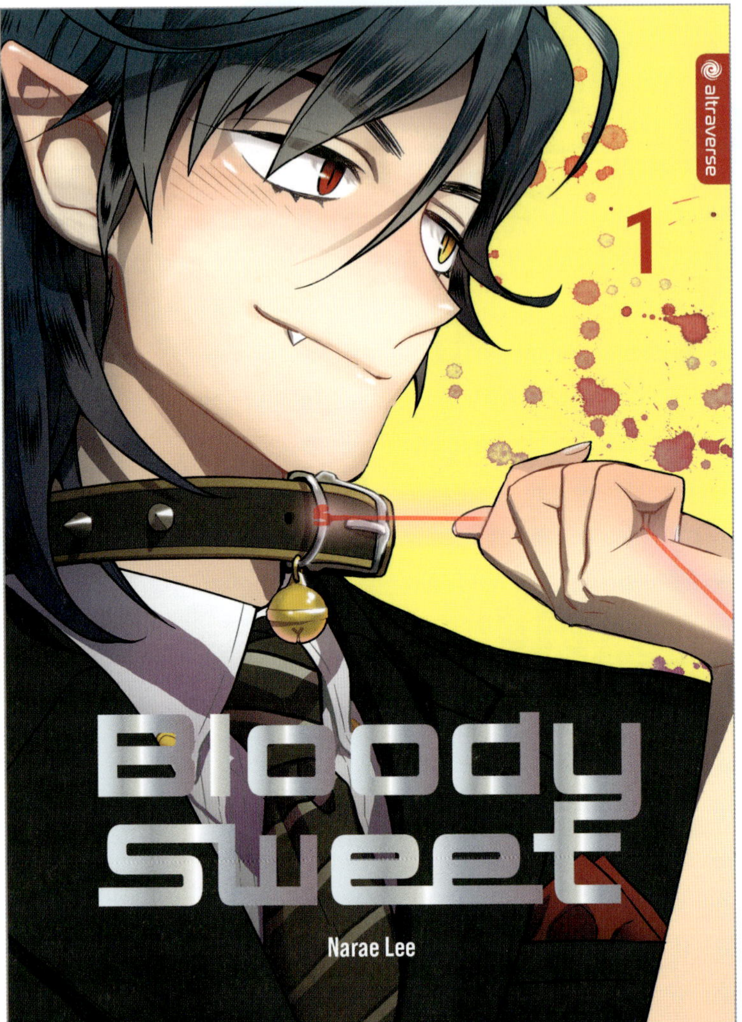

Bloody Sweet

Narae Lee

Als Schamanentochter wird Naerim ständig von ihren Klassenkameraden gehänselt. Trotzdem kommt sie auf die Klassenfahrt mit. Bei einer Mutprobe in einer Kirche bricht sie ein Siegel und befreit damit versehentlich den Vampir Fetechou. Darauf wird ihr gesamtes Leben auf den Kopf gestellt. Denn Fetechou braucht ihr Blut, um ein Mensch zu werden.

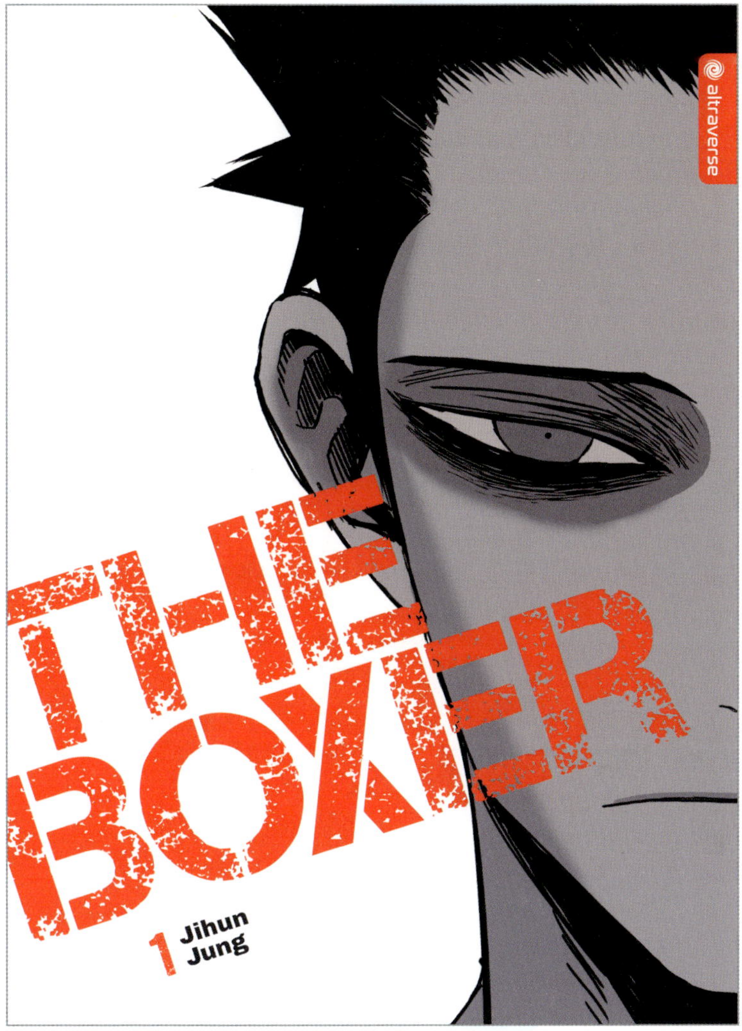

The Boxer

Jihun Jung

Ein legendärer Trainer, der fünf Boxer zu Weltmeistern gemacht hat, ist auf der Suche nach seinem letzten Schüler. Doch wer ist talentiert und tough genug, den Berg zu erklimmen und am Ende den berühmten Gürtel zu tragen, den alle begehren? Die Suche nach dem nächsten Weltmeister beginnt ...

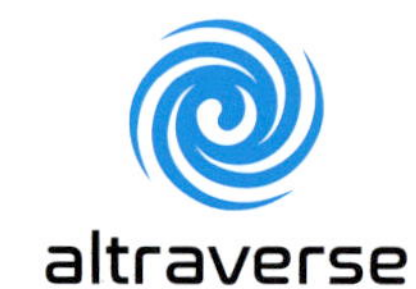

Deutsche Ausgabe / German Edition
Altraverse GmbH – Hamburg 2023
Aus dem Koreanischen von Elisabeth Müller

Redaktion: Bettina Lahrs
Herstellung: Michaela Müller
Lettering: Vibrant Publishing Studio

Druck: Print Best OÜ, Viljandi
Printed in Estonia

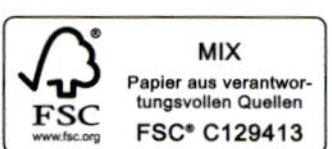

ISBN 978-3-7539-1358-2
1. Auflage 2023

www.altraverse.de